地球の歩き方 A10 ● 2018～2019年版

ローマ

Roma

地球の歩き方 編集室

ROMA CONTENTS

※🏛のマークは、ユネスコの世界遺産に登録された物件

257 ローマで食べる

グルメコラム

283 ローマでショッピング

299 ローマに泊まる

323 旅の準備と技術

414 索引・人名インデックス

ローマのお役立ちコラム

出発前に必ずお読みください!　**旅のトラブルと安全情報…405**

歩き方の使い方

本書で用いられる記号・略号

本文中および地図中に出てくる記号で、ⓘはツーリストインフォメーション（観光案内所）を表します。その他のマークは、以下のとおりです。

本文見出し
名称は、和文・欧文で表されています。欧文横のルビは、できる限りイタリア語の発音に近くふっています。見どころ脇の★の数は歩き方が選んだおすすめ度と比例します。MAP は地図上で位置を表示。

見どころNAVIGATOR
観光のポイントを移動する際のルートの説明およびそのルート上に現れる注意すべき観光・歴史などのスポット説明をしています。

コラム
知っていたらローマをより深く理解できる歴史、建築、美術などのうんちくを中心に、ときにはショッピングやトイレ使用のコツなども説明しています。

世界遺産
ローマでは「ローマ歴史地区、教皇領とサン・パオロ・フォーリ・レ・ムーラ大聖堂」がユネスコ世界遺産に登録されています(1980年、1990年)。ローマ近郊で世界遺産に登録されている町、物件については世界遺産マークを付けています。

●サン・ルイージ・デイ・フランチェージ教会
Piazza di S. Luigi dei Francesi 5
06-688271
10:00～12:30
16:00～19:00
㊍午後

後期ルネッサンスのファサード

カラヴァッジョのファン必見のフランス教会　MAP P.121、P.42 B2

サン・ルイージ・デイ・フランチェージ教会 ★★
San Luigi dei Francesi　サン ルイージ デイ フランチェージ

フランスの守護聖人サン・ルイ(第7回十字軍を指揮したルイ9世)を祀る教会で、著名なフランス人が多く埋葬されている国民教会。また、カラヴァッジョの絵で有名だ。16世紀にクレメンス7世の命によりD.フォンターナにより建てられ、ファサードは後期ルネッサンス様式でG.デッラ・ポルタの作とも言われている。

内部は3廊式で、左右に5つの礼拝堂を配している。左側廊5番目の礼拝堂には祭壇を囲んでカラヴァッジョの力作『聖マタイと天使』S.Matteo e l'angelo、『聖マタイの召し出し』Vocazione di S.Matteo、『聖マタイの殉教』Martirio di S.Matteoの3部作が並ぶ。背景がほとんどない暗闇に描かれた人物像からは、それぞれ「神聖」、「驚愕」、「恐怖」の感情がドラマチックに浮かび上がる。16世紀の終盤、画家の円熟期の傑作だ。また、右の第2礼拝堂には、ドメニキーノのフレスコ画『聖チェチーリアの生涯』Vita di S.Cecilia がある。

見どころNAVIGATOR

サンタゴスティーノ教会前のサンタゴスティーノ通りVia di S. Agostinoを進み、最初の角のスクローファ通りVia della Scrofaで右に曲がって進むと、S. ルイージ・デイ・フランチェージ教会の建つ広場Piazza di S. Luigi dei Francesiだ。

「光と影」の画家カラヴァッジョ　column

光と影、劇的な画面構成、迫真のリアリズムで、それまでのマニエリズムの終焉を告げ、バロックの訪れを予告したカラヴァッジョ。バロックの都市ローマを語るとき彼の存在を無視することはできない。

本名ミケランジェロ・メリージ。1571年頃ミラノ近郊で生まれ、短期間のミラノでの修業後、若くしてローマに移り住んだ。法王クレメンスの友人の画家ダルピーノの工房に入り、間もなく静物画で頭角を現し、1595年には文芸保護者だったデル・モンテ枢機卿の計らいでローマの芸術家の仲間入りをした。S.ルイージ・デイ・フランチェージ教会の「聖マタイの3部作」を皮切りに、S.M.デル・ポポロ教会やS.アゴスティーノ教会などのために描いた作品は、その解釈と表現の新しさゆえに論議を巻き起こした。注文主のカトリック教会にとって、神聖な画題に対するあまりにリアリスティックな表現は受け入れがたかったのだった。画面において、できごとはごく普通の日常の場で展開し、そこに主人公イエス・キリストや聖人をほかから区別する装飾は一切ない。しかし、人物の複雑な動きや表情で「何か」特別なことが起こっていることが示唆され、強い明暗の対比と劇的な色彩は、見るものを引きずり込む不思議な力を持っている。同時代の人々に「放縦」とレッテルを貼られた画風は彼の生涯にも通じるものだった。1606年に殺人を犯し、ローマを逃げ、その後もマルタ、シチリアと逃亡の旅を続け、ローマに帰る望みを果たせぬまま、1610年にポルト・エルコレでその短い生涯を閉じた。

彼の作品は当時受け入れがたいものであったにせよ、すぐれたテクニックで裏付けされた革新的な光の使い方と、直接的で感動的なテーマの表現がその後の絵画に多大な影響を与えたのだった。

126

表記について

見どころなどの固有名詞については、原則として欧文はイタリア語表記とし、カタカナ表記はできる限り原音に近い物を基本としていますが、日本で広く普及している表記がある場合はそちらを用いた物もあります。

地図の略号

Ⓗ㊐=ホテル、ペンショーネなど　Ⓡ=レストラン　Ⓢ=ショップ　ⓘ=観光案内所　✝=教会　♀=バス停　✈=空港
FS=トレニタリア駅　Ⓜ=地下鉄駅　🚕=タクシー　Ⓟ=駐車場　✉=郵便局　☎=電話局　Ⓑ=銀行　✚=病院
●=見どころ施設　●=そのほかの施設　WC=トイレ　▒=公園・緑地　┅┅=城壁　Ⓟ=ピッツェリア　Ⓑ=B級グルメ
Ⓒ=カフェ・バール、軽食　Ⓖ=ジェラテリア　Ⓔ=エノテカ、ワインバー　Ⓑ=ビッレリア

本書使用のイタリア語略称

V.	=	Via	通り
V.le	=	Viale	大通り
C.so	=	Corso	大通り
P.za	=	Piazza	広場
P.le	=	Piazzale	広場
P.tta	=	Piazzetta	小広場
C.po	=	Campo	広場
P.te	=	Ponte	橋
P.ta	=	Porta	門
Pal.	=	Palazzo	宮殿
Fond.	=	Fondamenta	運河沿いの道
Lungo～	=	～沿いの道	
Staz	=	Stazione	駅
Ferr.	=	Ferrovia	鉄道
Funic.	=	Funicolare	ケーブルカー
Gall.	=	Galleria	美術・絵画館
Naz.	=	Nazionale	国立

カラヴァッジョの3部作、「聖マタイ」伝。左より「聖マタイの召し出し」、「聖マタイと天使」、「聖マタイの殉教」

エリア 4

ナヴォーナ広場とカンポ・デ・フィオーリ広場周辺

現在のイタリア国会 MAP P.121、P.42 B2

マダーマ宮(上院)

Palazzo Madama パラッツォ マダーマ

カラビニエーリの立つマダーマ宮

16世紀にメディチ家に嫁いできた、神聖ローマ皇帝カール5世の娘マルゲリータ女王のために建てられた宮殿。マダーマは令夫人の意味だ。フランス王妃となったカトリーヌ・ド・メディチやメディチ家出身の法王レオ10世やクレメンス7世もここに住んだ。バロック様式の見事なファサードは、改築時の1649年にP.マルチェッリらの手により付け加えられた。1871年からイタリア国会上院がおかれている。

●マダーマ宮(上院)
住 Piazza Madama 11／Corso del Rinascimento
☎ 06-67061
開 第1㊏のみ10:00〜18:00
休 8月　料 無料
※見学は要予約、ガイド付き見学
URL www.senato.it/visitareilsenato/privati

DATA
住住所、☎電話番号、
開開いている時間、
休閉まっている日、
料料金

奇才ボッロミーニの面目躍如 MAP P.121、P.42 B2

サンティーヴォ・アッラ・サピエンツァ教会 ★★

Sant' Ivo alla Sapienza サンティーボ アッラ サピエンツァ

サピエンツァ宮の中庭奥にある教会。1632年に大学の建築家に任命されたボッロミーニが1643〜1660年にかけて造り、内側に曲面を描く2層のファサードとその上に乗る、ねじれたらせん形のクーポラが独創的だ。内部もふたつの正三角形を180度回転させて重ねたような平面で、中央の六角形の周囲に6つの凸部分があるという、極めてユニークな形で驚かされる。ボッロミーニの目指した、新しい、動きに満ちた「空間」の創造は、ここにも遺憾なく発揮された。

ボッロミーニの様式美、サピエンツァ教会

●サンティーヴォ・アッラ・サピエンツァ教会
住 Corso del Rinascimento 40 サピエンツァ宮内
開 ㊐のみ9:00〜12:00
休 7、8月

見どころNAVIGATOR

サピエンツァ宮からはマダーマ宮との間のスタデラーリ通りVia degli Staderariを進むと、ドガーナ・ヴェッキア通りVia della Dogana Vecchiaに出る。これを左に少し行ってマダーマ宮の真後ろから延びるクレシェンツィ通りSalita dei Crescenziを進むと、パンテオン前の魅力的な広場、ロトンダ広場Piazza della Rotondaだ。

✉ **ガイド付き見学がおすすめ**

遠近法の間は玄関ホールのガラス越しにも見られますが、ガイド付き見学に参加すると、ガイドさんが空間に入ってくれ、実際の大きさと目の錯覚をわかりやすく示してくれるので、何倍も楽しめます。
(匿名希望　'02)['16]

127

✉
読者や地球の歩き方・特派員などのナマの声(もちろん調査済み)が新鮮な情報として登場しています。

ローマのエリア別解説

本書は、ローマを自分の足で歩きたい人のためにローマの町を8のエリア(郊外を含め全10エリア)に区分して説明しています。

見どころ

各エリア内で、どうしても見ておきたい物を4〜7点に絞って取り上げました。中でも★の数が多い物ほど、歴史的、文化的な重要度が高い物となります。特にオススメ度の高い見どころには☆☆☆をつけています。

マップ

地図内では、主要な見どころには、解説と同様の数字が付けられ、ルートの中を1〜7と追ってゆくことにより、観光コースも作れるようになっています。見どころの脇のページは、本文のより詳しい解説記事のページを表します。

歩き方の使い方

レストラン

ロショーリ Map P.42 C1

Roscioli Salumeria

1824年から、4代にわたって続く高級食料品店兼ワイン・バー兼パン屋（すぐそば）。店内にテーブルが並び、昼と夜は食事処に早変わり。イタリア中のサラミやチーズが揃い、季節の料理も味わえる。厳選したワイン、オリーブ油、バルサミコも揃うのでグルメのおみやげ探しにも最適。 要予約 日本語メニュー

URL www.salumeriaroscioli.com
住 Via dei Giubbonari 21
☎ 06-6875287
営 12:30～16:30、19:00～24:00
休 ㊐㊗ 予 €40～80
C A.J.M.V.
交 ヴェネツィア広場から徒歩5分

ショップ

ビアレッティ【キッチン雑貨】 Map P.37 A3

Bialetti

●コーヒーマニア必見

直火式コーヒーメーカーで有名なビアレッティ。店内にはカラフルなエスプレッソのコーヒーメーカーが並ぶ。コーヒーカップはもちろんキッチングッズも豊富。イタリアらしいセンスのよさとお手頃な価格帯がうれしい。

住 Piazza cola di Rienzo 82
☎ 06-92081885
営 10:00～20:00、㊐13:00～16:00
休 ㊐午前
C A.M.V.
交 バス81番などでCicerone/Plinio下車、徒歩1分

ホテル

★★★ サンタ・キアーラ Map P.42 B2

Albergo Santa Chiara

清潔で感じのよい中級ホテルで、イタリア人に愛されている宿。絨毯を敷き詰めた客室がレトロ。バスルームは清潔でモダン。窓から眺める、ローマの町並みがすてきだ。

読者割引 ハイシーズンSB€140 TB€215
URL www.albergosantachiara.com

住 Via di Santa Chiara 21
☎ 06-6872979
Fax 06-6873144
SB €145/155
TB €225/280
室 76室 朝食込み W-F
C A.D.J.M.V.
交 テルミニ駅からバス40、64番利用

●共通の略号

住＝住所
☎＝電話
Fax＝ファクス
営＝営業時間
休＝定休日
C＝使用できるカード
A＝アメリカン・エキスプレス
D＝ダイナースカード
J＝JCBカード
M＝MasterCard
V＝VISA

カフェ、バール、ジェラテリアなどは、クレジットカードの表示があっても、カウンターでの飲食など、少額の場合は使用できない場合があります。

交＝最寄りの見どころや駅からの徒歩、あるいはバス、地下鉄、タクシーなどの利用方法について表示してあります。

●レストランの略号

予＝レストランでの一般的な予算。特に高価な料理を注文せず、普通に食事をしたときの目安。（ ）内の～%はサービス料。コペルトは席料、パーネはパン代を指します。イタリア特有の物ですが、近年付加する店は少なくなりました。いずれも定食料金には含まれているのが一般的。定食はmenu turistico、menu completoなどを指し、各店により皿数は異なります。

日本語メニュー＝日本語メニューあり
要予約＝予約してください
できれば予約＝予約をおすすめします

●ホテルの略号

YH＝ユースホステル
読者割引はホテル側から提供のあった物です。予約時またはチェックインの際にご確認ください（→P.9）。
Low＝ローシーズン
High＝ハイシーズン
※各料金で、€60/80とあるのは、ローシーズン／ハイシーズン、または部屋の差異などによる料金の違いを示します。€は通貨ユーロ
URL＝ウエブサイトのアドレス
e-mail＝問い合わせメールの宛先
D＝ドミトリー
S＝シャワー共同シングル料金
T＝シャワー共同ツインまたはダブル料金
3＝シャワー共同トリプル料金
4＝シャワー共同4人部屋料金
SB＝シャワーまたはバス付きシングル料金
TB＝シャワーまたはバス付きツインまたはダブル料金
3B＝シャワーまたはバス付きトリプル料金
4B＝シャワーまたはバス付き4人部屋料金
SU＝スイート
JS＝ジュニアスイート
W-F＝Wi-Fi利用可
※TおよびTBのツインは、リクエストによって、ツインをダブルにすることができる場合もあります。希望がある場合は、予約時に確認またはリクエストすることをおすすめします
料＝ユースなどでの諸料金
室＝総客室数
※本書では、ホテル名の前に☆印でカテゴリーを示しておきました。ホテルの分類については、旅の準備と技術編「ローマに泊まる」の章P.371をご参照ください

読者の皆様へのお願い

少数の読者の方からですが、ごくたまに割引の適用が受けられなかったという投稿があります。そのようなホテルについては今後の掲載に注意をしていきたいと思います。そこでお願いなのですが、読者の皆様で掲載ホテルやレストランを利用した方で、納得できない料金の請求やサービスを受けた方は、編集部まで投稿にてお知らせいただきたいと思います。あとに続く旅行者のためにも、掲載ホテルなどを利用した読者の皆様のご感想をお待ちしております。新しい投稿には必ず、地図の添付をお願いいたします。写真付きも大歓迎です。 （編集部 '18）

■本書の特徴

本書は、ローマを旅行される方を対象に、現地でいろいろな旅を楽しめるよう、各エリアの説明、エリアごとの歩き方、見どころの解説、レストラン、ショップ、ホテル情報などを掲載しています。また、毎年データの追跡調査を実施し、読者の皆様からの投稿を参考にして、改訂時には新投稿の差し替えをしています。

■掲載情報のご利用にあたって

編集部では、できるだけ最新で正確な情報を掲載するように努めていますが、現地の規則や手続きなどがしばしば変更されたり、またその解釈に見解の相違が生じることもあります。このような理由に基づく場合、または弊社に重大な過失がない場合は、本書を利用して生じた損失や不都合などについて、弊社は責任を負いかねますのでご了承ください。また、本書をお使いいただく際は、掲載されている情報やアドバイスがご自身の状況や立場に適しているか、すべてご自身の責任でご判断のうえでご利用ください。

■現地取材および調査時期

本書は2018年1月の取材データに基づいて作られています。"具体的ですぐ役立つ情報"を編集のモットーにしておりますが、時間の経過とともに内容に多少のズレが出てきます。ホテルは年に1～2回の料金改訂があることも含め、本書に記載されているデータはあくまでもひとつの目安として考えてご利用ください。より新しい情報が必要なときには、各地のツーリストインフォメーションへ直接問い合わせてください。

■発行後の情報の更新と訂正について

本書に掲載している情報で、発行後に変更された物につきましては、「地球の歩き方ホームページ」の『ガイドブック更新情報掲示板』で、可能な限り最新のデータに更新しています（ホテル・レストラン料金の変更は除く）。旅立つ前に、ぜひ最新情報をご確認ください。 URL support.arukikata.co.jp

■投稿記事について

投稿記事は、多少主観的になっても体験者の印象、評価などをそのまま載せるほうが、ホテルを選ぶ目安ともなりますので、原文にできるだけ忠実に掲載してあります。投稿記事のあとに、（東京都　○○太郎　'18）とあるのは、投稿者の旅行した年を表しています。しかし、ホテルなどの料金は毎年追跡調査を行い新しいデータに変えてあります。その場合は氏名でカッコを閉じ、（東京都　○○太郎　'17)['18]というように表示しデータの調査結果および新年度設定料金を入れてあります。

●ホテルの読者割引について

編集部では、読者の皆様の便宜を図り、掲載したホテルと話し合い、本書持参の旅行者に宿泊の割引をお願いしてあります。同意を得たホテルについてはホテルの記事内に 読者割引 と明示してあります。

予約時に確認のうえチェックインの際に、下記のイタリア語の文章と本書の該当ページを提示してください。なお、本書は海外ではGlobe-Trotter Travel Guideという名称で認知されています。なお、この割引は、2018年1月の調査で同意されたもので、予告なしに廃止されることもありますので、直接ホテルに確認のうえ、利用してください。またこの割引は、旅行会社やホテル予約サイトなど第三者を介して予約した場合は無効となります。このほか、ホテル独自のほかの割引との併用もできません。

確実に割引を受けるためには予約時にファクスやe-mailなどでその旨を送付し、チェックインに際し、再確認することをおすすめします。

ホテルの値段で、シングル(€40/50)と示してあるのは、オフシーズンとハイシーズンまたは部屋による差異を表します。

おおむね、ローマのローシーズンは7～8月、11～3月頃(年末年始、復活祭時期は除く)、ハイシーズンは3月中旬～6月、9～10月、年末年始頃、復活祭時期の頃までを指しますが、各ホテルおよび町による差異がありますので、ホテルごとの記述をチェックしてください。

見本市の期間は季節を問わずハイシーズンとなります。

Spettabile Direttore,
la scritta 読者割引 accanto al nome del Suo hotel indica, come da accordi preventivi, la Vostra disponibilità a concedere uno sconto ai lettori della nostra guida. Pertanto Le saremmo grati se volesse applicare una riduzione al conto del possessore della presente Globe-Trotter Travel Guide. Grazie

ジェネラル インフォメーション

イタリアの基本情報

▶旅のイタリア語
→P.398

国　旗
緑、白、赤の縦縞（たてじま）の三色旗

正式国名
イタリア共和国
Repubblica Italiana

国　歌
マメリの賛歌Inno di Mameli

面　積
30万1328㎢（日本の約80%）

人　口
5979万7977人（2017年）

首　都
ローマRoma

元　首
セルジョ・マッタレッラ大統領

政　体
共和制

民族構成
ラテン系イタリア人

宗　教
カトリック（95%）

言　語
イタリア語
　地方により少しずつ異なる方言があり、また、国境に近い町では2ヵ国語を話す。

通貨と為替レート

▶両替について
→P.360

▶旅の予算とお金
→P.328

　通貨はEU単一通貨ユーロ。通貨単位はユーロ€（euro）とセント¢（イタリア語読みはチェンテージモcentesimo／複数形はチェンテージミcentesimi）1€＝¢100、1€＝￥121.25（2019年9月13日現在）。紙幣は€500、€200、€100、€50、€20、€10、€5。硬貨は€2、€1、¢50、¢20、¢10、¢5、¢2、¢1。

€1硬貨

€2硬貨

€5紙幣

€10紙幣

　表面は数字とヨーロッパ地図の入った、EU共通デザイン。裏面はコロッセオなど、イタリア独自のデザイン

€20紙幣

€50紙幣

€100紙幣

€200紙幣

€500紙幣

1セント硬貨

2セント硬貨

5セント硬貨

10セント硬貨

20セント硬貨

50セント硬貨

電話のかけ方

▶電話のかけ方、携帯電話紛失時の連絡先
→P.364／365

日本からイタリアへかける場合

国際電話会社の番号
001（KDDI）※1
0033（NTTコミュニケーションズ）※1
0061（ソフトバンクテレコム）※1
005345（au携帯）※2
009130（NTTドコモ携帯）※3
0046（ソフトバンク携帯）※4

＋ 国際電話識別番号 **010** ※2 ＋ イタリアの国番号 **39** ＋ 相手先の電話番号 **06-1234567**（最初の0も入れる）※5

※1 「マイライン」の国際区分に登録している場合は不要。詳細は URL www.myline.org/
※2 auは、010は不要。
※3 NTTドコモは事前登録が必要。009130をダイヤルしなくてもかけられる。
※4 ソフトバンクは0046をダイヤルしなくてもかけられる。
※5 0からダイヤル。（ローマは06～、フィレンツェは055～、ミラノは02～など）

入出国

ビザ
観光目的での滞在の場合、90日まで不要。
パスポート
パスポートの有効残存期間がイタリアを含むシェンゲン協定国出国予定日から3カ月以上必要。

▶出入国の流れ →P.334

日本からのフライト時間

日本からローマまでのフライトは、直行便で約12時間。

▶ローマへのアクセス →P.332

気候

南北に細長く、温暖で四季がはっきりしている。日本の気候と似ており、ローマと東京の気温は年間を通してほぼ同じ。夏は雨が少なく乾燥し、冬にやや雨が多い。梅雨はない。近年は日本同様、季節はずれの暑さや寒さが続くことがある。緯度が高いので、夏は夜遅くまで明るい。

ローマと東京の気温と降水量

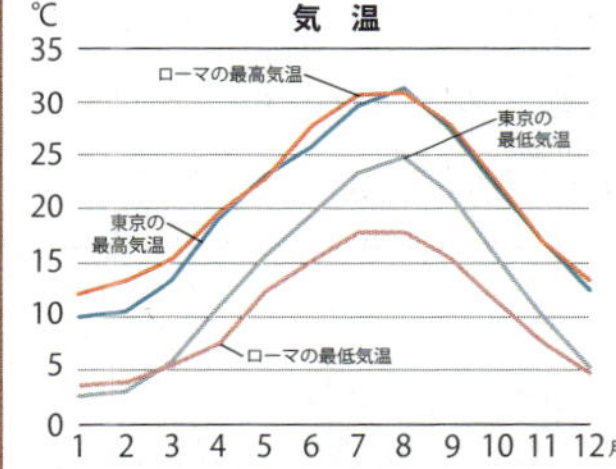

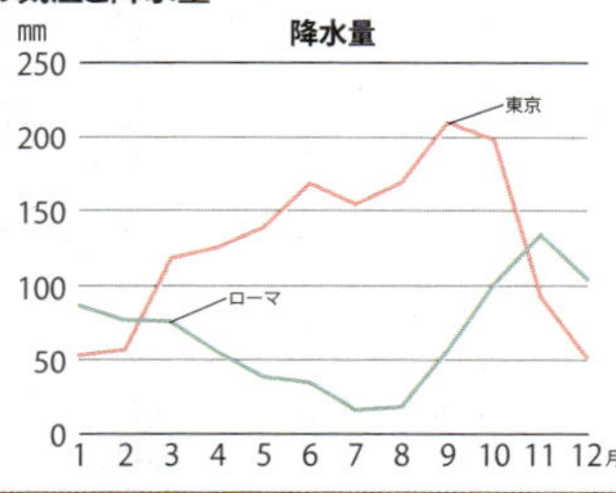

▶旅の服装 →P.326

時差とサマータイム

日本との時差は－8時間。イタリアの10:00が日本では18:00となる。サマータイム実施時は－7時間の差になる。

サマータイムの実施期間は3月の最終日曜から10月の最終土曜まで。ただし、変更される年もある。

ビジネスアワー

以下は一般的な営業時間の目安。商店やレストランなどは、店や都市によって異なる。

デパート、ブランド店
ローマなどの都市では、デパート、ブランド店、一部の商店は昼休みなしで、日曜、祝日（1/1、12/25などは休業）も営業。営業時間は10:00～20:00頃。

銀　行
月～金曜の8:30～13:30、15:00～16:00。祝日の前日は昼までで終了する場合もある。銀行の外側や駅などのクレジットカード対応のキャッシュディスペンサーは24時間利用可能。

一般商店
夏と冬とでやや異なる場合もあり、10:00～13:00、16:00～20:00頃。日曜と祝日のほか、夏は土曜の午後、冬は月曜午後を休業とする場合も多い。

レストラン
昼食12:00～15:00頃、夕食19:00～24:00頃。

▶ローマで食べる →P.380

▶ローマでショッピング →P.388

イタリアから日本へかける場合

国際電話識別番号 **00** ＋ 日本の国番号 **81** ＋ 市外局番と携帯電話の最初の0は取る **××** ＋ 相手先の電話番号 **1234-5678**

▶現地での電話のかけ方
イタリアでは市外局番と市内局番の区分はない、どこにかけるときでも0からダイヤルする。

祝祭日（おもな祝祭日）

キリスト教に関する祝日が多い。年によって異なる移動祝祭日（※印）や各都市の守護聖人の祝日（★印）にも注意。

1月	1/1		元日　Capodanno
	1/6		御公現の祝日　Epifania
4月	4/1（'18）、4/21（'19）	※	復活祭　Pasqua
	4/2（'18）、4/22（'19）	※	復活祭の翌日の月曜　Pasquetta
	4/25		イタリア解放記念日　Anniversario della Liberazione d'Italia
	4/25	★	ヴェネツィア
5月	5/1		メーデー　Festa del Lavoro
6月	6/2		共和国建国記念日　Festa della Repubblica
	6/24	★	フィレンツェ、ジェノヴァ、トリノ
	6/29	★	ローマ
7月	7/15	★	パレルモ
8月	8/15		聖母被昇天祭　Ferragosto
9月	9/19	★	ナポリ
10月	10/4	★	ボローニャ
11月	11/1		諸聖人の日　Tutti Santi
12月	12/6	★	バーリ
	12/7	★	ミラノ
	12/8		聖母無原罪の御宿りの日　Immacolata Concezione
	12/25		クリスマス　Natale
	12/26		聖ステファノの日　Santo Stefano

電圧とプラグ

電圧は220Vで周波数50Hz。ごくまれに125Vもある。プラグは丸型のCタイプ。日本国内用の電化製品はそのままでは使えないので、変圧器が必要。

プラグはCタイプ。変圧機内蔵の電化製品ならプラグ変換アダプターを差せば使える

ビデオ／DVD方式

イタリアのテレビ・ビデオ、DVD方式（PAL方式）は日本（NTSC方式）とは異なるので、一般的な日本国内用ビデオデッキやDVDプレーヤーでは再生できない。DVDはパソコンやPAL互換機能、リージョンフリーのついたDVDプレーヤーなら再生可能。ソフト購入時に確認を。

チップ

レストランやホテルなどの料金には、ほとんどサービス料が含まれているので、必ずしもチップ（伊語でmanciaマンチャ）は必要ではない。快いサービスを受けたときや通常以上の手間を取らせたときなどには、以下の相場を参考にしてみよう。

タクシー

料金の10％程度。

レストラン

料理代金に含まれる場合がほとんど。別計算の場合も、勘定書きには含まれている。店の格により7～15％程度。

ホテル

ポーターやルームサービスに対して、€1～5程度。

トイレ

係員が一律に徴収する場合や、机にお皿を置いて任意にとする場合がある。入口のゲートに指定料金を投入する無人タイプもある。€0.70～1程度。

飲料水

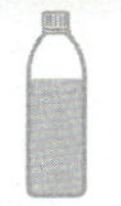

イタリアの水道水は日本とは異なり、石灰分が多い硬水。そのまま飲むこともできるが、体調が不安な人はミネラルウオーターを。レストランやバールではミネラルウオーターを注文するのが普通。ガス入りcon（コン） gas（ガス）とガスなしsenza（センツァ） gas（ガス）がある。500mℓがスーパーで€ 0.30～0.80、バールで€0.50～2程度。

※本項目データはイタリア政府観光局、外務省、気象庁などの資料を基にしています。

郵便

郵便局は中央郵便局と小規模の郵便局の2種があり、営業時間や小包などの取り扱い業務が異なる。切手は、郵便局のほか、Tのマークのタバッキ Tabacchi（たばこ屋）で購入でき、ポストも日本同様に各所に設置されている。

中央郵便局の営業時間は㊊～㊏8:00～19:00。そのほかの郵便局は8:00～14:00頃、㊏㊐休み。

郵便料金

日本への航空便（ポスタ・プリオリタリア）は、はがきや20gまでの封書は€2.20。

主要な駅には郵便局がある

▶郵便→P.363

税金

▶免税の手続き
→P.391

ほとんどの商品にIVAと呼ばれる付加価値税が10～22％かかっている。EU以外の居住者は、1店舗€154.94以上の買い物をし、所定の手続きをすれば、手数料などを引いた税金が還付されるシステムがある。買い物をするときや帰国時には、忘れずに手続きをしよう。

ブランド店では簡単に免税手続きをしてくれる

安全とトラブル

地下鉄やバスなどの公共交通機関内でのスリ、町なかでは子供や乳飲み子を連れたスリ集団などの被害の報告が多い。力づくで金品を奪うことは少なく、各個人の注意により未然に防ぐことができると思われる。

警察署　113

消防署　115

▶安全な
ローマ滞在のために
→P.405

▶トラブルに遭って
しまったら
→P.411

観光名所では気を引き締めよう

年齢制限

レンタカー会社では、21～25歳以上で運転歴が1年以上、または60～65歳以下などの年齢制限を設けている場合もある。

多くの国立の博物・美術館では18歳以下は無料。また一部の見どころで、学生や26歳以下、60～65歳以上に割引適用の場合あり。

▶レンタカーの
貸し出し条件
→P.370

度量衡

長さはセンチ、メートル、重さはグラム、キロで日本と同じ。食料品店などで表示されるettoエットは100gのこと。

その他

禁煙法の施行

2005年1月10日より、「禁煙法」が施行され、美術館、博物館、映画館、列車および、レストラン、バールなどを含め、すべての屋内、公共の場での喫煙は禁止。違反者には、罰金が課せられる。

滞在税導入

2011年1/1（2014年9/1改訂）より、ローマ市に宿泊する旅行者を対象に滞在税（Contributo di Soggiorno a Roma/ Accomodation Tax in Rome）の運用が開始された。

ひとり1泊につき1～2つ星ホテルで€3、3つ星ホテルで€4、4つ星ホテルで€6、5つ星ホテルで€7。上限10泊まで。現金またはカードで直接ホテルへ。

シエナへ
アレッツォへ
アレッツォ
ペルージャへ
ペルージャへ
ペルージャへ
マルケ
MARC
トスカーナ州
TOSCANA
ウンブリア州
UMBRIA
トーディ
Todi
オルヴィエート
Orvieto
L. di Corbara
スポレート
Spoleto
ボルセーナ
Bolsena
バニョレッジョ
Bagnoregio
P.254
チヴィタ
Civita
P.254
Carsulae
ボルセーナ湖
Lago di Bolsena
Terni
モンテフィアスコーネ
Montefiascone
Castro
Ferentium
ボーマルツォ
Bomarzo
P.256
Mti. Reatini
トゥスカニア
Tuscania
Bagno d.
Busseto
Vulci
ヴィテルボ
Viterbo
P.251
バニャイア
Bagnaia
P.255
Mti. Cimini
Rieti
グロッセートへ
Norchia
Vetralla
L. di Vico
Caprarola
Mti. Sabini
テヴェレ川
Tevere
タルクィニア
Tarquinia P.246
Blera
Casentile
L. di Salto
A1
Mti. Sabatini
Trevignano Romano
チヴィタヴェッキア
Civitavecchia
Mti. d. Tolfa
ブラッチャーノ湖
L. di Bracciano
ブラッチャーノ
Bracciano
Anguillara
オレンジ海岸へ
A12
Veio
チェルヴェテリ
Cerveteri P.250
ローマ
Roma
P.29
P.234
ティヴォリ
Tivoli
A24
ズビアコ
Subiaco
ポルト・トッレス
オルビア
カリアリ
へ
ヴァティカン市国
Città d. Vaticano
ヴィッラ・アドリアーナ
Villa Adriana P.239
Mti. Prenestini
ティレニア海
Mare Tirreno
フラスカーティ
Frascati
パレストリーナ
Palestrina
Fiumicino
オスティア・
アンティカ P.243
Ostia Antica
Ciampino
Tuscolo
カステッリ・ロマーニ
Castelli Romani
A1
アナーニ
Anagni
リド・ディ・オスティア
Lido di Ostia
Albano Laz.
L. di Albano
L. di Nemi
Velletri
Segni
Mti. Lepini
ラツィオ州
LAZIO
高速自動車道路
主要幹線道路
幹線道路
鉄道
フェリー
空港
州境
遺跡
N
0
20km
Privernum
Nettuno
Latina
アンツィオ
Anzio
Fossanova
チルチェオ国立公園
Parco Naz. del Circeo
L. di Fo
テラチー
Circe
Terracin
ポンツァ島へ(夏季のみ)
ポンツァ(島)へ

地図について

本書に掲載されている観光ポイント、ホテル、レストランなどは、原則として、地区のルート別詳細マップまたは巻頭のローマ区分図で位置を探せるようになっています。例えば、**MAP P.38**とあれば、38ページの範囲内にあることを、**MAP P.40 A1**とあれば、40～41ページに載っている地図の40ページ側のA-1(左上)の範囲内にあることを示しています。また、ショッピングゾーンについては、ショッピングマップを載せてあります。

マップインデックス

初めてのローマ

見どころ、攻略法

テルミニ駅からヴァティカンまで徒歩で1時間あれば踏破できるローマ。でも、初めて旅する読者からは「ローマはわからない！」という声が届く。途方もなく長い歴史に育まれてきたローマだから、一筋縄ではいかないのは当たり前。しかし親しむほどに、その魅力は尽きない町がローマなのだ。そんなローマに第1歩を刻む、あなたに贈る攻略法。行列回避がマスト！

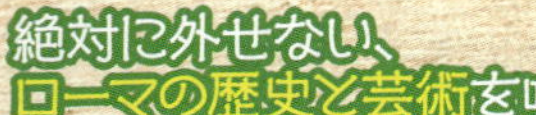

絶対に外せない、ローマの歴史と芸術を味わう

ローマの見どころ BEST3

Viale della Milizia
Viale Giulio Cesare
Lepanto
Ottaviano
Cipro Musei Vaticani
Via Cola di Rienzo
コーラ・ディ・リエンツォ通り
ヴァティカン博物館
Musei Vaticani
ヴァティカン市国
Citta del Vaticano
リソルジメント広場
P.za del Risorgimento
Via Crescenzio
サンタンジェロ城
Castel S. Angelo
サン・ピエトロ広場
P.za S. Pietro
Via della Conciliazione
2
サン・ピエトロ大聖堂
Basilica di S. Pietro
ナヴォーナ広場
P.za Navona
C.so V. Emanuele II
V.エマヌエーレ2世通り
3
カンポ・デ・フィオーリ
P.za Campo de' Fio
Viale Gregorio VII
Via della Cava Aurelia
Via delle Fornaci
ジャニコロの丘
Monte Gianicolo
ガリバルディ広場
P.le G.Garibaldi
サンタ・マリア・イン・トラステヴェレ聖堂
S.パンクラツィオ門
Porta S. Pancrazio
ドーリア・パンフィーリ公園
Villa Doria Panphilj
Via di S. Pancrazio
3
トラステヴェレ
TRASTEVERE

1 コロッセオとフォロ・ロマーノ

古代ローマ地区

コロッセオの行列を避けるなら、優先入場できるローマ・パス（→P.50）を利用するか、コロッセオ以外で切符の購入（→P.54、60、70）を

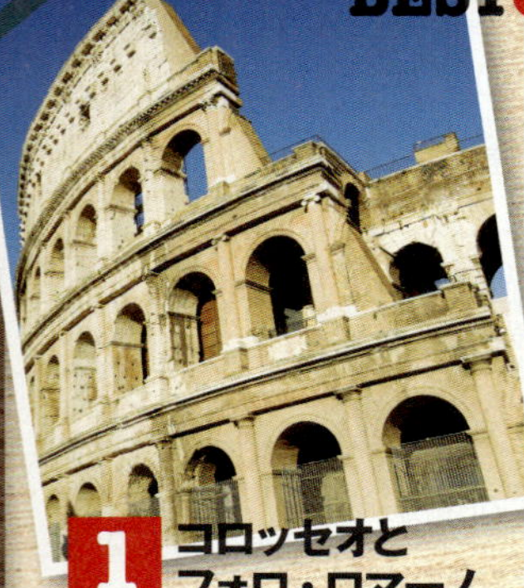

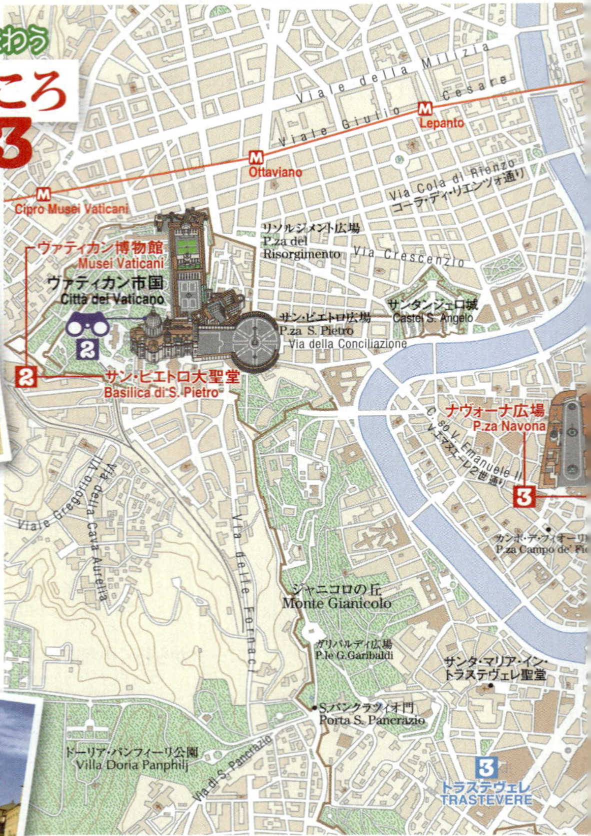

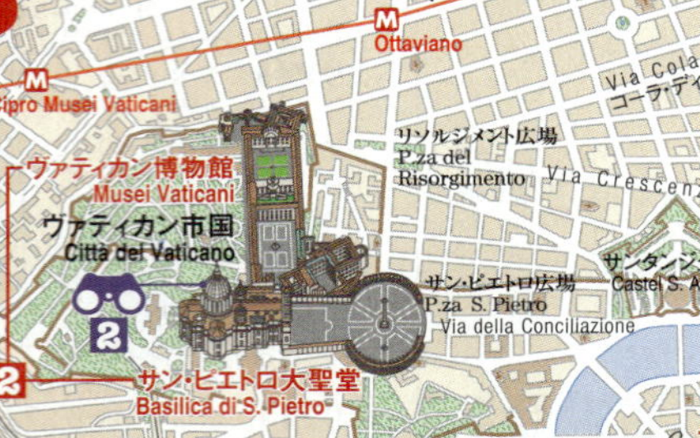

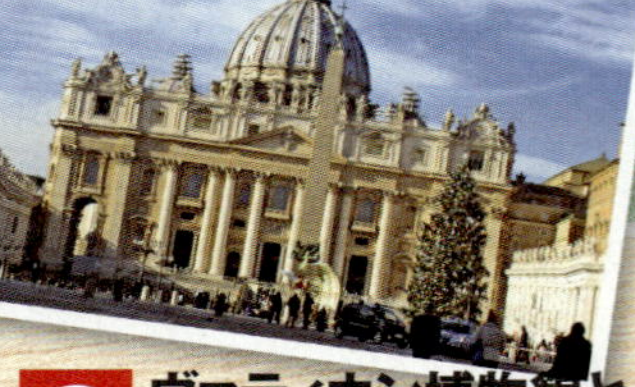

2 ヴァティカン博物館とサン・ピエトロ大聖堂

ヴァティカン市国

2ヵ所は内部でつながっている。まずヴァティカン博物館を予約（→P.145）して見学後に大聖堂を見学。これで大聖堂への行列回避

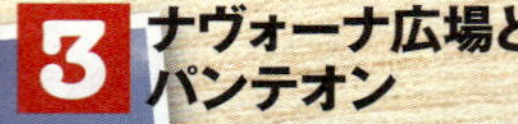

3 ナヴォーナ広場とパンテオン

ローマ歴史地区

約2000年の時を刻むパンテオンとバロック空間が広がるナヴォーナ広場は徒歩で5分程度

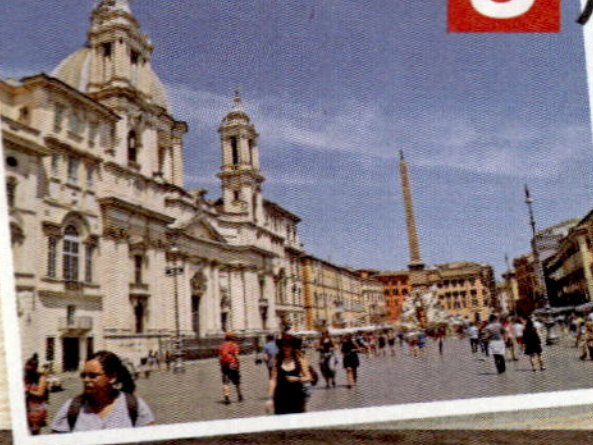

1 スペイン広場

地下鉄駅のすぐそばにあり、アクセスは簡単。飲食禁止なので、アン王女のマネはご法度

映画で有名。
うんちくも広がる楽しいスポット

ロマンティック・ローマ BEST3

2 トレヴィの泉

スペイン階段からは徒歩約15分。車は入れない。噴水の縁に座るのは禁止。インスタ映えは最高!!

1 ボルゲーゼ美術館 Museo e Galleria Borghese
ボルゲーゼ公園 Villa Borghese
ピンチアーナ門 Porta Pinciana
スペイン階段
Spagna
1 スペイン広場 P.za di Spagna
Barberini
バルベリーニ広場 P.za Barberini
バルベリーニ宮（国立古典絵画館）Pal. Barberini
2 トレヴィの泉 Fontana di Trevi
クイリナーレの丘 Monte Quirinale
ヴィミナーレの丘 Monte Viminale
ディオクレティアヌスの浴場跡 Terme di Diocleziano
共和国広場 P.za della Repubblica
Repubblica
五百人広場 P.za dei Cinquecento
Termini
テルミニ駅 Staz. Termini
Castro Pretorio
ピア門 P.ta Pia
サンタ・マリア・マッジョーレ大聖堂 S. Maria Maggiore
ヴェネツィア広場 P.za Venezia
V.エマヌエーレ2世記念堂 Monumento a V. Emanuele II
カンピドーリオの丘
カンピドーリオ広場 Piazza del Campidoglio
Cavour
Vittorio Emanuele
エスクイリーノの丘 Monte Esquilino
トライアーノ公園
Colosseo
オッピオ公園
3 フォロ・ロマーノ Foro Romano
3 真実の口 Bocca della Verità
1 コロッセオ Colosseo
パラティーノの丘 Monte Palatino
チルコ・マッシモ Circo Massimo
チェリオ公園
サンタ・マリア・イン・コスメディン教会
アヴェンティーノの丘 Monte Aventino
サン・ジョヴァンニ・イン・ラテラーノ大聖堂 S. Giovanni in Laterano

3 「真実の口」

アン王女のマネをするには行列必須だが、さほど時間はかからない。いくら行列ができていても時間どおりに閉まるので、早めにgo!

てっとり早く。
ローマを視覚的に知りたい

ローマの眺望 BEST3

1 V.エマヌエーレ2世記念堂の屋上

フォロ・ロマーノ、コロッセオ、さらにエウルまでを一望。ローマを手中におさめた高揚感を感じることができる

3 パラティーノの丘のテラス

パラティーノの丘はフォロ・ロマーノと同日見学が必須（共通券は2ヵ所で1カウント）。眼下の古代の風景は印象的

テヴェレ川に沿って広がるローマの旧市街と普段は見られないヴァティカン庭園を見下ろすスポット

2 サン・ピエトロ大聖堂のクーポラ

初めてのローマ　ローマBest3をチェック!!

まずは、自分好みの旅をプランニングしよう。ローマの町を知るには、まずは**ローマの見どころ**BEST3へ。デート気分で町を歩くなら**ロマンティック・ローマ**BEST3、視覚的にローマを制覇した気分に浸るなら**ローマの眺望**BEST3がおすすめ。番外編の2はルートの途中に組み入れ、3は夕食に繰り出すのがいい。

絶対に外せない、ローマの歴史と芸術を味わう　ローマの見どころ BEST3

1 コロッセオとフォロ・ロマーノ
古代ローマ地区　エリア1

2 ヴァティカン博物館とサン・ピエトロ大聖堂
ヴァティカン市国　エリア5

3 ナヴォーナ広場とパンテオン
ローマ歴史地区　エリア4

歴史が重層的に積み重なるローマ。その歴史は紀元前8世紀に遡る。長い歴史のなかでローマを語るときに外せないのが、**古代ローマ、カトリックの総本山としての栄光、豪華で華やかなバロック芸術**。まずはこれを代表するスポットを訪ねてみよう。1 2は歩行距離が長いので、じっくり見るなら1日1テーマ。

映画で有名。うんちくも広がる楽しいスポット　ロマンティック・ローマ BEST3

1 スペイン広場 → P.112

2 トレヴィの泉 → P.106

3 「真実の口」 → P.201

この3カ所は観光客でいつも大にぎわい。観光地ならではの開放感があり、そぞろ歩きが楽しい界隈だ。スペイン広場は**コンドッティ通り**、トレヴィの泉は**コルソ通り**と続いているので途中でショッピングも。

てっとり早く。ローマを視覚的に知りたい　ローマの眺望 BEST3 (→P.74)

1 V. エマヌエーレ2世記念堂の屋上

2 サン・ピエトロ大聖堂のクーポラ

3 パラティーノの丘のテラス

番外　歩き方おすすめ BEST3

1 ボルゲーゼ美術館 → P.174

2 カンピドーリオ広場 → P.76

3 トラステヴェレ → P.186

ローマで活躍した芸術家の傑作が並ぶ**ボルゲーゼ美術館**。ミケランジェロの設計した**カンピドーリオ広場**からは、裏に回ってフォロ・ロマーノを一望。ローマの下町**トラステヴェレ**で食事して、ローマっ子気分を満喫しよう。

＼2度目!／ ＼3度目!!／ のローマ

ディープなローマ・グルメ案内

昔ながらのディスプレイでどこか懐かしい雰囲気の食料品店

注文がひっきりなしで、ベテラン職人も間に合わないピッツェリア

ローマの下町、トラステヴェレや川向うのテスタッチョには、陽気で温かいイタリア人の人情とマンマ(おかあさん)やノンナ(おばあちゃん)の味わいがいっぱい。中心街のローマにはない、素顔のローマに出会える場所だ。気取りのない雰囲気とお財布に優しいのもうれしいところ。2度目、3度目のあなたに贈るディープなローマ・グルメ案内。

トラステヴェレへは町の中心のヴェネツィア広場から**トラム8番**に乗って、テヴェレ川を渡ったら下車、所要5分程度。テスタッチョへはトラステヴェレから**バス75番**、**トラム3番**、テルミニ駅から**バス75番**または**地下鉄B線**でピラミデ下車で徒歩10〜15分。

カラフルな野菜が並ぶテスタッチョの市場。季節ならではの味わいを楽しもう

ローマ
Roma

ポポロ広場
ボルゲーゼ公園
ヴァティカン博物館
スペイン広場
サンタンジェロ城
サン・ピエトロ大聖堂
サン・ピエトロ広場
#75
共和国広場
テルミニ駅
H
ナヴォーナ広場
トラム#8
カンポ・デ・フィオーリ広場
ヴェネツィア広場
B フォルノ・ラ・レネッラ
R ダ・アウグスト
フォロ・ロマーノ
ジャニコロの丘
トラム#8
コロッセオ
真実の口広場
S ビスコッティフィッチョ・イノチェンティ
S.G.ラテラーノ大聖堂
トラステヴェレ TRASTEVERE (→P.186)
S アンティカ・カチャーラ
B シシーニ
アヴェンティーノの丘
チェリオの丘
トラム#3
R ピアット・ロマーノ
テスタッチョの市場 B S
テスタッチョ TESTACCIO (→P.205)
M ピラミデ駅
カラカラ浴場
オスティエンセ駅
トラスレヴェレ駅

バス・トラム路線凡例
H
8
75 (一部経路変更あり)
719
3

マンマの味を求めて ダ・アウグスト

Da Augusto dal 1954 a Trastevere

地 P.39 A3

家庭料理の定番、アマトリチャーナ。ローマっ子はシンプルな1皿がお好み

冬のローマの名物野菜、プンタレッラ。アンチョビーが効いたドレッシングで

地元客や観光客で、開店まもなくにテーブルが埋まる人気店。ほぼ毎日通う常連さんも

　トラステヴェレで地元の人にも観光客にも人気の手頃なトラットリア。今では死語になりつつあるが、かつてローマでは伝統的に曜日ごとに決まった料理があり、「**木曜ニョッキ、金曜バッカラ（または魚）、土曜トリッパ……**」と呪文のように唱えられたもの。ここはそんな食のしきたりや季節の味わいを大切にしている1軒だ。

　かなり庶民的な外観、簡素な内装、紙のクロスを敷いたテーブル……と、ちょっと心配になるが、サービス係もキッチンも女性陣がテキパキと働く様子は気持ちよく、料理の説明も親切ていねいなのがうれしい。

　料理は**ローマの家庭料理**。前菜はなく、**子羊の猟師風煮込み**Agnello alla Cacciatora €9、**牛肉の煮込み**Spezzatino al Sugo €9などの定番のほか、日替わり料理で火曜には**イカとグリーンピースの煮込み**Calamari con Piselli €10、**子牛の腸の煮込み**Pajata €9、木曜 **ニョッキ**Gnocchi €9、金曜 **干しタラのリボルノ風**（トマト煮）Baccalà alla Livornese €10、日曜 **ラザーニャ**Lasagna €9.50などの伝統食が並ぶので、日を変えて訪ねてみるのも一興だ。

　アンチョビーがきいたローマならではのドレッシングで食す、シャキシャキの**プンタレッラのサラダ**Puntarelleやカルチョーフィを白ワインで煮込んだ**ローマ風カルチョーフィ**Carciofi alla Romanaなどの季節の野菜は、コントルノ（付け合わせ）や前菜としてもおすすめだ。

これも家庭料理の定番、野菜たっぷりでトマトのうま味が効いたミネストローネ

子羊の猟師風煮込み。ビネガーと香味野菜が味のアクセント。見かけよりアッサリした味わい

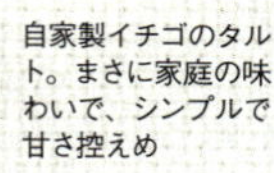

自家製イチゴのタルト。まさに家庭の味わいで、シンプルで甘さ控えめ

牛肉の煮込み。Spezzatinoとは1口大の肉の煮込みのこと。ホロホロと崩れるほどに煮込んである

ダ・アウグスト
Da Augusto dal 1954 a Trastevere

URL www.trattoria-romana.it
住 Piazza de' Renzi 15
☎ 06-5803798
営 12:30～15:00、20:00～23:00
休 ㊏夜、㊐㊗
予 €20くらい（パン代1人€1）
C 不可

うまい、切り売りピッツァ、フォルノ・ラ・レネッラ

Forno La Renella

地 P.39 A3

ナス、キノコ、ポテト、ソーセージ……、いろいろなトッピングが楽しい

トラステヴェレの風情ある石畳の小路にひっそりある、1870年から続く老舗のパン屋。

吟味した素材を使い、伝統的な作り方にこだわったパンの評判は高く、このあたりのレストランやトラットリアではここのパンが出されることが多い。店舗の間口は狭いが、反対側の路地へと続く店内はスペース十分。ショーケースには定番のパン類やクッキーなどのほか、Pizza al Taglioと呼ばれる切り売りのピッツァの品揃えには目移りするほど。

定番の**マルゲリータ**から**サーモン**、**ハム**、**サルシッチャ**(生ソーセージ)、**ブルーチーズ**、**サラダ**や**野菜**……などのピッツァが並ぶ。彩り、味わいも絶妙のマッチングだ。好みを指さして、適当な大きさに切ってもらおう。クリスマスシーズンに店頭に並ぶ、チョコたっぷりのしっとりとした**パネトーネ**Panettoneはおみやげに最適。

店内は広く、カウンターが設けられているので、ゆったりと店内での飲食(立ち食い)ができるのがうれしい。営業時間が長いので、散策の途中に小腹がすいたときにおすすめ。

本格的なパンもあり、これを使ったパニーノも人気

指差して注文すれば、適当な大きさに切ってくれ、温めてくれるのが、切り売りピッツァのお約束

細い路地にあり、知らなかったら見逃しそうな外観だ

フォルノ・ラ・レネッラ
Forno La Renella

URL www.larenella.com
住 Via del Moro 15/Via del Politeama 27
☎ 06-5817265 営 7:00～24:00
休 日祝 予 €3～ C A.D.J.M.V.

小腹がすいたらシシーニ・ラ・カーサ・デル・スプリーへ

Sisini La casa del Supplì

(→P.273)

トラステヴェレの目抜き通りのフランチェスコ・ア・リーパ通りは、左右に商店、バール、トラットリア、ピッツェリア、スーパーマーケットなどがぎっしりと並び、活気ある通りだ。

人通りの多いこの通りで、ひときわにぎわいを見せるのが**シシーニ**(名物の名前をとってスプリーSuppliìとも呼ばれる)。昼時や夕方には狭い店内に入り切れないほど。

ピカピカに磨かれた清潔な店内のショーケースには**スプリー**、**切り売りピッツァ**、**パスタ**、**鶏のグリル**、**ローストポテト**や**温野菜**などさまざまなお総菜が並ぶ。スプリーをその場でパクリとつまむ若者、持ち帰りの人……。客層は労働者から主婦までいろいろだ。お店の人は明るく、親切。でも混雑した時間はあまりの人に怖気づくので、少し時間をずらすのがおすすめ。

さて、**名物のスプリー**は1個€1.30の破格の値段。このスプリーとは、ライスコロッケ。トマト味のリゾットにモッツァレッラチーズを入れて、パン粉をつけて揚げたもの。揚げたてはモッツァレッラが溶けて電話線(テレーフォノ)のように糸を引くことから**スプリー・アル・テレーフォノ**とローマでは呼ばれている。

開店まもなくの店頭。ピッツァやスプリーなどのスナック類が充実

店名にもなっている、スプリー。おむすび感覚で食べられて日本人好み

昼時や夕方からはパスタやお総菜類の品数が増える

老舗の食料品店アンティーカ・カチャーラで、お買い物

Antica Caciara

(→P.285)

手作りのトンナレッリ。ペコリーノ・ロマーノと合わせて、ローマ名物のトンナレッリを日本で味わってみよう

塩抜きされた**バッカラ**(塩漬け干鱈)やプラスチックの水切りカゴに入った真っ白な**フレッシュ・リコッタチーズ**が店頭に並び、昔ながらの風情を残す食料品店。ここも1900年から続く老舗で、目利きのご主人によりローマ近郊のみならず、イタリア中から厳選された**チーズ、ハム、サラミ、ワイン**などが並ぶ。店名のカチャーラCaciaraとは、「チーズ熟成所」の意味で、かつてはローマ近郊に多数いた羊飼いが、自分で作ったチーズ(Caci/Caciotte)をここに持ち込んだのが始まりだ。

観光客向けの店ではないし、キッチンのない旅行者にはちょっと敷居が高いが、イタリア食材に興味ある人にはおすすめ。まずは**ローマ産ペコリーノチーズ**Pecorino Romanoを味わってみよう。ローマ名物のパスタ、トンナレッリのカーチョ・エ・ペーペTonnarelli Cacio e Pepeには欠かせないチーズであり、ワインのおつまみとしても最適。サラミやハムなどの肉製品は日本への持ち込み不可だが、チーズ類はOK。好みを選び、適当な大きさに切ってもらおう。真空パックSotto Vuotoにもしてくれるので安心。

黒いロウで覆われている、ペコリーノ・ロマーノ・チーズ。ローマ近郊産、羊乳製、ミルクの香りと深いコクが特徴

どのチーズも量り売りをしてくれるので、好みを告げて新しい味にチャレンジするのも楽しい

クッキー工場ビスコッティフィッチョ・イノチェンティでブォ〜ノ!

Biscottificio Innocenti

(→P.289)

ちょっと古びたパステルカラーのガラス扉越しに、色とりどりの手作りクッキーやタルトが並ぶ店内。眺めているだけでもワクワクし、子供心に戻してくれるような楽しい空間だ。

1920年創業。店内のまん中には、今も稼働する60年代の大型オーブンが鎮座する工場であり売店だ。オーブンの周りにできたてのクッキーが、天板に載せられてズラリと並ぶ様子は圧巻。家族経営でご夫婦の接客も明るく親切。好みのクッキーを指差せば1枚からでもOK。店頭の小さなベンチに座って味わってみるのもいい。

気に入ったら日本へのおみやげをゲットしよう。ミックスで箱(12cm角)に詰めてもらって1箱€11くらい。おすすめはナッツと卵白で作った軽くて濃厚な**ブルッティ・マ・ブオーニ**Brutti ma Buoniやサクッと優しい口どけの**ラングド・シャ**Lingue di Gattoなど。復活祭の**フラッペ**Frappe(粉砂糖をかけた薄い揚げ菓子)やクリスマスの**パネトーネ**Panettoneなど季節ごとのお菓子も格別だ。

ノスタルジーを感じさせる工場兼店内。ぎっしり並んだ菓子類にグレーテルの気分?!

大通りから入った、静かな路地にひっそりとたたずむ店舗

指差し注文や1個からでもOK。目立つところに置かれた、季節の味わいも旅の楽しみ

市場でB級グルメを味わう (→P.205)

市内から地下鉄B線でピラミデ駅下車、駅から徒歩約10分。もうひとつのローマの下町**テスタッチョ**が広がる。かつて屠殺場のあった地域で、ローマ料理の特色のひとつである**臓物料理の発祥の地**だ。近年、大規模な都市開発が行われ、屠殺場にはローマ現代美術館が新設され、テスタッチョの市場も新設移転した。市場は屋根付きで、中央にはフリースペースのテーブル席が設けられ、周囲には野菜、果物、魚、肉などの屋台からストリートフード、雑貨、洋服、靴などの屋台が広がる。買ったものを座ってすぐに食べられるのが便利で楽しい。

色の洪水のような野菜の屋台。豊富な種類にビックリ

市場には、かわいいスリッパなどの雑貨も並ぶ。ディスカウントの表示も

ちょっと重いけど、瓶入りのジャムや蜂蜜はおみやげにもピッタリ

ローマ名物料理のひとつ、カルチョーフィ。晩秋から冬と春が旬。繊維質でホクホク

インテリア・グッズや靴、衣料品、ビーガン・フーズまでさまざまなボックスが続く

ローマの味を代表する、おすすめの屋台

屋台は小さなスペースで仕切られ、住所のようなBOX番号がつけられているので、お目当てを探すのは容易。特に人気があるのは、**ローマ1のパニーノ**との評判の**モルディ・エ・ヴァイ**Mordi e Vai (BOX15)。ここの特徴は肉や内臓系の煮込み料理を特製の香ばしいややソフトなパンにはさんでいること。チコリアやカルチョーフィなどの野菜もあり、トッピングにもおすすめ。ジューシーでボリューミーなので1個で大満足。老主人は明るく陽気。目の前で具材も見られるので好みを選ぼう。まずは店舗左の発券機で順番待ちのチケットをゲットして、電光掲示板に自分の番号が表示されるのを待とう。人気のパニーノは子牛肉をトマトソースでトロトロに煮込んだ**ラレッソ**l'allesso、子牛のカルボナーラ風**ヴィテッロ・アッラ・カルボナーラ**Vitello alla carbonara、おばあちゃんのハンバーグ**ポルペッタ・デッラ・ノンナ**Polpetta della Nonna (揚げ焼きとトマト煮込みの2種)など。1個€3.50〜6。

大通り側のボックスにある、人気のパニーノ屋モルディ・エ・ヴァイ

おばあちゃんのローマの味を作り出す、モルディ・エ・ヴァイの名物店主

量り売りがスタンバイの手作りパスタ。その場で食べられるものは店頭の黒板を見てチェック

最近は家庭で作るより、買うことが多くなった手作りパスタ。スープの具にしたり、ソースであえてテーブルに

本日のメニューが書かれた黒板。DAL FORNOはオーブン料理の意味で、ラザーニャも

目の前でパスタ作りを見学できるのが**レ・マーニ・イン・パスタ**Le Mani in pasta（BOX58）。小さな作業場を見ることができ、きれいに伸ばされたパスタ生地が詰め物をされて**ラヴィオリ**になったり、**ジャガイモのニョッキ**がコロコロとした形になったりと、手仕事は見ていて楽しい。フレッシュパスタは購入できるだけでなく、その場でソースであえた1皿で味わうことができる。パスタやニョッキなど、日替わりで1皿€6～。

普通のストリートフードでは飽き足りないあなたにおすすめなのは、**フード・ボックス**Food Box（BOX66）。ローマの伝統料理からイタリア各地の料理、さらにちょっとトレンドのストリートフードが味わえるスタンド。ていねいな調理と作り立ての味わいに人気が高く、おすすめは**スプリー**Suppliìや**ポルケッタのパニーノ**Panino con Porchetta、**プーリア風ボンベッタ**Bombetta Pugliese（薄切りの豚肉と塩漬け豚でチーズを包んで揚げたもの）など。

このほか、ピッツァとパニーノのロメオ・シェフ&ベーカーRomeo Chef & Baker（BOX30）、カップスCups（BOX44）のクリームスープやトルテッリ・イン・ブロード（詰め物をしたパスタを浮かべたコンソメスープ）などは食事のお供にもおすすめ。エンポリオ・ディ・シチリアEmporio di Sicilia（BOX18）にはシチリアの味が勢揃い。デザートにリコッタチーズを詰めたカンノーロCannoloを。

大きな一角を占める、今注目のフード・ボックス。奥の黒板にメニューが書かれている

ローマ名物のスプリーも。いろんなところで食べ比べてみるのもおもしろい

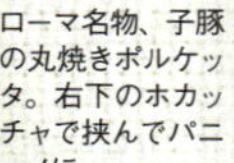

ローマ名物、子豚の丸焼きポルケッタ。右下のホカッチャで挟んでパニーノに

メルカート・ディ・テスタッチョ
Mercato di Testaccio

URL www.mercatoditestaccio.it
住 入口Via Beniamino Franklin/Via Alessandro Volta/Via Aldo Manuzio/Via Lorenzo Ghiberti
営 7:00～15:30 休 日祝
C 一部可（店舗により異なる）

古きよきローマの1皿を求めて、ピアット・ロマーノ

Piatto Romano

(→P.275)

今ではちょっと珍しい、子牛の脳みそ、胸腺、ズッキーニ、カルチョーフィのフリット

シンプルな店内。夜は地元の人でいつもにぎやか。夜はピッツァもある庶民的な1軒

外からは中がのぞけない典型的な下町のトラットリア。曇りガラスの扉を開けた店内はシンプルそのもの。材料を吟味して、手間をかけた伝統的なローマ料理が気取らない雰囲気のなかで味わえる1軒だ。**トンナレッリのカーチョ・エ・ペーペ**Tonnarelli cacio e pepe €12、**パヤータ（子牛の腸のトマト煮込み）のリガトーニ**Rigatoni alla pajata €10、**子羊のグリル**Abbacchio Scottadito €13、**サルティンボッカ**Saltimbocca €12など定番のローマ料理がメニューにはズラリと並ぶ。お店の人のおすすめも聞いてみよう。日によっては、ほかではあまりお目にかかれない今では珍しくなってしまったローマの家庭料理や野趣あふれる野菜があるので、味わってみよう。デザートなどは自家製で手が込んでいて、古きよきローマの味を残している。夜はピッツァもある。

ローマ名物をちょっとアレンジした、トンナレッリのカーチョ・エ・ペーペのインゲン添え

野生の野菜も混ぜたミックス・サラダ

カルチョーフィのユダヤ風。ユダヤ人街があったローマならではの名物。周囲はパリパリで中心部はホクホク

秋から冬限定の自家製のマロンペーストを使ったモンブランMonte Bianco

約1km続くコルソ通りは人気のショッピングゾーン。そぞろ歩きが楽しい

壮大なサン・ピエトロ広場のクリスマス飾りは必見

ローマのクリスマスを楽しもう!!

通りごとに違うイルミネーションを楽しもう。コンドッティ通りにて

冬の寒さを吹き飛ばすように、イルミネーション輝くクリスマスシーズン。この時期は町の各所に**クリスマスツリー**やキリスト降誕を模したジオラマの**プレゼーピオ**が飾られ、通りには華やかな**街頭イルミネーション**が花を添える。クリスマスの光を楽しみながら、買い物したばかりのプレゼントが入ったいくつものショッピングバッグを提げて歩くローマっ子たちの姿は、平和で幸福な風景だ。お店のショーウインドーもクリスマス仕様になるので、この季節はウインドーショッピングを兼ねた散策が楽しい。

スペイン広場のモダンなツリー

店ごとに違うクリスマス飾りを見て歩くのも、この時期のお楽しみ

クリスマスの風物詩、バグパイプを吹くローマの羊飼いのおじさんたち

イタリアのクリスマス

イタリアのクリスマス期間は**12月8日の「聖母無原罪の御宿りの日」**から**1月6日の「ご公現の日」まで**。**12月25日のクリスマス(ナターレNatale)**は、キリストの降誕を祝う日だ。それに先立ち、聖母マリアが神の特別な恵みにより懐妊した日が「聖母無原罪の御宿りの日」。続く「ご公現の日」とは、神の栄光がキリストを通して、すべての人に現れたことを祝う日で、キリストの降誕を祝って**東方三博士**が貢物を持ってイエスのもとを訪れ、この時にキリストの誕生が公になったとされている。

星の導きにより、新たな王と対面した東方の三博士が贈り物を授けたことが、クリスマスプレゼントの起源とも言われている。

これらの場面は絵画の題材としても多く取り上げられている。母マリアが大天使ミカエルから「懐胎を告げられるシーン(受胎告知)」、「東方三博士の来訪」、「聖家族(母マリア、父ヨゼフ、幼子イエス)」などは、イタリアの多くの美術館や教会で目にしているはずだ。

クリスマスに訪れたいスポット

カトリックの総本山、ヴァティカンへ

サン・ピエトロ広場のツリーは毎年点灯式の様子がニュースで流れるほど有名なもの。年ごとにヨーロッパ各地の司教区から贈られ、2017年はポーランドから高さ25mの枝ぶりのよい大きく立派なツリーが届けられた。木の頂点には星が置かれ、色とりどりのボール型のオーナメントを飾る伝統的なスタイル。その根元には等身大よりも大きい**プレゼーピオ**が飾られている。ヴァティカンのプレゼーピオは、奥行きや広がりを感じさせる傑作で、プレゼーピオ作りの技術と伝統で名高いカンパーニャ州の修道院から贈られたものだ。

プレゼーピオには前述の「聖家族」、「東方三博士の来訪」、羊飼い、さらに羊や牛などが配される。ただ、「幼子イエス」は不在で12月24日の夜に飼い葉桶に入れられるのが決まりだ。

右の3人が東方三博士、中央がイエスの「飼い葉桶」

ヴァティカンのツリーとプレゼーピオ

まるで群像劇を観ているような迫力と細かな細工に感嘆!

ショッピングストリートコルソ通りへ

通りを飾る**街頭イルミネーション**はさまざまな違いはあるものの、この季節にはイタリア中どこででも見られる。ローマでは、より華やかなものを見るなら、人通りの多いショッピングストリートがおすすめだ。ローマっ子のいち押しは**コルソ通り周辺**だ。また、各店の店頭や内部に飾られる**ツリー**もその店の個性が出ているので、買い物がてら眺めるのも楽しい。

趣向が凝らされた街頭イルミネーション

BUONE FESTE「よき祝祭を」のメッセージ

幻想的なクリスマスツリーを眺めに、スペイン広場へ

ハイブランドが軒を連ねるコンドッティ通りの先にあるのがスペイン広場。この高台にブルガリから贈られた現代的なクリスマスツリーがきらめく。何本もの金属の棒が天に向かい、その先端には星がつけられたオブジェで、4万個の極小のLEDライトが内包され、刻々と金色、ピンク、白と色を変える様子は幻想的でエレガント。モダンで、高貴で、まさにイタリアを代表するジュエリーブランド、ブルガリにふさわしい豪華さだ。

インスタ映えもよく、自撮りする人が続出のツリー

ブルガリのツリーの幻想的な変化

このほかのスポット

ヴェネツィア広場の中心にも毎年巨大な**クリスマスツリー**が飾られ、バスで通るたびに眺められてこの時期のローマっ子のお楽しみ。クリスマスの市として名高い**ナヴォーナ広場**はここ1〜2年はローマ市が決めた出店料が高すぎるとのことで、出店見合わせが続いていて、以前のようなにぎわいはないが、来年に乞うご期待。

幻想的なヴェネツィア広場。ここも、インスタ映えよし

ちょっと寂しいナヴォーナ広場のクリスマス(2017)

永遠の都、ローマ La Città Eterna,Roma

世界遺産 ローマの歴史地区、およびヴァティカン市国とサン・パオロ・フオーリ・レ・ムーラ
登録年1980／1990年　文化遺産

狼に育てられた双子の兄弟がローマの礎を築き、数々の皇帝たちが闊歩したローマの町。その歴史は紀元前８世紀に遡る。今も町なかに悠久の歴史を刻む遺跡が残り、私たちを迎えてくれる。夕暮れのパンテオン、カンピドーリオから眺めるフォロ・ロマーノやコロッセオなど、どれも壮大なロマンを呼び起こし、誰をも遠い過去へとタイムスリップさせてくれる。

ローマはこんな都市

歴史と文化の万華鏡

およそ3000年もの悠久の歴史を刻む「**永遠の都ローマ**」。今なお、いたるところに古代の歴史と伝説が息づく。そしてまた、カトリック教会の総本山**ヴァティカン**を擁すこの町は、迫害の初期キリスト教時代から2000年の聖年を経て、法王庁の興隆とともに歩んできた町でもある。歴代の法王のもと、広場、噴水、教会そして都市景観さえも次々に生まれ変わり、ルネッサンスの時代にはラファエッロやミケランジェロが活躍し、続く時代にはボッロミーニとベルニーニがローマ・バロックの黄金時代を築いていった。時代の為政者とともに、そしてきらめく天才たちによってさまざまに変貌し発展してきたのがローマの町だ。

世界中の聖職者が訪れる町

ローマを歩こう

町歩きを始める前に ヴィットリオ・エマヌエーレ2世記念堂に上ろう!

ローマの町の中心は**ヴェネツィア広場**。この広場を中心に直径5kmの範囲に旧市街が広がり、おもな見どころがこの円の中にある。**北には**ピンチョの丘とポポロ広場、**東に**テルミニ駅、**南に**カラカラ浴場、**西に**テヴェレ川とジャニコロの丘という具合だ。そして、このヴェネツィア広場の中心に堂々とたたずむのが、**ヴィットリオ・エマヌエーレ2世記念堂**（通称 ヴィットリアーノ）。4頭立ての馬車が上部を飾る、白亜の巨大な記念堂は町のいたる場所から目に入り、町歩きの格好の目印となってくれる。

ヴィットリアーノはローマの中心

ローマ建国の歴史をもつ「7つの丘」から町を眺めてみよう

「7つの丘の町」と呼ばれるローマ。スペイン階段近くにはポポロ広場と町並みを見下ろす**ピンチョの丘**、眼下に古代遺跡が広がる**カンピドーリオの丘**、大きく蛇行するテヴェレ川と町の大パノラマが広がる**ジャニコロの丘**、古代ローマの住居跡の残る**パラティーノの丘**、遠くサン・ピエトロのドームをも望む**クイリナーレの丘**……。ローマの町は丘の上に築かれている。そして起伏ある地形は町にさまざまな顔を与え、坂道を登り切ったとき、そして下ったときにまた違った表情を見せてくれる。

高みから見るローマは、この町を手中に収めたかのような錯覚に陥る。悠久の時間と広がり、長大な人々の営みが作り上げたローマという町の壮大さを実感させてくれる。

カンピドーリオの丘からの風景

ローマの四季

ローマを訪れるにはどの季節が一番か。この質問に答えるのは難しい。ひとつの土地をよく知りたいと思ったら、いろいろな季節に訪れて、さまざまに変わる表情を見る必要があるから。とりわけローマという町は、季節により天気によってその印象を変えるので、訪れるたびにいつも新しい発見があるに違いない。ここではローマの12ヵ月を簡単に述べるにとどめよう。どんな季節に訪れても、“それなりの出合い”がこの町にはあると思うから。

1月 比較的晴天が多いが気温は低い。しかし年が明けるといっせいにバーゲンが始まるので、ローマっ子に混じって買い物をしたい人にはチャンス。

2月 ローマが最も静かなとき。天気はやや変わりやすいが、美術館などをゆっくりと訪れるにはよい時期。

3月 天気は春と冬の間を行ったり来たりするが、町には復活祭を待つ気分がしだいに盛り上がり、ミモザの花がひと足早く咲き始める。

4月 花がいっせいに咲き、ショーウインドーには夏向けの鮮やかな色が目につくようになる。思わぬ冷たい雨に遭うこともあるので服装計画に工夫が欲しい。

5月 明るく穏やかな日に恵まれることが多い。日も長くなるので郊外への小旅行なども計画しやすい。朝晩はまだかなり冷え込む。

6月 しだいに夏らしくなり始め、後半にはかなり気温の上がる日もある。外に並べられたテーブルで食事をする人が増えてくる。

ローマ郊外、エウルの春はソメイヨシノとともにやってくる

7月 すっかり夏の表情になるが、風がなくやや蒸し暑いこともある。しかし光は強く、遺跡やモニュメントは最もローマらしい表情を見せる。

8月 人々はバカンスに出かけ、町にはツーリストが目立つ。日中はかなり暑く、商店やレストランも休みのところが多い。夜には「ローマの夏」と銘打った催しが古代遺跡などを舞台に繰り広げられる。

9月 バカンスを終えた人々が町に戻り、活気がよみがえる。暑さはときに月の終わりまで続くが、吹く風はしだいに秋らしくなる。

ローマの旧市街に突然現れる大空間、ナヴォーナ広場。大河の噴水は、ローマ・バロックの代表作品

10月 ローマを訪れるのにこれ以上の季節はない。暑さも去り、光も透明度を増して、日没がすばらしい。

11月 雨がしだいに多くなり、気温も徐々に下がるが、本格的な寒さにはまだ間がある。町角には名物の焼き栗売りが出始め、展覧会なども催される。

12月 トラモンターナと呼ばれる冷たい山おろしの風が吹き、天気も変わりやすいが、町はクリスマス一色になり、商店や通りもきれいに飾りつけられて楽しい。

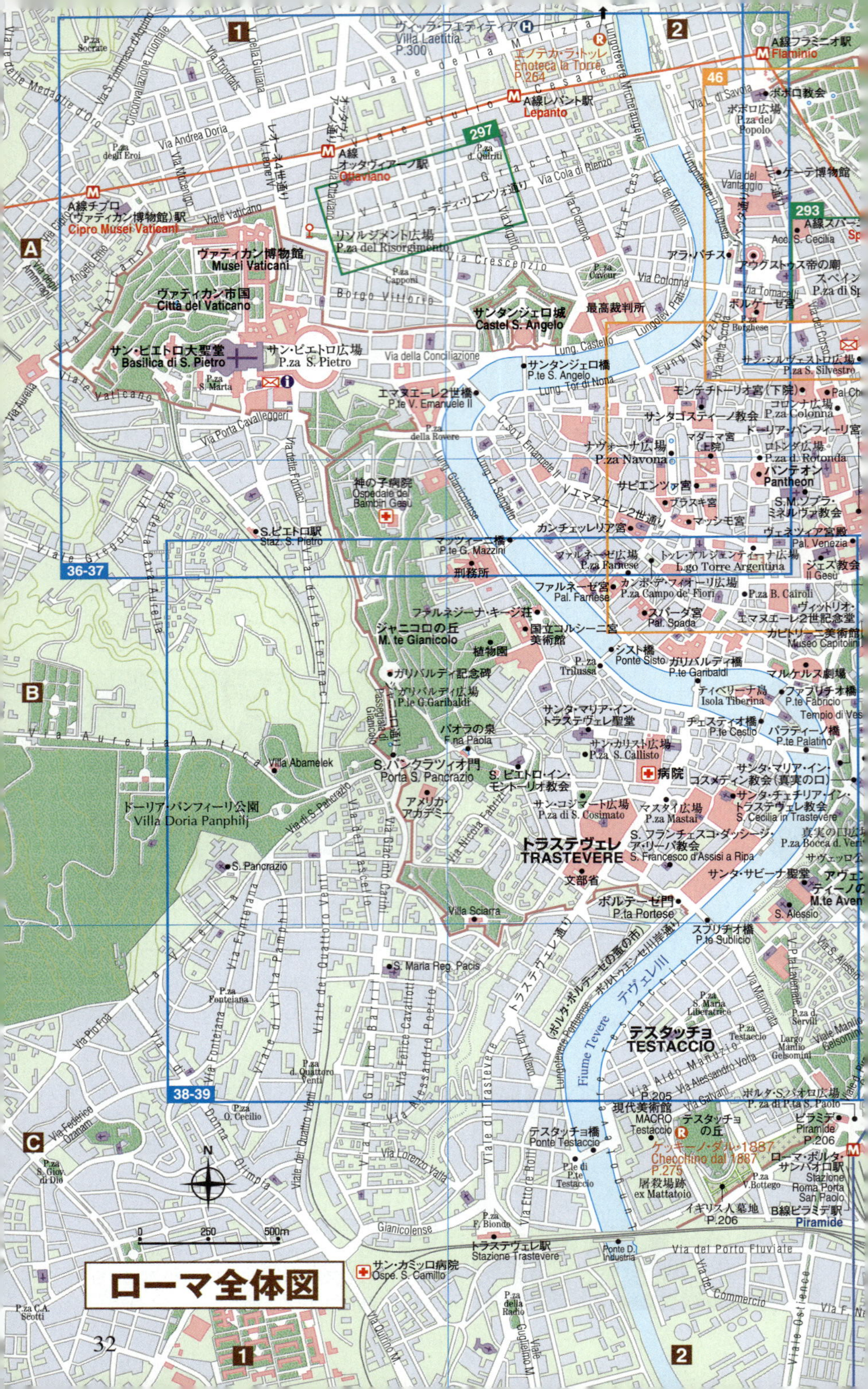
ヴィッラ・ラエティティア
Villa Laetitia
P.300
エノテカ・ラ・トッレ
Enoteca la Torre
P.264
A線フラミーニオ駅
Flaminio
A線レパント駅
Lepanto
ポポロ教会
ポポロ広場
P.za del Popolo
ゲーテ博物館
A線オッタヴィアーノ駅
Ottaviano
A線チプロ
(ヴァティカン博物館)駅
Cipro Musei Vaticani
リソルジメント広場
P.za del Risorgimento
コーラ・ディ・リエンツォ通り
ヴァティカン博物館
Musei Vaticani
ヴァティカン市国
Città del Vaticano
サン・ピエトロ大聖堂
Basilica di S. Pietro
サン・ピエトロ広場
P.za S. Pietro
サンタンジェロ城
Castel S. Angelo
最高裁判所
アラ・パチス
アウグストゥス帝の廟
A線スパーニャ
スペイン広場
P.za di Sp
ボルゲーゼ宮
サン・シルヴェストロ広場
P.za S. Silvestro
サンタンジェロ橋
P.te S. Angelo
エマヌエーレ2世橋
P.te V. Emanuele II
モンテチトーリオ宮(下院)
コロンナ広場
P.za Colonna
サンタゴスティーノ教会
ドーリア・パンフィーリ宮
ナヴォーナ広場
P.za Navona
マダーマ宮
(上院)
ロトンダ広場
P.za d. Rotonda
パンテオン
Pantheon
サピエンツァ宮
ブラスキ宮
マッシモ宮
S.M.ソプラ・ミネルヴァ教会
カンチェッレリア宮
神の子病院
Ospedale del Bambin Gesù
S.ピエトロ駅
Staz. S. Pietro
マッツィーニ橋
P.te G. Mazzini
ファルネーゼ広場
P.za Farnese
トッレ・アルジェンティーナ広場
L.go Torre Argentina
ヴェネツィア宮殿
Pal. Venezia
ジェズ教会
Il Gesù
刑務所
ファルネーゼ宮
Pal. Farnese
カンポ・デ・フィオーリ広場
P.za Campo de' Fiori
スパーダ宮
Pal. Spada
ヴィットリオ・エマヌエーレ2世記念堂
カピトリーニ美術館
Museo Capitolini
ファルネジーナ・キージ荘
国立コルシーニ宮美術館
ジャニコロの丘
M. te Gianicolo
植物園
シスト橋
Ponte Sisto
ガリバルディ橋
P.te Garibaldi
マルケルス劇場
ガリバルディ記念碑
ガリバルディ広場
P.le G.Garibaldi
ティベリーナ島
Isola Tiberina
ファブリチオ橋
P.te Fabricio
サンタ・マリア・イン・トラステヴェレ聖堂
チェスティオ橋
P.te Cestio
パラティーノ橋
P.te Palatino
パオラの泉
F.na Paola
サン・カリスト広場
P.za S. Callisto
病院
S.パンクラツィオ門
Porta S. Pancrazio
S.ピエトロ・イン・モントーリオ教会
サンタ・マリア・イン・コスメディン教会(真実の口)
Villa Abamelek
アメリカ・アカデミー
サン・コジマート広場
P.za di S. Cosimato
マスタイ広場
P.za Mastai
サンタ・チェチリア・イン・トラステヴェレ教会
S. Cecilia in Trastevere
ドーリア・パンフィーリ公園
Villa Doria Panphilj
S.フランチェスコ・ダッシージ・ア・リーパ教会
S. Francesco d'Assisi a Ripa
真実の口広場
P.za Bocca d. Verità
トラステヴェレ
TRASTEVERE
文部省
サンタ・サビーナ聖堂
アヴェンティーノの丘
M.te Aven
S. Pancrazio
ポルテーゼ門
P.ta Portese
S. Alessio
Villa Sciarra
スブリチオ橋
P.te Sublicio
S. Maria Reg. Pacis
トラステヴェレ通り
ポルタ・ポルテーゼの蚤の市
テヴェレ川
Fiume Tevere
テスタッチョ
TESTACCIO
ポルタ・S.パオロ広場
P.za di P.ta S. Paolo
現代美術館
MACRO
Testaccio
テスタッチョの丘
P.205
ピラミデ
Piramide
P.206
テスタッチョ橋
Ponte Testaccio
チェッキーノ・ダル・1887
Checchino dal 1887
P.275
ローマ・ポルタ・サンパオロ駅
Stazione Roma Porta San Paolo
屠殺場跡
ex Mattatoio
イギリス人墓地
P.206
B線ピラミデ駅
Piramide
トラステヴェレ駅
Stazione Trastevere
サン・カミッロ病院
Ospe. S. Camillo
Via del Porto Fluviale
36-37
38-39
297
293
46
0 250 500m
N
A
B
C
1
2

ローマ全体図

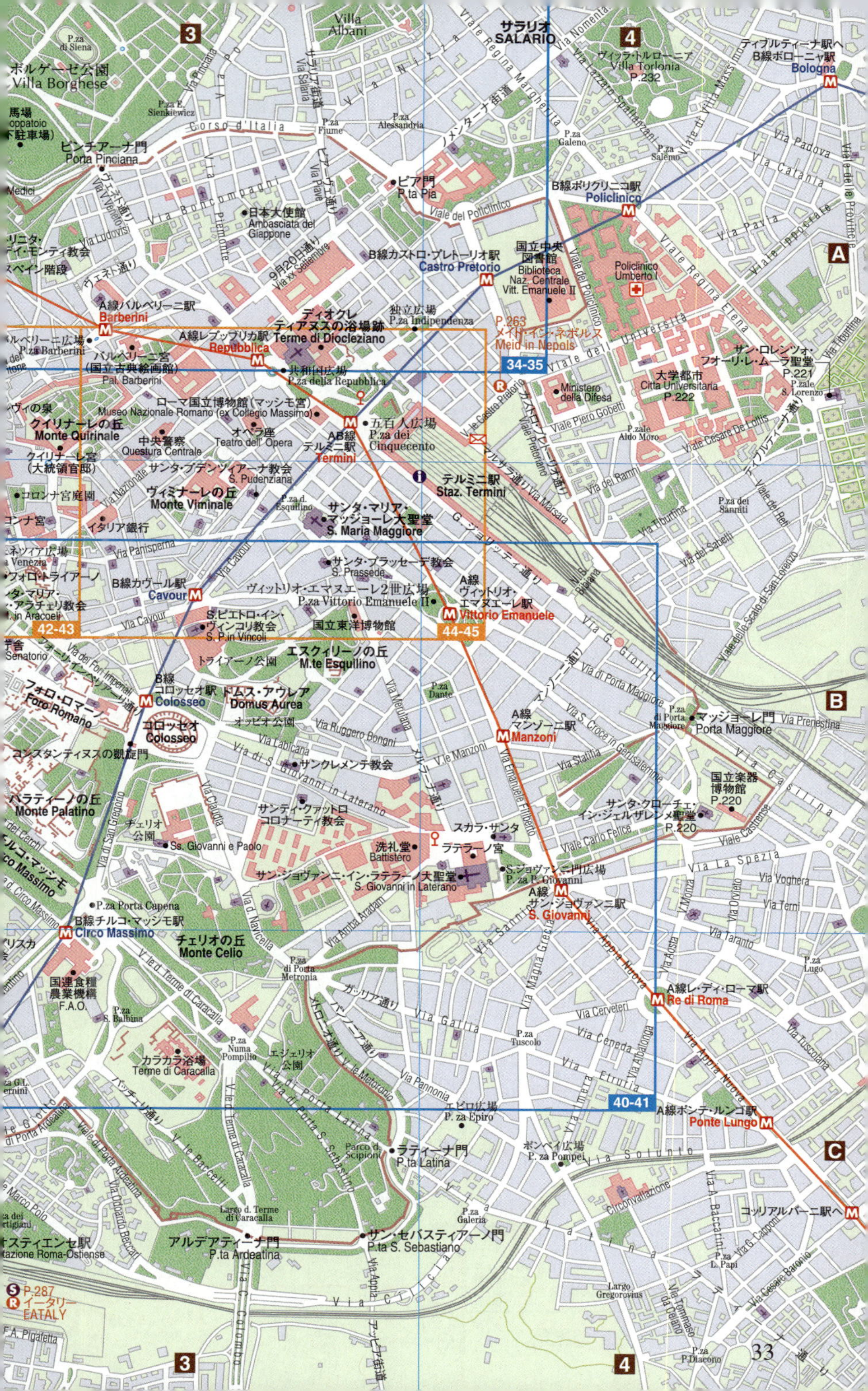

ボルゲーゼ公園
Villa Borghese
ピンチアーナ門
Porta Pinciana
サラリオ
SALARIO
ヴィッラ・トルローニア
Villa Torlonia
P.232
ティブルティーナ駅へ
B線ボローニャ駅
Bologna
ピア門
P.ta Pia
日本大使館
Ambasciata del Giappone
B線ポリクリニコ駅
Policlinico
国立中央図書館
Biblioteca Naz. Centrale Vitt. Emanuele II
B線カストロ・プレトーリオ駅
Castro Pretorio
A線バルベリーニ駅
Barberini
ディオクレティアヌスの浴場跡
Terme di Diocleziano
独立広場
P.za Indipendenza
A線レプッブリカ駅
Repubblica
共和国広場
P.za della Repubblica
バルベリーニ宮（国立古典絵画館）
Pal. Barberini
ローマ国立博物館（マッシモ宮）
Museo Nazionale Romano (ex Collegio Massimo)
クイリナーレの丘
Monte Quirinale
中央警察
Questura Centrale
オペラ座
Teatro dell' Opera
AB線テルミニ駅
Termini
五百人広場
P.za dei Cinquecento
テルミニ駅
Staz. Termini
クイリナーレ宮（大統領官邸）
サンタ・プデンツィアーナ教会
S. Pudenziana
ヴィミナーレの丘
Monte Viminale
サンタ・マリア・マッジョーレ大聖堂
S. Maria Maggiore
イタリア銀行
大学都市
Città Universitaria
P.222
サン・ロレンツォ・フオーリ・レ・ムーラ聖堂
P.221
P.263
メイド・イン・ネポルス
Meid in Nepols
34-35
サンタ・プラッセーデ教会
S. Prassede
B線カヴール駅
Cavour
ヴィットリオ・エマヌエーレ2世広場
P.za Vittorio Emanuele II
A線ヴィットリオ・エマヌエーレ駅
Vittorio Emanuele
サン・ピエトロ・イン・ヴィンコリ教会
S. P.in Vincoli
国立東洋博物館
42-43
44-45
エスクィリーノの丘
M.te Esquilino
トライアーノ公園
B線コロッセオ駅
Colosseo
ドムス・アウレア
Domus Aurea
オッピオ公園
フォロ・ロマーノ
Foro Romano
コロッセオ
Colosseo
コンスタンティヌスの凱旋門
サンクレメンテ教会
A線マンゾーニ駅
Manzoni
マッジョーレ門
Porta Maggiore
国立楽器博物館
P.220
サンタ・クローチェ・イン・ジェルサレンメ聖堂
P.220
パラティーノの丘
Monte Palatino
チェリオ公園
サンティ・クァットロ・コロナーティ教会
スカラ・サンタ
洗礼堂
Battistero
ラテラーノ宮
サン・ジョヴァンニ・イン・ラテラーノ大聖堂
S. Giovanni in Laterano
S.ジョヴァンニ門広場
P.za S. Giovanni
A線サン・ジョヴァンニ駅
S. Giovanni
チルコ・マッシモ
Circo Massimo
B線チルコ・マッシモ駅
Circo Massimo
チェリオの丘
Monte Celio
国連食糧農業機構
F.A.O.
A線レ・ディ・ローマ駅
Re di Roma
カラカラ浴場
Terme di Caracalla
エジェリオ公園
40-41
エピロ広場
P. za Epiro
A線ポンテ・ルンゴ駅
Ponte Lungo
ラティーナ門
P.ta Latina
ポンペイ広場
P. za Pompei
コッリアルバーニ駅へ
オスティエンセ駅
Stazione Roma-Ostiense
アルデアティーナ門
P.ta Ardeatina
サン・セバスティアーノ門
P.ta S. Sebastiano
P.287
イータリー
EATALY
3
4
A
B
C

ボルゲーゼ公園
Villa Borghese
P.173
BIO PARCO
ストロール・フェルン公園
Villa Strohl-Fern
ピンチョの丘
Monte Pincio
P.114
国立近代美術館
Galleria Nazionale d' Arte Moderna
P.179
ヴィッラ・ジュリア・エトルスコ博物館
Museo Nazionale di Villa Giulia Etrusco
P.180
カルロ・ビロッティ美術館
Museo Carlo Bilotti
P.22
ポポロ広場
P.za del Popolo
P.114
スペイン広場
P.za di Spagna
P.112
キーツ・シェリー記念館
Keats-Shelley Memorial House
P.113
トリニタ・デイ・モンティ教会
Trinità dei Monti
P.113
スカリナータ・ディ・スパーニャ
Scalinata di Spagna
P.308
ヴィラ・メディチ
Villa Medici
馬場
Galoppatoio
(地下駐車場)
カプチン派修道会博物館
Museo e Cripta dei Cappuccini
P.173
バルベリーニ宮
Pal. Barberini
(国立古典絵画館
Galleria Naz. d'Arte
P.96
中央郵便局
Posta Centrale
A線フラミニオ駅
Flaminio
A線スパーニャ駅
Spagna
A線バルベリーニ駅
Barberini
ピンチアーナ門
Porta Pinciana
Viale del Muro Torto
Via Veneto
Via del Corso
Via Condotti
Via del Babuino
Via Sistina
Via del Tritone

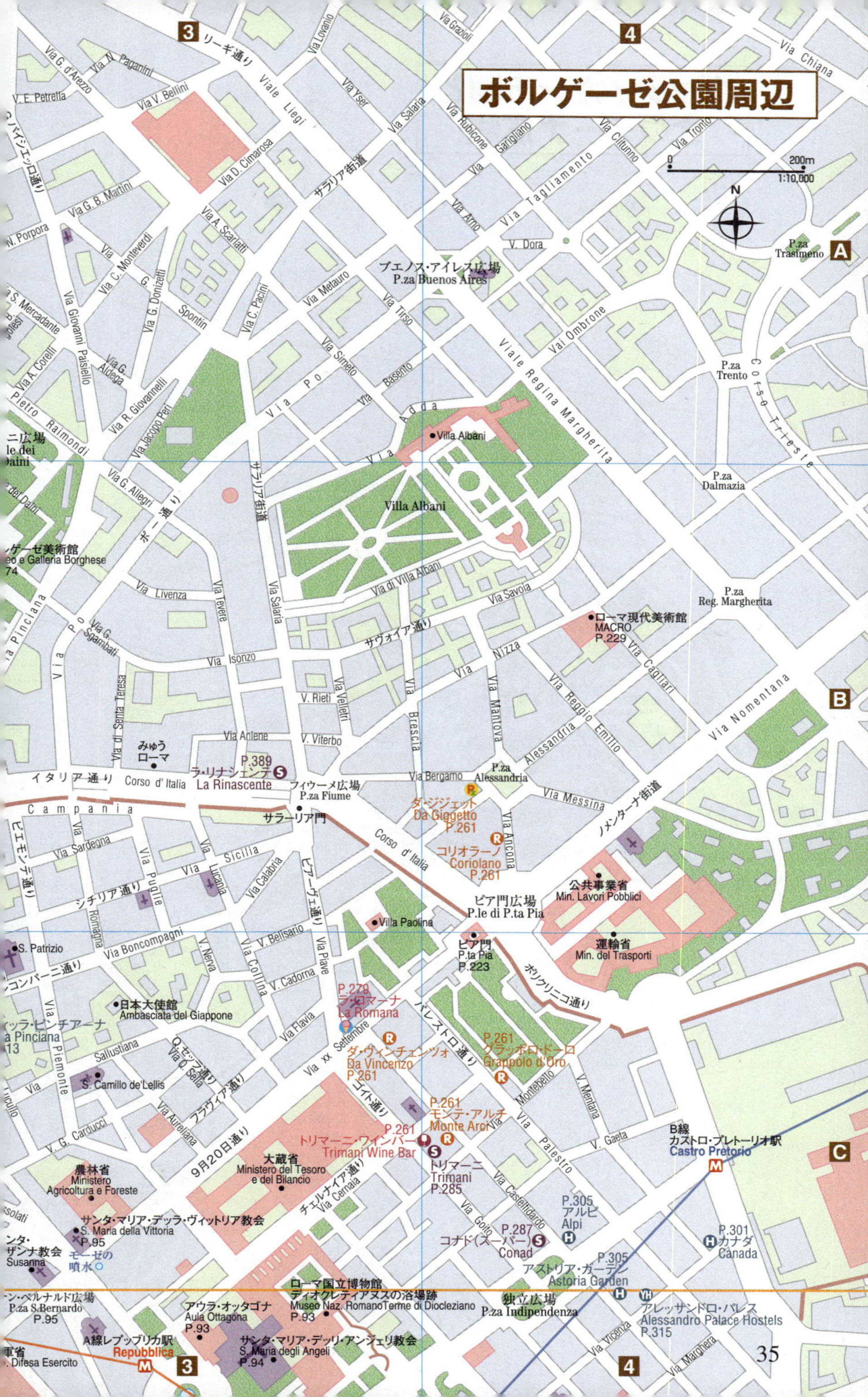
ボルゲーゼ公園周辺
Villa Albani
ブエノス・アイレス広場
P.za Buenos Aires
ローマ現代美術館
MACRO
P.229
ラ・リナシェンテ
La Rinascente
P.389
フィウーメ広場
P.za Fiume
サラーリア門
ダ・ジジェット
Da Giggetto
P.261
コリオラーノ
Coriolano
P.261
ピア門広場
P.le di P.ta Pia
ピア門
P.ta Pia
P.223
公共事業省
Min. Lavori Pobblici
運輸省
Min. del Trasporti
Villa Paolina
ラ・ロマーナ
La Romana
P.279
ダ・ヴィンチェンツォ
Da Vincenzo
P.261
グラッポロ・ドーロ
Grappolo d'Oro
P.261
モンテ・アルチ
Monte Arci
P.261
トリマーニ・ワインバー
Trimani Wine Bar
P.261
トリマーニ
Trimani
P.285
日本大使館
Ambasciata del Giappone
大蔵省
Ministero del Tesoro e del Bilancio
農林省
Ministero Agricoltura e Foreste
サンタ・マリア・デッラ・ヴィットリア教会
S. Maria della Vittoria
P.95
モーゼの噴水
B線 カストロ・プレトーリオ駅
Castro Pretorio
アルピ
Alpi
P.305
コナド(スーパー)
Conad
P.287
カナダ
Canada
P.301
アストリア・ガーデン
Astoria Garden
P.305
ローマ国立博物館
ディオクレティアヌスの浴場跡
Museo Naz. Romano Terme di Diocleziano
P.93
独立広場
P.za Indipendenza
アレッサンドロ・パレス
Alessandro Palace Hostels
P.315
アウラ・オッタゴナ
Aula Ottagona
P.93
サンタ・マリア・デッリ・アンジェリ教会
S. Maria degli Angeli
P.94
A線レプップリカ駅
Repubblica
サン・ベルナルド広場
P.za S.Bernardo
P.95
Difesa Esercito
S. Patrizio
S. Camillo de'Lellis
みゅうローマ
ゲーゼ美術館
eo e Galleria Borghese
74
P.za Trasimeno
P.za Trento
P.za Dalmazia
P.za Reg. Margherita
P.za Alessandria
イタリア通り
Corso d' Italia
サラリア街道
ノメンターナ街道
ポー通り
サヴォイア通り
ポリクリニコ通り
パレストロ通り
9月20日通り
Via Nomentana
Viale Regina Margherita
Corso Trieste
Via Salaria
Via Po
Via Tagliamento
Via Chiana
200m
1:10,000
N
3
4
A
B
C
35

ヴァティカン市国と
ナヴォーナ広場
A線
オッタヴィアーノ駅
Ottaviano
A線チプロ
（ヴァティカン博物館）駅
Cipro Musei Vaticani
P.312
アマリア
Amalia
博物館入口
オールド・ブリッジ
Old Bridge
P.278
リソルジメント広場
P.za del Risorgimento
絵画館
ピーニャの中庭
ヴァティカン博物館
Musei Vaticani
P.146
ピウス4世の館
鷲の噴水
科学アカデミー
ベルヴェデーレの中庭
印刷所
郵便局
P.268
アルルー
Arlù a San Pietro
P.312
サンタンナ
Sant' Anna
衛兵兵舎
ヴァティカン宮殿
（非公開）
ヴァティカン市国
Città del Vaticano
システィーナ礼拝堂
P.155
マデルノの噴水
ヴァティカン政庁舎
サン・ピエトロ大聖堂
Basilica di S. Pietro
P.161
サン・ピエトロ広場
P.za S. Pietro
P.160
オベリスク
コンチリアツィオーネ通り
V. d. Conciliazione
モザイク工房
裁判所
宝物殿
ベルニーニの噴水
法王の謁見ホール
Pal. del S.Ufficio
サンティ・ミケーレ・エ・マーニョ教会
Ss. Michele e Magno
サント・スピリト病院
ジャニコロ・バスターミナル（地下）
P.312
マードリ・ピエ
Madri Pie
ウルバヌス布教局
Collegio Urbano di Propaganda Fide
教皇庁北アメリカ会
Ponteficio Collegio Americano del Nord
神の子病院
Ospedale del Bambin Gesù
S.ピエトロ駅
Staz. S. Pietro
ジュリオ・チェーザレ通り
レオーネ4世通り
オッタヴィアーノ通り
ジェルマニコ通り
Viale delle Milizie
Via Andrea Doria
Viale Vaticano
Via Aurelia
Via Gregorio VII
Via di Porta Cavalleggeri
Viale delle Mura Aurelie
Via Crescenzio

38

3
4
A線フラミニオ駅
Flaminio
46
P.115 フラミニオ広場
P. le Flaminio
サンタ・マリア・デル・ポポロ教会
S.Maria del Popolo
ポポロ門
P.ta del Popolo
オベリスク
A
ポポロ広場
P.za del Popolo
P.114
A線レパント駅
Lepanto
P.311
ファルネーゼ
Hotel Farnese
V. Giulio Cesare
Scipioni
Ponte P.Nenni
Lungotevere Michelangelo
Via L. di Savoia
Via F. di Savoia
P.312
ジェルベール
Gerber
Via degli
Magno
Via M.A. Colonna
Via A. Farnese
Pompeo
P.268
ラ・プラトリーナ
La Pratolina
Via Duilio
Via Ezio
P.279
グラッキ
Gracchi
Via dei Gracchi
リベルタ広場
P.za della Libertà
Ponte Reg. Margherita
Via della Penna
サンタ・マリア・デイ・ミラーコリ教会
S.Maria dei Miracoli
P.86
Via del Corso
クィリティ広場
P.za d. Quiriti
Via Germanico
Via A.Regolo
Via Paolo Emilio
Via Cola di Rienzo
アウグスタ川岸通り
Lungotevere dei Mellini
ゲーテ博物館
P.297
コイン・エクセルシオール
Coin Excelsior
P.za Cola di Rienzo
P.288
ビアレッティ
Bialetti
Via Valadier
Via del Vantaggio
Via del Gracchi
34
サン・ジャコモ病院
Ospedale S. Giacomo
コーラ・ディ・リエンツォ通り
Via Cicerone
Via Lucrezio Caro
Via E.Q. Visconti
F.チェージ通り
美術学校
Accademia di Belle Art
Via Plinio
E.Q.ヴィスコンティ通り
Via G. Belli
Via Catullo
Via Virgilio
P.312
アルカンジェロ
Arcangelo
Via Tacito
Via Orazio
Boezio
P.268
ラルカンジェロ
L'Arcangelo
G.ベッリ通り
Via F. Cesi
Via Palestrina
Via Clementi
Via P. Cossa
デイ・メッリーニ
Dei Mellini
P.311
リペッタ通り
Via di Ripetta
V. d. Frezza
Via Ara Pacis
Via Terenzio
Via Ovidio
Via Cassiodoro
アドリアーノ劇場
Teatro Adriano
P.285
コスタンティーニ
Costantini
カヴール広場
P.za Cavour
Via Dionigi
Via Cavallini
アラ・パチス
Ara Pacis
P.117
アウグストゥス帝の廟
Mausoleo di Augusto
P.117
サンタ・マリア・イン・トラスポンティーナ教会
S.M. in Traspontina
クレシェンツィオ通り
Via Crescenzio
Via Pallavicini
Via Tiberio
Via Colonna
Lungotevere in Augusta
P.za Augusto Imperatore
P.268
カンティーナ・ティロレーゼ
Cantina Tirolese
チェーザレ
Cesare
P.268
P.za Adriana
Via Tribonlano
Via Ulpiano
Via L. Calamatta
カヴール橋
P.te Cavour
P.za d. Porto di Ripetta
Via Tomacelli
Via Porta Castello
サンタンジェロ城
Castel S. Angelo
P.165
サンタンジェロ国立博物館
Museo Nazionale di Castel S.Angelo
P.166
最高裁判所
Pal. di Giustizia
V. Mercuri
Via d'Arancio
B
P.117
ボルゲーゼ宮
Palazzo Borghese
傷痍軍人会館
Casa Madre dei Mutilati
Lungotevere Prati
Tevere
P.za Borghese
V. d. Clementino
Piazza Pia
ハドリアヌス帝の廟
Mausoleo di Adriano
傷痍軍人広場
Largo Mutilati e Invalidi di Guerra
42~43
トリブナーリ広場
P.za dei Tribunali
Lungotevere Marzio
P.za Nicosia
Via della Scrofa
Via della Luna
ピウス12世ホール
Auditorio Pio XII
Lung. Castello
P.te Umberto I
Via di Monte Brianzo
V. Ascanio
V. dei Prefetti
Via S. Pio X
Lung. Vaticano
P.167
サンタンジェロ橋
P.te S. Angelo
P.za Ponte Umberto
Vic. Valdina
V. dell' Orso
Via Metastasio
V. d. Stelletta
Via di Campo Marzio
エマヌエーレ2世橋
P.te V. Emanuele II
Lungotevere Tor di Nona
P.279
テアトロ
Teatro
V. Zanardelli
V. d. Soldati
P.124
アルテンプス宮
Pal. Altemps
P.125
サンタゴスティーノ教会
Sant' Agostino
V. d. Vicario
P.za P. Paoli
V. Paola
V. Banco S. Spirito
P.za d. Coronari
P.za Sal. in Lauro
V. d. M. d.Oro
V. d. Pin
P.za Tor Sanguigna
P.za S.Agostino
P.za d. Coppelle
Pal Baldassini
V. dell' Coppelle
コロナーリ通り
V. dei Coronari
P.124
デッラ・パーチェ教会
S.M. della Pace
P.za Cinque Lune
競技場の遺跡
S.M.マッダレーナ教会
S.M.Maddalena
Palazzo Capranica
P.te Pr. Amedeo
Rovere
P.268
リストキッコ
Ristochicco
V.エマヌエーレ2世通り
Via Acciaioli
Via di Panico
Monte Giordano
Via di
V. Banchi Nuovi
ネプチューンの噴水
S.M.デッラニマ教会
S.M. dell' Anima
サン・ルイージ・デイ・フランチェージ教会
S. Luigi dei Francesi
P.126
V. Salvatore
V.Pozzo d. Cornacchie
ソーレ・アル・パンテオン
Sole al Pantheon
P.309
V.Giustiniani
L.go d. Fiorentini
P.za d. Orologio
Pal. del Governo Vecchio
Via del Parione
V. di Tor Millina
4大河の噴水
F.na dei Fiumi
Corso del Rinascimento
マダーマ宮（上院）
Pal. Madama
ロトンダ広場
P.za d. Rotonda
Pal. Sacchetti
V. d. Pavone
Pal. Sforza Cesarini
ヌオーヴァ教会
サンタ・ニェーゼ・イン・アゴーネ教会
S. Agnese in Agone
P.138
ナヴォーナ広場
P.za Navona
P.122
サピエンツァ宮（国立文書館）
Pal. d. Sapienza
パンテオン
Pantheon
P.128
C
サルヴィアティ宮
Palazzo Salviati
Via Giulia
Via di Banchi Vecchi
イル・パリアッチョ
Il Pagliaccio
P.265
Via del Governo Vecchio
P.za d.Chiesa Nuova
Vic. Savelli
Vic. d. Cancelleria
Via S.M. dell' Anima
ムーア人の噴水
サンティーヴォ教会
Sant'Ivo
ミネルヴァ広場
P.za d. Minerva
P.129
Lung. dei Sangallo
テヴェレ川
Tevere
P.140
P.136
犯罪博物館
Museo Criminologico
Via del Pellegrino
C. so V. Emanuele II
P.138
カンチェッレリア宮
Pal. d. Cancelleria
ブラスキ宮
Pal. Braschi
P.137
ヴァッレ劇場
イスティトゥート
Istituto
パンタレオ広場
P.za S. Pantaleo
マッシモ宮
Pal. Massimo
Via Monterone
Via di Torre Argentina
Via d. Cestari
Lungotevere Gianicolense
d. Orti d' Alibert
Lango L. Perosi
Via F. Neri
Vic. Moretta
G.マッツィーニ橋
Ponte G. Mazzini
ルンガラ通り
Via della Lungara
Lungotevere dei Tebaldi
Via dei Cappellari
小ファルネジーナ宮
Pal. Piccola Farnesina
バッラッコ美術館
Museo Barracco
P.138
P.za S. Andrea d. Valle
サンタンドレア・デッラ・ヴァッレ教会
S.Andrea d. Valle
P.137
P.136
トッレ・アルジェンティーナ広場
L.go Torre Argentina
アレア・サクラ
Area Sacra d. Argentina
ia delle Mantellate
刑務所
Lungotevere d. Farnesina
3
Via Giulia
V.S. Eligio
S.E.オレフィチ教会
39
Via Monserrato
V. d. Barchetta
V. d. Montoro
Via dei Baullari
カンポ・デ・フィオーリ広場
Campo de' Fiori
P.138
V. d. Paradiso
Via dei Chiavari
V. d. Sudario
アルジェンティーナ劇場
4

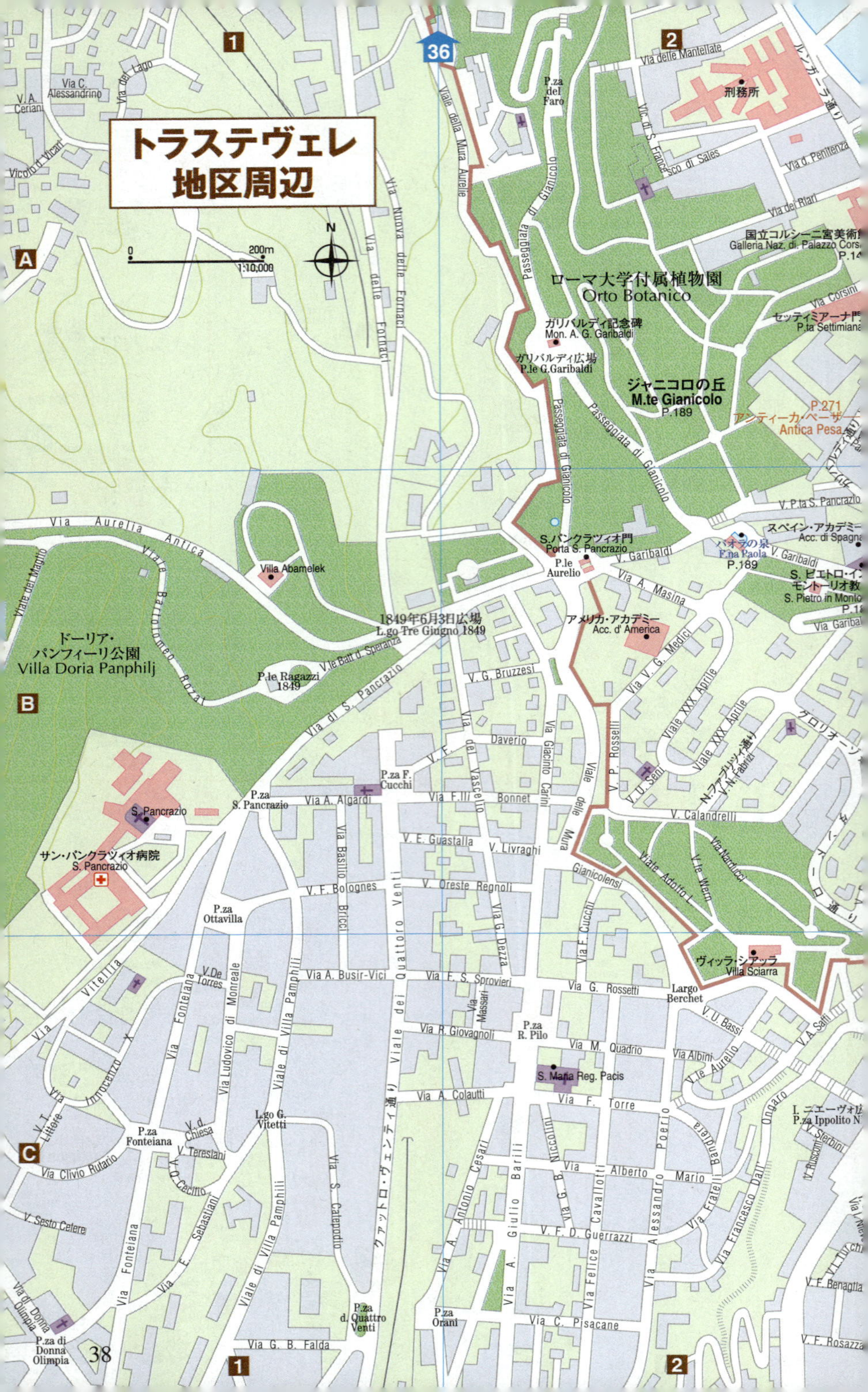

トラステヴェレ
地区周辺
0
200m
1:10,000
N
1
2
A
B
C
36
Via C. Alessandrino
V. A. Ceriani
Via del Lago
Vicolo d. Vicari
Via Nuova delle Fornaci
Via delle Fornaci
Viale della Mura Aurelie
P.za del Faro
Passeggiata di Gianicolo
Via delle Mantellate
刑務所
ルンガーラ通り
Vic. di S. Francesco di Sales
Via d. Penitenza
Via dei Riari
国立コルシーニ宮美術館
Galleria Naz. di Palazzo Corsini
ローマ大学付属植物園
Orto Botanico
Via Corsini
セッティミアーナ門
P.ta Settimiana
ガリバルディ記念碑
Mon. A. G. Garibaldi
ガリバルディ広場
P.le G.Garibaldi
ジャニコロの丘
M.te Gianicolo
P.189
P.271
アンティーカ・ペーザー
Antica Pesa
V. P.ta S. Pancrazio
スペイン・アカデミー
Acc. di Spagna
パオラの泉
F.na Paola
P.189
V. Garibaldi
S. ピエトロ・イン・モントーリオ教会
S. Pietro in Montorio
Via Garibaldi
S.パンクラツィオ門
Porta S. Pancrazio
P.le Aurelio
Via A. Masina
アメリカ・アカデミー
Acc. d' America
Via Aurelia Antica
Viale del Maglio
Villa Abamelek
Viale Bartolomeo Rozat
1849年6月3日広場
L.go Tre Giugno 1849
V.le Batt. d. Speranza
ドーリア・パンフィーリ公園
Villa Doria Panphilj
P.le Ragazzi 1849
Via di S. Pancrazio
V. G. Bruzzesi
Via V. G. Medici
Viale XXX Aprile
グロリオーソ
N.ファブリツィ通り
V. N. Fabrizi
V. P. Rosselli
V. U. Seni
Daverio
Via Giacinto Carini
Viale delle Mura Gianicolensi
P.za F. Cucchi
P.za S. Pancrazio
Via A. Algardi
V. F.lli Bonnet
Via del Vascello
S. Pancrazio
サン・パンクラツィオ病院
S. Pancrazio
V. E. Guastalla
V. Livraghi
V. Calandrelli
Via Nardocci
V.le Morin
Viale Adolfo I
Via Basilio Bricci
V. F. Bolognes
V. Oreste Regnoli
Via G. Dezza
P.za Ottavilla
Via F. Cucchi
ヴィッラ・シアッラ
Villa Sciarra
Largo Berchet
Via Vitellia
V. De Torres
Via Fonteiana
Via Ludovico di Monreale
Viale di Villa Pamphili
Via A. Busir-Vici
Viale dei Quattoro Venti
Via F. S. Sprovieri
Via Massari
Via G. Rossetti
V. U. Bassi
V. A. Saffi
Via R. Giovagnoli
P.za R. Pilo
Via M. Quadrio
Via Albini
V.le Aurelio
Via Innocenzo X
S. Maria Reg. Pacis
Via A. Colautti
Via F. Torre
V. T. Littore
P.za Fonteiana
V. d. Chiesa
L.go G. Vitetti
V. Teresiani
I. ニエーヴォ広場
P.za Ippolito Nievo
V. Sterbini
Via Clivio Rutario
V. Q. Cecilio
Via S. Calepodio
ヴァットロ・ヴェンティ通り
Via Antonio Cesari
Via Giulio Barili
Via G. B. Niccolini
Via Alberto Mario
Via Alessandro Poerio
Via Fratelli Bandiera
Via Francesco Dall' Ongaro
V. Ruscoml
V. Sesto Celere
Via E. Sebastiani
Viale di Villa Pamphili
V. F. D. Guerrazzi
Via Felice Cavallotti
V. F. Benaglia
Via A. Poerio
P.za d. Quattro Venti
P.za Orani
Via C. Pisacane
V. F. Rosazza
Via di Donna Olimpia
P.za di Donna Olimpia
Via G. B. Falda

トラステヴェレ
TRASTEVERE
テスタッチョ
TESTACCIO
ティベリーナ島
Isola Tiberina
カンピドーリオの丘
M.te Campidoglio
アヴェンティーノの丘
M.te Aventino
テヴェレ川
Tevere
Fiume Tevere

1
2
A
B
C
39
ヴェネツィア広場
P.za Venezia
P.72
V. S. Marco
トラヤヌスの記念柱
フォロ・トライアーノ
Foro di Traiano
P.73
ヴィットリオ・エマヌエーレ2世記念堂
Monumento a Vittorio Emanuele II
トラヤヌスのマーケット
P.75
サンタ・マリア・イン・アラチェリ教会
S. M. in Aracoeli
フォーリ・インペリアーリ
Fori Imperiali
アウグストゥスのフォロ
カンピドーリオの丘
M.te Campidoglio
カエサルのフォロ
P.260
アッレ・カッレッテ
Alle Carrette
42~43
44~45
P.76
カンピドーリオ広場
P.za del Campidoglio
マメルティーノの牢獄
サン・ルーカ・エ・マルティーナ教会
市庁舎
Pal.Senatorio
クーリア
ネルヴァのフォロ
カピトリーニ美術館
Museo Capitolini
P.77
タブラリウム下の遺跡群
セヴェルスの凱旋門
エミリアのバジリカ
出入口
フォーリ・インペリアーリ通り
Via dei Fori Imperiali
ヴェスパシアヌスのフォロ
ユリウスのバジリカ
サンティ・コズマ・エ・ダミアーノ教会
Ss. Cosma e Damiano
マクセンティウスのバジリカ
ヴェスタの巫女の家
出口
博物館
P.za d. Consolazione
V.d. Consolazione
フォロ・ロマーノ
Foro Romano
P.57
ティトゥスの凱旋門
入口
V. Sacra
V.d. Fienili
Via di S. Teodoro
アルジェンターリのアーチ
P.302
ホテル・コルベ
Hotel Kolbe
ファルネジアーニ庭園
ジャーノ門
パラッツォ・アル・ヴェラブロ
Palazzo al Velabro
P.302
サン・ジョルジョ・イン・ヴェラブロ教会
P.200
リヴィアの家
ドムス・フラヴィア
P.za S. Anastasia
パラティーノ博物館
パラティーノの丘
Monte Palatino
P.66
ドムス・アウグスターナ
Clivus Palatinus
コンスタンティヌスの凱旋門
Arco di Costantino
P.56
出入口
チェルキ通り
Via dei Cerchi
チルコ・マッシモ
Circo Massimo
P.202
Clivo dei Publici
Via del
Via di Valle Murcia
Piazzale Ugo La Malfa
ジュゼッペ・マツィーニ像
Mon.A Giuseppe Mazzini
Circo Massimo
モレッタの塔
P.za Porta Capena
ザッペロ公園
Via di Terme Deciane
S.プリスカ教会
P.za S. Prisca
Via d. Fonte di Fauno
Viale Aventino
B線
チルコ・マッシモ駅
Circo Massimo
L.go V. Terrorismo
国連食糧農業機構
F.A.O.
アヴェンティーノ通り
V. S.Giosafat
V. Marcella
Via dei Deci
S. Prisca
V. Licinia
カペーナ門公園
Parco di P.ta Capena
アルバニア広場
P.za Albania
V. B. Peruzzi
Via P. Liporio
Via Aventina
V. Ponzio F.
レムリア広場
P.za Remuria
Vie d. Piramide Cestia
Via Annia Faustina
Via Pontelli
サン・サーバ教会
San Saba
Via E.Rosa
Vid Salvatore Rosa
Via L. B. Alberti
Viale Giotto
フィオリット広場
Largo Fioritto
P.za G.L. Bernini
Via Panisperna
V. Panisperna
Via IV Novemb
Salita d. Grillo
V. S. Agata d. Goti
Via dei Serpenti
Via del Boschetto
Via Cimarra
V. Clementina
Via Urbana
カヴール通り
Via Cavour
V. Sforza
V. d. Quattro Canti
P.za d. Zingari
Via degli Zingari
B線
カヴール駅
Cavour
G.ランツァ通り
Via G. Lanza
ヴェノスタ広場
L.go V. Venosta
Via Baccina
Via M. d. Monti
Via in Selci
Via Cavour
カヴール通り
S.ピエトロ・イン・ヴィンコリ教会
S. P.in Vincoli
P.82
Via delle Sette Sale
Via L. Cremona
トライアーノ公園
V.le d. Monte Oppio
Via degli Annibaldi
Via dei Colosseo
P.260
ダ・ネローネ
Da Nerone
モンテ・オッピオ通り
トラヤヌス帝の浴場
Terme di Traiano
V.D.Terme di Tito
ドムス・アウレア
Domus Aurea
P.82
B線
コロッセオ駅
Colosseo
118
Via N. Salvi
入口
コロッセオ広場
P.za Colosseo
V.le Domus Aurea
オッピオ公園
Parco Oppio
コロッセオ
Colosseo
P.54
入口
アローマ Aroma
ラビカーナ通り
WC
P.302
パラッツォ・マンフレディ
Palazzo Manfredi
サン・ジョヴァンニ・イン・ラテラーノ通り
V. Celio Vibenna
Via Ostilia
Via dei
Via Capo d'Africa
Via di San Gregorio
クラウディオの神殿跡
（ネロの庭園）
V. Marco Aurelio
P.260
カフェ・プロパガンダ
Caffè Propaganda
Via Celimontana
V. Annia
チェリオ公園
サン・ジョヴァンニ・エ・パオロ教会
Ss. Giovanni e Paolo
Via Claudia
P.za Celimontana
チェリオ病院
Osp. del Celio
Clivo di Scauro
V. S. Paolo d. Croce
サン・グレゴーリオ通り
P.za S. Gregorio
Largo d. Sanità Militare
サン・グレゴリオ・マーニョ教会
S. Gregorio Magno
S. マリア・イン・ドムニカ教会
Villa Celimontana
サン・ステファノ・ロトンド教会
S. Stefano Rotondo
イギリス病院
Via di Valle d. Camene
Via d. Navicella
チェリオの丘
Monte Celio
118
V. le d. Terme di Caracalla
メトゥロニア門広場
P.za di Porta Metronia
浴場競技場
Stadio d. Terme
Viale G. Baccelli
V. Antonina
P.za S. Balbina
V. di Balbina
入口
サン・シスト・ヴェッキオ教会
S. Sisto Vecchio
サンティ・ネレオ・アキッレオ教会
Ss. Nereo e Achilleo
P.za Numa Pompilio
Via C. Marcello
カラカラ浴場
Terme di Caracalla
P.210
バッチェリ通り
V.le Baccelli

コロッセオとラテラーノ地区
サンタ・プラッセーデ教会
S. Prassede
P.90
S. Martino ai M.
Via S. Vito
メルラーナ通り
V. Carlo Alberto
Via Napoleone III
Via Mamiani
Via Filippo Turati
G.ジョリッティ通り
Via G. Giolitti
P.za S. Martino ai Monti
L. go Brancaccio
V. d. Statuto
ヴィットリオ・エマヌエーレ2世広場
P.za Vittorio Emanuele II
A線
ヴィットリオ・エマヌエーレ駅
Vittorio Emanuele
V. Ricasoli
サンタ・ビビアーナ教会
S.Bibiana
P.221
Via Pr. Umberto
国立東洋博物館
Museo Naz. dell' Arte Orientale
Via Merulana
V. Leopardi
Via Buonarroti
Via Ferruccio
Via Pr. Eugenio
スクィリーノの丘
M.te Esquilino
Via Conte Verde
G.ファッシ・パラッツォ・デル・フレッド
G.Fassi Palazzo del Freddo
P.278
Via di Porta Maggiore
Mecenate
Via Giusti
V. Machiavelli
V. Foscolo
ダンテ広場
P.za Dante
V. Petrarca
Via C. Botta
Via A. Poliziano
Via G.Pascoli
Via Guicciardini
V. Alfieri
Via Ariosto
Via Galilei
V.le A. Manzoni
Via S. Croce in Gerusalemme
S. Anna
A線
マンゾーニ駅
Manzoni
Via Emanuele Filiberto
Via Ruggero Bongni
Via L. Muratori
M.Crescimbeni
V. P. Villari
V.Verri
V.Iside
マンゾーニ通り
Via S. Quintino
サン・クレメンテ教会
S. Clemente
P.81
Via Labicana
Via Merulana
S. Antonio da Padova
Via Tasso
Via Statilia
Via di S. Giovanni in Laterano
Via M. Boiardo
Via Aleardi
Via Berni
サンティ・クァットロ・コロナーティ教会
SS. Quattro Coronati
Coronati
P.84
スカラ・サンタ
（聖なる階段）
Scala Santa
S.G.in ラテラーノ広場
P.za S. G. in Laterano
オベリスク
ラテラーノ宮
Viale Carlo Felice
V. S. Stefano Rotondo
S.ジョヴァンニ病院
Osp. S. Giovanni
ラテラーノ洗礼堂
Battistero Lateranense
P.84
S.ジョヴァンニ門広場
P. za P. Giovanni
ウンベルト1世療養所
Senatorio Umberto I
サン・ジョヴァンニ・イン・ラテラーノ大聖堂
S. Giovanni in Laterano
P.83
A線
サン・ジョヴァンニ駅
S. Giovanni
Via La Spezia
Via di Villa Fonseca
アッドロラータ救護院
Osp. d.Addolorata
Via Amba Aradam
V. dei Laterani
コイン
Coin
P.389
Via Taranto
Via Drusiana
Via Locri
Via Appia Nuova
Via di S. Erasmo
Vid Decennia
観光省
Min. Turismo Spettacolo
Via Sannio
Via Fidene
Via Magna Grecia
Via della Ferratella
Via Amiterno
Via Veio
Via Ipponio
V. Farsalo
メトゥロニオ広場
P.le Metronio
V. Norico
V. Angiona
Via Illiria
Via Sibari
Via Elea
Via Pandosia
Via Metaponto
Via Olbia
Via Luni
ガッリア通り
パンノニア通り
メトゥロニオ通り
Via Tracia
Via Pannonia
Via Alesia
Via Gallia
Via Cerveteri
N
0
200m
1:10,000
P.za Tuscolo
Via Ceneda
Via Licia
パンノニア広場
L.go Pannonia
Via Iberia
V. De Mattias
エジェリオ公園
Parco Egerio
V.le Metronio
エピロ広場
P.za Epiro
Via Etruria
Via Albalonga
A
B
C
3
4

トリブナーリ広場
P.za dei Tribunali
Tevere
テヴェレ川
P.te Umberto I
Lungotevere Marzio
Via di Monte Brianzo
P.za Nicosia
Via della Scrofa
V. d. Clementino
ボッテガ・ヴェネタ
Bottega Veneta
カンポ・マルツィオ・デザイン
Campo Marzio Design
Vi. della Lupa
P.266
ダル・カヴァリエール・ジーノ
Dal Cavalier Gino
V. dei Prefetti
V. Ascanio
グスト・エンポリオ
Gusto Emporio
P.288
Vic. Valdina
Via Metastasio
Via di Campo Marzio
ラ・カンパーナ
La Campana
P.264
P.za Ponte Umberto
P.266
ロルソ・オッタンタ
L'Orso 80
P.307
ポルトゲージ
Portoghesi
V. dell' Orso
マリオ・プラーツ博物館
Museo Mario Praz
P.265
イル・コンヴィーヴィオ
Il Convivio
V. Zanardelli
V. d. Soldati
V. d. Stelletta
P.124
アルテンプス宮
Pal. Altemps
P.125
サンタゴスティーノ教会
Sant' Agostino
V. d. Pin
WC
V. d. M. d.Oro
P.265
サンガッロ・アイ・コロナーリ
Sangallo ai Coronari
Via dei Coronari
コロナーリ通り
P.za Tor Sanguigna
P.za Cinque Lune
P.za S.Agostino
グロム
Grom
P.za d. Coppelle
V. d. Vicario
P.278
ジョリッティ
Giolitti
Montecitorio
Pal Baldassini
P.278
リンツ
Lindt
P.279
バール・デッラ・パルマ
Bar della Palma
V. dell Coppelle
P.124
サンタ・マリア・デッラ・パーチェ教会
S.M. della Pace
P.309
ラファエル
Raphael
V. Tor. Sanguigna
P.278
グロム
Grom
P.129
S.M.マッダレーナ教会
S.M.Maddalena
Palazzo Capranica
V. d. Colonnelle
P.za Capranica
サン・クリスピーノ
San Crispino
P.279
V.Pozzo d. Cornacchie
Via S. Giov.d' Arco
P.282
キオストロ・デル・ブラマンテ
Chiostro del Bramante
競技場の遺跡
ネプチューンの噴水
アンティクアリウス
Antiquarius P.289
Vic d. Vetrina
S.M.デッラニマ教会
S.M. dell' Anima
P.126
サン・ルイージ・デイ・フランチェージ教会
San Luigi dei Francesi
V.Salvatore
P.265
ラ・ロゼッタ
La Rosetta
P.282
タッツァ・ドーロ
Tazza d'Oro
V. d. Pastini
Via di Parione
Via della Pace
P.281
トレ・スカリーニ
Tre Scalini
4大河の噴水
F.na dei Fiumi
V. di Tor Millina
ダ・フランチェスコ
Da Francesco
P.267
P.127
マダーマ宮（上院）
Pal. Madama
ロトンダ広場
P.za d. Rotonda
P.310
デル・セナート
Del Senato
V. Seminario
P.123
サンタ・ニェーゼ・イン・アゴーネ教会
S. Agnese in Agone
P.266
ダ・アルマンド・アル・パンテオン
Armando al Pantheon
ラ・サグレスティア
La Sagrestia
Pal. del Gevemo Vecchio
P.310
テアトロパーチェ33
Teatropace 33
ナヴォーナ広場
P.za Navona
P.122
Via S.M. dell' Anima
Corso del Rinascimento
P.267
ザザ
Za Za
パンテオン
Pantheon
P.128
サピエンツァ宮（国立文書館）
Pal. d. Sapienza
P.282
サンテウスタキオ
Sant' Eustachio
カルトレリア・パンテオン
Cartoleria Pantheon
P.289
S.M.ソプラ・ミネルヴァ教会
S.M.Sopra Minerva
Via del Governo Vecchio
Via Sora
Vic. Savelli
ムーア人の噴水
サンティーヴォ・アッラ・サピエンツァ教会
Sant' Ivo alla Sapienza
P.127
P.310
サンタ・キアーラ
Santa Chiara
ミネルヴァ広場
P.za d. Minerva
P.129
P.267
ラ・モンテカルロ
La Montecarlo
Vic. d. Cancelleria
P.310
ナヴォーナ
Navona
パパ・ジョヴァンニ
Papa Giovanni
P.266
V. di S. Chiara
ミネルヴェ
Minerve
P.309
ルーフ・ガーデン
Roof Garden
P.281
クル・デ・サック・ウーノ
Cul de Sac 1
P.266
ブラスキ宮
Pal. Braschi
P.137
Via Monterone
ヴァッレ劇場
Via di Torre Argentina
V. dei Cestari
P.za d. Pigna
V.エマヌエーレ2世通り
C. so V. Emanuele II
サン・パンタレオ広場
P.za S. Pantaleo
イスティトゥート
Istituto
マッシモ宮
Pal. Massimo
P.138
カンチェッレリア宮
Pal. d. Cancelleria
小ファルネジーナ宮
Pal. Piccola Farnesina
バッラッコ美術館
Museo Barracco
P.138
P.za S. Andrea d. Valle
V. di Montoro
Via del Cappellari
P.267
アリスト・カンポ
Aristo Campo
V. d. Paradiso
サンタンドレア・デッラ・ヴァッレ教会
S.Andrea d. Valle
P.137
V. d. Sudario
トッレ・アルジェンティーナ広場
L.go Torre Argentina
P.136
P.310
テアトロ・ディ・ポンペオ
Teatro di Pompeo
Via del Chiavari
アルジェンティーナ劇場
Via dei Baullari
オビカ
Obikà
P.267
カンポ・デ・フィオーリ広場
Campo de' Fiori
P.138
P.266
ダ・パンクラツィオ
Da Pancrazio
V.Barbieri
アレア・サクラ
Area Sacra d. Argentina
ファルネーゼ広場
P.za Farnese
V. dei Farnesi
ポンペイ劇場
Teatro di Pompeo
Via Florida
P.139
ファルネーゼ宮（フランス大使館）
Pal. Farnese
Via del Giubbonari
P.310
スメラルド
Smeraldo
Via di S. Anna
Largo Arenula
クリプタ・バルビ
Crypta Balbi
P.136
V. d. Mascherone
Vic. d. Grotte
V. Arco del Monte
P.260
ロショーリ
Roscioli
P.140
スパーダ宮
Pal. Spada
スパーダ絵画館
Galleria Spada
V. d. Pettinari
アレヌーラ通り
V. Arenula
V. d. Falegnami
A
B
C
1
2
37
39

ナヴォーナ広場
とパンテオン周辺
0
100m
1:5,500
N
3
4
34
ン・ロレンツォ・イン・ルチーナ広場
a S. Lorenzo in Lucina
シスレー
Via della Vite
Via d. Gambero
Via del Corso
中央郵便局
Posta Centrale
V. d. Mercede
濱清
Hamasei
P.276
P.118
サンタンドレア・デッレ・
フラッテ教会
S. Andrea delle
Fratte
V. d. Convertite
サン・シルヴェストロ広場
P.za S. Silvestro
P.118
P.295
ラ・リナシェンテ
La Rinascente
Via del Tritone
V. d. Traforo
Via Rasella
P.za d.
Parlamento
コルソ通り
トリトーネ通り
V. d. Panetteria
A
P.133
モンテチトーリオ宮（下院）
Pal. di Montecitorio
(Camera dei Deputati)
P.106
キージ宮
Pal Chigi
Via Poli
V. Stamperia
P.278
サン・クリスピーノ
San Crispino
アカデミア・ディ・
サン・ルーカ
Accademia di
S. Luca
P.106
マルクス・
アウレリウスの
記念柱
コロンナ広場
P.za Colonna
P.105
ガッレリア・
アルベルト・ソルディ
Galleria Alberto Sordi
P.294
国立パスタ博物館
Museo Nazionalei
delle Paste Alimentari
P.102
V. d. Scalone
P.262
アル・モーロ
Al Moro
トレヴィの泉
F.na di Trevi
P.106
P.309
コロンナ・パレス
Colonna Palace
P.396
ローマ・ストア
Roma Store
Via d. Muratte
44
クイリナーレ宮
（大統領官邸）
Palazzo del Quirinale
P.102
ピエトラ広場
P.za di Pietra
P.133
神殿跡
V. d. Pietra
V. Minghetti
クイリーノ劇場
Teatro Quirino
Via d. Dataria
Via del Corso
サンティニャツィオ広場
P.za S.Ignazio
P.132
V. Caravita
Via d. Umiltà
クイリナーレ広場
P.za del Quirinale
P.101
P.132
サンティニャツィオ教会
S. Ignazio
P.260
ペローニ
Peroni
P.za d.
Pilotta
グレゴリオ神学大学
Univ. Gregoriana
コンスルタ宮殿
Pal. d. Consulta
旧イエズス会ローマ学寮
Collegio Romano
コルソ通り
BANK
B
5月24日通り
P.103
サンティ・
アポストリ教会
Santi Apostoli
P.za Ss.
Apostoli
P.za d.
Coll.
Romano
V. d. Pilotta
コロンナ
宮庭園
P.104
ドーリア・パンフィーリ宮殿
Pal. Doria Pamphilj
（ドーリア・パンフィーリ美術館）
Galleria Doria Pamphilj
コロンナ宮
Pal. Colonna
（コロンナ美術館）
Galleria Colonna
P.103
V. XXIV Maggio
全国労災
保険協会
I.N.A.I.L.
P.za
Grazioli
Via C. Battisti
11月4日通り
Via IV Novembre
V. d. Cordonata
44
BNL
Via d. Plebiscito
ヴェネツィア広場
P.za Venezia
P.72
L. go
Magnanapoli
P.za d.
Gesù
S. Marco
ジェズ教会
Il Gesù
P.134
V. d. Astalli
V. S. Marco
トラヤヌスの
記念柱
P.70
P.70
トラヤヌスのフォロ
Foro di Traiano
ヴェネツィア宮殿
Pal. Venezia
（ヴェネツィア宮殿博物館）
Museo di Pal. Venezia
P.72
Salita d. Grillo
C
トラム8番
（始発地）
Botteghe Oscure
V. d'Aracoeli
トラヤヌスの
マーケット
P.71
ヴィットリオ・
エマヌエーレ2世記念堂
Monumento a Vittorio Emanuele II
P.73
フォーリ・インペリアーリ
P.70
fori Imperiali
P.za
Margana
P.za
d'Aracoeli
サンタ・マリア・
イン・アラチェリ教会
S. M. in Aracoeli
P.75
アウグストゥスの
フォロ
P.71
P.za
Capizucchi
3
40
カエサルの
フォロ
P.70
4

A線バルベリーニ駅
Barberini
トリトーネの噴水
バルベリーニ広場
P.za Barberini
P.172
V. d. Avignonesi
コッリーネ・エミリアーネ
Colline Emiliane
P.262
Via Rasella
バルベリーニ宮
Pal. Barberini
(国立古典絵画館)
Galleria Naz. d'Arte Antica
P.96
クアットロ・フォンターネ通り
Via d. Quattro Fontane
34
サン・ベルナルド広場
P.za S.Bernardo
P.95
V. Orlando
ナルディッツィ・アメリカーナ
Nardizzi Americana
P.304
A線
レプッブリカ駅
Repubblica
Via XX Settembre
9月20日通り
陸軍省
Min. Difesa Esercito
トリノ通り
ナイアデ
の噴水
共和国広場
P.za della
Repubblica
P.94
P.289
ローマ三越
Roma Mitsukoshi
V. Modena
4つの噴水
クイリナーレの丘
Monte Quirinale
P.101
サン・カルロ・アッレ・
クアットロ・フォンターネ教会
S. Carlo alle Quattro Fontane
P.100
Via Torino
P.304
アルテミーデ
Artemide
ナポリ通り
オペラ座
Teatro dell'
Opera
P.za
Gigli
Via del Quirinale
サンタンドレア・アル・
クイリナーレ教会
S. Andrea al Quirinale
P.100
43
中央警察
Questura
Centrale
V. S. Vitale
デスパ(スーパー)
Despar
マックス・マーラ
アイキュー・ホテル
IQ Hotel
P.303
Via Firenze
クイリナーレ通り
V. Ferrara
Via Piacenza
消防署
Vigile d.Fuoco
Via Genova
Via Nazionale
プレナタール(子供服)
デプレティス通り
Via Napoli
P.315
YWCA
P.262
アントネッロ・コロンナ
Antonello Colonna
市立展示館
イタリア
Italia
P.304
フルラ
Fulra
Via A. Depretis
V. C. Balbo
V. Parma
P.285
カストローニ
Castoroni
Via Palermo
P.262
エスト!エスト!!エスト!!!
Est! Est!! Est!!!
内務省
Min. d. Interno
P.91
サンタ・プデンツィアーナ教会
S. Pudenziana
Via d. Consulta
アウローラ・
パッラヴィチーニ宮
Casino dell' Aurora Pallavicini
P.102
バータ
Bata(靴)
ミラノ通り
Via Milano
ヴィミナーレの丘
Monte Viminale
Via Cesare Balbo
P.316
カーサ・サンタ・
プデンツィアーナ
Casa S. Pudenziana
Bambin
Gesu
V. Roinaglia
ナツィオナーレ通り
アル・ボスケット
al Boschetto
P.262
イタリア銀行
Banca d'Italia
セルペンティ通り
Via dei Serpenti
Via del Boschetto
V. S.M. Maggiore
Via Urbana
43
Panisperna
ラ・カルボナーラ
La Carbonara
P.263
Via
Via Cimarra
V. Clementina
V. Capocci
カヴール通り
V. Sforza
P.276
支倉
Hasekura
Via del Boschetto
V. S. Agata d. Goti
P.za d.
Zingari
C
N
0
100m
1:5,500
Via degli Zingari
B線
カヴール駅
Cavour
G.ランツァ通り
Via G. Lanza
Via Baccina
ヴェノスタ広場
L.go V. Venosta
Via in Selci
P.82
S.ピエトロ・イン・ヴィンコリ教会
S. P.in Vincoli
40
1
2
A
B

テルミニ駅周辺拡大図

35
ローマ国立博物館
ディオクレティアヌスの浴場跡
Museo Naz. Romano Terme di Diocleziano
P.93
サンタ・マリア・デッリ・アンジェリ教会
S. Maria degli Angeli
P.94
独立広場
P.za Indipendenza
P.315
エム・アンド・ジェー
M&J
市内バスツアー
空港行き
プルマン
メイド・イン・ネポルスへ
Meid in Nepols
P.263
Sacro Cuore di Gesu
E. デ・ニコラ通り
V. le E. De Nicola
V. Volturno
V. Solferino
Via Vicenza
Via Varese
V. Mille
Via Magenta
Via Marghera
V. Milazzo
マルサラ通り
Via Marsara
Via Castro Pretorio
P.276
グスト
Gusto
コナド(スーパー)
Conad
P.287
Treno e Scooter rent
P.91
ローマ国立博物館(マッシモ宮)
Museo Nazionale Romano
(ex Collegio Massimo)
P.304
コロンビア
Columbia
Bici & Baci
P.304
ノルド・ヌオーヴァ・ローマ
Nord Nuova Roma
エル・ブケット
Er Buchetto
P.276
AB線
テルミニ駅
Termini
五百人広場
P.za dei Cinquecento
チャオ
Ciao
P.276
テルミニ駅
Stazione Roma Termini
P.88
P.263
イル・ガッロ・ネーロ
Il Gallo Nero
P.304
ジェノヴァ
Hotel Genova
Via Viminale
V. d' Azeglio
Via Cavour
Via D. Manin
Via Amendola
Via Gioberti
テーティ
Teti P.305
オルランダ
Orlanda P.305
G. ジョリッティ通り
空港行き
プルマン
P.263
メルカート・チェントラーレ
Mercato Centrale
Via G. Giolitti
エスクイリーノ広場
P.za dell' Esquilino
Via Farini
P.305
コンティリア
Contilia
イゲア
Igea
P.305
Via Principe Amedeo
Via C.Cattaneo
Ex Antiquario Romano
P.za M. Fanti
Via Filippo Turati
P.88
サンタ・マリア・マッジョーレ大聖堂
S. Maria Maggiore
P.287
シンプリー・マーケット(スーパー)
Simply Market
P.389
ウピム
Upim
P.315
アレッサンドロ・ダウンタウン・ホステル
Alessandro Downtown Hostel
パラッツォ・ロスピリオージ
Palazzo Rospigliosi
P.303
P.za S. M. Maggiore
S. Antonio Abate
Via Napoleone III
Via Rattazzi
V. Cappellini
V. Paolina
V. dell' Olmata
サンタ・プラッセーデ教会
S. Prassede
P.90
Via S. Vito
V. Carlo Alberto
トラットリア・モンティ
Trattoria Monti
P.263
Via Mamiani
V. S. Martino ai M.
メルラーナ通り
Quattro Cantoni
P.za S. Martino ai Monti
L. go Brancaccio
V. d. Statuto
ヴィットリオ・エマヌエーレ2世広場
P.za Vittorio Emanuele II
A線
ヴィットリオ・エマヌエーレ駅
Vittorio Emanuele
国立東洋博物館
Museo Naz. dell' Arte Orientale
Via Merulana
P.90
パネッラ
Panella
V. Leopardi
41

ポポロ広場
とスペイン広場
フラミニオ広場
P. le Flaminio
P.115
サンタ・マリア・デル・ポポロ教会
S.Maria del Popolo
ポポロ門
P.ta del Popolo
Via L. di Savoia
ナポレオン1世広場
P. le Napoleone I
Viale del Muro Torto
Via d. Magnolie
カジーナ・デッロロロージオ
オベリスク
ポポロ広場
P.za del Popolo
P.114
Viale d. Obelisco
ピンチョの丘
Monte Pincio
P.114
Via F. di Savoia
P.281
ロサーティ
Rosati
P.306
デ・ルッシェ
de Russie
サンタ・マリア・デイ・ミラーコリ教会
S.Maria dei Miracoli
P.116
サンタ・マリア・イン・モンテサント教会
S.Maria in Montesanto
P.116
V.le Villa Medici
ムーロ・トルト通
庭園
P.288
ファブリアーノ
Fabriano
ブッコーネ
Buccone
P.285
ゲーテの家
P.116
マルグッタ通り
バブイーノ通り
Viale Trinità dei Monti
V. Laurina
Via del Vantaggio
レジデンツァ・ディ・リペッタ
Residenza di Ripetta
P.306
アド・ホック
AD Hoc
P.264
V. di G. e Maria
Via Margutta
サン・ジャコモ病院
Ospedale S. Giacomo
P.281
カノーヴァ・タドリーニ
Canova Tadolini
ヴィッラ・メディチ
Villa Medici
美術学校
Accademia di Belle Art
Via di Ripetta
コルソ通り
Via S. Giacomo
P.307
モーツァルト
Mozart
カノーヴァ・タドリーニ博物館
P.84
アルマーニ・ジーンズ
P.295
Via del Babuino
P.307
マンフレーディ
Manfredi
Via S. Sebastiano
アウグスタ川岸通り
リペッタ通り
グスト・カフェ
Gusto Caffe
Via dei Greci
S.チェチリア音楽院
Acc. S. Cecilia
P.285
フラテッリ・ファッビ
Frattelli Fabbi
P.289
チール
Cir
V. d. Frezza
P.264
フレッツァ グスト
Frezza-Gusto
P.307
デル・コルソ
del Corso
V. Vittoria
P.264
コンコルディア
Concordia
A線スパーニャ駅
Spagna
UniCredit
P.281
バビントン
Babington
Via Ara Pacis
P.288
ヴェルテッキ
Vertecchi
Via di Leone
V. d. Croce
P.288
クチーナ
c.u.c.i.n.a.
P.117
アラ・パチス
Ara Pacis
クローチェ通り
コンドッティ
Condotti
P.307
スペイン広場
P.za di Spagna
P.112
スペイン階段
アウグストゥス帝の廟
Mausoleo di Augusto
P.117
テヴェレ川
Tevere
Lungotevere in Augusta
Via del Corso
Belsiana
舟の噴水
Ss. Ambrogio e Carlo al Corso
V. d. Carrozze
P.300
ポートレイト・スイート
Portrait Suites
P.281
カフェ・グレコ
Caffè Greco
キーツ・シェリー記念館
Keats-Shelley Memorial House
P.za Augusto Imperatore
V. Condotti
Via Mario de' Fiori
カヴール橋
P.te Cavour
P.za d. Porto di Ripetta
P.298
エイチアンドエム
H&M
P.298
ザラ
Zara
P.306
ディンギルテッラ
d'Inghilterra
Via Borgognona
Via Tomacelli
L. go Goldoni
コンドッティ通り
Via d'Arancio
ボルゴニョーナ通り
Via Frattina
Via della Scrofa
ボルゲーゼ宮
Palazzo Borghese
P.117
Via Fontanella B.
P.264
ヴィータ
VyTA
P.308
マドリッド
Madrid
P.za Borghes
P.279
チャンピーニ
Ciampini
フラッティーナ通り
Largo della Fontanella di Borghese
P.za S. Lorenzo in Lucina
P.298
バレレッテ
Ballerette
P.289
カンポ・マルツィオ・デザイン
Campo Marzio Design
シスレー
V. d. Clementino
Via della Vite
P.264
ラ・カンパーナ
La Campana
ボッテガ・ヴェネタ
Bottega Veneta
P.294
中央郵便局
Posta Centrale
P.118
Via d. Gambero
V. d. Mercede
P.za Nicosia
1:5,500
P.308
パルラメント
Parlamento
V. d. Convertite
V. dei Prefetti
P.za d. Parlamento
P.161
モンテチトーリオ宮（下院）
Pal. di Montecitorio (Camera dei Deputati)
サン・シルヴェストロ広場
P.za S. Silvestro
P.118
Via Metastasio
Vic. Valdina
Via di Campo Marzio
トリトーネ通り

滞在日数別のローマ案内

―ローマを歩くには何日必要？―

ローマの町をどう歩くか?交通手段を使い、早足で主要見どころの外観だけを見学するなら1日でもOK。でもこれではローマを知ることはできない。重層的に歴史が積み重なり、古代からの遺産や芸術品がそこここにあふれ、さらに心に残る風景、1枚の絵画、厳かな聖堂で祈る人々、にぎやかな市場、おいしい食事……と、旅の感動も各所に隠れているローマだから、**最低3日**は欲しい。

じっくり名画を鑑賞する時間を持ちたい。ボルゲーゼ美術館にて

そこで、効率的にローマを見る**モデルケース**をご提案。時間を有効に使うために、いつも行列のできるヴァティカン博物館、当日券の購入が難しいボルゲーゼ美術館は**日本での事前予約が必須**。4日目からは自分の興味に合わせて、プランニングするのがいい。

2日間

1日目	コロッセオ(→P.54) ―《徒歩》→ パラティーノの丘(→P.66) ―《徒歩》→ フォロ・ロマーノ(→P.57) ―《徒歩》→ パンテオン(→P.128) ―《徒歩》→ ナヴォーナ広場(→P.122)
2日目	ヴァティカン博物館［予約がベター］(→P.146) ―《徒歩》→ サン・ピエトロ大聖堂［眺望を楽しもう！］(→P.161) ―《Ⓜ A線》→ スペイン広場(→P.112) ―《徒歩》→ トレヴィの泉(→P.106)

3日間 (2日間にプラスして)

3日目	V.エマヌエーレ2世記念堂(→P.73)［エレベーターを使用］で眺望を楽しむ -《バス 160 番》→ ボルゲーゼ公園(→P.173)とボルゲーゼ美術館［予約する］(→P.174) ―《徒歩》→ ピンチョの丘(→P.114)(眺望) ―《徒歩》→ ポポロ広場(→P.114) -《徒歩、途中からバス 51 番》→ ヴェネツィア広場(→P.72) -《トラム 8 番》→ トラステヴェレ(→P.186)［ディナー］

4日間 (3日間にプラスして)

4日目	カンピドーリオ広場(→P.76)で眺望を楽しむ→カピトリーニ美術館(→P.77) -《バス 40・64 番》→ ローマ国立博物館マッシモ宮(→P.91) ―《徒歩》→ サンタ・マリア・マッジョーレ大聖堂［ローマの4大聖堂］(→P.88) ―《Ⓜ B線》→ テスタッチョ(→P.205)［ディナー］

1週間 ローマ郊外にも足を延ばす

5日目	アッピア旧街道(→P.211)とカラカラ浴場(→P.210)
6日目	ティヴォリ(→P.234)
7日目	オスティア・アンティカ(→P.243)またはタルクィニア(→P.246)

ローマエリア案内

ローマを歩くために10のエリアを理解しよう！

観光に便利なよう、**歴史や文化的背景をもとにローマを10のエリアに分類**。エリア1～6に主要見どころが集中している。まずは**ローマ最大の見どころ**であるコロッセオを含む**エリア1**は外せない（コロッセオ以降はショートカット）。その後、**芸術鑑賞**なら**エリア5、6**。**ローマらしい風情**を楽しむなら**エリア3、4**がおすすめ。

1
P.51

コロッセオからフォロ・ロマーノ、ヴェネツィア広場へ

古代ローマの広大な遺跡群が広がるコース。まずはヴェネツィア広場周辺の高台から遺跡群のパノラマを堪能するのもよい。コロッセオから先はおもに教会探訪となり、コースもやや蛇行するので、自分のルートを作ったり、交通機関を上手に利用しよう。

2
P.85

テルミニ駅周辺、クイリナーレの丘とトレヴィの泉周辺

鉄道、市バス、地下鉄が連絡するテルミニ駅はローマの交通の中心。駅周辺の教会や美術館、博物館を訪ね、にぎやかなショッピング街から大統領官邸のある落ち着いたクイリナーレの丘を抜け、バロックの傑作「トレヴィの泉」へ。見どころ満載のコース。

3
P.109

スペイン広場とポポロ広場周辺

スペイン広場を中心にブランドショップが並ぶコンドッティ通り、ポポロ広場へ通じる庶民的なコルソ通り、個性的なバブイーノ通りとさまざまなショッピングストリートが続く界隈。その間に、ローマ時代の遺構や教会が点在する、ローマらしいエリア。

4
P.119

ナヴォーナ広場とパンテオン

ナヴォーナ広場周辺からテヴェレ川へ向かう、やや広い範囲を収めたエリア。ローマっ子が愛してやまない散歩コースであり、今も職人たちの工房が数多く残り、人々の暮らしが息づく地域だ。先を急がず、ローマの暮らしを感じながらのんびり歩こう。

5
P.143

ヴァティカンとサンタンジェロ地区

世界最小の独立国家、ヴァティカン市国。世界中に10億の信者を有する、カトリックの総本山、サン・ピエトロ大聖堂を中心としたエリア。見どころの数としては少ないが、内容が濃く、訪れる人も多い。賢く、入場待ちの行列を回避しよう。

6
P.169

ボルゲーゼ公園とヴェネト通り地区

ローマの町の北側に広がる大きな公園。木々が生い茂る広大な庭園に、3つの美術館、動物園、馬場などが点在する。よい季節にはローマっ子がピクニックを楽しむ憩いの場だ。天気のよい日に、森林浴の気分で出かけて自然と芸術を満喫したい。

7
P.183

トラステヴェレ地区とジャニコロの丘

ローマの下町トラステヴェレと、隣接するローマの7つの丘のひとつであるジャニコロの丘の散歩道を歩くコース。昔ながらの風情の残るトラステヴェレの町並みや丘の頂から眺める広々としたローマのパノラマは旅の思い出として、きっと心に残るはず。

8
P.195

真実の口広場とアヴェンティーノの丘周辺

町中に点在するローマ時代の遺構から、映画でおなじみの「真実の口」、緑豊かで落ち着いたアヴェンティーノの丘、庶民的な地域のテスタッチョまでを含めた「知られざるローマ探索」コース。やや交通が不便な地域もあるので、余裕をもって出かけたい。

9
P.207

カラカラ浴場とアッピア旧街道

町なかから離れた、古代ローマの遺跡を訪ねるコース。その重要性から「女王の道」と呼ばれたアッピア旧街道には、ローマ名物の唐笠松と石畳が広がり、周囲にはカタコンベをはじめローマ時代の墳墓やヴィッラの跡が点在。天気のよい日に出かけたい。

10
P.219

城壁外の見どころとその他の地区

ローマの旧市街を囲むアウレリアヌスの城壁の外側にも、時間の許す限り訪れたい魅力的な場所が多い。それぞれに時代背景や特徴が異なるので、自分の興味に合わせて選んでみよう。交通機関を使えば簡単にアクセスできる場所ばかりだ。

ローマ巡りに役立つ、お得で便利なローマ・パス

交通機関のお得券

市内バスと地下鉄、近郊鉄道は共通券。1回券€1.50(100分有効)から24時間券€7、48時間券€12.5、72時間券€18と各種あるので、滞在期間や乗車回数を考えて選ぼう。(→P.344)

交通機関と見どころのセット券

市内観光に最適　2種類のローマ・パス

ROMA PASS

ローマ市内の1～2ヵ所の見どころ入館料(併設の特別展も含む)とバス・地下鉄などの公共交通が無料になるパス。パス呈示で、入館割引、一部の見どころ無料のほか、美術・博物館などのブックショップ、商店での割引などの優待もあり。

①ROMA PASS 72 hours

最初の見どころ2ヵ所無料、公共交通は使用開始(ヴァリデーション)から72時間有効。料金€38.50

②ROMA PASS 48 hours

最初の見どころ1ヵ所無料、公共交通は48時間有効。料金€28

■おもな見どころ

コロッセオ／フォロ・ロマーノ／パラティーノの丘、ボルゲーゼ美術館、バルベリーニ宮(国立古典絵画館)、スパーダ宮、アラ・パチス、サンタンジェロ城、ローマ国立博物館(マッシモ宮、アルテンプス宮、ディオクレティアヌスの浴場跡、クリプタ・バルビ)、オスティア・アンティカなど

■購入場所

各所の❶、見どころの切符窓口、キオスク(新聞売り場)、タバッキなどで。

■セット内容

ローマパスカード、地図、ガイド(見どころ、割引が受けられる施設の案内)

■使用方法

使用開始時にカードに氏名、使用開始日を記入。入場に際し、身分証明が求められた場合はパスポートなどの呈示の必要あり。

見どころでは、直接見学入口へ(一部切符窓口で発券が必要の場合あり)。バスは最初の乗車時に改札機に通すだけでOK。地下鉄の場合は、乗車のつど改札口にかざして利用。

■問合せ

URL www.romapass.it

☎ 06-0608(9:00～21:00)

※いずれのパスも使用日が㊊、1/1、5/1、12/25を含む場合は開館状況の確認を。

古代ローマをじっくり見学するなら

ローマ国立博物館共通券

Museo Nazionale Romano Intero

世界的にも考古学上重要な収蔵品を誇るローマ国立博物館。現在は分館しており、その4館の共通券。料金€12(特別展の場合€15)、3日間有効

■見どころ

ローマ国立博物館4館(マッシモ宮、アルテンプス宮、ディオクレティアヌスの浴場跡、クリプタ・バルビ)

■購入場所

各見どころの窓口やテルミニ駅の❶や各❶で。

✉ローマ・パスを使って

テルミニ駅の❶ではクレジットカードで購入できます。
(東京都　よしよし　'14)

最初に入場する2ヵ所が無料なので、やっぱり入場料が高くて、見たい場所を優先させるのがベター。ローマ観光ではずせない、コロッセオ／パラティーノの丘／フォロ・ロマーノは共通券で€12、これにローマ国立博物館4ヵ所の共通券€12に決めました。カードは磁気式で、入場履歴が書き込まれるので、共通券でも続けて入場せず、有効期限内なら別の日の利用が可能です。バスも何度でも利用でき、切符購入の手間も省けて便利でした。
(静岡県　美香っち)['18]

ローマ・パスでローマ国立博物館共通券を購入しました。この共通券は本来3日間有効ですが、ローマ・パスでの利用のため、有効期限がローマ・パスと同様になってしまいました。つまりローマ・パスの最終日に購入したら、1日しか利用できないということです。残り少ない日程では、回りきれないので注意を。
(神奈川県　エリ)['18]

3日間以上滞在し、かつ精力的に美術館巡りをする人にはお得です。無料の2ヵ所見学後も割引料金で入館できるので、行けば行くほどありがたさがわかります。バス、地下鉄、電車の切符を気にせず乗車できるのも大助かりです。地下鉄や電車は改札ごとに通しますが、バスは1度車内の改札機にかざせばOKです。
(千葉県　醍醐圭一　'15)

正月などの繁忙期には絶大なパワーを発揮します。1月2日にコロッセオを訪れました。切符売場には数百人の列があり、並べば数時間待ちという状況でしたが、ローマパス専用レーンには列はなく、ゲートに直接パスをかざして待ち時間無しで入場することができました。これだけでも元がとれた気がしました。
(北海道　天谷洋祐　'15)

✉ローマ・パスはどこで買う?

オンライン、電話、各所の❶、ローマ・パスが利用できる美術・博物館などで購入可能です。オンラインや電話での購入は、❶などで引き換えの必要があります。一番簡単なのは、各見どころの切符売り場での購入。私は、コロッセオの「聖なる道」手前の切符売り場で購入しました。私が行ったときは窓口の行列もなく、クレジットカードも利用できました。
(東京都　夢子　'18　1月)

コロッセオからフォロ・ロマーノ、ヴェネツィア広場へ

Da Colosseo al Foro Romano, Piazza Venezia

エリア 1

この地区の歩き方

「永遠の都、ローマ」を実感する、ローマ観光のハイライト・コース。主な見どころへの道のりはほぼ一直線で迷うことはないが、移動距離は長く、見応えのある見どころが多い。このエリアを1日で踏破するのは、かなり難しい。また、ハイシーズンにはコロッセオで入場の列ができていることがほとんど。**コロッセオ**をまず第1に訪れ、混雑具合や体力に応じ、臨機応変に**フォロ・ロマーノ**と**パラティーノの丘**、あるいは**ヴェネツィア広場**（V.エマヌエーレ2世記念堂）から**カピトリーニ美術館**へ。さらに興味に合わせてコロッセオ東側を回ろう。

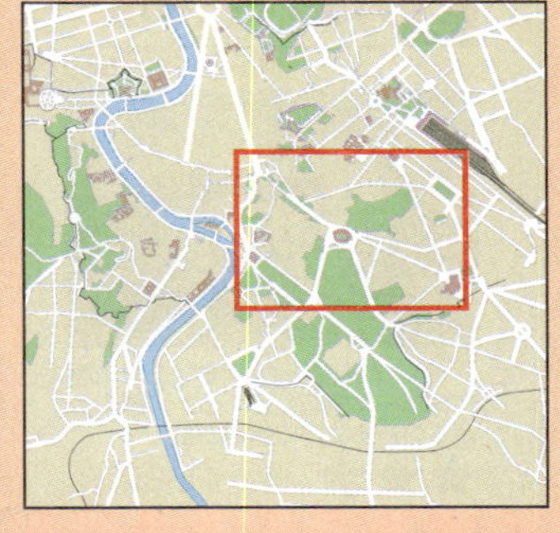

コロッセオからフォロ・ロマーノ、ヴェネツィア広場へ(古代ローマ地区)

エリア 1

4 V.エマヌエーレ2世記念堂

Monumento a Vittorio Emanuele II

イタリア統一を記念して造られた白亜の殿堂。町のランドマーク、高みからの眺めがすばらしい。

P.73

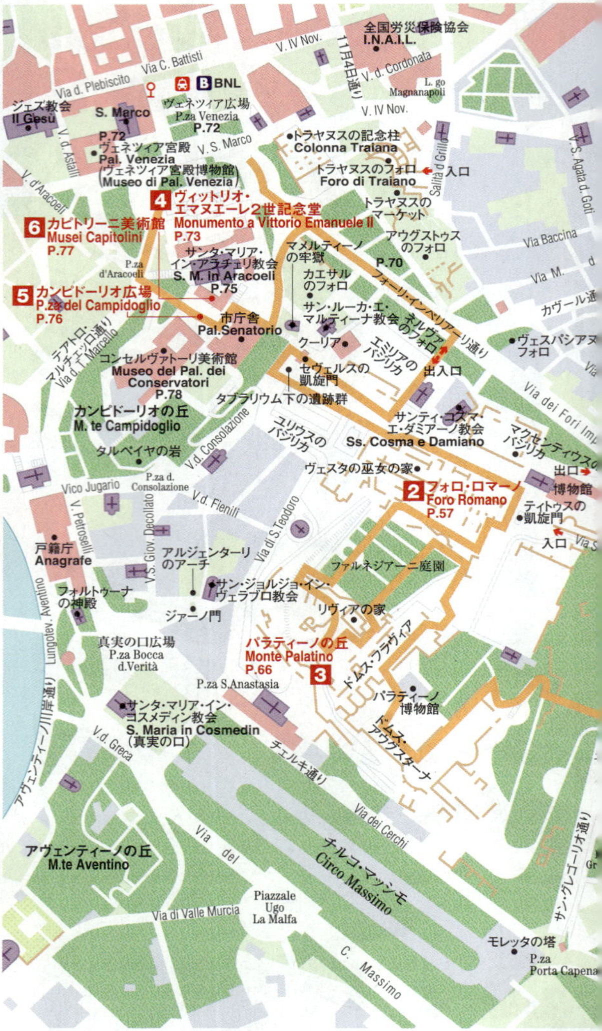

1 コロッセオ

Colosseo

西暦80年に造られた円形闘技場。奴隷と猛獣の戦いをはじめ、さまざまな娯楽が提供された。

P.54

2 フォロ・ロマーノ

Foro Romano

古代ローマの政治、経済、宗教の中心地。今も残る遺構の数々にローマの歴史が刻まれている。

P.57

3 パラティーノの丘

Monte Palatino

ローマ建国伝説の地であり、歴代のローマ皇帝が暮らした。緑の広がるのどかな丘に遺構が広がる。

P.66

全国労災保険協会 I.N.A.I.L.
V. IV Nov.
11月4日通り
V. d. Cordonata
L. go Magnanapoli
Via C. Battisti
Via d. Plebiscito
BNL
ジェズ教会 Il Gesù
S. Marco
P.72
ヴェネツィア広場 P.za Venezia P.72
ヴェネツィア宮殿 Pal. Venezia (ヴェネツィア宮殿博物館) Museo di Pal. Venezia
V. S. Marco
トラヤヌスの記念柱 Colonna Traiana
トラヤヌスのフォロ Foro di Traiano
入口
トラヤヌスのマーケット
Salita d. Grillo
V. S. Agata d. Goti
V. d'Aracoeli
V. d. Astalli
4 ヴィットリオ・エマヌエーレ2世記念堂 Monumento a Vittorio Emanuele II P.73
6 カピトリーニ美術館 Musei Capitolini P.77
アウグストゥスのフォロ
P.70
Via Baccina
Via M.
カヴール通
P.za d'Aracoeli
サンタ・マリア・イン・アラチェリ教会 S. M. in Aracoeli P.75
マメルティーノの牢獄
カエサルのフォロ
フォーリ・インペリアーリ通り
5 カンピドーリオ広場 P.za del Campidoglio P.76
市庁舎 Pal.Senatorio
サン・ルーカ・エ・マルティーナ教会
ネルヴァのフォロ
ヴェスパシアヌスのフォロ
テアトロ・マルチェッロ通り Via d. T. Marcello
クーリア
エミリアのバジリカ
出入口
コンセルヴァトーリ美術館 Museo del Pal. dei Conservatori P.78
セヴェルスの凱旋門
Via dei Fori Imp
タブラリウム下の遺跡群
カンピドーリオの丘 M. te Campidoglio
サンティ・コスマ・エ・ダミアーノ教会 Ss. Cosma e Damiano
ユリウスのバジリカ
マクセンティウスのバジリカ
タルペイヤの岩
V.d. Consolazione
ヴェスタの巫女の家
出口
博物館
2 フォロ・ロマーノ Foro Romano P.57
ティトゥスの凱旋門
入口
Vico Jugario
P.za d. Consolazione
V.d. Fienili
V. Petroselli
V.S. Giov. Decollato
Via di S.Teodoro
戸籍庁 Anagrafe
アルジェンターリのアーチ
ファルネジアーニ庭園
フォルトゥーナの神殿
サン・ジョルジョ・イン・ヴェラブロ教会
ジァーノ門
リヴィアの家
Lungotev. Aventino
真実の口広場 P.za Bocca d.Verità
パラティーノの丘 Monte Palatino P.66
3
ドムス・フラヴィア
P.za S.Anastasia
パラティーノ博物館
サンタ・マリア・イン・コスメディン教会 S. Maria in Cosmedin (真実の口)
ドムス・アウグスターナ
アヴェンティーノ川岸通り
V.d. Greca
チェルキ通り
Via dei Cerchi
アヴェンティーノの丘 M.te Aventino
Via del
チルコ・マッシモ Circo Massimo
サン・グレゴーリオ通り
Piazzale Ugo La Malfa
Via di Valle Murcia
C. Massimo
モレッタの塔
P.za Porta Capena

5 カンピドーリオ広場
P.za del Campidoglio

天才ミケランジェロによる、広さと開放感が強調された優美な空間。カピトリーニ美術館入口もここ。

★★★ P.76

6 カピトリーニ美術館
Musei Capitolini

世界最古の美術館。古代からルネッサンスまでの収蔵品を誇り、ローマを知るためにぜひ訪ねたい。

★★★ P.77

7 サン・ジョヴァンニ・イン・ラテラーノ大聖堂
S. Giovanni in Laterano

巡礼に欠かせない四大聖堂のひとつ。法王庁がヴァティカンに移るまで、カトリック教会の中心的存在。

P.83

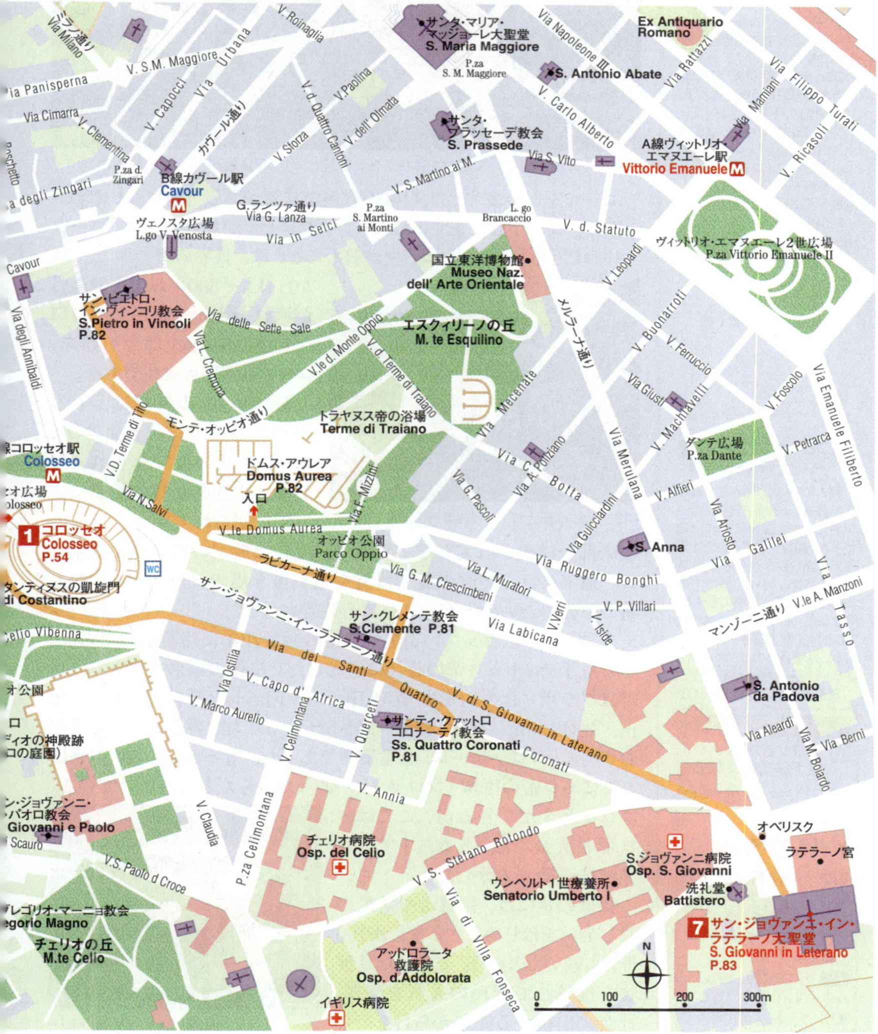

サンタ・マリア・マッジョーレ大聖堂
S. Maria Maggiore
P.za S. M. Maggiore
S. Antonio Abate
Ex Antiquario Romano
サンタ・プラッセーデ教会
S. Prassede
A線ヴィットリオ・エマヌエーレ駅
Vittorio Emanuele
B線カヴール駅
Cavour
カヴール通り
G.ランツァ通り
Via G. Lanza
ヴェノスタ広場
L.go V. Venosta
P.za S. Martino ai Monti
L. go Brancaccio
ヴィットリオ・エマヌエーレ2世広場
P.za Vittorio Emanuele II
国立東洋博物館
Museo Naz. dell' Arte Orientale
サン・ピエトロ・イン・ヴィンコリ教会
S.Pietro in Vincoli
P.82
エスクィリーノの丘
M. te Esquilino
メルラーナ通り
モンテ・オッピオ通り
トラヤヌス帝の浴場
Terme di Traiano
ドムス・アウレア
Domus Aurea
P.82
入口
B線コロッセオ駅
Colosseo
1 コロッセオ
Colosseo
P.54
コンスタンティヌスの凱旋門
Arco di Costantino
オッピオ公園
Parco Oppio
ラビカーナ通り
ダンテ広場
P.za Dante
S. Anna
サン・ジョヴァンニ・イン・ラテラーノ通り
サン・クレメンテ教会
S.Clemente P.81
マンゾーニ通り
S. Antonio da Padova
サンティ・クァットロ・コロナーティ教会
Ss. Quattro Coronati
P.81
サン・ジョヴァンニ・エ・パオロ教会
Ss. Giovanni e Paolo
チェリオ病院
Osp. del Celio
ウンベルト1世療養所
Senatorio Umberto I
S.ジョヴァンニ病院
Osp. S. Giovanni
洗礼堂
Battistero
オベリスク
ラテラーノ宮
7 サン・ジョヴァンニ・イン・ラテラーノ大聖堂
S. Giovanni in Laterano
P.83
サン・グレゴリオ・マーニョ教会
S. Gregorio Magno
チェリオの丘
M.te Celio
アッドロラータ救護院
Osp. d.Addolorata
イギリス病院
0 100 200 300m

「コロッセオのある限り……」、巨大円形闘技場 MAP P.53、P.40 A・B2

コロッセオ／アンフィテアトロ・フラヴィオ ★★★

Colosseo/Anfiteatro Flavio コロッセオ／アンフィテアトロ・フラヴィオ

「コロッセオがある限り、ローマも存在するだろう」とバイロンは語る

ローマを言い表す12世紀末の有名な言葉がある。「コロッセオがある限り、ローマも存在するだろう。コロッセオが崩れるとき、ローマも終わりとなろう。が、ローマが終わるときは、世界の終わりだ」それからおよそ800年以上もの歳月が流れたが、幸いにして**コロッセオColosseo**は今も建ち、ローマも世界も健在である。

コロッセオの側面と地下。複雑な構造が見てとれる

4階からなる外側は、下の層からドーリス、イオニア、コリント式の柱で飾られ、内部には観客席が身分性別によって仕切られていた。競技場の床部分は失われてしまったので、現在は地下の構造がよく見える。地下には、猛獣の檻(おり)や器材や道具置き場のほか、セットや人物の移動のための大がかりな舞台装置もあった。

コロッセオはヴェスパシアヌス帝の命で72年に建設が始められ、その息子ティトゥス帝の時代に完成した。皇帝の家名を取って、当時はフラヴィオの円形劇場Anfiteatro Flavioと呼ばれ、長径188m・短径156m・周囲527m・高さ57m・5万人収容という、文字どおり巨大（コロッサーレ）な建築物であった。もっとも、名の由来はここにネロ帝の巨像（コロッソ）があったからだともいわれている。コロッセオができる前、ここはネロ帝の黄金宮殿（ドムス・アウレア）の一部だったからだ。

落成の折には、剣闘士や猛獣の殺し合いをはじめとする催しが100日間も続いたという。こうした見世物を提供して庶民の人気を稼ぎ、社会に山積する問題から目をそら

西側からがヴュー・ポイント

●コロッセオ

住 Piazza del Colosseo
☎ 06-39967700(予約)
06-7740091
開 8:30～日没1時間前(→P.57)
休 1/1、12/25
料 €16(フォロ・ロマーノ、パラティーノの丘と共通1日間有効)、€18(コロッセオのアレーナを含む、フォロ・ロマーノとパラティーノの丘と共通2日間有効)、18歳以下無料
※12/24、12/26、12/31は開短縮の場合あり
URL www.isromantique.it/

切符売り場は、大通りから凱旋門に向かったコロッセオ内部。

日本語オーディオガイド€6(約50分)や英語のガイド付きツアーもあり。切符売り場奥に専用窓口あり。

※コロッセオの切符売り場の混雑が予想される場合は、「聖なる道」の手前やサン・グレゴリオ通り（パラティーノの丘入口）やフォーリ・インペリアーリ通り（フォロ・ロマーノ入口）の切符売り場で購入を。
※地下遺構などの見学は(→P.56)。

夏季の夜間開館

4～10月の㊊、㊍、㊎、㊏の20:10～24:00(入場は23:00まで)。料€20。

上記☎、URLで要予約

✉ コロッセオとフォロ・ロマーノ、パラティーノ見学

個人でゆっくり歩きながら写真を撮って、各所1時間くらいかかりました。最後にフォロ・ロマーノを訪ねたので、ここは雰囲気を楽しみながら散歩の気分で歩きました。ここまででかなり疲労困憊。入場の待ち時間はなく、お天気のよい冬の日でしたから、夏の暑さを考えると、1日で3ヵ所回るのは、かなり頑張るかショートカットが必然!?
（東京都　バスが好き　'18）

ACCESS

M コロッセオへ地下鉄で行くなら

B線コロッセオColosseo下車

バスで行くなら

75 テルミニ駅から
81 リソルジメント広場、カヴール広場、T.アルジェンティーナ広場、ヴェネツィア広場から
85 テルミニ駅、サン・シルヴェストロ広場、コルソ通り、ヴェネツィア広場から

コロッセオ復元図

連日、剣闘士と猛獣や剣闘士同士の戦いが繰り広げられ、ローマ市民の熱狂に包まれたコロッセオ。今は静かにたたずむこの巨大な遺構の秘密を探ってみよう。

日よけの天幕

屋上には外の柱と風を利用して、海軍の水兵たちがマストを張る要領で、日よけの天幕を広げた

皇帝の席

一段高いテラス席は、皇帝や上流階級の人々の席。一般席には名前や番号が書かれ、今も残っている

客席の順番

1列目は元老院議員用、次に身分の高い男性、平民男性、女性、さらに奴隷などの立ち見席と続いた

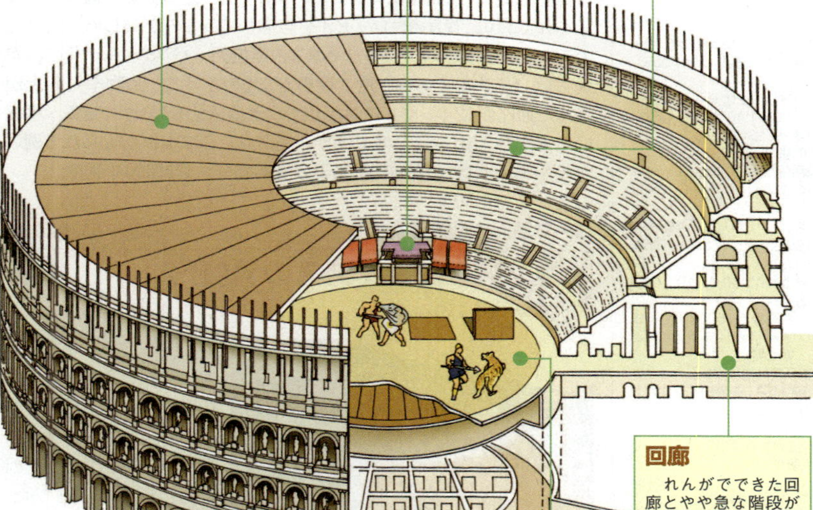

回廊

れんがでできた回廊とやや急な階段が機能的に配され、移動はかなりスムーズに行われた

剣闘士の闘い

剣闘士は奴隷や捕虜、死刑囚が務めた。剣闘士同士のほか、ゾウ、ライオン、ワニなどとも戦った。80年の落成式には猛獣5000頭がいけにえにされ、北アフリカからたくさんの動物が調達された。剣闘士はどちらかが死ぬまで闘い続けねばならず、重傷の剣闘士の命は観衆や皇帝に委ねられた。親指を上に向ければ「生」を、下に向ければ「死」を意味した

外壁の装飾

異国情緒を醸し出す外壁は、3種類の古典建築のオーダー（下からドーリス、イオニア、コリントの各様式）を重ね、各アーチ部分には彫像が飾られていた。コロッセオ建造には10万㎥のトラバーチン（石灰岩）などが使われた

80ヶ所の入口

出入口と席には番号が振られ、切符により入口は決められていて、席へは簡単にアクセスできた

地下構造

通路の左右には無数の動物の檻が置かれ、檻はそのままウィンチで戦いの場まで引き上げられた

床面に張り出したテラスにはガイドツアーで入る

させることは、当時の支配者の重要な政策のひとつでもあった。

コロッセオの見学順路

地下鉄駅から横断歩道を渡り、道路から一番奥に入口がある。予約者と予約なしのレーンに分かれているので、係員の指示に従おう。荷物検査の後、さらに進むと切符売り場(時間指定のツアー切符も販売)、オーディオガイドのレンタル所がある。内部は自由見学。床面に張り出したテラス、地下遺構、3階への入場はガイド付きツアーのみ可。

まずは切符売り場そばから階段を上がり、2階の高みからその壮大さを実感しよう。通路にはコロッセオの出土品、模型、風景画などが展示されており、昔日のコロッセオを想像してみるのが楽しい。順路奥のテラスからは、コンスタンティヌスの凱旋門、パラティーナ丘の緑が美しい。1階内部からは、地下遺構がよくのぞける。動物や剣闘士が通った通路が12本、さらに引き上げの構造を見ることができる。現在は地下がむき出しとなっているが、当時はここに床板が貼られて闘いが繰り広げられたのだった。見学は所要45分～1時間30分程度。

ローマ最大の凱旋門

MAP P.53、P.40 B2

コンスタンティヌスの凱旋門 ★★

Arco di Costantino アルコ ディ コスタンティーノ

ローマ最大の凱旋門

315年、ローマの元老院と市民はミルヴィオ橋の戦いにおける勝利をたたえて、**コンスタンティヌスの凱旋門**Arco di Costantinoを建てた。高さ約28mのこの凱旋門はローマでは最も大きく、比較的保存の状態もよい。表面に残る装飾には、トラヤヌス、ハドリアヌス、マルクス・アウレリウスなどの建てた建造物から持ってこられた物も多い。また、ファシズムの時代の都市改造で埋められてしまった**メタ・スダンテ**Meta Sudanteと呼ばれる円錐形の噴水跡が凱旋門の内側で再発掘されている。ティトゥス帝によって造られ、コンスタンティヌス帝によって再建されたこの噴水の頂上からは水が汗のように流れ落ちていたのでこの名(スダンテとは汗をかくという意味)が付いた。

見どころNAVIGATOR

コロッセオとコンスタンティヌスの凱旋門の見学後は、凱旋門そばから続く坂道**「聖なる道」** Via Sacraを上がるのが最短距離。手荷物検査を終えてさらに坂道を上がると、目の前には**ティトゥスの凱旋門**が現れる。このまま坂を下れば**フォロ・ロマーノ**、左の坂道を上がると**パラティーノの丘**だ。

✉ コロッセオの夜間開館ガイドツアー

地下も案内してもらえます。イタリア語または英語の解説付きで、途中で写真撮影の時間もあります。車椅子の方はエレベーターを利用していました。事前にネット予約し、予約時間の30分前に行き、ツアー時間の書かれたシールをもらい、10分前には集合して中に入れました。 (埼玉県 ひとこ)

✉ コロッセオ見学

入場の列は予約と予約なしに分かれています。切符売り場は行列の先にあるので迷うことはありません。トイレは切符売り場奥にありました。

(静岡県 メリー '17)

コロッセオ・ガイドツアー

地下遺構 Colosseo Sotterranei
説明なし付き添いガイドのみ 13:40
英語 9:20、9:40、10:40、11:20、11:40、12:00、12:20、13:20、13:40、16:20
伊語 10:20、15:00
3階(展望台) Colosseo Belvedere
説明なし付き添いガイドのみ 15:10
英語 10:50、11:10、12:10、12:50、13:10、13:30、13:50、14:50
伊語 11:50、14:10、16:30
料 各ツアー€9
共通券€15(いずれも別途入場料€12+予約料€2が必要)
※所要約50～75分
予約は☎ 06-39967700
URL www.coopcultura.it/colosseo-e-shop.cfm
空きがあれば当日切符窓口でも販売

コンスタンティヌスの凱旋門

✉ コロッセオの手荷物検査

入場前にX線を用いた手荷物検査が行われています。訪ねたのが8月末のまだ暑い時期で、ペットボトルの水を持ち歩いていましたが、係員から「ここで中身を捨てなさい」と言われました。コロッセオへ行く際には水は持って行かないのがいいです。内部の売店で購入できます。暑い季節には水分補給が大事ですので、要注意です。

(harry '16)

古代ローマの民主政治の中心地

MAP P.52、P.40 A1

フォロ・ロマーノ ★★★

Foro Romano

フォロ ロマーノ

フォロ・ロマーノ(西側)。後方にヴィットリアーノ

フォロ・ロマーノのフォロは、今もよく使われる「フォーラム」という言葉の語源である。古代ローマ時代には市民の集会や裁判、商業活動や政治討論の場として設けられた公共広場で、古代ローマの発展の中核でもあった。

鉄器時代、すでにテヴェレ川の南の丘の上には小さな集落が点在していたが、谷間は沼地で住むには適さず、もっぱら死者を葬る場所として使われていた。やがて、伝説によるロムルスのローマ建国の後、周囲の小さな共同体はしだいにひとつにまとまり、その中心はカピトリーノ(現在のカンピドーリオ)とパラティーノの丘から下の谷へと広がっていった。タルクィニウスの時代(紀元前6世紀)には大下水溝**クロアーカ・マクシマ**Cloaca Maximaが着工され、沼地の水をテヴェレ川に排水できるようになった。こうして、谷にはマラリアの心配がなくなり、地面は整地されて、政治の商業活動の場フォロ・ロマーノが形成され始めたのである。

フォロ・ロマーノ(東側)とコロッセオ

共和政時代の初めには、フォロは市民の公共生活の中心となり、ローマの発展とともに繁栄していった。しかし、やがて帝政が敷かれて、諸皇帝のフォロができると、フォロ・ロマーノはその本来の役割(民主政治の中心)を失い、むしろローマの偉大さと栄光を示すシンボルに変わっていった。その後、たび重なる蛮族の侵入で破壊されたフォロ・ロマーノは、中世には放牧の原となり、残った遺跡は建築材料として壊され持ち去られた。19世紀になって考古学的な発掘が行われるまで、かつてここに偉大なローマの中心があったことさえ、人々からは忘れ去られていたのである。

軽装で、歩きやすい靴が必要なフォロ・ロマーノ見学

●フォロ・ロマーノ

住 Via dei Fori Imperiali / Via della Salara Vecchia 5/6

☎ 06-39967700

開 8:30～日没1時間前(詳細は下記参照)

休 1/1、12/25

料 コロッセオ、パラティーノの丘との共通券€12 18歳以下無料

※毎月第1㊐は無料(→P.80)

※共通券は2日有効。ただしフォロ・ロマーノとパラティーナの丘は2つで1ヵ所とカウントされるので同日の見学を。

フォロ・ロマーノ、パラティーノの丘、コロッセオの閉場時間「日没一時間前」とは何時?

夏季は18:00頃、冬季は15:00頃と覚えておこう。長い入場待ちの行列ができていても、時間になると切符売り場はクローズされる。冬季は午後早い時間までに見学を。

下記入場時間を参照に。

1/2～2/15	8:30～16:30
2/16～3/15	8:30～17:00
3/16～3月の最終㊏	8:30～17:30
3月の最終㊐～8/31	8:30～19:15
9月	8:30～19:00
10/1～10月の最終㊏	8:30～18:30
10月最終㊐～12/31	8:30～16:30

12/24、12/26、12/31は時間短縮

※切符売り場は、閉場時間の1時間前にクローズします。

同日見学を

フォロ・ロマーノもパラティーノの丘も広い!!出入口も何ヵ所かあるので、つい片方だけで出てしまいがち。私たちもパラティーノの丘だけ見て、お茶してからフォロ・ロマーノに行こうと思いました。門を出る直前に係員に聞いたら、「再入場はできないわよ」と言われ、再び戻りました。トイレはファルネジアーニ庭園の手前やパラティーノ博物館入口手前などにもありますが、カフェやバールはありません。

(東京都　シーちゃん　'17)

ライトアップされた遺跡が美しい

フォロ・ロマーノ

A 出入口

1 フォロ・ロマーノの眺め→P.57
2 クーリア、セヴェルスの凱旋門→P.60
3 サトゥルヌスの神殿、カンピドーリオ斜面→P.61
4 広場中央、ユリウスのバジリカ→P.61
5 カエサルの神殿→P.62
6 エミリアのバジリカ→P.60
7 ヴェスタの神殿周辺→P.62
8 カストルとポルックスの神殿→P.62
9 アントニヌスとファウスティーナの神殿と古代墓地(聖遺物安置所)→P.63
10 ロムルスの神殿→P.63
11 マクセンティウスのバジリカ→P.63
12 ティトゥスの凱旋門→P.63

見学ルートについて

各番号はルートの順番で、番号から眺められる遺跡などを示しています。一部を除き見どころそのものの位置を示すものではありません。

◎マークのview pointは見晴らしのよい、パノラマが楽しめる場所。

※フォロ・ロマーノとパラティーノの丘は敷地内に通じる道があり、また2ヵ所で1ヵ所とカウントされるので同日観光をしなくてはならない。ただ丹念に見るとかなりの時間がかかるので、そのときの体力や天候により決めよう。

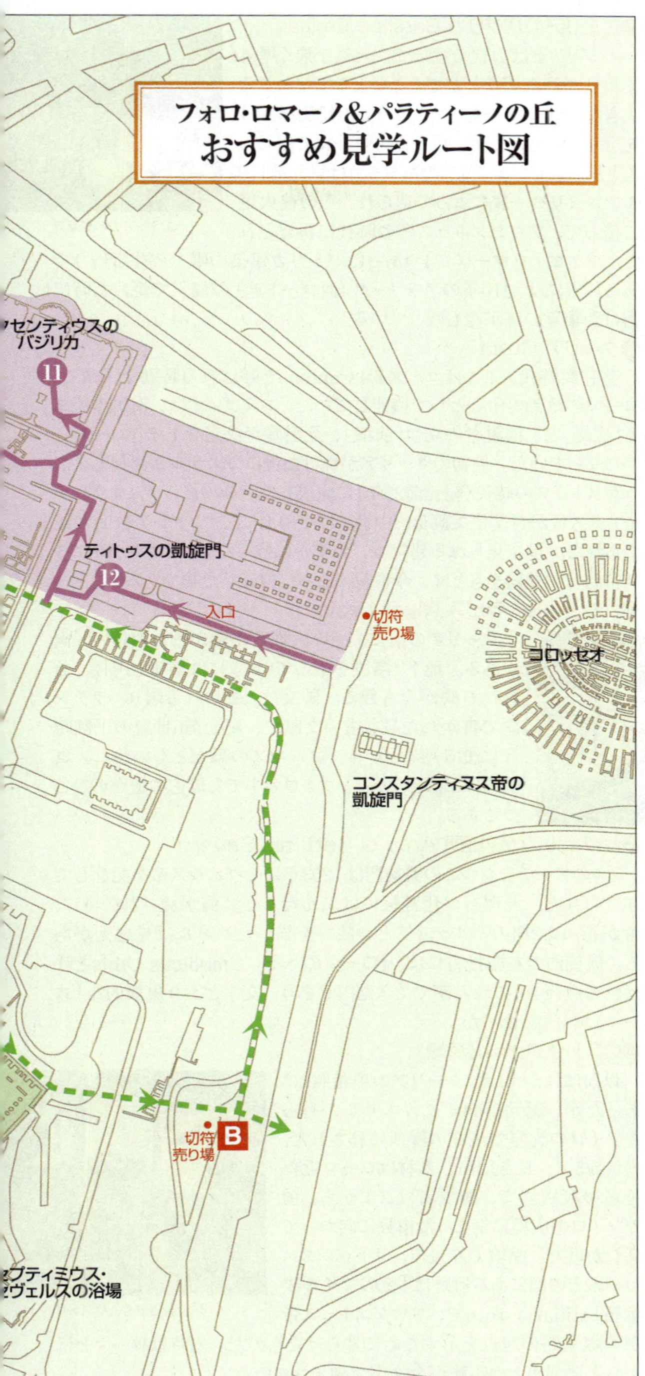

パラティーノの丘

13 ファルネジアーニ庭園とティベリオ神の神殿跡→P.66

14 フォンタノーネ劇場

15 テラス（フォロ・ロマーノの眺め）

16 ドムス・ティベリアーナ

17 パラティーノのアレア・サクラ

18 ロムルスの小屋

19 古代井戸のゾーン

20 アウグストゥスの家→P.67

21 アポロ神殿

22 ネロ帝の地下柱廊

23 ドムス・フラヴィア外柱廊→P.67

24 ドムス・フラヴィアレセプションの間（ララリオ）→P.67

25 ドムス・フラヴィア柱廊付き中庭→P.67

26 ドムス・フラヴィアとニンフェニウム→P.67

27 ドムス・アウグスターナ→P.68

28 アウラ・イシアカ（閉鎖中）

29 ドムス・アウグスターナ下の階→P.68

30 スタディオセヴェルス帝の建物群→P.68

31 パラティーノ博物館→P.68

B 出入口

切符売り場の行列回避法

コロッセオの切符売り場は長蛇の列ができていることが多い。その場合はフォロ・ロマーノの各切符売り場で購入しよう。入場の列は短い。

また☎06-39967700(月)～(金)9:00～17:00、(土)9:00～14:00)や URL www.ticketclic.itから予約が可能。予約料€2。

アルテンプス宮 (P.124)、ディオクレティアヌスの浴場跡 (P.93) の切符売り場で前売り券(入場料+€2)の購入可。

❶エミリアのバジリカ Basilica Emilia

エミリアのバジリカ

バジリカとは会堂の意味で、天気が悪く屋外で集会や商取引などができないときに使われる大きな公共建築であった。こうした建築様式は紀元前3世紀の後半、東方からローマに伝わったと思われる。エミリアのバジリカは紀元前179年、エミリア一族によって造られ、その後火災に遭って、アウグストゥス帝の時代に再建された。フォロ・ロマーノに4つあったバジリカ建築の唯一の生き残りである。床には、410年のアラリック（西ゴート族）の侵入で焼けた時に溶けた銅貨の跡が今も残っている。

❷クーリア Curia

復元されたクーリア

共和政時代、ここはコミツィオComizioと呼ばれる特別な区域で、ローマの政治の中心として機能していた。コミツィオは、市民の集まる「広場」と、演説者の立つ「演壇」、**元老院**が決定を下す「クーリア」からなっていた。最初のクーリアが焼けた後にカエサルが再建し、アウグストゥスの時代（紀元前29年）に完成した。その後、ディオクレティアヌス帝が再び建て直し、中世にはその上にS.アンドレア教会が建てられた。現在見られる建物は、わずかに残ったディオクレティアヌス帝時代の遺跡をもとに、今世紀になって復元した物である。

❸ニジェール・ラピス Niger Lapis

最古の遺跡
ニジェール・ラピス

クーリアの前に、黒い大理石が敷かれた四角い区画がある。地下（階段を下っていく）には祭壇と円柱、それに石碑が今も残る。碑文は、知られる限り、ラテン語で書かれた最も古い文献で、紀元前6世紀の王制時代にまで遡るという。ロムルスの墓だともいわれ、真偽のほどはともかく、フォロの中でも最古の遺跡のひとつである。

❹セヴェルスの凱旋門 Arco di Settimio Severo

セヴェルスの凱旋門

3つのアーチをもつこの凱旋門は、203年にセヴェルス帝を記念して建てられた。大理石の化粧板にはふんだんな装飾が施され、特に、帝が行った2回のパルティアとの戦いを描いたパネルは見応えがある。凱旋門の左脇後方には、**『ローマのへそ』Umbilicus Urbis**と呼ばれる直径4mのれんがでできた円があり、文字どおり象徴的な「ローマの中心」であった。

❺ロストリ Rostri(演壇)

凝灰岩でできたロストリ

以前はコミツィオ（クーリアの項参照）にあったが、紀元前44年にカエサルが行ったフォロの改修で現在の場所に移された。高さ約3m、長さ12m、素材はローマ近郊特産の凝灰岩で、演説者はここから、前のフォロの広場に集まった市民に向かって話しかけた。演壇の左後ろ、サトゥルヌスの神殿との間にある遺跡は「**金のマイル表示石**」Miliario d'oroで、アウグストゥス帝が幹線道路の起点を示すために造らせたものだ。当時はローマとほかの主要都市との距離が金文字で刻まれていた。

✉節約のすすめ

コロッセオやフォロ・ロマーノ前の売店では水が1本€3.50もした。事前の購入がベター。テルミニ駅地下のスーパーConadではスポーツドリンクも€1以下でした。コロッセオには水汲み場がいくつもあり、ペットボトルに入れて利用する人多数。（栃木県　HIROKI-H）

❻サトゥルヌスの神殿 Tempio di Saturno

サトゥルヌスの神殿

現在残っているのは神殿の入口を飾っていた8本の円柱とイオニア式の柱頭、それに柱を結ぶ上枠である。紀元前42年には建て直され、石灰華でできた基壇はそのときのものである。古代ローマの最も聖なる場所のひとつで、事実、かつての神域カンピドーリオに上る道筋に建てられていた。またの名を「アエラリウム」Aerariumともいい、国家の財宝がここに収められた。

❼タブラリウム下の遺跡群 Scavi sotto Tabularium

セヴェルスの凱旋門の奥、一段高い所に建つひと続きの柱廊は**神々の柱廊**Portico degli Dei Consentiで、1世紀頃には神殿がおかれ、金箔を施した12の神が祀られていた。その隣、3本のコリント様式の柱が残っているのはドミティアヌス帝によって**ヴェスパシアヌス帝にささげられた神殿**Tempio Vespasianoだ。この右奥にわずかに残るのが紀元前4世紀の**コンコルディア神殿**Tempio della Concordiaの遺構で、元老院の集会所として使われていた。

✉ヴュー・ポイント

地下鉄コロッセオ駅を出て左に20mほど行くと、階段があり、上ると小さな広場があります。ここからコロッセオの全景が写真に収まります。
（福岡県　米田文乃）

『聖なる道』

✉どこで切符を買う?

コロッセオだけの入場でも、フォロ・ロマーノの切符売り場で切符を購入することをすすめます。フォーリ・インペリアーリ通りの切符売り場では9:30頃に5人くらいしかおらず、すぐに買えました。13:00頃でも10人ほどでした。フォロ・ロマーノとパラティーナの丘の見学後はそのまま「聖なる道」からコロッセオへ行きましたが、スイスイ入場できました。コロッセオだけの見学でもフォロ・ロマーノで切符を購入すれば、ローマパスやネット予約より安く素早く入場できると思います。
（茨城県　小松洋治　'15）
※聖なる道手前にも切符売り場オープン。

コロッセオ最寄りの出入口

コロッセオからの一番近い入口と切符売り場は「聖なる道」にある。出口はサン・フランチェスコ・ロマーナ教会そばにもあり、坂道を下るとフォーリ・インペリアーリ通りへと出る。

サン・グレゴーリオ通りの入場口

夏の見学には暑さ対策を

フォロ・ロマーノは広大で、木々も少ない。夏は日差しが厳しく、ときには砂ぼこりが舞うこともあるので、帽子やサングラスがあると快適。じっくり見学するなら、水なども持って行こう。

✉テルミニ駅からバスで

バス75番で行くことにしました。テルミニ駅を背にした左側、中ほどの道路沿いにバス停があります。ところが待つこと30分!! これなら歩いたほうが早かったです。効率的に行くなら地下鉄がおすすめです。
（東京都　バスが好き　'18）

フォカスの記念柱

ローマを勝利に導いた双子神の神殿

❽ユリウスのバジリカ Basilica Giulia

フォロの北西を占める大きな遺跡はカエサルがセンプロニア神殿のあった場所に建てた会堂で、アウグストゥスによって完成された。おもに司法・行政に使われ、中には4つの裁判所もあった。また、遺跡の脇、フォロの広場との間を通る道は**『聖なる道』** Via Sacraと呼ばれ、宗教的な行列や凱旋の行進がここを通った。

ユリウスのバジリカ

❾フォカスの記念柱 Colonna di Foca

フォロの広場の演壇寄りには、階段状の基部をもつフォカス帝の記念柱がある。フォカスは東ローマ帝国の皇帝で、法王ボニファティウス4世にパンテオンを献上した（608年）。柱自体は1〜2世紀の物だが、このとき先端に皇帝の像が乗せられ、碑文が刻まれた。

❿ラクス・クルティウス Lacus Curtius

伝説の淵ラクス・クルティウス

フォロの最後の沼地。伝説によれば、ローマが窮地に立ったとき、ここに深い淵ができ、鎧に身を固めた英雄クルティウスが馬もろともこの淵に身を投げてローマを救ったという。

⓫カストルとポルックスの神殿 Tempio di Castore e Polluce

「レーギルス湖畔の戦い」でラティーニとタルクィニの軍に勝利を収めた独裁官アウルス・ポストゥミウスは、戦闘でローマ軍を助け、フォロのユートゥルナの泉で彼らの馬に水を飲ませて、人々にローマ勝利の報をもたらした双子神にこの神殿をささげた。現在残るパロス島産の大理石でできた美しいコリント式の3本の柱は、紀元前6年にアウグストゥス帝が遺跡を修復したときのものである。また、ユートゥルナの泉Fonte di Giuturnaは、現存する3本の柱と道を隔てて神殿の裏側にあったが、今では一部の壁が残るのみである。

⓬カエサルの神殿 Tempio di Cesare

カエサルは紀元前44年に暗殺されたが、カエサルの遺体が火葬され、アントニウスが有名な追悼演説をした場所に、紀元前29年アウグストゥスが「神カエサル」の神殿を建てた。6本の柱でできたイオニア式の前柱廊をもち、前面には火葬の場所を示す祭壇がおかれていたが、今日ではほとんど跡をとどめない。

⓭ヴェスタの神殿 Tempio di Vesta

4人（後には6人）の巫女が「聖なる火」を守っていた神殿で、炉とかまどの女神ヴェスタにささげられていた。巫女の任期は30年であったが、その間に純潔を汚すようなことがあると、ローマに災いをもたらすとして生き埋めの刑に処せられた。円形の神殿は20本のコリント式の柱で1列に囲まれ、中には聖火だけがともされていた。最後の修復は191年のセヴェルス帝のもので、394年には閉鎖された。

巫女たちが守ったヴェスタの神殿

✉ローマ・パスはコロッセオで使うべき!

長蛇の列を尻目にスイスイと入場できます。これだけでもとをとれた気分でした。
（栃木県　HIROKI-H）
パスは最初の2ヵ所が無料扱い。自分の見たい（あるいは入場料の高い）所を先に見学するのが賢い選択。
（編集部）['18]

✉8月のフォロ・ロマーノ

炎天下での見学はかなりハードでした。屋根もなく、ほとんど雨も降らないので足元も砂ボコリ。よい靴だと悲惨なことになります。サンダルで行って、ホテルでサンダルごと足を洗うのがいいかも。　（匿名希望　'15）

⑭ヴェスタの巫女の家 Casa delle Vestali

神殿のすぐそばには巫女たちの住居があった。長方形の大きな建物は2階建てで、柱廊で囲まれた中庭には巫女たちの像や壺などが飾られていた。像のひとつの頭部が欠けているのは、おそらく巫女のひとり（クラウディア）がキリスト教に改宗したためと思われる。巫女たちの居室のほか台所や浴室などもあり、1室には、特別な式典のときに政府の高官たちに与えるパンの粉を挽いたと思われる臼が今でも見られる。

ヴェスタの巫女の家の美しい中庭

ヴェスタの巫女

⑮レジア Regia(王宮)

ヴェスタの神殿の脇、カエサル神殿の後ろにあるこの建物はヌマ・ボンピリウスが建てた王宮だと推定される。共和政時代には大神官の住居として使われた。

レジアの跡にて

⑯アントニヌスとファウスティーナの神殿 Tempio di Antonino e Faustina

後世には教会として利用された、アントニヌスとファウスティーナの神殿

聖なる道を挟んでレジアの向かいにあり、アントニヌス・ピウス帝が皇后ファウスティーナの死後（141年）、彼女のために建てた神殿である。後には皇帝自身もここに祀られた。これもコリント式の6本の柱で飾られた前柱廊式の神殿で、基壇はほぼ完全に残っている。前室を囲む柱は、高さ17mもあって見事だ。11世紀には神殿を利用して教会が建てられ、現在のファサードは17世紀初めに改修されたものである。神殿入口右脇には紀元前9～6世紀のネクロポリスNecropoli(共同墓地)が見つかり(1902年)、今も花壇の形から、下に眠る墓の位置をある程度想像できるようになっている。

⑰ロムルスの神殿 Tempio di Romolo

マクセンティウス帝が幼くして死んだ息子ロムルスのために建てた神殿で、帝がミルヴィオ橋の戦いで戦死したため、未完成に終わったと考えられている。

●ロムルスの神殿
開 8:30～

ロムルスの神殿

⑱マクセンティウスのバジリカ Basilica di Massenzio

306年にマクセンティウス帝が建て始め、コンスタンティヌス帝によって完成された。3つの廊から成っていた会堂の屋根は大理石で飾られ、内部はスタッコで造られた格天井で覆われていた。アプシスにはコンスタンティヌス帝の巨大な像が置かれていた(現在その一部をコンセルヴァトーリ宮に見ることができる)。

巨大なマクセンティウスのバジリカ

⑲考古学博物館 Antiquarium del Foro

入口はS.M.ヌオーヴァ教会（S.M.Nuova）の右に進んだ所で、フォロ・ロマーノから発掘された重要な出土品が展示されている。

⑳ティトゥスの凱旋門 Arco di Tito

聖なる道の終点に建つこの凱旋門はヴェスパシアヌスとその息子ティトゥスの、エルサレムでの戦勝(70年)を記念して造られた(81年)。中央に彫られた、鷲に乗るティトゥス帝の浮き彫りは、皇帝が死後に神格化されたことを意味している。

ティトゥスの凱旋門

フォロ・ロマーノ復元図

フォロ・ロマーノの入口

マクセンティウスのバジリカ P.63

6000㎡に及ぶ、巨大バジリカ(集会所)。大理石や青銅の屋根が乗り、内部もスタッコや色大理石で華麗に装飾されていた

カエサルの神殿 P.62

暗殺されたカエサルが火葬された場所に建つ、名将カエサルにささげられた神殿。イオニア式の柱がファサードを飾った

コロッセオ

アントニヌスとファウスティーナの神殿 P.63

高さ17mのコリント式の柱が飾る堂々たる神殿。教会に転用されたため、今も容易に当時の姿を想像することができる

エミリアのバジリカ P.60

集会や商業活動に利用された。内部(70m×29m)は4つに分割され、銀行などのカウンターも並んでいた

セヴェルスの凱旋門 P.60

今も勇姿をとどめる、高さ21mの凱旋門。ローマ軍の遠征、皇帝の演説など、ふたつの戦いのエピソードが刻まれている

ローマのへそ P.60

直径4mのれんがで造られた、象徴的な「ローマのへそ」。ローマ人はここで待ち合わせをしたのかな?

演壇(ロストリ) P.60

半円形の演台の上にさらに四角形の演台が乗り、下からは見上げるばかりの高さ。ここで演説者は市民に熱弁を振るったローマ市民の集会や裁判、商業活動や政治討論の場として設けられたフォロ・ロマーノ。古代ローマの発展の核であり、ローマの偉大さと栄光のシンボルだ。フォロ・ロマーノを眼前にしたら、復元図を手に当時へタイムスリップしてみよう。

フォロ・ロマーノの全景

ティトゥスの凱旋門

P.63

エルサレムでの戦勝記念に81年に建立。アーチの内部には戦利品（祭壇、ラッパ、金の燭台など）が彫刻されている

カストルとポルックスの神殿

P.62

ローマを勝利に導いた双子神にささげられた神殿。現在は3本の柱のみだが、高台に端正に建ち、美しい姿を想像させる

ユリウスのバジリカ

P.62

長さ82m、幅18mのホールに、4つの裁判所がおかれていた。裁判は同時に行われたため、いつも大騒ぎだったとか

フォカスの記念柱

P.62

13.5mの柱の頂には東ローマ帝国のフォカス帝の像が乗っていた。608年に建造され、遺跡内で最も新しい

聖なる道

P.62

戦勝パレードは「聖なる道」と凱旋門を抜け、元老院の前を通り戦いの神が祀られた神殿へと向かった

サトゥルヌスの神殿

P.61

高い基盤の上に8本の柱が見える神殿。高台にそびえ、その重要性は一目瞭然。国家の財宝が収められていた

共和制時代の高級住宅地

MAP P.52、P.40 B1

パラティーノの丘 ★★★

Monte Palatino

モンテ パラティーノ

パラティーノの丘はフォロ・ロマーノの南側に位置し、ローマの政治や経済などに力をもつ、貴族や有力な家柄の人々の住む住宅地であった。帝政時代に入ると、皇帝たちもこの丘の上に次々に邸宅を造った。現在、丘は夏には花々が咲き、冬にはオレンジが実り、野良猫が優雅に暮らす別天地だが、一部では今も発掘の作業が続いている。フォロ・ロマーノを見終えたら、ティトゥスの凱旋門からクリウス・パラティヌスの坂Clius Palatinusを上って丘に上がり、テラスからの眺めを楽しみ、見学を開始しよう。

伸びやかな別天地、パラティーノの丘

❶テラス Terazza Belvedere

道に沿っていくと途中に崖を利用して造った大きなニンフェウムがあり、ここから階段を上がり、右に進むとテラスに出る。

ファルネジアーニ庭園に付属する、高台に位置した**張り出したテラス**で、パラティーノの丘の**必訪スポット**。眼下にフォロ・ロマーノ、その先にはカンピドーリオの丘やヴィットリオ・エマヌエーレ2世記念堂、さらに少し移動すればサン・ピエトロのクーポラまでを眺めることができる。ローマの広がりと歴史を感じさせる印象的な風景が広がる。

テラスからの眺めが最高だ

❷ファルネジアーニ庭園 Orti Farnesiani

16世紀中頃ファルネーゼ枢機卿がティベリウス帝の宮殿(ドムス・ティベリアーナ)跡に造営した**世界最初の植物園**。アカシアをはじめ当時の珍しい植物が植えられ、噴水や彫刻、鳥小屋などを配した、洗練された美しい庭園だったという。一段下がった所には紀元前3世紀の終わりに小アジアから入った**ティベリオ神の神殿跡**Tempio di Cibeleも一部残っている。

世界で最初の植物園ファルネジアーニ庭園

❸ティベリオ神の神殿跡 Tempio di Cibele

小アジアから伝わったというティベリオ神とは多産の女神。現在は円柱の基部と柱頭だけが残っている。

●パラティーノの丘
住 Via di S.Gregorio 30
Piazza S.Maria Nova 53
(フォロ・ロマーノ内)
☎ 06-0608
開 8:30〜日没1時間前
休 1/1、12/25
料 €12(コロッセオ、フォロ・ロマーノと共通)

✉どこで買う? コロッセオ、フォロ・ロマーノ/パラティーノの丘の共通券

朝イチの9:30に、サンタ・マリア・イン・コスメディン教会(真実の口)を見学後、コロッセオ、フォロ・ロマーノ、パラティーノの丘に行く予定で(並ぶのを覚悟して)行きました。チルコ・マッシモ方向から徒歩で向かい、10:30頃の切符売り場B(→P.59、パラティーノの丘の切符売り場、出入口)の前は、待ち時間ゼロで共通券を難なく購入できました。まずはコロッセオ見学に向かいましたが、コロッセオの切符売り場は、長蛇の列。一方、パラティーノの丘をB出口から出た12時頃でも、ここの切符購入者の列は、10人程度でした。この売り場はコロッセオ目的だと地下鉄駅から遠いので、行く人は少ないようで、切符購入の時間短縮にはおすすめです。
(岡西祥平 '18 1月)

✉コロッセオ 行列回避法

行列に並んでいると、係員が「ビデオ・ガイド(€6)またはオーディオ・ガイド(€5.50)を借りる人は並ばずに入れます」と案内していました。彼に聞くと「このままなら40分待ち」と言われ、迷わずビデオ・ガイドを借りることに。専用窓口に案内してもらい、ほぼ並ばずにすぐに入場できました。ビデオ・ガイドはiphoneで使いやすく、内部映像のほか映画のシーンがありけっこう楽しめました。もちろん日本語あり。
(東京都 ICM)

✉12月のコロッセオ

行列を覚悟して午前中早め行きましたが、セキュリティ・チェックや切符購入の待ち時間はありませんでした。
(静岡県 メリー '17)

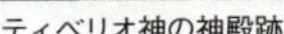

ティベリオ神の神殿跡

見どころNAVIGATOR

ファルネジアーニ庭園を横切るように通路を進むと、**ティベリオ神の神殿跡**、その先に建物に覆われた**リヴィアの家**が現れる。リヴィアの家を右に下れば**アウグストゥスの家**（リヴィアの家とアウグストゥスの家の見学は別途入場券が必要。→P.68）。リヴィアの家の左の通りからトンネル状に延びるクリプトポルティコ通りの上を渡ると、目の前に**ドムス・フラヴィア**の大きな遺構が現れる。

❹リヴィアの家
Casa di Livia(→P.69)

現在は貴重な文化財保護のため全体を建物で覆っているのが、アウグストゥス帝の妃リヴィアの家。壁画のすばらしさで知られている。

洗練されたリヴィアの家の装飾

❺アウグストゥスの家
Casa di Augusto(→P.69)

ローマの初代皇帝、アウグストゥスの家。ポンペイスタイルの色鮮やかなフレスコ画が残っている。

外から眺める「アウグストゥスの書斎」

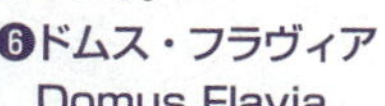

❻ドムス・フラヴィア
Domus Flavia

ドミティアヌス帝が建築家ラビリウスに命じて建てた大宮殿。建物はふたつの翼を持ち、公邸(ドムス・フラヴィア)と私邸(ドムス・アウグスターナ)に分かれ、約360年間もの間、代々の皇帝に利用された。ドムス・フラヴィアの入口は長方形の列柱廊が巨大な玄関ホールとなっており、その中央に今も見られる**八角形の噴水**があつた。迎賓の間、謁見の間などが置かれ、東側には守備隊が常駐し、ここに正面玄関があつたと考えられている。また、東側には皇帝の巨大な食

ドムス・フラヴィアの8角形の噴水跡

緑あふれるパラティーノの丘

フォロ・ロマーノに比べ、緑があふれ、池にはパピルスが茂るパラティーノの丘。よく整備された庭園には、オレンジの花をはじめ季節には色とりどりの花が咲き誇る。古代ローマの高貴な人たちの住宅街だったことを納得するすがすがしい空間だ。真実の口広場方向からも高台の様子は眺めることができるが、ぜひ内部を散策したい。入口近く、ファルネジアーニ庭園の脇にはトイレも設置されている。

パラティーノ博物館横にもトイレあり。

●セヴェレス帝のアーケード

開 3月の最終㊐～8/31の㊋㊎　8:30～18:45

チルコ・マッシモに面した大規模なテラス

春のパラティーノの丘は花盛り

ローマの歴史 column

伝説によると、ローマの建設は紀元前753年または754年にまで遡り、最初の都市は7つの丘に囲まれた区域（現在のフォロ・ロマーノ周辺）に造られたとされている。当時この地にはすでにエトルリア人が住み、建築土木に優れていた彼らの手で、湿地の埋め立てや公共物の建設がかなり進んだ段階に達していた。そしてフォロ・ロマーノがローマの政治や商業活動などの公的な場所として発展したのに対し、すぐ背後のパラティーノの丘は当時の有力な人々が好んで館を構えた居住区であった。

ローマの発展とともに町も急速に大きくなり、紀元前4世紀の半ばにセルヴィウスの城壁（周囲11km）が築かれた。アウグストゥス帝の時代には大規模な都市改造が行われて、広い直線道路の両側には大理石の建物や神殿、浴場や公園などが配置された。紀元2世紀にはローマの人口は約100万人に達し、3世紀の終わりまでには周囲19kmのアウレリアヌスの城壁が蛮族の進入に備えて造られた。その後、ローマ帝国の分裂（395年）とゴート族の進入（410年）でローマの人口は5万人を下回るほどに減り、自治都市時代（1144年）になっていくつかの教会とカンピドーリオの丘が修復されて活気を取り戻した。1527年の「ローマの略奪」で人口は3万人にまで減少したが、ルネッサンス時代を通じて、ローマは再び都市としての体裁をしだいに整えていった。1870年にイタリアが統一され、翌年ローマが統一イタリアの首都に選ばれると大規模な都市改造が始まって、著しい発展をとげた。

堂が配され、床暖房も施されていたという。

⑦パラティーノ博物館 Museo Palatino

パラティーノの丘の発掘で得られた出土品を展示している。

かつての修道院を改装した博物館。パラティーノの丘やフォロ・ロマーノからの**出土品を展示**。驚くほどに繊細な**モザイク**や**彫像**など当時の室内を華麗に装飾した品々が展示され、ローマ時代の皇帝たちの生活を想像するのが楽しい。1階の鉄器時代の小屋の復元模型、2階のネロ帝の室内装飾の真珠貝のモザイクなどは必見。

⑧ドムス・アウグスターナ Domus Augustana

ドムス・フラヴィアに隣接して、建物の中央(中庭)にアーチを配した池らしい遺構が見られる。ドミティアヌス帝の私邸で、この池を囲むように柱廊が続き、池には橋が配され、小堂が建てっていたと推察される。宮殿の南側からはチルコ・マッシモが見下ろせ、エクセドラにいる皇帝にチルコ・マッシモの観衆が喝采を送った。

⑨スタディオ Stadio

丘の敷地より一段下にあるため、眼下に緑の楕円形のスペースが広がる。ドミティアヌス帝時代に造られ、**庭園兼馬場**として使われた。当時は2階建ての柱廊で囲まれ、東側には皇帝の観覧席が設けられた豪華なものだった。

楕円形のスタディオ

見どころNAVIGATOR

パラティーノの丘からはスタディオの南斜面を下る道を行き、S.グレゴーリオ通りVia di S. Gregorioにある出口から出ると便利だ。S.グレゴーリオ通りに出れば、道の左奥にはコンスタンティヌスの凱旋門が目に入る。そのままコロッセオ前の大通り、フォーリ・インペリアーリ通りに出て左に進み、カヴール通りを過ぎると、道路の左にフォロ・ロマーノ、右にフォーリ・インペリアーリが見えて来る。

中央噴水の遺構

●パラティーノ博物館
住 パラティーノの丘
☎ 06-39967700
開 8:30〜日没2時間前
料 €12(パラティーノの丘、フォロ・ロマーノ、コロッセオの共通券に含む)
地 P.52、P.40 B1

●アウグストゥスの家とリヴィアの家
※見学には別途入場券が必要。空きがあれば、切符売り場で販売。
2018年1月現在、非公開、公開未定。
URL www.coopculture.it

考古学博物館の出土品

ローマの7つの丘 column

伝説によるとローマは紀元前753または754年、7つの丘の上に建国されたことになっている。が、実際には、ラテン、サビーノ、エトルリアの種族が混じり合って最初の都市国家がまずパラティーノの丘の上にできたのはもっと後のことらしい。この最初の都市は軍事的に恵まれた立地条件にあり、同時に商業活動にも適していた(海に近く、テヴェレ川に近接していた)ので次第に発展し、テヴェレ川左岸の7つの丘にまたがる区域に広がっていった。ちなみにこの7つの丘とは**カンピドーリオ、パラティーノ、ヴィミナーレ、エスクィリーノ、チェリオ、アヴェンティーノ、クイリナーレ**だとされる。天気のよい1日パラティーノの丘に登ってみよう。そしてフォロ・ロマーノを真下に眺めながらその背後に広がる小高い丘に目を留めてみよう。右脇からチェリオの丘、さらにエスクィリーノ、ヴィミナーレ、クイリナーレの丘と続いて、左の脇をカンピドーリオの丘で囲まれたフォロ・ロマーノと続く。そして**フォロ・ロマーノ**がいかに軍事的によく守られた場所であったか、なぜここが古代ローマの政治と市民生活の中心となったのかがよくわかる。パラティーノの後ろには7つ目の丘アヴェンティーノがテヴェレ河畔まで延びて、自然の城塞の役目を果たしていた。

アウグストゥスの彫像

初代ローマ皇帝「アウグストゥスの家」と その妻「リヴィアの家」

リヴィアの彫像

古代ローマ時代の高級住宅地、パラティーノの丘に立つ**「アウグストゥスの家」**(→P.67)と**「リヴィアの家」**(→P.67)。「アウグストゥスの家」はかつてのアポロ神殿の脇に位置し、チルコ・マッシモに向かって開かれていた。一方、すぐ近くにある妻「リヴィアの家」は今では地下に位置している。いずれも、邸内には美しい室内装飾が残され、ひととき、古代ローマの邸宅に招かれたような気分になる。

40年間暮らした皇帝好みの邸宅「アウグストゥスの家」

劇場で使われた仮面が描かれた「仮面の間」。遠近法を用いた壁画が奥行きを生んでいる

松ボックリと松葉で描いた「松の花綱(スカラップ)の間」。

ふたつのテラスの上に築かれた家は紀元後3年の火事の後に再建されたもので、プライベート空間と公的部分に分かれている。最初の6室、小さな居室が続くところがプライベートな部分。とりわけ、**仮面の間**Stanze delle Maschere、**松の花綱**(スカラップ)の間Stanze dei festoni di pinoの装飾が美しい。続いて公的な部分で**黒壁の間**a pareti nere、**西の図書館**Biblioteca、続く小さな2室は寝室Camera di Lettoで石造りのベッドが壁面に築かれている。**遠近法の間**Stanza delle Prospettivaはその名前通り、遠近法を巧みに使った壁画に驚かされる。さらにもうひとつ**図書館**が続く。

やや移動した**柱の大広間**Grande Sala Colonnatoは天井が高く、象嵌模様の大理石の床、梁はスタッコで装飾され、ギリシャ神話の物語と入口左に鳩が描かれている。さらに**接見の間**Sala di Ricevimentoが続く。外に出て、ガラス越しに眺めるのは**アウグストゥスの書斎**Studiolo。最も色鮮やかで華やかに装飾された空間で赤・黄・黒に彩られた壁面はもとより、スタッコと繊細な紋様で飾られた天井が美しい。

皇帝の妻であり母の優雅な邸宅「リヴィアの家」

現在は地下遺跡保護のために全体が建物で覆われ、**地下に「リヴィアの家」**が広がっている。発見当時は全体が土砂に埋め尽くされていたが、ここでリヴィアの銘の入った鉛の水道管が発見されている。全11室とされるが、現在公開されているのはほぼ半分程度。

入口から黒と白のモザイク模様の通路を抜けると、**広い中庭**Cortile=Atrioに出る。当時は屋根が架けられていたと考えられている。正面に**3つの部屋**があり、中央が**応接の間**Tablino。最も重要な壁画があったとされているが、左側はほとんど見えない。右側が保存状態がよく、コリント式の柱で3つに分割された壁面の中央や入口部分に**神話から題材をとった物語**が描かれている。退色しているものの、**彫像の載る柱の足元に座る少女とその右に百眼の巨人アルゴスと左にメルクリウス**(マーキュリー)が描かれている。

右側の部屋には、マッシモ宮の「リヴィアの家」を思い起こすような繁る葉に果物がまきつきリボンが風に舞うかのような優雅な**花綱(スカラップ)**の装飾、その上には黄色と茶・緑の**線状装飾**が施され、黄色の帯の部分にはエジプトの生活が描かれている。手前右側は壁面に横臥食卓Triclinioが設けられていたことから、食堂とされている。

中央の「応接の間」。壁面右に見えるのが神話から題材をとった物語

当時はこの部屋の前に天井が架けられ、私的な玄関であったとされている

皇帝たちによって造られた公共広場

MAP P.52、P.43 C4

フォーリ・インペリアーリ ★★

Fori Imperiali フォーリ インペリアーリ

フォロ・ロマーノと道を挟んで、フォーリ・インペリアーリが続く

フォーリ・インペリアーリとは、「諸皇帝のフォロ（公共広場）」の意味。実際、フォーリ・インペリアーリ通りの左にはいくつものフォロが続いている（右側はフォロ・ロマーノ）。

人口増加によりフォロ・ロマーノが、手狭になったため、カエサル（シーザー）が、紀元前54年に私財を投じて「カエサルのフォロ」を造ったのがフォーリ・インペリアーリの始まりだった。続いて、アウグストゥスをはじめとする歴代の皇帝が権力の証しとして次々にフォロを造営してフォーリ・インペリアーリができ、町は外へと拡大していったのだった。

中世には土で覆われたフォロは、1800年代から発掘が始められたものの、1936年にムッソリーニが「帝国の首都にふさわしい」大通りとしてフォーリ・インペリアーリ通りの建設に着手したため、その大部分は再び埋め戻されてしまったのだった。しかし、1995年からの発掘作業により、現在では多くの遺構が見られるようになった。

■カエサルのフォロ Foro di Cesare

カエサルのフォロ

トゥッリアーノ通りからF.インペリアーリ通りに出ると、左にはカエサルのフォロが残っている。紀元前54～46年にかけて造られた75m×160mのこのフォロは列柱で囲まれ、中央にはカエサルの騎馬像が置かれていた。また、広場の北側にはヴィーナスの神殿Tempio di Venereがあり、現在でもその後陣のエクセドラの一部を見ることができる。

■トラヤヌスのフォロ Foro Traiano

トラヤヌスのフォロ

F.インペリアーリ通りを挟んで向こう側にはトラヤヌス帝のフォロの跡が見られる。帝は宮廷の建築家アポロドーロ・ディ・ダマスコに命じて斜面（当時このあたりはクイリナーレの丘の裾に当たっていた）を削らせ、大規模な広場（300m×185m）と市場を造らせた。両サイドは列柱で飾られ、その外側にはもうひとつ、エクセドラをもつ壁があった。中央には皇帝の像、奥には壮麗なウルピアの会堂Basilica Ulpiaが建っていた。

■トラヤヌスの記念柱 Colonna Traiana

ウルピアの会堂の後ろに建っていたのがトラヤヌス帝の記念柱で、奇跡的に破壊を免れ、今日にいたっている。19の巨大な大理石のブロックを積み重ねた、高さ40mのこの記

トラヤヌスの記念柱

トラヤヌスの記念柱あたりに出没する古代ローマ時代の衣装を着たおじさん

ご注意！
古代戦士との記念撮影

コロッセオ周辺では、古代戦士の扮装をして写真を撮らせる人が出没中。料金は€1が相場とはいえ、€50を請求された人もいる。まずは値段の確認を。

'17年12月はグラディエーター（剣闘士）もどきの人たちはずいぶん少なくなりました。また、パラティーノの丘などへの入場にも、手荷物検査がありました。昨今の国際情勢のためか、以前より警備が強化された印象でした。
（東京都　MC2人　'16）['17]

フォロ・ロマーノ、パラティーノの丘、コロッセオは効率よく見学を

フォロ・ロマーノ、パラティーノの丘、コロッセオは共通入場券（2日間有効）。いずれも敷地が広大、かつ切符売り場と出入口が少ないので、広い敷地を効率よく歩くために事前に自分の「歩き方」をシュミレーションをしておこう。

本誌おすすめ見学ルート（→P.58）では、フォーリ・インペリアーリ通りに面した**サララ・ヴェッキア広場**Largo Salara Vecchia（旧ロモロ・エ・レモ広場）から入場し、フォロ・ロマーノの見学後、敷地内からパラティーノの丘へ向かい、**サン・グレゴーリオ通り**から出るルート。

切符売り場は**サララ・ヴェッキア広場**（フォーリ・インペリアーリ通り中ほど、カヴール通りとの交差点近く）、**サン・グレゴーリオ通り**（コロッセオから南へ約300m）、**聖なる道**手前（コロッセオ西側）と**コロッセオ**の計4ヵ所。コロッセオを除いて敷地は続いており、各切符売り場そばに出入口が設けられている。コロッセオ側の聖なる道は入口専用。

コロッセオから見学する場合は、切符売り場に行列ができていることが多いので、ローマパスなどを利用して行列を回避しよう（または、聖なる道入口、サン・グレゴリオ通りなどの切符売り場で切符を購入）。コロッセオの見学後、フォロ・ロマーノへは聖なる道の入口から入るのが近道。ここからパラティーノの丘へも行くことができる。

念柱には、トラヤヌス帝のダキア（現在のルーマニア・トランシルヴァニア地方）遠征勝利の場面が描かれ、先端には皇帝の像が乗っていた（中世になってS.ピエトロの像に置き換えられた）。記念柱は皇帝の墓として113年に建てられ、帝が死ぬと（117年）ここに葬られた。内部は空洞で、らせん状の階段で上に上がれる構造になっている。

■トラヤヌスのマーケット Mercati Traiano

エクセドラが美しいトラヤヌスのマーケット

同じくA.ディ・ダマスコによって2世紀の初めに造られ、現在もかなりよく残っている遺跡のひとつである。正面はトラヤヌス帝のフォロのエクセドラに沿って半円形にカーブし、1階は11に区分されていた。2階は屋根付きの回廊式に、3階はテラスになっていて、商店や食べ物屋などが入っていたものと思われる。

■アウグストゥスのフォロ Foro di Augusto

アウグストゥスのフォロ

紀元前2年に完成し、広場の奥には復讐の神マルス（アウグストゥスは養父（叔父）カエサルの暗殺者に復讐を誓っていた）の神殿Tempio di Marte Ultoreが設けられ、両側はエクセドラ付きの柱廊で囲まれて、大理石の像で飾られていた。左側の柱廊の端には、今もアウグストゥス帝の像の台座が残っている。

■ネルヴァのフォロ Foro di Nerva

ネルヴァ帝が97年に完成させたフォロで、細長い形（120m×45m）をしていた。広場の西側にはミネルヴァ神殿Tempio di Minervaが17世紀まで残っていたが、ジャニコロの丘にパオラの噴水を造るために壊して材料にされた。神殿の右側に当たる部分に、今も2本の円柱を見ることができる。

ミネルヴァ神殿の円柱

見どころNAVIGATOR

フォーリ・インペリアーリ通りの先にあるのが**ヴェネツィア広場**。バスをはじめ多くの車が行き交う交通の要所。堂々とひときわ目を引く白亜の殿堂が**V.エマヌエーレ2世記念堂**。その奥の高みに**サンタ・マリア・アラチェリ教会、カピトリーニ美術館**。広場を渡った左がヴェネツィア宮殿。正面にまっすぐ延びるのがコルソ通りでまっすぐポポロ広場へと通じている。

●トラヤヌスの記念柱
地 P.52、P.40 A1

●トラヤヌスのマーケットとフォーリ・インペリアーリ博物館
Mercati di Traiano-Museo dei Fori Imperiali
住 Via IV Novembre 94
☎ 06-0608
開 9:30～19:30（入場18:30まで）
12/24、12/31 9:30～14:00
休 1/1、5/1、12/25
料 €11.50（特別展の場合€14）
地 P.52、P.40 A1
URL www.mercatiditraiano.it

ダキア遠征の場面が彫られている記念柱

マルス神殿跡とフォロ

遺跡を見下ろす散歩道

コロッセオから交通の中心のヴェネツィア広場へと通じるフォーリ・インペリアーリ通り。振り向けば広い通りの先にはコロッセオがその巨大な姿を見せ、まさに古代ローマの風情に浸るにはふさわしい場所。近年、フォーリ・インペリアーリ通りの左右に広がるフォロ・ロマーノ、フォーリ・インペリアーリの広大な遺跡の発掘、周辺の整備が進み、通りの各所に見晴らし台のようなスポットやベンチが設けられて、遺跡を眺めながらのそぞろ歩きがいっそう楽しくなってきた。まずは道路の上からゆっくり眺めてみよう。

ACCESS

ヴェネツィア広場へバスで行くなら

40 (急行) 64 70 170 H (急行) テルミニ駅から

60 (急行) ピア門、共和国広場、ナツィオナーレ通りから

85 S.ジョヴァンニ・イン・ラテラーノ広場、コロッセオ方面から

87 カヴール広場から

お得情報

10～3月の第1日曜日は国立の美術、博物館は無料。(一部適用されない見どころあり)コロッセオ、パラティーノの丘、フォロ・ロマーノも無料。このほかマッシモ宮をはじめとする国立考古学博物館、バルベリーニ宮など。特別展が開催されている場合は別途料金が必要な場合あり。市立博物館＝カピトリーニ美術館などはローマ市民のみ無料なのでご注意を。

●ヴェネツィア宮殿博物館

住 Via del Plebiscito 118
☎ 06-69994388
開 8:30～19:30
休 ㈪、1/1、5/1、12/25
料 €5

●V.エマヌエーレ2世記念堂

住 Piazza Venezia
☎ 06-6780664
開 夏季9:30～17:30
冬季9:30～16:30
料 無料
※入場は閉場30分前まで。季節や曜日により開館延長の場合あり

教会に着いたら「歩き方」を開こう

お目当ての教会などに着くと、雰囲気に圧倒されて酔うほどに懸命に見てしまいました。後でガイドブックを見て、「え?回廊がきれいだったの?」「へ?地下遺構に入れたの?」と、後悔の連続でした。目的地に到着して落ち着いたら、椅子に座って「歩き方」を見直しましょう。歩き疲れも防げるし、見残しも防げます。
(愛知県　YOU-KO　'13)

大晦日は早い

12/31のヴィットリオ・エマヌエーレ2世記念堂は15:00頃に閉場となりました。大晦日は多くの施設で14、15:00台に閉館となるので注意が必要です。
(東京都　ドラゴン　'14)

ローマの中心

MAP P.52、P.43 C3

ヴェネツィア広場 ★★

Piazza Venezia　ピアッツァ ヴェネツィア

正面に巨大なV.エマヌエーレ2世記念堂、右にヴェネツィア宮殿を望む**ヴェネツィア広場**はローマ旧市街のほぼ中心に位置している。各方面へ延びる道が集中する地点でもあるので1日中交通量が多い。道路を渡るのにはひと苦労する。

ローマ旧市街の中心、ヴェネツィア広場をV.エマヌエーレ2世記念堂屋上より眺める

ムッソリーニが演説した

MAP P.52、P.43 C3

ヴェネツィア宮殿(博物館) ★

Palazzo Venezia (Museo Nazionale di Palazzo Venezia)　パラッツォ ヴェネツィア (ムゼオ ナツィオナーレ ディ パラッツォ ヴェネツィア)

ヴェネツィア宮殿(博物館は北側の一角)

広いヴェネツィア広場の西側を占める壮大な**ヴェネツィア宮殿**は、ヴェネツィア出身の枢機卿ピエトロ・バルボPietro Barboによって1455年に着工された。バルボは1464年には法王パウロ2世Paolo IIとなり、宮殿を住居に定め、その後1世紀にわたり歴代の法王がここに暮らした。1564年、法王庁は宮殿をヴェネツィア共和国に譲ることを決め、以後1797年までヴェネツィア大使館として使われた。しかしナポレオンがオーストリアとの間に条約を結び、ヴェネツィア共和国がオーストリアに支配されると、ヴェネツィア宮殿もオーストリアの所有となった。1916年、当時オーストリアと戦争をしていたイタリアはヴェネツィア宮殿を取り返し、数年後にはムッソリーニMussoliniがファシスト政権の迎賓館として使い始めた。ムッソリーニの有名な「演説」は、宮殿の入口の真上にあるバルコニーから行われた。

美しい庭園は入場自由

宮殿内にある**ヴェネツィア宮殿博物館**は修復のため部分的に閉鎖されているので、現在見られるのは一部である。最初の4室はローマ時代からバロック時代に及ぶ陶器のコレクションを展示し、第4室には13世紀の作品、アルノルフォ・ディ・カンビオの『法王の像』Statua di Ponteficeの彫刻がある。続く2室には銀と七宝の作品が並ぶ。14世紀の『アルバ・フチェンセ』の三幅対の祭壇画Trittico di Alba Fucenseは精巧な出来である。最後の部屋は、壁の上部のフリーズを飾るマンテーニャ派の壁画にちなんで「ヘラクレスの難行のサロン」Sala delle fatiche di Ercoleと呼ばれ、中世から16世紀までの木製彫刻が展示されている。

ローマのランドマーク

MAP P.52、P.43 C3・4

ヴィットリオ・エマヌエーレ2世記念堂 ★★

Monumento a Vittorio Emanuele II モニュメント ア ヴィットリオ エマヌエーレ セコンド

人気の観光名所、ヴィットリアーノ

ヴェネツィア広場に堂々と建つ白亜の建物は**ヴィットリオ・エマヌエーレ2世記念堂**。市民には"ヴィットリアーノ"の名で通っている。イタリア統一(1870年)の立役者、初代の国王となったヴィットリオ・エマヌエーレ2世(北部イタリア、トリノの出身)の偉業を記念して建てられた。コンクールの結果、223の応募作品から選ばれたのがジュゼッペ・サッコーニのプランで、工事は1885年に始められ1911年に完成した。しかし、ローマで最も趣があり歴史的にも重要な区域に建てられたこのモニュメント、どうにも遺跡や古い建物のもつ雰囲気に溶け込まず、"インク壺""ウエディングケーキ"果ては"入れ歯"などと陰口をたたかれ、完成当時は地元の人にはいたって評判が悪かった。

中央に立つ騎馬像はV.エマヌエーレ2世(エンリコ・キアラディア作)、台座にはイタリアの主要諸都市を表す寓意像が彫られている。その真下に右腕を上げて立つのは『**ローマの像**』、左側には『**労働の勝利**』、右側には『**祖国愛**』の群像が並ぶ。『ローマの像』の足元には1921年に『**祖国の祭壇**』Altare della Patriaが造られ、第1次世界大戦で死んだ無名戦士が祀られていて、常時儀仗兵がこれを守っている。最上部の16本の巨大な柱で構成された柱廊にはイタリアの諸州のシンボル像が並び、柱廊の上には両端に勝利の女神の操る4頭立てのブロンズ製の馬車が乗っている。

勝利の女神の馬車のある屋上からの眺めが見事

見どころNAVIGATOR

記念堂の正面を右に回り、壁に沿って進むと、左側に2世紀頃のローマ時代の家の遺構が目に留まる。これを過ぎるとすぐに、左側にサンタ・マリア・イン・アラチェリ教会に上がる階段がある。

ローマを見渡す展望スポット

堂々としたヴィットリアーノは大理石の長い階段が続き、頂上部の天井には美しいフレスコ画が描かれている。また、テラスからはローマの町並みを一望でき、コロッセオやフォロ・ロマーノ、パラティーノの丘、色とりどりの花が咲くヴェネツィア広場から続くコルソ通りまで眺められる。ローマ観光の最初に訪ねると、ローマの大きさや地理が把握できる。内部はリソルジメント博物館になっており、博物館へは正面右側の入口を利用する。博物館へ入らず、そのまま階段を上がるとテラスへ出る。ここからの眺めも素晴らしいが、より眺望を楽しむなら、エレベーターで屋上へ上がってみよう。

トイレは階段途中の博物館入口そばとテラス(簡易タイプ)にある。

パノラマ・エレベーターの切符売り場はエレベーターそば。

V.エマヌエーレ2世記念堂のパノラマ・エレベーター

テラスからの眺めもすばらしい。テラスさらに上の屋上に上がれるパノラマ・エレベーターがある。

開 9:30〜19:30
休 1/1、12/25
料 €7
(特別展との共通券€10)
18歳以下 €3.50
10歳以下 無料
※入場は閉場45分前まで

✉ パノラマエレベーターで

エレベーターは記念堂の裏側、アラチェリ教会との間にあります。屋上からの眺めは実にすばらしい! ローマのほぼ中心にあるので、東西南北、名所旧跡が一望できます。ローマを歩く前なら、俯瞰した町並みを見て「頑張って歩くぞ!」と思い、歩いた後なら見た物の楽しい再確認になります。
(神奈川県 ミセス・シーボルト)

中央にはローマを擬人化した『ローマの像』

ローマの絶景ポイント(→P.18) column

❶ ヴィットリオ・エマヌエーレ2世記念堂(→P.73)の屋上

下からは、小さく見えた「女神の操る馬車」も大迫力。さえぎるもののない大パノラマが広がる

正面の階段を上がってテラス階にあるガラス張りのパノラマ・エレベーターを利用して屋上へ。記念堂の頂上を飾るブロンズ製の「勝利の女神の馬車」が身近に迫り、高さは81m。さえぎるものがない絶景が広がる。正面側を向くと、**ヴェネツィア広場**を眼下にし、正面に**コルソ通り**。その先には**ジェズ教会**や**パンテオン**のクーポラ。その先には**サンタンジェロ城**、左に見える一際高いのが**サン・ピエトロ大聖堂**のクーポラだ。反対側に向きを変えると、眼下に**フォロ・ロマーノ**を俯瞰し、飾り物のような**コロッセオ**が続く。その奥に尖塔が見えるのが**サン・ジョヴァンニ・イン・ラテラーノ大聖堂**だ。やや右に目を移すと、**カラカラ浴場**、さらに目を凝らすと**エウルの文明宮**も見える。奥にそびえる山並みは、ワインの産地**カステッリ・ロマーニ**だ。

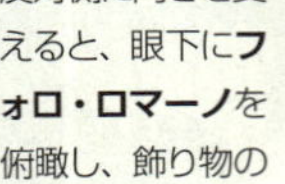

ガラス張りのエレベーターからはカピトリーノ広場方向の景色が広がる

眼下にはフォロ・ロマーノの遺跡

中央にはパンテオンのドームが見える

❷ サン・ピエトロ大聖堂 クーポラの展望台(→P.164)

柱列部分をグルリと回り、360°の風景

途中階。売店、トイレ、バールがある。クーポラを身近に見られるスポット

普通では入れない、植栽の美しい**ヴァティカン庭園**や「神の手で抱かれる」と形容される**サン・ピエトロ広場の柱廊**などを間近に見下ろす。広場の先に**テヴェレ川**と**サンタンジェロ城**。川の流れの先、右には白亜の**V.エマヌエーレ2世記念堂**。左に目を移すと緑の**ボルゲーゼ公園**、その手前には**ポポロ広場**だ。

サン・ピエトロ広場の眺め。冬の午前中はちょっと逆光!?

❸ パラティーノの丘のテラス(→P.66)

広いテラスが広がり、絶好の写真スポット

「聖なる道」から続くティトゥスの凱旋門からパラティーノの丘に入り、階段を上がって右に進むと、広いテラスが広がる。ここからは起伏ある**フォロ・ロマーノ**が詳細に眺められ、右には**コロッセオ**の雄姿。今にもトーガに身を包んだローマ人が闊歩する姿が見えるようで、古代ローマに迷い込んだような気分にしてくれる場所だ。**サン・ピエトロ大聖堂**のクーポラも見え、また、観光ルートではない、フォロ・ロマーノ西側の通りは昔日のローマを思わせる。

フォロ・ロマーノの遺跡が手に取るように眺められる

※切符、開などは、該当ページ参照を。

「聖幼な子」の祀られる MAP P.52、P.43 C3

サンタ・マリア・イン・アラチェリ教会 ★★

Santa Maria in Aracoeli　サンタ マリア イン アラチェリ

外観は地味ながら、幾多の伝説の残るS.M.イン・アラチェリ教会

キリスト教の伝説によれば、アウグストゥス帝はある日ここで幼な子を腕に抱く聖母を見、さらにキリスト到来の予告と、ここにやがて『神の子の祭壇』(アラ・チェリ)が建つだろうという巫女(みこ)のお告げを聞いたとされている。この伝説に基づいて建てられた教会で、7世紀にはすでにここに存在し、1300年代の初めに建て直された。教会は今もこの当時のゴシック様式のファサードを残している。

内部は3廊式になっていて、ローマ時代の建築から借用された22本の柱で仕切られている。コズマ風の美しい床模様は8世紀の終わり頃の物、また格天井は1571年のレパントの海戦でトルコに勝利を収めたのを記念して造られた物である。中央の入口を入って右側の壁にはドナテッロ作の「クリヴェッリの墓」が見られる。右側廊の最初にあるのが「ブファリーニの礼拝堂」Cappella Bufaliniで、ピントゥリッキオの代表作のひとつとも言われるフレスコ画**『聖ベルナルドの生涯』**Vita di S. Bernardinoで飾られている。バロック様式の主祭壇にあるのは10世紀の「聖母」の画像だ。一方、左の翼廊の真ん中には8本の小柱で囲まれた「聖エレナの礼拝堂」Cappella di S. Elenaがあり、中には棺が安置されている。この棺の下、床面より低い所に『アウグストゥス帝に顕れた聖母』(13世紀後半)のあるコズマ風の祭壇が見られる。同じく左翼廊の端、扉の右には、やはりコズマ風の「マッテオ・ダクアスパルダ枢機卿の墓」があり、ピエトロ・カヴァッリーニの見事なフレスコ画が残る。

アーチのある美しい柱とコズマ風の床が特徴

この墓の隣には有名な**「聖幼な子の礼拝堂」**Cappella del S. Bambinoへの入口がある。ゲッセマネ(キリストが捕らえられる前にひとりで祈りを捧げた場所)のオリーブの枝で作ったといわれるこの**「聖幼な子」**の像は、奇跡を行う力があると信じられ、ローマでは古くから人々に信仰されてきた。祭壇の上には世界中の国から届いた、奇跡を願う手紙が乗せられている。ちなみに「ローマの聖幼な子様」と書くだけで、郵便物はここにきちんと配達されるという。

教会内部を見終わったら、右側廊にある扉から出るのがよい。外に出たら、カンピドーリオ広場に向かう前に、扉の上の美しいモザイクに目を留めたい。聖母子とふたりの天使を描いたこのモザイクもカヴァッリーニによる物である。

ピントゥリッキオ作『聖ベルナルドの生涯』

●S.M.イン・アラチェリ教会
住 Scala dell'Arce Capitolina 14
☎ 06-69763839
開 5～9月　9:00～18:30
　10～4月　9:30～17:30

ローマ時代の遺構とS.M.イン・アラチェリ教会

読み方に注意

正式には、サンタ・マリア・イン・アラチェリ教会。現在はサンタ・マリア・イン・アラコエリ教会と呼ばれることも少なくない。

✉ 道の封鎖にご注意を!

'13年2月にはサンタ・マリア・アラチェリ教会からV.エマヌエーレ2世記念堂へ行けましたが、'16年5月は道が封鎖されていました。それを知らず、2度階段を上るハメになってしまいました。でも、記念堂の上部は無料ですし、ちょっとした展望台でおすすめです。(東京都　むく　'16)

✉ 愛しき「聖幼な子」像

世界中から奇跡を願う手紙が届く、「聖幼な子様」は目元かわいく、はつらつとしたお顔で真っ白な服に十字架、真珠、金、宝石の飾りをつけて輝いて迎えてくれました。はるばる訪ねることができた御礼と感動を手紙にしてカゴに入れてきました。
(和歌山県　田本泰崇　'11)

世界中からの奇跡を求める手紙が届く、「聖幼な子」像

天才ミケランジェロにして造り得た

MAP P.52、P.40 A1

カンピドーリオ広場 ★★★

Piazza del Campidoglio ピアッツァ デル カンピドーリオ

ミケランジェロの造った美しい空間、カンピドーリオ広場

古代ローマの時代には神殿が置かれ、常にローマの中心地であったカンピドーリオの丘にある広場。

「ローマとその神聖な丘にふさわしい一大モニュメントをカンピドーリオに」という、法王パウロ3世の要請を受け、天才ミケランジェロによって生まれた美しい空間だ。

緩やかな階段を上ると、入口の左右には**カストルとポルックスの2体**の帝政時代の巨像、広場中央には堂々とした**マルクス・アウレリウス帝の騎馬像**（コピー。オリジナルは美術館内に展示）が立ち、広場の敷石の幾何学模様とともに、実に印象的でダイナミックな空間が広がる。限りあるスペースを生かすため、ミケランジェロは階段側を狭く、奥（市庁舎側）を広くした台形の広場を考えて、広がりを演出し、さらに、広場を縁取る楕円を建物より低くして、中央の騎馬像の台座の高さを強調したのだという。ミケランジェロが設計に着手したものの、建物の完成は17世紀、敷石が実現したのは彼の死後400年を経た1940年になってのことだった。

広場の正面には、ローマ市庁舎。中央の台座にはアウレリウス帝の騎馬像（コピー）が置かれている

広場の正面には**市庁舎**、左右に建つのが**カピトリーニ美術館**だ。

帝政時代の巨像が広場の入口を守る

「特別展」は料金の変更あり

美術・博物館では特別展Mostra Speciale開催時には入場料が€1.50～5程度値上げされる。ほとんどの場合、常設展とのセットで販売される。

広場の騎馬像

帝政時代のブロンズ像で、今日に伝わる唯一の作品とされる貴重な物。馬に乗っているのは、歴史家であり哲学者であったマルクス・アウレリウス帝で、古今にわたり優れた治世をたたえられてきた人物だ。一時、キリスト教を公認したコンスタンティヌス帝と間違われ、長くS.G.イン・ラテラーノ大聖堂に飾られていた。1537年に再びこの場所に移され、1981年には修復のため取り外され、近年コピーが再び置かれ、広場にいっそうの格調を与えている。

カピトリーノの丘 column

調査によれば、**カピトリーノの丘**Monte Capitolino（現在のカンピドーリオの丘）に人々が住み着いたのは鉄器時代（紀元前1300年頃）で、伝説によるローマ建国（753年）よりずっと昔に遡る。有利な地形であることから、まず自然の要塞として発達、次いで紀元前6世紀頃には「カピトリーノの三神」（ジュピター、ユノ、ミネルヴァ）を祀る神殿Tempio della Triade Capitolinaが造られ、信仰の場となった。その後、時がたつにつれて周囲には国家の重要な施設、国の文書館や国庫、造幣局などが神殿の付属の建物などとともに増えていった。度重なる火災や改造にもめげず、神殿は帝政の後期までカピトリーノの丘にその偉容を誇ったが、「蛮族の侵入」によってほかの多くの古代遺跡と同様、破壊される運命をたどった。うち捨てられ廃虚と化した神殿とともにカンピドーリオもさびれ、中世には羊が草を食む場所と化した。しかし11世紀には再び市民が集まって重要な決定を下す場となり、1143年に共和政が樹立されて元老院が復活すると、カンピドーリオはローマの市民生活の中心の場に返り咲いた。

古代ローマの発祥から今日にいたるまで、**カエサルとアウグスティヌスの勝利、詩人ペトラルカの月桂冠戴冠、コーラ・ディ・リエンツォの護民官就任、ローマ共和国の誕生、ヴィットリオ・エマヌエーレ2世のローマ到着**など、この町の長い長い歴史をカンピドーリオの丘は見続けてきたのである。

ローマを知る美術館

MAP P.52、P.40 A1

カピトリーニ美術館 ★★★

Musei Capitolini e Pinacoteca

ムゼイ カピトリーニ エ ピナコテーカ

市庁舎側からの眺め

1471年シスト4世がローマ市民に贈ったブロンズ作品をもとに創設された美術館で、一般公開された世界最古の美術館だ。

見学順路は広場右側の**コンセルヴァトーリ宮**から入場し、**2階の博物館**とマルクス・アウレリウス帝の**エセドラ**を見学後、3階の**絵画館**を経て、フォロ・ロマーノを見渡す**地下通路**(タブラリウム)を通って**新宮**へ移動しよう。

コンセルヴァトーリ宮博物館 Museo del Palazzo Conservatori

ムゼオ デル パラッツォ コンセルヴァトーリ

大階段を上ってすぐの大きな4室はローマ誕生のエピソードを描いた16世紀のフレスコ画で飾られ、入口右にベルニーニと弟子による『**ウルバヌス8世の像**』Statua Urbano Ⅷ❶、左(5室側)にアレッサンドロ・アルガルディによる『**イノケンティウス10世の像**』Statua di Innocenzo X❷がある。8室には、よく知られたブロンズ像『**トゲを抜く少年**』Spinario❸、9室にはローマ建国の祖ロムルスとその双子の弟レムスが狼の乳を飲んでいる名高いブロンズ像『**カピトリーノの雌狼**』Lupa Capitolina❹が中央に展示されている。狼は紀元前6世紀終盤の物だが、双子の像は15世紀末にA.ポッライウォーロによって付け加えられたもの。10室にはベルニーニによる『**メドゥーサ**』Medusa❺、さらに進むと、展示

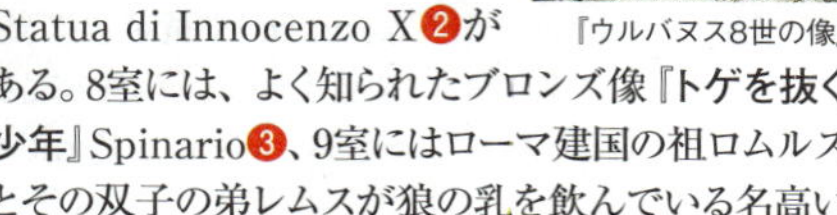

『ウルバヌス8世の像』

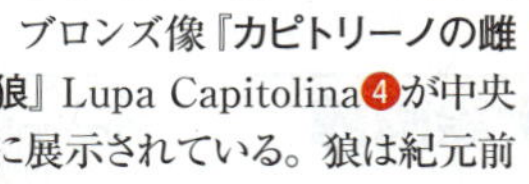

『トゲを抜く少年』

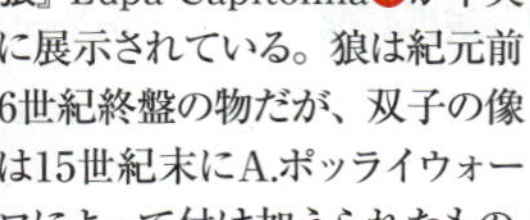

『カピトリーノの雌狼』

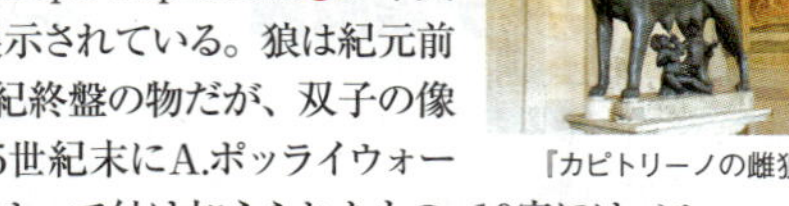

『メドゥーサ』

●カピトリーニ美術館
住 Piazza del Campidoglio 1
☎ 06-0608
開 9:30～19:30
12/24、12/31 9:30～14:00
休 1/1、5/1、12/25
料 €11.50(特別展の場合€14～15)、学割(要国際学生証)€9.50
※切符売り場は閉場1時間前まで
※モンテマルティーニ美術館(→P.232)との共通券€12.50
手荷物は入館時に預ける
URL www.museicapitolini.org

✉ 出口は広場側

係員の「新館はこっちですよ」というのを聞かず、地下通路(タブラリウム)から出るハメになってしまいました。新館に行ってないから入れて欲しいと頼みましたが、「再入場はムリ」と言われてしまいました。地下通路からの眺めはよいので、地下通路へ行ってからまた戻って、新館へ行くことをおすすめします。館内の見取り図では、つながっているようには見えませんでした。
(和歌山県 yuko)

タブラリウムの端に出口があるがそこからは出ず、再び石碑ギャラリーまで戻って右方向(タブラリウムを背に)の新宮へ。
(編集室)

カピトリーニ美術館とは?

カンピドーリオ広場の左右に建つ、新宮Palazzo Nuovo、市庁舎-公文書館Palazzo Senatorio-Tabularium、カピトリーノ絵画館Pinacoteca Capitolinaを含むコンセルヴァトーリ-クレメンティーノ宮Palazzo dei Conservatori-Clementino、カッファレッリ宮Palazzo Caffarelliの地下1階、地上4階の建物を総称してカピトリーニ美術館と呼ばれる。建物は、地下で結ばれている。

■1階

カピトリーニ美術館

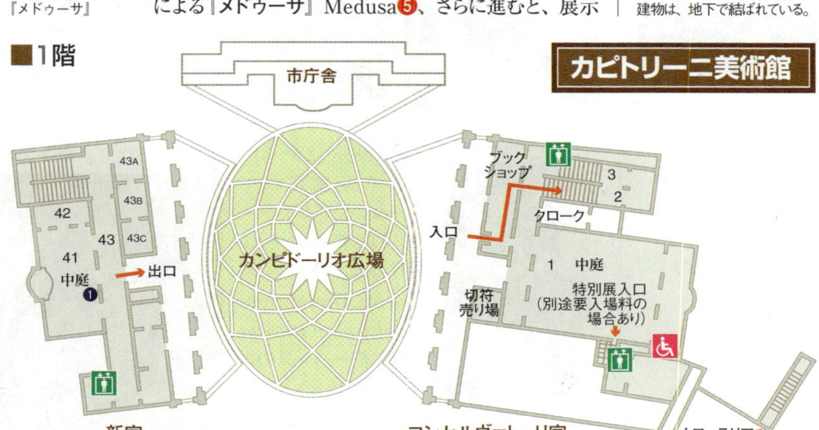

コンセルヴァトーリ宮博物館

『マルクス・アウレリウス帝の騎馬像』

室右に自然光があふれる16室、マルクス・アウレリウス帝のエセドラEsedora di Marco Aurelioだ。中央の騎馬像は美術館前の広場にあった像のオリジナルである帝政時代の**『マルクス・アウレリウス帝の騎馬像』**Statua Equestre di Marco Aurelio❻。その周囲には大きな**『ブロンズ製のコスタンティヌス帝の頭部』**Testa Bronzea di Costantinoや黄金色に彩色された**『ヘラクレス像』**Statua di Ercole❼が並ぶ。21室には**『エスクイリーノのヴィーナス』**Venere Esqilina❽など。

『マルクス・アウレリウス帝のエセドラ』

『ヘラクレス像』

カピトリーナ絵画館 Pinacoteca Capitolina

(ピナコテーカ カピトリーナ)

『キリストの洗礼』

「ピエトロ・ダ・コルトーナの間」

16～18世紀の絵画を中心に展示。主要作品は、26室ヴェロネーゼの**『エウローパの掠奪』**Ratto d'Europa❶、ティントレットの傑作**『キリストの洗礼』**Battesimo di Gesù❷、27室グイド・レーニ**『聖セバスティアーノ』**San Sebastiano❸、28室（28～30室はひとつの大きな展示室で分割されていない）グエルチーノ**『埋葬され天に昇る聖ペトロニラ』**Seppellimento di Santa Petronilla❹、ルーベンスのローマへの思いが込められ、彼が死ぬまで手放さなかったと

『埋葬され天に昇る聖ペトロニラ』

『エウローパの掠奪』

カピトリーニ美術館の分館
モンテマルティーニ美術館
(P.234参照)
カピトリーニ美術館でスペースの関係上などで、これまで未公開だった彫像を中心に展示。

『ロムルスとレムス』

いう『ロムルスとレムス』Romolo e Remoがある。29室ドメニキーノ『クーマの巫女』Sibilla Cumana❺、30室カラヴァッジョ『洗礼者ヨハネ』San Giovanni Battista❻、彼の初期作品の『女占い師』La Buona Ventura❼、32室はピエトロ・ダ・コルトーナの間Sala di Pietro Cortonaで、『サビーニの女たちの掠奪』Ratto delle Sabine❽、『ポリュクセネの犠牲』Sacrificio di Polissena❾など彼の作品が壁面を飾る。長い廊下のような33室Galleria Ciniにはナポリのカポディモンテやサーソーニア（ドイツ）などのおもに**18世紀の陶磁器**を展示。絵画館の見学後はエレベーターや階段で地下へ向かい、地下通路のタブラリウムを通って新宮へ向かおう。

『洗礼者ヨハネ』

『ポリュクセネの犠牲』

33室チーニのギャラリー

古代ローマに浸る

高台のカンピドーリオ広場からの眺めは、古代にはこの場所がローマの中心地であったことを実感させてくれる。広場には堂々たる騎馬像が立ち、裏手にはフォロ・ロマーノの遺跡が広がる。

カピトリーニ美術館を地下で結ぶタブラリウムは古代ローマの文書館があった場所。現在はフォロ・ロマーノの遺跡を間近に見下ろす展望台となっており、ここからの風景も実に印象的だ。

美術館見学に疲れたら、カフェの利用もおすすめ（持ち込みは禁止）。飲み物から簡単な食事も揃い、オープンカフェの広いテラスからの眺めもすばらしい。堂々たるヴィットリアーノの後ろ姿、マルケルス劇場、遠くヴァティカンのクーポラ、モンテ・マリオの丘までグルリとローマを眺められる。

市庁舎-タブラリウム Palazzo Senatorio-Tabularium

（パラッツォ セナトリオ タブラリウム）

ふたつの建物を地下で結ぶ、連絡通路。紀元前78年に造られたローマの公文書館（タブラリウム）で、この上に市庁舎が建っている。タブラリウムは後年は牢や倉庫として使われていた場所で、今も遺構を見ることができる。また、遺跡群をはじめ、フォロ・ロマーノを一望できる場所だ。

石碑ギャラリー

階数表記に注意

イタリアの階数PIANO0表記は0階が日本式の1階。イタリア式の2階は日本式の3階となる。美術館だけでなく、ホテルなどでも表記は同様。

切符はなくさないで

広くて傑作が続くカピトリーニ美術館。疲れたら、階上の眺めのいいカフェでひと休みをするのもおすすめ。カフェは見学者でなくても利用できるので、見学を続ける場合はカフェ出口近くで切符の呈示を求められることがあるので、切符はなくさないように。

展示室番号

展示室の番号は旧来のものがそのまま掲示されている部屋もあるが、見取り図の番号に沿って歩くのが見学順路となっている。

知ってる!?

カラヴァッジョの『女占い師』の手は若者の右手の指輪を狙っている……。

新宮 Palazzo Nuovo

彫像が並ぶユピテルのギャラリー

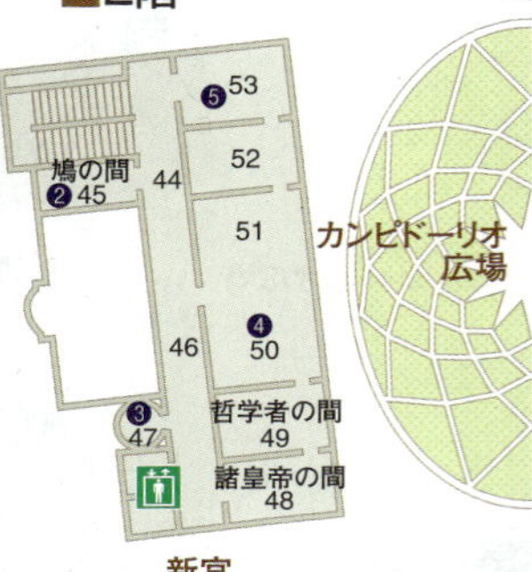

1階Piano 0：41室（中庭）の大きな『マルフォーリオ』Marforio❶は市内に残る「物言う像」のひとつで、法王庁に対する庶民の告発文が張られた。42室はエジプトコレクション。2階Piano 1：45室『鳩のモザイク』Mosaico delle Colombe❷はハドリアヌス帝のヴィッラを飾ったもの。47室『カピトリーノのヴィーナス』Venere Capitolina❸はパロス島の大理石で作られ、プラクシテレス原作の「クドニスのアフロディテ」の模刻だが、甘美な完成された作品。48室「諸皇帝の間」Sala degli Imperatori、49室「哲学者の間」Sala dei Filosofiはそれぞれ皇帝や哲学者の胸像がズラリと並ぶ。知っている名前を探してみるのも一興だ。50室ハドリアヌス帝の時代に作られた『ケンタウロス』Centauri❹、現存するローマ時代の模刻のなかでも最も優れた作品といわれる『傷ついたアマゾン』Amazzone ferita❹、53室『瀕死のガリア人』Galata Morente❺は紀元前3世紀頃のブロンズ像のローマ時代のコピーだが、深手を負って力尽きようとする姿が見るものに迫る。

「物を言う像」のひとつ『マルフォーリオ』

『鳩のモザイク』

『カピトリーノのヴィーナス』

「諸皇帝の間」

「哲学者の間」

『瀕死のガリア人』

✉ カピトリーニ美術館の荷物預け

美術・博物館への入館時には、女性のハンドバッグを含め、すべて預けなければならない場合があります。

パスポートやお財布などが心配な人はコートや洋服のポケットに入れるつもりで、出かけましょう。大きめのポケットのある洋服だと便利かも。

カピトリーニ美術館は小さなバッグの持ち込みはOKでした。（東京都　SYSYK）['18]

✉ おすすめ カンピドーリオ広場

ローマ散策でのおすすめはカンピドーリオ広場周辺です。階段には藤の花が咲き、その先では古代彫刻が迎えてくれます。また、広場裏手からはコロッセオとフォロ・ロマーノの古代遺跡が一望でき、古代ローマへの思いをより深めてくれました。

（東京都　初夏のローマ）

ACCESS

バスに乗るなら

ヴェネツィア広場からのバス停から。P.72参照

1-b コロッセオから足を延ばして

貴重なビザンチンのフレスコ画が残る　MAP P.53、P.41 B3

サンティ・クァットロ・コロナーティ教会 ★
Ss. Quattro Coronati　サンティ クァットロ コロナーティ

4世紀に建立、9世紀に建て直された**サンティ・クァットロ・コロナーティ教会**Ss. Quattro Coronatiはノルマンの侵入で破壊され、12世紀には大がかりな修復がなされた。この時に規模が縮小され、以前の身廊が3つの廊と中庭になったので、手の加えられなかった後陣はこの3廊を抱え込むような形になった。格天井は16世紀、床はコズマーティ様式の装飾で覆われている。左の側廊からは13世紀の見事な**回廊**に出ることができ、ここにあるS.バルバラ礼拝堂Cappella di S. Barbaraには貴重なビザンチンのフレスコ画の**『聖母子像』**が残っている。また、教会入口右手前のサン・シルヴェストロの祈祷堂Oratorio di S.Silvestroには、1246年に描かれた色彩鮮やかな**『サン・シルヴェストロの生涯』**や**『最後の審判』**のフレスコ画が残っている。

『S.シルヴェストロの生涯』

後陣モザイクがすばらしい　MAP P.53、P.40 B2

サン・クレメンテ教会 ★★
San Clemente　サン クレメンテ

サン・クレメンテ教会

聖人に列せられたクレメンス1世にささげられた**サン・クレメンテ教会**S. Clementeは、まず4世紀に帝政ローマ時代の造幣局とミトラ教の神殿の上に建てられた。1084年のノルマンの侵入のあと、パスカル2世は最初の教会の上に新たな会堂を建て、同教会には3つの異なった時代の建築が垂直に重なる結果となった。18世紀にカルロ・マデルノによってファサードに手が加えられたが、教会内部はほとんど12世紀のままに残され、とりわけ後陣の天井を飾るモザイク**『十字架の勝利』**Trionfo della Croceはすばらしい。この教会のもうひとつの宝は、入口寄りの左の側廊にあるS.カテリーナ礼拝堂Cappella di S. Caterinaに描かれた、15世紀のマソリーノのフレスコ画である。

さて、上部教会を見終えたら、4世紀に建てられた**下部教会**へ聖具室から下りてみたい。階段を下りていくと右側に広い身廊があり、そこここに上の教会を支える柱が立ち、壁面は9～11世紀のフレスコ画で飾られている。さらに"Mitreo"の表示に従って狭い階段を下りていくと、下にはローマ時代の部屋と**ミトラ教の神殿**がある。宗教的な儀式が行われた神殿の天井は低く、中央には牛を屠(ほふ)るミトラ神の浮き彫りのある祭壇が残っている。

ミトラ教の神殿

●Ss.クァットロ・コロナーティ教会
住 Via dei Ss. Quattro 20/ Via dei Querceti
☎ 06-70475427
開 10:00～11:45
16:00～17:45
休 ㈪午前

キオストロの入口
キオストロへは教会内左の扉が通じている。係のシスターが扉前にいることもあるが、不在の場合は、扉横のベルを鳴らす。サンタ・バルバラの礼拝堂は中庭内、入口左側。入口ほぼ正面に「聖母子」が描かれている。サン・シルヴェストロの祈祷堂も祈祷堂前のベルを鳴らして開けてもらう。キオストロ、祈祷堂ともに見学したら喜捨を忘れずに。

『聖母子像』

●S.クレメンテ教会
住 Via Labicana 95
☎ 06-7740021
開 9:00～12:30
15:00～18:00
㈰㈷12:00～18:00
料 地下遺跡 €10、26歳以下の学生€5、大人が同伴する16歳以下無料
入口はVia S. Giovanni in Lateranoにもあり。
URL www.basilicasanclemente.com

地下に響く水音
地下には広い遺跡が広がっている。大きな水音は紀元前に建設され、ローマの発展に欠かせなかった大下水溝クロアーカ・マクシマのもの。激しい水流は意外なほどだ。

モザイク『十字架の勝利』

ネロ帝の黄金宮殿 MAP P.53、P.40 A2

ドムス・アウレア ★★

Domus Aurea

ドムス アウレア

黄金宮殿の「八角形の部屋」

ネロ帝の「黄金宮殿」ドムス・アウレアDomus Aureaの遺跡だ。広い内部の壁面や天井は、繊細で鮮やかな色使いの装飾で飾られている。ニンフェウム（噴水や彫刻で飾られた建物）も比較的保存がよく、美しい色調のモザイクが一部に残っている。黄金宮殿の部屋のいくつかが15世紀に発見されると、その美しい彩色浮き彫りはラファエッロをはじめとするルネッサンスの画家たちに大きな影響を与え、1506年には**『ラオコーン像』**（ヴァティカン博物館蔵）もここで見つかった。

ネロ帝は54年に帝位に就くと、パラティーノの丘の宮殿を拡張し、エスクイリーノの丘にまで敷地を広げた。しかし64年の大火で焼失したので、帝は新たに宮殿を建てることに決め、セヴェルスとケレスにこれを命じた。こうしてできたのが「黄金宮殿」で、3つの丘にまたがる80ヘクタールの土地にさまざまな建物や庭園が広がる贅を尽くした住居であった。宮殿が完成したとき、ネロは「ようやくひとりの人間にふさわしい家に住める」と満足したと伝えられている。

ミケランジェロの「モーゼ像」が有名な MAP P.53、P.40 A2

サン・ピエトロ・イン・ヴィンコリ教会 ★★

San Pietro in Vincoli

サン ピエトロ イン ヴィンコリ

聖遺物の「鎖」が収められる教会

聖ペテロがエルサレムで牢につながれていたときの鎖（ヴィンコリ）を祀るため、ここに**サン・ピエトロ・イン・ヴィンコリ教会S.Pietro in Vincoli**が建てられたのは5世紀のことで、その後15世紀に再建された。聖遺物の「鎖」は主祭壇の下に収められ、信者たちの注目と信仰を集めている。しかしこの教会が有名なのは、ここに16世紀の巨匠ミケランジェロの代表作のひとつ、**『モーゼ像』**Mosèがあるからである。

1505年、法王ユリウス2世から墓の制作の依頼をされたミケランジェロは、建築と彫刻が融合した一大モニュメントを計画した。しかし法王は墓の建設に興味を失い、計画は間もなく中断された。ようやく8年後に、モーゼの像と2体の奴隷の像（ルーブル美術館蔵）が彫られたが、1545年に完成した墓はミケランジェロの最初の構想とはまったく違った物であった。律法の記された石板を片手に、あらゆる困難を乗り越えてイスラエルの民を「約束の地」に導こうとした不屈の意志をみなぎらせるモーゼの像には、ミケランジェロが墓の制作に賭けた意欲が感じられる。モーゼの両脇のレア（Lia）とラケル（Rachele）の像はミケランジェロが手がけ、弟子のラファエロ・ダ・モンテルーポが完成させた。

●ドムス・アウレア

住 Via della Domus Aurea 1,Giardini di Colle Oppio

2018年12/27までの特別公開

開 ㊏㊐のみ
3～10月　8:30～16:45
11～2月　9:15～16:15
ガイド付き見学スタート時間
英語　9:45、10:30、11:15、12:00、13:30、15:00
伊語　9:30、10:00、10:45、11:00、11:30、12:15、12:30、13:15、13:45、14:00、14:45、15:30

料 €14＋予約料金€2

※長期の修復とマルチルディアの準備を終え、2018年12/27まで公開の見込み。

※下記の窓口、☎、URLなどから予約義務

ドムス・アウレアの予約窓口
開 ㊊～㊎　9:00～13:00
14:00～17:00
㊏　9:00～14:00

予約☎06-39967700

URL www.coopculture.it/ticket.cfm?office

ルネッサンス期の画家に多くの影響を与えた装飾模様

●S.ピエトロ・イン・ヴィンコリ教会

住 Piazza S.Pietro in Vincoli 4/A

☎06-97844950

開 4～9月　8:00～12:30
15:00～19:00
10～3月　8:00～12:30
15:00～18:00

ACCESS

カヴール通りからバスに乗るなら

75 ●コロッセオ、チルコ・マッシモ、アヴェンティーノ、ポルタ・ポルテーゼへ●テルミニ駅へ

M 地下鉄に乗るなら

B線カヴールCavour

ミケランジェロの代表作『モーゼ像』

長い伝統と格式を誇る大聖堂

MAP P.53、P.41 B3

サン・ジョヴァンニ・イン・ラテラーノ大聖堂 ★★★

San Giovanni in Laterano　サン ジョヴァンニ イン ラテラーノ

A.ガリレイによるネオクラシック様式のファサード

教皇座がヴァティカンに移るまで、**長い間カトリック教会の中心的存在**であった大聖堂。その歴史は1700年遡り、コンスタンティヌス帝がキリスト教を公認し、聖堂を建てるようにと、時の法王メルキアーデに、ラテラーノ一族の土地と兵営のあった土地を合わせて与えたのに始まる。教会とその周りにはしだいにひとつの町が形成され、1309年に**法王庁がアヴィニョンに移るまで**繁栄を続けた。

その後打ち捨てられた教会は相次いで2度の火災に遭い、教皇座がアヴィニョンから戻ったときには、付属の建物（聖職者たちの日常の生活の場や賓客をもてなす宮殿など）は「権威と栄光」を示すには古く、広さも十分でなかった。こうして法王の座はS.ピエトロに移されることになり、教会は1646年にイノケンティウス10世が修復を決めるまで、ほぼ手付かずに残った。

1650年の聖年を目指した大々的な修復工事は、**フランチェスコ・ボッロミーニ**に委ねられた。時代も様式も異なるさまざまな部分を生かすという法王の命のもと身廊の列柱を新しい構造の中に取り入れたり、壁龕（へきがん）（ニッチ）の中に使徒の像を置いて、周りの石の色との間に白・緑・灰色のリズムを与えたりして工夫が重ねられた。身廊の端、16世紀の翼廊でひときわ目を引くのが、上部が銀色に輝く聖龕Tabernacoloで飾られた**法王専用の祭壇**だ。1367年、ジョヴァニ・ディ・ステファノにより作られた、この尖塔形の聖龕の中には、聖遺物である聖ペテロと聖パウロの頭部が収められている。また内陣と後陣は19世紀に手直しされたが、**後陣（アプシス）のモザイク**は1200年代のヤコポ・トッリティとヤコポ・ダ・カメリーノの作（修復が著しい）である。

法王の専用祭壇。
上部の銀の箱（聖龕）の中に聖遺物である聖ペトロと聖パウロの頭部が収められている

一方、4つの側廊は、ボッロミーニによって大々的に手直しされた。ここでも建築家は、初期キリスト教時代の教会の形を尊重しつつ、内側の側廊をより高く、外側の側廊を一段低くすることで、全体に動きをもたせることに成功している。**廊を飾るボッロミーニの壁龕**の数々は、バロック建築の装飾の一例としても興味深い。右の内側廊の、最も入口に近い壁画には、ジョットが1300年の聖年に際して描いたフレスコ画の

●サン・ジョヴァンニ・イン・ラテラーノ大聖堂
住 Piazza di S. Giovanni in Laterano 4
☎ 06-69886433
開 7:00～18:45（18:45までの入場）

フォロ・ロマーノから運ばれた「クーリアの青銅の扉」

2000年の聖年に開けられた「聖なる扉」

✉ サン・ジョヴァンニ・イン・ラテラーノで聖遺物を見学

S.G.イン・ラテラーノ大聖堂の聖遺物は、聖ペテロと聖パウロの頭部が収められている主祭壇。天井の法王の冠と鍵の紋章、黄金色に輝く聖人像、モザイクなどの荘厳さと美しさに圧倒されました。
（和歌山県　田本泰崇）

✉ トイレ情報

聖堂内と回廊にきれいなトイレがありました。
（神奈川県　Y・S）

断片を、今も見ることができる。

1735年には法王クレメンス12世が新しいファサード（正面）をアレッサンドロ・ガリレイに依頼している。新ファサードはもはやバロックから離れてネオクラシックに移り始めた、当時の建築様式を物語る。入口の柱廊もガリレイの設計で、中央の「**クーリアの青銅の扉**」はフォロ・ロマーノのクーリア（Curia：元老院のあった建物）から移された。また、右端の扉は「**聖なる扉**」Porta Santa（ポルタ・サンタ）と呼ばれ、聖年にのみ開かれる。聖堂を出る前に、最後に**回廊**を訪れたい。

■回廊キオストロ Chiostro

左の側廊の内陣寄りに回廊へ通じる通路がある。13世紀前半にヴァッサレット親子によって造られたこの回廊は、見事なコズマ風の床装飾や異なった種類の柱を用いた柱廊、小アーチの上の色彩豊かなモザイク群など、ローマではS.パオロ・フオーリ・レ・ムーラの回廊と並んで、最もすばらしい回廊のひとつである。

回廊の柱は異なった種類で興味深い

■聖なる階段スカラ・サンタ Scala Santa

ひざまずいて上がる『聖なる階段』

教会前の広場を挟んで、斜め向かいが『**聖なる階段**』のある建物で、28段の階段をひざまずいて上る信者は今も後を絶たない。言い伝えではこの階段はエルサレムのピラトの宮殿にあったものでキリストが裁判の日に上ったことになっているが、実際には法王専用の礼拝堂とともに、かつてここにあった宮殿から15世紀に移されたものである。宮殿の再建を依頼したのはシクストゥス5世で、ドメニコ・フォンターナが請け負っている。移築された、法王専用のサン・ロレンツォ礼拝堂Cappella di S. Lorenzoへは、『聖なる階段』から通じるようになっている。（礼拝堂は非公開だが、ガラス越しにのぞける。）

スカラ・サンタのある建物

■ラテラーノ洗礼堂バッティステロ Battistero Lateranense

教会本堂の右に接続しているラテラーノ宮に沿って回り込むと、洗礼堂だ。4世紀に建てられ、1637年には法王ウルバヌス8世の命で大規模な改修が行なわれた。八角形のこの洗礼堂は、その後の洗礼堂建築のプロトタイプとなった。内部には8本の斑岩の柱が円形に並び、上枠の上にはさらに大理石の小柱が乗っている。中央には緑色の玄武岩の棺が置かれ、かつては洗礼の儀式に使われていた。周囲の壁には「洗礼者」、「**聖ルフィーナ**」、「**聖ヴェナンツィオ**」、「**福音史家ヨハネ**」の4つの礼拝堂が配置され、5〜7世紀のモザイクで飾られている。

八角形の洗礼堂

ラテラーノ宮とラテラーノ条約

サン・ジョヴァンニ・イン・ラテラーノ大聖堂の北側、現在はヴァティカン歴史博物館がおかれているラテラーノ宮。1309年の法王のアヴィニョン捕囚まで、歴代法王の居館として使われていた場所だ。歴代法王により法王庁にふさわしい空間をと熱望されながら、大聖堂同様に荒廃の歴史をたどり、16世紀後半に、法王シクストゥス5世の命により、ドメニコ・フォンターナにより再建された。ラテラーノ条約はここで、1929年に締結され、法王を君主とした独立国家ヴァティカン市国が誕生し、ラテラーノもヴァティカン市国に属する治外法権となった。しかし、ファシスト政権の宰相ムッソリーニとこの条約を結んだことで、後年、批判を浴びることともなったのだった。

●回廊
開 9:00〜18:00
料 €2

●聖なる階段
開 平日　夏季6:30〜19:00
　　　　冬季6:30〜18:30
　㊐㊗　夏季7:00〜19:00
　　　　冬季7:00〜18:30
地 P.41 B4

●ラテラーノ洗礼堂
開 ㊊〜㊏　9:00〜12:40
　　　　　16:00〜17:10
地 P.41 B3
※入場は閉場30分前まで

ACCESS

サン・ジョヴァンニ門広場Piazza Porta S.Giovanniからバスに乗るなら
16 360 テルミニ駅へ
81 コロッセオ、チルコ・マッシモ、ヴェネツィア広場、T.アルジェンティーナ広場、カヴール広場、リソルジメント広場へ
85 コロッセオ、ヴェネツィア広場、コルソ通り、バルベリーニ広場、テルミニ駅

M 地下鉄に乗るなら
A線S.ジョヴァンニ駅S.Giovanni（駅はS.ジョヴァンニ門の外、オッピオ広場にある）

テルミニ駅周辺、クイリナーレの丘とトレヴィの泉周辺

Da Termini al Monte Quirinale, Fontana di Trevi

エリア 2

この地区の歩き方

交通の中心**テルミニ駅周辺**から、大統領官邸のある**クイリナーレの丘**を経て**トレヴィの泉**を巡るエリア。距離はやや長く、下町から官庁街など街角ごとに雰囲気、歴史的背景が異なり、見どころも盛りだくさん。それだけにローマのさまざまな顔に出合えるコースだ。美術館や教会での時間の過ごし方にもよるが、1日での見学はかなり難しい。**モザイク**、**バロック**、**ルネッサンス**、**噴水**などと自分の興味に合わせてテーマを決めて歩くのもいい。教会や一部の美術館は開館時間が短いので、チェックしてから歩き出そう。

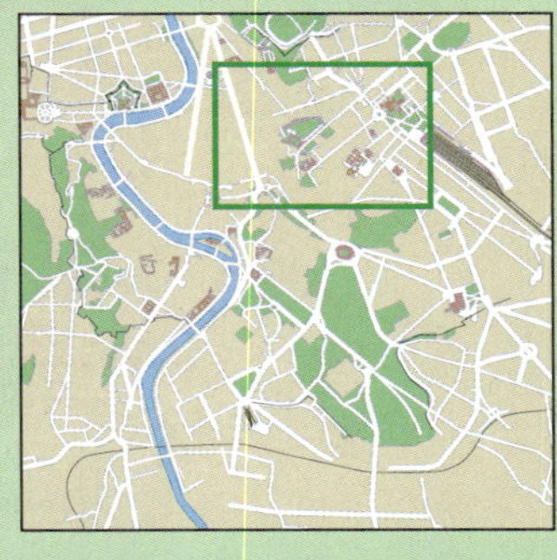

テルミニ駅周辺、クイリナーレの丘とトレヴィの泉周辺

エリア 2

1 S.M.マッジョーレ大聖堂
S. Maria Maggiore

ローマ4大聖堂のひとつ。法王の夢に現れた聖母のお告げにより、聖母にささげられた堂々たる教会。

P.88

スペイン広場
P.za di Spagna
キーツ・シェリー記念館
Keats-Shelley Memorial House
トリニタ・デイ・モンティ広場
P.za Trinità dei Monti
ルドヴィシ通り
Via Ludovisi
ボンコンパーニ宮（アメリカ大使館）
Pal. Boncompagni
ヴェネト通り Via V. Veneto
V. d. Carrozze
Via Mario dei Fiori
Ss. Ambrogio e Carlo al Corso
コンドッティ通り V. Condotti
怪物の家
V. degli Artisti
商工省
V. Basilio
L. go Goldoni
ボルゴニョーナ通り Via Borgognona
P.za Mignanelli
カプチン派修道会博物館
Museo e Cripta dei Frati Cappuccini
A線 バルベリーニ駅
Barberini
Via S. N. da
Via Fontanella B.
フラッティーナ通り Via Frattina
V. d. Macelli
V. Gregoriana
システィーナ通り
Via Sistina
V. d. Purificazione
蜂の噴水
プロパガンダ・フィーデ伝道博物館
Museo Mis. di Propaganda Fide
Via Capo le Case
V. Fr. Crispi
バルベリーニ通り Via B
コルソ通り
Via della Vite
Via d. Gambero
中央郵便局
Posta Centrale
サンタンドレア・デッレ・フラッテ教会
S. Andrea delle Fratte
バルベリーニ広場
P.za Barberini
トリトーネの噴水
4 バルベリーニ宮
Pal. Barberini
国立古典絵画館
Galleria Naz. d'Arte Antica
P.96
V. d. Mercede
Via del Tritone
V. d. Avignonesi
クアットロ・フォンターネ通り
Via d. Quattro Fontane
V. d. Convertite
サン・シルヴェストロ広場
P.za S. Silvestro
P.za d. Parlamento
Via Rasella
V. d. Traforo
モンテチトーリオ宮（下院）
Pal. di Montecitorio (Camera dei Deputati)
トリトーネ通り
V. d. Panetteria
4つの噴水
Via XX Se
Via d. Missione
キージ宮
Pal. Chigi
P.106
Via Poli
V. Stamperia
クイリナーレの丘
Monte Quirinale
P.101
サン・カルロ・アッレ・クアットロ・フォンターネ
S. Carlo alle Quattro Fon
マルクス・アウレリウスの記念柱
P.106
国立パスタ博物館
Museo Nazionalei delle Paste Alimentari
P.102
P.za Montecitorio
6 コロンナ広場
P.za Colonna
P.105
7 トレヴィの泉
F.na di Trevi
P.106
サンタンドレア・アル・クイリナーレ教会
S. Andrea al Quirinale
P.100
Via d. Muratte
Via del Quirinale
ピエトラ広場
P.za di Pietra
V. d. Pietra
5 クイリナーレ宮（大統領官邸）
Palazzo del Quirinale
P.102
V. Minghetti
Via d. Dataria
クイリナーレ通り
V. Ferrara
Via Piacenza
消防署
Vigile d.Fuoco
神殿跡
クイリーノ劇場
Teatro Quirino
P.za S. Ignazio
Via del Corso
市立展示館
V. Seminario
V. Caravita
Via d. Umiltà
クイリナーレ広場
P.za d.l Quirinale
P.101
コンスルタ宮殿
Pal. d. Consulta
S.Ignazio
サンティニャツィオ教会
旧イエズス会ローマ学寮（現高校）
Collegio Romano
P.za d. Pilotta
グレゴリオ神学大学
Univ. Gregoriana
Via d. Consulta
V. Parma
ナツィオナーレ通り
ミラノ通り
ローマ銀行
Banco di Roma
5月24日通り
コロンナ宮庭園
S.M.ソプラ・ミネルヴァ教会
S.M.Sopra Minerva
サンティ・アポストリ教会
Ss. Apostoli
P.103
ドーリア・パンフィーリ宮殿
Pal. Doria Pamphilj
（ドーリア・パンフィーリ美術館）
Galleria Doria Pamphilj
P.104
入口
コロンナ宮
Pal. Colonna
（コロンナ美術館）
Galleria Colonna
P.103
入口
アウローラ・パッラヴィチーニ宮
Casino dell'Aurora Pallavicini
P.102
11月4日通り
全国労災保険協会
I.N.A.I.L.
V. XXIV Maggio
イタリア銀行
Banca d'Italia
P.za Grazioli
Via C. Battisti
V. d. Cordonata
セルペンティ通り
Via d. Plebiscito
BNL
L. go Magnanapoli
ジェズ教会
Il Gesù
S. Marco
ヴェネツィア広場
P.za Venezia
V. IV Nov.
Via Panis
P.za d. Gesù
V. d. Astalli
V. Panisperna
Via dei Boschetto
ヴェネツィア宮殿
Pal. Venezia
（ヴェネツィア宮殿博物館）
Museo di Pal. Venezia
V. S. Marco
フォロ・トライアーノ
Foro di Traiano
Salita d. Grillo
V. S. Agata d. Goti
Via dei Serpenti
V. d. Botteghe Oscure
V. d'Aracoeli
ヴィットリオ・エマヌエーレ2世記念堂
Monumento a Vittorio Emanuele II
トラヤヌスのマーケット
Via Becchina

2 マッシモ宮、ディオクレティアヌスの浴場跡
Palazzo Massimo, Terme di Diocleziano

美術史上重要なローマ芸術を展示するローマ国立博物館の分館、2館。マッシモ宮の充実度は秀逸。

★★ P.91、P.93

3 共和国広場
P.za della Repubblica

回廊に囲まれた広場の中心ではナイアディの噴水が水を上げる。ローマならではの美しい光景が広がる。

 P.94

4 バルベリーニ宮（国立古典絵画館）
Palazzo Barberini

ベルニーニとボッロミーニ、ふたりのバロックの巨匠が手がけた宮殿をラファエッロらの傑作が飾る邸宅美術館。

★★ P.96

Via Lucullo
V. Carducci
Via Aureliana
Via Flavia
フラヴィア通り
Via XX Settembre
9月20日通り
0 100 200m
N
Via Montebello
Via Castelfidardo
農林省
Ministero Agricoltura e Foreste
大蔵省
Ministero del Tesoro e del Bilancio
Via Goito
P.95
サンタ・マリア・デッラ・ヴィットリア教会
S. Maria della Vittoria
フィナンツェ広場
P.za Finanze
V. Gaeta
サンタ・スザンナ教会
S. Susanna
○モーゼの噴水
チェルナイア通り
V. Volturno
サン・ベルナルド広場
P.za S.Bernardo
P.95
V. Parigi
V. Carnaia
ローマ国立博物館
Museo Naz. Romano
トリノ通り
V. Orlando
サンタ・マリア・デッリ・アンジェリ教会
S. Maria degli Angeli
P.94
V. Solferino
3 共和国広場
P.za della Repubblica
P.94
ナイアディの噴水
2 ディオクレティアヌスの浴場跡
Terme di Diocleziano
P.93
陸軍省
Min. Difesa Esercito
Via Torino
A線レプッブリカ駅
Repubblica
V. Modena
E. デ・ニコラ通り
V.le E. De Nicola
B線テルミニ駅
Termini
ヴィッラ・ペレッティ広場
Largo Villa Peretti
Via Nazionale
オペラ座
Teatro dell' Opera
2 ローマ国立博物館（マッシモ宮）
Museo Nazionale Romano
P.91
テルミニ駅
Staz. Termini
P.88
五百人広場
P.za dei Cinquecento
Via Firenze
ナポリ通り Via Napoli
P.za Gigli
Via Viminale
Via Amendola
AB線テルミニ駅
Termini
デプレティス通り Via A. Depretis
Venezia
V. d'Azeglio
Via Manin
ジョヴァンニ・ジョリッティ通り
Via Giovanni Giolitti
V. C. Balbo
Via Filippo Turati
内務省
Min. d. Interno
サンタ・プデンツィアーナ教会
S. Pudenziana
P.91
Via Cavour
Via D. Manin
Cesare Balbo
Via Farini
ヴィミナーレの丘
Monte Viminale
Bambin Gesù
エスクイリーノ広場
P.za dell' Esquilino
Via Gioberti
Via Principe Amedeo
V. Roinaglia
1 サンタ・マリア・マッジョーレ大聖堂
S. Maria Maggiore
P.88
Via Napoleone III
Via C. Cattaneo
V. S.M. Maggiore
Urbana
P.za S. M. Maggiore
S. Antonio Abate
カヴール通り
V.d. Quattro Cantoni
V. Paolina
V. Capocci
サンタ・プラッセーデ教会
S. Prassede
P.90
V. Carlo Alberto
V. dell' Olmata
V. Sforza
メルラーナ通り
Via S. Vito
P.za d. Zingari
B線カヴール駅
Cavour
V. S. Martino ai M.
ヴェノスタ広場
L.go V. Venosta
G.ランツァ通り
Via G. Lanza
P.za S. Martino ai Monti
L. go Brancaccio
V. d. Statuto
Via in Selci

5 クイリナーレ宮
Palazzo del Quirinale

法王のかつての住まいであり、現在の大統領官邸。広場からの眺めや衛兵交代の儀式が楽しい。

 P.102

6 コロンナ広場
P.za Colonna

戦いのエピソードを刻んだ、2世紀頃の円柱の高さは30m。噴水とキージ宮が彩る広々とした広場。

 P.105

7 トレヴィの泉
Fontana di Trevi

ローマを代表する観光スポットであり、バロック芸術の傑作。躍動感あふれる彫刻と水の芸術に感動。

 P.106

●ローマ・テルミニ駅
URL www.romatermini.com

テルミニ駅のコンコース

●サンタ・マリア・マッジョーレ大聖堂
住 Via C.Alberto 47/Piazza di Santa Maria Maggiore
☎ 06-69886817
開 7:00～18:45

✉ おすすめルート
時間があれば、サンタ・マリア・マッジョーレ大聖堂でモザイクを見学し、その後すぐ近くのサンタ・プラッセーデ教会の「天井の園」と呼ばれる金色に荘厳に輝くモザイクの見学を。どちらの教会も朝早かったので、ミサを見させてもらい、祈りをささげる人々の姿に信仰の深さを感じました。
（奈良県　雅美）
※サンタ・プラッセーデ教会はミサ時は見学者は入れない場合があります。　（編集部）

✉ ローマ初 LEDライトアップ
2015年1月、ローマで初めてLEDを使ったライトアップがサンタ・マリア・マッジョーレ大聖堂で始まりました。LEDライトの青白い光に照らし出された大聖堂の姿は、「真夏の雪の奇跡」を彷彿とさせ、とても美しく、見る価値大です。
（在ローマ　かすみ♪　'15）

✉ 楽しい発見！
大聖堂の地下にある宝物庫は訪れる人は多くありませんが、展示が充実していておすすめです。スカルラッティの楽譜が展示の一部に含まれていて、うれしい驚きでした。
（神奈川県　yt_tani　'15）

✉ 地下遺構へ
最終の17:00に間に合うように20分ほど余裕を持って受付に行きましたが「今日の最後のツアーは出発してしまった。また明日17:00までに来てください」と言われました。滞在最終日だったので、ずいぶん交渉したのですが、結局入れてもらえませんでした。16:00に間に合うように行くことをおすすめします。
（北海道　天谷洋祐　'15）

ローマの交通の中心地　MAP P.87、P.45 A・B4

テルミニ駅
Stazione Termini　スタツィオーネ テルミニ

屋根の形から「ディノザウロ（恐竜）」と呼ばれるテルミニ駅

旅行者に一番なじみのあるテルミニ駅から出発しよう。国際線、国内線の鉄道が頻繁に発着するローマ最大の駅であり、駅前にもバスターミナルがあり、町の交通の中心だ。駅はガラスと大理石を用いた広々とした近代建築だ。

ローマに鉄道が敷かれたのは比較的遅く、法王ピウス9世が1846年に即位したあと。法王の発案で、1870年に建造。その後、鉄道網の急速な発達やローマが統一イタリアの首都となったことなどにより、1938年に取り壊され、ムッソリーニの命により「20世紀の時代に即した」新しい駅の建設工事が始められた。途中、第2次世界大戦を挟み、完成までに13年の歳月が費やされた。テルミニの名前の由来は、近くにローマ時代の浴場（テルメ=terme）があることによる。駅前の**五百人広場**（チンクエチェント広場）Piazza dei Cinquecentoはかつてのイタリアの植民地エチオピアのエリトリア州で倒れた500人の戦士を記念する。

見どころNAVIGATOR
テルミニ駅西側（駅正面を背に左側）のVia Gioberti通りを進もう。400mほど進むと、右側に大きなサンタ・マリア・マッジョーレ大聖堂が現れる。

「聖母マリア」にささげられた聖堂のひとつ　MAP P.87、P.45 B3

サンタ・マリア・マッジョーレ大聖堂 ★★★
Santa Maria Maggiore　サンタ・マリア・マッジョーレ

全体のバランスが美しい、大聖堂のファサード

聖堂の創建は、356年の夏、法王リベリウスが「数日のうちに雪が降る地に聖堂を建てよ」との聖母のお告げを夢に聞き、この真夏の雪の奇跡のあった場所に聖母マリアにささげるサンタ・マリア・マッジョーレを建てたという言い伝えによる。実際の聖堂はエスクイリーノの丘の反対側にあったといわれるが、毎年8月5日のミサでは、パオリーナ礼拝堂あたりの天井からは白い花びらがまかれ、「真夏の雪」が再現される。

エスクイリーノ広場からは大聖堂の後陣が望める

　サンタ・マリア・マッジョーレ大聖堂は、S.ピエトロ、S.ジョヴァンニ・イン・ラテラーノ、S.パオロ・フオーリ・レ・ムーラとともにローマの4大聖堂のひとつで、敷地はヴァティカン市国に属している。

　431年、エフェソスの公会議での「聖母信仰」の公認を記念し、法王シクストゥス3世が建立を命じた。15世紀の鐘楼、18世紀のファサード、バロック様式のアプシス(後陣)、13世紀のモザイクなどと、たび重なる修復や改築により、時代も様式もさまざまだが、全体のバランスがよく保たれている。

■内部

　クラシックなバジリカ様式を残した内部は、調和と荘厳さに満ちている。中央廊は36本の大理石の柱で仕切られ、**列柱上部の5世紀のモザイク**は、身廊前方端**祭壇上方のアーチに描かれたモザイク**とともにこの教会の貴重な宝だ。一方、**アプシス(後陣)のモザイク、『マリアの戴冠』**Incoronazione di Mariaは13世紀末の、当時ローマで名高かったヤコポ・トッリティの作。ビザンチン様式を離れ、より優美で色彩に満ちたローマ・モザイクの代表作だ。モザイク下のレリーフはルネッサンス時代の物。

アプシス(後陣)のモザイク、『マリアの戴冠』

　主祭壇はフェルディナンド・フーガ作の天蓋で覆われ、祭壇下にはこの教会の最も貴重な聖遺物で、ベツレヘムでキリスト誕生の際に眠った**かいば桶の木片**が収められている。主祭壇の右側、手すりのすぐ外側の床に、バロック最大の巨匠でローマで活躍したベルニーニの墓がある。簡素なデザインの大理石の墓石で、墓碑名はJOANNES LAVRENTIVS BERNINIとラテン語で彫られている。主祭壇寄りの右側廊に、ドメニコ・フォンターナが法王シクストゥス5世のために、1585年に造った**システィーナ礼拝堂**がある。金色の聖堂の形の聖体用祭壇の下の「聖霊降誕の小礼拝堂」は、13世紀にカンビオが新しくし、別の場所にあったものをフォンターナがここに移設したもの。このシスティーナ礼拝堂の向かい、左側の側廊に**パオリーナの礼拝堂**がある。1606年、フラミニオ・ポンツォがパオロ・V.ボルゲーゼの注文に応じて造った物だ。貴石で飾られた見事な祭壇とともに、16世紀のグイド・レーニのフレスコ画も見逃せない。身廊のスフォルツァ礼拝堂はジャコモ・デッラ・ポルタの作だが、もとの設計はミケランジェロが手がけたといわれる。

システィーナ礼拝堂はひときわ豪華だ

大聖堂ファサード上の彫刻

●サンタ・マリア・マッジョーレ博物館 Museo di Santa Maria Maggiore

住 Via Liberiana 27/ Piazza S. M. Maggiore
☎ 06-69886802
開 9:30～18:30(入場18:15まで)
料 €3
　聖母伝説から建立された大聖堂の貴重な祭具、聖母伝説を描いた絵画、2000年の聖年扉などを展示。

見学はガイド付きで

　13世紀のモザイクで飾られたロッジアLoggia delle Benedizioni、法王の間Sala dei Papi、ベルニーニの階段Scala del Berniniはガイド付き見学。料 €5。
休 1/1、8/15、12/25
　地下遺構Area archeological e sotterraneiのガイド付見学。料 €5。1～4世紀の農作業のフレスコ画、シスト3世(432～444年)時代の遺構、発掘品など。いずれも所要30～35分。

正面2階の入口上、ロッジアの13世紀のモザイク

2000年に開けられた「聖なる扉」

✉高級パン屋兼カフェ

パネッラPanella

S.M.マッジョーレ大聖堂近くにある高級パン屋です。量り売りで買ったパンはちょっと高めでしたが、納得のおいしさでした。種類豊富なパンとお菓子類が揃っています。

住 Via Merulana 54
☎ 06-4872435
URL //panellaroma.com
開 ㊊～㊍8:00～23:00
㊎㊏ 8:00～24:00
㊐㊗ 8:30～21:00
地 P.45 C3
（東京都 sweetiepie）

✉パンやカフェ好きの私たちも満足な1軒。エスプレッソもパンもたいへんおいしかった。
（東京都 豊田正明）['18]

●サンタ・プラッセーデ教会

住 Via di S. Prassede 9/a
☎ 06-4882456
開 7:00～12:00
16:00～18:30
㊐㊗ 7:30～12:30
16:00～18:30

簡素なサンタ・プラッセーデ教会の外観

見どころNAVIGATOR

S.M.マッジョーレ大聖堂を出てS.M.マッジョーレ広場に立つと、大通りが2本延びている。右側がメルラーナ通りVia Merulanaで、S.ジョヴァンニ・イン・ラテラーノ大聖堂まで一直線に延びている。このメルラーナ通りを1番目の角で右に折れ、S.マルティーノ・アイ・モンティ通りVia S. Martino ai Montiに入ると、すぐ右側にS.プラッセーデ教会がある。

美しい「天上の園のモザイク」 MAP P.87、P.45 C3

サンタ・プラッセーデ教会 ★★

Santa Prassede all'Esquilino サンタ プラッセーデ アッレスクィリーノ

アプシス（後陣）を飾るローマ時代のモザイク

伝説では、ネロ帝Neroneの時代に、キリスト教徒をかくまったプラッセーデ（元老院議員プデンテの娘。P.91のプデンツィアーナとは姉妹）はこれら信徒とともに殉教し、遺体は井戸に葬られたという。その井戸の周りに、法王パスカリス1世の命で9世紀に建てられたのがこの教会。身廊の床にある、最も入口寄りの円い斑岩の板は、当時の井戸の位置を示すもの。この教会が見逃せないのは、ローマで1、2を競う見事なモザイクが残っているためで、**アプシス（後陣）に残る9世紀のモザイクは**、ビザンチンの影響を受けつつ、色彩や構図などの点で高い水準に到達した、当時のローマのモザイク技術を物語る。さらにすばらしいのは右側廊にある**S.ゼノーネの礼拝堂**Cappella di S. Zenone**のモザイク**で、キリストをはじめ、使徒や聖母、聖女プラッセーデ、聖女プデンツィアーナなどが、黄金の背景に溶け込むかの

聖土曜日のサンタ・プラッセーデ column

復活祭直前の土曜日、サンタ・プラッセーデ教会で行われる儀式は非常に印象深いものである。午前0時を期して、教会入口の前庭に据えられた火床から司祭が復活祭用の大蝋燭に火を灯す。集まった信者たちは一人ひとり順にこの大蝋燭から手にした小さな蝋燭に火をもらい、やがて司祭を先頭に蝋燭の光の列は静かに動き始める。暗やみの中を進む小さく揺れるこの灯の列には心を厳粛にさせるものがある。そして、行列が主祭壇に達すると同時に一斉に堂内の灯が灯されて、闇の中から一挙にモザイクの黄金の溶けるような輝きに囲まれると、まさに"復活"を目の当たりにしているかのようである。喜びを秘めて賛美歌が静かに流れ、人々はこうして主イエス・キリストの復活と春の訪れを祝う。

サンタ・プラッセーデ教会内部

ような色調の見事な調和は、中世の人々をして「天上の園」と言わしめた。9世紀の初めパスカリス1世が造らせた、ローマで最も重要なビザンチン芸術の例である。

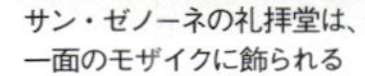

サン・ゼノーネの礼拝堂は、一面のモザイクに飾られる

「天上の園」と称賛されたサン・ゼノーネ礼拝堂の天井モザイク

見どころNAVIGATOR

時間が許せば、ローマで最も古いサンタ・プデンツィアーナ教会へ寄ろう。サンタ・プデンツィアーナ教会1本手前のウルバーナ通りVia Urbanaまで戻って左に折れ、デプレティス通りVia Depretisを越えると右に見える。

急ぐ場合は、来た道をテルミニ駅まで戻ろう。

ローマを代表するモザイクは必見 MAP P.87、P.44 B2

サンタ・プデンツィアーナ教会 ★

Santa Pudenziana al Viminale サンタ プデンツィアーナ アル ヴィミナーレ

13世紀の鐘楼、19世紀のファサードと、外観は少々調和に欠けるが、4世紀に創建されたローマで最も古い教会のひとつだ。注目は内部後陣（アプシス）に残る、「キリストと使徒」の創建当時のモザイクだ。16世紀の修復により、下部が剥ぎ取られてしまったが、十分優れた作品で、初期キリスト教時代の物。左側廊のカエターニの礼拝堂Cappella Caetaniは、16世紀の設計でスタッコ（漆喰装飾）と大理石の生み出す色彩効果が見事だ。入口正面の柱廊の上枠を飾る11世紀のフリーズにも注目。

ローマ国立博物館の新館 MAP P.87、P.45 A3

マッシモ宮（ローマ国立博物館） ★★★

Palazzo Massimo alle Terme パラッツォ マッシモ アッレ テルメ

テルミニ駅を背にした左側に建つ、ローマ美術を知るには欠かせない一級の博物館だ。

紀元前2世紀から紀元4世紀の彫像、モザイク、フレスコ画などをおもに展示している。とりわけ3階のセクションは見逃せ

マッシモ宮外観

聖女プラッセーデが葬られた、井戸の跡

✉サンタ・プラッセーデ教会にて

S.ゼノーネの礼拝堂の天井モザイク画を近くで見ることができ、またライトもあたってとてもきれいでした。売店のおじさんも親切。

（北海道　女子1人旅）

✉じっくり見学するなら

サンタ・プラッセーデ教会のモザイクのライトアップには€1。ほかでは€0.50が多いですが、そのぶん時間が長いようでじっくりモザイクを堪能できます。

（香川県　tobe）

●サンタ・プデンツィアーナ教会

住 Via Urbana 160
☎ 06-4814622
開 8:30～12:00
15:00～18:00

ローマで最も古い教会のひとつ

●マッシモ宮

住 Largo di Villa Peretti 1
☎ 06-39967700（予約）
開 9:00～19:45
5/1　14:00～20:00
休 ㈪、1/1、12/25
料 €10、共通券€12（+€3特別展）（P.50）、18歳以下無料
※入館は閉館1時間前まで
※見学は3階から。
※オーディオガイド（英語）€4
※ローマ国立博物館は2017年12/16からシングル券が登場。ローマ国立博物館Museo Nazionale Romanoは以前同様にマッシモ宮、アルテンプス宮、ディオクレティアヌスの浴場跡、クリプタ・バルビの共通券€12（3日間有効）もあり。
※毎月第1㊐無料

ない。3階、第2室の『**リヴィアの家のフレスコ画**』Villa di Liviaは紀元前20～10年の作品でフラミニア街道沿いのアウグストゥス帝と妃リヴィアの家から発見された。青を背景に草花と小鳥で満たされた、緑の庭園が壁面いっぱいに広がり、豊かな生活を感じさせる魅力的な作品だ。

『リヴィアの家のフレスコ画』。青が美しい

ギャラリーIIおよび第3～5室はテヴェレ川の護岸工事の際に発見された『**ファルネジーナ荘の壁画**』Villa della Farnesinaで、浅い浮き彫りの複雑な表現は当時の技術の高さを物語っている。また、遠近法とエジプト風の平面的なふたつの表現法が見られるのも興味深い。このほか、「カステルポルツィアーノのモザイク」をはじめ、当時は絵画のように用いられていた完成度の高いモザイクも多数展示。

『眠れるヘルメス・アフロディーテ』

2階には、彫像、レリーフ、石棺を展示。とりわけ第5～10室には重要な作品が並ぶ。第5室ギリシア・ヘレニズム期初期の『**アンツィオの乙女**』Fanciulla di Anzio、原作はギリシアのミュロンによるローマ時代最良の模刻『**円盤投げ**』Discobolo、『**眠れるヘルメス・アフロディーテ**』Ermafrodito addormentato、狩りをする生き生きとした少女『**アルテミス神の装束をした少女**』Giovinetta in vesti di Artemideは見逃せない。

1階は中庭を中心に歴代皇帝の彫像、フレスコ画、モザイクなどを展示。『**ティヴォリの将軍**』Generale di Tivoli、『**ラビカーナ通りのアウグストゥス帝**』Augusto dalla via Labicana、『**傷ついたニオベの娘**』Niobide morente、『**メルポメネーの女神**』Musa Melpomeneなどの多くの優れた作品を収蔵。

ローマ郊外で発見された大理石を使ったモザイク

入館時間に注意

ローマの国立博物館の入館は、閉館時間の1時間前まで。その他の見どころも閉館の30分～1時間30分前に切符の販売を終了し、入館を締め切る。また、コロッセオなどのように、日没1時間前とある場合は1月は15:30頃、2月には16:00頃に切符販売終了となる。

✉ローマ国立博物館マッシモ宮

彫刻、フレスコ画、モザイクなどがとても美しく展示されています。今まで日本で紹介されていない物でしょう。どれもこれも見とれるばかりでした。美しく麗しい、大収穫の博物館でした。
（栃木県　渡辺雅子）

休館日って？

大部分の美術・博物館は週に1度休館する。祝日の休館については、各美術・博物館により異なる。とりわけ、重要な祝日の1/1、5/1、12/25はほぼすべてが休館。小さな美術館・博物館などは、さらに復活祭の日曜と翌日の月曜、8/15、12/8、12/26などの祝日も休館とすることもある。'18年現在、コロッセオ、フォロ・ロマーノ、パラティーノの丘は1/1、12/25のみと、人気の高い見どころは休みが少なくなる傾向にある。

主要な教会はほぼ1年中開いているので、祝日にかかったら教会巡りをするのもいい。ただし、ミサや宗教儀式の際は見学を遠慮するか、邪魔にならないように心がけよう。

✉ファルネジーナ荘のフレスコ画を堪能

マッシモ宮はテルミニ駅のすぐそばでアクセス良好。博物館そばの遺跡から発掘された展示品もあるローカルな博物館であり、一方ローマ美術が世界に与えた影響を鑑みるとグローバルな博物館でもあり、その絶妙なバランスを生かした展示がおもしろい。特に、ファルネジーナ荘の部屋の壁一面を覆っていたフレスコ画は、専用の展示室の壁一面に配置してあり、在りし日の優雅な生活が思い起こされ、おすすめです。
（神奈川県　yt_tani　'15）

✉マッシモ宮へ

セキュリティチェックの後、貴重品と必要なもの以外クロークに預けます。カメラはフラッシュなしなら撮影OK。館内地図は❶で借りられ、使用後戻します。モザイク画が好きな方にはおすすめの博物館です。『リヴィア家のフレスコ画』が想像以上に大きくて驚きました。
（北海道　女子1人旅）

一度に3000人収容のローマ時代の巨大浴場 MAP P.87、P.45 A3

ディオクレティアヌスの浴場跡 ★★

Terme di Diocleziano テルメ ディ ディオクレツィアーノ

かつての浴場は、ローマ人の生活を知る博物館に

テルミニ駅正面の先、緑の広がる一角がディオクレティアヌスの浴場跡の遺構だ。公園の趣のあるこの一帯、現在の博物館の建物とキオストロ、その先のサンタ・マリア・デッリ・アンジェリ教会、続く**アウラ・オッタゴナ**までを含む広い場所にローマ時代には、浴場と付属の庭園が広がっていた。

浴場は298〜309年にディオクレティアヌス帝の命により造られ、一度に3000人が利用できたという。内部はバジリカ（集会堂）を中心に各種の浴槽、運動室などを備え、周囲には見事な庭園が広がり、ローマ市民の憩いの場だったという。

浴場は中世以降、教会や修道院に転用され、現在は**ローマ国立博物館の一部門**として、紀元前1世紀からの石碑を展示する部門Dipartimento Epigraficoとラツィオ州の古代ローマ人部門Il Lazio dei Popoli Latiniに分かれ、**古代ローマ人の生活を知る博物館**となっている。浴場の遺構は、1階のガラス張りの床などから一部うかがうことができる。

博物館奥の入口から続くキオストロ、**「ミケランジェロの回廊」** Chiostro di Michelangeloは広い中庭を囲む回廊だ。100本の柱とアーチの上を四角と円の窓が交互に続き、周囲の自然と彫像などとともに、軽やかですがすがしい空間を演出している。名前に反し、設計はミケランジェロの死後、弟子のヤコポ・デル・ドゥーカによる。

「ミケランジェロの回廊」

見どころNAVIGATOR

ディオクレティアヌスの浴場跡、サンタ・マリア・デッリ・アンジェリ教会、アウラ・オッタゴナはひと続きの敷地。以前は浴場跡の庭園の教会寄りの出入口は警備のため、常時施錠されていたが、現在は敷地内の通行が可能（開時間のみ）。発掘品が置かれた庭園を抜けて教会へ向かおう。

●ディオクレティアヌスの浴場跡

住 Viale E. De Nicola 79
☎ 06-39967700(予約)
開 9:00〜19:30
休 ㊊、1/1、12/25
料 €10、共通券€12（+€3特別展）(P.50)
18歳以下無料

※ディオクレティアヌスの浴場跡は、後年のたび重なる改修のため古代浴場としての姿はない。しかしながら、明るい日差しの差し込む回廊やところどころに残る遺構にその面影をしのぶことができる。

●ローマ国立博物館の展示室 Aula Ottagona（アウラ オッタゴナ）

住 Via G.Romita 8
地 P.39 A3

※特別展開催時のみ開館。

ディオクレティアヌスの浴場跡の一角、旧プラネタリウム内に位置する。ドーム型の屋根の広々とした展示室にディオクレティアヌス、カラカラなどの浴場からの重要な古代彫像を展示。一部ガラス張りの床からは浴場の遺構も見られる。

✉ 教会へはコインを多めに

教会内部の重要な作品近くには、コイン式のライトがあります。€1や€0.50のコインを投入すると一定時間明かりがついて細かな部分もよく鑑賞できます。また、絵はがきなどもコイン専用の簡単な自販機で販売している場合もあります。教会へはコインを多めに持っていくのがおすすめです。S.M.ソプラ・ミネルヴァ教会、カラヴァッジョの傑作の残るS.L.デイ・フランチェージ教会、ミケランジェロのモーゼ像のあるS.P.イン・ヴィンコリ教会などでは特にそう思いました。

（在ローマ　主婦）

かつてはプラネタリウムだったアウラ・オッタゴナ

●サンタ・マリア・デッリ・アンジェリ教会
住 Piazza della Repubblica
☎ 06-4880812
開 7:30～19:00
㊐㊗7:30～19:30
URL www.santamariadegliangeliroma.it

ミケランジェロにより再構築された教会

L.ロット作といわれる『天使のマドンナ』

古代の大浴場跡の壮大な教会 MAP P.87、P.45 A3

サンタ・マリア・デッリ・アンジェリ教会 ★★

Santa Maria degli Angeli e dei Martiri サンタ マリア デッリ アンジェリ エ デイ マルティーリ

ローマ国立博物館の左に回ると、広場に面してミケランジェロが設計したサンタ・マリア・デッリ・アンジェリ教会が建つ。まるで廃虚のような外観は、古代文明に多大な影響を受けたミケランジェロが最大限の敬意を払い、オリジナルを重視したため。諸天使と浴場建設での殉教者にささげるため、1561年、かつての浴場の中心であったバジリカを、法王ピウス4世Pio IVの命で建て直した教会だ。ミケランジェロのプランはローマ時代のバジリカを生かした物だった。浴場遺跡のエクセドラ(壁などに半円形に刻まれたくぼみ)を生かした入口に、彼のオリジナルプランが残っている。続く18世紀の大幅な改修で、ローマ時代の浴場の遺構の多くは隠されてしまった。しかし、今でも教会内部、横に延びる身廊の大きさとヴォールトの高さに、ローマ時代の面影が残り、印象的だ。

優美なサンタ・マリア・デッリ・アンジェリ教会内部

内部の作品で注目したいのは、改築後にサン・ピエトロ大聖堂から移された壁を飾る祭壇画で、ポンペオ・バトーニの**『シモン・マグーマの堕落』**Caduta di Simon Mago、ピエール・シュブレイラスの**『聖バジリオのミサ』**Messa di S. Basilio、ロレンツォ・ロット作といわれる**『天使のマドンナ』**La Madonna degli Angeliなど。

乙女が水を噴く広場 MAP P.87、P.44 A2・3

共和国広場 ★★

Piazza della Repubblica ピアッツァ デッラ レプッブリカ

S.M.デッリ・アンジェリ教会の前は、車の行き交うロータリーの中心に大きな噴水が水を上げる共和国広場だ。4人の妖精が水を吹き上げる優美な噴水は**「ナイアディの噴水」**Fontana delle Naiadiと呼ばれ、彫刻家マリオ・ルテッリにより1901年に完成。裸体に近い女性の彫像に、市当局は公開を躊躇したとか。広場の周囲の半分は回廊のあるふたつの建物で囲まれている。この建物は、浴場を囲んでいた壁のエクセドラの半円を利用したもの。そのため、別名エセドラ広場Piazza Esedraとも呼ばれる。

エセドラ(半円)広場とも呼ばれる

「ナイアディの噴水」

教会に囲まれた坂の上の広場 MAP P.87、P.44 A2

サン・ベルナルド広場

Piazza San Bernardo ピアッツァ サン ベルナルド

『モーゼの噴水』

共和国広場のサンタ・マリア・デッリ・アンジェリ教会を右に見て真っすぐ進むと、巨大なモーゼ像が飾るモーゼの噴水が現れる。広場を飾る**『モーゼの噴水』**Fontana del Mosèはドメニコ・フォンターナの手によるもので、法王シクストゥス5世が引かせた水道、アクア・フェリーチェの末端に造られ、今もさわやかな水音に満ちている。広場に面し、S.スザンナ通りを挟んでふたつの教会が建っている。通りの右側がS.M.デッラ・ヴィットリア教会、左がS.スザンナ教会。

バロック建築装飾の典型 MAP P.87、P.35 C3

サンタ・マリア・デッラ・ヴィットリア教会 ★

Santa Maria della Vittoria サンタ マリア デッラ ヴィットリア

カルロ・マデルノがボルゲーゼ枢機卿の依頼で、17世紀の初めに建てた教会。ファサードはそれより少しあと、1626年にG.B.ソリア(G.B. Soria)が完成している。教会は当初、聖パウロにささげられたが、ハプスブルク家のフェルディナンド2世が戦の前に、ピルゼンの城の堆積の中から聖母の肖像を発見して戦いに勝利を収めたことから、新たに聖母マリアにささげられた。内部は単廊式で、左右にそれぞれ3つの礼拝堂をもち、翼廊と円蓋、そして半円形のアプシス(後陣)を備えている。小さいながら、バロックの建築装飾の典型的な一例だ。なかでも見落とせないのは、左の翼廊にあるコルナーロ礼拝堂La Cappella Cornaroで、祭壇の上はベルニーニの**『聖テレーザの法悦』**S. Teresa trafitta dall'amor di Dioで飾られている。1640年代後半、ベルニーニの最盛期の作品のひとつで、建築と彫刻は、ここでは完全に一体化してひとつのシーンを作り出している。

ベルニーニ作『聖テレーザの法悦』

見どころNAVIGATOR

S.M.d.ヴィットリア教会を出たら、右に延びるやや上り坂の道、9月20日通りVia XX Settembreを進む。クァットロ・フォンターネ通りVia delle Quattro Fontaneにぶつかったら右に曲がって、坂を少し行くと、右側にあるのが国立古典絵画館となっているバルベリーニ宮である。

●サンタ・マリア・デッラ・ヴィットリア教会
住 Via XX Settembre 17
☎ 06-42740571
開 8:30～12:00
15:30～18:00
※宗教行事の際は拝観不可
URL www.chiesasantamariavittoriaroma.it

私のおすすめスポット S.M.デッラ・ヴィットリア教会

最大の見どころは、「聖テレーザの法悦」。右手に黄金の矢を持った天使が、雲の上に全身を投げ出した聖テレーザの襟を左手でつかみ、今まさに彼女の心臓を矢で射抜こうとしている瞬間を捉えた像です。彼女のあまりに恍惚そのものの表情に「聖女にあるまじき表情」として論争の的にもなったとか。しかし、これは聖テレーザ自身の自伝を忠実に表現したものなのです。

鑑賞のベストタイミング

午後に行くと、太陽光が像の真上の窓から注ぎ込み、作品全体が天の光に浮き上がったように見えてとてもきれいです。

おすすめのおみやげ屋

右側翼廊奥のドアの向こうにある、小さな売店には、絵はがきや手作業による蜂蜜、バスソルトなどが並び、手頃でおみやげにぴったりです。
(京都府　遠藤純子)['18]

おみやげにポストカード

内部が暗くて気づきにくいのですが、正面右側に奥に通じる入口があり、ベルニーニの写真集やロザリオなどを販売しています。私は入館料代わりに、そして思い出に『聖テレーザの法悦』の絵はがき(€1)を購入しました。
(宮城県　佐藤匡彦)

バロック装飾の典型
S.M.デッラ・ヴィットリア教会

バロックの巨匠による建築と名画の館 MAP P.86、P.44 A1

バルベリーニ宮(国立古典絵画館) ★★★

Palazzo Barberini(Galleria Nazionale d'Arte Antica in Palazzo Barberini)

パラッツォ バルベリーニ (ガッレリア ナツィオナーレ ダルテ アンティーカ イン パラッツォ バルベリーニ)

バロックの二大巨匠の手による建築

バロックの二大巨匠ベルニーニとボッロミーニの手による**バルベリーニ宮**。ふたりの間には激しい確執があったとされるが、バロックを代表する建築のひとつだ。この館の主(あるじ)は、豪商の一族から法王へと上りつめたバルベリーニ家のウルバヌス8世。法王に就任するや自らの富と権力を誇示すべく、この壮大な館の建築を考案した。

1627年、カルロ・マデルノの設計・指揮のもと、ベルニーニを助手として建設が着手された。当時は建物内部に回廊を取り込んだ中庭のある四角形の邸宅が主流だったが、マデルノは緑と調和すべく左右に翼部を張り出すヴィッラ風の館を設計。しかし、間もなくマデルノは死去。その後ベルニーニが後を引き継いで完成させた。マデルノの甥であり弟子であったボッロミーニは引き続きベルニーニのアシスタントとして工事に参加した。当時、ベルニーニは成功の絶頂にあったが、前任者マデルノの設計による工事がかなり進んでいたので、あまり大規模な修正は行わなかったと思われる。そのなかでおそらくファサードはベルニーニが手を加えた部分である。1階、2階、3階のそれぞれをドーリス、イオニア、コリント式の飾り柱が支え、左右のふたつの入口は柱廊で結ばれている。狭間をつけた窓の組み合わせもすばらしい。また絵画館へ続く大階段もベルニーニの意匠によるもの。当時流行した様式で別名「四角い井戸」と呼ばれる。

内部の各室は趣向を凝らした美しい天井画で装飾されている。とりわけ、巨大で美しいピエトロ・ダ・コルトーナのフレスコ画**『神の摂理の勝利』**Trionfo della Divina Provvidenzaで飾られた2階の大サロンもベルニーニのアイデアだ。

国立古典絵画館が創設されたのは1893年。コルシーニ家からの作品寄贈が始まりだった。1949年、政府がバルベリーニ家からこの館を買い上げ、コルシーニ宮、コロンナ宮のコレクションにバルベリーニ家やキージ家の所有していた作品を統合し、国立古典絵画館としてオープンした。

とりわけ名高いのは、ラファエッロが恋人を描いたという『フォルナリーナ』、カラヴァッジョの劇的な『ホロフェルネスの首を切るユーディット』、ホルバインの『ヘンリー8世の肖像』など。

2階の大サロンの天井画『神の摂理の勝利』は、バルベリーニ家出身のウルバヌス8世の注文によるもの

●バルベリーニ宮(国立古典絵画館)

住 Via Barberini 18/ Via delle Quattro Fontane 13

☎ 06-4824184

開 8:30～19:00

休 ㊊、1/1、12/25

料 €12、コルシーニ宮美術館(→P.142)との共通券

※切符売り場は閉館1時間前まで

※毎月第1㊐無料

URL www.barberinicorsini.org

入館情報

切符売り場とブックショップは、建物正面やや左側から入った1階。切符売り場手前左側地下にトイレあり。

バルベリーニ宮のガイド付き見学

㊋～㊎の11:30、16:00、㊏16:00に無料ガイド付き見学あり。

予約☎ 06-42010066

予約 e-mail info@barberinicorsini.org

※25名までの限定。空きがあれば切符売り場で当日予約可。

長期にわたり閉鎖されていた展示室上階の1700年代居室Appartamento Settecentescoを中心にした見学。

✉バルベリーニ宮にて

入場券の購入後、2階が閉鎖中と知らされました。閉鎖はたまたまかもしれませんが、重要な作品は2階に集中しているので、最初に確認を。入館取り消しをしましたが、返金に時間がかかりました。

(静岡県 takk '16)

国立古典絵画館　寄贈された個人コレクションや国家が買い上げた貴重な作品が並ぶ。1～3階に分かれ、1階は15世紀までの宗教画が中心、2階は16世紀からのイタリア絵画が中心で傑作が揃っている。3階は最近公開が開始された18世紀の居室部分で、ルーカ・ジョルダーノ、ベルニーニ、コルトーナなどのバロック期以降の作品や、寄贈された個人コレクションを展示。特に見逃せない作品は、

1階 Piano terra

第3室 Sala 3

後期ゴシックと初期ルネッサンス
Tardo Gotico e primo Rinascimento

フィリッポ・リッピの『**タルクイニアの聖母**』Madonna di Tarquinia、『**受胎告知とふたりの寄付者**』Annuciazione e due donatori。

フィリッポ・リッピの傑作
『受胎告知とふたりの寄付者』

第7室 Sala 7

ベッリーニの『男の肖像』Ritratto di Uomo、『キリストの祝福』Chiristo benedicente。

2階 Primo piano ［エレベーター利用で。または1度外に出て階段で］

第10室 Sala 10 フィレンツェ派 *Fiorentini*

ピエロ・ディ・コジモの『**読書するマッダレーナ**』La Maddalena che legge。

ピエロ・ディ・コジモ
『読書するマッダレーナ』

第12室 Sala 12 ラファエッロ *Raffaello*

この絵画館で最も名高いラファエッロの『**フォルナリーナ**』La Fornarina 1 や彼の弟子であったジュリオ・ロマーノの『聖母子』Madonna col Bambinoなど。

第15室 Sala 15 ヴェネツィア派 *Veneti*

ロレンツォ・ロット『**聖カテリーナの神秘的婚姻**』Matrimonio mistico di Santa Caterina d'Alessandria 2 、ティツィアーノ『狩りに出かけるヴィーナスとアドニス』Venere tenta di tratlenere Adone dell'andare a caccia、ティントレット『聖ジローラモ』San Girolamo pentiente。

第16室 Sala 16 肖像画 *Ritratti*

天井がサッキのフレスコ画で飾られた室内で目を引くのが、ハンス・ホルバイン『**ヘンリー8世の肖像**』Ritratto di Enrico Ⅷ 3 。堂々たる肖像画は4度目の結婚のために描かれたもの。ブロンズィーノ『**コロンナ家のステファノ4世の肖像**』Ritratto di Stefano Ⅳ Colonna 4 。彼は、「ローマの掠奪」の際、フランス軍と手を結んだメディチ家のクレメンス7世に抵抗した指揮官だ。

16B コルトーナの礼拝堂 *Cappella di Pietro da Cortona*

ベルニーニの設計で、ピエトロ・ダ・コルトーナとその弟子によるフレスコ画で装飾。クーポラが天に続く広がりと清らかさを感じさせる空間。

第17室 Sala 17 マニエリズムの画家 *Manieristi*

エル・グレコ『牧者の礼拝』L'adorazione dei pastori、『キリストの洗礼』Il battesimo di Cristoなど。

✉美しい宮殿で美術鑑賞

傑作絵画がズラリと並んでいます。館内はかつての法王の館というのを実感させてくれます。館の奥には水音をたてる噴水、高い天井は華麗に装飾され、各室がそれぞれ異なり、清らかでロマンティックな雰囲気。歩いているだけでも優雅な気分になれます。私たちは1階の見学後、一度外に出て大階段で2階へ上がりました。さらに階段を上がった3階にも展示室が続き、館の壮大さも実感しました。荷物はほぼ持ち込めません。切符売り場先、入場口近くにコインロッカーがあります。
（東京都　よしよし）

フィリッポ・リッピ
『タルクイニアの聖母』

「フォルナリーナ」

“フォルナリーナ”（粉屋の娘）はラファエッロの恋人といわれる女性で、描かれた腕輪には「ウルビーノのラファエッロ」と記されている。

✉バルベリーニ宮の回り方

1階のリッピの『聖母子』や『受胎告知』をはじめ、2階のホルバインやコルトーナの天井画などもすばらしい。切符売り場は1階にあり、ここからブックショップを通って入館すると1階の中世絵画部門を見ることになります。ここから2階へ上がる階段はないので、エレベーターで2階へ。エレベーターはクロークの脇にあり、少しわかりづらいです。

切符購入後は1階を見学し、エレベーターで2階へ上がり、最後に階段で下りてくるのがいいでしょう。
（東京都　美術愛好者）

荷物をコインロッカーに預ける際、€1が必要。あとで戻ってきますが、前もって用意を。
（北海道　女子1人旅）['18]

必見ベスト7 国立古典絵画館2階 Primo piano

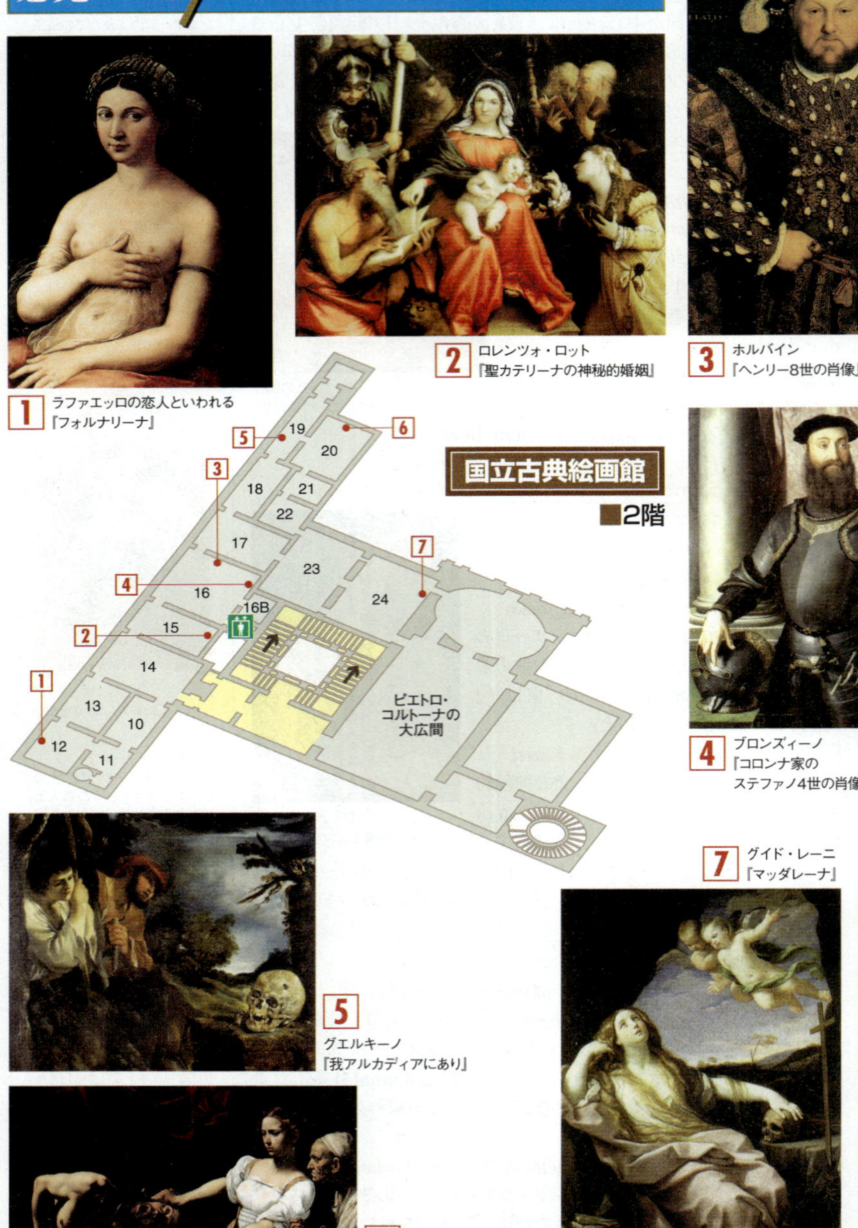

1 ラファエッロの恋人といわれる『フォルナリーナ』

2 ロレンツォ・ロット『聖カテリーナの神秘的婚姻』

3 ホルバイン『ヘンリー8世の肖像』

4 ブロンズィーノ『コロンナ家のステファノ4世の肖像』

5 グエルキーノ『我アルカディアにあり』

6 カラヴァッジョ『ホロフェルネスの首を切るユーディット』

7 グイド・レーニ『マッダレーナ』

第18室 Sala 18 マニエリズムから自然主義へ *Dalla Maniera alla Natura*

第19室 Sala 19 風景と人物画 *Paesaggio e Figura*

グエルキーノの名高い『**我アルカディアにあり**』I pastori in Arcadia (E in Arcadia ego) 5 や初期フランドル派の風景画家、パウルル・ブリルPaul Brillの作品など。

第20室 Sala 20 カラヴァッジョ *Caravaggio*

この絵画館で見逃せない部屋。カラヴァッジョのならではの作風や作品ごとの違いをゆっくり鑑賞したい。劇的な『**ホロフェルネスの首を切るユーディット**』Giuditta e Oloferne 6、狂気を感じさせる『**ナルシス**』Il Narciso、平穏な幸福感のある『**瞑想する聖フランチェスコ**』Il San Franceso in meditazioneが並ぶ。

グイド・レーニ『ベアトリーチェ・チェンチ』

第24室 Sala 24 エミリア派 *Emiliani*

エミリア派と1600年代初期の肖像画。グイド・レーニの愛らしい作品『**ベアトリーチェ・チェンチ**』di Beatrice Cenciや大作の『**マッダレーナ**』Maddalena 7、グエルキーノ『サン・ルーカ』Sun Lucaなど。このほか、カラッチ一族とその弟子の作品を展示。『**若者の肖像**』Ritratto di Giovaneはアンニバーレ・カラッチによる。

ピエトロ・コルトーナの大広間 Salone di Pietro Coltona

大広間の天井にコルトーナによる大フレスコ画『**神の摂理の勝利**』Trionfo della Divina Provvidenzaが描かれている。教会を除き、最大のスケールといわれる規模(15m×25m)を誇る。見学者のなかにはソファに寝転んで、しばし眺める人も少なくない。彫刻と絵画が作り上げるひとつの世界のアイデアはウルバヌス8世の弟の発案で、兄の法王もたいへん好んだという。中央では「神の摂理=女性像」が時を制し、バルベリーニ家の紋章である「蜂」が不死を表現しているという。高く離れた天井画の鑑賞には、オペラグラスや双眼鏡があるといっそう楽しい。

艶やかな女性像と巨大な蜂に目を奪われる『神の摂理の勝利』(部分)

3階 Secondo piano

第25室 Sala 25 ナポリ派

ルカ・ジョルダーノ、マティア・プレーティなど。

第26室 Sala 26 バロックのローマ、ベルニーニからマラッタ *Il Barocco a Roma da Bernini a Maratta*

ベルニーニ『**ウルバヌス8世の肖像**』Ritratto di Urbano Ⅷ、『ゴリアテの首を持つダヴィド』David con la testa di Goliaなど。

ベルニーニ『ウルバヌス8世の肖像』

見どころNAVIGATOR

国立古典絵画館を見終えたら、クァットロ・フォンターネ通りを9月20日通りの角まで戻る。この交差点は、教会を巡る巡礼者にとってはS.M.マッジョーレ大聖堂のオベリスクとピア門を見渡せる重要な地点だったので、シクストゥス5世は四つ角のおのおのにひとつずつ、全部で**4つの噴水**を造らせた。噴水はそれぞれテヴェレ川、アルノ川、ダイアナ、ユノを表し、通りの名"クァットロ・フォンターネ"は「4つの噴水」を意味する。

ヘンリー8世って誰?

1509〜1547年に在位したイングランド王。敬虔なカトリック信者であったが、世継ぎの男子が生まれないため最初の妻との離婚を決意したことから、当時の法王であったクレメンス7世と対立。後にローマ・カトリックと決別し、英国国教会設立。この絵は4度目の結婚のため、まだ会ったことのない未来の妻に贈られたもの。妻からも同様に送られたが、妻の肖像画が実物よりあまりに美しく描かれていたため、初対面時に王は激怒。6ヵ月後に離婚したという。

イングランド王最高のインテリとしての誉れも高いが、気に入らない者はロンドン塔に送って処刑してしまうなど、残忍さでも知られた人物だ。

「4つの噴水」のひとつ

●サン・カルロ・アッレ・クアットロ・フォンターネ教会
住 Via del Quirinale 23
☎ 06-4883261
開 10:00～13:00
㊐12:00～13:00
※ミサ（11:00）時は観光客の拝観不可
URL www.sancarlino.eu

ボッロミーニ最初の建築

回廊と中庭が調和して美しい

●サンタンドレア・アル・クイリナーレ教会
住 Via del Quirinale 30
☎ 06-4874565
開 9:00～12:00
15:00～18:00
休 ㊊
※ミサ（㊐10:30）時は観光客の拝観不可
URL www.gesuitialquirinale.it

空間を見事に利用したボッロミーニの傑作 MAP P.86、P.44 A1

サン・カルロ・アッレ・クアットロ・フォンターネ教会 ★

San Carlo alle Quattro Fontane　サン カルロ アッレ クアットロ フォンターネ

4つの噴水の角に建つ教会。ボッロミーニが独立して請け負った最初の作品だ。与えられた用地は狭く、しかも非対称な形だったので、設計には工夫を凝らさねばならなかった。工事は1638年に始められたが、資金難などで中断し、1667年、ファサードの下部を完成したところでボッロミーニは死去。工事は彼の血縁のベルナルドによって続けられ、1675年にようやく完成にこぎつけたが、鐘楼などいくつかのプランには手が加えられた。一方、**内部**はボッロミーニの設計したままで、滑るようになめらかな壁の動きと、それを妨げずにむしろ引き立てるかのような柱の位置とが、彼の非凡な才能を語る。**楕円形のクーポラ**（円屋根）と頂上部にあるランタン（明かり採り）から入る光が、色彩に乏しい内部にあたたかみを与えている。非常に小さな建物にもかかわらず、中に入るとその釣り合いの取れた、しかも動きのある造りによって狭さをまったく感じさせないこの教会は**ボッロミーニの傑作**といってもよいだろう。また右脇にあるドーリス式の2列の列柱による**回廊と中庭**（**キオストロ**）も小さいが美しい。

美しくエレガントな教会の内部

楕円形のクーポラの明かり採りが美しい

クイリナーレ通りVia del Quirinaleを行くとほどなく、左にもうひとつ小さな教会が現れる。

狭さを感じさせない釣り合い

バロックの巨匠ベルニーニの代表作 MAP P.86、P.44 A1

サンタンドレア・アル・クイリナーレ教会 ★

Sant' Andrea al Quirinale　サンタンドレア アル クイリナーレ

美しいクーポラとラッジの彫刻

ベルニーニによって建てられ（1658～71年）、自ら「**代表作**」と認めていたほどの自信作がこの教会だ。建物は狭い土地に建てられたので、普通の教会建築の常識を破って、奥行きより幅の方が長い異色の設計となっている。しかし両サイドに深く彫られた礼拝堂や、完璧ともいえるバランスを保った内部の設計は、見事なバロック装飾とともに実に豊かな空間を生み出している。また、色大理石やスタッコ、金色など、色彩の効果も十分に考えられているのがわかる。最も見応えのあるのはアプシス（後陣）で、赤い色の大理石で仕切られた壁龕（へきがん）の上にはアントニオ・ラッジAntonio Raggi作の『聖アンドレア』の像が置かれている。美しいクーポラを飾る天使の像もラッジの作品である。

再びクイリナーレ通りを行けば、噴水のある大きな広場に出る。

赤い大理石の後陣が
色彩豊かなバロック装飾

バロックを代表する建築家、ベルニーニの代表作サンタンドレア・アル・クイリナーレ教会

歴史と高さを誇るローマ7つの丘のひとつ MAP P.86、P.44 A1

クイリナーレの丘
Monte Quirinale モンテ クイリナーレ

クイリナーレの丘はローマの7つの丘の中で一番高く、その歴史は紀元前1200年頃（鉄器時代）に始まり、ローマ時代を通して市民の居住区で、帝政時代には大きな浴場（コンスタンティヌスの浴場）も造られた。中世にはすっかり忘れ去られて、木々が生い茂っていたが、16世紀半ばにクイリナーレ宮の工事が始められ、そこに歴代の法王が住むようになると、再び重要な場所となった。

眺望絶佳、丘の上の広場 MAP P.86、P.43 B4

クイリナーレ広場

Piazza del Quirinale ピアッツァ デル クイリナーレ

三方を建物で囲まれているものの、左側は開けて展望がよく、遠くにはS.ピエトロの円屋根も望める。広場には、アウグストゥス帝の廟にあったオベリスクと、コンスタンティヌスの浴場にあった5mを越す帝政ローマ期の彫像『ディオスクーリ』Dioscuri（＝カストルとポルックス）が立っている。どちらも18世紀後半にピウス6世Pio VIが現在の位置に運ばせたものだ。1818年にはピウス7世Pio VIIによってフォロ・ロマーノのカストルとポルックスの神殿にあった水飲み用の巨大な御影石の水盤が置かれた。

広々としたクイリナーレ広場

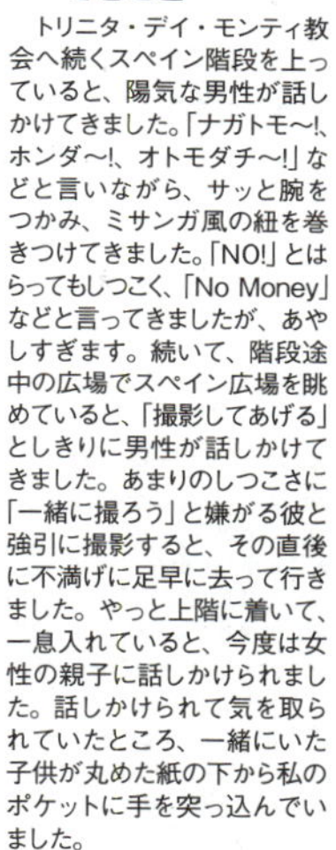

スペイン階段のできごと

トリニタ・デイ・モンティ教会へ続くスペイン階段を上っていると、陽気な男性が話しかけてきました。「ナガトモ～!、ホンダ～!、オトモダチ～!」などと言いながら、サッと腕をつかみ、ミサンガ風の紐を巻きつけてきました。「NO!」とはらってもしつこく、「No Money」などと言ってきましたが、あやしすぎます。続いて、階段途中の広場でスペイン広場を眺めていると、「撮影してあげる」としきりに男性が話しかけてきました。あまりのしつこさに「一緒に撮ろう」と嫌がる彼と強引に撮影すると、その直後に不満げに足早に去って行きました。やっと上階に着いて、一息入れていると、今度は女性の親子に話しかけられました。話しかけられて気を取られていたところ、一緒にいた子供が丸めた紙の下から私のポケットに手を突っ込んでいました。

とにかく、スペイン階段やトレヴィの泉など無料の観光スポットは、観光客が多いなかあやしい人物のオンパレードでした。

（北海道　RomaRun）

オベリスクと
「ディオスクーリ」が調和する

●クイリナーレ宮
住 Piazza del Quirinale
☎ 06-46991
開 ㊋㊌㊎㊏㊐9:30～16:00（最終入場14:30）
休 ㊊、㊍、12/25、6/2、8月
現在も使用されている大統領官邸。
URL www.quirinale.it
※ガイド付きのみでの見学、要予約。希望日の5日以上前に URL www.coopculture.it または予約☎06-39967557、INFOPOINT（住Salita di Montecavallo 15A）などで予約が必要。指定時間の30分前に集合し、パスポートを提示して入場。ツアーは2種あり、①1～2階のみで所要1時間20分、料（予約料€1.50のみ）、②①＋庭園、馬車、馬具などの見学を含めて2時間30分、料€10、18歳以下無料、18～25歳、65歳以上€5（予約料込み）

衛兵交代
クイリナーレ広場で衛兵交代が行われる。10/1～6/2の㊐16:00。6/3～9/30の㊐は18:00に実施。

●国立パスタ博物館
住 Piazza Scanderbeg 117
☎ 06-6991119
※'18年1月現在、修復工事のため休館中
URL www.museodellapasta.it

●アウローラ・パッラヴィチーニ宮
住 Via XXIV Maggio 43
☎ 06-83467000
開 1/1を除く、毎月1日（ついたち）のみ
10:00～12:00
15:00～17:00
料 無料
地 P.86、P.44 B1
URL www.casinoaurorapallavicini.it

✉ コロンナ宮のプライベートアパートメントツアー
入場料のほかに別途€20でツアーに参加できます。英語と仏語のガイドで、私の参加したときは6人。所要1時間弱でした。一般見学者が入れない部屋や中庭を見学。どの部屋もすばらしい美術品で飾られていました。美術品や建物の説明のほか、コロンナ家の先祖や現代の一族のエピソードなどの説明がありました。最初€20は高いと思いましたが、とても楽しめました。
（東京都　5回目のローマ）

歴代法王が住んだ現在の大統領官邸　MAP P.86、P.43 B4

クイリナーレ宮（大統領官邸）★★

Palazzo del Quirinale　パラッツォ デル クイリナーレ

日曜日には、見学の人でにぎわう

衛兵の立つ建物はクイリナーレ宮で、1550年に枢機卿イッポリト・デステIppolito D'Esteが丘の頂上に整備した館が始まりである。その後法王の夏の滞在地となり、1592年にはクレメンス8世Clemente VIIIは完全にここに移り住んだ。工事はフォンターナ、マデルノ、ベルニーニ、F.フーガなど、代表的な建築家によって継続され、クレメンス12世の時代（Clemente XII：1730～40）にようやく完成した。

歴代法王の滞在は1870年まで続いたが、イタリアの統一後は王宮となり、1947年に共和政が敷かれてからは大統領官邸として使われている。内部ではメロッツォ・ダ・フォルリのフレスコ画やマデルノ作のパオリーナ礼拝堂Cappella Paolinaなどを見ることができる。

現在は大統領官邸

イタリアの主食パスタの歴史博物館　MAP P.86、P.43 A4

国立パスタ博物館 ★

Museo Nazionale delle Paste Alimentari　ムゼオ ナツィオナーレ デッレ パステ アリメンターリ

数多（あまた）の博物館のあるローマで、1993年開館の新しい博物館。イタリア人の主食であるパスタ製造の歴史、手法、種類、アートなどを解説展示。日本語の解説テープも用意されている。アカデミックな博物館巡りに疲れたときなどには、のぞいてみたい。

見どころNAVIGATOR

クイリナーレ広場をあとに、5月24日通りVia XXIV Maggioに入ると、左に高い壁に囲まれた建物が目につく。17世紀前半に、コンスタンティヌスの浴場跡に建てられた**カシーノ・デッラウローラ・パッラヴィチーニ宮Casino dell'Aurora Pallavicini**だ。毎月1日（ついたち）、内部のパッラヴィチーニの小さな館が公開され、グイド・レーニの傑作『暁』（Aurora）のフレスコ画を見ることができる。

5月24日通りをさらに進み、右側の階段状のコルドナータ通りVia della Cordonataを下って行けば、自然に11月4日通りVia IV Novembreに出る。右に折れてそのまま進めば自然にピロッタ通りVia della Pilottaに入る。左の大きな建物がコロンナ宮で、道の上に架かった4つの橋で右側の庭園とつながっている。

映画「ローマの休日」の舞台 MAP P.86、P.43 B4

コロンナ宮（コロンナ美術館） ★★

Palazzo Colonna(Galleria Colonna) パラッツォ コロンナ(ガッレリア コロンナ)

美術館の宝、カラッチ作『豆を食べる男』

15世紀に建てられ、18世紀には完全に再建された宮殿。内部には**コロンナ美術館**があり、毎週土曜日、一般に公開されている。コレクションの中心は1500～1600年代のルネッサンス期の絵画で、アンニバーレ・カラッチの**『豆を食べる男』**Il mangia fagioli、ヴェロネーゼの『貴族の肖像』Ritratto di gentiluomo、J.ティントレット（父）の『泉のナルシス』Narciso alla Fonte、D.ティントレット（子）の『スピネット奏者』Suonatore di spinetta、ティツィアーノの『オノフリオ・パンヴィニオの肖像』Ritratto dell' Agostiniano Onofrio Panvinio、メロッツォ・ダ・フォルリの『ウルビーノ公の肖像』Ritratto del Duca di Urbinoなどが見逃せない作品である。

公開が開始されたイザベッレ王女のアパルタメントAppartamento Principessa Isabelleは彼女がここで暮らしたままに保たれ、親しい友人たちをもてなす巨大な宝石箱と呼ばれた華麗な空間。17世紀のアルテミジア女王の物語のタペストリー、古代彫刻から近代にわたる傑作が置かれた礼拝堂の広間などが続く。

ネオクラシック様式の外観の歴史ある教会 MAP P.86、P.43 B4

サンティ・アポストリ教会 ★

Ss. Apostoli サンティ アポストリ

Ss.アポストリ教会のファサード

創建は6世紀まで遡る、古い歴史の教会だが、15および18世紀に改築された。ファサードは19世紀初めのネオクラシック様式で、ヴァラディエGiuseppe Valadierの作。内部の身廊天井を飾るフレスコ画『聖フランチェスコの秩序の勝利』Il trionfo dell'ordine di S. Francescoはバチッチャ晩年の作品で、その明るい色彩と軽やかさはすでに18世紀の到来を告げている。左側廊の末端、地下納骨堂の左にはカノーヴァのローマでの最初の作品**「クレメンス14世の墓」**（1789年）があって見逃せない。

見どころNAVIGATOR

アポストリ広場からバッティスティ通りVia Battistiに出れば、ヴェネツィア広場は目と鼻の先だ。交通の激しい広場正面に建つ白亜のV.エマヌエーレ2世記念堂を背に、コルソ通りVia del Corsoを歩き始めると間もなく、左に壮大な宮殿が目に入り、入口もコルソ通りにある。

●コロンナ宮（美術館）
住 Via della Pilotta 17
☎ 06-6784350
開 ㊏のみ9:00～13:15
休 8月、12/25
料 €12　12歳以下無料
13～17歳、60歳以上、4人以上の家族、5人以上のグループ、大学生は　€10
10人以上なら、事前に書面にて入館を申請すれば、開館日以外も見学可能。詳細は
URL www.galleriacolonna.it
※3～10月は庭園に面したテラスにカフェがオープン。

コロンナ宮のガイド付き見学
英語12:00、イタリア語10:00、11:00、12:30に出発。ガイド料は入場料に含む。

コロンナ宮内部
（ローマの休日のロケ舞台）

㊏午前の一般公開以外のガイド付き見学
美術館Galleria Colonna＋イザベッレ王女のアパルタメントAppartamento Principessa Isabelle=€25
美術館＋庭園Giardini=€20
美術館＋イザベッレ王女のアパルタメント＋庭園Giardini=€30
※別料金で㊏以外も見学可能。予約は☎ 06-6784350または e-mail info@galleriacolonna.itへ

コロンナ宮の入口
ナツィオナーレ通り方向からヴェネツィア広場へ向かう、広場手前右側の道の上にかかった石橋がある小路に入口がある。特別な表示はなく、入口も閉まっていることが多いので注意。

✉ コロンナ宮の入口
コロンナ宮前の11月4日通りを東向きに行き、コロンナ宮に沿って左折して約5mに入口あり。内部はモノクロ映画の「ローマの休日」の最後の場面が目の前で色彩を放っているようで感激でした。
（和歌山県　yuko）

●サンティ・アポストリ教会
住 Piazza Ss. Apostoli 51
☎ 06-699571
開 7:00～12:00
16:00～19:00

●ドーリア・パンフィーリ美術館
住 Via del Corso 305
☎ 06-6797323
開 9:00〜19:00
休 1/1、復活祭の㊐、12/25
料 €12、6〜26歳€8(オーディオガイド込み)
C M.V.
※切符売り場は18:00まで
URL www.doriapamphilj.it/roma/

ローマ1の広さを誇る貴族の館

MAP P.86、P.43 B3

ドーリア・パンフィーリ宮殿(美術館) ★★

Palazzo Doria Pamphilj(Galleria Doria Pamphilj) パラッツォ ドーリア パンフィーリ(ガッレリア ドーリア パンフィーリ)

ドーリア・パンフィーリ宮殿は15世紀に建てられ、その後デッラ・ローヴェレDella Rovere家、アルドブランディーニAldobrandini家を経て、現在はドーリア・パンフィーリ家の所有となっている。コルソ通りに面したファサード(正面)は18世紀の物で、入口の大きな扉越しには16世紀のブラマンテ風の柱廊付きの中庭をのぞくことができる。宮殿内には1000に及ぶ部屋、5つの中庭、4つの大階段、3つの玄関広間があるが、その一部が美術館として公開されている。

ドーリア・パンフィーリ宮殿と趣のある中庭

コルソ通りに面した入口を入ると、ブックショップ、切符売り場が続き、左に緑の中庭があり、柱廊を抜け、2階に上がると美術館だ。美しく装飾された迎賓の間Sala di rappresentanzaを抜けると**回廊**Galleriaだ。中庭のスペースを囲む回廊にはぎっしりと絵画が並び、さらに奥の**アルドブランディーニの間**Sala Aldobrandiniにカラヴァッジョの作品が並んでいる。

同美術館で見落としてならないのは、フィリッポ・リッピの**『受胎告知』**Annunciazione、カラヴァッジョの初期の作品**『マグダラのマリア』**La Maddalena、**『若き洗礼者ヨハネ』**S. Giovanni Battista giovinetto (作者自身のコピー。オリジナルはカピトリーナ絵画館に展示。)、**『エジプトへの逃避途中の休息』**Il riposo nella fuga in Egittoだ。ほかにもヴェラスケスの**『イノケン**

ヴェラスケス作
『イノケンティウス10世の肖像』

フィリッポ・リッピ作『受胎告知』

✉オーディオガイドを利用しよう

切符売り場ではオーディオガイド(無料、伊英仏語)の貸し出しを実施。ドーリア家の歴史や展示作品について、ドーリア家の人が吹き込んだ音声ガイドで案内してくれます。ジェノヴァの世界遺産のひとつであるドーリア宮も一族の所有なのだと、あらためてドーリア家のすごさを知りました。
(東京都　チー)

✉ホテルや旅行会社のデスクを活用しよう

スペイン階段からテルミニ駅近くのホテルへ戻る途中通りがかった教会Chiesa di Sanpoloにオペラ公演のポスターが張ってありました。教会に入って切符を購入しようとしましたが、誰もおらず購入できませんでした。そこで置いてあったチラシをもらいホテルで予約してもらいました。東京での高額チケットのオペラより楽しく大満足でした。

また、行きの機内で友人とボルゲーゼ美術館へ行こうと言うことになり、JTBのデスク(JTBのツアーに参加していました)で予約してもらい、これも無事見学することができました。　(栃木県　渡辺雅子)

ティウス10世の肖像』Ritratto di Innocenzo X Pamphilj、ティツィアーノの『信仰を救うスペイン』La Spagna soccorre la religione、『ヘロデア』Erodiade、ティントレットの『高位聖職者の肖像』Ritratto di Prelatoなどがおもだった作品として挙げられる。A.アルガルディ作の大理石の『オリンピア・マイダルキーニ・パンフィーリ』Olimpia Maidalchini Pamphiljと、ブロンズと斑岩でできた『イノケンティウス10世』のふたつは秀作である。別の『イノケンティウス10世』の胸像はベルニーニの作品である。

カラヴァッジョの抒情の表現、『エジプトへの逃避途中の休息』

見どころNAVIGATOR

宮殿を出て再びコルソ通りを北に進んでいくと、左にコロンナ広場、右にコロンナのアーケードが現れる。

ローマっ子の憩いの広場 MAP P.86、P.43 A3

コロンナ広場 ★
Piazza Colonna ピアッツァ コロンナ

コロンナ広場は、1500年代の初めまでは小さな家々のひしめきあう庶民の生活地区の中にあり、マルクス・アウレリウスの記念柱もこうした家並みに取り囲まれていた。1575年にはグレゴリウス13世Gregorio XIIIがG.デッラ・ポルタに命じて噴水を造らせ、80年には同じデッラ・ポルタによってキージ宮の建設が始められた。その結果ようやく18世紀後半に広場としての体裁が整った。18世紀に入ると広場はコーヒーの大培煎所（コーヒーは1500年代の終わりにアラブ人によってヨーロッパにもたらされた）となり、小さな市場もできた。その間にも周囲にはしだいに建物が建築されたが、1870年にローマが首都になると培煎所と市場はほかに移され、広場一帯は一変して政治と商いの中心となった。

聖年を機に美しく整備された広場に噴水が華を添える

デッラ・ポルタ製作の噴水は品格がある

✉ トレヴィの泉

おすすめ時間帯

早朝はトレヴィの泉もすいています。ただ、毎日8:00～9:00頃は噴水を止めて掃除をしています。その間は近くに立ち入ることはできません。すいた場所でコインを投げたいなら、清掃時間の前後がおすすめです。（茨城県　ユタカ）

私も人のいない時間を狙って8:00頃に出かけました。ただ、9月だったためか周囲の建物が影になってよい写真にはなりませんでした。朝は清掃で近づけないので、昼間と夜がおすすめです。9月は20:00頃にはすでに真っ暗でしたが、町の明かりと道いっぱいに人がいて安全です。ライトアップされた泉はかなりおすすめです。スリの不安があるなら、バスの切符と小銭、カメラだけ持って出かけるといいです。私はバス40番でヴェネツィア広場下車、コルソ通りを歩いて行きました。観光案内所を右折すればすぐで、人の流れに沿って歩けば着きます。後日、早朝は人が少ないから行かない方がいいと、宿の人に言われました。

（北海道　Naomi）

✉ 現役の貴族の館

ドーリア・パンフィーリ宮は、法王を輩出した貴族の館の一部を美術館として開放しているスポットです。ベラスケスの『教皇イノケンティウス10世』をはじめ、カラヴァッジョ、ラファエッロなどの作品がゴロゴロ展示されています。貴族の館の装飾も当時のままで、現在の当主によるオーディオガイド（入館料に含む）のナレーションとあわせて、あたかも貴族の館にゲストとして招かれたような気分を味わうことができます。月曜に開館している美術館としてもおすすめ。

（神奈川県　yt_tani　'15）

戦いのエピソードの浮き彫りで表面は埋め尽くされる

内閣総理府のおかれるキージ宮

歴史を刻む巨大な記念柱　MAP P.86、P.43 A3

マルクス・アウレリウスの記念柱 ★★

Colonna di Marco Aurelio　コロンナ ディ マルコ アウレリオ

同皇帝のゲルマニアとサルマシアでの戦いの勝利を記念して、当時カンポ・マルツィオ（Campo Marzio＝マルス練兵場）の北端に当たっていたこの地に、193年に立てられた。トラヤヌスの記念柱を模して造られ、高さ30mに及ぶ柱の表面は、戦いのエピソードの浮き彫りで埋められている。

いつも警官が見守る　MAP P.86、P.43 A3

キージ宮

Palazzo Chigi　パラッツォ キージ

当初アルドブランディーニ家が所有していたが、1659年にキージ家の手に渡った。宮殿の正面入口はコルソ通りに面している。なお、同宮殿には現在、**内閣総理府**がおかれている。

見どころNAVIGATOR

コルソ通りをやや南に戻り、東（左）に延びるムラッテ通りVia delle Muratteに入って進めば、トレヴィの泉の前に出る。

堂々としたバロック芸術の傑作　MAP P.86、P.43 A4

トレヴィの泉 ★★★

Fontana di Trevi　フォンタナ ディ トレヴィ

“ローマへもう一度戻りたいと願うなら、後ろ向きにコインを投げよ”といういかにもロマンティックな言い伝えのため、世界中から来る観光客が必ず立ち寄るのがここ、トレヴィの泉だ。ポーリ宮Palazzo Poliの壁面中央に刻まれた勝利のアーチを背に立つ海神ネプチューン、左右の2頭の海馬と、それを操るトリトン。建築と彫刻と水が一体になった、このバロック芸術の傑作は、1762年に若い建築家ニコラ・サルヴィNicola Salviによって完成された。路地からこの泉の前に飛び出すと、初めは広場が予想外に狭いのに意外な感じを受ける。しかしすぐに、足元に広がる水面と周囲を囲む建

建築と彫刻の調和、トレヴィの泉

トレヴィの泉への行き方

トレヴィの泉は細い路地の先にあるので、バスなどは入らない。最寄りの地下鉄駅やバス停からやや歩く必要があるが、近くには行き先表示があるので、迷う心配はない。

地下鉄の場合はA線バルベリーニで下車し、トリトーネ通りを下り、サン・シルヴェストロ広場手前の小さな広場(いつもたくさんのバイクなどが駐輪してある)を左に入る。

バスの場合は、テルミニ駅から175番などで、バルベリーニ広場を過ぎたトリトーネ通りで下車し、後は上記地下鉄同様に歩こう。

コルソ通りからはコロンナ広場そばのIntesa BCI銀行の脇からVia delle Muratteを入ると近い。

物が作り出す、光と音の二重の楽しみに心を奪われるに違いない。今ではローマの代表的なモニュメントのひとつともいえるトレヴィの泉が完成するまでには、実はさまざまな紆余曲折があった。

帝政ローマ時代、町まではるばる引いてきた水道の末端に、工夫を凝らした泉を造ることはひとつの習わしであった。見事な噴水から勢いよくあふれる水は、資金を出した富裕な階級の人々や工事に携わった関係者の、名誉と誇りの印でもあったからだ。トレヴィの泉の起源も紀元前19年、アウグストゥス帝の婿養子アグリッパAgrippaが造らせた水道に遡る。水道は20kmにわたって「アクア・ヴェルジネ」(処女の泉)を運んでいた。最初のトレヴィの泉は樋(とい)から落ちる水を3つの水盤で受ける物だったが、ローマの町のあちこちにあったほかの泉や噴水と同様、「蛮族の侵入」で破壊された。泉の再建は1453年、ニコラウス5世Nicolò Vの命でレオン・バッティスタ・アルベルティによって始められたが、工事は水盤をひとつにし、後ろの壁面に装飾を施すだけに終わった。その後約300年に渡って13代の法王がかかわり、1623年に法王ウルバヌス8世Urbano VIIIがベルニーニを起用してようやく実現するかに見えた本格的な工事も、法王とベルニーニの死でまたもや棚上げとなった。1730年、クレメンス12世Clemente XIIは工事を完成させるため、コンクールで建築家を募り、その結果栄冠を手にしたのが、当時ほとんど無名の若手ニコラ・サルヴィだったわけである。現在もサルヴィがベルニーニの残したデザインに基づいて造った物だという見方は根強く残っている。

側面に回ると泉の大きさに驚く

老若男女、誰もがコインを投げ再訪を願う

見どころNAVIGATOR

トレヴィの泉をあとにして少し進めばトリトーネ通りVia del Tritoneだ。バス停やタクシー乗り場がある。トリトーネ通りを渡り、建物を回り込めば近代的に改装された憩いの場のサン・シルヴェストロ広場だ。サン・シルヴェストロ広場を抜けて、進めばコンドッティ通りやスペイン広場もすぐだ。

また、トリトーネ通りを東(右)に進み、坂を上ると地下鉄A線バルベリーニ駅Barberiniまでも500mほどだ。

✉ ガッレリア・アルベルト・ソルディのトイレ

北側(トリトーネ側)に無料トイレがあります。
(愛知県　YOU-KO)

スリやミサンガ売りにご用心

観光客が集中し、誰もがゆったりとくつろぐトレヴィの泉周辺。小銭はあらかじめ用意し、大金の入った財布は人前で出さないようにしよう。また、くつろいだ気分を見越してなれなれしく近づいてくるミサンガ売りに注意。

✉ ヴェルジネ水道へ

トレヴィの泉から北に徒歩4分、Via Tritoneを渡るとすぐ。あるいはサンタ・マリア・デル・フラッテ教会すぐのVia del Nazarenoにあります。有名なヴィルゴ水道のいわば配水センターで、古代水道の跡です。ここからトレヴィの泉やスペイン階段の噴水に流れているそうです。何の変哲もない場所ですが、紀元前19年に初代皇帝のアウグストゥスの右腕アグリッパ将軍が建設した物だそうで、歴史を感じました。
(東京都　いもちゃん)

ACCESS

S.シルヴェストロ広場周辺とトリトーネ通りからバスに乗るなら

71 S.M.マッジョーレ大聖堂、テルミニ駅西側へ
85 ●ヴェネツィア広場、コロッセオ、S.ジョヴァンニ広場へ●テルミニ駅へ
160 ヴェネツィア広場、チルコ・マッシモへ
492 テルミニ駅(独立広場)へ

噴水の町ローマ　column

　美しい舞台装置のように広場や邸宅を飾り、華やかな空間を演出する噴水フォンターナFontana。町に点在する数は700とも1000ともいわれ、ローマならではの明るい太陽のもと、吹き上がる水はクリスタルのような輝きを見せ、周囲の彫像とともに格別に美しい風景を作り出している。

　ローマに噴水が多いのは、古代からこの町の支配者が水を愛したからにほかならない。ローマの皇帝たちにより造営された**水道橋**は11を数えるという。しかし、蛮族の侵入により水を絶たれたローマが水の町として復興を遂げるのは15世紀になってから。時は古代文化の復興を目指すルネッサンスの時代だった。時の権力を握っていた法王は、ローマ皇帝の築いた水道橋を復興し、自らの権勢を誇示するためにその終着点に**モストラ**と呼ばれる特別華麗に装飾した噴水を築いたのだった。その代表といえるのが、トレヴィの噴水（P.106）、モーゼの噴水（P.95）など。続くバロックの時代には、ナヴォーナ広場の噴水(P.122)、トリトーネの噴水(P.172)をはじめとする、よりダイナミックで華やかな噴水が造られた。

52年にクラウディウス帝が完成したマッジョーレ門広場の水道橋。水はここから町へと分配された

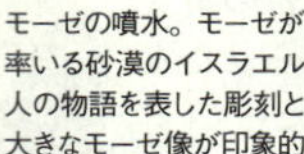

モーゼの噴水。モーゼが率いる砂漠のイスラエル人の物語を表した彫刻と大きなモーゼ像が印象的

モストラのひとつ、ナヴォーナ広場、ムーア人の噴水(手前)と四大河の噴水。広場と噴水の空間構成が見事

トリトーネの噴水。彫像はもとより、ホラ貝から勢いよく吹き上げる水が、ひときわ印象的だ

モストラのひとつ、観光客でいつもにぎわう、トレヴィの泉。細い三差路の奥に一段低く造られた噴水は劇的な視覚効果を生み、見る者に大迫力で迫る。まさに「水の劇場」

亀の噴水。ユダヤ人が暮らした、囲いこまれたかつてのゲットー地区に位置する。今も、細い路地が続き、昔日の面影が色濃い地域だ

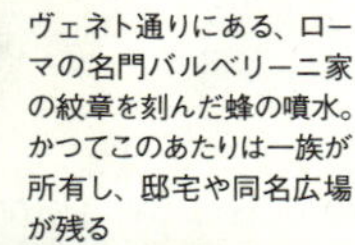

ヴェネト通りにある、ローマの名門バルベリーニ家の紋章を刻んだ蜂の噴水。かつてこのあたりは一族が所有し、邸宅や同名広場が残る

スペイン広場とポポロ広場周辺

Da P.za di Spagna a P.za del Popolo

エリア 3

この地区の歩き方

地下鉄A線スパーニャSpagnaの駅を出れば、すぐ左が**スペイン広場**だ。人混みを抜けて階段を上り、**ピンチョの丘**で展望を楽しみ、**ポポロ広場周辺**を見学後、テヴェレ川そばの見どころを回り、再びスペイン広場に戻る**「ショッピングと歴史散策」**コースだ。階段と坂道はあるものの、距離はさほど長くない。半日あれば十分といえるが、見事なウインドーディスプレイの商店が続くので、誘惑にどう打ち勝つかがこのコースの所要時間のカギ。コースの途中には、カフェやバールも多く、散策をよりいっそう楽しいものにしてくれる。

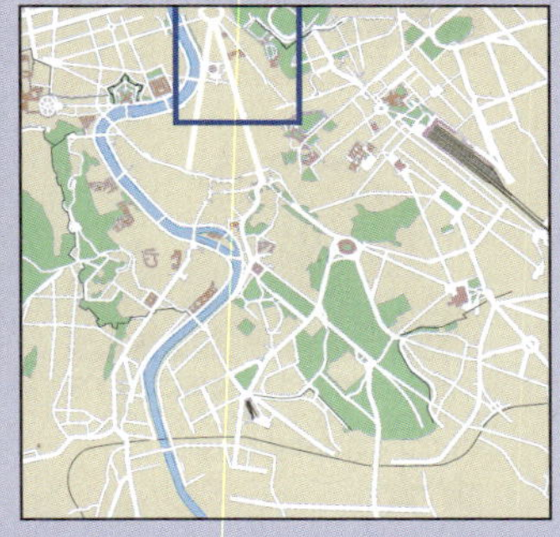

スペイン広場とポポロ広場周辺

エリア 3

1 スペイン広場
Piazza di Spagna

映画「ローマの休日」の舞台としても有名。いつも人でいっぱいなので、静かな早朝もおすすめ。

★★★ P.112

2 コンドッティ通り
Via Condotti

ブランドショップがズラリと並ぶ、ローマ1のショッピングストリート。スペイン階段から眺めてみよう。

★★ P.112

3 ピンチョの丘
Monte Pincio

ボルゲーゼ公園の端にある展望台。すばらしいパノラマが広がる。夕暮れ時の散策がおすすめ。

★★ P.114

4 ポポロ広場
Piazza del Popolo

紀元前3世紀の巨大なオベリスクと噴水が飾る歴史ある広々とした広場。ローマっ子の憩いの場。

★★★ P.114

5 S.M.デル・ポポロ教会
S.Maria del Popolo

市民(ポポロ)により聖母にささげられた教会。ラファエッロやカラヴァッジョによる芸術作品の宝庫。

★★ P.115

6 アラ・パチス
Ara Pacis

地中海全域に平和が訪れたことを祝して造られた「平和の祭壇」。古代ローマの重要な記念碑。

★★ P.117

ローマ・ヴィテルボ駅
Staz. Roma Viterbo
V. le G. Washington
ムーロ・トルト通り
Viale del Muro Torto
V.ユーゴ広場
P.le V. Hugo
V. le F. La Guardia
V. le dell' Aranciera
V. le P. Canonica
カネストレ広場
P.le d. Canestre
フラミニオ広場
P. le Flaminio
Viale Valadier
A線フラミニオ駅
Flaminio
3 ピンチョの丘
Monte Pincio
P.114
5 サンタ・マリア・デル・ポポロ教会
S.Maria del Popolo
P.115
4 ポポロ広場
P. za del Popolo
P.114
オベリスク
Via d. Magnolie
カジーナ・デッロロロージオ
Viale del Galoppatoio
ナポレオン1世広場
P. le Napoleone I
Viale d. Obelisco
馬場
Galoppatoio
(地下駐車場)
ロサーティ
Rosati
カノーヴァ
Canova
サンタ・マリア・イン・モンテサント教会
S.Maria in Montesanto
P.116
V.le Villa Medici
ムーロ・トルト通り
Viale del Muro Torto
庭園
V. A. Brunetti
ゲーテの家
P.116
V. Laurina
V. d. Vantaggio
バブイーノ通り
マルグッタ通り
Via Margutta
V.le d.
V. di G. e Maria
ヴィッラ・メディチ
Villa Medici
サン・ジャコモ病院
Via S. Giacomo
Via del Babuino
カノーヴァ・タドリーニ博物館
Museo Canova-Tadolin
P.114
Via dei Greci
Via A. Canova
Via S. Sebastiano
Trinità dei Monti
コルソ通り
V. d. Frezza
S.チェチリア音楽院
V. Vittoria
A線スパーニャ駅
Spagna
Via Ara Pacis
Via del Corso
Via Belsiana
クローチェ通り V. d. Croce
トリニタ・デイ・モンティ教会
Trinità dei Monti
アウグストゥス帝の廟
Mausoleo di Augsto
P.117
1 スペイン広場
P.za di Spagna
P.112
スペイン階段
トリニタ・デイ・モンティ広場
P.za Trinità dei Monti
P.113
舟の噴水
カフェ・グレコ
Caffè Greco
キーツ・シェリー記念館
Keats-Shelley Memorial House
P.113
P.za Augusto Imperatore
Ss. Ambrogio e Carlo al Corso
V. d. Carrozze
Via Mario dei Fiori
P.za Mignanelli
怪物の家
システィーナ通り Via Sistina
2 コンドッティ通り
Via Condotti
P.112
V. Tomacelli
L. go Goldoni
Via Borgognona
V. Gregoriana
Via d'Arancio
ボルゲーゼ宮
Palazzo Borghese
Via Fontanella B.
フラッティーナ通り Via Frattina
V. d. Macelli
プロパガンダ・フィーデ伝道博物館
Museo Mis. di Propaganda Fide
P.118
Via Capo le Case
V. Fr. Crispi
P.za S. Lorenzo in Lucina
Via della Lupa
Via d. Gambero
Via della Vite
中央郵便局
Posta Centrale
サンタンドレア・デッレ・フラッテ教会
S. Andrea delle Fratte
P.118
V. d. Mercede
Via Campo Marzio
V. d. Convertite
V. dei Prefetti
P.za d. Parlamento
サン・シルヴェストロ広場
P.za di S. Silvestro
San Claudio
Via del Tritone
V. d. Traforo
Vic. Valdina
モンテチトーリオ宮(下院)
Pal. di Montecitorio
(Camera dei Deputati)
トリトーネ通り
V. d. Panetteria
Largo Chigi
Via Poli
V. Stamperia
アカデミア・ディ・サン・ルーカ
Accademia di S. Luca
キージ宮
Pal. Chigi
V.d. Missione
V. d. Vicario
マルクス・アウレリウスの記念柱
国立パスタ博物館
Museo Nazionalei delle Paste Alimentari
P.za d. Coppelle
P.za Montecitorio
コロンナ広場
P.za Colonna
トレヴィの泉
F.na di Trevi

ACCESS

M スペイン広場へ地下鉄で行くなら

A線スパーニャ駅Spagna下車すぐ

バスで行くなら

サン・シルヴェストロ広場や広場手前のトリトーネ通り下車が便利。
492 テルミニ駅そば（独立広場など）から
85 ●サン・ジョヴァンニ、コロッセオ、ヴェネツィア広場から●テルミニ駅、共和国広場から

2019年現在、スペイン階段での飲食及び腰を下ろす行為は禁止されているので注意。

300年間、旅行者を惹きつける

MAP P.111、P.46 B2

スペイン広場 ★★★

Piazza di Spagna ピアッツァ ディ スパーニャ

ローマっ子も観光客も大好きなスペイン広場

スペイン広場と丘の上のトリニタ・デイ・モンティ教会は**スペイン階段**Scalinata di Trinità dei Monti（**スカリナータ・ディ・トリニタ・デイ・モンティ**）ができるまでは急峻な崖で区切られ、行き来は容易ではなかった。階段の建設は1723年に、建築家フランチェスコ・デ・サンクティスFrancesco De Sanctisによって始められた。

バロックの終焉期にできたこの階段は、同様式の初期や盛期の緊張感から脱して、伸びやかでくつろいだ形を見せている。この階段の完成によって広場周辺はほぼ現在見る姿に整ったばかりでなく、丘の上と下の通行も大きく改善された。毎年4月の終わりから5月の初めにかけて、階段は大きなツツジの鉢で飾られたいへん美しい。

広場はトリニタ広場と呼ばれたり、階段の右側をスペイン広場（ここにスペイン大使館があった）、階段からコンドッティにかけてをフランス広場（丘の上のトリニタ教会はルイ12世によって建てられた）と呼び分けられたりしたが、しだいにスペイン広場の名が定着していった。

階段の真下にはジャン・ロレンツォ・ベルニーニの**『舟の噴水』**Fontana della Barcacciaがあり、テヴェレ川でワインの運搬に使われていた小舟をかたどったといわれている。作者のベルニーニはローマのバロックの立役者で彫刻家、建築家として有名。

『舟の噴水』の前からは、ローマで一番の高級ショッピングストリートの**コンドッティ通り Via Condotti** ★★が続いている。

トリニタ・デイ・モンティ広場からスペイン広場を望む

ショッピングに最適

コンドッティ通りをはじめとするスペイン広場界隈、バブイーノ通り、コルソ通り周辺は、高級品からごく普通の品まで、各自の懐具合に応じて買い物ができる、一大ショッピングゾーンになっている。

『舟の噴水』から水を飲む

映画『ローマの休日』を訪ねて

スペイン広場近くのマルグッタ通りVia Margutta 33番地には映画『ローマの休日』の新聞記者ブラットレーのアパートが今もある（現在アッパルタメントAppartamentoとして宿泊可能）。ちなみに、51番地は階段のシーンの撮影場所。画廊や骨董店の並ぶこの界隈は静かで、散歩にも最適。混雑したスペイン階段周辺に疲れたら、少し足を延ばしてみよう。

若き天才詩人を記念した

MAP P.111、P.46 B2

キーツ・シェリー記念館 ★

Keats-Shelly Memorial House キーツ シェリー メモリアル ハウス

スペイン階段の右側に建つバラ色の建物。スペイン広場26番地のこの家で、1821年、イギリスの詩人キーツは結核のため25歳の生涯を閉じた。現在は彼とその友人、シェリーの資料を中心に集めたキーツ・シェリー記念館として一般に公開されている。キーツが住んだ当時はペンションだった部屋から、まぶしく光る白いスペイン階段を眺めると、アルプスから北に住む人々がローマに強く憧れた理由のひとつがわかるような気がする。

キーツが暮らしたバラ色の家

●キーツ・シェリー記念館
住 Piazza di Spagna 26
☎ 06-6784235
開 10:00〜13:00
14:00〜18:00
休 ㊐、1/1、8/15、12/8、12/24〜1/1
料 €5、18歳以下65歳以上€4
URL www.keats-shelley-house.org

フランス王により建設が始められた

MAP P.111、P.34 C1

トリニタ・デイ・モンティ広場 ★

Piazza della Trinità dei Monti ピアッツァ デッラ トリニタ デイ モンティ

スペイン階段を上りつめるとトリニタ・デイ・モンティ広場に出る。正面にふたつの鐘楼をもつ同名のトリニタ・デイ・モンティ教会Trinità dei Montiが建っている。1502年、フランス王ルイ12世の命によって建設が始められ、およそ1世紀後、建築家カルロ・マデルノの手で完成された。広場の前に建つオベリスクは1789年、法王ピウス6世PioVIによって建てられ、ここからはS.マリア・マッジョーレ大聖堂のオベリスクがシスティーナ通りVia Sistina越しに遠望できるようになっている。

巡礼者の歩く道順を示す目的でおかれたものである。

静かな早朝のトリニタ・デイ・モンティ教会とスペイン階段

スペイン広場今昔物語 column

スペイン階段周辺は今では高級店の集まるショッピングゾーンとなり1年中にぎわっている。しかしバルカッチャ（舟）の噴水のあるこのあたりは1800年代には画家や詩人、歴史家や文学者たちの集まる文化地区であった。そのため、当時この界隈にはこうした文化人たちの集まるカフェやサロンがあちこちに存在していた。

スペイン広場26番地、スペイン階段の脇に1725年に建てられた"バラ色の家"はイギリスの詩人キーツが25歳の若さで結核で世を去る前、最後の3ヵ月を過ごした所。詩人の死後当時の家主アンジェレッティ夫人は（法に従って）彼の家具や持ち物を広場で焼いたという記録が残っている。キーツは、ベッドから動けなくなるまでピンチョの丘を散歩したりカフェ・グレコでコーヒーや食事を取ったりしていた。このキーツ終焉の家は今ではシェリーとバイロンのローマ滞在をも記念する「キーツ・シェリー記念館」として一般に公開され、イギリス・ロマン文学の動きを知るうえで重要な資料を見ることができる。1797年にはジョセフ・ボナパルトがフランス大使として広場左の館に滞在、有名なカサノヴァもスペイン広場を舞台にした恋の冒険を残している。

バルカッチャの噴水とバラ色の家

見どころNAVIGATOR

トリニタ・デイ・モンティ広場から再びスペイン階段を下ろう。広場から右に延びるバブイーノ通りにはショッピング街が続く。これと平行するマルグッタ通りは、骨董店や工房が並ぶ昔ながらの風情ある路地で、映画『ローマの休日』のブラットレーのアパートもここにある。いずれかの道を選んで、ポポロ広場へ向かおう。

ポポロ広場に着いたら、右側の階段と坂道からピンチョの丘に上ろう。

町を一望する展望台 MAP P.111、P.46 A2

ピンチョの丘

Monte Pincio

モンテ ピンチョ

ローマを一望するピンチョの丘。この緑のテラスからの眺めはすばらしい。眼下にはオベリスクがそびえ、噴水が水を噴く、堂々としたポポロ広場が広がる。目を上げれば、家々の褐色の屋根の向こうにミケランジェロによるヴァティカンのクーポラがひときわ高い。ローマの壮大さを実感させてくれる場所だ。

眺望がすばらしいピンチョの丘のテラス

北からの旅人を迎えた MAP P.111、P.46 A1

ポポロ広場 ★★★

Piazza del Popolo

ピアッツァ デル ポポロ

ピンチョの丘から見下ろしたポポロ広場全景

1300年を「聖年」に定めて以来、北からのローマ巡礼の人々の通り道となった**フラミニオ門**(現在のポポロ門)の内側に位置する広場。巡礼者はここで身元を調べられ、税を納めて無事市内に入ることを許されたという。

ポポロ門、オベリスク、噴水の調和が美しい広場

広場の中央に位置するのは、台座を含めると36.5mにも達する**オベリスク**。紀元前1200年頃にエジプトで造られ、チルコ・マッシモにおかれていたもので、1589年にシクストゥス5世により、巡礼者の「道標」としてここに設置された。ポポロ門の広場側は、ベルニーニにより装飾を施され、堂々としたたたずまいだ。

広場の脇からは3本の道がカンピドーリオへと続いている。かつてはラータ通り(現在のコルソ通り)だけだったが、増える巡礼者の通り道を確保するために、この道の両側に16世紀になって、新たにリペッタ通りVia di Ripettaとバブイーノ通りVia del Babuinoが造られ、17世紀にはこれらの通りの先端を飾るかのように、**双子教会**が建設された。

ローマでも有数の美しさを誇るこの広場が現在の姿となったのは19

ピンチョの丘

眼下には、オベリスクと噴水が印象的なポポロ広場や遠くにはヴァティカンのクーポラまでもが望める絶好のビューポイント。夕暮れ時の美しさは実に印象的だ。

トイレ情報

スペイン階段周辺からポポロ広場にかけては、カフェやバールが多いので、コーヒー1杯頼んで、トイレを借りるのもいい。また、スペイン広場地下、ポポロ広場からピンチョの丘の展望台に上る階段途中に公衆トイレもある。

✉ポポロ広場を楽しむなら

ポポロ広場は有名ですが、夏は日陰がなくとても暑いです。そんなときはすぐ近くのピンチョの丘へ行くことをおすすめします。風が通り、日陰とベンチがあるのでよい休憩になります。上からポポロ広場をよく見られ、また、ここからのローマ市街の眺めは特別です。(愛知県　momotaro)

ちょっと寄り道
カノーヴァ・タドリーニのアトリエ兼カフェ・レストラン
Canova-Tadolini

住 Via del Babuino 150A/B
☎ 06-32110702
開 8:00～23:30
休 8月
地 P.111、P.46 B2

ローマで活躍した彫刻家カノーヴァをはじめとする芸術家のアトリエ。スペイン広場からポポロ広場へ向かうバブイーノ通りにある。ブランド店に交じって骨董店が並ぶ風情ある界隈だ。
※カフェ、レストランとしても営業中(P.281)。

1階のアトリエはカフェとして営業

世紀のこと。ジュゼッペ・ヴァラディエによる都市計画は、ピンチョの丘とその下に広がるポポロ広場を含めた広い範囲にわたって噴水や彫像を配置。さらに、近年の改修工事により、広場の噴水は化粧直しを施され、道はアスファルトから石畳に張り替えられて、より魅力を増した。

優れた芸術作品の宝庫

MAP P.111、P.46 A1

サンタ・マリア・デル・ポポロ教会 ★★

Santa Maria del Popolo サンタ マリア デル ポポロ

1099年、法王パスカリス2世Pasquale IIは当時のフラミニア門の脇に聖母マリアにささげる小さな教会を建てさせた。建設の資金をローマの市民popolo(ポポロ)が負担したので、教会はそれを記念して**S.M.デル・ポポロ教会**と呼ばれるようになった。その後、1472年に法王シクストゥス4世Sisto IVの命で現在見る形に再建され、1500年代の初めには、ブラマンテがアプシス(後陣)を付け加えた。

S.M.デル・ポポロ教会のファサード

教会内部は礼拝の場所というより、絵画、彫刻、建築のちょっとした美術館といったほうがふさわしいほど、各時代にわたる優れた作品が残されている。正面入口から入って右側、最初はロヴェーレの礼拝堂Cappella della Rovereで、1400年代の後半ピントゥリッキオとその弟子たちの手になるフレスコ画で飾られている。祭壇の『**幼な子キリストの礼拝**』L'adorazione del Bambinoは特にすばらしい。

教会内部

次にチボの礼拝堂Cappella Cyboは17世紀後半のカルロ・フォンターナCarlo Fontanaの設計による。先に進んでいくと、ベルニーニが改修工事を担当した翼廊があり、オルガンの下にはいかにもベルニーニらしい天使の像を見ることができる。バロック様式の主祭壇には、13世紀に遡ると思われるビザンチンの板絵『**マドンナ・デル・ポポロ**』Madonna del Popoloが飾られている。内陣の後

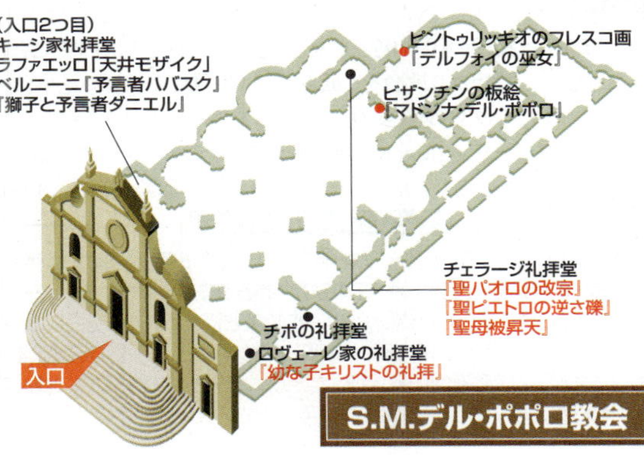

カラヴァッジョを見に行こう

特に、カラヴァッジョの礼拝堂はすごい人だかりですぐにわかります。照明は2分で€2、正面にある機械にコインを投入します。鑑賞にはやはり照明は欠かせません。
(東京都 チー)['18]

●サンタ・マリア・デル・ポポロ教会
住 Piazza del Popolo 12
☎ 06-3610836
開 7:30〜12:30
16:00〜19:00
金土 7:30〜19:00
日 7:30〜12:30
16:30〜19:00
※ミサなどの宗教行事の際は観光客の拝観不可
ミサ 8:00、10:00、
11:00、12:00、
13:00、18:30

主祭壇に祀られる『マドンナ・デル・ポポロ(市民のマドンナ)』

カラヴァッジョ作『聖パオロの改宗』

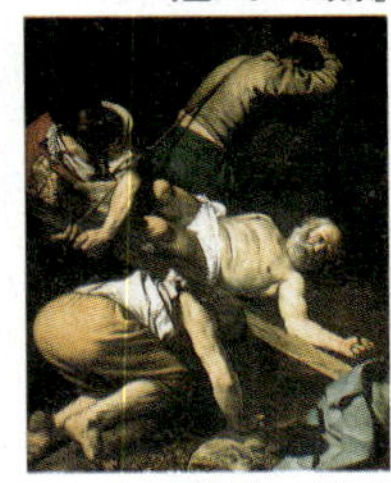

カラヴァッジョ作『聖ピエトロの逆さ磔』

ローマのアンティーク市

●**Anticaglie a Ponte Milvio**
ミルヴィオ橋広場Piazzale Ponte Milvioからドゥーカ・ダオスタ橋Ponte Duca d'Aostaまでテヴェレ川沿いに広がる。家具などが中心。
住 Piazza di Ponte Milvio
☎ 06-8541461
開 第1、第2㊐の9:00～20:00
地 P.32 A2外

●**La Soffitta Sotto i Portici**
ローマの町なか、コルソ通りやアウグストゥス帝の廟からも近いアウグスト・インペラトーレ広場の屋根付き回廊の下に広がる。写真機、古着、版画、古本など。
住 Piazza Augusto Imperatore
☎ 3929194626
開 第1・3㊐の10:00～日没
休 8月
地 P.34 C1

●**Garage Sale-Rigattieri per Hobby**
地下鉄A線フラミニオ駅を北に進んだ、Borghetto Flaminio内に200以上のブースが出る。アンティーク小物や古着、古本など。
住 Via Flaminia 60/Piazza della Marina 32
☎ 06-5880517
開 ㊐10:00～19:00
休 7月中旬～9月初旬
料 €1.60
地 P.37 A4外
※季節や天候により、催されない場合あり。事前に☎で確認を。

ラファエッロの下絵による
キージ家礼拝堂のモザイク

ろに延びるのがブラマンテ作のアプシスで、2人の枢機卿の墓がある。16世紀初頭のサンソヴィーノの代表作で、当時の墓の彫刻の伝統であった硬く無表情な表現から脱して、墓の主(あるじ)たちは自然なポーズで横たわっている。また、内陣の天井のフレスコ画はピントゥリッキオの作である。

一方、主祭壇のすぐ左隣には、カラヴァッジョの礼拝堂と呼ばれる**チェラージ礼拝堂**があり、左右の壁を飾るカラヴァッジョの2枚の作品、**『聖パオロの改宗』**Conversione di S. Paoloと**『聖ピエトロの逆さ磔』**Crocifissione di S. Pietroは、いずれも1601～02年の間に描かれ画家の円熟期の作品として名高い。主祭壇にはアンニーバレ・カラッチの**『聖母被昇天』**がある。同じく左側の壁、入口からふたつ目には、ラファエッロが設計した**キージ家の礼拝堂**Cappella Chigiがある。ラファエッロは礼拝堂そのものの設計だけでなく、**天井のモザイク**の下絵も描いている。同礼拝堂にはさらに、ベルニーニの**『預言者ハバクク』**Abacucと**『獅子と預言者ダニエル』**Daniele col leoneの彫刻もおかれている。

チェラージ礼拝堂。中央に『聖母被昇天』

双子教会と呼ばれる　MAP P.111、P.46 A1

サンタ・マリア・イン・モンテサント教会
サンタ・マリア・デイ・ミラーコリ教会

Santa Maria in Montesanto/Santa Maria dei Miracoli　サンタ マリア イン モンテサント/サンタ マリア デイ ミラーコリ

よく観察すると微妙に違う
双子教会

ポポロ広場の、オベリスクの位置に立って**双子教会**をよく眺めてみよう。「双子」といわれるこのふたつの建物、実はよく観察すると左側のS.マリア・イン・モンテサント教会S.Maria in Montesantoは右側のS.マリア・デイ・ミラーコリ教会S. Maria dei Miracoliよりもかなり敷地面積が大きいことがわかる。設計を請け負ったカルロ・ライナルディが見つけた解決策は、大きいほうの教会には正円の、小さいほうには楕円の円屋根を乗せて視覚の錯覚を利用することだった。こうして、ふたつの教会を「瓜ふたつ」に見せることに見事に成功している。またこれらの教会の左右のふたつのカフェ、「カノーヴァ」Canovaと「ロザーティ」Rosatiの建物はヴァラディエのポポロ広場改造によって造られたもので、広場のシンメトリックな印象を高めている。

✉ ゲーテの家にて

『ゲーテ・イタリア旅行を旅する』牧野宣彦著でも絶賛されていますが、ゲーテのスケッチ画がすばらしく、感動しました。
(愛知県　山口五十生)

ゲーテの家の内部は博物館になっている

見どころNAVIGATOR

コルソ通りを進むと、間もなく左側のコルソ通り18番地(2階)にはゲーテが1786～88年に住んだ家(**ゲーテの家**)がある。コルソ通りからカノーヴァ通りに折れてそのまま行けばリペッタ通りに突き当たる。これを左に曲がると正面はアウグストゥス帝の廟、右奥のモダンなガラス張りの建物に鎮座するのがアラ・パチス(平和の祭壇)だ。リペッタ通りをさらに南に進んで、トマチェッリ通りVia Tomacelliを渡ると、左がボルゲーゼ宮だ。

アレクサンダー大王の墓を模した

MAP P.111、P.46 B1

アウグストゥス帝の廟(びょう)

Mausoleo di Augusto マウソレオ ディ アウグスト

アウグストゥス帝の廟(びょう)はエジプトのアレキサンドリアにあったアレクサンダー大王の墓を模して紀元29年に造られ、ほぼ正円形で、当初は下の部分に墓、その上には葬祭殿が乗り、入口は2本のオベリスクに守られていた。時代がたつうちに、オベリスクは持ち去られ、神殿は壊れて、墓の周囲には民家と狭い道が密集したが、ムッソリーニのファシズム政権下、古代ローマの栄光を誇示する目的で、周囲は取り壊された。こうして墓は空堀で取り囲まれて、市民の生活から切り離された「記念物」になった。

草に覆われた円形の廟

平和と皇帝礼賛のシンボル

MAP P.110、P.46 B1

アラ・パチス ★★

Ara Pacis Augustae/Museo dell'Ara Pacis アラ パチス アウグスタエ/ムゼオ デッララ パチス

アラ・パチスの正面

アラ・パチス(平和の祭壇)は同じアウグストゥス帝によって、長く続いてローマの市民社会を疲弊させた市民戦争の終結を記念して建てられ紀元前9年に公開。同帝の時代には平和が戻り、ローマの伝統的な精神を再評価するなど、社会は再び秩序を取り戻したが、同時に皇帝の権力もまた揺るぎないものになっていった。

この祭壇はこうした当時の社会背景を映し、市民に再び訪れた「平和」と、皇帝に対する「礼讃」をしるすというふたつの目的をもって建てられた。すでにコレクションとしてあちこちに散っていた断片や、発掘によって回収された部分に、足りないところを補って1970年に再現されたものだが、帝政ローマ時代の重要な遺跡のひとつだといえる。

見どころNAVIGATOR

リペッタ通りをさらに進み、トマチェッリ通りVia Tomacelliを左折するとコンドッティ通りだ。スタート地点のスペイン広場や地下鉄駅もすぐそこ。時間があれば、ガンベロ通りを進み、サン・シルヴェストロ広場からメルチェーデ通りVia della Mercedeを経て、サンタンドレア・デッレ・フラッテ教会、教会手前を左に入ったプロパガンダ・フィーデ伝道博物館へ向かおう。博物館から道なりに進めばスペイン広場だ。バスを利用する場合は、サン・シルヴェストロ広場周辺からの利用が便利。

●アウグストゥス帝の廟(びょう)
住 Piazza Augusto Imperatore
※'18年1月現在、非公開

●アラ・パチス
住 Lungotevere in Augusta
☎ 06-0608
開 9:30～19:30
12/24、12/31 9:00～14:00
休 1/1、5/1、12/25
料 €10.50
(特別展の場合€14)
※切符売り場は閉場1時間前まで
URL www.arapacis.it

生まれ変わったアラ・パチス

リチャード・メイヤーのプロジェクトによる近代的な建物に守られ、博物館として公開されているアラ・パチス。博物館とはいえ、内部はアラ・パチスと修復過程のパネル展示が主体。

噴水が吹き上がるエントランス、白い石とガラスが多用された内部は昼間は太陽光に照らし出されて明るく、明かりがこぼれる夜間も美しいたたずまいを見せ、まさに「平和」の象徴のよう。

●中央郵便局
住 Piazza S. Silvestro 19
☎ 06-69737205
開 ㊊～㊎ 8:20～19:05
㊏ 8:20～12:35
休 ㊐㊗
地 P.111、P.46 C2

生まれ変わったサン・シルヴェストロ広場

'12年春に車が入らない憩いの広場に生まれ変わった。ゆったりとベンチが配され、歩き疲れたときのひと休みにも最適。周囲には郵便局やカフェなどがあって便利。バス停は手前の道路に移動。

●サンタンドレア・デッレ・フラッテ教会
住 Via S.Andrea delle Fratte1
☎ 06-6793191
開 7～9月 6:30～12:30
16:30～20:00
10～6月 6:15～13:00
16:00～19:00
URL www.santandreadellefratte.it

ACCESS

S.シルヴェストロ広場周辺からバスに乗るなら

71 S.M.マッジョーレ大聖堂、テルミニ駅西側へ
85 ●ヴェネツィア広場、コロッセオ、S.ジョヴァンニ広場へ●テルミニ駅へ
160 ●ヴェネツィア広場、チルコ・マッシモへ●ヴェネト通り、フラミニオ駅、ボルゲーゼ公園へ

M 地下鉄に乗るなら

コースの出発点のA線スパーニャ駅Spagnaか、トリトーネ通りの坂道をやや上ったA線バルベリーニ駅Barberiniが最寄り駅

ベルニーニの天使像が残る　MAP P.111、P.34 C1

サンタンドレア・デッレ・フラッテ教会 ★

Sant' Andrea delle Fratte　サンタンドレア デッレ フラッテ

ボッロミーニが手がけた教会

サン・シルヴェストロ広場を過ぎると、右に現れるのが、ボッロミーニが1653年から死ぬまで手がけたサンタンドレア・デッレ・フラッテ教会だ。内部にベルニーニがデザインしたサンタンジェロ橋の天使像のうちオリジナル2体が保存されている。法王クレメンス9世は、サンタンジェロ橋に飾る天使像を依頼したものの、あまりの美しい天使像の仕上がりに、風雨にさらさせるのは忍びないと法王はコピーを作ることも命じた。コピーを橋に設置させ、オリジナルはベルニーニの手元に残され、彼の死後ここに運ばれた。教会のすぐ近くで暮らしていた敬虔深いベルニーニは、この教会に毎日通ったと伝えられている。祈りに訪れるローマっ子が多く、静謐(せいひつ)で美しい教会。

教会を背に、坂を下ったすぐ右側。ベルニーニの家に掲げられた銘板

『いばらの王冠をもつ天使』(左)と『INRIの銘をもつ天使』(右)。ともにベルニーニのオリジナル作品

●プロパガンダ・フィーデ伝道博物館
住 Via di Propaganda 1/C
☎ 06-69880266
開 ㊊㊌㊎のみ14:30～18:00
料 €8
※20分毎の入場。ガイド(無料)を希望する場合は切符購入の際に申し出る
URL www.museopropagandafide.va

バロック建築と日本の古き面影を求めて　MAP P.111、P.34 C1

プロパガンダ・フィーデ伝道博物館 ★

Museo Missionario di Propaganda Fide　ムゼオ ミッショナーリオ ディ プロパガンダ フィーデ

バロック建築ならではの美しい曲線を見せる外観

ヴァティカンの世界中での布教・伝道活動の歴史を伝える博物館。戦前の日本をはじめ世界各地の様子をマルチメディアで見ることができる。また、日本人の美しい日常を切り取った**Teresa Kimiko Kosekiの絵画**(1930年代頃)が目を引き、懐かしい気分にさせてくれる。

建物はバロックの巨匠ベルニーニ(スペイン階段側)とボッロミーニ(ファサード)により改装され、いずれも曲線を多用したバロック様式。端正なベルニーニの設計と幻惑するかのようなボッロミーニの手法の対比がおもしろい。隠し扉のついたらせん階段が美しい**図書館**Biblioteca Berniniはベルニーニの設計。1階の**東方三博士の礼拝堂**Cappella dei Magiはボッロミーニの手による。

ナヴォーナ広場とパンテオン周辺

Da Piazza Navona ai dintorni del Pantheon

エリア 4

この地区の歩き方

ローマの繁華街を二分する**コルソ通り**からテヴェレ川の対岸までを含める広いコース。いつもにぎやかで開放的な**ナヴォーナ広場**や**パンテオン**のあるロトンダ広場。青空市の立つ**カンポ・デ・フィオーリ**あたりは、ローマらしいたたずまいが各所に残り、そぞろ歩きが楽しい界隈だ。範囲が広く、また見どころが集中しているため、コースは行きつ戻りつしている。まずは、1日ゆったりと歩いてこの町の魅力を探ってみよう。じっくり見学するなら、2日程度はかけたいエリアだ。

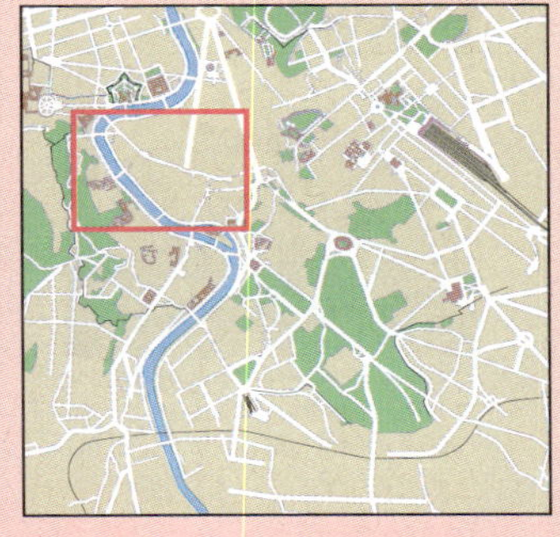

ナヴォーナ広場とパンテオン周辺(ローマ歴史地区)

エリア 4

4 S.M.ソプラ・ミネルヴァ教会

S.M.Sopra Minerva

オベリスクが乗った像が目印の教会。外観は簡素ながら、内部は教会美術館と呼べる充実ぶり。

P.130

1 ナヴォーナ広場

Piazza Navona

バロック様式の3つの噴水が水音を上げる、ローマを代表する広場。実は、古代の競技場跡。

★★★ P.122

2 アルテンプス宮

Palazzo Altemps

ローマ国立博物館のひとつ。15世紀の枢機卿の館に彼の所蔵した古代彫刻が並ぶ。

P.124

3 パンテオン

Pantheon

ミケランジェロが「天使の設計」と賞した万神殿。118年建立、約1900年の歳月を刻む荘厳さは圧巻。

P.128

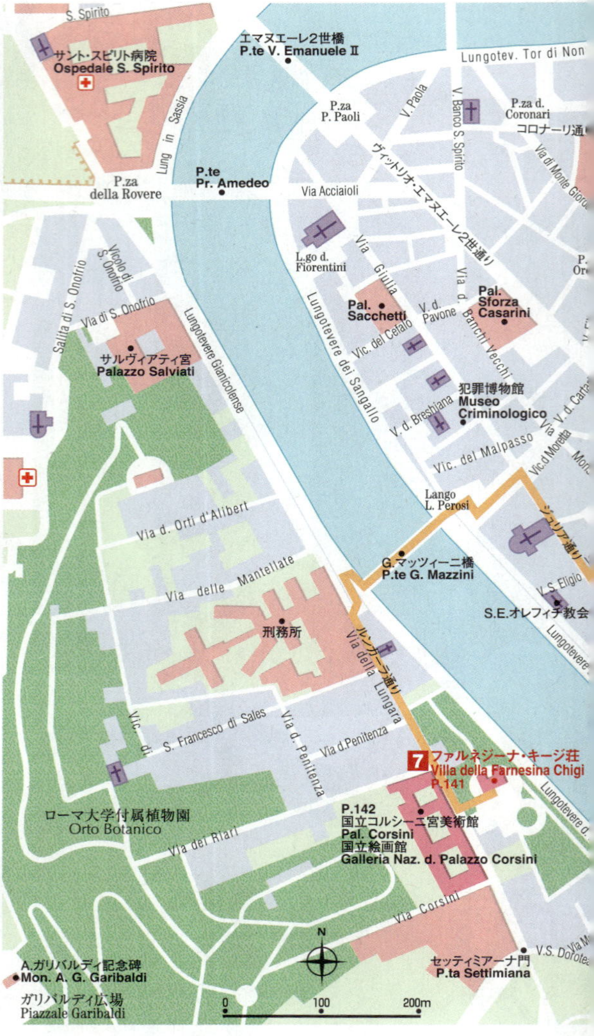

S. Spirito
サント・スピリト病院
Ospedale S. Spirito
エマヌエーレ2世橋
P.te V. Emanuele II
Lungotev. Tor di Non
P.za P. Paoli
V. Paola
V. Banco S. Spirito
P.za d. Coronari
コロナーリ通り
Via di Monte Giord
ヴィットリオ・エマヌエーレ2世通り
Lung. in Sassia
P.za della Rovere
P.te Pr. Amedeo
Via Acciaioli
L.go d. Fiorentini
Via Giulia
Vicolo di S. Onofrio
Salita di S. Onofrio
Via di S. Onofrio
Lungotevere Gianicolense
Lungotevere dei Sangallo
Pal. Sacchetti
V. d. Pavone
Vic. del Cefalo
Via d. Banchi Vecchi
Pal. Sforza Cesarini
サルヴィアティ宮
Palazzo Salviati
犯罪博物館
Museo Criminologico
V. d. Bresciana
Vic. del Malpasso
Vic.d.Moretta
Lango L. Perosi
ジュリア通り
Via d. Orti d'Alibert
G.マッツィーニ橋
P.te G. Mazzini
V. S. Eligio
S.E.オレフィチ教会
Via delle Mantellate
刑務所
ルンガーラ通り
Via della Lungara
Lungotevere
Vic. di S. Francesco di Sales
Via d. Penitenza
Via d.Penitenza
7 ファルネジーナ・キージ荘
Villa della Farnesina Chigi
P.141
P.142
国立コルシーニ宮美術館
Pal. Corsini
国立絵画館
Galleria Naz. d. Palazzo Corsini
ローマ大学付属植物園
Orto Botanico
Via dei Riari
Via Corsini
Lungotevere d.
A.ガリバルディ記念碑
Mon. A. G. Garibaldi
ガリバルディ広場
Piazzale Garibaldi
N
0 100 200m
セッティミアーナ門
P.ta Settimiana
V.S. Dorotea

5 ジェズ教会

Il Gesù

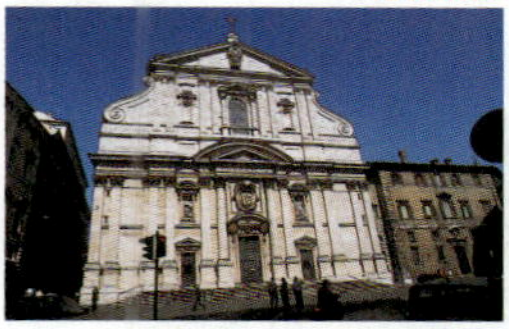

ローマ初のイエズス会の教会。フランシスコ・ザビエルが祀られた内部のバロック様式も見事。

★★ P.134

6 カンポ・デ・フィオーリ広場

Campo de' Fiori

活気ある市場が毎日店開きする広場。周囲にはカフェやバールも多く、ローマっ子の憩いの場。

★★ P.138

7 ファルネジーナ・キージ荘

Villa Farnesina Chigi

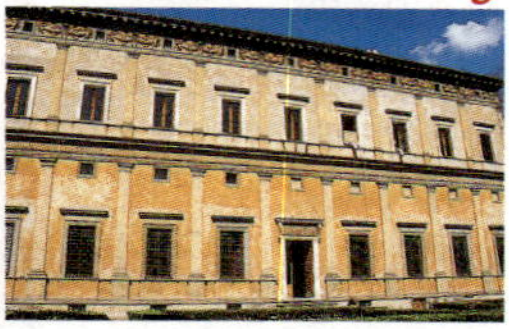

ルネッサンス建築の傑作。芸術家が集ったサロンで、ラファエッロが手がけた内部は、豪華で華麗。

★★ P.141

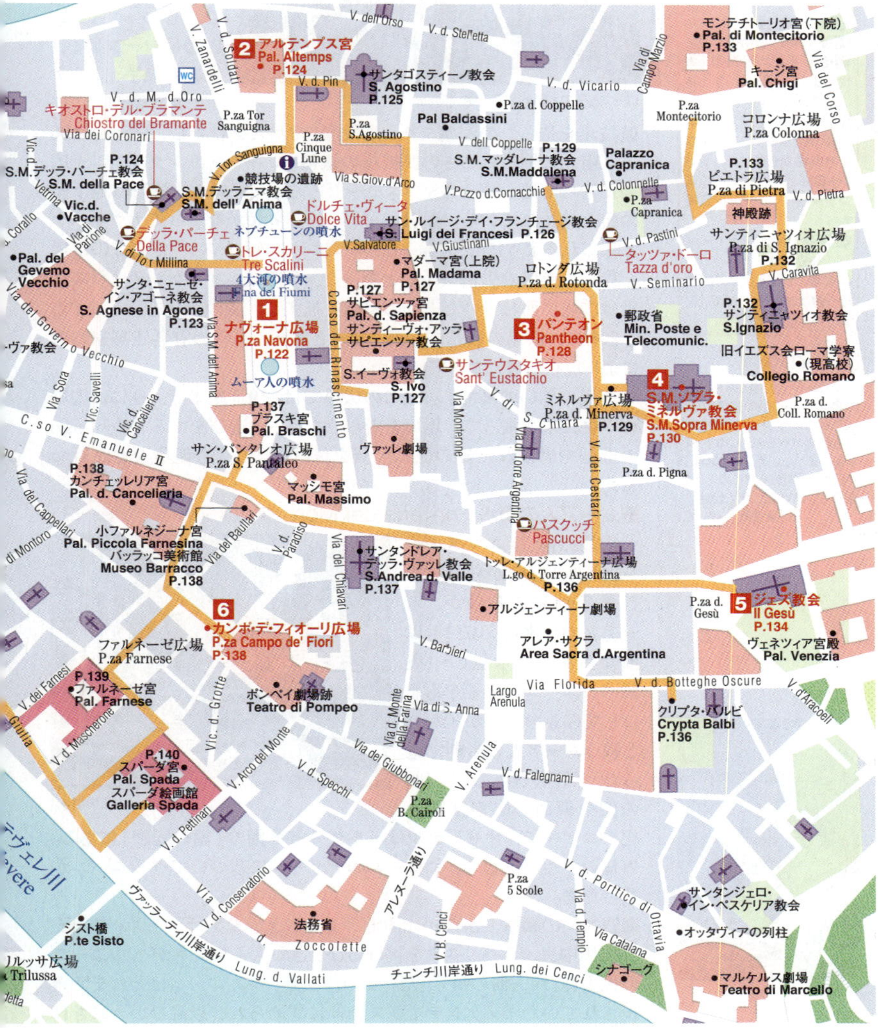

1 ナヴォーナ広場 P.za Navona P.122
2 アルテンプス宮 Pal. Altemps P.124
3 パンテオン Pantheon P.128
4 S.M.ソプラ・ミネルヴァ教会 S.M.Sopra Minerva P.130
5 ジェズ教会 Il Gesù P.134
6 カンポ・デ・フィオーリ広場 P.za Campo de' Fiori P.138
サンタゴスティーノ教会 S. Agostino P.125
キオストロ・デル・ブラマンテ Chiostro del Bramante
S.M.デッラ・パーチェ教会 S.M. della Pace P.124
S.M.デッラニマ教会 S.M. dell' Anima
競技場の遺跡
ネプチューンの噴水
4大河の噴水 Fna dei Fiumi
ムーア人の噴水
サンタ・ニェーゼ・イン・アゴーネ教会 S. Agnese in Agone P.123
サン・ルイージ・デイ・フランチェージ教会 S. Luigi dei Francesi P.126
マダーマ宮（上院） Pal. Madama P.127
サピエンツァ宮 Pal. d. Sapienza P.127
サンティーヴォ・アッラ・サピエンツァ教会 S.イーヴォ教会 S. Ivo P.127
S.M.マッダレーナ教会 S.M.Maddalena P.129
Pal Baldassini
Palazzo Capranica
モンテチトーリオ宮（下院） Pal. di Montecitorio P.133
キージ宮 Pal. Chigi
コロンナ広場 P.za Colonna
ピエトラ広場 P.za di Pietra P.133
神殿跡
サンティニャツィオ広場 P.za di S. Ignazio P.132
サンティニャツィオ教会 S.Ignazio P.132
旧イエズス会ローマ学寮（現高校） Collegio Romano
郵政省 Min. Poste e Telecomunic.
ロトンダ広場 P.za d. Rotonda
ミネルヴァ広場 P.za d. Minerva P.129
ブラスキ宮 Pal. Braschi P.137
サン・パンタレオ広場 P.za S. Pantaleo
マッシモ宮 Pal. Massimo
カンチェッレリア宮 Pal. d. Cancelleria P.138
小ファルネジーナ宮 Pal. Piccola Farnesina
バッラッコ美術館 Museo Barracco P.138
サンタンドレア・デッラ・ヴァッレ教会 S.Andrea d. Valle P.137
トッレ・アルジェンティーナ広場 L.go d. Torre Argentina P.136
アルジェンティーナ劇場
アレア・サクラ Area Sacra d.Argentina
ヴァッレ劇場
ファルネーゼ広場 P.za Farnese
ファルネーゼ宮 Pal. Farnese P.139
ポンペイ劇場跡 Teatro di Pompeo
スパーダ宮 Pal. Spada スパーダ絵画館 Galleria Spada P.140
ヴェネツィア宮殿 Pal. Venezia
クリプタ・バルビ Crypta Balbi P.136
サンタンジェロ・イン・ペスケリア教会
オッタヴィアの列柱
マルケルス劇場 Teatro di Marcello
シナゴーグ
法務省
シスト橋 P.te Sisto
トリルッサ広場 Trilussa
テヴェレ川
ヴァッラーティ川岸通り Lung. d. Vallati
チェンチ川岸通り Lung. dei Cenci
アレヌーラ通り
デッラ・パーチェ Della Pace
トレ・スカリーニ Tre Scalini
ドルチェ・ヴィータ Dolce Vita
タッツァ・ドーロ Tazza d'oro
サンテウスタキオ Sant' Eustachio
パスクッチ Pascucci
Corso del Rinascimento
C.so V. Emanuele II
Via del Governo Vecchio
Via dei Coronari
V. d. Vicario
Via del Corso
Largo Arenula
Via Florida
V. d. Botteghe Oscure
P.za B. Cairoli
P.za 5 Scole
V. d. Portico di Ottavia

エリア 4 ナヴォーナ広場とパンテオン周辺

ACCESS

ナヴォーナ広場へバスで行くなら

ヴィットリオ・エマヌエーレ2世通りのサン・パンタレオ広場Piazza S.Pantaleoから北側(ヴァティカン方向へ向かって右側)に入る。

64 ならトッレ・アルジェンティーナ広場の次のバス停下車。クッカーニャ通りVia Cuccagnaを抜けて、広場南側に到着。

わかりやすい急行 40 なら、トッレ・アルジェンティーナ下車で徒歩5分程度。

46 ヴェネツィア広場から

64 テルミニ駅から

40 テルミニ駅から

70 テルミニ駅西側、ナツィオナーレ通り、ヴェネツィア広場から

81 ●サン・ジョヴァンニ、チルコ・マッシモ、ヴェネツィア広場から●リソルジメント広場、コーラ・ディ・リエンツォ通り、カヴール広場から

492 ●ティブルティーナ駅、独立広場、バルベリーニ広場、ヴェネツィア広場から●リソルジメント広場、カヴール広場から

トイレ情報

ナヴォーナ広場からトレヴィの泉へ徒歩移動の途中ガッレリア・コロンナ(P.298)内に誰でも利用できるきれいなトイレがありました。ガッレリアは強い日差しも避けられるので、休憩にもいいです。カフェあり。
(東京都　けー君)

ローマ時代のオベリスクが中央を飾る

バロックの堂々たる噴水が飾る　MAP P.121、P.42 B1

ナヴォーナ広場　★★★

Piazza Navona　ピアッツァ ナヴォーナ

ローマっ子のお気入りの広場

ローマを代表する広場のひとつ、ナヴォーナ広場。車の入らないこの広場は、噴水の水音に満ち、開放的で庶民的、いつもローマっ子と観光客でにぎわっている。広場はローマ時代1世紀の後半、ドミティアヌス帝がここに競技場を造ったのが始まり。階段席に3万人を収容し、275m×106mと南北に細長い広さの競技場の遺構は、トル・サングイーニャ広場に沿って建つ家々とS.アニェーゼ・イン・アゴーネ教会の地下室に組み込まれている。競技＝アゴーネagoneがなまってナヴォーナと呼ばれるようになった。1477年にはシクストゥス4世がここに市場を移し、庶民の生活の中心となった。その後、イノケンティウス10世は広場に面していた一族の屋敷を拡張し、隣の教会を新しくするとともに、広場の表情を一新しようと考え、当時の有名建築家の手により現在の姿になっていった。

庶民の憩いの場であったこの広場では、19世紀まで、夏には広場の中央に水を張って、馬車を走らせたり、水遊びをする「湖」Lagoの遊びや磨かれた棒の先に宝袋を付けたよじ登り競争などが行われた。

■ムーア人の噴水 Fontana del Moro フォンタナ・デル・モーロ

「ムーア人の噴水」

広場の南、V.エマヌエーレ2世通り方向から入って一番手前にあるのが、ムーア人の噴水だ。1654年以前からあった水盤の中央にベルニーニの下絵をもとにしてG.A.マーリがイルカと戦うムーア人の彫刻を造った。周囲の4体の「勝利」の像や仮面の彫刻は19世紀のコピーで、オリジナルはボルゲーゼ公園の「湖の庭園」にある。外側の水受け盤はボッロミーニのデザインに基づいてベルニーニが造った物。

■四大河の噴水 Fontana dei Fiumi フォンタナ・デイ・フィウーミ

広場中央、オベリスクを掲げるひときわ大きな噴水がベルニーニの代表作「四大河の噴水」だ。この作品で、ベルニーニはそれまで無視されていたイノケンティウス10世に認められ、以降ひいきにされ

バロック芸術の華「四大河の噴水」

たのだった。円い大きな水盤の中央には岩が盛り上がり、岩の下の空洞からはさまざまな動物が水を飲みに姿を現している。その上にナイル、ガンジス、ドナウ、ラプラタの4つの川を表す像が乗っている。これはキリスト教が世界に君臨することを表し、ドナウ像の手が法王の紋章に触れているのは、ヨーロッパが法王の影響下にあることを示しているという。ちなみにこの像は4人の弟子の彫刻家によって造られ、ベルニーニの自作ではない。中心のオベリスクはローマ時代のもので、マクセンティウス帝の競技場から運ばれた。

■ネプチューンの噴水 Fontana del Nettuno フォンタナ・デル・ネットゥーノ

「ネプチューンの噴水」

一番北にあるのが「ネプチューンの噴水」。ムーア人の噴水同様、最初はデッラ・ポルタの造った水盤だけがおかれていた。1878年にコンクールが行われ、ネプチューン、海の精、キューピッドなどが付け加えられた。噴水の裏手の建物が緩くカーブしているのは、ローマ時代の競技場のカーブの名残だ。

■サンタニェーゼ・イン・アゴーネ教会 S.Agnese in Agone

キリスト教を信仰していた聖アグネスが処刑された場所に、8世紀に建てられた教会だ。その後、1652年にイノケンティウス10世が一族の宮殿の付属教会として建て直しを考え、G.ライナルディ、続いてボッロミーニに依頼した。ファサードは中央部が内側に湾曲し、一重の付け柱と円柱で飾られている。高いクーポラとそれに続く左右の鐘楼も**ボッロミーニの設計**だ。教会左隣は、イノケンティウス10世の命でG.ライナルディが建てた**パンフィーリ宮**Palazzo Pamphilj。現在はブラジル大使館と文化センターがおかれている。

冬の風物詩 ナヴォーナ広場

いつもにぎやかなナヴォーナ広場がいっそうのにぎわいを見せるのが、12月初めから1月6日の主顕節まで開かれる「ベファーナの市」Fiera della Befana。ベファーナとは1月5日の夜、子供たちにプレゼントを届けるほうきに乗った黒装束のおばあさんのこと。広場には、ベファーナ、サンタクロースが登場し、イタリアならではのクリスマス飾りのプレゼーピオやお菓子の屋台が立ち大盛況だ。お菓子屋で目につく穴のあいた黒いお菓子は、ベファーナが悪い子にプレゼント代わりに届けた炭＝carboneを模したもの。日本のカラメル焼のようなお味。
※'17年は短縮かつ縮小

●サンタニェーゼ・イン・アゴーネ教会

住 Via S.Maria dell'Anima 30/A(Piazza Navona)
☎ 06-68192134
開 9:00～13:00
15:00～19:00
㈯㈰㈷ 9:00～13:00
15:00～20:00
休 ㈪
地 P.121、P.42 B1
URL www.santagneseinagone.org

聖女アグネス

3世紀、キリスト教を信仰していたアグネスは異教徒の執政官の息子との結婚を断ったことで、彼らの怒りに触れた。そのため、裸にされて火あぶりの刑にかけられたが、奇跡が起きて、長い髪は彼女の体を隠し、火も炎が分かれてしまって失敗。最後には首を切られてしまったという。その彼女の殉死した場所に建てられたのが、サンタニェーゼ・イン・アゴーネ教会だ。遺骸はS.アニェーゼ・フオーリ・レ・ムーラのカタコンベに埋葬されている。教会内の彼女のモザイクは、大きく目を開き、美しく聡明な雰囲気だ。

ナヴォーナ広場にまつわる有名なエピソード column

噴水の前に建つサンタニェーゼ・イン・アゴーネ教会はボッロミーニが建てたのだが、ベルニーニは四大河の噴水のラプラタの像の腕をかざして教会が倒れかかってくるのを防ぐポーズを取らせ、ナイルにはファサードを見せないように顔を覆わせたというのである。事実ベルニーニとボッロミーニは同じ時代に活躍し、激しいライバル心を燃やしていたが、このエピソードは事実無根だ。なぜなら噴水の方が教会より早くできていたからだ。ちなみに、ナイルが目隠ししているのは、水源が明らかでなかったからだという。

ラファエッロのフレスコ画が残る

MAP P.121、P.42 B1

サンタ・マリア・デッラ・パーチェ教会 ★★

Santa Maria della Pace　サンタ マリア デッラ パーチェ

「描かれた聖母が石に打たれると、血を流した」という聖母の絵が祭壇にある。法王シクストゥス4世がこの聖母に対トルコ戦の終結を祈願し、平和が訪れた御礼として1482年建立した教会で、平和＝パーチェと名づけられた。当初はバッチョ・ポンテッリが手がけ、1656年にアレクサンドル7世の依頼でP.ダ・コルトーナによってファサードが改築され、2本対のドーリス式の柱で囲まれた半円形の前室が付け加えられた。

内部の天井には15世紀創建時の交差ヴォールトがそのまま残っている。右側の礼拝堂のアーチにはラファエッロがA.キージのために1514年に描いたフレスコ画『**巫女**』Sibille（シビッレ）がある。上の4人の預言者はラファエッロの下絵をもとに描かれたもの。隣のチェージの礼拝堂Cappella CeciはA.サンガッロの作で、ルネッサンス様式の装飾が美しい。

クーポラの八角形の部分の中央奥の主祭壇と内陣席はC.マデルノの設計。教会左側から続く**回廊Chiostro**（キオストロ）は1500～1504年にブラマンテがローマで初めて手がけたもの。アーチが施された柱が続いて長い回廊を支え、劇的な効果を演出している。

ラファエッロ作『巫女』

見どころNAVIGATOR

ナヴォーナ広場から来た道をS.M.デッラ二マ教会の角まで戻り、左に折れてトッレ・サングイーニャ通りVia Torre Sanguignaを道なりに進む。道は右にカーブし、右側の半地下にはナヴォーナ広場の前身の**ローマ時代の競技場Agone**の遺跡の一部がのぞいている。正面の小さなトル・サングイーニャ広場Piazza Tor Sanguignaを抜けると突き当たり右が望楼のあるアルテンプス宮だ。

古代芸術の館

MAP P.121、P.42 A1

アルテンプス宮(ローマ国立博物館) ★★

Palazzo Altemps(Muzeo Nazionale Romano)　パラッツォ アルテンプス(ムゼオ ナツィオナーレ ロマーノ)

ローマ国立博物館のひとつとして、約10年の修復を終え、公開された。16世紀にこの館を所有したアルテンプス枢機卿によるアルテンプス・コレクションのほか、ルドヴィシ・コレクション、ローマ国立博物館のエジプト・コレクション、マッティ・コレクションなど、著名な古代彫刻のコレクションを中心に展示している。

18、19世紀には大幅な改修が加えられたこの15世紀の館は当時のままに、フレスコ画をはじめ、暖炉、礼拝堂、噴水のある2階の彩色ロッジアなどが残り、展示品とともに印象的な博物館になっている。

●サンタ・マリア・デッラ・パーチェ教会
住 Arco della Pace 5
開 ㊊㊌㊏9:00～11:45

半円形のファサードはコルトーナ作

カラヴァッジョを探して

サン・ルイージ・デイ・フランチェージ教会の左通路一番奥の礼拝堂にカラヴァッジョの3部作があります。あたりは暗いですが、礼拝堂横のポストのような機械に€0.20、0.50、1のコインを投入すると金額ぶん明かりがともります。もちろんその間自分だけでなく、周囲の人も明かりの下で名画を鑑賞できる機会が与えられるわけですが、このときは少しおおらかな気持ちでコインを入れてもいいかと思います。絵のなかにはカラヴァッジョの自画像も描かれています。放蕩を尽くし、犯罪者となりながらも描くことをやめることができなかった彼の生の姿の一端をうかがい知ることができます。(神奈川県　はねうま)

●アルテンプス宮
住 Piazza Sant'Apollinare 46
☎ 06-39967700(予約)
開 9:00～19:45
12/24、12/31
9:00～17:00
休 ㊊、1/1、12/25
料 €10、共通券€12(+€3特別展)(P.50)
※毎月第1㊐無料
※5/1は時間短縮でオープン
URL archeoroma.beniculturali.it(ローマ国立博物館)

望楼のあるアルテンプス宮

海から引き上げられるアフロディーテが刻まれた『ルドヴィシの玉座』

この美術館で見逃せないのは、紀元前460年のギリシアの作品で、ふたりの乙女に海から引き上げられるアフロディーテが刻まれた『**ルドヴィシの玉座**』Trono Ludovisi(2階第21室)。側面のフルートを吹く乙女と香をたく乙女も必見だ。このほか、1階では『**竪琴を弾くアポロ**』Apollo Citaredo(第7室)。2階では『**ヘルメス**』Hermes Loghios(第21室)、『**(妻を殺して)自害するガリア人**』Galata suicida(第26室)、『**水浴するアフロディーテ**』Afrodite al bagno(第34室)、ローマ人と蛮族との戦いの様子を立体的かつ細密に刻んだ『**ルドヴィシの石棺**』Grande Ludovisiなど。

『水浴するアフロディーテ』が飾られる第34室

ローマっ子の信心のよりどころ

MAP P.121、P.42 A2

サンタゴスティーノ教会 ★★

Sant' Agostino in Campo Marzio サンタゴスティーノ イン カンポ マルツィオ

初期ルネッサンス教会の好例、**サンタゴスティーノ教会**。聖アウグスティヌスにささげられ、1483年に工期4年でG.ダ・ピエトロサンタが完成させた。ファサードは幾何学的かつ直線的で、力強い下部に、渦巻き形の装飾と三角破風の上部が乗り、簡潔で力強い。

内部はラテン十字架型の平面で、列柱で3廊に仕切られている。18〜19世紀の改修により、内部構造にはルネッサンスの面影はあまり残っていない。

内部で見逃せないものが3つ。入口寄り、左から3番目の柱には、ヤコポ・サンソヴィーノによる『**出産の聖母**』Madonna del Partoの像がある。1521年に造られたもので、お供え物の多さにあつい信仰が感じられる。その上部には、ラファエッロが1512年に描いたフレスコ画『**預言者(神託者)イザヤ**』Isaia Profetaがある。ヴァティカンのシスティーナ礼拝堂のミケランジェロの影響が強く感じられる。左右それぞれ5つの礼拝堂が並ぶが、左側の最も入口寄りの礼拝堂にはカラヴァッジョの重要な作品『**巡礼の聖母**』Madonna dei Pellegriniがある。1605年の作で、彼の特徴である明暗の鋭い対比とそれによって生まれる緊張と劇的な効果が見事だ。

ラファエッロ作
『預言者(神託者)イザヤ』

見どころNAVIGATOR

サンタゴスティーノ教会前のサンタゴスティーノ通りVia di S. Agostinoを進み、最初の角のスクローファ通りVia della Scrofaで右に曲がって進むと、S.ルイージ・デイ・フランチェージ教会の建つ広場Piazza di S. Luigi dei Francesiだ。

●サンタゴスティーノ教会
住 Piazza S.Agostino 80
☎ 06-68801962
開 7:30〜12:00
16:00〜19:30
※ミサなどの宗教行事の際は観光客の拝観不可
ミサ 月〜土 8:00、18:30
日祝 8:00、10:00、12:00、18:30

初期ルネッサンス様式のファサードは力強い

カラヴァッジョの傑作
『巡礼の聖母』

●サン・ルイージ・デイ・フランチェージ教会
住 Piazza di S.Luigi de' Francesi 5
☎ 06-688271
開 月～金 9:30～12:45
14:30～18:30
土 9:30～12:15
14:30～18:30
日11:30～12:45
14:30～18:30
※ミサなどの宗教行事の際は観光客の拝観不可
ミサ 月～金19:00
土12:30
日祝10:30

後期ルネッサンスのファサード

カラヴァッジョのファン必見のフランス教会 MAP P.121、P.42 B2

サン・ルイージ・デイ・フランチェージ教会 ★★

San Luigi dei Francesi サン ルイージ デイ フランチェージ

フランスの守護聖人サン・ルイ(第7回十字軍を指揮したルイ9世)を祀る教会で、著名なフランス人が多く埋葬されている国民教会。また、**カラヴァッジョの絵で有名**だ。16世紀にクレメンス7世の命によりD.フォンターナにより建てられ、ファサードは後期ルネッサンス様式でG.デッラ・ポルタの作ともいわれている。

内部は3廊式で、左右に5つの礼拝堂を配している。左側廊5番目の礼拝堂には祭壇を囲んでカラヴァッジョの力作中央に『**聖マタイと天使**』S.Matteo e l'angelo、左に『**聖マタイの召し出し**』Vocazione di S.Matteo、右に『**聖マタイの殉教**』Martirio di S.Matteoの3部作が並ぶ。背景がほとんどない暗闇に描かれた人物像からは、それぞれ「神聖」、「驚愕」、「恐怖」の感情がドラマチックに浮かび上がる。16世紀の終盤、画家の円熟期の傑作だ。また、右の第2礼拝堂には、ドメニキーノのフレスコ画『**聖チェチーリアの生涯**』Vita di S.Ceciliaがある。

カラヴァッジョの作品のあるコンタレッリ礼拝堂

「光と影」の画家カラヴァッジョ column

光と影、劇的な画面構成、迫真のリアリズムで、それまでのマニエリズムの終焉を告げ、バロックの訪れを予告したカラヴァッジョ。バロックの都市ローマを語るとき彼の存在を無視することはできない。

本名ミケランジェロ・メリージ。1571年頃ミラノ近郊で生まれ、短期間のミラノでの修業後、若くしてローマに移り住んだ。法王クレメンスの友人の画家ダルピーノの工房に入り、間もなく静物画で頭角を現し、1595年には文芸保護者だったデル・モンテ枢機卿の計らいでローマの芸術家の仲間入りをした。S.ルイージ・デイ・フランチェージ教会の「聖マタイの3部作」を皮切りに、S.M.デル・ポポロ教会やS.アゴスティーノ教会などのために描いた作品は、その解釈と表現の新しさゆえに論議を巻き起こした。注文主のカトリック教会にとって、神聖な画題に対するあまりにリアリスティックな表現は受け入れがたかったのだった。画面において、できごとはごく普通の日常の場で展開し、そこに主人公イエス・キリストや聖人をほかから区別する装飾は一切ない。しかし、人物の複雑な動きや表情で「何か」特別なことが起こっていることが示唆され、強い明暗の対比と劇的な色彩は、見る者を引きずり込む不思議な力をもっている。同時代の人々に「放縦」とレッテルを貼られた画風は彼の生涯にも通じるものだった。1606年に殺人を犯し、ローマを逃げ、その後もマルタ、シチリアと逃亡の旅を続け、ローマに帰る望みを果たせぬまま、1610年にポルト・エルコレでその短い生涯を閉じた。

彼の作品は当時受け入れがたいものであったにせよ、優れたテクニックで裏付けされた革新的な光の使い方と、直接的で感動的なテーマの表現がその後の絵画に多大な影響を与えたのだった。

カラヴァッジョの3部作､｢聖マタイ｣伝から。
左より『聖マタイの召し出し』､『聖マタイの殉教』。
礼拝堂正面には『聖マタイと天使』(→P.126)

現在のイタリア国会　MAP P.121、P.42 B2

マダーマ宮(上院)

Palazzo Madama　パラッツォ マダーマ

カラビニエーリの立つマダーマ宮

16世紀にメディチ家に嫁いできた、神聖ローマ皇帝カール5世の娘マルゲリータ女王のために建てられた宮殿。マダーマは令夫人の意味だ。フランス王妃となったカトリーヌ・ド・メディチやメディチ家出身の法王レオ10世やクレメンス7世もここに住んだ。バロック様式の見事なファサードは、改築時の1649年にP.マルチェッリらの手により付け加えられた。1871年からイタリア国会上院がおかれている。

●マダーマ宮(上院)
住 Piazza Madama 11／Corso del Rinascimento
☎ 06-67062177
開 第1㊏のみ10:00～18:00
休 8月
料 無料
※見学は要予約、ガイド付き見学で所要約40分
予約は上記☎または e-mail visitealsenato@senato.it
URL www.senato.it/visitareilsenato/privati

奇才ボッロミーニの面目躍如　MAP P.121、P.42 B2

サンティーヴォ・アッラ・サピエンツァ教会 ★★

Sant' Ivo alla Sapienza　サンティーボ アッラ サピエンツァ

サピエンツァ宮の中庭奥にある教会。1632年に大学の建築家に任命されたボッロミーニが1643～1660年にかけて造り、内側に曲面を描く2層のファサードとその上に乗る、ねじれたらせん形のクーポラが独創的だ。内部もふたつの正三角形を180度回転させて重ねたような平面で、中央の六角形の周囲に6つの凸部分があるという、極めてユニークな形で驚かされる。ボッロミーニの目指した、新しい、動きに満ちた「空間」の創造は、ここにも遺憾なく発揮された。

ボッロミーニの様式美、サピエンツァ教会

●サンティーヴォ・アッラ・サピエンツァ教会
住 Corso del Rinascimento 40 サピエンツァ宮内
開 ㊐のみ9:00～12:00
休 7、8月

見どころNAVIGATOR

サピエンツァ宮からはマダーマ宮との間のスタデラーリ通りVia degli Staderariを進むと、ドガーナ・ヴェッキア通りVia della Dogana Vecchiaに出る。これを左に少し行ってマダーマ宮の真後ろから延びるクレシェンツィ通りSalita dei Crescenziを進むと、パンテオン前の魅力的な広場、ロトンダ広場Piazza della Rotondaだ。

サピエンツァ宮の中にあるサピエンツァ教会

●パンテオン
住 Piazza della Rotonda
☎ 347-8205204
開 9:00〜19:30
㊐9:00〜18:00
㊗9:00〜13:00
休 1/1、12/25
料 無料
URL www.pantheonroma.com
※入場は閉場15分前まで

パンテオンの柱廊

✉あるべき場所でカラヴァッジョを

ほぼ20年ぶりのローマはどこもかしこもすてきでした。特にサン・ルイージ・デイ・フランチェージ教会、サンタ・マリア・デル・ポポロ教会のカラヴァッジョ。コインを入れると明かりに浮かび上がってくるすばらしさに感動しました。美術館ではなく、本来あるべき所にあるその場所で見ると感激が違う気がします。
（東京都　しんちゃん）

✉散策のすすめ

ローマ市街はこぢんまりしていて徒歩移動で十分です。パンテオンからトラステヴェレまで景色を眺めながら歩いて20〜25分です。19:00（夏季）頃にガリバルディ橋を渡りましたが、川の向こうにサン・ピエトロのクーポラが見え、その美しい姿に疲れも吹き飛びました。時には散歩感覚で歩くのも楽しい町だと思います。（東京都　松本康弘）

ラファエッロの墓

完全なる古代ローマ建築の遺構　MAP P.121、P.42 B2

パンテオン ★★★

Pantheon(Chiesa di S. M. ad Martyres)　パンテオン

パンテオンとロトンダ広場

現存するローマ建築の最も完全な遺構であり、世界最大のコンクリートおよび石造り建築だ。その広さ、大きさ、建築技術の高さ、そして1900年ものときの流れが感動を呼ぶ。パンテオンとは「すべての神々の」という意味で、すべての神々にささげられた神殿だ。列柱の上にアグリッパが建てたと刻まれているが、紀元前27年にアグリッパが建てた物は、80年に火災で消失。その後、118年にハドリアヌス帝が建て直した。ハドリアヌス帝は新しいプランでの建て直しを行い、正面の位置も180度回転させている。パンテオンが、ほかのローマ時代の遺構と異なり、破壊や略奪を免れたのは、7世紀にビザンチン皇帝のフォカス帝から当時の法王ボニファティウス4世に献上され、聖母と殉教者を祀る教会となったためだ。前室（大きな入口の前方部分）は幅33.1m、奥行15.5mで、太さ4.5mのコリント式の花崗岩の円柱16本が並び、三角破風を支えている。この破風部は以前はブロンズの浮き彫りで覆われていたが、現存しない。

入口のブロンズ製の扉は建築当時の物といわれている。扉奥に続く丸い本殿は、直径、高さともに43.3mというサン・ピエトロ大聖堂をしのぐ大きなクーポラで覆われている。この膨大な石材の重量を分散するために、周囲の壁にはアーチが埋め込まれ、壁の厚みは6.2mにも達する。

クーポラの頂上には直径9mの天窓が開き、内部の唯一の光源となっている。時間とともに移動する光の帯が印象的だ。内部の壁には7つの大きな壁龕と8つの小祭壇が配され、かつて神々が祀られた場所。今では、国家的な功労者を祀る場となった。

左から3つ目の小祭壇がラファエッロの墓Tomba di Raffaelloだ。37歳で亡くなったラファエッロは、ここに埋葬するように言い残し、墓にはロレンツェットに聖母子像を依頼したという。石棺にはピエトロ・ベンボ枢機卿のラテン語の2行詩で「ラファエッロここに眠る。彼(か)の者生きし時、万物の偉大な母なる自然はこれに凌駕さるるを恐れ、彼(か)の者死せる時、己れの死を恐るる」と刻まれている。この左の壁龕にはイタリア国王ウンベルト1世Umberto Ⅰの墓、これと向き合う壁龕(へきがん)にイタリア統一の立役者で初代国王V.エマヌエーレ2世V.Emanuele Ⅱの墓がある。

クーポラの天窓から光が注ぐ、パンテオン内部

見どころNAVIGATOR

時間と体力に余裕があれば、少し足を延ばしてロトンダ広場から北に行くとすぐにコロンネッレ通りV. delle Colonnelleにぶつかる。

バロックとロココ様式をもつ MAP P.121、P.42 B2

サンタ・マリア・マッダレーナ教会 ★

Santa Maria Maddalena サンタ マリア マッダレーナ

角に建つのがサンタ・マリア・マッダレーナ教会S.M.Maddalenaで、17世紀にC.フォンターナの設計に準じて再建され、バロック末期からロココ様式のファサードをもつ。バロックの特徴であった動きや躍動感は減少し、代わりに細部や個々の装飾にこだわる傾向が見て取れる。内部はさらに遅く、18世紀に入ってから完成している。

見どころNAVIGATOR

もとのロトンダ広場に戻り、パンテオンの左脇を抜けて行くとミネルヴァ広場だ。

オベリスクを乗せたゾウが目を引く MAP P.121、P.42 B2

ミネルヴァ広場 ★

Piazza della Minerva ピアッツァ デッラ ミネルヴァ

パンテオンの左脇を進むとミネルヴァ広場だ。広場の中央にはオベリスクを乗せたゾウのモニュメントが立っている。紀元前6世紀のオベリスクを大理石のゾウの上に乗せたのはベルニーニで、法王アレクサンドル7世の在位を記念した物。台座には法王自身の碑文で「堅固な聡明さを保つためには、頑強な理性を必要とする」と刻まれている。ゾウの彫刻はベルニーニの弟子のE.フェッラータが制作した。モニュメントの後ろには、やや殺風景に映るソプラ・ミネルヴァ教会が建つ。

●サンタ・マリア・マッダレーナ教会
住 Piazza della Maddalena 53
☎ 06-899281
開 8:30～11:30
17:00～18:30
㊏ 9:00～11:30
㊐㊗ 8:30～11:30
17:00～18:30
※ミサなどの宗教行事の際は観光客の拝観不可
ミサ ㊊～㊎ 8:00、19:00
㊐㊗ 9:30、10:30、11:30、19:30

ファサードの様式に注目

ゾウのオベリスク

●サンタ・マリア・ソプラ・ミネルヴァ教会
住 Piazza della Minerva 42
☎ 06-6793926
開 ㊊〜㊎ 6:55〜19:00
㊏10:00(㊐8:10)〜12:30
15:30〜19:00
URL www.santamariasopraminerva.it
※ミサなどの宗教行事の際は観光客の拝観不可
ミサ ㊊〜㊎ 7:15、18:00
㊏ 18:00
㊐㊗ 11:00、18:00

●キオストロ
開 9:00〜12:00
16:00〜18:30
休 ㊐
教会の正面左のベルを鳴らして開けてもらう。

数多(あまた)の美術品を収蔵する教会

MAP P.121、P.42 B2

サンタ・マリア・ソプラ・ミネルヴァ教会 ★★

Santa Maria Sopra Minerva サンタ マリア ソプラ ミネルヴァ

ロマーノ作『受胎告知』

小美術館と呼べるほど、数々の美術品を収蔵し、ローマで唯一のゴシック様式の内部構造をもつサンタ・マリア・ソプラ・ミネルヴァ教会。ソプラとは、「上に」の意味で、直訳するとミネルヴァの上のサンタ・マリア教会ということだ。カエサルのライバルだったポンペウスが建設したミネルヴァ神殿の上に、13世紀に教会建築が着手され、ほぼ完成したのが15世紀。17世紀のファサードは極めて簡素で、付け柱と水平に走るラインが唯一のアクセントとなっている。大理石の3つの入口は15世紀の物で、ティンパヌムと半円形の装飾を乗せている。内部はラテン十字架形の3廊式。

すがすがしい教会内部

さて、内部右側廊の5つ目は**「受胎告知の礼拝堂」**Cappella dell' Annunziataで、15世紀後半に活躍したアントニアッツォ・ロマーノの美しい**『受胎告知』**Annunziataがある。画面のなかで子供たちを引き連れているのが、この絵を依頼したトルケマダ枢機卿だ。この教会には貧しい娘に持参金を与える慣習があり、この絵はそれを表したものだという。

さて、右翼廊の奥の**『カラファの礼拝堂』**Cappella Carafaがこの教会の一番の見どころだ。大理石のアーチで囲まれた礼拝堂は**フィリッピーノ・リッピのフレスコ画**で埋められ、左の壁にはカラファ家の出身パウロ4世の墓がおかれている。フレスコ画の主題は、「神学大全」を書いた13世紀の神学者で「天使のごとき博士」と呼ばれ、中世の教会の栄光を一身に具現したといわれる人物、**聖トマス・アクィナス**S.Tommaso d'Aquinoで、聖者の遺骸は16世紀初めまでここに安置されていた。右の壁面下部を飾る**『聖トマス・アクィナスの勝利』**Trionfo di S.Tommaso d'Aquinoの画面右下に

描かれたふたりの若者は、後に法王に就いたメディチ家のジョヴァンニ（レオ10世）とジュリオ（クレメンス7世）だ。

主祭壇の下には、イタリアの守護聖人のカテリーナが葬られている。彼女は教皇座をアヴィニョンからローマに帰還させるために尽力したといわれる、シエナ出身のドメニコ派の修道女で、1380年にこの近くの修道院で亡くなった。聖具室には、後年レオ10世が移した「カテリーナが息を引き取った家の壁」が保存されている。

フィリッピーノ・リッピ作『聖トマス・アクィナス』

主祭壇の左、内陣の柱にはミケランジェロの**『あがないの主イエス・キリスト』**Redentore（1519〜1521年）がある。左隣の礼拝堂にはドメニコ派の修道僧画家フラ（ベアート）・アンジェリコの墓、その隣の礼拝堂の壁面には、最近の研究でゴッツォリ作と考えられる**『聖母子』**がある。身廊と左側廊を分ける列柱の内陣より2本目の柱にはマリア・ラッジの墓があり、ベルニーニの**ブロンズのメダル**で装飾されている。

最近の研究により
ベノッツォ・ゴッツォリの作品と考えられる『聖母子』

さらに、左側廊の入口の3番目の礼拝堂祭壇にはペルジーノによる**『主イエス・キリスト』**Redentoreのテンペラ画がある。

内部見学後は、外に出て、ファサードの左に続く建物の扉を抜けて、16世紀の**回廊**Chiostro（キオストロ）を見学しよう。かつて付属修道院には異端審判所がおかれ、17世紀にガリレオ・ガリレイが自らの地動説を否定し、しかし「それでも地球は廻っている」とつぶやいたことで有名なガリレオ裁判が、ここで行われた。

見どころNAVIGATOR

S.M.ソプラ・ミネルヴァ教会の右脇を進み、ピエ・ディ・マルモ通りVia del pie' di marmoから突き当たるのがコレッジョ・ロマーノ広場Piazza del Collegio Romano。右側のひときわ大きな館がドーリア・パンフィーリ宮、左側がコレッジョ・ロマーノ（現在は高校）だ。広場手前のS.イニャツィオ通りVia di S.Ignazioを進むと、右側が教会前の小さな広場Piazza di S.Ignazioだ。

先を急ぐ場合は、サンタ・マリア・ソプラ・ミネルヴァ教会南側の細いジェズ通りVia del Gesùを行くと、まもなく大通りの先にジェズ広場、左にジェズ教会が見える。

質素なファサードをもつS.M.ミネルヴァ教会とオベリスク

美術品の宝庫

ミルネヴァ教会は本当にすてきでした。朝早くに行くと、数人のみで、無料であれだけの美術品を身近に見ることができました。『あがないの主イエス・キリスト』は圧巻でした。また、聖具室は天使が飛び、明かりをつけるとすてきでした。
（東京都　武市直子）

ペルジーノ作
『主イエス・キリスト』

早目に出かけよう

S.M.ソプラ・ミネルヴァ教会は、閉場19:00ですが、毎日18:00からミサがあるので、その間は入口までしか入ることができません。ミサは50分ほど続くので、終わってからはゆっくり見学することはできませんでした。ミサではオルガンが演奏され、柔らかな心落ち着く響きでした。
（北海道　天谷洋祐　'15）

ミケランジェロ作
『あがないの主イエス・キリスト』

おすすめの図書

『ローマ散策』
河島英昭著
岩波新書(886円)

イタリア文学界の碩学(せきがく)が案内するローマ。深い学識とローマを愛する著者の心が伝わる一冊。「オベリスクをたどって」「バロックの噴水」「即興詩人の広場」「月下の迷路をさまよって」。どの章も魅惑的で、ドキドキするおもしろさ。

●サンティニャツィオ教会
住 Piazza Sant'Ignazio
☎ 06-6794406
開 ㊊～㊏7:30～19:00
㊐㊗ 9:00～19:00
URL //santignazio.gesuiti.it
※無料ガイド㊋㊍㊏15:00、18:00(8月を除く)

ローマの水と水飲み場

観光名所のいたるところに水飲み場があります。ちょっと石灰分が強いですが、私はおなかを壊すこともありませんでした。町の人が普通に飲んでいる所は大丈夫でしょう。パンテオンの前にもあり、手で穴を押さえると水が上方向に出るようになっていて、飲みやすかったですヨ。
(東京都　池田千香子)

私は「亀の噴水」でワザワザ水をくみに来た人を見かけました。おいしい水なんだそうです。私は飲みませんでしたけど……。たまに「Non Potabile飲用不可」と表示してあることがあります。この場合は飲まないこと。
(東京都　世話焼き)

チルコ・マッシモ駅から真実の口へ行く散歩道に、いくつか蛇口があって、水が流れっぱなしになっています。「もったいないなぁ!」と見ていると、ローマっ子がゴクゴクとのどを潤していました。試しに私も飲んでみましたが、おなかが弱い私でも大丈夫!! びっくりしました。
(大阪府　あおいちゃん)

知ってる? オベリスクの秘密

モンテチトーリオ広場とミネルヴァ教会のオベリスクは26王朝の親子の物。前者が父親で26王朝ネフェルイブラー王(プサンメティコス2世)、後者が後継王であった息子のハアイブラー(アプリエス王)の物です。ポポロ広場の物は19王朝セティ1世とラメセス2世親子の連名オベリスクで珍しい。町をオベリスクで満たすと刻まれています。いずれもエジプトにはない貴重な物がローマで見られます。
(kingtut)

印象的な小広場

MAP P.121、P.43 B3

サンティニャツィオ広場
Piazza Sant' Ignazio　ピアッツァ サンティニャツィオ

独創性あふれる小さな広場

18世紀に造られた小さな広場。広場には左右対称に小路が配され、その中央には2層になった堂々たるサンティニャツィオ教会のファサードがそびえ、その正面にはロココ様式の館が続く。視覚効果を意識した、まさに舞台装置のような広場だ。

だまし絵のドームが目を引く

MAP P.121、P.43 B3

サンティニャツィオ教会 ★
Sant' Ignazio di Loyola　サンティニャツィオ ディ ロヨラ

堂々としたバロック様式の正面

17世紀にグレゴリウス15世により、イエズス会の創設者イグナティウスにささげられた教会。ジェズ教会をモデルにした広い内部は大理石やスタッコ装飾、豪華な祭壇で飾られている。ヴォールトにはアンドレア・ポッツォによるフレスコ画**『聖イグナティウス・ディ・ロヨラの栄光』**Trionfo di S.Ignazioが描かれている。クーポラは、アンドレア・ポッツォの案により、だまし絵で描かれたもの。資金不足からクーポラの建設を断念することとなり、苦肉の策として遠近法とだまし絵に精通したポッツォにより本物のようなクーポラが描かれたのだった。床の黄色い大理石の円の上に立って見上げると、その効果を最も感じることができる。内陣や身廊の天井、翼廊のフレスコ画もポッツォの手による。

この教会の裏側は、コレッジョ・ロマーノCollegio Romano(現在は高校)に組み込まれている。イエズス会が16世紀に建設した学寮で、世界的な布教活動のために現地の言葉や習慣などを学ぶ学校だった。

『聖イグナティウス・ディ・ロヨラの栄光』の一部

スタッコ装飾の祭壇が見事

見どころNAVIGATOR

サンティニャツィオ教会前の広場から北にブッロ通りVia de Burroを取れば、間もなくピエトラ広場だ。

ローマ神殿の柱が並ぶ

MAP P.121、P.43 B3

ピエトラ広場
Piazza di Pietra ピアッツァ ディ ピエトラ

大理石製のコリント式列柱

建物を包み込むように大きな列柱が一角に並ぶ広場で、古代ローマからの歴史を紡ぐこの町ならではの建物だ。大理石製の11本のコリント式列柱は、145年に建てられた**ハドリアヌス帝の神殿**Tempio di Adrianoで、帝の養子であったアントニウス・ピウスによって建てられたもの。

現在の列柱の位置は、当時の神殿の左側面だ。その後、17世紀の終わりにはイノケンティウス7世の命で、C.フォンターナとその息子が神殿を利用して建物を建て、その後は税関として使われていた。現在は証券取引所Borsaがおかれている。

見どころNAVIGATOR

ピエトラ広場からパスティーニ通りVia dei Pastiniを進み、最初の道を右に曲がれば傾斜のある広場にオベリスクが建つ、モンテチトーリオ広場Piazza di Montecitorioだ。

現在のイタリア国会

MAP P.121、P.43 A3

モンテチトーリオ宮(下院)
Palazzo di Montecitorio パラッツォ ディ モンテチトーリオ

現在イタリア下院がおかれているモンテチトーリオ宮。イノケンティウス10世の依頼でベルニーニが1605年に設計した。工事の中断後、裁判所として使うことを望んだイノケンティウス12世の意向を受け、C.フォンターナが1694年に完成させた。適度に抑えられた装飾とやや前方に突き出した中央部分と後退する両翼、鐘楼を兼ねた最上部の気品ある曲線など、ベルニーニが初めて手がけた一般建築ながら、やはり「天才」らしさが光っている。フォンターナは工事に当たり、バルコニーに若干の手を加えたほかは、彼のプランを忠実に再現した。

広場中央に建つ**オベリスク**Obeliscoは、紀元前6世紀初めの物で、アウグストゥス帝が**巨大な日時計の針**として使うために、わざわざエジプトから運ばせた物。その後、おそらく火災か地震で倒壊して土に埋もれていた物を、シクストゥス5世が発掘、復元させ、17世紀にこの広場に建てた。

このモンテチトーリオ広場からは、宮殿に向かって右に進めば、コロンナ広場、コルソ通りは目と鼻の先だ。

長い間地中に埋もれていたといわれるオベリスクが広場を飾る

私のおすすめ
マリオ・プラーツ邸博物館
Casa Museo Mario Praz

イタリアの著名な英文学者であり、大学教授でもあったマリオ・プラーツが晩年を過ごしたナヴォーナ広場にほど近いプリモリ館にある博物館。彼が収集した絵画、陶磁器、銀細工、機械仕掛けの玩具や楽器など1400点以上のコレクションを展示。見学(無料)はガイド付きのみで、所要50分。18～19世紀の上流階級の生活が想像できるすてきな住居博物館でした。

住 Via Giuseppe Zanardelli 1, Palazzo Primoli
☎ 06-6861089
開 ㊊～㊌ 9:00～13:00
14:30～18:30
㊍㊎ 14:30～19:00
㊏ 9:00～13:30
1時間毎の入場
休 1/1、復活祭の㊐、翌㊊、5/1、12/25
料 無料
地 P.42 A1
※入場は閉館30分前まで
※ガイド付き見学で1回10～12人
(北海道 アキ)['18]

●モンテチトーリオ宮(下院)
住 Piazza Montecitorio 33
☎ 06-67601
開 第1㊐のみ10:30～15:30
休 7月～9月第1週
料 無料
URL www.camera.it
ガイド付き見学

ベルニーニ設計のモンテチトーリオ宮

ACCESS
バスに乗るなら
S.シルヴェストロ広場周辺のバス停から。P.118参照

●ジェズ教会
住 Piazza del Gesù
☎ 06-697001
開 7:00〜12:30
16:00〜19:45
URL www.chiesadelgesu.org

ACCESS

ジェズ教会へ バスで行くなら

64 テルミニ駅から
492 ティブルティーナ駅経由テルミニ駅西側(独立広場など)から
ヴェネツィア広場を過ぎたら、次の停留所で下車。

ヴェネツィア広場から歩く場合は、西に延びるプレビシート通りVia del Plebiscitoを進むと、左側にヴェネツィア宮殿、続いて大きなジェズ教会が建っている。

ヴェネツィア広場へのバス情報はP.54参照

ザビエルに思いをはせて

日本にゆかりのあるザビエルの右手のミイラはガラスに覆われていますが、間近に見ることができました。
(東京都　武市直子)

聖イグナティウス・ディ・ロヨラの部屋

ジェズ教会を出た、正面右側の建物から聖イグナティウス(イニャツィオ)・ディ・ロヨラが暮らした部屋Camera di Sant'Ignazioへと行くことができる。礼拝堂へと通じる廊下は、正面奥に聖人、壁と天井にはボルゴニョーネとポッツォにより遠近法を駆使した幻想的なフレスコ画が描かれている。別室には、聖人の遺品なども展示されている。見学は、入口の守衛に告げて入り、長い廊下の先の2階。見学後は喜捨を忘れずに。
開 16:00〜18:00
日祝10:00〜12:00

ジェズ教会正面右側には、聖イグナティウス・ディ・ロヨラの部屋に続く入口がある

ザビエルも眠るイエズス教会

MAP P.121、P.43 C3

ジェズ教会

Chiesa del Gesù　キエーザ デル ジェズー

イエズス会の母教会

16世紀、法王によるイエズス会の承認後、「反宗教改革運動」を推進していたイエズス修道会の威光を示すべく母教会として建築された。ファルネーゼ枢機卿が資金を出し、ヴィニョーラが設計し、ジャコモ・デッラ・ポルタが完成させた。当初は、「反宗教改革」の影響を受け、簡素で荘重なデザインであったが、デッラ・ポルタがファサードに手を加えて2層に区切り、付け柱やティンパヌムで動きと量感を与えた。

内部は、ラテン十字架型で両側に礼拝堂の並んだ単廊式で広々とした印象だ。これは、どこにいても祭壇に注目が向き、説教がよく聞き取れるようにというイエズス会の意向だった。

壁画や天井は、その後のバロック時代に絵画や彫刻、スタッコなどで飾られ、当初の意に反し、ローマでも指折りの豊かな装飾を誇る教会となった。遠近法を駆使して描かれた、身廊の天井を飾るバチッチャのフレスコ画『キリストの御名の勝利』Trionfo del Nome di

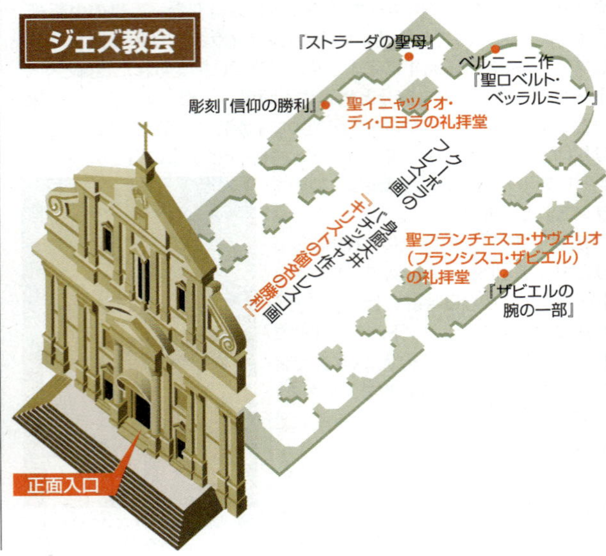

Gesùは、スタッコによる天使（アントニオ・ラッジ作）や雲が「枠」を越えて配置され、天に引き上げられるかのようだ。クーポラの丸天井とペンデンティブのフレスコ画もバチッチャの作。もうひとつ見逃せないのは左側廊にあるイエズス会の創設者**『聖イグナティウス（イニャツィオ）・ディ・ロヨラの礼拝堂』**Capella di S.Ignazio di Loyola。聖人の遺骸の上におかれた祭壇には、金箔で飾られた聖イグナティウスの生涯を描いたレリーフがあり、バロック芸術の絢爛さでひときわ目を引く。アンドレア・ポッツォが当時の優れた作家や職人を総動員して、制作に当たらせたものだという。

バチャチャ作『キリストの御名の勝利』は鏡を使って見よう

聖イグナティウスの礼拝堂。聖人の生涯を描いた金のレリーフ

この礼拝堂と向き合っているのが、16世紀に来日し中国で死去した**フランシスコ・ザビエルの礼拝堂**Cappella di S.Francesco Saverioだ。ピエトロ・ダ・コルトーナによる光あふれる祭壇の中央、天使に見守られた黄金の聖遺物が、フランシスコ・ザビエルの腕の一部だ。

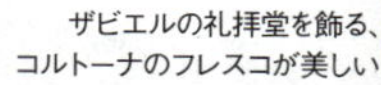

ザビエルの礼拝堂を飾る、コルトーナのフレスコが美しい

見どころNAVIGATOR

ジェズ教会からさらに西に進もう。ただしこの先でプレビシート通りはV.エマヌエーレ2世通りCorso Vittorio Emanuele Ⅱと名前を変える。間もなく右側に、柵に囲まれ一段低くなったローマ時代の遺跡があるトッレ・アルジェンティーナ広場に出る。広場には多くのバスが行き交いにぎやかだ。この広場を左に進むとトラステヴェレ、右に進むとナヴォーナ広場だ。

有名なバロック教会、キエーザ・ヌオーヴァ Chiesa Nuovaへ

ナヴォーナ広場近くにあるキエーザ・ヌオーヴァ（地 P. 37 C3）の主祭壇の祭壇画はルーベンスによるもので、礼拝堂には模写ですが、カラヴァッジョの『キリストの埋葬』があります。身廊の天井画はピエトロ・ダ・コルトーナによるすばらしいもので圧倒されました。コルトーナはバルベリーニ宮の大広間の天井画で知られたローマの盛期バロックを代表する画家です。見に行かないのは損です。
（東京都　Spagnolo）

バロック時代を代表する、コルトーナの天井画が描かれたキエーザ・ヌオーヴァ

反宗教改革の旗手「イエズス会」　column

イグナティウス・ディ・ロヨラ（1491～1556）は、スペインの貴族出身。戦争で負傷した30歳の後、エルサレムへの巡礼を行い、その後ローマに出て「イエズス会」を設立。永遠の貞潔と使徒的清貧を誓い、法王パウロ3世がイエズス会を承認した。教育と布教に力を入れ、その布教団はアフリカからアジアへと、広がっていった。各地の言葉や歴史を学び、現地の人々を理解することが布教を成功させ、人々をカトリックに導くと考えたのだった。「反宗教改革」を標榜した彼らの考えは、ジェズ教会の絵やフレスコ画に端的に表わされている。プロテスタントや異教徒は地獄の火に焼かれても、カトリックを信じる者は天国に召されるというのが、その図だ。

●クリプタ・バルビ
Museo Nazionale Romano Crypta Balbi
住 Via delle Botteghe Oscure 31
☎ 06-39967700
開 9:00〜19:45
休 ㊊、1/1、5/1、12/25
料 €10、共通券€12(+€3特別展)(P.50)
地下遺構の見学はガイド付きで所要約20分。
※切符売り場は閉場1時前まで
※毎月第1㊐無料

✉ローマ国立博物館共通券

ローマ国立博物館の4ヵ所券で回りました。充実した見どころで共通券はお得感あり。博物館内には無料トイレが完備されているので、覚えておくと便利です。クリプタ・バルビでは、地下に掘り下げた遺跡を回りますが、4月でも肌寒いほどでした。1枚羽織る物があるといいです。
（茨城県　三沢直子）

✉犯罪博物館
Museo Criminologico

中世の拷問具や処刑具、生き埋めにされた女性の骸骨、首切り人の衣装など背筋が寒くなる展示が続きます。2階は犯罪史、囚人史の展示で英語、イタリア語がわからないとつまらないかも。
行き方 バス64番でヌオーヴァ教会前（テヴェレ川手前）で下車。道を渡ってジュリア通りを5分ほど歩き、ゴンファローネ通りを右折してすぐ。
住 Via del Gonfalone 29
☎ 06-68899442
地 P.37 C3
（北海道　ナオ）['18]
URL www.museocriminologico.it
※2018年1月現在、修復のため休館中

ローマ2000年の歴史を伝える博物館　MAP P.121、P.43 C2

クリプタ・バルビ

Museo Nazionale Romano Crypta Balbi　ムゼオ ナツィオナーレ ロマーノ クリプタ バルビ

2000年にオープンした「永遠の都、ローマ」の2000年の歴史を展示する博物館。

聖域とされていたトッレ・アルジェンティーナ広場の南東に位置し、ローマ時代には3つの小さな劇場が造られ、その後中世には教会と修道院、石灰作りや織物などの職人の工房、17世紀には女子寄宿舎などが置かれた場所だった。ここからの発掘品は、古代から現代にいたる生活様式、経済活動、建築、都市景観の変化を示し、歴史の変遷を知る博物館と呼ばれる。館内は地下遺跡と1、2階に分かれ、古代から20世紀まで、ローマがいかに変化を遂げたかが再現図や発掘された日常品や交易品からうかがい知れ、遠い時代の生活が鮮明に感じられる。

現代の交通の要地にたたずむローマ時代の遺構　MAP P.121、P.42 C2

トッレ・アルジェンティーナ広場 ★★

Largo di Torre Argentina　ラルゴ ディ トッレ アルジェンティーナ
Area Sacra di Largo Argentina　アレア サクラ ディ ラルゴ アルジェンティーナ

アレア・サクラ

ローマ時代、カンピドーリオの丘とテヴェレ川、ピンチョの丘で囲まれた区域はカンポ・マルツィオCampo Marzio＝軍神マルスの原と呼ばれる錬兵場で、このトッレ・アルジェンティーナ広場の場所が中心地だった。1930年までに行われた発掘で発見された4つの神殿は、いずれも共和政時代に建てられ、**アレア・サクラ＝聖域**を形成していた。これらの神殿がどの神にささげられたものかは不明。「聖域」の周囲には「ポンペイの劇場」、「アグリッパの浴場」、「ポンペイのクーリア」など、さまざまな施設が建てられていた。紀元前44年3月15日にはカエサル（シーザー）がこのクーリアで暗殺された。

今や猫のすみかと化した感のある遺跡だが、内部への入場は不可。一段低くなっているので、外からでも十分見学できる。

ドメニキーノの傑作の残る　MAP P.121、P.42 C1·2

サンタンドレア・デッラ・ヴァッレ教会

Sant'Andrea della Valle　サンタンドレア デッラ ヴァッレ

V.エマヌエーレ2世通りをさらに西に進むと左に見えてくるのが、サン・ピエトロに次いで2番目の高さを誇るクーポラをもつサンタンドレア・デッラ・ヴァッレ教会だ。1591年にG.F.グリマルディとG.デッラ・ポルタによって設計され、先のジェズ教会の影響を受けたバロック様式のファサードとクーポラをC.マデルノが完成させた。内部にもジェズ教会の影響が感じられる。

ファサード右側の天使が欠けているのに気づく。これは作者E.フェッラータが1体目を作り終えたとき、支払われた報酬が少なかったため、あるいは依頼主の法王アレキサンドル2世がケチをつけたためともいわれる。

内部クーポラのペンデンティブのフレスコ画**『福音史家』**Evangelistiはドメニキーノの傑作のひとつ。後陣の半円天井の**『聖アンドレア伝』**Storia di S.Andreaも彼の手による。後陣カーブ内の同様主題の『聖アンドレア伝』はマッティア・プレーティによる。また、入口左側の礼拝堂にはP.ベルニーニ（G.L.ベルニーニの父）による『洗礼者ヨハネの像』Battistaがある。左右の壁のキューピッドはベルニーニ親子の作。身廊の左右の入口には15～16世紀に作られたピウス3世とピウス2世の墓がある。

広々とした空間が広がる教会内部

●サンタンドレア・デッラ・ヴァッレ教会
住 Piazza Sant'Andrea della Valle/ Piazza Vidoni 6
☎ 06-6861339
開 7:30～12:30
16:30～19:30

右側の天使が欠けたファサード

後陣に描かれたドメニキーノ作『聖アンドレア伝』

ローマの生活史博物館　MAP P.121、P.42 B1

ブラスキ宮(ローマ博物館)

Palazzo Braschi (Museo di Roma)　パラッツォ ブラスキ(ムゼオ ディ ローマ)

法王の家族のために数多く建造された宮殿の最後のひとつ。1791年にピウス6世が甥のためにコジモ・モレッリに建造させた。古い円柱を利用した見事な大広間、ヴァラディエによる美しい弧を描く階段などに特徴がある。また、後部ファサードには**『物言う像』**Pasquino（パスクイーノ）があり、人々はかつてこの像に世の中を皮肉ったりしていたという。

現在、内部は**ローマ博物館**になっており、中世から近代にいたるローマの歴史と生活を物語る絵画、デザイン、出版物、日用品などを展示している。19世紀にパリで造られ、ピウス9世に献上され、フラスカーティの夏の離宮まで走った列車もある。また、階上にはかつてのローマの町並みや人々の生活を描いたスケッチや水彩画なども豊富に集められ、当時の様子を知ることができる。

●ブラスキ宮（ローマ博物館）
住 Via di S.Pantaleo 10/ Piazza Navona 2
☎ 06-0608
開 10:00～19:00
12/24、12/31 10:00～14:00
休 ㊊、1/1、5/1、12/25
料 €9.50
(特別展の場合€12)
※毎月第1㊐無料
URL www.museodiroma.it

ローマの歴史と生活がわかるローマ博物館

●小ファルネジーナ宮（バッラッコ美術館）
住 Corso V. Emanuele II 166A
☎ 06-0608
開 6〜9月　13:00〜19:00
10〜5月　10:00〜16:00
12/24、12/31
10:00〜14:00
休 ㊊、1/1、5/1、12/25、
料 無料
※入館は閉館30分前まで
URL www.museobarracco.it

古代彫刻のコレクションがあるバッラッコ美術館

●カンチェッレリア宮
住 Piazza della Cancelleria 1
☎ 06-69887566
開 7:30〜20:00
㊐㊗9:30〜19:00

古代彫刻のコレクション　MAP P.121、P.42 B1

小ファルネジーナ宮(バッラッコ美術館) ★

Palazzo Piccolo Farnesina(Museo di Scultura Antica Giovanni Barracco)　パラッツォ ピッコロ ファルネジーナ(ムゼオ バッラッコ)

ルネッサンス様式が一部に見られる、16世紀の館。館の主であったブルターニュ出身の司教トマ・ル・ロワはその功労により自分の紋章にフランスの紋章の百合を加えることが認められたのだが、有力なファルネーゼ家の紋章も百合であったので、混同を避けるため「小ファルネーゼ＝ファルネジーナ」と呼ばれるようになった。

現在内部には**バッラッコ美術館**がおかれている。バッラッコ男爵がローマ市に寄贈した古代彫刻のコレクションからなり、紀元前1504〜1450年の**エジプト女王ハトシェプストのスフィンクス**Hatshepsutなど、エジプト、アッシリア、ギリシア、ローマ彫刻の秀作が広範囲に展示され、古代芸術のすばらしさを教えてくれる。

ローマ・ルネッサンス建築の代表例　MAP P.121、P.42 B·C1

カンチェッレリア宮 ★

Palazzo della Cancelleria　パラッツォ デッラ カンチェッレッリア

ローマのルネッサンス建築の傑作。1485年に着工し、1513年に完成され、ラファエレ・リアリオ枢機卿が金に糸目をつけずに造らせたという。なんと、巨額な経費の一部は当時の法王の甥から賭けで巻き上げた物だったという。広場に面したファサードは凝灰岩で造られ、両端でわずかに前に張り出している。水平に走り、付け柱の台座ともなる建物を3層に仕切る帯状の装飾と窓が、簡潔でバランスのよい表情を与えている。

代表的なローマ・ルネッサンス建築

ローマで最も美しいと言われる**回廊Cortile**は、44本の花崗岩のドーリス式円柱に囲まれ、軽やかで調和に満ちた空間だ。この円柱は現在この宮殿に組み込まれたS.ロレンツォ・イン・ダマーゾ教会から持って来られたもので、回廊はブラマンテの手になるといわれている。現在は、ヴァティカンの法王庁尚書院となっている。南に進めば、カンポ・デ・フィオーリ広場だ。

ローマ有数の美しい回廊

カンポ・デ・フィオーリ広場への行き方
テルミニ駅からは急行バス40番でトッレ・アルジェンティーナ広場下車。64番のバスなら、トッレ・アルジェンティーナ広場次の停留所で下車し、道を渡って小ファルネジーナ宮の前の道を抜けるとすぐ。

にぎやかな市場の立つ広場　MAP P.121、P.42 C1

カンポ・デ・フィオーリ広場 ★★

Campo de' Fiori　カンポ デ フィオーリ

カンポ・デ・フィオーリ（＝花の野）の名前どおり、かつては花が一面に咲く野原だったという。その後15世紀に法王庁がヴァティカンに移ると、巡礼者の通り道となり、急速に発展していった。今なお古い家並みに囲まれ、独特の雰囲気のある広場で、日曜祝日を除く毎日午前中ににぎやかな**市場**（メルカート）の立つことでも有名だ。華やかな色の花、色鮮やかな野菜、肉、魚などの屋台がところ狭しと並び、売る人買う人の活気があふれている。にぎやかな市場もかつては処刑場で、広場の中央には、1600年2月17日に異端の罪でここで火あぶりの刑に処せられた哲学者ジョルダーノ・ブルーノの像(1887年建立)がある。

花の広場にふさわしく、花の屋台が充実

果物やおみやげの調達に便利

オリーブの木の細工物

見どころNAVIGATOR

法王庁の移転後、商業活動の盛んになったこのカンポ・デ・フィオーリあたりには「鞄職人の通り」Via dei Baullari、「帽子屋通り」Via dei Cappellari、「鍵屋通り」Via dei Chiavariなどの名前が残り、小路にはいまだ工房が点在している。1ブロック先に行くと、広々としたファルネーゼ広場Piazza Farneseだ。広場のふたつの噴水の水槽はカラカラ帝の浴場から運んで来た物だ。

壮麗なルネッサンス建築

MAP P.121、P.42 C1

ファルネーゼ宮 ★★
Palazzo Farnese
パラッツォ ファルネーゼ

噴水のおかれたファルネーゼ広場とファルネーゼ宮

1543年に法王パウロ3世を輩出した、由緒あるファルネーゼ家の宮殿。パウロ3世が枢機卿の時代、1517年にA.ダ・サンガッロ・イル・ジョーヴァネによって着工された。その死後ミケランジェロに引き継がれ、ファサードの美しい**軒蛇腹**と中央入口の上のバルコニーが加えられた。その後、ヴィニョーラ、G.デッラ・ポルタに引き継がれ、1589年に完成された。軒蛇腹にはファルネーゼ家の紋章の百合のある、堂々とした風格の壮麗な館で、これ以降、多くの館のモデルとなった。1713年に家系が途絶えると、荒れ放題となったという。柱廊のある中庭も美しい。

✉楽しい広場

平日の14:00頃まで、花、果物、野菜、雑貨などの市場が広場いっぱいに店開きして、とってもにぎやか。周囲にはカフェのテーブルと椅子が並ぶので、飲み物を片手に市場を眺めるのはとても楽しいです。日曜は通常の市場はお休みですが、おみやげ用のリキュールや雑貨の市が立ち、観光客であふれています。広場の周囲にはおいしいパン屋さんや切り売りのピッツェリアなどもあるので、お行儀はちょっと悪いけど、市場見物しながらほお張るのもいいですよ。
（東京都　本島善子）['18]

✉いつ行ってもOK

平日も日曜・祝日も午前中は屋台が出て、にぎやかです。カラフルな野菜売り場の横では、ローマ名物のプンタレッラを裂いていたり、生活感も感じます。こだわりのチーズを取りそろえたグルメ向けの屋台から、蜂蜜やジャム、トリフなどのペースト、パスタ用の香辛料、オリーブの木を使ったカッティングボードなどを並べた屋台などがあって、おみやげ調達にも便利ですよ。日曜・祝日は生鮮食品の屋台は少なく、その分おみやげ向けの屋台が増えるようでした。
（東京都　蜂蜜好き　'18）

●ファルネーゼ宮
住 P.za Farnese 67
☎ 06-686011
開 ㊊㊎17:00、㊌15:00、16:00スタートのガイド付きツアー
料 €9
※フランス大使館がおかれているので見学は要予約。
URL www.ambafrance-it.org
予約は3ヵ月前に下記
URL //inventerrome.com
からのみ可。当日は指定時間の10分前に予約確認書、身分証明書を持参して集合。見学はガイド付きで所要45分。
※カラッチの天井画のあるGalleria dei Carracciなどが見学できる。

●スパーダ宮（スパーダ絵画館）
住 P.za Capo di Ferro 13/ Vicolo del Polverone 15/b
☎ 06-6832409
開 8:30〜19:30
休 ㊋、1/1、12/25
料 €5
入口はVicolo del Polverone 15B
※切符売り場は19:00まで。
※毎月第1㊐は無料
URL //galleriaspada.beniculturali.it

絵画館の切符売り場は、建物に入り、玄関ホールを抜けた右側。左にブックショップがある。いずれも小さく表示されている。ガイド付き見学はブックショップで申し込む。9:30〜18:30のほぼ1時間間隔の出発。「遠近法の間」はブックショップから続いている。

遠近法を利用した『遠近法の間』はボッロミーニの作

楽しい散策に

ジュリア通りやファルネジーナ荘と国立コルシーニ宮美術館周辺は、石畳が続き、古きローマの面影が今も残る界隈だ。ファルネジーナ荘周辺は車の往来はやや激しいが、観光客も少なく、ゆったりとした展示スペースが広がるこのふたつの館は、人混みに疲れたときなどにはおすすめ。また、すぐ近くにはローマ大学付属植物園もあるので、ひと休みにも最適。

「ファルネーゼのアーチ」と呼ばれる

スタッコ（漆喰（しっくい））装飾が美しい MAP P.121、P.42 C1

スパーダ宮（スパーダ絵画館） ★

Palazzo Spada(Galleria Spada) パラッツォ スパーダ(ガッレリア スパーダ)

美しいスタッコ装飾で飾られたファサードをもつ壮麗な宮殿だ。ファルネーゼ家のパウロ3世に気に入られていた枢機卿カーポ・ディ・フェッロが建てたもので、G.M.カラヴァッジョが完成させた。枢機卿の死後、いくつかの経緯を経てスパーダ枢機卿の手に落ちてから、スパーダ宮と呼ばれている。1927年から国務院がおかれ、中庭と絵画館のみ見学が可能だ。

■中庭 Cortile

スタッコ装飾が目印のスパーダ宮（正面）

遠近法を好んだスパーダ枢機卿はボッロミーニにこの庭の改装を命じ、『遠近法の間』Galleria prospetticaを造らせた。ガラス越しに見るこの部屋は、実際の4倍もの広さに見えるが、実際は奥行9mに過ぎない。床をしだいに高く、天井もしだいに低くすることで、目の錯覚を利用しているのだ。ここもマッツォーニによるスタッコ装飾で飾られている。

■スパーダ絵画館 Galleria Spada

G.ドメニコ・チェッリーニ作『ゴリアテの頭をもつダビデ』

スパーダ枢機卿のコレクションを展示。中庭を抜け、左に進むと入口だ。室内装飾や家具、コレクションの配置までもが17世紀の当時のままで、貴族の暮らしぶりがうかがえる。4室からなり、G.レーニ、ドメニキーノ、ティツィアーノ、バチッチャら、おもに17世紀絵画が集められている。

昔日の面影漂う MAP P.120、P.37 C3

ジュリア通り

Via Giulia ヴィア ジュリア

16世紀にブラマンテが設計した風情ある小路。巡礼者の便宜を図ったユリウス2世が、ヴァティカンとカンピドーリオを結ぶために造らせた通りで、同時に中世以来スラム化した地区の整備も行った。約1kmの通りの両側には16〜18世紀の貴族の館と教会が並ぶ。

小路の頭上に架かるツタの下がったアーチは、ファルネーゼ宮と対岸のファルネジーナ荘を結ぶ橋の壮大な計画の一環で造られた物。結局、計画は完成されなかった。

見どころNAVIGATOR

ジュリア通りをヴァティカン方向へ500mほど行くと、小さな広場へと続いている。道の先には鉄製の小さな橋Ponte Mazziniが見える。この橋を渡れば川の右岸だ。ルンガーラ通りVia della Lungaraに出て左に行くと、左にファルネジーナ・キージ荘、右にコルシーニ宮が現れる。

ラファエッロの秀作の残る

MAP P.120、P.39 A3

ファルネジーナ・キージ荘 ★★

Villa Farnesina Chigi ヴィッラ ファルネジーナ キージ

初期ルネッサンス様式のファルネジーナ・キージ荘

10年の歳月をかけて1520年に完成された、初期ルネッサンス様式の広大な館。シエナ出身のアゴスティーノ・キージが同郷のバルダッサーレ・ペルッツィに設計を依頼したこの館は、当時ローマ中の芸術家、インテリ、美しい婦人の集まる華やかなサロンとして名をはせたという。アゴスティーノの死後、16世紀の終わりにファルネーゼ家の手に渡った。その後も所有者は転々とし、1927年に政府が買い上げ、現在はコルシーニ宮に本拠をおくアッカデミア・デイ・リンチェイの迎賓の間として使われている。また、**国立素描版画展示室** Gabinetto Nazionale dei Disegni e delle Stampeもおかれ、15世紀以降の内外の作品が集められている。

ラファエッロ作『ガラテア』

切符売り場から進むと、まず、**「ガラテアの間」Sala di Galatea**だ。ラファエッロが1511～1512年に描いた『ガラテア』がひときわ目を引く。ガラテアは美しい海の妖精だ。壁面、天井も美しく装飾され、円蓋には当主キージの誕生時の占星学的シーンが描かれている。ラファエッロが設計したルネッサンス時代特有の庭の延長のような光あふれる明るい回廊に続いて、**「プシケのギャラリー」Galleria di Psiche**だ。天井のフレスコ画は「神々の集い」Concilio degli Deiと「プシケとアモーレの結婚」Nozze di Amore e Psicheで、F.ペンニとジュリオ・ロマーノの作。これらを囲む**花飾り**の装飾はジョヴァンニ・ディ・ウーディネによる。

2階には、ペルッツィのフレスコ画のある**「遠近法の間」** Sala delle Prospettiveがある。1515年頃に描かれ、円柱の向こうには16世紀のローマの町並みが見え、一種のだまし絵だ。隣はキージの寝室だった部屋で、ソドマによる**『アレキサンダー大王とロクサーヌの結婚』** Nozze di Alessandro e di Rossanaのフレスコ画があることから「婚姻の間」Sala delle Nozzeと呼ばれている。

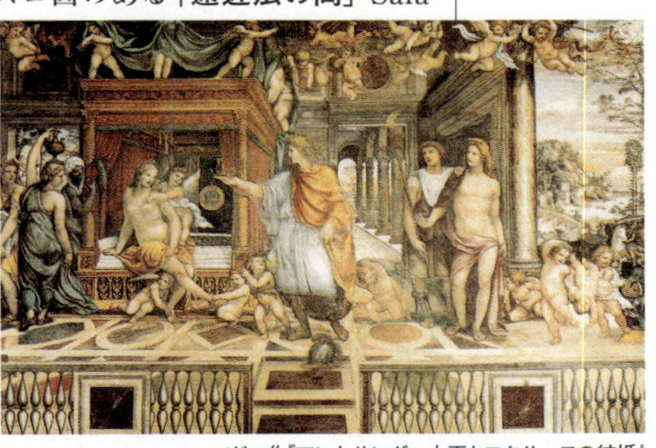

ソドマ作『アレキサンダー大王とロクサーヌの結婚』

●ファルネジーナ・キージ荘
アッカデミア・デイ・リンチェイ
Accademia dei Lincei

住 Via della Lungara 230
☎ 06-68027268
開 9:00～14:00
第2㊐ 9:00～17:00
休 ㊐㊗、5/1
料 €6、10～14歳€3、15～18歳€5
URL www.villafarnesina.it

テルミニ駅からはバス40番などでヴェネツィア広場やトッレ・アルジェンティーナで下車し、8番のトラムに乗り換えてガリバルディ橋を渡ったら下車して徒歩。トッレ・アルジェンティーナ広場から徒歩でシスト橋を渡るコースも楽しい散歩道だ。

ローマを代表する家柄であったファルネーゼ家の館はローマの各所に残る。ファルネジーナは小ファルネーゼという意味。この名前がつく館はほかにもあるので、タクシーなどに乗車する場合は最初に確認を。

ガイド付き見学を実施

㊏の12:30(伊語)、㊏10:00(英語)、第2㊐の12:30(要予約)、15:00、16:00(伊語)にガイドツアーを実施。入場料とは別に€4必要。

コンサートも開催

第2㊐の12:30のツアーはルネッサンス時代の音楽を中心にしたコンサートを開催。これのみ料金€15(入場料込み、英語ガイド、要予約)。

「プシケのギャラリー」の天井画に注目

 MAP P.120、P.38 A2

国立コルシーニ宮美術館 ★★

Galleria Nazionale di Arte Antica-Galleria Palazzo Corsini ガッレリア ナツィオナーレ ディ アルテ アンティカ-ガッレリア コルシーニ

ファルネジーナ荘の道を隔てた反対側に建つのがコルシーニ宮で、現在は国立美術館となっている。15世紀にリアリオ枢機卿によって建てられ、17世紀にはスウェーデンのクリスティーナ女王の住まいとなった。この時期、ここに文化人のサロンが生まれ、アルカディア派の創設の場となった。1736年にコルシーニ枢機卿の手に渡り、建築家F.フーガを起用して拡張再建させた。その後、ナポレオンの兄弟のジョセフ・ボナパルト・フランス大使の住居となったが、1883年にコルシーニ家が国家に売却した。内部の**国立コルシーニ宮美術館**Galleria Nazionale di Palazzo Corsiniには**コルシーニ家のコレクション**の一部、17～18世紀のイタリア内外の絵画が、かつて展示されたままにおかれている。

コルシーニ宮は7室の小さな絵画館

おもな展示作品は、カナレットの『ヴェネツィアの風景』Vedute Veneziane、カラヴァッジョの『**洗礼者ヨハネ**』S.Giovanni Battista、ルーベンスの『**聖セバスティアーノ**』S.Sebastiano、ファン・アイクの『エジプトでの休息』Riposo in Egitto、小ブリューゲルの『冬景色』Paesaggio Invernaleなど。また、1603年に創設され、数学、自然科学、哲学の研究機関でガリレオも会員であったというアッカデミア・デイ・リンチェイAccademia dei Linceiがおかれている。現存する最古のアカデミーだ。

カラヴァッジョ作『洗礼者ヨハネ』

見どころNAVIGATOR

コルシーニ宮から再びルンガーラ通りを進んでセッティミアーナ門をくぐり、最初の道ドロテア通りVia di S.Doroteaで左に折れよう。この角の20番地の建物の3階には、ラファエッロの恋人**フォルナリーナが住んでいたという家**の窓がある。小さな広場を横切ってさらに行くと、トゥリルッサ広場Piazza Trilussaだ。広場の胸像は**トゥリルッサ**で、ローマ生まれの詩人だ。

大きな『**シスト橋の泉**』**Fontana di Ponte Sisto**は、対岸のジュリア通りから19世紀にここに移された。続いて、広場から続くシスト橋Ponte Sistoを渡ろう。古代ローマのアウレリウス帝が建設した橋の基部を利用し、法王シクストゥス4世が1473～1475年に建設したルネッサンス風の優美な橋だ。橋の中央の橋げた上部に『大めがね』と呼ばれる大きな穴が空いているのに気付いただろうか。これは、かつてのテヴェレ川の警戒水位を知らせるための物だ。

さて、橋を渡ったら真っすぐ進み、突き当たりのジュッボナーリ通りVia dei Giubbonariで左に曲がると、カンポ・デ・フィオーリへと戻る。

●国立コルシーニ宮美術館
住 Via della Lungara 10
☎ 06-68802323
開 8:30～19:30
12/24、12/31
8:30～18:00
休 ㊋、1/1、12/25
料 バルベリーニ宮（→P.96）との共通券€12（10日間有効）、18歳以下無料
※切符売り場は閉館30分前まで。毎月第1㊐は無料
URL www.barberinicorsini.org
※見学予約は
URL www.gebar.itへ。
予約料€1

当時のままに保存・展示された内部は、優雅な邸宅そのもの。美術品鑑賞のみならず、たたずまいも楽しみたい。展示品は季節により入れ替えあり。行き方はP.141も参照。

入館は余裕をもって

館内保護のためか、入館時間の制限があります。私たちは10分程度の待ち時間で入れました。時間が合わない場合は、すぐ近くのファルネジーナ荘やローマ大学付属植物園で時間をつぶすのも楽しいです。美術館周辺はやや車の往来が激しいですが、古きよきローマのたたずまいが残っている界隈だと感じました。
（東京都　凜）['18]

ルーベンス作
『聖セバスティアーノ』（一部）

ACCESS

ヴィットリオ・エマヌエーレ2世通りからバスに乗るなら

81 ●ヴェネツィア広場、マルチェッロ劇場、チルコ・マッシモ、コロッセオへ●カヴール広場、コーラ・ディ・リエンツォ通り、リソルジメント広場へ
64 テルミニ駅へ
64 46 ●サン・ピエトロ方面へ●ヴェネツィア広場へ

ヴァティカンとサンタンジェロ地区

Della Città del Vaticano a Castel S.Angelo

エリア 5

この地区の歩き方

見どころが狭い地域にギュッと凝縮しているコース。**ヴァティカン博物館**の内部の充実ぶりはほかのコースにはないほどだ。**所要時間は、見学時間にかかっている**といっても過言ではない。興味に合わせて、事前に自分の見どころルートを作るのも一考だ。また、人の多い美術館見学は町の散策以上に体力を要するので、美術館見学が主目的な場合は開館間もなくの入館がベター。ヴァティカン博物館やサン・ピエトロ大聖堂は季節や時間により、入館には長蛇の列ができるので要注意。

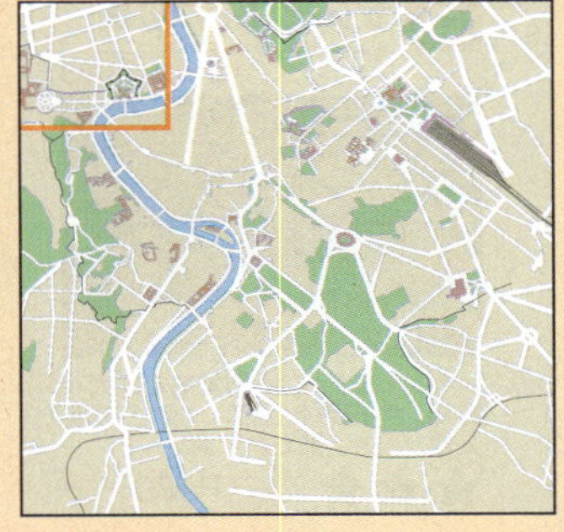

ヴァティカンとサンタンジェロ地区

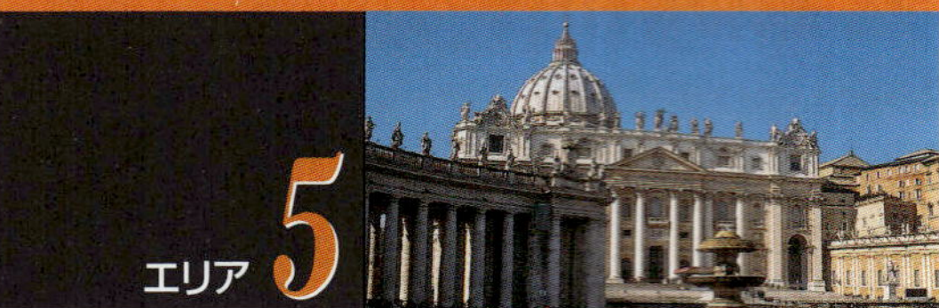

エリア 5

1 ピオ・クレメンティーノ美術館（ヴァティカン博物館内）

Museo Pio-Clementino

世界的にも名高い、歴代法王による古代彫刻コレクション。力強く躍動感あふれる作品群に注目。

★★ P.150

2 ラファエッロの間（ヴァティカン博物館内）

Stanze di Raffaello

人気画家ラファエッロが25歳から死ぬまで描き続けたフレスコ画が飾る。「宗教と哲学の理想」がテーマ。

★★★ P.153

3 システィーナ礼拝堂（ヴァティカン博物館内）

Cappella Sistina

法王の公的礼拝堂であり、絵画史上の大傑作、ミケランジェロによる「最後の審判」であまりにも有名。

★★★ P.155

4 絵画館（ヴァティカン博物館内）

Pinacoteca

ビザンチンから現代までのおもに宗教絵画を展示。とりわけ、ルネッサンス絵画が充実している。

★★★ P.158

N 0 100 200

Via Andrea Doria
レオーネ4世通り
V. Santamaura
V. Ostia
Via la Goletta
V. Fr. Caracciolo
Via Tunisi
Via Candia
V. Leone IV
V. Mocenigo
Via S. Veniero
Viale Vaticano
博物館出入口
1 ピオ・クレメンティーノ美術 Museo Pio-Clementino P.150
4 絵画館 Pinacoteca P.158
ピーニャの中庭
ヴァティカン市国 Città del Vaticano
ヴァティカン博物館 Musei Vaticani P.146
ピウス4世の館
科学アカデミー
ベルヴェデーレの中庭
鷲の噴水
P.153 2 ラファエッロの間 Stanze di Raffaello
ヴァティカ（非公開）
P.155 3 システィーナ礼拝堂 Cappella Sistina
クーポラ切符売り場
5 サン・ピエトロ P.za S.
P.161 6 サン・ピエトロ大聖堂 Basilica di S.Pietro
裁判所
宝物殿
Largo Paolo
法王の謁見ホール
Via d. Stazione Vaticana
L.go d. Cavall
Via Aurelia
Via P.ta Cavalleggeri

5 サン・ピエトロ広場

P.za S.Pietro

サン・ピエトロ大聖堂前の広大な広場。半円形の回廊に140人の聖人像が乗り、厳かな雰囲気。

★★★ P.160

6 サン・ピエトロ大聖堂

Basilica di S.Pietro

カトリックの聖地であり、数多(あまた)の芸術家により彩られた壮大華麗な大聖堂。クーポラへも上ってみよう。

★★★ P.161

7 サンタンジェロ城

Castel S.Angelo

城の上で剣を持った天使が羽を広げる「聖天使城」。周囲の風景と調和する景観はローマでも指折り。

★★ P.165

ヴァティカン博物館の入館待ちの行列回避！ オンラインで入館予約と切符購入

城壁に沿って長く、入館待ちの行列の続くヴァティカン博物館。'08年からの開館時間の延長により行列は緩和傾向にあるものの、ベストシーズンには行列は不可避。限られた時間を有効に使うなら、入館予約がベターだ。

予約方法

URL biglietteriamusei.vatican.vaから→ENTER→Online Ticket Officeに進むとヴァティカン博物館とシスティーナ礼拝堂（→P.165）の予約ができる。予約申し込みは見学日の60日前から、1回10人までの受付。

通常料金のほか予約料1人€4が必要。子供、学生などの割引切符の予約も可。予約申し込み後、メールで予約番号付きの予約確認書が送付されるので、見学当日は予約確認書を持参し、15分前に予約者専用入口から館内に入り、予約確認書を呈示して専用切符窓口で切符を購入する仕組みだ。見学日の予約変更も可能（72時間前まで。オンラインで1時間前まで）だが、見学受け入れに余裕があるときのみなので、希望の日時が取れる保証はない。人数変更不可。学生券などの割引券を予約した場合は、証明書を持参し専用窓口に呈示のこと。学生証などがない場合は、新たに通常切符を購入しなければならないので注意しよう。

●ヴァティカン博物館
住 Viale Vaticano
☎ 06-69883145
開 9:00〜18:00
(入館16:00まで)
最終㊐
9:00〜14:00
(入館12:30まで)
5〜7、9〜10月の㊎19:00〜23:00 ('18年は4/20〜10/26。入館21:30まで、要予約。→P.155)
休 ㊐(ただし毎月最終㊐は入館無料の開館日。1/1、1/6、3/19、復活祭当日('18年4/1)、復活祭の翌㊊、6/29、8/14、8/15、11/1、12/8、12/25、12/26(→P.154)
※復活祭の祝日は年により異なる移動祝日
料 €17、学生および25歳以下(要証明書)€8
6歳以下無料
URL www.museivaticani.va/content/museivaticani/en.html

学割を受けるには
割引切符は専用窓口(普通は一番右側)での販売のみ。学割(国際学生証を呈示)を使う場合は、列に並ぶ前に確認を。

最終㊐は入場料無料
数ある美術・博物館のなかでもとりわけ高額なので、上手に利用しよう。ただし、人混みは覚悟のうえで。

見どころNAVIGATOR

ヴァティカン博物館へは、地下鉄A線の終点チプロかひとつ手前のオッタヴィアーノ下車が便利(P.147も参照)。駅を出たら、標識と城壁に沿って進む。バス利用の場合は、博物館前に停車する49番のほか、多くのバスの発着するリソルジメント広場下車が便利。リソルジメント広場からは、城壁に沿って進み、坂道を登ると、左側に入口がある。(→P.147)

歴代法王による世界有数の博物館 MAP P.144、P.36 B1・2

ヴァティカン博物館 ★★★
Musei Vaticani ムゼイ ヴァティカーニ

世界でも指折りの博物館だ。歴代の法王がその財力を注ぎ込んで集めた、その時代の最高のプライベートコレクションの集大成。博物館は法王の住居、公式行事のための広間や礼拝堂のあるヴァティカン宮殿Palazzo Vaticanoにあり、また、時の法王が思いのままに増改築を行ったため、内部は迷路のよう。また、プライベートコレクションであったため、展示室は小さな部屋や細い廊下が多い。迷路のような見学コースは全長7km、総面積4万2000㎡にも及ぶ。そのため、混んでいる時には見学にかなりの時間がかかる。

◆「見学コースを決めよう」

本当に広い館内。そして、一方通行も多いので、まず見たいものを決めて、効率よく回ろう。疲れたら、館内のカフェテリアや芝生の緑がきれいなピーニャの中庭で休むのがおすすめ。

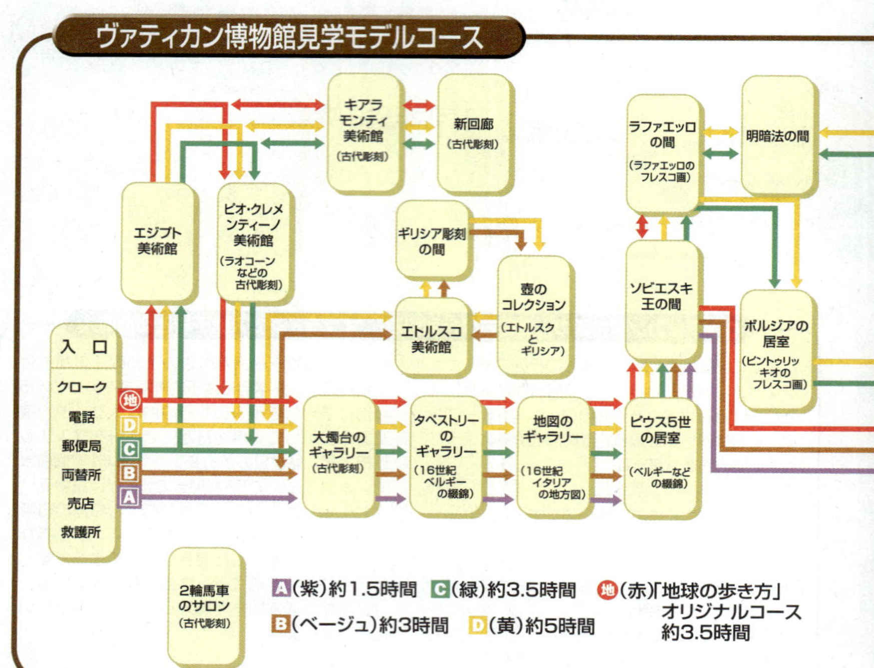

ヴァティカン博物館見学モデルコース

A(紫色)　所要時間：約1.5時間　主要展示室のみ

B(ベージュ)　所要時間：約3時間
コースAと絵画、歴史・民族分野(ラファエッロの間は含まず)

C(緑色)　所要時間：約3.5時間
コースAと彫刻とフレスコ画分野(絵画館は含まず)

D(黄色)　所要時間：約5時間　すべての公開中の展示室

地「地球の歩き方」オリジナルコース

一長一短のモデルコース。そこで見逃せない作品を選び効率よく回る、オリジナルコースを提案しよう。普通のペースで歩いて約3.5時間、早回りで2時間強程度だ。

まずは、Cコースをラファエッロの間まで進み、ラファエッロの間の後半はBコースに代えて絵画館の後、出口へ向かうプランだ。次に、具体的な見学順路を示そう。

■見学順路

入口→エジプト美術館→キアラモンティ美術館→新回廊→ピオ・クレメンティーノ美術館→大燭台のギャラリー→タペストリーのギャラリー→地図のギャラリー→ピウス5世の居室→ソビエスキ王の間→ラファエッロの間→システィーナ礼拝堂→キリスト教美術館→「アルドブランディーニの婚礼」の間→絵画館→出口

ACCESS

ヴァティカン博物館へバスで行くなら

492 テルミニ駅そばから
49 カヴール広場から
81 コーラ・ディ・リエンツォ通り、ヴェネツィア広場、コロッセオ、S.ジョヴァンニ門方面から(リソルジメント広場まで)

M 地下鉄で行くなら

A線チプロCiproまたはオッタヴィアーノOttaviano駅下車

どっちの地下鉄駅?

A線オッタヴィアーノ駅か次のチプロ駅下車。チプロ駅からは、Museiの矢印に従って階段を上がって、右に曲がり、さらに階段を上り、城壁沿いに坂を下ると右側に入口がある。オッタヴィアーノ駅からは、オッタヴィアーノ通りをサン・ピエトロ方面に進み、リソルジメント広場で右に曲がって城壁沿いを進む。

入館の列は博物館入口から、リソルジメント広場方面にできるので、行列のあとにつくには、オッタヴィアーノ駅下車が近い。

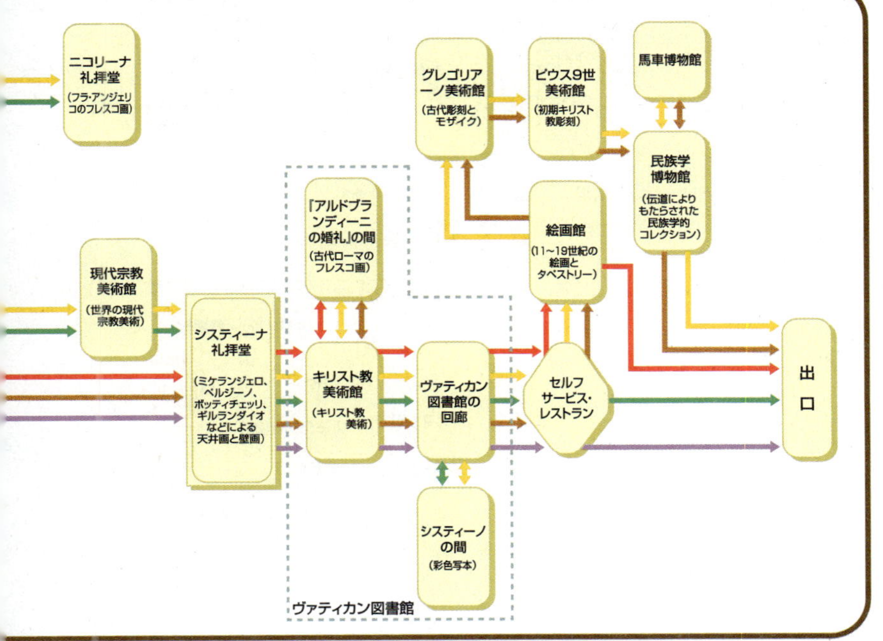

ヴァティカン案内図
郵便局
医務室
両替所
カフェテリア
トイレ
案内所
大学
モザイク工房
ヴァティカン政庁舎
ヴァティカン庭園
鷲の噴水
裁判所
科学アカデミー
ピウス4世の館
ピウス9世美術館
馬車博物館
民族学博物館
グレゴリアーノ美術館
絵画館
エジプト美術館
エトルスコ美術館(2F)
出口
入口
ピーガの間
サン・ピエトロ大聖堂
ヴァティカン宮殿
宝物館
システィーナ礼拝堂
大燭台のギャラリー(2F)
タペストリーのギャラリー(2F)
ヴァティカン図書館
オッタゴーネの中庭
地図のギャラリー(2F)
ベルヴェデーレの中庭
新回廊
ピーニャの中庭
法皇の謁見ホール
ブックショップ
ラファエッロの間(2F)
ボルジアの居室
明暗法の間
ニコリーナ礼拝堂
ギリシア彫刻の間
キアラモンティ美術館
ラファエッロの回廊
ピオ・クレメンティーノ美術館
エトルスコ美術館(2F)
サン・ピエトロ広場
ヴァティカン印刷所
スイス衛兵兵舎
入口付近拡大図
グレゴリアーノ美術館
絵画館
出口
クローク
ショップ
入口
カフェテリア
切符売り場(2階)
シモネッティの階段(上り階段)
ピオ・クレメンティーノ美術館

「地球の歩き方」オリジナルコースの順に見どころを解説

■エジプト美術館★　Museo Gregoriano Egizio ムゼオ・グレゴリアーノ・エジツィオ

グレゴリウス16世が、1839年に創設。規模は小さいながら、名前どおり古代エジプトを中心に発掘された埋葬品などを展示。廊下には、美しいメントゥホテプ王の頭部の彫刻（紀元前2000年）、ラムセス2世の母トゥイアの巨像『Tuia』（紀元前800年）を展示。古代ローマのエジプト趣味を受けた作品も見られ、興味深い。ハドリアヌス帝の東方趣味の表れの好例の、女神イシスの胸部やオシリス神の巨像はローマ時代（1～2世紀）に造られ、ティヴォリの帝の別荘を飾っていた物だ。

■キアラモンティ美術館　Museo Chiaramonti ムゼオ・キアラモンティ

ピウス7世が収集した約1000体の古代彫刻のオリジナルと模刻が、カノーヴァの陳列により並べられている。その配列は、今も当時のままだ。回廊右側のアテナ女神の大きな頭部はハドリアヌス帝時代の物で、ギリシアの彫刻家フィディアスのオリジナルをローマ時代に模刻した物。かつては、別の素材の胴部分にはめ込まれていた。

■新回廊　Braccio Nuovo　ブラッチョ・ヌオーヴォ

同じく、ピウス7世の計画により、ナポレオンがフランスに持ち帰った彫刻が1817年に返還されたのを期に、創設されたコレクション。新古典主義様式の回廊に、見事な彫刻が並ぶ。回廊右側、4番目のニッチ（壁龕）には、『プリマ・ポルタのアウグストゥス帝』Augusto di Prima Portaがおかれている。見事な装飾の鎧（よろい）を身にまとい、兵士に向かって話す像は、皇帝の死後（紀元後14年）に妃のリヴィアが造らせた物。1863年にフラミニア街道沿いの彼女のヴィッラで発見された。右側中ほどのブロンズ像の一対の孔雀は、おそらくハドリアヌス帝の霊廟（サンタンジェロ城）にあった物で、中世にはサン・ピエトロ大聖堂の中庭に置かれていた。回廊の端には、カノーヴァによるピウス7世像Pio Ⅶがある。回廊左奥から3番目にあるのは、ギリシア彫刻の模刻『傷ついたアマゾンの女戦士』Amazzone ferita。中ほどの「ナイル川」の大きな彫刻（1世紀）は、1513年にS.M.ソプラ・ミネルヴァ教会近くで発掘された。左側、入口3番目のニッチにあるのは、ギリシアのポリュクレイトスのブロンズ像『槍を持つ兵士』Doriforoの模刻。動と静が見事に調和したこの作品は、原作の求める"カノン"＝規範を忠実に再現し、コピーながらローマ時代の優れた作品だ。

『プリマ・ポルタのアウグストゥス帝』

ヴァティカン博物館ツアー現地申し込み

現地で直接申し込むなら、サン・ピエトロ広場手前（広場に向かって左側）のO.R.P./Opera Romana Pellegrinaggiの窓口で。優先入館。英・伊・独・仏語のオーディオガイドは別途€8。

●ヴァティカン博物館とシスティーナ礼拝堂

料 €30
6～18歳€21
休館日を除く9:00、10:00、11:00、12:00、13:00、14:00出発

窓口および集合場所

住 Piazza Pio Ⅶ 9
(Via della Conciliazione)
☎ ㈪～㈯06-69896358
㈰㈷　06-69896380
開 9:00～13:00
14:00～18:00
休 一部の㈷
URL www.operaromanapellegrinaggi.org

新回廊

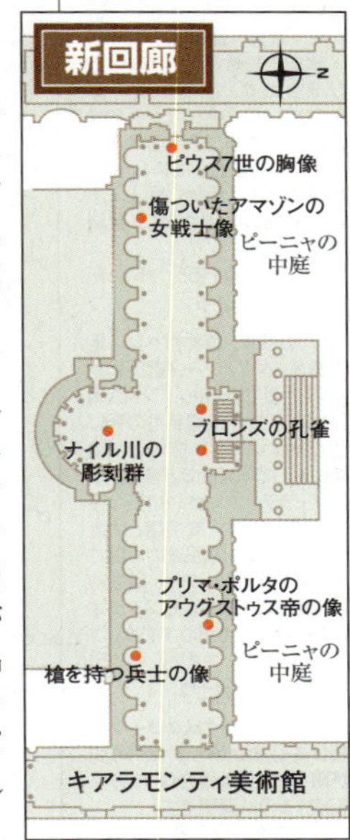

■ピオ・クレメンティーノ美術館 ★★ Museo Pio-Clementino
ムゼオ・ピオ・クレメンティーノ

クレメンス14世とピウス6世のコレクションによる、古代彫刻の傑作が並ぶ美術館。18世紀後半、ピウス6世が創設。見学は混雑緩和のため、逆回りで第Ⅷ室から第Ⅰ室の順で見学する。

Ⅹ室にある、ギリシアの彫刻家リュシッポスの『**競技者アポクシオメノス**』Apoxyomenosのローマ時代の模刻は、勝利後の放心状態を見事に捉えている。Ⅹ室にあるガラスの扉からは、ユリウス2世の命でブラマンテが設計したらせんのスロープがのぞける。馬に乗ったまま登れるように工夫されていて、おもしろい。

少し戻ってⅨ室から**八角形の中庭**Cortile Ottagono(**別名ベルヴェデーレの中庭**)に出よう。かつてのオレンジの茂る庭に、ユリウス2世が所有していた彫刻を運び込ませたのが、その始まりだ。その後、クレメンス14世がミケランジェロ・シモネッティに設計を依頼し、現在の八角形の形となった。すぐ左側には、有名な『**ベルヴェデーレのアポロ**』Apollo del Belvedereが、均整の取れた美しさと気品をたたえている。帝政ローマ時代の作品で、アテネのアゴラにあったブロンズ像の模刻だ。時計回りに一周しよう。『**ラオコーン**』Laocoonteは、ダイナミックな構成で圧倒される。1506年にコロッセオ近くのエスク

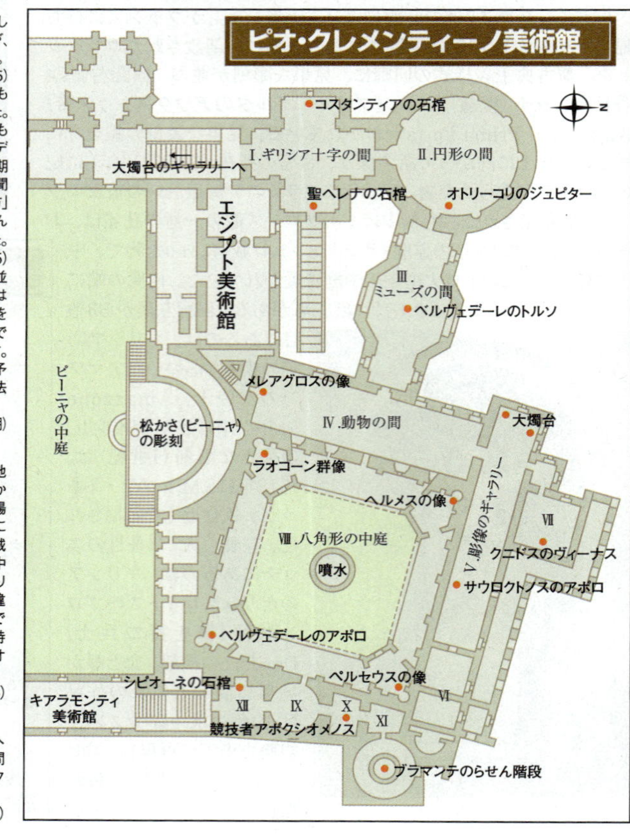

●ピオ・クレメンティーノ美術館
地 P.144、P.148、P.150

入口と切符売り場

入口はヴァティカーノ大通りViale Vaticanoにある。入口に向かって右が予約者入口。左(城塞に沿った坂道)が予約なし。切符売り場は2階。階段の上り口の脇に、当日の開館時間、各セクションの開館状況などが掲示されているので、チェックしよう。

入るとすぐにセキュリティチェック、2階に切符売り場、売店、郵便局がある。中に入ると、クロークがあり、大きい荷物などは預けるシステム。カメラの使用は可、フラッシュと三脚の使用には許可が必要。売店では、日本語のガイドブックも販売している。システィーナ礼拝堂とラファエッロの間をはじめとする主要見どころを中心に解説する日本語のオーディオガイド(€7)がある。

入館情報

ネットで9:30に予約しました。早く着いてしまいましたが、8:30に入ることができました。
(埼玉県　小林祥子　'15)

9月半ばに行きましたが、ものすごい行列で驚きました。時間を無駄にしないためにも予約をおすすめします。オーディオガイドを借りましたが、期待したものとは違い、結局聞かずじまいで、「地球の歩き方」を片手に見学しました。きちんと勉強してから行くべきでした。
(千葉県　醍醐圭一　'15)

事前予約せずに7:00から並びましたが、団体ツアーは9:00前から入館していくのを尻目に9:30まで入れませんでした。予約をおすすめします。切符売り場は団体、個人、予約の有無の区別はなく、無法状態でした。
(神奈川県　三森千夜子　'15　5月)

どう行く?

ヴァティカン博物館へは、地下鉄オッタヴィアーノ駅下車かバス81番でリソルジメント広場(終点)下車が入場待ちの列に並びやすいです。広場から城壁に沿って400mほど歩く途中にジェラテリア・オールド・ブリッジがあります。有名店とは違う、ローカルな雰囲気のお店です。味も量もバッチリ。待ち時間や帰りの一息に。ピスタチオとジャンドゥーヤがおすすめ。
(和歌山県　オオガシ　'15)

リュックは?

リュックサックはクロークへ預ける必要があります。時間が限られている場合はリュックを避けるのが賢明です。
(東京都　匿名希望　'15)

ィリーノの丘から発見され、そのすばらしさから発見直後にユリウス2世が買い上げ、コレクションに加えた。1世紀後半、ティトゥス帝の要望で、ロードスのギリシア人がローマに来て彫ったと記録が残っている。題材は、「ギリシア人が差し出した"女神アテナへの供え物"の木馬に、トロイアの司祭であったラオコーンが槍で一撃したため、怒ったアテナが蛇を送ってラオコーンとふたりの息子を殺した」というエピソードに基づいている。苦悩と絶望と最後の必死の抵抗がそのまま凍りついたようなポーズはインパクトがある。ローマ・ギリシア文化の復興を目指したルネッサンス期の芸術家、とりわけミケランジェロに大きな影響を与えた。さらに進むと、ハドリアヌス帝時代の模刻で、サンタンジェロ城近くから発見された、**『ヘルメス』**Hermes像がある。左の肩と腕にかけたマントは旅を象徴し、ヘルメスが神々の使者であることを示している。このため、ヘルメス像はしばしば墓の上にもおかれ、彼岸への旅の魂の道連れとされた。最後はカノーヴァの**『ペルセウス』**Perseoで、ピウス2世はナポレオンがローマから美術品を持ち去ったあと、カノーヴァに依頼した物。制作は1800年頃で、隣におかれた『ベルヴェデーレのアポロ』の影響が明らかだ。

『ベルヴェデーレのアポロ』

『ラオコーン』

順路に従って再び屋内に入ろう。左右が「動物の間」Sala degli animali、左の部屋の一番奥の**『メレアグロス』**Meleagro像は、紀元前4世紀頃のギリシアのスコパス原作の模刻と考えられるが、一見に値する。右の部屋奥からは「彫像のギャラリー」Galleria delle statueに通じている。パラティーノの丘から発見された、トカゲを殺す**『サウロクトノスのアポロ』**Apollo "Sauroktonos"や、ティヴォリのハドリアヌス帝のヴィッラにあった一対の大燭台など、優れた作品がある。ギャラリーから「仮面の小部屋」Gabinetto delle Maschereに通じ、**『クニドスのヴィーナス』**Venere di Cnido(原作プラクシテレス)の模刻がある。再び「動物の間」に戻って、次の「ミューズの間」Sala delle Museに進もう。中央で目を引くのは、**『ベルヴェデーレのトルソ』**Torso del Belvedere。紀元前1世紀の物で、「アテネのアポロニウス作」と彫られており、ミケランジェロが称賛し、システィーナ礼拝堂で裸身のフレスコ画を描く際、このトルソより着想を得たという。

「動物の間」

さらに進むと、「円形の間」Sala Rotondaだ。シモネッティの設計(1780年)で、パンテオンをイメージして、直径22mの円屋根が乗っている。ここで注目は、入ってすぐ左側の**『オトリーコリのジュピター』**

オーディオ・ガイド

オーディオ・ガイド(€7)は日本語もあり、主要作品の約350を網羅。じっくりと見学したい場合には、理解を助けてくれる。レンタルには、免許証、パスポート(コピー不可)、クレジットカードなどのデポジットが必要。係員によっては日本語で使用方法を説明してくれる。使用方法は掲示されている作品番号を入力、PLAYボタンを押して、該当作品の説明を聞く仕組みでリピートも可能だ。館内数ヵ所でレンタルしているが、早めに借りるのが得策。借りる場所と返す場所は異なるものの、出口近くに返却場所が設けられている。

✉ 切符売り場のおつりゴマカシ

友人がおつりごまかしにあいました。€16(当時)の切符なので€20札を出すと、コインが4枚来たので当然€1が4枚と思ってその場を離れてしまった。ところが、確認すると€1が2枚、€0.50が2枚で€1不足! 美術・博物館でも気を抜けないと思ったできごとでした。
(東京都　むく)

出口は「ウシータ」

絵画館を出たら、「出口」uscitaの案内に従って進むと、クロークや洗面所のある出口のホールに出る。

『ベルヴェデーレのトルソ』

Giove di Otricoliの胸部だ。続いて最後の「ギリシア十字架の間」Sala a Croce Grecaには、キリスト教を公認したコスタンティヌス帝の母、聖ヘレナの石棺Sarcofago di S.Elenaと帝の娘コスタンティアCostanzaの石棺がある。

見学後は、正面のシモネッティの階段を上がり、真っすぐ進もう。

■大燭台のギャラリー　Galleria dei Candelabri　ガッレリア・デイ・カンデラブリ

名前どおり、各室のアーチの下にふたつの大きな燭台がある。燭台はS.コスタンツァ教会とサンタニェーゼ教会にあった物。展示スペースは、1800年代に改築された部分で、大理石の円柱や天井画も美しい。展示品は2～3世紀にローマを中心に制作された彫像や石棺が中心だ。

■タペストリーのギャラリー　Galleria degli Arazzi　ガッレリア・デッリ・アラッツィ

以前は、ラファエッロの下絵に基づいてブリュッセルで織られたタペストリーが飾られていた。現在はクレメンス7世の時代にラファエッロの弟子たちの下絵により同じ工房で織られたものに替えられている。タペストリーの主題は、「キリストの一生」。

彩やかなタペストリーのギャラリー

■地図のギャラリー　Galleria delle Carte Geografiche　ガッレリア・デッレ・カルテ・ゲオグラフィケ

16世紀の後半、グレゴリウス13世がイニャッツィオ・ダンティ(数学者、宇宙学者、建築家)に描かせたイタリア各地方と教会所有の土地の地図40枚が、幅6m、長さ120mの回廊の左右に並んでいる。地図の正確さとともに、ローマの勢力拡大の歴史を示し、興味深い。

地図のギャラリーにて

■ピウス5世の居室　Appartamento di S.Pio V　アパルタメント・ディ・サン・ピオ・クイント

かつてピウス一族が使用した部屋で、現在はタペストリーや陶器を展示。

■ソビエスキ王の間　Sala Sobieski　サラ・ソビエスキ

壁には大きなタペストリーがかかっている。1683年にウィーンでトルコに勝利したポーランド王ソビエスキを描いた物。

見どころNAVIGATOR

ソビエスキ王の間に続く「無原罪のマリアの間」Sala dell'Immacolataを通り抜けると、「ラファエッロの間」の第4室だが、1年の多くはここからすぐ外に付けられた通路を進み、通路の端から第4室に入って逆から順に見学する。混雑のない時期のみ、1～4室まで自由に行き来して見学できる。

天井画が美しい大燭台のギャラリー

両側の壁にはイタリア各地の地図の絵が続く地図のギャラリー

✉ヴァティカン博物館は予約を

オンラインで予約。クレジット決済までできるので、切符は購入というよりも引き換えです。(ネット上にクレジット決済についていろいろ情報があるので、手続きは簡単)
(香川県　藤田由子)

予約をしないと数時間待ちはザラです。ぜひ、予約を。印刷したバウチャーを見せれば並ばずに入れます。入った入口左手で、バウチャーを入場券に交換するのをお忘れなく。
(岩手県　tetsulove)

12/29、8:20頃に行き、8:40頃から見学を開始することができました。全室を見てシスティーナ礼拝堂にたどり着いたのが正午過ぎ。さら礼拝堂を丹念に見て外に出たのは17:00過ぎでした。
(東京都　ドラゴン)

✉午後の閉館にご注意を

私が行った時は、午後から絵画館が閉まりました。先に絵画館見学がいいかも。いつも意外に人が少なく、ゆっくりと見られます。ツアーでは絵画館へ行かないようです。
(香川県　tobe)

■ラファエッロの間★★★　Stanze di Raffaello
スタンツェ・ディ・ラファエッロ

ユリウス2世が、自らの居室にラファエッロにフレスコ画を描かせたので、この名前が付いている。部屋は4室からなる。

ユリウス2世は1508年に、25歳のラファエッロに制作を依頼し、彼の死（1520年）後、1524年に弟子たちの手により完成された。第1室と第4室は工房が描いたといわれ、ラファエッロの本領が発揮されているのは第2室と第3室だ。

第1室「コンスタンティヌスの間」Sala di Costantinoには、『コンスタンティヌス帝の洗礼』Battesimo di Costantino、『ミルヴィオ橋の戦い』Vittoria di Costantino su Massenzio a ponte Milvio、『十字架の出現』Apparazione della Croce a Costantino、『皇帝の教会への寄進』Donazione di Costantinoが描かれている。いずれもラファエッロの死後に弟子たち、とりわけジュリオ・ロマーノが師の構想をもとに描いた。

第2室「ヘリオドロスの間」Stanze di Eliodoroは、ユリウス2世の書斎と寝室で、1514年に完成。**『神殿から追放されるヘリオドロス』**Cacciata di Eliodoro、**『法王レオとアッティラの王の対面』**Leone Magno ferma l'invasione di Attila、は大部分が弟子たちの手による。ラファエッロの自筆は2点で、1263年の奇跡を表した**『ボルセーナのミサの奇跡』**Messa di Bolsena、ラヴェンナの戦いで捕虜になったレオ10世を描いた**『聖ペテロの救出』**Liberazione di S.Pietroだ。とりわけ後者は、その光の効果もすばらしく、代表作のひとつに数えられる。

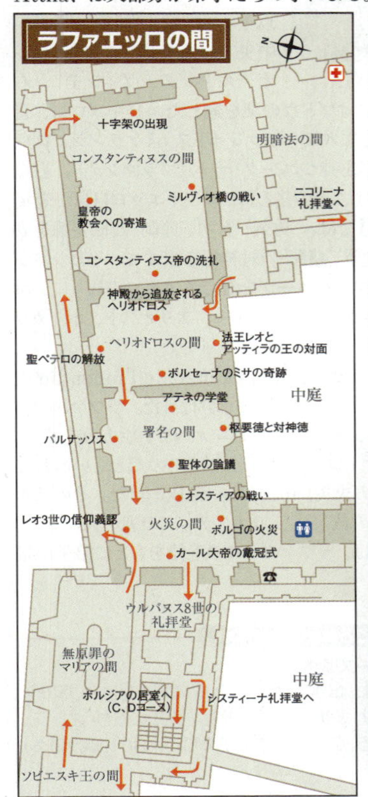

●ラファエッロの間
地 P.148、P.153

✉ヴァティカン博物館で現代美術を観賞

「現代宗教美術館」には、近現代美術のすばらしい作品が多く収蔵されています。マティス、シャガール、キリコ、ダリ、ベーコンなどの有名アーティストの作品がズラリ。場所がシスティーナ礼拝堂の手前のため、多くの人がショートカットルートを足早に通過して行きます。人が少ないチャンスを利用して近現代美術をじっくりと堪能してはいかが？
（神奈川県　yt_tani　'15）

『神殿から追放されるヘリオドロス』。左の駕籠に乗っているのはユリウス2世

ラファエッロの手による『ボルセーナのミサの奇跡』

✉オーディオガイド利用法

オーディオガイドは片手に持って耳に当てるタイプなので、ガイドブックを見ながらの鑑賞はできませんが、イヤフォンジャックがあり、iphone用のイヤフォンを使うことができました。
（栃木県　HIROKI-H）

光の効果が見事な『聖ペテロの救出』

2018年ヴァティテカン博物館　休館日
1/1、1/6、1/7、1/14、1/21、2/4、2/11、2/18、3/4、3/11、3/18、3/19、4/1、4/2、4/8、4/15、4/22、5/1、5/6、5/13、5/20、6/3、6/10、6/17、6/29、7/1、7/8、7/15、7/22、8/5、8/12、8/14、8/15、8/19、9/2、9/9、9/16、9/23、10/7、10/14、10/21、11/1、11/4、11/11、11/18、12/2、12/8、12/9、12/16、12/23、12/25、12/26

✉予約者の入口と見学順路

予約ズミの人は入口までドンドン進みましょう。入口右側の列が予約者専用です（表示あり）。ほとんど行列はできていませんでした。時間はあまり関係ないようで、予約時間の20分程前でしたが、予約書を見せるとスルスルと入場できました。セキュリティチェックを抜けて、2階の切符売り場に行くと「すでに支払いズミ」ということで、ここも超短時間でクリア。

予約したおかげで簡単に入れたものの、内部は団体客が多くビックリの混雑ぶり。ただ、システィーナ礼拝堂、絵画館など、おもなところは大きな表示があるので、迷うことはありません。どこも混雑していますが、団体客は早めに移動するし、行く所は同じ……。やっぱり、ラファエッロの間からシスティーナ礼拝堂が一番の混雑でした。

私的には最初に絵画館→歩き方のモデルコース→システィーナ礼拝堂→大聖堂の見学順路が効率的だと思います。
（東京都　山田千代子　'16）

第3室の「署名の間」Stanza della Segnaturaはラファエッロが1508年に最初に着手した部屋で、およそ3年後に完成させた。すべて自筆でルネッサンス芸術の主要作品のひとつにも挙げられる。人間精神の最も崇高な3つのカテゴリー'真''善''美'をそれぞれ表したのが**『聖体の論議』**Disputa del Santissimo Sacramento(神の真理)、**『アテネの学堂』**Scuola di Atene(理性の真理)、**『枢要徳と対神徳』**Virtù Cardinali e Teologali(善)、**『パルナッソス』**Parnaso(美)である。『聖体の論議』の画面右側に居並ぶ聖職者のなかにはユリウス2世やシクストゥス4世に交じってダンテやサヴォナローラ、フラ・アンジェリコなどの顔が描かれている。

ラファエッロの手による「署名の間」に描かれた『聖体の論議』

ラファエッロ作『アテネの学堂』

『アテネの学堂』は、古代の科学者や人文学者が一堂に会する学問の理想郷を描いた物。画のなかの古代ギリシアの哲学者に当時のルネッサンスを代表する画家の肖像を重ねて描いており、興味をそそる。以下( )内は、当時の人物だ。中央左、天を指すプラトン（レオナルド・ダ・ヴィンチ）、右はアリストテレス、階段下にはブドウの葉を冠したエピキュロス、書物に向かうピタゴラス、少し離れてヘラクレイトス（ミケランジェロ）、右側にはひざまずきコンパスを持つユークリッド（ブラマンテ）、右端の白いマントの人物（ソドマ）、その後ろにはラファエッロ自身が登場している。『枢要徳と対神徳』では、'勇気''賢明''節制'の枢要徳を表す女性の寓意像と'信仰''希望''慈悲'の対神徳を表すキューピッドが描かれている。『パルナッソス』のハープを奏でるアポロの周りに、ホメロス、ダンテ、ヴェルギリウス、サッフォー、アリオスト、ボッカッチョなどが描かれている。

ジュリオ・ロマーノが仕上げたといわれる『ボルゴの火災』

最後の第4室「火災の間」Stanze dell'Incendio di Borgoは、作業の大部分を工房が行った。ラファエッロ自ら描いたとも、またはラファエッロは下絵のみを描き、愛弟子ジュリオ・ロマーノが仕上げたのだともいわれるのが、**『ボルゴの火災』**Incendio di Borgoだ。そのほかの『カール大帝の戴冠式』、『オスティアの戦い』、『レオ3世の信仰義認』は、ラファエッロの下絵をもとに弟子が描いた物。

✉ラファエッロの間は9:00から

博物館は8:30開館ですが、9:00まではシスティーナ礼拝堂直行ルートのみで、ラファエッロの間などは9:00以降にならないと見学できません。
（東京都　SYSYK）['18]

見どころNAVIGATOR

「地球の歩き方」オリジナルコース順路

ラファエッロの間のあとは、順路に従って「ウルバヌス8世の礼拝堂」Capella di Urbano Ⅷを通り抜ける。左右の通路と階段のどちらもシスティーナ礼拝堂へと通じている。Cコースは階段を下りて、ほかの展示室へ向かう。

■システィーナ礼拝堂★★★　Cappella Sistina
カペッラ・システィーナ

ヴァティカン美術館の最高傑作。1994年に長期にわたる修復を終え、ルネッサンス期の色彩そのままによみがえった。礼拝堂は15世紀後半、シクストゥス4世の命により建造された。**法王選挙＝コンクラーベ**の行われる場所でもある。礼拝堂は縦40.23m、横13.41m、高さ20.7m、取り囲む天井、壁面それぞれが力強い画面構成で圧倒される。そして何よりもミケランジェロの才能と技量、忍耐に同じ人間として感動を受けるに違いない。

天才、ミケランジェロに圧倒されるシスティーナ礼拝堂

側壁は、当時もてはやされていたボッティチェッリ、ギルランダイオなどの有名画家が担当し、『モーゼ伝』、『キリスト伝』を描いた。1508年、ユリウス2世は天井をフレスコ画で飾ることを決め、ミケランジェロに依頼した。しかし、法王による霊廟を手がけていた最中のミケランジェロは、乗り気でなかったという。そこで、法王は霊廟建設を中止させ、執拗な説得を続けた。法王の強引さに負けたミケランジェロが、4年後の1512年に完成。ミケランジェロは33歳から37歳までの4年間、助手を使わずひとりで礼拝堂に籠り、法王をはじめ誰にも途中経過を見せなかったという。その後、ミケランジェロ60歳の時に、クレメンス7世とパウルス3世の依頼により、再びローマに呼ばれ、西側の大画面に『最後の審判』を描いた。

■ミケランジェロの天井画　Affreschi di Michelangelo
アフレスキ・ディ・ミケランジェロ

天井に向き合う無理な姿勢を4年間も続け、困難を重ねて描き慣れないフレスコ画に苦労したことがうそのようにすばらしい作品。優れた彫刻家のもつ立体感や量感が、2次元の絵にも遺憾なく発揮されて

ミケランジェロの天井画
注：写真は見上げた構図なので、絵柄は右の配置図と左右が反対になっています。

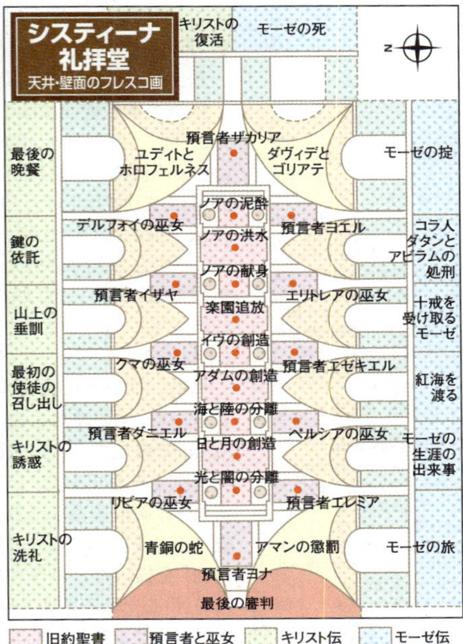

●システィーナ礼拝堂
地 P.148、P.155

2018年夜間開館日
19:00〜21:30
(閉館23:00)
4/20、4/27、5/4、5/11、5/18、5/25、6/1、6/8、6/15、6/22、7/6、7/13、7/20、7/27、8/3、8/10、8/17、8/24、8/31、9/7、9/14、9/21、9/28、10/5、10/12、10/19、10/26
※要予約(→P.145)
※絵画館などは閉鎖。見学ルートに制限あり。

✉システィーナ礼拝堂は大きな声や帽子禁止
ラファエッロの間とシスティーナ礼拝堂は、時間によっては歩くのも大変なほどの混雑です。システィーナ礼拝堂では警備員が、帽子、大きな声でのおしゃべり、床に座ること、写真やビデオ撮影を厳しく注意していましたので、気をつけて下さい。さて、私はこの2ヵ所のスケールの大きさと人いきれで疲労困憊（こんぱい）。疲れが出る前に、見学するのがおすすめです。また、壮大な迫力を味わうためには、オペラグラスなどがあるとより楽しめます。
（早起き）['18]

『アダムの創造』

『楽園追放』

いる。また、近年の修復・洗浄作業の結果、ミケランジェロの天才的な色彩使いも明らかになった。ルネッサンス芸術の最高傑作と呼ばれ、多くの芸術家に多大な影響を与えた。

当初ユリウス2世のプランでは、キリストの12使徒を天井に配すものであったが、ミケランジェロは天地創造から人類再生の歴史を描くことを考え、これが実行された。天井画の核となる中央の大きな9画面は旧約聖書から題材を得た。西側(『最後の審判』のあるほう)から、『光と闇の分離』Divisione della luce dalle tenebre、『日と月の創造』Creazione degli astri、『海と陸の分離』Separazione delle acque dalla terra、**『アダムの創造』**Creazione di Adamo、『イヴの創造』Creazione di Eva、**『楽園追放』**Peccato originale、『ノアの献身』Sacrificio di Noè、『ノアの洪水』Diluvio universale、『ノアの泥酔』Ebrezza di Noè。この大画面を囲むように左右に5つと東西両端にひとつずつ合計12の矩形に旧約聖書の預言者profetaや巫女sibillaが描かれている。『最後の審判』の上の『預言者ヨナ』Gionaから、時計回りで、『リビアの巫女』Sibilla di Libia、『預言者ダニエル』Daniele、『クマの巫女』Sibilla Cumana、『預言者イザヤ』Isaia、『デルフォイの巫女』Sibilla Delfica、『預言者ザカリア』Zaccaria、『預言者ヨエル』Gioele、『エリトレアの巫女』Sibilla Eritrea、『預言者エゼキエル』Ezechiele、『ペルシアの巫女』Sibilla Persica、『預言者エレミア』Geremiaだ。コーナーの三角形のスパンドレルやその下のルネッタには旧約聖書の登場人物が描かれている。

■『最後の審判』Giudizio Universale ジュディツィオ・ウニヴェルサーレ

祭壇の奥の壁面にはミケランジェロの傑作『最後の審判』がある。『天井画』から24年後、60歳を過ぎてから取りかかったミケランジェロはおよそ横13m、縦14.5mの画面を450に分割し、1区画を1日と決め、450日あまりで仕上げたという。当初、キリストをはじめいくつかの裸体像が描かれていたが、スキャンダルの種となり、ピウス4世の命によって腰布が加筆されたが、近年の修復により一部は取り除かれほぼ完成当時のままを見ることができる。

当時、ローマはカール5世による「ローマの略奪」Sacco di Romaで破壊され、宗教改革の嵐が吹き荒れていた。ミケランジェロは腐敗堕落した教会の権威に怒りを込めてこの『最後の審判』を描いたという。"地上最後の日"を怒れるキリストの裁きの時としたこのフレスコ画には、神の恩恵に値しない現実世界に対する、ミケランジェロの苦悩

ミケランジェロ作『最後の審判』

✉ システィーナ礼拝堂からサン・ピエトロ大聖堂への裏ルート

システィーナ礼拝堂からサン・ピエトロ大聖堂への近道の裏ルートがあります。以前はオーディオガイドを借りる際に入口でパスポートを預けるシステムだったので、出口でパスポートを回収する必要があり、このルートを利用することができませんでした。2015年1月に再訪した時はオーディオガイド本体に盗難防止アラームが付き、パスポートを預けなくて済むシステムに変更されていました。システィーナ礼拝堂の右手の出口から階段を下りて行くと下にオーディオガイドの回収箱があり、ここに返却すればOKです。すなわち、オーディオガイドを利用した人もシスティーナ礼拝堂からサン・ピエトロ大聖堂へ直接行ける裏ルートを通ることが可能になりました。サン・ピエトロ大聖堂の正面入口の手荷物検査は長蛇の列ができていますが、この裏ルートは手荷物検査がなく、とても楽です。

(東京都　児玉隆夫　'15)

✉ 見学順路は!?

システィーナ礼拝堂から大聖堂へ出るのが効率的だが、それだと図書館、絵画館、ミュージアムショップなどはあきらめることになる。そこでわざと2周(礼拝堂→絵画館→礼拝堂→大聖堂)すると、外へ出て大聖堂へ行くより、行列回避ができて効率的かも。

ちなみに、礼拝堂のわかりにくい出口は「向かって右は大聖堂へ、左は図書館方面」。

(千葉県　yossie)

と批判が込められているかのようだ。劇的な構図、ねじれた人体、強烈な明暗による画の中央にはマリアと聖人を従えたキリストが審判を下し、右側には選ばれた人が天へと昇り、左側は罪深い人が地獄へ落ちていく。キリストの足元はバルトロメオ。この聖人は皮をはがされて殉教した。彼が掲げる人間の皮に描かれているのは、ミケランジェロの自画像といわれている。

ペルジーノ作『鍵の委託』

南北の壁面

礼拝堂の窓の下には、当時の有名画家の手になる壁画が並ぶ。北面、祭壇右には**『キリスト伝』**Storie di Cristoと題し、6枚のフレスコ画が描かれている。祭壇寄りから、ペルジーノ作『キリストの洗礼』、ボッティチェッリ作『キリストの誘惑』、ギルランダイオ作**『最初の使徒の召し出し』**、コジモ・ロッセッリ作『山上の垂訓』、ペルジーノ作**『鍵の委託』**、ロッセッリ作『最後の晩餐』の順に並ぶ。南面、祭壇左は、**『モーゼ伝』**Storie di Mosèで、ペルジーノ作『モーゼの旅』、ボッティチェッリ作『モーゼの生涯の出来事』、ロッセッリ作『紅海を渡る』、同『十戒を受け取るモーゼ』、ボッティチェッリ作**『コラ人ダタンとアビラムの処刑』**、ルカ・シニョレッリ作『モーゼの掟』となっている。

ギルランダイオ作
『最初の使徒の召し出し』

✉ 入館者の特権！システィーナ礼拝堂から大聖堂へ

P.155の礼拝堂の図上でいくと、左下の『キリストの洗礼』側から入場し、中央上の『モーゼの死』側がサン・ピエトロ大聖堂やクーポラへ、博物館へは『キリストの復活』の方向へ進みます。クーポラへは6月の夕方16:00頃で行列待ちは600m。閉門1時間前でしたが、エレベーターと階段を上がってクーポラからの眺めを楽しみ、下りは上りと違う階段で大聖堂のなかへ下りてきました。階段をたくさん上り下りしますが、段差は低く、蹴り上げが広いので、あまりきつさは感じませんでした。
（和歌山県　オオガシ　'15）

✉ 簡単に言うと

右の出口から大聖堂へ続いています。

広い礼拝堂を抜けると、突き当たりの左右に扉があります。右が大聖堂への近道、左はもとに戻ります。
（東京都　山田千代子　'16）

ミケランジェロとユリウス2世　column

ヴァティカンを含め、ローマが誇る芸術品、美術品、都市景観などを語るとき、ミケランジェロとユリウス2世の存在を抜きにすることはできない。

ユリウス2世は即位後間もなく、ミケランジェロを呼んで、S. ピエトロ・イン・ヴィンコリ教会内に自らの墓の制作を依頼した。おおいに乗り気になったミケランジェロは自らカッラーラの石切り場に出かけて大理石を選ぶなど、準備に余念がなかった。しかし、法王はS. ピエトロ大聖堂の再建に没頭し、墓への興味を失って、大理石の代金さえ払おうとしなかった。そんなユリウス2世に誇り高きミケランジェロは怒り、故郷のトスカーナへ引き上げてしまったという。その後間もなく、システィーナ礼拝堂をフレスコ画で飾ろうと考えた法王は、ミケランジェロにこの仕事を依頼した。しかし、前回の一件から拒否し続けたミケランジェロも法王のたび重なるなだめや脅しの末、3年後の1508年に不承不承ローマに戻り、驚異的な集中力と技術で、わずか4年後の1512年10月には旧約聖書を題材とした800平方メートルに及ぶ大天井画を完成させた。制作の間、鍵をかけて孤独な作業を続け、法王の入室さえ拒んだという。完成した天井画を見に礼拝堂に足を踏み入れた人々は、そのスケールの壮大さに息をのんだといわれる。

ふたりの関係は、決して友好的とはいえない。しかし、ユリウス2世の強引さと意志の強さ、天才ミケランジェロが歴史の一時期同居したのは、人類にとっておおいなる幸いといえよう。

■ヴァティカン図書館　Biblioteca Apostolica Vaticana ビブリオテーカ・アポストリーカ・ヴァティカーナ

システィーナ礼拝堂から順路に従って進むと、ヴァティカン図書館の一角に出る。この図書館は、**「キリスト教美術館」**、**「図書館の回廊」**、「**システィーノの間**」などを含む長い廊下と、付随するいくつかの展示室からなり、キリスト教会史に関する資料や古書、かつて教会で使っていた古い道具や金属製品、象牙細工などを展示している。

廊下を進むと間もなく左に、**『アルドブランディーニの婚礼』の間**だ。パウロ5世が1611年に創設し、かつてアルドブランディーニ枢機卿が所有していたので、この名前が付いた。部屋の奥にかかるのがアウグストゥス帝時代のフレスコ画**『アルドブランディーニの婚礼』**Nozze Aldobrandineで、当時の富裕階層の婚礼支度の様子が自然なタッチで描かれている。ほかに、「オデュッセイ」Odisseaから題材を取った、紀元前1世紀頃の数枚のフレスコ画がある。一方、廊下の中ほどから右に続くのは、シクストゥス5世が図書閲覧のために作らせた、**「システィーノの間」**Salone Sistinoだ。現在、多数の写本や手書きの飾り文字本、教会の発行した古い貨幣などが、ガラスケースに陳列されている。長い廊下の終わり、シモネッティの階段の手前で左の絵画館の中庭に出よう。

ヴァティカン図書館の回廊

■絵画館★★★　Pinacoteca　ピナコテーカ

1932年にピウス11世が創設し、11〜19世紀の絵画とタペストリーを収蔵。その母体は、18世紀後半にピウス6世が設けたものの、ヴァティカンのおもだった作品はナポレオン軍によって持ち去られてしまった。続くピウス7世は1815年のウィーン会議の後、カノーヴァに命じて運び去られた多くの名作を取り戻した。

人気のあるこの絵画館の必見作品を見学順に紹介しよう。第2室の**『ステファネスキの祭壇画』**Trittico Stefaneschiは、13世紀のジョットとその弟子の作品で、サン・ピエトロ大聖堂の前身のコンスタンティヌスのバジリカの主祭壇を飾っていた物。第4室のメロッツォ・ダ・フォルリがフレスコに描いた**『奏楽の天使』**は、優美な作品。

フォルリ作『奏楽の天使(リュートを弾く天使)』

ジョットと弟子たちの作『ステファネスキの祭壇画』

ちょっとひと息

ヴァティカン図書館から続く階下には、軽食も取れるセルフサービスの休憩所がある。

施設も充実の館内

館内にはトイレやクロークのほか、休憩所、セルフレストラン(ピッツァも)、カフェテリア、郵便局、両替所、ブックストアなどもあるので、ゆっくり見学するのがおすすめ。

●絵画館

地 P.148

✉回る順番

私が思うベストの回り方は①システィーナ礼拝堂へ直行　②カフェでしばし休憩　③再見学です。
(神奈川県　三森千夜子　'15)

✉無料の最終日曜日は?

以前の投稿で「午後には行列がない」という情報を信じて行きました。11:30頃に到着したときは博物館の壁を半周するほどの大行列!!たくさんの人がいても入れると期待して待っていましたが、12:30にはきっちり閉められてしまいました。私たちを含め、たくさんの人が入れず呆然としていました。時期にもよると思いますが、無料日は覚悟して行ったほうがよさそうです。
(愛知県　もこちゅ)

第7室はラファエッロの師、ペルジーノ。続く、第8室はラファエッロの作品で占められている。正面の3つの作品の一番右側が『**聖母戴冠**』Incoronazione della Vergineで、1503年にラファエッロが20歳で描いたもので、師匠ペルジーノの影響がまだかなり感じられる作品だ。一方、左側の『**フォリーニョの聖母**』Madonna di Folignoは、名声を得て自己の作風を確立した時期の作品で、優雅で調和に満ちた、ラファエッロ独自の「人間性」の表現が見て取れる。中央の大作が絶筆の『**キリストの変容**』Trasfigurazioneで、高貴と栄光の光に包まれて昇っていくキリストと、地上に残された人々の驚きと混迷の、ふたつの場面の対比が生み出すドラマチックな印象は、すでに17世紀絵画の前触れといえる。また、ラファエッロが下絵を描き、ブリュッセルの工房で織らせたタペストリーや、「神・望・愛」の神学的徳を擬人化した板絵の小品などが飾られている。第9室には、レオナルド・ダ・ヴィンチの1480年頃の未完の傑作『**聖ヒエロニムス**』San Girolamo、第10室にはティツィアーノの『**フラーリの聖母**』La Madonna col Bambino e Santi/Madonna di Frari（1528年頃）、第12室にはカラヴァッジョ1604年頃の『**キリスト降架**』Deposizioneなどの優れた作品がある。

『フォリーニョの聖母』（左）と『キリストの変容』（中央）、『聖母戴冠』（右）はじっくりと鑑賞しよう

カラヴァッジョ作『キリスト降架』

ダ・ヴィンチ作『聖ヒエロニムス』

見どころNAVIGATOR

ヴァティカン博物館から次の目的地サン・ピエトロ大聖堂までは約1㎞、徒歩で約10分だ。博物館の門を出て、右へ進もう。ヴァティカンの壁に沿って進むと、サン・ピエトロ広場だ。

車椅子利用は

車椅子利用者は入場無料。行列なしで優先入場ができるので、直接入口へ向かおう。また、窓口では無料で車椅子の貸し出しあり。身分証明書を預けるだけでOK。予約不可で台数分のみ利用可。URL www.museivaticani.vaには車椅子でのルート案内もあり。

あると便利、オペラグラス

システィーナ礼拝堂の「最後の審判」など、高い場所にある芸術作品を鑑賞する時には双眼鏡やオペラグラスなどがあると便利。小さくたためるオペラグラスなら荷物にもならない。

オペラグラスは

天井画を鑑賞するため、精度の高い小型双眼鏡を用意して行きました。野外では申し分ありませんでしたが、教会などの薄暗い場所では明度が足りず、せっかくのシスティーナ礼拝堂の天井画も肉眼より暗く見え、あまり役立ちませんでした。購入の際は、精度よりも室内でよく見えるものを選べばよかったと思いました。

（東京都　美術愛好者）

迷ったら……

館内は広い！　要所には、館内表示があるが、迷ってしまったら、一番の見どころのシスティーナ礼拝堂Sistinaや出口Uscitaの看板を探そう。システィーナ礼拝堂は混雑によっては、見学は一方通行で、あと戻りはできないので、丹念に見学していこう。

あまた
数多の聖人像が見守る優美な広場

MAP P.144、P.36 B2

サン・ピエトロ広場 ★★★

Piazza San Pietro ピアッツァ サン ピエトロ

クーポラから眺めたサン・ピエトロ広場。遠くには、カストロ・ロマーニの丘陵が見える

左右に2列、284本の柱が並ぶ、楕円形の大きな**サン・ピエトロ広場**。長径240mの回廊の上の像は高さ3.2m。カトリック教会の総本山であるサン・ピエトロ大聖堂を飾るこの空間は、荘厳で美しい。まるで、両の手で迎えられ、守られているかのようだ。

壮大なスケール、機能と美しさ、そして親しみやすさを併せ持つ、この広場を設計したのはバロックの巨匠ベルニーニ。サン・ピエトロ大聖堂再建後40年を経て、法王アレクサンドル7世の命により、1656年に着手、1667年に完成。

中心に立つ**オベリスク**は、1世紀にエジプトから運ばれ、サン・ピエトロが逆さ十字に架けられた場所におかれた。かつて聖堂の南にあったものを、1586年にドメニコ・フォンターナがここに移設した。オベリスクも、左右の**噴水**も、回廊の上に並ぶ**140の歴代の法王と聖人の像**も、変わっていない。

サン・ピエトロ殉教の地におかれたオベリスク

30万人を収容できるという広場には、1年中世界各地からの観光客や巡礼者が絶えることなく、日曜や聖日にはパパ(法王)のミサに参列し、祝福を受けようとする人々でいっぱいになる。

広場の噴水は、マデルノ(右)とフォンターナ(左)の製作

ACCESS

S.ピエトロ広場へバスで行くなら

40(急行) 64 テルミニ駅、ナツィオナーレ通り、ヴェネツィア広場、V.エマヌエーレ2世通りから

115 トラステヴェレから

40番のバスが便利

テルミニ駅からは急行バス40番が便利。乗り場はテルミニ駅前広場のバスのホームGで、ここが終始点。バスはヴェネツィア広場、トッレ・アルジェンティーナ広場などに停車し、正面にサン・ピエトロ大聖堂を見て、終点。ここで全員下車。再びこのバスでテルミニ駅へ戻る場合は、大聖堂正面から真っすぐ延びるコンチリアツィオーネ通りをサンタンジェロ城手前まで戻った、ピア広場Piazza Pia／Borgo Sant'Angeloが乗り場。下車した場所からピア広場まではバスには乗車できない。

バス64番もテルミニ駅では、40番乗り場そばのホームHが終始点。バスはサン・ピエトロ広場を越えて、サン・ピエトロ駅まで向かうので、川を渡り、トンネルをくぐったサン・ピエトロ広場南側のポルタ・カヴァレッジェーリPorta Cavalleggeriの停留所で下車。バスの進行方向右側に進むと、広場だ。

64番のバスは下車する停留所がややわかりづらく、混むことも多い。40番のバスなら、終点下車なのでわかりやすく、車内も比較的すいている。

おもしろスポット

広場の左右2ヵ所、石畳の間に丸い石が埋め込まれている。ここに立つと、広場を囲む回廊の4列の柱が重なって1列に見え、広場がより大きく感じられる。ベルニーニのアイデアだ。

✉ サン・ピエトロのクーポラのテラス

クーポラへ上がる途中のテラスにはバール、売店、トイレあり。売店は尼僧の方が対応してくれますし、すいているのでゆっくりおみやげ選びができました。私は頂上までは上がれませんでしたが、息子が上ってきて、360度のパノラマが広がる写真見せてもらうと法王様がお散歩するという庭園なども見られて絶景です。
(静岡県　Y.A　'17)

入口は大聖堂に向かった右奥にあります。360度の景色はすばらしく、ぜひおすすめします。
(兵庫県　久保田哲文　'16)

荘厳なるカトリックの総本山  P.144、P.36 B1·2

サン・ピエトロ大聖堂 ★★★
Basilica di San Pietro バジリカ ディ サン ピエトロ

荘厳なサン・ピエトロ大聖堂とオベリスク

カトリック教会の総本山として、規模、装飾ともに、世界屈指の荘厳な宗教建築だ。

現在、サン・ピエトロ大聖堂の建つ場所は、ローマ時代には共同墓地で、64年頃にこのあたりで、サン・ピエトロ(聖ペテロ)が異教の罪によりネロ帝によって逆さ十字に架けられたという。その後、キリスト教を公認したコンスタンティヌス帝は、サン・ピエトロの殉教の地に聖堂を建てさせ、アッピア街道沿いのカタコンベに安置されていた聖ペテロの遺体を聖堂地下の墓に埋葬し直した。こうして、サン・ピエトロ大聖堂の前身のコンスタンティヌス帝の聖堂Basilica di Costantinoは315年に工事が始まった。

最初の聖堂は5つの廊をもち、現在の身廊と側廊に相当する大きさを誇ったものの、時代とともに古くなり倒壊の危険もでたため、ユリウス2世GiulioⅡは、建築家ブラマンテに命じ1506年に教会再建に着手した。当初の計画は、縦横が同じ長さのギリシア十字架形で、ブラマンテはクーポラの支柱4本とその上のアーチを完成させただけで、亡くなってしまう。

サン・ピエトロ大聖堂

デッラ・ポルタ作 パウロ3世の墓
ベルニーニ作 ウルバヌス8世の墓
ベルニーニ作 聖ペテロの椅子
コロンナ礼拝堂
ベルニーニ作 ブロンズの天蓋
ベルニーニ作 アレクサンドロス7世の墓
カノーヴァ作 クレメンス13世の墓
聖ヴェロニカの像
聖エレナの像
マデルノ作 主祭壇
聖アンドレアの像
聖ロンジーノの像
地下遺跡入口
宝物館入口
聖ペテロの像
宝物館
クレメンティーナ礼拝堂
秘蹟の礼拝堂
ベルニーニ作 小壁龕
地下遺跡出口
クーポラへのエレベーター
クーポラの切符売り場
ポッライウォーロ作 イノケンティウス8世の墓
マティルダの墓
システィーナ礼拝堂
聖セバスティアーノの礼拝堂
クーポラ出口
クリスティーナの墓
G.マンズー作 死の扉
フィラレーテ作 ブロンズの扉
ミケランジェロ作 ピエタ
聖なる扉
カール大帝騎馬像
ジョット作 小舟のモザイク
コンスタンティヌス帝騎馬像

●サン・ピエトロ大聖堂
住 Città del Vaticano
☎ 06-69883731
開 4/1〜9/30 7:00〜19:00
10/1〜3/31 7:00〜18:30
(日曜ミサおよび宗教祝日には入場制限の場合あり)

●ヴァティカンのⓘ
住 Piazza S. Pietro
☎ 06-69882019
開 8:30〜18:15
休 ㊐㊗ 地 P.144

✉ 大聖堂入場情報
ヴァティカン博物館の休館日はサン・ピエトロ大聖堂は空いています。多くの人が同日に観光しようとするので、休館日は穴場かも。
(兵庫県　田中玄一)

トイレ情報
サン・ピエトロ広場、聖堂に向かって左側、ⓘの近くにある。右側、郵便局そばにもあり。

サン・ピエトロ大聖堂では服装とセキュリティのチェックあり

ノースリーブ、ミニスカート、短パンなどの肌を露出した服装では入場できない。ビーチサンダル不可の場合もあるので注意。また、大きな荷物(バックパックなど)を携行しての入場もできない。セキュリティチェック(金属探知機によるボディチェックとバッグなども開ける)も行われているので、係員の指示に従おう。通常は10～20分程度の行列待ちがある。ただし、法王のミサが行われる場合や宗教行事の際などは、信者が多数訪れるため1時間待ちの場合もある。

ノースリーブやミニスカートの場合は、大判のスカーフなどで肌を隠せばOKなので、別にスカーフやカーディガンなどを持参するのもいい。

✉ 大聖堂の服装チェックとクーポラ

服装チェックは厳密で、かなり入れない人を見かけました。やはり宗教施設への入場には敬意を払わないといけないですね。その後クーポラに上りました。モザイク画が近くて感動!! 階段も上ってさらに上へ。巨大な像が立ち、ローマの眺めをひとり占めして、感激しました。階段がきついので、エレベーター利用をおすすめします。クーポラの最上部近くにはトイレ、水飲み場、売店があり、ゆっくり過ごすことができました。
(大阪府　梶浦理津子)

✉ おみやげ探しなら

ヴァティカン美術館からサン・ピエトロ寺院へ向かう通りには、キーホルダー、絵はがき、文具などみやげ用の小物を扱う店がたくさん並んでいます。お店によって扱っている物が違うので、見るだけでも楽しいです。
(匿名希望　'15)

✉ 大聖堂入場情報

12/30朝一番でサン・ピエトロ大聖堂へ。8:00に入場。8時台に行くと並ばずにスムーズに入場できます。オーディオガイドの貸し出しは9:00から。9時台になると大聖堂の入場は長蛇の列になっていました。オーディオガイドを利用して大聖堂、地下納骨堂、クーポラなどをじっくり見学して5時間かかりました。
(東京都　ドラゴン)

早朝がおすすめです。8:00前に着いたので、まだ人もまばら、セキュリティチェックも2～3分で通過。クーポラから見下ろすローマ市街は、朝で空気が澄んでいるためかとてもはっきりときれいに見えました。クーポラを下りた9時前には、すでにセキュリティチェックに行列ができていました。
(東京都　松本康弘)

ブラマンテの死後、ラファエッロ、ペルッツィ、サンガッロなどが工事を受け継いだものの、設計プランの変更などにこだわり、以降1546年、法王パウルス3世の命によりミケランジェロの就任まで工事は棚上げされた。**ミケランジェロ**はブラマンテのプランを生かしつつ、現在見られる中央に巨大な**クーポラ**(円屋根)を乗せる計画を立てた。彼の死後、工事はジャコモ・デッラ・ポルタやカルロ・マデルノに引き継がれ、1626年にウルバヌス8世によって献堂された。

■ファサード★★

コンクラーベで新法王が選出されるときの発表に使われる祝福の開廊(中央のバルコニー)

大聖堂正面の柱廊へと続く前階段はベルニーニの作。柱廊上には9つのバルコニーが並ぶ。**祝福の開廊**と呼ばれる中央のバルコニーは、コンクラーベで新しい法王が選出されるとここから発表される。

ファサードは8本の円柱と、上部に欄干が施されたまぐさ式構造を支える角柱が強調されいてる。ファサード上部には、キリストと洗礼者ヨハネ、ペテロを除く**11使徒の像**が立つ。入口柱廊の左右の端には、**カール大帝**と**コンスタンティヌス帝**の騎馬像。

聖年(2000年)に開けられた「聖なる扉」

ファサードには、5つの扉がある。左から、20世紀にマンズーによる「死の扉」、「善と悪の扉」、中央はフラーテによる旧サン・ピエトロ聖堂から移設した物、次が「秘蹟の扉」、一番右の扉は**「聖なる扉」**Porta Santaで、聖年の始めと終わりに法王の手で開閉される特別な扉だ。中央の入口には、15世紀にフィラレーテによる見事なブロンズの扉がはまっている。上部の小舟のモザイクはジョットのオリジナルであったが、17世紀に作り直された物。

■内部★★★

奥行211.5m、総面積1万5160㎡の広い内部見学には、たっぷりの時間が必要だ。聖堂全体の広さを感じるには、**法王の祭壇**Altare papaleあたりから眺めるのがよい。

荘厳な内部では係員の指示に従おう

入口の右側が「ピエタの礼拝堂」Cappella della Pietà di Michelangeloで、キリストの死を悼む聖母像『**ピエタ**』Pietàがある。ミケランジェロ25歳、1499年の傑作だ。続いてC.フォンターナによる17世紀の「スウェーデン女王クリスティーナの墓」、「聖セバスティアーノの礼拝堂」、ベルニーニの設計による「カノッサのマティルデの墓」、内部にベルニーニによる小壁龕のある「秘蹟の礼拝堂」、カノーヴァの代表作のひとつである「クレメンス13世の墓」などが並ぶ。

ミケランジェロ作『ピエタ』

後陣の中央には『**聖ペテロの椅子**』Cattedra di S.Pietroが安置されている。ベルニーニによるブロンズと金の装飾に囲まれた椅子は、実際は9世紀後半に皇帝カールから法王ヨハネ8世に贈られたもの。

『ブロンズの天蓋』の右奥に「聖ペテロの椅子」が見える

椅子の右側にはベルニーニ作、「**ウルバヌス8世の墓**」、左側にはグリエルモ・デッラ・ポルタの代表作「**パウロ3世の墓**」がある。一方、左サイドには「コロンナ礼拝堂」、ベルニーニによる「アレクサンドル7世の墓」、「クレメンティーナ礼拝堂」、アントニオ・ポッライウォーロらよる「イノケンティウス3世の墓」などがある。

内部でひときわ目を引くのが、ベルニーニによるねじれを加えた29mもの高さを誇る4本の柱で形作られた『**ブロンズの天蓋**』Baldacchino di Bronzoだ。その真下のC.マデルノによる祭壇の下には「**聖ペテロの墓**」Tomba di S.Pietroがあり、**最も神聖な場所**とされている。

クーポラを支える4本の柱の下部の壁龕には、主祭壇を囲むように聖人像が配されている。右の身廊寄りには、ベルニーニによる「聖ロンジーノの像」。角柱の身廊側の「聖ペテロの像」は、右足に触れると幸福になるといわれている。右後陣寄りには「聖エレナの像」、左後陣寄りに「聖ヴェロニカの像」、左身廊寄りに「聖アンドレアの像」がある。

「聖ペテロの像」。最近は近づけなくなった

■宝物館　Museo del Tesoro di S. Pietro　ムゼオ・デル・テゾーロ・ディ・サン・ピエトロ

左側、「クレメンティーナ礼拝堂」近くに聖具室Sagrestiaと続いて宝物館への入口がある。たび重なる略奪で、多くの宝物が持ち去られているのは残念だが、今なお数々の秀作を見ることができる。エルサレムの神殿でキリストが持たれたといわれる「聖なる柱」、6世紀東ローマ帝国の皇帝からローマに寄贈された、金と宝石で飾られた美しい「十字架」をはじめ、石棺、燭台など、歴代の法王の宝物や宗教儀式の用具などが展示されている。

教会など宗教施設拝観時の注意

日本人観光客に「静粛令」を出したこともあるS.ピエトロ大聖堂。今や日本人のみならず世界からの観光客に業を煮やしたのか、現在では入口に係員が立ち、ふさわしくない者の入場は拒否する。S.ピエトロ大聖堂などは特に厳しいが、教会やカタコンベを拝観するときには次のことに気をつけよう。

①ノースリーブ、短パンなどの露出度の高い服装は避ける。ビーチサンダルも不可。
②バックパックなどの大きな荷物は持ち込まない。
③大声を出さない。
④走らない。
⑤ミサを行っている場合、大きな教会ならその礼拝堂以外を拝観する。小さな教会など、教会によっては拝観をやめ、出直す。(教会により、ミサの時間は観光客の入場を認めない場合もある)

信者でない者が拝観させていただくのだから、謙虚な気持ちを忘れないように。

秘蹟の礼拝堂

祈りをささげる信者のみ入場が許されている。見学だけの者は遠慮しよう。

●宝物館

開 夏季8:00～19:00
　冬季8:00～18:15
料 €6

●地下遺跡

サン・ピエトロの墓、ネクロポリ、コンスタンティヌスのバジリカ Tomba di S.Pietro, Necropoli Vaticana (precostantiniama) e Basilica Costantiniana

開 ㊊～㊎9:00～18:00
　(最終入場16:15)
　㊏　9:00～17:00
　(最終入場15:30)
休 ㊐、1/1、1/6、8/14、8/15、8/16、11/1、11/2、12/8、12/24～12/27、12/31
料 €13
※見学は、要予約。大聖堂正面右の事務所Ufficio Scavi または e-mail scavi@fsp.va または Fax 06-69873017で申し込み。15歳以下は見学不可

●クーポラ
開 4～9月
エレベーター 8:00～18:00
階段 8:00～17:00
10～3月
エレベーター 8:00～17:00
階段 8:00～16:00
料 エレベーター €10
階段 €8
健康な人でも苦しいほどの登りが続く。高齢者や心臓の悪い人にはすすめられない。

クーポラ情報

クーポラの切符売り場は、サン・ピエトロ大聖堂正面柱廊右奥。内部には入らずに、入口から脇に進もう。エレベーター利用でも、300段以上の階段が続き、一部やや狭い部分もある。クーポラに描かれたフレスコ画や広い堂内を上から眺めながらゆっくり進もう。とりわけ、ブロンズの天蓋の姿には圧倒させられる。クーポラの最上部分は広くはないものの、360度のパノラマが広がり、ローマの町からヴァティカン庭園まで詳細に見ることができる。クーポラ近くは広々としており、売店やバールもあるので絵はがきを書いたりと、ゆっくりと過ごす人もいる。下りのエレベーターは上りと場所が違い、聖堂内部に着く。

✉トイレ情報

クーポラを上る途中、エレベーターを下りた所にあります。
（大阪府　ウィステリア）

■地下遺跡　Grotte Vaticane　グロッテ・ヴァティカーネ

クーポラの下「聖アンドレアの像」の下には、地下遺跡への入口がある。現在、一般に公開しているのは一部で、法王の墓や初期キリスト教時代の石棺、コンスタンティヌスのバジリカの遺構の一部などが見られる。1940～57年にかけて大規模な調査が行われ、旧バジリカの床や聖ペテロの墓などが確認された。また、最初のサン・ピエトロ大聖堂がネロ帝の競技場の上に築かれたのではなく、1～4世紀の古墳の上に築かれたことも判明した。

■ミケランジェロのクーポラ（円屋根）★★　Cupola　クーポラ

大聖堂の向かって右サイドにクーポラへのエレベーターと切符売り場がある。クーポラの高さは地上132.5m、直径42.5m、頂上からはローマを一望するすばらしい眺めが広がる。

下のテラスからミケランジェロのクーポラを望む

クーポラの下のテラスまでは、階段のほかにエレベーターもあるが、テラスから頂上への92mの高さは、自分の足で上らなければならない。途中、円屋根の内側に巡らされた通路からは、ベルニーニの天蓋を見下ろし、円天井を飾るモザイクを近くから眺められる。やがて通路は外と中側の二重の隙間に入り、急ならせ

人の見えるところがクーポラの展望台（頂上のテラス）

クーポラへの通路

サン・ピエトロ大聖堂　巨大な建造物と資金調達　column

世界で最も大きな教会建築のS.ピエトロ大聖堂。巨大さは疑いないものの、一度内部に入ってしまうと、あまりの大きさにその正確な寸法を把握するのは難しい。正面の柱廊を除き、全長192.76m、3つの廊を含んだ幅は58m、身廊の天井の最も高い部分は44.5m。さらに驚くのは、クーポラを支える4本の巨大な柱のひとつがS.カルロ・アッレ・クァットロ・フォンターネ教会（ボッロミーニ作）全体よりも大きいということだ。聖堂の巨大さを少しは想像できるかもしれない。おもしろいことに、この巨大さが床にも表してある。床の廊の中心軸に沿って、アプシスを起点にして測った世界のおもだった教会の大きさが金属の文字で示されている。

ミケランジェロの手になるクーポラは、直径42m、床からの高さはおよそ120mにも及び、徒歩で上がると優に30分もかかってしまうほどだ。「大きいことはいいことだ」とは、言い切れないが、とにかくこの大きさには圧倒される。敬虔な気持ちというよりも、「よくぞこれほどに大きくて豪華な教会が造れたものだ」という気持ちが先にたつ。

S.ピエトロ大聖堂の再建に当たっては、莫大な資金が必要だった。ユリウス2世の後を継いだレオ10世は工事を続けるために、ドイツの銀行家フッガー家から資金を借りる契約を結んだ。そして、経済難に陥った教会は免罪符を売ることで、この危機を乗り越えようと考えたのだった。フッガー家が売り上げの半分を受け取るという取り決めの下、免罪符はドイツを中心に売りさばかれた。やがて、免罪符は良心的な聖職者のカトリック教会への不信と造反を招き、宗教改革の引き金となったのだった。

ん階段や傾斜のため体を傾けるような上りが続き、頂上のテラスに到着する。ここからは、ローマ最高のすばらしい眺めが広がる。

クーポラからの眺め

■庭園とガイド付き見学

一般公開していない、**庭園見学**をガイド付きで実施している。ガイド付き見学は博物館とシスティーナ礼拝堂と庭園、庭園のみの2種。事前予約が必要だ。詳細はサン・ピエトロ広場の❶やサン・ピエトロ広場前のO.R.P.窓口で。**法王の謁見**を希望する場合は、法王庁の聖省長官の事前の許可が必要。(→P.167)サン・ピエトロ広場右側の回廊のブロンズの大扉から入るオフィスに申し出る。また、法王の謁見はローマの各旅行社実施のツアーもある。

ヴァティカン政庁舎と緑深き庭園

見どころNAVIGATOR

サン・ピエトロ大聖堂の正面に延びる、広いコンチリアツィオーネ通りVia della Conciliazioneを行くと、左前方にサンタンジェロ城が見えてくる。この通りは「カトリックの総本山にふさわしい参道を」と、ムッソリーニが建設を命じ、5000人が移住を余儀なくされたほどに、多くの建物を取り壊して造られ、1950年の聖年を機会に聖別された。

大天使が見守る聖天使城　MAP P.145、P.37 B3

サンタンジェロ城　★★
Castel Sant'Angelo　カステル サンタンジェロ

テヴェレ川の右岸に堂々とその威容を誇る**サンタンジェロ城**。2世紀の初めにハドリアヌス帝が自分自身とその後のローマ皇帝の霊廟(びょう)として造らせたもの。カラカラ帝までの皇帝がここに埋葬された。霊廟(びょう)はアウレリアヌス帝の時代には、改築され要塞としての役割が大きくなっていった。天使Angeloの名が付いたのは、ローマにペストが猛威を振るった590年のある日、法王グレゴリウスGregorio Iを先頭に歩いていた行列がこの近くに差しかかったところ、大天使ミカエルが空に現れて疫病の終息を告げたことに由来する。やがてペストは治まり、この天使のお告げに感謝して廟の上に礼拝堂が献堂された。すでに要塞として使われていたため、その後サンタンジェロ城として呼ばれるようになっていった。

当初はローマの皇帝の霊廟だったサンタンジェロ城とサンタンジェロ橋

ヴァティカン庭園見学

申し込みはURL www.museivaticani.vaのトップページ→VILLA GIARDINI→GIARDINI VATICANIから庭園のみ、バスでの見学、庭園＋ヴァティカン博物館などから希望のコースを選択して予約(㊌㊐を除く)。庭園見学は所要約2時間、料金€33(ヴァティカン博物館の入場券を含む)など。

ヴァティカンツアー　ミニバスでの庭園見学とヴァティカン博物館の優先入場

ヴァティカン博物館の休館日を除き'18年1/2～4/7 10:30、4/9～11/4 11:00、12:00、11/5～12/30 10:30の出発(1時間前に集合)。所要45分、その後ヴァティカン博物館に優先入場して自由見学。
集合場所 サン・ピエトロ広場前のPiazza Pio XII(→P.149)
料 ヴァティカン庭園＋ヴァティカン博物館＋システィーナ礼拝堂
€48(6～18歳　€34)
(オーディオガイド込み。英・伊・仏など。日本語なし)
※なるべく予約。身分証明書持参のこと
予約e-mail romacristiana@orpnet.org
URL www.operaromanapellegrinaggi.org

ヴァティカン博物館でも販売

ヴァティカン博物館の切符売り場で庭園と博物館のセット券を購入しての見学も可能。

✉それなりの体力必須

サン・ピエトロ大聖堂のクーポラに上がるにはエレベーター利用でも、階段をかなり上がるので、それなりの体力が必要です。途中の売店がある所のトイレはすいているのでおすすめ。
(静岡県　ケースタイル　'16)

●サンタンジェロ国立博物館

住 Lungotevere Castello 50
☎ 06-32810
開 9:00～19:30
休 1/1、12/25
料 €10、18歳以下無料
(特別展の場合変更あり)
※切符売り場18:30まで。毎月第1㊐無料

天使たちに見守られながらサンタンジェロに向かう

中心の塔には、剣をさやに収めるブロンズ製の天使像が立つ。この像は18世紀の模刻であり、オリジナルは内部に展示。その後10世紀には**ヴァティカンの軍事的な要塞**となり、**法王の避難場所**として使われるようになった。さらに13世紀にはレオニーネの城壁Mura Leonineの上に、ヴァティカンと直結する避難通路ができた。

一方、城の堡塁(ほうるい)は15世紀の終わり頃に増強され、このおかげで神聖ローマ皇帝カール5世 Carlo Ⅴの**「ローマの略奪」**の間、法王クレメンス7世 Clemente Ⅶは城内で持ちこたえたのだった。周囲の五角形の囲いは16世紀後半にピウス4世の時代に造られ、現在は公園となっている。

■内部

城の内部は**サンタンジェロ国立博物館**Museo Nazionale di Castel S.Angeloになっている。ハドリアヌス帝の時代に造られたらせん状のスロープに沿って下ろう。途中には、中世に牢獄として使われた名残の4つの通風口も見られる。やがて、城の中心の「天使の中庭」Cortile dell' Angeloに出る。1753年まで城の上に立っていた天使像とかつての兵器であった大理石の玉が置かれている。ここから青銅器時代から現代の武器を展示した武器博物館Armeriaへ通じている。また、庭に面してミケランジェロが設計し、ルネッサンス様式の像がある「レオ10世の礼拝堂」Cappella di Leone Ⅹにも通じている。隣の「井戸の中庭」Cortile del Pozzoからは、"歴史的牢獄" Prigioni storicheに達する。階段をやや上るとピウス4世の巡回廊で、この内側の部屋はかつて法王に仕える聖職者の家族用でその後、牢獄として使われていた。この巡回廊は外側に付けられているので、ここからの眺めがよい。回廊からはパウロ3世やユリウス2世の廊下に通じている。ユリウス2世の廊下からは、16世紀の前半にパウロ3世が造らせた**豪奢な住居**Appartamento di Paolo Ⅲへ通じ、見事な暖炉、15~16世紀の家具、法王庁の財宝を保管した金庫などがある。 さらにローマ時代の階段を上るとテラスに出る。すぐ間近に頂上の天使像が見える。帰路下りの途中に、跳ね橋を渡ると堡塁(ほうるい)に出られ、サン・マルコの堡塁(ほうるい)Bastione di S.Marcoからは、レオニーネの城壁の上に造られ、ヴァティカンと城を結んだ通路Passettoがよくわかる。再び下ると出口だ。

✉ヴァティカン郵便局

サン・ピエトロ広場の両脇に郵便局があります。絵はがきや法王などのオリジナルの切手も売っていて、その場で出すことができます。もちろん椅子やテーブルもあるので、落ち着いて書くことができます。 (東京都　抹茶)

ヴァティカン博物館出口付近にあるヴァティカン郵便局は切手の種類が豊富です。このヴァティカンやローマから手紙を送ると東京には約2週間後に到着しました。

(東京都　ドラゴン)

ヴァティカンの要塞としての歴史をもつ

✉サン・ピエトロ大聖堂、行くなら朝!

2月中旬の日曜にサン・ピエトロ大聖堂に行きました。9:00過ぎにセキュリティチェックの列に並び始め、約10分で入場、9:30頃にクーポラの切符売り場に並んだところほぼ待ち時間なしでした。10:30には100メートル以上の列ができていたので快適に観光するなら朝がおすすめです。

(神奈川県　ナオ)

天使像が飾る風情ある橋　MAP P.145、P.37 B3

サンタンジェロ橋 ★★

Ponte Sant'Angelo　ポンテ サンタンジェロ

サンタンジェロ城の前、テヴェレ川に架かる天使像に飾られた風情ある橋。ハドリアヌス帝の霊廟（びょう）とともに造られ、かつてはエリオ橋Ponte Elioと呼ばれていた。1450年の聖年の際、サン・ピエトロに向かう巡礼者で混乱し、200人の死者を出す惨事となった。このあと橋の周辺は整備され、17世紀にクレメンス9世Clemente Ⅸがベルニーニに橋の欄干を飾る天使像のデザインを依頼し、橋は現在の形となった。ベルニーニ自身で2体の像が彫られ、法王は原作が傷むのを望まず、コピーを据えさせた。オリジナルはスペイン広場近くのS.アンドレア・デッレ・フラッテ教会S.Andrea delle Fratteにある。

ベルニーニ作の天使像（コピー）

サンタンジェロ橋

見どころNAVIGATOR

橋を渡って直進すると、広いヴィットリア・エマヌエーレ2世通りVia Vittorio Emanuele Ⅱだ。ここからはバスでヴェネツィア広場、テルミニ駅などに出ることができる。

ACCESS

V.エマヌエーレ2世通りからバスに乗るなら

62 ヴェネツィア広場、コルソ通り、バルベリーニ広場へ

40 64 ヴェネツィア広場、ナツィオナーレ通り、テルミニ駅へ

もっと知ろう、親しみのあるヴァティカン市国　column

パパ(法王)に会いに行こう

'13年3月に誕生した、フランシスコ法王

2013年に誕生したフランシスコ法王。親指を立ててほほ笑む姿がトレードマーク。聖職者とは思えない、陽気で飾らない人柄は信者の圧倒的な支持を得ている。法王謁見の日は、サン・ピエトロ広場は立すいの余地のないほどのにぎわい。謁見後の人々の晴れやかな笑顔がその人気のほどを示し、法王の写真が路上で売られるほどだ。庶民ならずもエリザベス女王、オバマ前大統領、プーチン大統領など各国の首脳もヴァティカン詣。これは法王の影響力の大きさを示しているのだ。

法王にお会いできるのは、サン・ピエトロ広場または謁見の間で水曜10:30～（約1時間30分）に行われる（状況によりすべての水曜ではない）

法王謁見 Udienza Pontificiaで事前の切符入手が必要。

予約方法

URL www.vatican.va/various/prefettura/index.en.htmlの申し込み書に必要事項を記入し、同URL記載の住所Preferrura della Casa Pontificia, 00120 Città del VaticanoまたはFax 06-6988-5863へ送付。返信を持参して前日の15:00～19:00、当日は7:30～サン・ピエトロ大聖堂の事務所Ufficio istituito internamente（大聖堂右側ブロンズの大扉Portone di Bronzoそば）で入場券と交換。

※切符は無料。原則として要予約。サン・ピエトロ広場での催行の場合は当日でも入場の可能性あり。

地球の歩き方 ホームページの使い方

海外旅行の最新情報満載の「地球の歩き方ホームページ」！ガイドブックの更新情報はもちろん、各国の基本情報、海外旅行の手続きと準備、海外航空券、海外ツアー、現地ツアー、ホテルなどの旅行手配情報や、「地球の歩き方」が厳選したスーツケースや旅行用品もご紹介。クチコミ情報や旅行記、掲示板、現地特派員ブログもあります。

URL http://www.arukikata.co.jp/

■ 多彩なサービスであなたの海外旅行、海外留学をサポートします！

「地球の歩き方」の電子掲示板（BBS）

教えて！ 旅のQ&A掲示板 by旅スケ

「地球の歩き方」の源流ともいえる旅行者投稿。世界中を歩き回った数万人の旅行者があなたの質問を待っています。目からウロコの新発見も多く、やりとりを読んでいるだけでも楽しい旅行情報の宝庫です。

URL http://bbs.arukikata.co.jp/

旅行記、クチコミなどがアップできる「旅スケ」

WEB 上で観光スポットやホテル、ショップなどの情報を確認しながら旅スケジュールが作成できるサービス。旅行後は、写真に文章を添えた旅行記、観光スポットやレストランなどのクチコミ情報の投稿もできます。

URL http://tabisuke.arukikata.co.jp/

航空券の手配がオンラインで可能

航空券のオンライン予約なら「アルキカタ・ドット・コム」。成田・羽田他、全国各地ポート発着の航空券が手配できます。期間限定の大特価バーゲンコーナーは必見。また、出張用の航空券も手配可能で、最短で出発 2 時間前まで予約できます。

URL http://www.arukikata.com/

現地発着オプショナルツアー

地球の歩き方 Travel

効率よく旅を楽しむツアーや宿泊付きのランドパッケージなど、世界各地のオプショナルツアーを取り揃えてるのは地球の歩き方ならでは。観光以外にも快適な旅のオプションとして、空港とホテルの送迎や、空港ラウンジ利用も人気です。

URL http://op.arukikata.com/

旅行用品の専門通販ショップ

地球の歩き方ストア

「地球の歩き方ストア」は「地球の歩き方」直営の旅行用品専門店。厳選した旅行用品全般を各種取り揃えています。「地球の歩き方」読者からの意見や感想を取り入れたオリジナル商品は大人気です。

URL https://store.arukikata.co.jp/

留学・ワーキングホリデーの手続きはおまかせ

利用実績累計25万人！ 地球の歩き方 成功する留学 GIO CLUB Study Abroad

無限のプランがあなたの留学を成功させる！地球の歩き方「成功する留学」は語学留学、海外進学、ワーキングホリデーなどの海外留学を総合的にサポートします。無料セミナーや個別カウンセリングを随時開催しています！

URL http://www.studyabroad.co.jp/

LAのディズニーリゾートやユニバーサルスタジオ入場券の手配

地球の歩き方 Travel オンラインショップ

現地でチケットブースに並ばずに入場できるアナハイムのディズニー・リゾートやハリウッドのユニバーサル・スタジオの入場券の手配をオンラインで取り扱っています。

URL http://parts.arukikata.com/

ヨーロッパ鉄道チケットがWebで購入できる「ヨーロッパ鉄道の旅」

ヨーロッパ鉄道の旅 Travelling by Train

地球の歩き方トラベルのヨーロッパ鉄道チケット販売サイト。オンラインで鉄道パスや乗車券、座席指定券などを 24 時間いつでも購入いただけます。利用区間や日程がお決まりの方にお勧めです。

URL http://rail.arukikata.com/

海外旅行の最新で最大級の情報源はここに！ 地球の歩き方

ボルゲーゼ公園とヴェネト通り地区

Da Via V.Veneto a Villa Borghese

エリア 6

この地区の歩き方

バルベリーニ広場からスタートし、広いボルゲーゼ公園に点在する美術館やモニュメントを回る「美術散策」コース。公園内には移動遊園地やローラースケート場、動物園もあり、子供連れにはおすすめのエリアでもある。時間に余裕のある、天気のよい日に歩きたい。公園内の一部と公園を縁取るようにバスも運行しているので、時間のない場合などには利用しよう。バスで地下鉄の通るフラミニオ広場へ、または公園西のピンチョの丘に出て、坂道を下ればポポロ広場だ。いずれからもスペイン階段などにも近い。

ボルゲーゼ公園とヴェネト通り地区

1 バルベリーニ広場
Piazza Barberini

アンデルセンの「即興詩人」に登場する、ベルニーニの「トリトーネ(海神)の噴水」が飾る広場。

★★★ P.172

2 カプチン派修道会博物館
Museo e Cripta dei Frati Cappuccini

別名「骸骨寺」。地下には400年前の修道僧4000人の遺骨が芸術作品のように飾られている。

★ P.173

3 ボルゲーゼ公園
Villa Borghese

周囲5km、総面積9.5ヘクタール。森のような公園に美術館や動物園が点在する。

★★ P.173

4 ボルゲーゼ美術館
Museo e Galleria Borghese

貴族出身の枢機卿が巨万の富を尽くした邸宅美術館。まさに「世界のプライベートコレクション」の女王。

★★★ P.174

5 国立近代美術館
Galleria Nazionale d' Arte Moderna

19世紀から現代までの絵画や彫刻を展示する広々として居心地のよい美術館。企画展も秀逸。

 P.179

6 ヴィッラ・ジュリア・エトルスコ博物館
Museo Nazionale Etrusco di Villa Giulia

紀元前9世紀に遡る、イタリアの先住民族「エトルリア人」の歴史や文化、発掘品を展示。

 P.180

ヴィッラ・スヴェツィア
Villa Svezia
アフリカ動物学博物館
Museo Africano e di Zoologia
動物園
BIO PARCO
Giardino Zoologico
P.173
ローマ大学
建築学部
イギリス
美術学校
日本文化会館
ヴィッラ・ジュリア・エトルスコ博物館
Museo Nazionale Etrusco di Villa Giulia
P.180
5 国立近代美術館
Galleria Nazionale d' Arte Moderna
P.179
ルーマニア
学術協会
P.le Thorwaldsen
ベルギー学術協会
フィルドゥシ広場
P.le Firdusi
P.le P. Borghese
Largo P. Picasso
P.173
3 ボルゲーゼ公園
Villa Borghese
城砦（カノニカ博物館）
Fortezzuola
(Moseo Canonica)
動物園広場
P.za del Giardino Zoologico
ダイニ公園
ダイニ広場
P.le dei Daini
アントニオとファウスティーナの神殿
Tempio di Antonio e Faustina
エスクラピオ神殿
湖の庭園
Giardino del Lago
コール・フェルン公園
Villa Strohl-Fern
P.174
4 ボルゲーゼ美術館
Museo e Galleria Borghese
P.za del Museo Borghese
時計の館
Casina dell' Orologio
シエナ広場
P.za di Siena
海馬の泉
Fon. dei Cavalli Marini
フィオッコ広場
P.le d.Fiocco
カルロ・ビロッティ美術館
Museo Carlo Bilotti
V.ユーゴ広場
P.le V. Hugo
カネストレ広場
P.le d. Canestre
ウンベルト1世像
Monumento a Umberto I
ピンチョの丘
Monte Pincio
カジーナ・デッロロロージオ
レオン1世広場
Napoleone I
ディアナの神殿
Tempietto di Diana
ゲーテ像
バラの家
Piazza E. Sienkiewicz
馬場
Galoppatoio
(地下駐車場)
ブラジル広場
P. le Brasile
P.173
ピンチアーナ門
Porta Pinciana
庭園
ヴィッラ・メディチ
Villa Medici
S. Patrizio
カフェ・ド・パリ
Caffè de Paris
カフェ・ドネイ
Caffè Doney
P.172
Casino dell'Aurora
S.チェチリア音楽院
A線スパーニャ駅
Spagna
トリニタ・デイ・モンティ教会
Trinità dei Monti
スペイン階段
スペイン広場
P.za di Spagna
トリニタ・デイ・モンティ広場
P.za Trinità dei Monti
舟の噴水
キーツ・シェリー記念館
Keats-Shelley Memorial House
アメリカン・エキスプレス
P.za Mignanelli
怪物の家
ボンコンパーニ宮
(アメリカ大使館)
Pal. Boncompagni
商工省
B.C.I.
A線バルベリーニ駅
Barberini
P.173
2 カプチン派修道会博物館
Museo e Cripta dei Frati Cappuccini
蜂の噴水
JCBプラザ
サンタ・スザンナ教会
S. Susanna
プロパガンダ・フィーデ伝道博物館
Museo Mis. di Propaganda Fide
P.172
1 バルベリーニ広場
P.za Barberini
サンベルナルド広場
P.za S.Bernardo
中央郵便局
Posta Centrale
サンタンドレア・デッレ・フラッテ教会
S. Andrea delle Fratte
トリトーネの噴水
バルベリーニ宮
国立絵画館
Pal. Barberini
Galleria Naz. d'Arte Antica
サン・シルヴェストロ広場
P.za S. Silvestro
陸軍省
Min. Difesa Esercito
モンテチトーリオ宮（下院）
Corso d' Italia
イタリア通り
ヴェネト通り
Via V. Veneto
Viale del Muro Torto
Via Sistina
Via del Tritone
Via Rasella
0
200
400m
N

ACCESS

バルベリーニ広場 Piazza Barberini へバスで行くなら

492 テルミニ駅そば（独立広場、Via Volturno）から

62 キエーザ・ヌオーヴァ、ヴェネツィア広場から

M 地下鉄で行くなら

地下鉄A線バルベリーニ駅Barberini下車

ヴェネト通りとスペイン広場を結ぶ地下道

入口はヴェネト通り側がピンチアーナ門のすぐ内側にあるハリーズ・バーの脇、スペイン広場側が地下鉄A線の出入口にあり、行きたい方向によりPiazza di.Spagnaあるいは、Via Venetoの表示を追って行けば自然に出られる。途中1ヵ所だけ地上に出る部分があるが、あとは地下道と動く歩道になっていて、所要時間は12～13分。早朝と深夜は、安全上の理由から閉められるので注意が必要だ。

ヴェネト通り地下道入口

✉ ボルゲーゼ美術館へ

地下鉄のスパーニャ駅下車でエスカレーターを上がり、さらに左へ進んでエスカレーターを上がるとすぐにボルゲーゼ公園の入口があります。公園内を散歩がてら15分ぐらい歩くと到着。ここはローマでNo.1の美術館だと思います。彫刻や絵画の傑作が身近で見られ、感動の連続でした。

（東京都　田葉隆一郎　'15）

地下鉄バルベリーニ駅で下車して、ヴェネト通りをゆっくりと上って行くのがおすすめです。公園に入ったら、すぐ右に、ボルゲーゼ美術館通りViale del Museo Borgheseの表示があるので、まっすぐ進めば5分ほどで到着です。緑いっぱいの気持ちいい散歩道です。

（東京都　み一散歩　'16）

✉ 気持のいい緑が広がるボルゲーゼ公園

緑が多く、とても広く気持よく散歩が楽しめます。美術館の見学後、ピンチョの丘まで歩き、そこから見たサン・ピエトロ寺院の遠望がすばらしかったです。ピンチョの丘の下のポポロ広場から少し歩くと「ゲーテの家」があり、見学するのも一興です。

（千葉県　醍醐圭一　'15）

たくましい海神が水を噴く

MAP P.171、P.34 C2、P.44 A1

バルベリーニ広場

Piazza Barberini　ピアッツァ バルベリーニ

アンデルセンの「即興詩人」にも描かれた『トリトーネの噴水』

バルベリーニ広場にはクアットロ・フォンターネ、バルベリーニ、ヴェネト、システィーナ、トリトーネなどの通りが集まっているおかげで、ベルニーニの名作『トリトーネの噴水』Fontana del Tritoneの周囲には1日中車の絶えることがない。4頭のイルカに支えられた大きな貝殻の上にはトリトーネがひざまずき、口にしたホラ貝から勢いよく水を上げている。貝殻の下にはこの噴水の制作を依頼したバルベリーニ家の紋章が刻まれている。

ローマで最もエレガントな通り

MAP P.171、P.34 C2

ヴェネト通り

★★

Via Vittoria Veneto　ヴィア ヴィットリア ヴェーネト

『甘い生活』の舞台として名高いヴェネト通り

バルベリーニ広場の一角から北に向かって延びる大きな並木道がヴェネト通りで、S字を描きながらピンチアーナ門まで続いている。通りの始まりにはこぢんまりした『蜂の噴水』Fontana delle Apiがある。これもベルニーニ作だがかなり修復されている。3匹の蜂はバルベリーニ家の紋章である。

並木の両側には官庁や大使館、銀行、高級ホテルや商店、カフェなどが並び、エレガントで華やかな通りである。歩き疲れたら、通りに張り出したカフェのテーブルに腰を下ろして、道行く人々を眺めるのも楽しい。

3匹の蜂が愛らしい『蜂の噴水』

カプチン派の修道僧の骸骨を祀る MAP P.171、P.34 C2

カプチン派修道会博物館 ★

Museo e Cripta dei Frati Cappuccini ムゼオ エ クリプタ デイ フラーティ カップチーニ

隠れた観光名所、骸骨寺

バルベリーニ広場から通りを上がっていくとすぐに、ふたつの大きな階段が目を引くカプチン派修道会博物館（通称『骸骨寺』）がある。1626年、カプチン派の枢機卿A.バルベリーニの依頼でA.カソーニAntonio Casoniが建てた教会と修道院からなり、現在は博物館として公開されている。地下には約4000体のカプチン派の修道僧の骨が、5つの堂に納められ、天井、壁など一面が人骨で飾られている。

人骨で満たされた堂内に入ると一種異様な感覚にとらわれるが、同時に宗教や死後の世界観の違いを感じるのではないだろうか。信者にとっては神聖な場所なのであくまでも静かに見学したい。

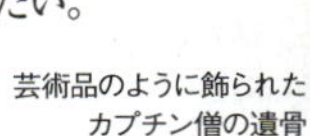

芸術品のように飾られたカプチン僧の遺骨

保存状態のよい MAP P.171、P.34 B2

ピンチアーナ門 ★

Porta Pinciana ポルタ ピンチアーナ

ヴェネト通りを上りつめるとアウレリアヌスの城壁をくぐるピンチアーナ門に出る。城壁は3世紀後半、蛮族の侵入に備えてアウレリアヌス帝によって造られ、1周19kmに及んだ。この城壁は現在もローマ市内のあちこちで見ることができるが、ピンチアーナ門付近は保存の状態がよいので観察するのによい。ピンチアーナ門をくぐり、城壁のすぐ外側を走るイタリア通りCorso d'Italiaを渡ると、もうボルゲーゼ公園の一角だ。

白いアーチ部分は建造当時の物

ローマ市民のオアシス MAP P.171、P.34

ボルゲーゼ公園 ★★

Villa Borghese ヴィッラ ボルゲーゼ

ボルゲーゼ公園「湖の庭園」

ローマ市の中心、旧市街のすぐ北に広がる**ボルゲーゼ公園**は、面積9.5ヘクタール、ローマの人々の憩いの場である。17世紀の初めに枢機卿シピオーネ・ボルゲーゼScipione Borgheseが郊外の別荘として造営を始めたもので、設

●カプチン派修道会博物館

住 Via V. Veneto 27
☎ 06-88803695
開 9:00～19:00
11/2 9:00～15:00
12/24、12/31 9:00～14:30
休 1/1、復活祭の㊐、12/25
料 €8.50、18歳以下、65歳以上€6
※切符売り場は閉場30分前まで。入口は階段手前にあり。
URL www.cappucciniviaveneto.it

✉ 骸骨寺で

5つの祭壇は、異様を通り越し、さまざまな人骨を使ったデザインに感心してしまいました。一見の価値ありです。
（神奈川県 ミセス・シーボルト）

✉ ボルゲーゼ公園でレンタサイクル

公園の入口にレンタサイクルがあり、各レンタル場所で乗り捨ても可能。4人乗り自転車もあり、家族連れが楽しそうに乗っていました。
（栃木県 HIROKI-H）

✉ ベルニーニを見にローマへ行こう

ベルニーニって知ってますか？ ローマ中にベルニーニの作品がいっぱいなのに、名前すら知りませんでした。彫刻家で建築家。基本的に動かせない大作が多いので日本では有名じゃないのかもしれません。すごい作品ばかりなので、ぜひローマへ足を運んで見る価値が大です。
（愛知県 eiko）

●ボルゲーゼ公園内の市営動物園 Bioparco Giardino Zoologico

住 P.le del Giardino Zoologico 1
☎ 06-3608211
開 1/1～3/23 9:30～17:00
3/24～10/28 9:30～18:00
10/29～12/31 9:30～17:00
閉園1時間前までの入場
※夏季の㊏㊐㊗は～19:00の開園延長あり
料 €16、子供、65歳以上€13
身長1m以下は無料
子供連れはもちろん、大人だけでも十分楽しめる。
URL www.bioparco.it

動物園入口

●ボルゲーゼ美術館
住 Piazzale del Museo Borghese 5 Villa Borghese
☎ 06-31810(予約)
開 9:00〜19:00
5/1 9:00〜13:00
(入場は、9・11・13・15・17時の2時間おきに入れ替わる)
休 ㊊、1/1、12/25
料 €13(予約料+€2)
(特別展の場合+€2〜7)
入館は予約優先。予約についてはP.175参照。
オーディオガイド(英、伊、仏、独、西)€5
URL www.galleriaborghese.beniculturali.it

ボルゲーゼ美術館へのバス

公園を取り囲むようにトラム3番が走り、トラムは公園内の道路をピンチアーナ門からフラミニオ広場方向へと抜ける。ピンチアーナ門付近で下車し、木立のなかをゆっくり散策しながら、美術館へ向かうのも楽しい。ただ、雨の日や見学の予約時間が迫っている場合は、バスの利用がおすすめ。テルミニ駅近くや共和国広場からは910番の利用が便利。ボルゲーゼ美術館最寄りのピンチアーナ通りVia Pincianaの入口近くに停車する。所要8〜10分程度。

入館のポイント

指定時間直前になると、切符売り場、荷物預けも混雑するので、見学時間前に手続きをしてしまおう。

建物の正面、半地下に切符売り場、荷物預け、ブックショップがある。予約した場合は、切符売り場で予約番号と名前を告げて、切符を購入する。その後荷物を預け、一度外に出て、正面の階段で1階へ。1階ロッジアで待っていると、時間に係員が扉を開けてくれる。持ち物は貴重品とガイドブック程度しか持ち込めないので、最初に預けておこう。ゆっくり見学しても、2時間の見学時間で十分。

✉クロークでブックショップの小さなビニール袋をくれるので、貴重品はこのなかへ入れて見学。ちなみに「帽子は預からない」と言われたので、無理やりバッグに入れて預けました。
(東京都 み一散歩 '16)

計はフラミニオ・ポンツィオFlaminio Ponzioとフランドルの建築家ジョヴァンニ・ファン・サンテンGiovanni van Santenに委ねられた。

フラミニオ広場側に建つ「神殿入口」

初め幾何学的な植え込みや垣根で構成されたイタリア式庭園に仕立てられた庭は、18世紀の後半には当時流行したイギリス式の、自然な風景を好むスタイルに作り替えられた。同じ時期に、館のほうも大々的に手が加えられ、また公園の中ほどにある**「湖の庭園」**や「ギリシア風の小神殿」なども造られた。

続く19世紀の初頭までには、広い公園内に「アントニオとファウスティーナの神殿」、「時計の館」、**「神殿入口」**(フラミニオ広場)、「ディアナの神殿」、「中世の城」などの小建築が建てられた。**シエナ広場**、馬場、**動物園**などはその後に整備された物である。また、シエナ広場では、毎年5月に国際馬術競技会が行われる。

見どころNAVIGATOR

ボルゲーゼ公園内に入ったら、最初の道、ムゼオ・ボルゲーゼ通りViale del Museo Borgheseを右に進めばボルゲーゼ美術館へと続く。

プライベートコレクションの女王 MAP P.171、P.35 B3

ボルゲーゼ美術館 ★★★
Museo e Galleria Borghese
ムゼオ エ ガッレリア ボルゲーゼ

ボルゲーゼ美術館は1階の彫刻館と2階の絵画館とに分かれている。

イタリアでも有数の美術館

ボルゲーゼ枢機卿は、17世紀の半ばにほぼ今日見られるようなコレクションを完成させていたが、ベルニーニやカラヴァッジョなど、当時活躍していた作家の作品はともかく、ラファエッロ、ティツィアーノなどの16世紀の大作家の作品は、すでに手に入れることは難しく、しばしば盗賊まがいの不正な手段でこれらの作品を集めさせたといわれている。

18世紀後半にはM.ボルゲーゼ公Marcantonio Borgheseが館の内部を改装して収集品を展示したが、その後ナポレオンの妹を妻にしたC.ボルゲーゼ公Camillo Borgheseはパリのルーブル美術館にコレクションの一部を贈ることを余儀なくされ、そのいくつかはそのままフランスに残った。

1902年、イタリア政府はボルゲーゼ家から館とコレクションを買い上げ、一般に公開した。数は多くないがえり抜きの作品の集まった、ローマはもちろん、イタリアでも有数の美術館である。

見学は1階から始めよう。

■第1室　カノーヴァの代表作**『パオリーナ・ボルゲーゼの肖像』**Paolina Borgheseがある。1805〜8年の作品で、様式的にはネオ・クラシックに属しながらも、独自の感性と技巧とで、作品に新しさと直接的な存在感を与えるのに成功している。

1階入口を入った大広間の豪華さにはため息が

歴代の皇帝の胸像が飾られた「皇帝のギャラリー」

■第2、3、4室　G.L.ベルニーニの**『ダヴィデ』**Davide(第2室)、**『アポロとダフネ』**Apollo e Dafne(第3室)、**『プルートとプロセルピーナ』**Pluto e Proserpina(第4室)がそれぞれ展示されている。『ダヴィデ』は古来多くの作家が好んでテーマにしてきた題材である。『アポロとダフネ』はアポロが逃げるダフネを捕まえようとする瞬間をとらえ、ダフネの身体が月桂樹の木になっていく様子を彫刻にしたものである。第4室は、部屋を飾る18のローマ皇帝の胸像(いずれも17世紀の作品)から**「皇帝のギャラリー」**Galleria degli Imperatoriとも呼ばれている。

G.ベルニーニ作
『プルートとプロセルピーナ』

■第6室　G.L.ベルニーニの手になる彫刻**『エネアとアンキーゼ』**Enea e Anchise、G.L.ベルニーニ後期の作品**『真実』**La Verità、などをローマ時代の作品群と同時に見ることができる。

古代彫刻を飾る第7室に続き、

■第8室　この部屋はカラヴァッジョに充てられ、**『馬丁の聖母』**Madonna dei Palafrenieri、**『果物籠と青年』**Ragazzo con il cesto di frutta、**『バッカスに扮した自画像』**Autoritratto in veste di Bacco、**『ゴリアテ(自画像)の頭を持つダヴィデ』**Davide con la testa di Golia (Autoritratto)、**『聖ヒエロニムス』**S. Girolamo、**『洗礼者ヨハネ』**San Giovanni Battistaの作品が所蔵されている。

カラヴァッジョの作品が集まる第8室

ボルゲーゼ美術館・電話予約の手順

1.チケット予約☎06-32810(月)〜(金)9:00〜18:00、(土)9:00〜13:00)に電話をする。
2.アナウンスが流れ、イタリア語(1番)または英語(2番)を選択する。
3.再び選んだ言語でのアナウンス。個人予約(1番)、グループ予約(2番)、インフォメーション(3番)などからいずれかを選択する。
4.予約受付の人と直接話す。希望の日時、氏名を伝える。空きがあれば予約番号を教えてくれる。
5.予約時間の45分前に地下のチケット売り場に行き、氏名・予約番号を告げて購入。
※オペレーターの待ち時間により、3.の後にローマのほかの美術館の案内などが続く場合あり。

インターネットで前売購入

URL www.gebart.itまたはwww.tosc.itからも予約ができる。
※ネット予約(前受券)は予約手数料別途€2

✉予約は簡単!!

電話予約がおすすめ。英会話ができなくても、聞かれるのは「予約日時、何枚か、ローマパスを使うか、名前、電話番号くらい」なので、電話予約に挑戦を。料金と予約番号を教えてくれるので、現地で支払います。
(千葉県　醍醐圭一　'15)

✉ローマパスは?

電話予約は簡単です。ただ、ローマパスを使うかどうか尋ねられます。ローマパスを使わない場合はすぐの支払いということでしたので、ローマパスを使うということで予約。当日、切符売り場でローマパスを購入しようとしたところ売り切れ。どうしょう?と思いましたが、通常の切符購入でOKでした。ちなみに、ローマパスは交通機関をかなり使わないと割高だと思っていたので、売り切れでよかったです。
(神奈川県　節約命　'16)

✉圧倒的な美術空間

美術品の多さに圧倒されました。私は2時間の制限では足りませんでした。気になる作品をじっくり見てしまい、後半は急ぎ足で写真を撮りまくりました。写真撮影はOK、フラッシュはNGです。売店近くにトイレがあり、混雑していますが、入館前に済ませておくのが安心です。
(千葉県　醍醐圭一　'15)

「地球の歩き方」が選んだボルゲーゼ美術館

ドメニキーノ作『ディアナの狩り』

ティツィアーノ作『聖愛と俗愛』

19
20
テラス

カラヴァッジョ作
『果物籠と青年』

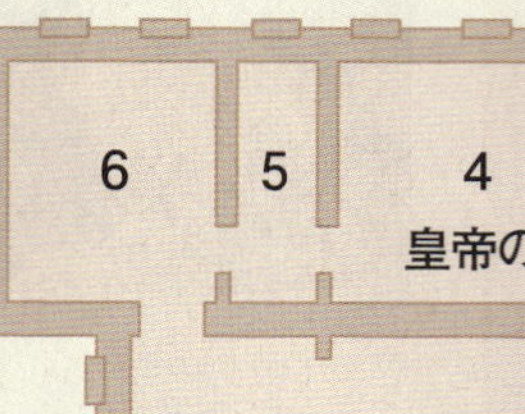

7
大広間
8
玄　関

カラヴァッジョ作
『馬丁の聖母』

必見ベスト10

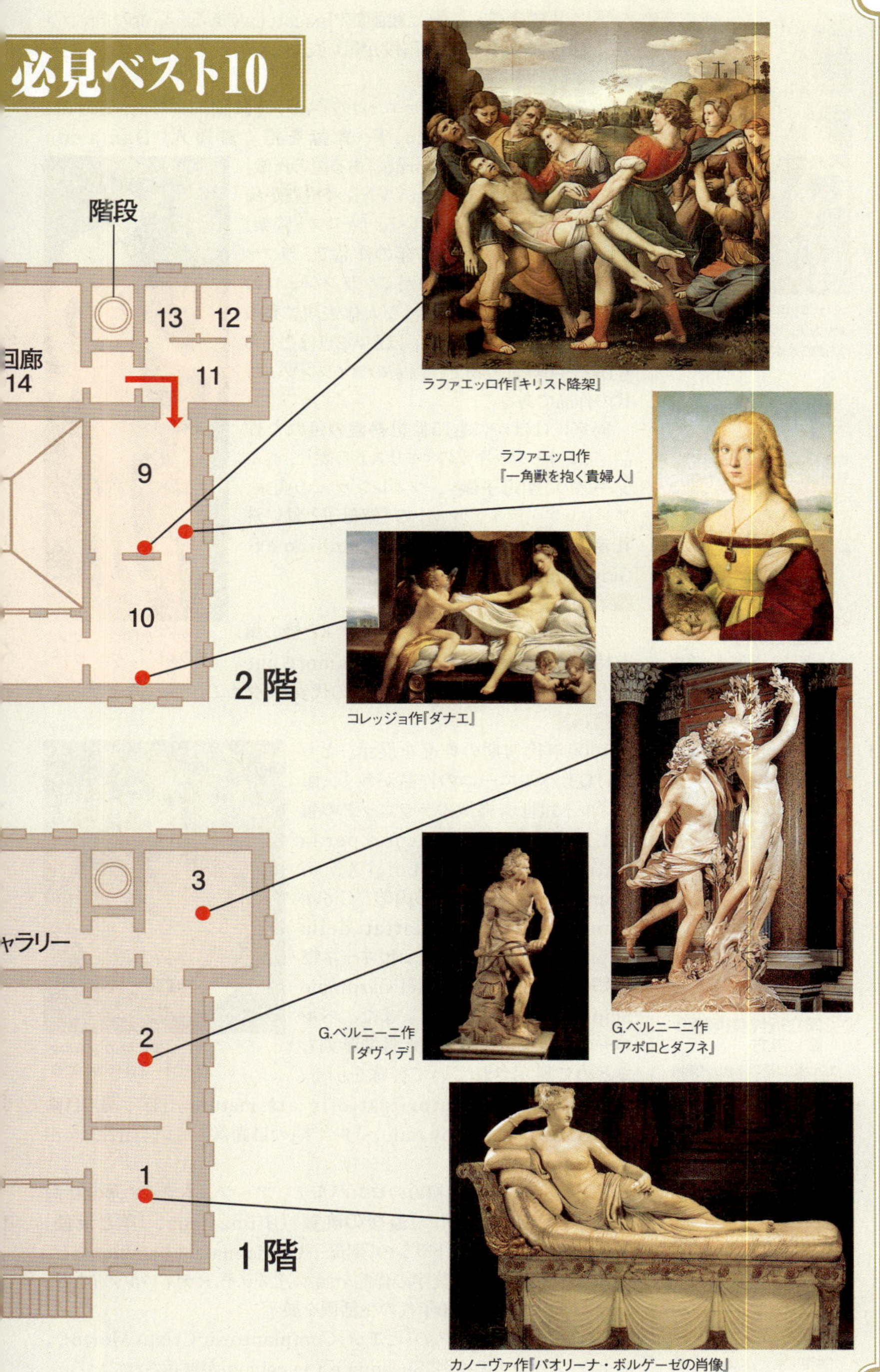

ラファエッロ作『キリスト降架』

ラファエッロ作『一角獣を抱く貴婦人』

コレッジョ作『ダナエ』

G.ベルニーニ作『アポロとダフネ』

G.ベルニーニ作『ダヴィデ』

カノーヴァ作『パオリーナ・ボルゲーゼの肖像』

ラファエッロの『キリスト降架』は大人気。ラファエッロの模作も飾られる第9室

2階は絵画館Pinacotecaである。皇帝のギャラリーから階段が続いている。

■第9室

ラファエッロの『**キリスト降架**』Il Trasporto del Cristo、『**一角獣を抱く貴婦人**』Dama con l'unicorno、『**ある男の肖像**』Ritratto Virileの3点が飾られている。『キリスト降架』は1507年の作品で、ラファエッロがミケランジェロの影響から脱し、より「自然」な人体表現に移っていった時期の物である。ほかの2点はどちらも1503〜6年頃の物で、画家のフィレンツェ時代の作品である。

同室にはほかにも15世紀終盤の優れた作品、ピントゥリッキオの『**キリストの磔**』、ペルジーノの『**聖母子像**』、フィレンツェの画家、アンドレア・デル・サルトの『**聖母子と幼い洗礼者ヨハネ**』Madonna col Bambino e S. Giovanninoなどがある。

クラナッハ作『ヴィーナスと蜂の巣を持つキューピッド』

■第10室

ルーカス・クラナッハの『**ヴィーナスと蜂の巣を持つキューピッド**』Venere e Amore che reca il favo di miele、コレッジョの代表作『**ダナエ**』Danaeなどがある。

■第14室

1600年代初期の作品を展示。とりわけG.L.ベルニーニの作品が多く、彫刻『**ルイ14世騎馬像のテラコッタの習作**』Bozzetto in terracotta per la statua equestre di re Luigi XIV di Francia、『**乳を飲ませる山羊**』Giove e un piccolo fauno allattati della Capra Amaltea、2つの『**シピオーネ枢機卿の彫像**』Ritratto del Cardinale Scipione Borgheseなど。また、ベルニーニ自身による肖像画と肖像彫刻もまとめて展示されていて興味を引く。『**成熟期の自画像**』Autoritratto in età matura、『**青年期の自画像**』Autoritratto Giovanile、『**少年期の自画像**』Autoritratto di Fanciulloなど。

美術館の生みの親『シピオーネ枢機卿の彫像』

■第15室　1500年代初めのロンバルディア・ヴェネツィア派の絵画を展示。J.バッサーノの『**最後の晩餐**』Ultima cena、『**羊と天使**』Pecora e angello、D.ドッシの『**聖母子**』Madonna col bambinoなど。

■第16室　1500年代後半の作品を展示。J.ズッキ、P.ティバルディなど。

■第17室　おもに1600年代の生活画を展示。

■第18室　ルーベンスの『**ピエタ**』Compianto su Cristo Mortoや、有名な『**スザンナの水浴**』Susanna e i vecchioniが展示されている。

✉第1日曜は無料

ツアー同行者がボルゲーゼ美術館に散歩がてら行くと、予約はしていなかったのに9:00〜11:00に無料で見学できたそうです。
（香川県　藤田由子）
※国立の美術・博物館は毎月の第1日曜は全国的に無料。
（編集部）

✉ボルゲーゼ美術館の当日切符

1月初旬の15:00頃、直接美術館に行くと17:00からの切符が入手できました。待ち時間はスペイン広場の観光で調整。ただ、冬季の17:00からの見学は帰る際は真っ暗で少し怖い気がしました。
（奈良県　KD）

✉ボルゲーゼ美術館見学後は?

タクシー乗り場は美術館を背にして、左手の出入口にあります。客待ちしていますし、いなくてもすぐに次の車がきました。美術館前からは観光トラム（→P.179）も運行しています。
（兵庫県　ふたり旅　'16）

✉国立近代美術館の楽しみ方

19世紀以降のイタリア美術を中心とした美術館です。2012年に展示内容が刷新され、明るい開放的な雰囲気のなかで近現代美術を楽しめる場となりました。デュシャンの『泉』（便器にサインをしたもの）、ゴッホ、クリムト、キリコなどなど、多くの有名アーティストの作品を展示。イタリア美術をメインとしていますが、世界の近現代美術史との関連もわかるように体系的に展示されており、目の前のすばらしい美術品をもとに知識を深めることができます。
（神奈川県　yt_tani　'15）

■第19室

バロック期の絵画を展示。ドメニキーノの代表作のふたつ『**巫女**』Sibilla Cumana、『**ディアナの狩り**』La caccia di Dianaのほか、F.バロッチ、A.カラッチなど。

■第20室　ルネッサンス期のヴェネツィア派を中心に展示。ティツィアーノの『**聖愛と俗愛**』Amor Sacro e Amor Profano、『聖ドメニコ』S. Domenico、『**キューピッドに目隠しするヴィーナス**』Venere che benda Amore、『キリストの笞刑』Cristo flagellato、ヴェロネーゼの初期の代表作『**洗礼者の説教**』La predica del Battista、円熟期の『**魚に説教する聖アントニオ**』S. Antonio che predica ai pesci、G.L.ベッリーニ『**聖母子**』Madonna col Bambino、ロレンツォ・ロットの『**聖母子と聖人たち**』Madonna col Bambino San Flaviano e Sant'Onofrio、カルパッチョの『**婦人の肖像**』Ritratto femminileなどに注目したい。

『聖愛と俗愛』に描かれたメタフォーを鑑賞中

見どころNAVIGATOR

ボルゲーゼ美術館を見終わったら、時間と体調によって道を選ぼう。気候がよく、戸外にいるのが心地よい時期なら、「海馬の泉」Fontana dei Cavalli marini、「ディアナの神殿」Tempietto di Diana、シエナ広場Piazza di Siena、「中世の城」Castello medioevale、「湖の庭園」Giardino del Lagoなどを巡りながら、国立近代美術館までの散歩を楽しもう。公園内の要所には道案内の標識が立っているので、地図と見合わせながら歩けば迷う心配はない。

イタリアの近・現代美術の宝庫

MAP P.171、P.34 A1

国立近代美術館 ★★
Galleria Nazionale d'Arte Moderna e Contemporanea
ガッレリア ナツィオナーレ ダルテ モデルナ エ コンテンポラネア

堂々とした建物は、1911年にイタリア統一50周年を記念する万国博覧会会場のひとつとして建設された物。内部は1、2階および右翼、左翼に分かれ、1800年代から今日までのイタリアを中心とする絵画やカノーヴァの大彫刻『ヘラクレスとリュカオン』Ercole e Licaをはじめとした彫刻を展示。絵画は、セガンティーニ、デ・キリコ、ジャコモ・マンズー、アルナルド・ポモドーロなどのほか、モネ、ゴッホ、セザンヌなど国外の近代作家の作品も見られる。とりわけイタリア絵画は、植民地戦争をはじめ、大戦後の町角や移民する人々の姿を描いた物など、19世紀から今日にいたるイタリアの生活を知ることができる。中央大広間で随時開かれる斬新な企画展も興味深い。

チェーザレ・バッツィーニ設計のファサード

見どころNAVIGATOR

近代美術館を出て、さらに右にベッレ・アルティ通りViale delle Belle Artiを進んでいくと、やがて左側にヴィッラ・ジュリアが現れる。

✉観光トラムを見つけたら

美術館前から、トラム（観光用汽車型バス）が出ており、ピンチョの丘まで利用しました。なにしろ広すぎる公園ですから、ずいぶん助かりました。
（千葉県　今野克三）

機関車型のトラムの料金は€3。10:00～、20～25分間隔で回っているそうです。
（千葉県　りいい）['18]

●国立近代美術館 GNAM

住 V.le delle Belle Arti 131
☎ 06-32298221
開 8:30～19:30
12/24、12/31
8:30～18:30
休 ㊊、1/1、5/1、12/25
料 €6（特別展の場合€10）
18歳以下無料
※入館は閉館45分前まで
※毎月第1㊐は無料
URL www.gnam.beniculturali.it

4年ごとに催される「クアドリエンナーレ」の案内マーク"Q"

✉国立近代美術館の楽しみ

ボルゲーゼ美術館から北に、動物園を右手に見ながら徒歩約10分。ここにクリムトの『3つの世代』という傑作があり、これを見るだけでも訪れる価値があります。もうひとつの楽しみは、裏手にある「カフェ・デッレ・アルティ」というバール・レストラン。天井が高く、ネオクラシックな雰囲気の穴場カフェ。美術館内部からも入口があり、お天気の日曜にはテラス席で名物のブランチが楽しめます。ボルゲーゼ美術館の混雑とは別世界で、森の散歩がてらゆったりとしたひとときを満喫できました。
（群馬県　木内保江）

ローマのルネッサンス様式建築の典型として有名なヴィッラ・ジュリア

✉ボルゲーゼ公園でサイクリング

ボルゲーゼ公園内は美術館のほかにも、「ピンチョの丘」や「湖の庭園」など見どころが広範囲に散らばっています。近代美術館やピンチアーナ門近くでレンタサイクル（1時間€4）を借りて見て回ると時間と体力の節約になります。
（栃木県　1月の旅）

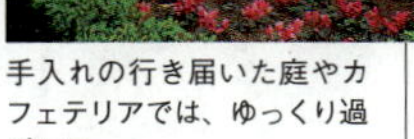

手入れの行き届いた庭やカフェテリアでは、ゆっくり過ごせる

●ヴィッラ・ジュリア・エトルスコ博物館

住 P. le di Villa Giulia 9
☎ 06-3226571
開 9:00～20:00
休 ㊊、1/1、12/25
料 €8、18歳以下無料
※切符売り場は19:00まで。19:15から退出開始
交 リソルジメント広場またはA線Ottaviano駅近くからトラム19番。フラミニオ広場からバス926番。
※毎月第1㊐は無料
URL www.villagiulia.beniculturali.it

ローマ・ルネッサンスを代表する館　MAP P.171、P.34 A1

ヴィッラ・ジュリア ★
Villa Giulia　ヴィッラ・ジュリア

中庭の中央に位置するニンフェウム

1550年頃、法王ユリウス3世Giulio IIIが建てたもので、もっぱら息抜きの時間を過ごしたり、気のおけない内輪の人々と談笑したり食事をしたりするのに使われた館。**ローマのルネッサンス様式の建築の典型**で、ジョルジョ・ヴァザーリを含む3人の建築家によって造られた。庭や建物を取り巻く周囲の風景も建築の一要素と考えたルネッサンスの様式に従って、ここでは、庭もテラスや階段、噴水などで構成され、建物と一体化するよう工夫されている。

コッツァにより再現されたエトルリアの神殿

瀟洒なニンフェウムを囲む回廊はアンマンナーティAmmannatiの作品で、ニンフェウムは噴水の水を上げるのが容易なように一段低く造られている。古代ローマ時代の館に見られたニンフェウムをさらに洗練させたこの庭は16、17世紀を通じて好評を博した。また、ニンフェウムの右の庭には、1890年に考古学者**コッツァ**Cozzaによって再現された**エトルリアの神殿**を見ることができる。ユリウス3世の死（1555年）後、館は数奇な運命をたどり、ようやく1889年にラツィオ地方のプレ・ローマ文化に関する貴重な資料の数々を展示するヴィッラ・ジュリア博物館として再スタートした。

エトルリア美術の宝庫　MAP P.171、P.34 A1

ヴィッラ・ジュリア・エトルスコ博物館 ★★
Museo Nazionale Etrusco di Villa Giulia　ムゼオ ナツィオナーレ エトルスコ ディ ヴィッラ ジュリア

内部には数えきれないほどの展示品が、その出土の地区によって分類され、展示されている。

■第1室～5室　**ヴルチ**Vulci出土の品が展示されている。ヴルチは古代エトルリアの諸都市のなかでも有数の大きな都市で、その数およそ1万5000にも及ぶネクロポリnecropoli（墓地）の古墳群からは多数の**ブロンズ（青銅）の工芸品**が発掘されている（おもに紀元前9～8世紀）。最初の部屋のふたつのアルカイック彫刻、ケンタウ

ヴルチ出土の青銅の工芸品

『ヘラクレスと戦うアポロ』

ロスcentauroとヒッポカンポスippocampo（海馬）はある墓の入口を守っていたものだ。そのほかにも、エトルリアの戦士の青銅製の武具一式や、ギリシアやイオニア産の陶器の破片の数々なども興味深い。

■第7室　古代ローマの宿敵であったエトルリアの都市ヴェイオVeioからの出土品が並ぶ。見逃せないのは『子供を抱く女神像』Una dea con bambino（またはアポロを抱くレト）、『**ヘラクレスと戦うアポロ**』Apollo che combatte con Eracleのテラコッタの彫像群で、いずれもヴルカVulcaの作といわれ、古代エトルリア彫刻の傑作とされている。ヴルカはローマのカンピドーリオの丘に建てられたジュピター神殿の彫刻も手がけた（紀元前510年頃）といわれている。ヴェイオには当時、ミネルヴァ神にささげられた聖域があり、このふたつの彫刻も、神殿の屋根を飾っていた。同室に展示されている床用の板や、ゴルゴンの顔の屋根飾りも、神殿に使われていた物。

■第8～10室　チェルヴェテリCerveteriの出土品で占められ、有名な『**夫婦の寝棺**』Sarcofago degli Sposi（紀元前6世紀）を見ることができる。チェルヴェテリはエトルリア文化の一大中心地で、ギリシアの影響を最も強く受けたとされている。柔和な表情で横たわる男女の姿は、当時の高度な技術と芸術的感性とを示すに十分である。

エトルリア芸術の傑作『夫婦の寝棺』

■第19～22室　ローマの金細工師**アウグスト・カステッラーニ**Augusto Castellaniが19世紀後半に発掘したギリシア陶器と金製品のコレクションで構成されている。見事なオリジナルの品々の隣には、カステッラーニが自らの技法を駆使して再現した古代の金細工のレプリカも並び、この仕事に賭けた彼の情熱を物語っている。

■第26～31室　古代エトルリアの南東に位置していたアグロ・ファリスコ地区（Agro Falisco）から出た作品を展示、ふたつの見事なクラテル（宴などの際にワインや水を入れてテーブルの上に置いた器）に目を留めたい。『アウローラと魚』Aurora e Cefalo、『トロイア陥落』Caduta di Troiaが描かれたクラテルはいずれも**ファレリー・ヴェテレス**Falerii Veteresの遺跡から発見された。美しい多色テラコッタの『**戦う二人の戦士**』Due guerrieri che lottano（紀元前6世紀）も同じ遺跡のメルクリウスの神殿を飾っていた物である。

カフェでひと休み

カフェやバールが充実してきたイタリアの美術、博物館。ボルゲーゼ公園周辺では国立近代美術館のカフェ（7:45～24:30、㈪7:45～18:00）が人気。オープンエアの気持ちのよいスポットで休日のブランチをするため、車やバイクでわざわざやって来る人もいるほど。

ヴィッラ・ジュリア・エトルスコ博物館にもガラス張りのカフェがあるが、現在はやや縮小傾向。近代美術館方向から入る小さな庭園はベンチもあって休息に最適。広いボルゲーゼ公園を歩き疲れたときには利用しよう。

パレストリーナから出土した女性の化粧道具入れ『フィコローニの器』

ACCESS

ヴィッラ・ジュリア博物館裏のベッレ・アルティ通りからトラムに乗るなら

19 レパント駅、オッタヴィアーノ駅、リソルジメント広場へ

3 国立近代美術館、動物園、ノメンターナ、コロッセオ、チルコ・マッシモ、トラステヴェレ、トラステヴェレ駅前へ

フラミニオ広場 Piazzale Flaminio からバスに乗るなら

490 ●ティブルティーナ駅へ●フラミニオ駅、レパント駅へ

M フラミニオ広場から地下鉄に乗るなら

A線フラミニオ駅Flaminio

M スペイン広場から地下鉄に乗るなら

A線スパーニャ駅Spagna

第32室からはラティーナLatina地方のプレネステPrenesteやパレストリーナの墳墓から出土したブロンズの品々が並ぶ。そのひとつの**『フィコローニの器』**Cista di Ficoroni（紀元前4世紀）は、当時の女性の化粧道具入れで、青銅に彫刻が施されている。同室には同じくプレネステの墳墓、ベルナルディーニBernardiniの墓から出た、打ち出しを施した**黄金の板**も展示され、墓に葬られた人物の位の高さを物語る。

ベルナルディーニの墓から出土した黄金の板

黄金製の**『蛭形のピン』**も同じ墓から出土した物だ。バルベリーニBarberiniの墓からも同様の金の板のほか、多くの銀製品が発見され展示されている。

見どころNAVIGATOR

ヴィッラ・ジュリア・エトルスコ博物館見学後は、再びボルゲーゼ公園を歩いて、フラミニオ広場（約1km）かピンチョの丘に出ればよい。フラミニオ広場には地下鉄A線（フラミニオ駅）が通っているし、ピンチョの丘からはスペイン広場方面へ歩いても近い。

エトルリア人 column

エトルリア人がどういう人種であったのかについて、今のところ確実な学説はない。ギリシアの歴史家ヘロドトスは、「紀元前13世紀頃に小アジアの一帯で大規模な飢饉が長く続き、このときに新たな土地を求めて移住することが余儀なくされ、移動の末にイタリア半島に到達してトスカーナ地方に最初の都市を築いた種族があった」と記している。

言語、宗教、社会制度など、さまざまな角度から検討が加えられた結果、現在ではエトルリア人がヘロドトスの書いたとおり東方系の民族で、イタリア半島には紀元前およそ1000年頃に姿を現していることがわかっている。

その後ティレニア海の制海権を掌握すると、トスカーナ、ラツィオ、エミリア地方などに次々と都市を建設し、これらの都市は豊かな土壌と鉱物資源を背景に急速に発展してフェニキアやギリシアとの交易を通じて経済的にも繁栄した。エトルリア人は金属の加工や土木技術にも優れ、紀元前7世紀の終わりにはローマに3人のエトルリア人の王が続いて立って古代ローマの基盤ができた。しかし、ギリシア、カルタゴを敵に回して戦った「クマの海戦」（紀元前474年）で敗北すると、ティレニア海の制海権を失ってその力は徐々に弱まっていった。だが、一般的に信じられているようにエトルリアの文明はローマ人によって滅ぼされてしまったのではなく、しだいにローマ文明の中に吸収されたのであって、社会的に重要な地位や任務に就いたエトルリア出身のローマ市民も少なくなかった。

エトルリアの美術はギリシアの影響を強く受けていて、場合によってはギリシア・ヘレニズム文化の一交流と見られなくもないが、チェルヴェテリの金属細工やタルクィニアの壁画、ヴルチの陶器、ヴェイオのテラコッタの彫刻などはそれぞれに十分完成度が高く、見応えのある物が多い。

また、ラツィオやトスカーナ地方にはこうしたエトルリアの都市があちこちに残り、そのいくつか（ペルージャやアレッツォなど）は現在まで生き延びている。

トラステヴェレ地区とジャニコロの丘

Da Trastevere al Gianicolo

エリア 7

この地区の歩き方

ローマの下町**「トラステヴェレ」**を巡るコース。旧市街の西側、テヴェレ川を渡った地域だ。一番の見どころのサンタ・マリア・イン・トラステヴェレ聖堂を訪ねたら、石畳に古い建物が続く、昔ながら雰囲気のなかをそぞろ歩こう。坂を上ればローマ市街を見下ろすジャニコロの丘だ。ここでは、見どころ以外の場所もぜひ訪ねてみよう。季節の野菜や果物が並ぶソンニーノ広場の市場、活気ある商店やピッツェリアなど、ローマの中心街ではあまり見られなくなった**ローマっ子の素顔がのぞける**はずだ。

トラステヴェレ地区とジャニコロの丘

エリア 7

1 サンタ・マリア・イン・トラステヴェレ聖堂

S.Maria In Trastevere

ローマ初の教会堂。トラステヴェレの中心に建ち、ファサードの金色に輝くモザイクが印象的。

★★★ P.187

2 S.フランチェスコ・ダッシージ・ア・リーパ教会

S.Francesco d'Assisi a Ripa

艶やかで魅惑的なベルニーニ晩年の傑作「福者ルドヴィカ・アルベルトーニ」で名高い教会。

★★ P.190

3 S.チェチーリア・イン・トラステヴェレ教会

S.Cecilia in Trastevere

殉教した音楽の聖人チェチーリアを祀る教会。マデルノによる「聖人像」ははかなげで美しい。

★★★ P.192

4 ティベリーナ島

Isola Tiberina

まるで船のように見えるテヴェレ川に浮かぶ小島。古代ローマからの歴史を紡ぐ、散歩道。

★★ P.194

ローマ大学付属植物園 Orto Botanico
Via dei Riari
Passeggiata di Gianicolo
A.ガリバルディ記念碑 Mon. A. G. Garibaldi
ガリバルディ広場 Piazzale Garibaldi
ジャニコロの丘 M.te Gianicolo
Mura Aurelie
Passeggiata di Gianicolo
パオラの泉 F.na Paola P.189
V. P.ta S. P
V. Garibaldi
S.パンクラツィオ門 Porta S. Pancrazio
Via A. Masina
アメリカ・アカデミー Acc. d' America
Via V. G. Medici
Viale XXX Aprile
Via Giacinto Carini
Viale delle Mura
V. P. Roselli
V.le XXX Aprile
V. U. Sehi
N. ファブリツィ通り V. N. Fabrizi
V. Calandrelli
Viale Adolfo L.
Gianicolensi
V.le Warn
ヴィラ・シアッラ Villa Sciarra
Via Narducci
Via F. Cucchi
Via G. Rossetti
Largo Berchet
V.U. Bassi
P.za R. Pilo

トラステヴェレが楽しい!!

ツタが絡まり、藤の花が建物を覆い初夏には芳香を漂わす……そんな古い建物が続くトラステヴェレ。路地に入れば、頭の上に洗濯物がはためき、中心街のローマとは別の顔を見せてくれる。

今では昼も営業する店も多いが、トラステヴェレがより一層のにぎわいを見せるのは夕方から。**サンタ・マリア・イン・トラステヴェレ聖堂へ向かう小路**には露店がたち、広場には大道芸人やバンドが人の輪を作る。**サン・フランチェスコ・ア・リーパ通り**のピッツェリアやトラットリアはいつも大にぎわいだ。週末はより一層のにぎわいがまし、どこかお祭りのような雰囲気。

散歩の途中、気になるお店があったら入ってみよう。だれもが親し気な笑顔で迎えてくれる。言葉ができてもできなくても、心意気で通じるのがトラステヴェレ。**古きよきローマの雰囲気と風情**に触れるには一度は訪れたい。

藤の花の下で、ひと休み。トラステヴェレの小路にて

ノアントリの祭り

column

7月半ばにローマにいるならぜひ見逃さないようにしたいのが、トラステヴェレのいかにも庶民的な祭り**「ノアントリの祭り」**である。トラステヴェレの伝統や庶民の慣習をよく残すこの祭りは毎年7月16日以降の最初の土曜日に行われ、この日に先立つ数日間、町はしだいしだいに雰囲気が盛り上がり、祭りはガリバルディ橋を渡るベルサリエーリ（歩兵部隊）の競走で幕を開ける。

やがて、信仰の証しとして信者から寄付された宝石を身にまとった**「ノアントリの聖母」**が町を練り歩く頃には祭りの気分は最高潮に達する。道筋には松明（たいまつ）がともされ、集まった人々であふれかえる。

露店やレストランのテーブルがところ狭しと並び、仮設の舞台では夜が更けるまでカンツォーネやさまざまな音楽が響いて、広場はやがて一大宴会場となる。7月の暑い盛りを、住人も訪れる人も一緒になって楽しむのがこのノアントリの祭りの伝統だ。

下町風情が残る
トラステヴェレ地区

✉ ジャニコロの丘とトラステヴェレ

ジャニコロの丘でパノラマを楽しみ、トラステヴェレでピッツァを食べました。テルミニ駅からバスH番でテヴェレ川を渡った病院前で115番に乗り換え、ジャニコロの丘を散策、その後、再度115番でトラステヴェレへ。食事後はトラムでヴェネツィア広場へ出てテルミニ駅へ戻りました。ピクニック気分と古いローマの下町の雰囲気が楽しかったです。夕方からのトラステヴェレはおすすめです。
（群馬県　木内保江）['18]

✉ トラステヴェレの夜

4月の週末の夜、トラステヴェレに足を延ばしました。着いたのが20:00頃でお目当てはピッツァ。どこも満員でピッツェリアで食事をして店を出たのが23:00過ぎになっていました。

サンタ・マリア・イン・トラステヴェレ広場では路上アーティストがジャズを奏で、周囲は踊る人や観衆でいっぱい。ライトアップされた幻想的な聖堂のモザイクも美しく印象的でした。

路上は物売りや大道芸人が多く、まるで夜祭りの雰囲気。深夜とはいえ、家族連れの子供の姿が多いのにもびっくり。テルミニ駅へ向かうバスH番やトラムも走っており、問題なくホテルにも戻れました。ソンニーノ広場のH番の乗り場近くにタクシー乗り場もあります。
（東京都　長野好子）

✉ トラステヴェレの治安

川岸通りは大通りなのに街灯が少なく、20:00頃に通ると危険な感じがしました。中心のにぎわっている町並みから迷わないのがいいです。
（福岡県　米田文乃）

ACCESS

トラステヴェレへバスで行くなら

H テルミニ駅、ヴェネツィア広場から

8 （トラム）ヴェネツィア広場から

新旧の顔をもつローマの下町

MAP P.185、P39 B3・4

トラステヴェレ ★★
Trastevere
トラステヴェレ

最もトラステヴェレらしいS.M.イン・トラステヴェレ広場の休日

「テヴェレの向こう側」と呼ばれるこのあたりは、ローマ時代には郊外として考えられ、紀元前4世紀の共和政時代の城壁の外に位置していた。やがて紀元前2世紀の終わりにアヴェンティーノの丘の麓に新しい港が建設されると、大規模な倉庫や原料を加工する作業場が対岸にも次々に建てられて、そこで働く人々の居住区も拡張していった。仕事場（ボッテガ）や製粉所などが並ぶ庶民の地域として発展したが、6世紀には東ゴート族による焼き討ちに遭い、ローマ帝国の衰退とともに衰えていった。

11世紀に入ると、古い建物の上に新たに家や店を作り、人々が戻り住んで町はしだいに活気を取り戻していった。トラステヴェレ地区にはローマのほかの地域と違って昔ながらの道や広場のたたずまいがそのままに残っている。「人間らしい歩幅で歩ける町並み」とローマっ子に愛され、ピッツェリア、映画館、昔ながらのトラットリアなどが軒を連ね、夜遅くまでにぎわうローマの下町だ。ほんの1世紀前まで、一生川の向こうには行かなかったことを誇りにしていた“トラステヴェリアーニ”（生粋のトラステヴェレっ子）の心意気は消えていない。

夜のトラステヴェレのピッツェリアは入店を待つ人でいっぱい

食料品の屋台が立つ、コジマート広場

見どころNAVIGATOR

ヴェネツィア広場（ヴェネツィア宮殿裏手）から**トラム**に乗れば、**トラステヴェレへは5分ほど**で到着だ。乗り場は始終点で**トラム8番**のみなので、間違える心配はない。トラムが橋を越えたら下車し、進行方向右の路地に入り、まっすぐ進めばサンタ・マリア・イン・トラステヴェレ聖堂。テルミニ駅からは**急行H番**で、同様にガリバルディ橋を過ぎたら下車。

美しいモザイクが広場を見下ろす　MAP P.185、P39 B3

サンタ・マリア・イン・トラステヴェレ聖堂 ★★★

Santa Maria in Trastevere　サンタ マリア イン トラステヴェレ

聖堂と噴水のある同名広場

ユリウス1世によって4世紀の半ばに完成された、おそらくローマで最初に建てられた公式な教会堂。その後、12世紀の前半にはイノケンティウス2世によって建て直された後も部分的な改築が行われ、18世紀の初めには正面に柱廊が付け加えられたが、基本的には12世紀の再建当時の姿をとどめている。

正面ファサードの三角破風の下には、『**玉座の聖母子**』と呼ばれるキリストを抱いた聖母マリアを中心に、左右に明かりを手にした5人の乙女が並ぶ13世紀の美しいモザイクがある。この下には3つの窓と、その左右にシュロの木と羊を描いたフレスコ画が見られる。5つのアーチをもつ柱廊は1702年にC.フォンターナが付け加えたもので、上にはこの教会に埋葬されている4人の法王の像が並んでいる。また、後ろに建つロマネクス様式の鐘楼は12世紀の物。柱廊の下には墓石や古いスコラ・カントルムの一部などが並べられている。

内部は3廊式のバジリカ様式に造られ、後陣を飾るモザイクがひときわ目を引く。身廊の床は**コズマーティ様式**で、格天井はドメニキーノの華麗な『**聖母被昇天**』の絵で飾られている。内陣を仕切るコズマーティ模様の柵の一部には"**FONSOLEI**"(油の泉)と記されているが、これは紀元前38年に

「油の泉」

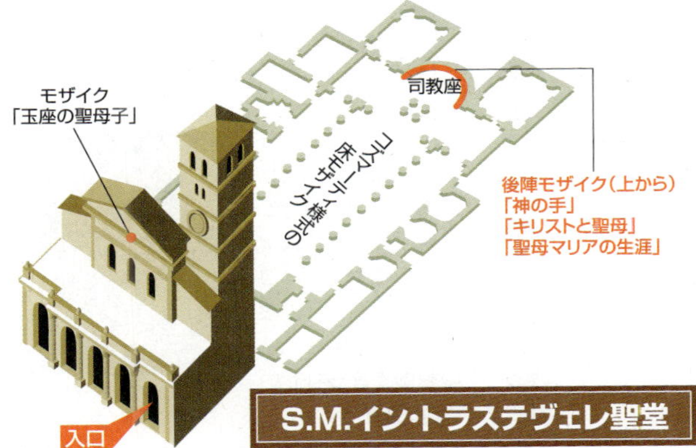

●サンタ・マリア・イン・トラステヴェレ聖堂
住 Piazza S. Maria in Trastevere/Via della Paglia 14/C
☎ 06-5814802
開 7:30〜21:00
8月 8:00〜12:00
16:00〜21:00
ミサ
㊊〜㊎9:00、17:30、20:30
㊏ 9:00、17:30、20:00
㊐㊗ 8:30、10:00、11:30、17:30、18:45
7〜8月㊊〜㊏17:30、20:00
㊐㊗ 8:30、10:30、17:30
※宗教行事の際は拝観不可

床のコズマーティ模様と後陣のモザイクに注目

昼間のトラステヴェレ

かつて昼間はほとんどのお店が閉まっていましたが、今は多くのお店が開いていて、観光客もたくさん歩いていて活気があります。夜の方が雰囲気はありますが、昼間に観光がてらピッツァを食べに行くのもいいですヨ。
(東京都　ミミ)

美少女の埋葬地

サン・ピエトロ・イン・モントーリオ教会(→P.189)

22歳でこの世を去った美少女ベアトリーチェ・チェンチ(→P.99)。サン・ピエトロ・イン・モントーリオ教会の神父さんは「彼女はここに埋葬されています」と言って床を指でさしました。父親に監禁、辱めを受け、そこから逃れるために父を殺害。1599年9/11に処刑されました。その日、ローマ市民は嘆き悲しみ、怒りのため各地で暴動が起き、多くの死傷者が出たそうです。
(愛知県　R・F)

ファサードのモザイク
『玉座の聖母子』

ここから油が吹き出し、これを救世主の到来の予告と見てここに礼拝堂を造ったという言い伝えによるものだ。後陣の奥には大理石の司教座がおかれている。後陣を埋めるモザイクはすばらしく、半円球の天井の最上部には**『神の手』**が、その下にはキリストと冠を頂いた聖母マリアがひとつの椅子に座り、両脇に4人の殉教者と聖ペテロ、聖ラウレンティウス、イノケンティウス2世(この聖堂の再建者で、聖堂の模型を抱えている)が並ぶ**『キリストと聖母』**Redentore e Maria in tronoが描かれている(12世紀)。さらに下にはキリストと12使徒を意味する円と12匹の羊が帯状に描かれ、最下段には13世紀のP.カヴァッリーニの**『聖母マリアの生涯』**Storie della Vergineの場面が並ぶ。神への執り成し役としての聖母に人々の寄せたあつい信仰がうかがわれる。また、右側廊の奥にある壁龕にはキリスト教徒への拷問に使ったといわれる鎖と重りがおかれている。

後陣のモザイク『キリストと聖母』

ACCESS

バスに乗るなら

ジャニコロの丘を通るバスはミニバス115番と870番。ミニバス115番はサン・コジマート広場近くのVia E. Morosini通りなどからジャニコロの丘を上がり、サン・ピエトロ方向へ下り、エマヌエーレ2世橋を渡って、サンタンジェロ城南側のVia Paolaが終点。1時間に4〜6本。

870番はガリバルディ広場などにバス停があり、サン・ピエトロ広場近くのPiazza della Rovereを経由してマッツィーニ橋を通り、サンタンジェロ橋手前が終点。逆方向は国立コルシーニ宮美術館前(→P.142)、パンクラツィオ広場を経て郊外(南西方向)へ向かう。1時間に2〜3本の運行。

見どころNAVIGATOR

モザイクに堪能したら、S.M.イン・トラステヴェレ聖堂の右に延びるパーリア通りVia della Pagliaから次の目的地S.ピエトロ・イン・モントーリオ教会まで散歩を楽しもう。道なりに行くとパーリア通りはやがて行き止まりになり、右にルイージ・マーシ通りVia Luigi Masiと書かれた階段が目につく。これを上がるとG.マメリ通りVia Goffredo Mameliで、これを右に上っていけばカーブをひと曲がりした所で道はガリバルディ通りVia Garibardiと名を変える。さらに上っていけば教会の建つS.ピエトロ・イン・モントーリオ広場Piazza di S. Pietro in Montorioに到着だ。

コズマーティ様式 column

ローマの教会建築を特徴付ける要素のひとつにコズマーティ様式が挙げられる。コズマーティの名はローマで12〜13世紀にかけて活躍したコズマー族から出たもので、大理石や色ガラスを使った彼らの独創的な**装飾模様**と**技法**は一族の間で代々受け継がれ、**床**や**回廊**、祭壇などの装飾にすばらしい作品を残している。床の装飾にはおもに大理石と斑岩が使われ、大理石の白と斑岩の緑や赤が美しいコントラストをなして幾何学的な模様を引き立てている。一方、祭壇などの装飾には色ガラスと金を張ったガラスが用いられ、これらがろうそくや差し込む太陽の光線に浮かび上がると実に美しい。

S.サーバ教会、S.M.イン・アラチェリ教会、S.M.イン・コスメディン教会、S.ジョヴァンニ・イン・ラテラーノ大聖堂、S.ロレンツォ・フオーリ・レ・ムーラ聖堂、Ss.クアットロ・コロナーティ教会、S.M.イン・トラステヴェレ聖堂など、ローマのおもだった教会にはコズマーティの装飾で飾られている所が数多い。

床は大理石の
コズマーティ模様

見事な調和を見せる「小聖堂」　MAP P.185、P38 B2

サン・ピエトロ・イン・モントーリオ教会 ★

San Pietro in Montorio　サン ピエトロ イン モントーリオ

広場に建つこの教会は9世紀頃に建てられ、15世紀の後半にはスペイン王のフェルディナンドと王妃イザベラによって建て直された。単廊式の内部の後陣と外陣を仕切るアーチには、B.ペルッツィのフレスコ画が見られる。また右側の最初の礼拝堂にはS.デル・ピオンボの見事な『**キリストの笞刑**』Flagellazioneがある。一方、回廊のある中庭には有名なブラマンテの「**小聖堂**」Tempietto di Bramanteがあり、意表をつく空間利用とルネッサンス建築の音楽的な調和に驚かされる。1500年にスペイン王家からの依頼で建てられたこの小さな聖堂は、できた当初からその非凡な新しさで評判が高かった。

なお、ジャニコロの丘Monte Gianicoloの一部にあるこの広場からはローマの展望もよい。また、教会の隣にはスペイン・アカデミーAccademia di Spagnaがあり、文化行事を行っている。

●サン・ピエトロ・イン・モントーリオ教会
住 Piazza S. Pietro in Montorio 2
☎ 06-5813940
開 8:30～12:00
15:00～16:00
ミサ
平日8:00、12:00
※宗教行事の際は拝観不可
URL www.sanpietroinmontorio.it

ブラマンテ作「小聖堂」

ピオンボ作『キリストの笞刑』

大理石の白亜の泉　MAP P.184、P38 B2

パオラの泉

Fontana di Paola　フォンタナ ディ パオラ

ガリバルディ広場からローマの町並みを望む

S.P.イン・モントーリオ教会の脇からガリバルディ通りをもうひと上りすると、**パオラの泉**と呼ばれる大きな噴水に出る。堂々たる量感のパオラの泉は、17世紀の初めパウロ5世によってトラヤヌスの水道の復元を記念すべく造られた。建造に必要な大理石はフォーリ・インペリアーリにあったネルヴァ帝のフォロから運ばれてきた。

この先には、頂上のガリバルディ広場P.le G. Garibardiを中心に、「**ジャニコロの散歩道**」Passeggiata del Gianicoloや丘の東斜面をテヴェレ川方面に下るいくつもの小道があり、ローマの人々のお気に入りの散歩コースになっている。

ジャニコロの丘にある「パオラの泉」

ジャニコロの散歩道　column

パオラの泉を西に上ると、前方にS.パンクラツィオ門が見え、手前右側には鉄の門のある道が延びている。S.パンクラツィオ門周辺はガリバルディ将軍の率いる軍がイタリア統一を脅かすフランス軍との間で激戦を繰り返した場所としてローマの歴史に残る地でもある。また、この門の向こうにはローマで最も大きな公園である**ドーリア・パンフィーリ**の緑がひときわ色濃く広がっている。一方、北（右）に延びる道の方は**ジャニコロの散歩道**Passeggiata del Gianicoloと呼ばれ、名前のとおりゆっくりと散策しながら歩けば、やがてガリバルディ将軍の大きな像の立つ広場に出る。ここからのローマの眺めはよい。疲れていなければ、そのままさらに下って行けばヴァティカン方面に出ることもできる。

リーパ教会から眺めた
リーパ通り

●サン・フランチェスコ・ダッシージ・ア・リーパ・教会
住 Piazza S. Francesco d'Assisi 88/Via di San Francesco a Ripa 18
☎ 06-5819020
開 7:00～13:00
14:00～19:30
ミサ
平日7:15、㊐㊗10:00
※宗教行事の際は拝観不可

ファサード

リーパ教会内部

中世そのままの建物が残る
メルカンティ広場

見どころNAVIGATOR

パオラの泉から再びS.ピエトロ・イン・モントーリオ広場まで下り、ここからはガリバルディ通りのカーブを横切って付けられたモンテ・アウレオの階段Rampa di Monte Aureoと呼ばれる近道を一気に下りていく。マメリ通りViale G. Mameliに出たらわずかに左に戻り、すぐに右に延びるルチアーノ・マナラ通りVia Luciano Manaraに入る。しばらく進むと**S.フランチェスコ・ア・リーパ通り**Via di S. Francesco a Ripaと交わるので、これを右に折れて突き当たるまで進めば、S.フランチェスコ・ダッシージ広場Piazza di S. Francesco d'Assisiに出る。このリーパ通りは最もトラステヴェレらしい道のひとつだ。

ベルニーニ晩年の傑作が飾る

MAP P.185、P39 B3

サン・フランチェスコ・ダッシージ・ア・リーパ教会 ★★

San Francesco d'Assisi a Ripa　サン フランチェスコ ダッシージ ア リーパ

以前からあったS.ビアジオの巡礼者宿泊所の隣にこの教会が建てられたのは1231年のこと。言い伝えによれば、それより前の1210年、アッシジの聖人フランチェスコはローマを訪れた際にこのS.ビアジオの宿泊所に投宿したとされている。現在の教会は17世紀の後半にM.デ・ロッシによって再建されたもので、建物自体は非常にシンプルな造りだ。

この教会が有名なのはここにベルニーニ晩年の傑作『**福者ルドヴィカ・アルベルトーニ**』Beata Ludovica Albertoniの彫刻があるからで、ポーズ、表情、複雑な流れの布の表現、どれをとってもベルニーニ様式の極致といえる。80歳近い年齢でこれほど"魅惑的"な聖女の像を刻めたのには驚かされる。作品は左の側廊の入口から4番目の礼拝堂におかれている。また、かつてのS.ビアジオの宿泊所の一部に設けられた聖フランチェスコの至聖所には、13世紀の聖人の肖像画（現在はコピーがおかれている）を見ることができる。見学を希望する場合は教会の担当者に申し出る。

ベルニーニ晩年の傑作『福者ルドヴィカ・アルベルトーニ』

見どころNAVIGATOR

駐車場を兼ねたサン・フランチェスコ・ア・リーパ広場を、教会を背に右（北東）の道に入ろう。右側に塀が続くアニチャ通りVia Aniciaを行き、最初の角マドンナ・デッロルト通りVia della Madonna dell'Ortoで右に曲がると、サン・ミケーレ通りVia di S.Micheleに突き当たり、これを左に進むと小さな**メルカンティ広場**だ。

日曜なら、すでにこのあたりは**ポルタ・ポルテーゼの市**へ行く人たちでにぎわっているはず。ちょっとのぞいて行こう。サン・フランチェスコ・ダッシージ・ア・リーパ広場を背に左に進み、アシアンギ広場Largo Ascianghiを左折して、ポルテーゼ門Porta Porteseを入ると、露店が続いている。昼近くになると大混雑となるので、懐中物に注意。紙幣が入った財布を人前で出し入れするのは、お金のありかを教えているようなもの。小銭入れ程度で賢く買い物を。

メルカンティ広場の反対側に広がるのが、サンタ・チェチーリア・イン・トラステヴェレ教会の広い敷地だ。庭園の奥に教会が建つ。

中世の面影を求めて　MAP P.185、P39 B4

メルカンティ広場 ★★
Piazza Mercanti　ピアッツァ メルカンティ

トラステヴェレの名物店、メルカンティの風情

中世のたたずまいが残る小さな広場。今にも剥げ落ちそうな土色の壁、テラスには大きな木のテーブル……まるで昔々の田舎町の一角にでも迷い込んだような雰囲気だ。この広場の雰囲気は外観・店内ともに中世の雰囲気にこだわったレストラン、ラ・タヴェルナ・デ・メルカンティLa Taverna de Mercantiの貢献が大きいが、季節の花々が彩りを添える初夏から秋はより風情が増してフォトジェニックだ。

日曜の朝なら、足を延ばして　MAP P.185、P39 C3

ポルテーゼ門/ポルタ・ポルテーゼ ★
Porta Portese　ポルタ ポルテーゼ

ポルテーゼ門を入るとのみの市

簡単な食べ物の屋台もある

靴などはけっこうよさそう

ローマっ子の買い物客の多い店がおすすめ

トラステヴェレの名物のひとつに、**ポルタ・ポルテーゼののみの市**がある。毎週日曜日の午前中、ポルテーゼ門から延びるポルトゥエンセ通りV. Portuenseに沿って市が立ち、アンティークから最新流行(?)のものまで、古地図から生産者直売のペコリーノ・チーズまでが並ぶ。がらくたや日用品など、無数の露店を冷やかしながら見て歩くだけでも優に半日はかかる。この青空市、土地の人も観光客も入り交じっていつでも大にぎわいなので、歩く際には貴重品に十分注意したい。

晴れた日曜に行こう

ジャニコロの丘からは、よく晴れた日のローマの町の眺めは美しい。カフェもあるので、ゆっくりと楽しむことができる。また、気候のよい日曜はローマっ子でたいへんなにぎわいを見せる。人形芝居やポニーの引き馬、カラフルなメリーゴーラウンドなどが出現し、まるでお祭りのよう。

地 P.38 A·B2

●ポルテーゼ門/ポルタ・ポルテーゼ

開 日8:00～14:00
URL www.portaportesemarket.it
テルミニ駅からバスH番。ヴェネツィア広場からトラム8番で。

✉ ポルタ・ポルテーゼの市へ

絵画、日用品、化粧品、下着、パジャマなどあらゆるものが売られ、€5くらいの商品もたくさん。品質はそれなりですが、とてもおもしろい体験でした。テルミニ駅からH番のバスに乗り、運転手さんにポルタ・ポルテーゼと告げて降ろしてもらうのがいいです。日曜の午前中のみです。
（東京都　Naomi K.）

✉ ポルタ・ポルテーゼの市は早めがベター

8:30に到着した頃はすいていて、ゆったりと見物できました。10:00頃になると、人出が増え、さらに道の真ん中にゴザを敷いてニセブランドを売る人が出没し、混雑度がどっと高くなってしまいました。
（兵庫県　鈴木舞子）

殉教した聖女を祀る教会

MAP P.185、P39 B4

サンタ・チェチーリア・イン・トラステヴェレ教会 ★★★

Santa Cecilia in Trastevere サンタ チェチーリア イン トラステヴェレ

●サンタ・チェチーリア・イン・トラステヴェレ教会
住 Piazza di S. Cecilia 22
☎ 06-5899289
開 教会、地下遺構
10:00～13:00
16:00～19:00
「最後の審判」
平日のみ 10:00～12:30
㊐㊗ 11:30～12:30
料 地下遺構€2.50
「最後の審判」€2.50
URL www.benedettinesantacecilia.it

教会はこの奥にある

教会の中庭と12世紀の鐘楼

聖チェチーリアはローマの富裕な家の出で、この地に屋敷を構えていた夫ヴァレリアヌスとともにキリスト教徒であった。マルクス・アウレリウス帝の治世に殉教し、遺骸は初めS.カリストのカタコンベ(共同墓地)に葬られたが、9世紀の前半にパスカリス1世によって発見され、ここに運ばれた。かつて夫の屋敷があったこの地にはすでに5世紀に教会が建っていたが、パスカリス1世はこれを建て直し、あらためて聖女チェチーリア教会つまり**サンタ・チェチーリア・イン・トラステヴェレ教会**としたのだった。12世紀には柱廊と鐘楼が付け加えられ、その後も何度か改修された。

美しく整えられ、
すがすがしい教会内部

内部は3廊式で、主祭壇の上の**天蓋**Ciborioはアルノルフォ・ディ・カンビオの手になる(1283年)。祭壇の下には墓があり、ステファノ・マデルノが1600年に制作した**『聖チェチーリアの像』**Statua di S. Ceciliaがおかれている。その前年に聖女の墓を開けた際に、遺体は首に受けた刀の傷がはっきりと見えるほどにもとのままの姿であったため、「奇跡」が起こったとローマ中が沸いたと伝えられている。マデルノの彫刻も聖女の遺体のポーズをそのままに再現したものといわれる。また、後陣にはキリストが聖パウロ、聖チェチーリア、パスカリス1世を右に、聖ペテロ、聖ヴァレリアヌス、聖アガタを左に従えて祝福を与える場面、さらにその下には12使徒を表す羊を描いた**モザイク**Mosaico di Pasquale I がある。

マデルノ作『聖チェチーリアの像』。
首には刀の傷が見える

カンビオ作の天蓋上部にはモザイク、
下には『聖チェチーリアの像』

✉ 見逃せない地下遺構

中庭の先に聖堂があり、主祭壇下には首の切り傷も生々しい聖チェチーリアの像が横たわっています。聖堂に入ってすぐ左手には地下への階段があり、€2.50の寄付をして入ります。大半は遺跡が並んでいるだけですが、一番奥にすばらしい装飾の聖堂があり、時間帯によっては貸し切りで堪能できます。(たまち '17)

入口左の小さなみやげ物売り場の地下から地下納骨堂とローマ時代の遺構へと通じている。地下の奥にはサンタ・チェチーリアを祀るクリプタがあり、1900年代の美しい**アールヌーヴォーのモザイク**でサンタ・チェチーリア、サンタ・アガタ、サンタ・アグネスが描かれている。古典的なモザイクを見た目には新鮮かつ優美で女性的な空間だ。

地下のクリプタ

サンタ・チェチーリア

また、玄関上には13世紀末のP.カヴァッリーニのフレスコ画『**最後の審判**』Giudizio Universaleがある。合唱席Coroを設ける改装により、一度は壁に塗りこめられ、後年発見・修復されたもので、完全な姿ではないが貴重な作品。カヴァッリーニはネルッサンス以前の13世紀のローマ派。1290年に描かれたこの作品は、ジョット以前の最高傑作と称されている。中央にキリスト、その脇に聖母と聖ヨハネ、さらに12使徒、天使が描かれている。間近に迫るキリスト像はこちらの心を見透かすかのよう。(見学は一度外へ出て、バジリカを背にした右の建物のインターフォンを押して、扉を開けてもらい、エレベーターで2階へ。)

カヴァッリーニのフレスコ画

なお、聖チェチーリアは音楽の守護聖人になっていて、16世紀に創設されたローマの音楽院もこの名を冠している。毎年11月22日(聖チェチーリアの日)にはこの教会で音楽会が催される。

サンタ・チェチーリアは音楽の守護聖人

見どころNAVIGATOR

S.チェチーリア・イン・トラステヴェレ教会を出たらメルカンティ広場に戻り、左に延びる、趣のあるS.マリア・イン・カッペッラ小路Vicolo di S. Maria in Cappellaからペレッティ通りVia P.Perettiを行けば、カステッラーニ広場Piazza Castellaniに着く。

さて、パラティーノ橋のすぐ上流、ティベリーナ島寄りには**壊れた橋**Ponte Rottoが目に入る。これはローマ時代のエミリオ橋(紀元前179年)の一部を利用して16世紀の後半にグレゴリウス8世が架け直したものだが、1598年には再び壊れ、それ以後再建されなかった。橋の一部が残ったので**ポンテ・ロット(壊れた橋)**の名が付いた。

旧ユダヤ地区とを結ぶ**ファブリチオ橋Ponte Fabricio**は紀元前62年に完成し、ミルヴィオ橋に次いでローマで古い橋のひとつで、今日までほとんど修復されずに残っている。

テヴェレ川に架かるもうひとつの橋はチェスティオ橋Ponte Cestioで、紀元前1世紀に架けられ、370年にはヴァレンティニアヌス帝などにより修復された。1892年には解体されてもとの材料で架け直されている。これを渡ればティベリーナ島だ。

サンタ・アガタ

サンタ・アグネス

修道院グッズを

カヴァッリーニのフレスコ画を見学するには、隣接する建物のインターフォンを押して中に入り、拝観料を支払って2階へ向かいます。フレスコ画があるのは、秘密のような!?不思議な空間でした。この切符売り場に、ここで作られているグッズが売られています。瓶に入った蜂蜜のようなものは果物のゼリー(紅茶に入れたり、パンに塗るそう)、ラベンダーの匂い袋、手編みのテーブルセンターなどがありました。ここは今も修道院として機能していて、周囲の畑で取れたものを加工したり、修道女がグッズの製作をしているそう。堂内にいる方もお年を召した修道女の方たちでした。ちなみに石鹸などはほかで作られたものだそうです。

(東京都　下町好き　'18)

修道院グッズ

壊れた橋　ポンテ・ロット

紀元前完成のファブリチオ橋

トラステヴェレの市場

平日の午前中にコジマート広場Piazza S.Cosimato(地P.39 B3)で生鮮食品を中心とした市場が店開き。時間があったらのぞいてみるのもおすすめ。

昔日の面影を残す島 MAP P.185、P39 A4

ティベリーナ島 ★★

Isola Tiberina イソラ ティベリーナ

初夏のティベリーナ島

ティベリーナ島はテヴェレ川のただひとつの中洲で、紀元前291年にはギリシアの医学の守護神エスクラピウスの神殿が島の東側に建てられた。神殿の前は病気の回復を願う人々であふれ、島は一種の病院として機能したが、これは生活区から隔離されているため、感染防止の面からも非常に効果的であった。こうして16世紀の半ばにはファーテベネフラテッリ病院が島の中央に建てられ、この病院は今も立派に機能している。

かつてのエスクラピウスの神殿跡には10世紀にオットー3世が教会を建て、12世紀には改修されて、サン・バルトロメオ教会S. Bartolomeoとなった。しかしその後の洪水などで被害を受け、17世紀にはオラツィオ・トッリアーニの手で柱廊をもつ2層のファサードのバロック式教会に建て直された。左後ろの鐘楼は12世紀のロマネスク様式だ。

コリント式の柱が並ぶ
オッタヴィアの列柱

魚市場跡に残る古代の列柱 MAP P.185、P39 A4

オッタヴィアの列柱 ★

Portico di Ottavia ポルティコ ディ オッタヴィア

ポルティコ・ディ・オッタヴィア通りVia del Portico di Ottaviaには、ローマ時代の遺跡、**オッタヴィアの列柱**が後代の建築に取り込まれた形で残っているのが見える。もとは2列の柱で囲まれた長方形（119m×132m）の柱廊で、アウグスティヌス帝が姉妹のオッタヴィアにささげるために造り、203年にはセヴェルス帝とその息子のカラカラにより建て直された。中にはジュピターとユノの神殿のほかにオッタヴィアの図書館もあり、壁画やギリシアの彫刻で飾られ、市民が自由に出入りできた。現在残っているのは正面中央の入口の部分で、コリント式の柱が2列に並んでいる。

シナゴーグの正面

ACCESS

旧ユダヤ人地区から バスに乗るなら

マルケルス劇場へ徒歩3分。バスは、P.198参照。ヴェネツィア広場まで徒歩5分程。

今なおゲットーの面影の残る MAP P.185、P39 A4

旧ユダヤ人地区 ★

Ghetto ゲットー

ポルティコ・ディ・オッタヴィア通りVia del Portico di Ottaviaを挟んで、マルケルス劇場の西側には銅葺(ぶ)きの美しい屋根をもつ**シナゴーグ**（ユダヤ教会）が建つ。このあたりはかつてユダヤ人のゲットーがあった所で、今でもここを中心にユダヤ人社会が機能している。

ローマのゲットーは、1555年にパウロ4世が「ヘブライ人の囲い」と呼ばれる壁でこの一画（わずか3ヘクタール余り）を囲み、ユダヤ人にその中に住むことを強制したことに始まる。以来1848年まで、およそ300年にわたってゲットーの歴史は続いた。当時、壁には5つの門があり、これらは夜明けとともに開き、日没には閉められて、ユダヤ人は夜間に囲いの外に出ることはできなかった。

真実の口広場とアヴェンティーノの丘周辺

Da P.za della Bocca della Verità al Monte Aventino

エリア 8

この地区の歩き方

コースは町の中心ヴェネツィア広場からほど近いマルケルス劇場からスタートし、神殿跡を見て、真実の口広場へ。続いてチルコ・マッシモ、今や高級住宅地となったアヴェンティーノの丘、ピラミデ、イギリス人墓地、サン・サーバ教会と、盛りだくさんで本誌のコースの中でも、かなり歩行距離の長い、**「知られざるローマを巡る」**コース。また、アヴェンティーノの丘以外は、交通の激しい通りが多い。

最近のローマで最も注目される界わいのひとつ、**テスタッチョ**もこの地区にある。

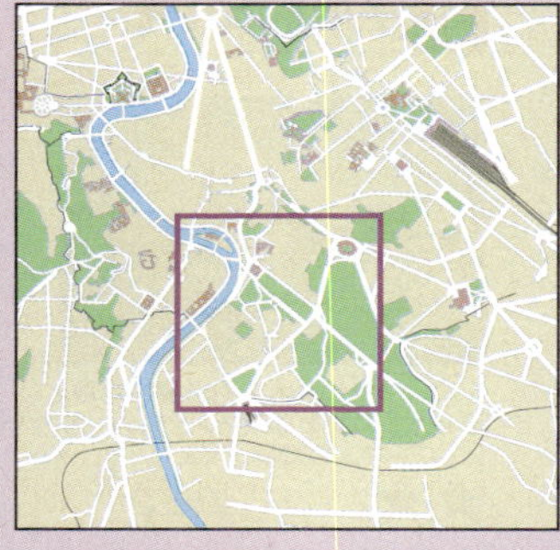

真実の口広場とアヴェンティーノの丘周辺

エリア 8

1 マルケルス劇場

Teatro di Marcello

紀元前建設のコロッセオのモデルとなった古代劇場。ルネッサンスと古代建築が調和している。

★★ P.198

2 真実の口広場

P.za Bocca d. Verità

ローマ時代には幹線道路が走り、家畜市場がおかれて、商業地として活況を呈していた広場。

 P.199

3 S.M.イン・コスメディン教会

S.Maria in Cosmedin

おなじみの「真実の口」のある教会。美しい鐘楼や創建当時の8世紀に復元された内部も必見。

 P.201

4 真実の口

Bocca della Verità

映画「ローマの休日」で知られた場所。「正直者」の証の写真を撮る人でいつも行列ができている。

 P.201

5 チルコ・マッシモ

Circo Massimo

ローマ時代最大の円形闘技場跡。高台からの眺めはロマンを誘い、今にもローマ人の歓声が聞こえそう。

 P.202

6 テスタッチョの市場

Mercato di Testaccio

野菜、果物のほか、B級グルメの屋台が充実した市場。15:30頃（閉店）までに到着するような計画を。

 P.205

フォロ・ロマーノ
Foro Romano
パラティーノの丘
Monte Palatino
コロッセオ
Colosseo
2 真実の口広場
P.za Bocca d. Verità
P.199
3 サンタ・マリア・イン・コスメディン教会
S. Maria in Cosmedin P.201
4 『真実の口』
Bocca della Verita
P.201
5 チルコ・マッシモ
Circo Massimo
P.202
カンピドーリオの丘
M. te Campidoglio
アヴェンティーノの丘
Monte Aventino
P.202
チェリオの丘
M.te Celio
カラカラ浴場
Terme di Caracalla
B線コロッセオ駅
Colosseo
B線チルコ・マッシモ駅
Circo Massimo
B線ピラミデ駅
Piramide
国連食糧農業機構
F.A.O.
コンスタンティヌスの凱旋門
Arco di Constantino
サン・ピエトロ・イン・ヴィンコリ教会
S.Pietro in Vincoli
Ss.ジョヴァンニ・エ・パオロ教会
Ss. Giovanni e Paolo
サン・グレゴリオ・マーニョ教会
S. Gregorio Magno
サンティ・ネレオ・アキッレオ教会
Ss. Nereo e Achilleo
サン・サーバ教会
San Saba
S.プリスカ教会
ジュゼッペ・マツィーニ像
Mon.A Giuseppe Mazzini
浴場競技場
Stadio d. Terme
カペーナ門公園
Parco di P.ta Capena
マルケルス劇場
Teatro di Marcello
P.198
戸籍庁
Anagrafe
P.206
ピラミデ
Piramide
アウグストゥスのフォロ
ヴェスパシアヌスのフォロ
聖なる道
Via Sacra
ティトゥスの凱旋門
ファルネジアーニ庭園
リヴィアの家
博物館
モレッタの塔
0 100 200 300m

シーザーが着手した円形競技場

MAP P.197、P.39 A4

マルケルス劇場 ★★

Teatro di Marcello　テアトロ ディ マルチェッロ

カエサルの甥の名を取ったマルケルス劇場

カエサル（シーザー）が建設を始めた円形競技場で、紀元前11年頃アウグストゥスによって完成され、若くして世を去った甥の名を取って**マルケルス劇場**と名づけられた。できた当時は高さ32m、41のアーチをもつ2階（一部には3階まであったという説もある）建ての建物で、中には1万5000人以上の観客が収容可能だったといわれる。下部はドーリス式、上部はイオニア式の柱で飾られていたが、4世紀後半には近くのテヴェレ川にかかるチェスティオ橋を修復するために一部が壊されて持ち去られ、中世を通じて建築材の供給の場として利用された。12世紀の半ばにはファービ一族の所有となって要塞代わりに使われ、続いて13世紀の終わりにはサヴェッリ家が手に入れ、16世紀にはB.ペルッツィに命じて2階建ての宮殿に改造された。さらにはオルシーニ家が1712年にこれを買い取っている。

劇場の近くに立つ3本のコリント式の優美な円柱は、紀元前5世紀の中頃に建てられ、紀元前34年に再建された**アポロ神殿**Tempio di Apolloのものである。なお、マルケルス劇場周辺は1926～32年にかけて整備され、それまでアーチの下に入っていた商店などが取り払われて生活地区から切り離された。

アポロ神殿の円柱

見どころNAVIGATOR

マルケルス劇場とカンピドーリオの丘の裾野の間を抜けるテアトロ・マルチェッロ通りVia del Teatro di Marcelloに沿って南に下ると、右側には戸籍庁の大きな建物が、左側には発掘保存された遺跡の一角が目に留まる。これはセルヴィウス帝の時代（紀元前6世紀）に造られたと推定されるフォルトゥーナとマーテル・マトゥータの**ふたつの神殿を中心とする聖域の跡**である。さらに進むと左側に真実の口広場がある。

ACCESS

マルケルス劇場へバスで行くなら

170 テルミニ駅、ヴェネツィア広場から
44 ヴェネツィア広場から
63 ヴェネト通り、バルベリーニ広場、ヴェネツィア広場から●サヴェッロ公園から
81 ●リソルジメント広場、カヴール広場、T.アルジェンティーナ広場、ヴェネツィア広場から●サン・ジョヴァンニ、チルコ・マッシモから
160 ●チルコ・マッシモから●ボルゲーゼ（ワシントン通り）、バルベリーニ広場、ヴェネツィア広場から
※ヴェネツィア広場から徒歩5分。V.エマヌエーレ2世記念堂前からカピトリーノ広場へ向かう通りを進むと右にある。

●マルケルス劇場考古学公園 Parco Archeologico del Teatro di Marcello

マルケルス劇場周辺は依然修復工事が続いているが、劇場の周囲の一部に通路が設けられ、近くで見学することが可能になった。内部見学は不可。
開 9:00～18:00

✉ チルコ・マッシモ駅の入口注意

チルコ・マッシモ駅は行き先方向により出入口が決まっています。内部に連絡通路がないので間違えないように。

真実の口へ行くため、チルコ・マッシモ駅で下車。見学後、来たときと同じ入口から駅に入り、切符を買って改札後、ホームへ。反対側（逆方向）のホームへ行こうとしましたが、連絡通路がないことに気づきました。近くの人に聞くと「一度駅を出て、道路の反対側の入口から入り直せ」と言われました。外へ出てみると、全く気づかなかった別の入口がありました。すでに刻印された切符は利用できませんでした。
（愛知県　吉田瑞樹　'15）
※テルミニ方向へはチルコ・マッシモ側の入口から入場。

ローマ時代の商業の中心地 MAP P.197、P.39 B4

真実の口広場 ★★

Piazza della Bocca della Verità ピアッツァ デッラ ボッカ デッラ ヴェリタ

真実の口広場

周辺は、テヴェレ川に近く、ローマ時代には、北から南に走る幹線道路が通っていたこともあって、早くから商業地区として栄えた。当時このあたり一帯には**フォロ・ボアーリオForo Boario**と呼ばれる家畜の市が、またマルケルス劇場にかけてはおもに青果を扱う**フォロ・オリトリオForo Olitorio**が広がっていた。一方、現在戸籍庁Anagrafeのある建物のあたりには港があって、テヴェレの水運の基地となっていた。時代が下がって共和政時代になるとフォロ・ボアーリオにも神殿が建てられた。今日見られるフォルトゥーナ・ヴィリーレの神殿とヴェスタの神殿がそれである。また、さらに後代には広場の奥に建つジァーノ門とその左側奥にあるアルジェンターリのアーチなども造られた。

■フォルトゥーナの神殿　Tempio della Fortuna Virile

(テンピオ デッラ フォルトゥーナ ヴィリーレ)

広場からテヴェレ川に向かって立つと、小さな四角の神殿が目に入る。フォルトゥーナ神殿の名で知られているが、おそらくは港の神ポルトゥヌスPortunusにささげられた物といわれる。4本の柱を備えた前室をもち、ほかの3面は柱の半分を外壁が取り込んだ形になっている。柱などは石灰華(トラヴァーチン)、壁は凝灰岩で、いずれもローマ近郊で産する石材が使われている。気品と神聖さを兼ね備えた**グレコ・ローマンの建築**の珍しい一例だ。

フォルトゥーナの神殿はグレコ・ローマン建築の好例

■ヴェスタの神殿　Tempio di Vesta

(テンピオ ディ ヴェスタ)

ヴェスタの神殿はヘラクレスにささげられた

フォルトゥーナの神殿の左側にあるこの円形の神殿も、実は「勝利者ヘラクレス」Ercole Vincitoreにささげられた物であったことが最近の発掘で明らかになった。ローマに残る**大理石の神殿としては最も古く**、紀元前2世紀の終わりの建築で、20本のコリント式の柱で囲まれた周柱式神殿。

✉お気に入りの場所

ヴェネツィア広場から真実の口へは徒歩で10～15分程度。交通量の多い大通り（歩道あり）を真っすぐ進むだけなので迷うことはありません。お役所のような近代的な建物を過ぎると、右側に古代ローマ時代の神殿が見えてきます。現代の町並みに溶け込んで、古代神殿が建っているのを見るのは、不思議な感覚です。でも、これがローマなんですね。

真実の口広場手前は噴水が気持ちよく水を噴き上げ、道を隔てた駐車場脇の坂道を上るとジァーノ門があります。アルジェンターリのアーチに刻まれた彫刻は血なまぐさいローマの歴史を刻んでいて、とても興味深いものです。この坂道のあたりは、緑が多く、坂を上って左に進めば眼下にはフォロ・ロマーノの遺跡が広がります。観光客も少なく、静かな古代ローマの面影に浸るには、おすすめの界隈です。

（東京都　回想のローマ）

✉おすすめの散歩道

天気がよく、時間にゆとりがあるときは、真実の口からナヴォーナ広場までをテヴェレ川沿いに散歩して行くのがおすすめです。川風が気持ちよく、ゆったりとした気分で散歩を楽しむことができます。真実の口広場からパラティーノ橋を渡れば、トラステヴェレ地区も楽しむことができます。ガリバルディ橋からシスト橋を見ると、橋の後方にサン・ピエトロ大聖堂が見え、印象的な風景でした。

（埼玉県　ガンソ）

✉知ってる!?

夏のローマではアカンサスをたくさん見かけました。7～9月頃に白地に紫脈のある大きい唇形の花を長い穂状に咲かせます。別名ハアザミ（葉がアザミに似ているため、こう呼ばれるがアザミではない）とも呼ばれ、光沢のある葉は長さ50cm以上にもなり、深く切れ込んだ美しい形です。アカンサスは古代遺跡の柱頭の紋様にも使われ、今はローマ市内のゴミ箱のレリーフなどにも使われています。

（東京都　本多豊彦）

■ジァーノ門　Arco di Giano

ジァーノ門

ジァーノは古代ローマのヤヌス神のことで、門や建物の入口を守る神であった。「**ヤヌスの四面門**」とも呼ばれるこの門は当時この地区で最も重要であった十字路に建ち、商売の待ち合わせや、雨風をしのいで待避する場所として使われていた。造られたのは4世紀頃、コンスタンティヌス帝の時代と推定される。この門の真下には、フォロ・ロマーノの建設に先立ち湿地の排水のために造られた**大下水溝クロアーカ・マクシマ** Cloaca Maximaの一部が通っている。

■アルジェンターリのアーチ　Arco degli Argentari

ジァーノ門の左奥にはS.ジョルジョ・イン・ヴェラブロ教会がある。この教会のファサードの左脇には204年に富裕な両替商人たち(アルジェンターリ)からセヴェルス帝とその家族に献上されたアーチがある。レリーフには供物を供える皇帝と妃、ふたりの息子カラカラとゲタの姿が彫られていたが、後にカラカラはゲタを殺し、レリーフの表面も削り取ってしまったといわれる。

アルジェンターリのアーチ

✉「真実の口」へは早めに

真実の口は16:50に門が閉まります。どれだけ長蛇の列になっていても、16:45くらいに入場できるだけの人をこの門の中のさほど広くないスペースに入れて、その日の入場は終了です。早めの行動が得策です。
（大阪府　あおいちゃん）

✉午前の真実の口

9:30のオープンですが、11月下旬に9:25頃に着くと、15分ほどで写真撮影の順番が回って来ました。出口近くの売店は、真実の口をモチーフにしたグッズやムラーノグラスにしては珍しいハート型のかわいいペンダントヘッドなどがあり、リーズナブルでした。記念撮影のついでにこちらで買うのがおすすめです。
（山田景子）

✉真実の口へ

教会の前の柵の中を向かって左に並ぶと、その正面が「真実の口」です。手前5mほどの所に係の人がおり、「ひとり€0.50の寄付を」と日本語を含む6ヵ国語で表示された箱があるので、謙虚な気持ちで寄付しましょう。写真撮影などが終わったら、右手から教会を抜けて外へ。出口脇に売店があります。
（群馬県　たしたず）

「ローマ建国」伝説の地　MAP P.197、P.40 B1

サン・ジョルジョ・イン・ヴェラブロ教会
San Giorgio in Velabro　サン ジョルジョ イン ヴェラブロ

ヴェラブルム(沼地)に建てられた教会

6世紀に創建されたといわれ、レオ2世によって7世紀後半に建て直された。ファサードは12世紀の物で、イオニア式の4本の柱と2本の角柱で支えられた柱廊を持ち、左に建つロマネスク様式の美しい鐘楼も同じ時期に造られた。内部は出所のまちまちな柱で3廊に仕切られ、コズマーティ様式の飾り天蓋で覆われた祭壇がある。後陣の13世紀のフレスコ画はカヴァッリーニによる物といわれる。伝説によればローマ建国の祖ロムルスとレムスはここで雌狼とともに発見されたことになっている。

●サン・ジョルジョ・イン・ヴェラブロ教会
住 Via del Velabro 19
☎ 06-69797536
開 ㊋㊎㊏10:00〜12:30
16:00〜18:15
URL www.sangiorgioinvelabro.org

✉手を入れなくてもいいなら!?

時間がなかったので朝、教会が開く前に真実の口を見に行きました。誰もいない真実の口をゆっくり柵の外側から見たり写真を撮ったりできて満足でした。口に手を入れなくてもいいならこの方法はおすすめです。（神奈川県　ナオ）

映画「ローマの休日」の舞台 MAP P.197、P.39 B4

サンタ・マリア・イン・コスメディン教会 ★★

Santa Maria in Cosmedin サンタ マリア イン コスメディン

鐘楼の美しいS.M.イン・コスメディン教会と真実の口広場の噴水

真実の口広場の端に見える鐘楼を目指していけばサンタ・マリア・イン・コスメディン教会の前に出る。教会はこのあたりに多く住んでいたギリシア人のために6世紀に建てられ、その後8世紀には拡張された。コスメディンはギリシア語で"装飾"を意味することから、8世紀の改築時にこの呼び名ができた。12世紀と18世紀にも改修され、最後の工事ではファサードが全面的に新しくされたが、21世紀になってもとの姿に戻された。

入口の柱廊左側には、よく知られた『**真実の口**』Bocca della Verità（ボッカ デッラ ヴェリタ）★★★が据えられている。「嘘を言った者がこの口に手を入れると手を食べられてしまう」という言い伝えは中世の物だが、今日でもここで〝正直〟の証しをしようとする人々は後を絶たない。この河の神の顔の丸い石板は、古代の井戸か大下水溝クロアーカ・マクシマの蓋であったのではないかといわれる。

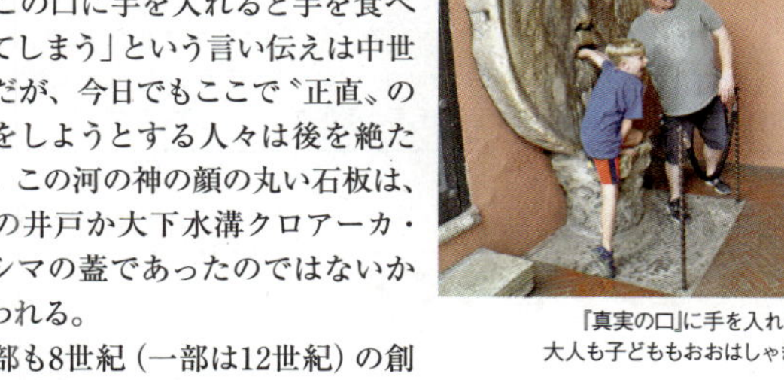

『真実の口』に手を入れて、大人も子どももおおはしゃぎ！

内部も8世紀（一部は12世紀）の創建当時の様子に極力再現され、抑制された美しさがある。円柱と角柱で3廊に仕切られ、身廊の祭壇寄りにはスコラ・カントルムがあり、中に見られる説教壇や燭台、聖像の描かれた壁、コズマ風の装飾などはいずれも12世紀の物である。後陣の奥におかれた**司教座**と**主祭壇の天蓋**はコズマ・イル・ジョーヴァネの三男、デオダートによる13世紀末の作品である。右側廊には、礼拝堂と聖具室への出入口がある。礼拝堂の祭壇には15世紀終盤のローマ派の**『聖母子像』**Madonna col Bambinoが見られる。一方、聖具室は絵はがきなどを売る売店になっているが、ここには旧サン・ピエトロ大聖堂のヨハネ7世の祈祷所を飾っていた**『東方三博士の礼拝』**Epifaniaのモザイク（706年）の一部がおかれている。また、ロマネスク様式の鐘楼はローマでも有数の美しさといわれ、教会の建物によく調和している。

簡素な教会内部

●サンタ・マリア・イン・コスメディン教会（真実の口）

住 Piazza della Bocca della Verità 18
☎ 06-6787759
開 夏季9:30～17:50
冬季9:30～16:50
料 喜捨

ACCESS

「真実の口」へバスで行くなら

40 テルミニ駅からヴェネツィア広場で下車して徒歩
170 テルミニ駅、ヴェネツィア広場から。ヴェネツィア広場を過ぎ、鐘楼が間近に迫ったら下車（ヴェネツィア広場からバス停3つ目）
715 ヴェネツィア広場西側のVia del Teatro Marcelloから

M 地下鉄で行くなら

地下鉄B線チルコ・マッシモ駅Circo Massimo下車

真実の口広場への行き方補足情報

地下鉄の最寄り駅はB線チルコ・マッシモだが、チルコ・マッシモやその南のカラカラ浴場付近は時間帯によっては人通りが少なく、ニセ警官などが出没する界隈ともいわれているので注意しよう。

ヴェネツィア広場から歩く場合には、道路沿いのヴィットリアーノやマルケルス劇場、各所に残る神殿などを眺めながらの散歩が楽しい。ゆっくり歩いても10分程度だ。

✉テルミニ駅前のバス乗り場、プラットホームIからバス170番で約15分で到着しました。テルミニが始発なので座って安心、便利でした。
（東京都　M's）['18]

✉おみやげ売り場が充実

真実の口と続くサンタ・マリア・イン・コスメディン教会内のおみやげ売り場はとても充実しています。ヴァティカンで€1.50のしおりが€1でした。コロッセオの絵はがきもコロッセオより多いです。ピノッキオグッズなど教会と関係ない物も多数ありますが、おすすめです。写真を撮るだけでなく、教会内部へぜひ。
（東京都　Jun　'16）

戦車競争の行われた最大の競技場 MAP P.197、P.40 B1

チルコ・マッシモ

Circo Massimo チルコ マッシモ

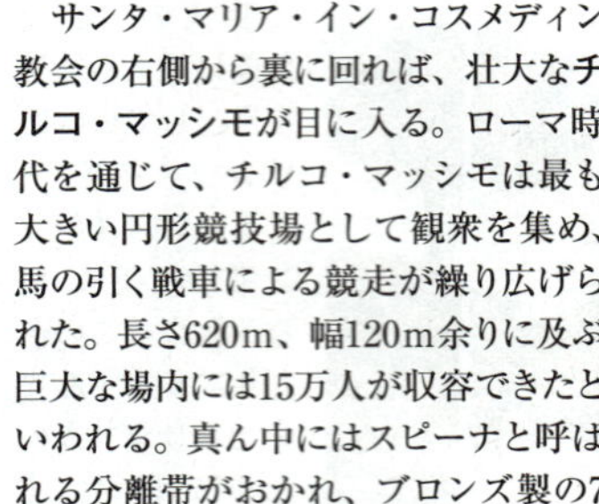

サンタ・マリア・イン・コスメディン教会の右側から裏に回れば、壮大なチルコ・マッシモが目に入る。ローマ時代を通じて、チルコ・マッシモは最も大きい円形競技場として観衆を集め、馬の引く戦車による競走が繰り広げられた。長さ620m、幅120m余りに及ぶ巨大な場内には15万人が収容できたといわれる。真ん中にはスピーナと呼ばれる分離帯がおかれ、ブロンズ製の7頭のイルカと7つの卵を倒して周回数を数え、中央にはひときわ高くオベリスクがそびえていた。現在ポポロ広場に建つのがそれである。

パラティーノの丘から
チルコ・マッシモを望む

チルコ・マッシモの歴史は古く、紀元前7世紀末から6世紀初めにかけて統治したタルクィニウス・プリスクス王が造ったといわれ、4世紀の大規模な拡張工事の結果30万人を収容するにいたった。

見どころNAVIGATOR

市営バラ園

古代の競技場からは、その脇を通る大きなチルコ・マッシモ通りVia del Circo Massimoを横断して、プブリチの坂Clivo dei Publiciiと呼ばれる道に入る。左には**ローマ市のバラ園Roseto di Roma**が広がり、5月の花の季節には遺跡を背景に咲き誇る景色が何ともいえず美しい。

✉ 古代ローマのロマンを感じて

Via del Corso Massimoからチルコ・マッシモ越しに見るチルコ・マッシモとフォロ・ロマーノに感動。本当に壮大な風景が広がっていました。高台の小さな広場にはベンチもあり、静かで穏やかでずっといたいと思う場所でした。ただ、人通りが少ないので夜は少し危ないかも。
（東京都　nami）

✉ 初夏にバラ園オープン

コロッセオの見学後、チルコ・マッシモを見渡しながら真実の口広場へ向かいました。その途中、チルコ・マッシモを見下ろす高台の広場の反対側（道路を渡る）にローマのバラ園があります。'16年のオープンは4/21～6/15と表示がありましたが、6月下旬でも入園できました。広いバラ園は2カ所に分かれ、芳しい香りで豪華なバラが咲き誇り、ひととき贅沢気分でリラックス。入場無料なので、時期が合えばぜひ出かけてみて。
（神奈川県　バラの精　'16）

ローマっ子の散歩道 MAP P.197、P.39 B4

アヴェンティーノの丘

Monte Aventino モンテ アヴェンティーノ

アヴェンティーノの丘は古代ローマの7つの丘のひとつで、初期にはフォロ・ボアーリオの商人たちの居住区であった。その後、紀元前456年の法律でローマの平民が土地を自由に持てるようになると、たくさんの人々が移り住んで、丘は民家で埋め尽くされた。しかし紀元前2世紀の終わりにはアヴェンティーノの丘の麓に新しい港ができ、平民の

アヴェンティーノの丘からの
テヴェレ川の眺め

皇帝の夢の跡、チルコ・マッシモ　column

パラティーノの丘の谷間に広がるチルコ・マッシモ。真実の口広場の裏手から続く小高い丘からは、パラティーノの丘とチルコ・マッシモが一望でき、遠い昔の戦車競技の様子を容易に想像することができる。チルコ・マッシモに面したパラティーノの丘には皇帝の宮殿がおかれ、皇帝は高台の観覧席からこの巨大な円形競技場跡に集まった観衆や競技者に、拍手と称賛を送ったという。

さて、15万～30万人を収容したという競技場も現在はウオーキングやジョギングをする人が多い、のどかな空間。当時の熱狂がよみがえるのは、セリエAで地元ローマのサッカーチームが優勝したとき。勝利パレードの集合地となり、羽目を外した若者たちのエネルギーが爆発する。

チルコ・マッシモの復元図

長さ620m、幅120mの巨大競技場で、収容人数15万〜30万人。ここでは、馬の引く戦車競技や運動競技が繰り広げられ、人々は金をかけて熱狂したという。分離帯の中央にはオベリスク（現在はポポロ広場に置かれている）がそびえ、倒して周回を数える像などが置かれていた。パラティーノの丘と向き合う高台（真実の口裏右側）から眺めると、より臨場感を感じられる。

居住区の中心はしだいに下に移り、代わって富裕な人々の邸宅が建つようになった。しかしこれらも410年の「蛮族の侵入」（西ゴート族など）でほとんど破壊され、耕作や放牧に使われるほかにはわずかに古い教会や修道院が建つだけの時代が続いた。丘が現在見るような閑静な住宅地に再び変貌をとげたのは19世紀の後半以降のことである。

オレンジの公園 MAP P.197、P.39 B4

サヴェッロ公園 ★
Parco Savello　パルコ サヴェッロ

来た道を戻り、S.サビーナ通りVia di S. Sabinaで左に折れると、まもなく右側に**サヴェッロ公園**が現れる。12世紀、ここにサヴェッリ家が要塞を持っていたことからこの名がついた。周囲のところどころに見える壁はその名残である。しかし人々の間では「**オレンジの公園**」Giardino degli Aranciの名で親しまれ、事実たくさんのオレンジの木が茂り、何やら童話の世界のようで、その下を走り回る子供たちの姿もほほ笑ましい。この小さな公園のもうひとつの魅力は、外れにある**展望台からの眺め**で、テヴェレの流れをこれほど間近に見下ろせる場所はほかにはない。

オレンジ実る静かな公園

✉ チルコ・マッシモのビュー・ポイント

「真実の口」の裏手から坂を上ると、チルコ・マッシモを見下ろす展望台のような広場に着きます。ベンチもあってひと休みするのに最適ですし、チルコ・マッシモとパラティーノの丘のすばらしい景色が広がります。チルコ・マッシモを左に見て進み、チルコ・マッシモが終わる大通りを横断すれば、地下鉄チルコ・マッシモ駅やカラカラ浴場も近いです。　（東京都　藤子）

●サヴェッロ公園
開 4〜8月　7:00〜21:00
3・9月　7:00〜20:00
10〜2月　7:00〜18:00

✉ サヴェッロ公園からの展望

マルタ騎士団の扉の鍵穴からサン・ピエトロ大聖堂を見にいくなら、ぜひサヴェッロ公園に寄ってください。眼下にはテヴェレ川とパラティーノ橋。ヴェネツィア広場のヴィットリオ・エマヌエーレ2世記念堂からサン・ピエトロ大聖堂にいたるローマ市街地を南から北方向に一望できます。　（埼玉県　まーくん）

●サンタ・サビーナ聖堂
住 Piazza Pietro d'Illiria 1
☎ 06-579401
開 8:15〜12:30
15:30〜18:00
ミサ
平日8:00、10:30、11:30
日祝7:15
※宗教行事の際は拝観不可

初期キリスト教会の代表例

MAP P.197、P.39 B4

サンタ・サビーナ聖堂

Santa Sabina all'Aventino サンタ サビーナ アッラヴェンティーノ

サヴェッロ公園に後陣の一部が張り出している**サンタ・サビーナ聖堂**は、初期キリスト教会の代表例ともいえる美しい会堂だ。5世紀の前半イリュニアの僧ピエトロによって建てられ、13世紀にはホノリウス3世が聖ドメニコに預けて修道会の拠点とさせた。かつてここは殉教した聖女サビーナの住居で、信者の集会や礼拝などに使われた初期の個人教会があったとされ、S.サビーナ教会はその上に建てられている。

サンタ・サビーナ聖堂

中央入口の扉Battente(バッテンテ)は創建当時の物で、今日に伝わる木の扉としては最も古い物と思われる。旧約と新約の聖書のエピソードが彫られ、中でも『**十字架にかかるキリスト**』Crocifissoは最も初期の作例のひとつとされる。内部はバジリカ様式で、パロス島産の白大理石で造られたコリント式の柱で3廊に分けられ、これらの柱はアーチで結ばれて、身廊の壁を支えている。この壁の上部に並ぶ高窓から十分な光が入るために堂内は明るい。壁面に残る創建当時の装飾としては、中央扉の上の、青地に金で記された帯状の文字のモザイクが挙げられる。また床の中央にあるのは**ドメニコ派の総長の墓**(1300年)で、モザイクで飾られた墓石はローマではほかに例がない。

床のモザイク

「遊び心」あふれる観光名所

MAP P.196、P.39 C4

マルタ騎士団広場

Piazza dei Cavalieri di Malta ピアッツァ デイ カヴァリエーリ ディ マルタ

サビーナ通りをなおも行くと、サンタレッシオ教会S.Alessioの先に**マルタ騎士団広場**がある。騎士団は負傷者の看護を目的として第1回の十字軍遠征の際に組織された長い歴史を持つ修道会である。広場に面して修道会の総長の館があるためにこの名が付いた。ピラネージによって18世紀に造られた広場は小さいが趣があり、また、マルタ騎士団長の館へ続く扉の**鍵穴からのぞくサン・ピエトロ大聖堂の眺め**はローマ名物のひとつとなっている。左右対称に刈り込まれた植木の奥に望まれるクーポラには、こだわりの"遊び心"がうかがえておもしろい。

鍵穴からのぞく
サン・ピエトロ大聖堂の眺め

✉ **マルタ騎士団長の館へ**

マルタ騎士団広場の十字騎士団団長の館の門の鍵穴をのぞくと、本当にサン・ピエトロ大聖堂の大ドームが見えました。感動！　私はアルバニア広場の方から行きましたが川岸の道から登って行ったほうがわかりやすくておすすめです。（東京都　ゆかちん）

見どころNAVIGATOR

マルタ騎士団広場前からポルタ・ラヴェルナーレ通りVia Porta Lavernaleを下ってアヴェンティーノの丘の静かな住宅街を行こう。ほぼ下り終わると、バスが通る大通りマルモラータ通りVia della Marmorataへ出るので、大通りを渡ってVia Galvaniに入って300mほど行き、5本目のVia Lorenzo Ghibertiを右折するとテスタッチョの市場だ。

騎士団団長の館入口

ローマ最古の市場でB級グルメを味わおう MAP P.196、P.39 C3

テスタッチョの市場 ★★

Mercato di Testaccio メルカート ディ テスタッチョ

2012年に生まれかわった歴史ある市場

テスタッチョ一帯はローマ時代にはテヴェレ川の港として栄え、当時から市場もあったとされ、数多いローマの市場のなかでも最古のものといわれている。以前は近くのテスタッチョ広場に青空市場がおかれていたが、2012年に屋根付きの市場ができここへ移転した。明るく近代的で、全体が100のボックスに仕切られ、中央に飲食のフリースペースがおかれている。野菜、果物、肉、魚、雑貨をはじめ、飲食店が充実しているのが楽しい(→P.23)。

市場の西側、ベニアミーノ・フランクリン通りVia Beniamino Franklinを挟んで建つのは、1890年頃に建てられた**屠殺場**Mattatoio。現在はその名も**マッタトイオ／マクロ・テスタッチョ**MATTATOIO/MACRO Testaccioと呼ぶ**現代美術館**がおかれている。広大な敷地に今も昔の建物が残り、その建物の内部や外に肉の塊を吊るして移動用に使ったレールが張り巡らされ、食肉加工場の面影を残しているのがおもしろい。

美術館の手前左の、緑の丘は**モンテ・テスタッチョ**または**モンテ・デイ・コッチ**Monte dei Cocciと呼ばれる人工的な山。ローマ時代からの土器の破片が堆積したもので、その大きさに驚かされ、ローマ時代の港や市場の規模の大きさと時の流れを実感させてくれる。テスタッチョの丘は公園となっているが、現在は入場不可。

食肉加工場の面影を残す
マクロ・テスタッチョ

●テスタッチョの市場
住 入口 Via Beniamino Franklin, Via Alessandro Volta, Via Aldo Manuzio, Via Lorenzo Ghiberti
開 7:00～15:30
休 日祝

●マッタトイオ／マクロ・テスタッチョ
住 Piazza Orazio Giustiniani 4
☎ 06-39967500
開 14:00～20:00
休 月
料 €6(展示により異なる場合あり。展示は1～3ヵ月程度で変わる)

ACCESS
テスタッチョへ行くなら

M 地下鉄に乗るなら
地下鉄B線ピラミデ駅Piramide下車、徒歩10～15分。バスなら719番で3つ目のバス停Galvani/Zabaglia下車

バスに乗るなら
750 テルミニ駅、ヴェネツィア広場、真実の口広場などから、LGT testaccio/Franklin下車
3 (トラム)●ヴィッラ・ジュリア、サン・ジョヴァンニ、コロッセオ、チルコ・マッシモから ●ポルテーゼ門、トラステヴェレ駅からMarmolata/Galvani下車

マクロ・テスタッチョ分館の入口

テスタッチョの丘 column

イギリス人墓地の前を通るカイオ・チェスティオ通りをさらに進んでいくと、やがてこんもりと高い丘が現れる。「**モンテ・テスタッチョ**(テスタッチョの小山)」と呼ばれるこの丘は、ローマに数ある丘とは違い、人間の活動によってできた人工の小山だ。

2世紀の終わり頃、テヴェレ川に新しく造られた港エンポリウムによって、このあたりには荷をストックする倉庫が建ち並び、港に働く人々が行き来するようになった。周囲約1km、高さ50m以上にもなるこの小山は、ラテン語で"モンス・テスタケウス"(陶片の山という意味)と呼ばれたことからもわかるとおり、食品の輸送に用いられたアンフォラなどの素焼きの陶器の破片が堆積してできた山だ。現在では丘は緑に囲まれ、一見瓦礫(がれき)の山とは思えないが、ローマ時代の交易を研究する学者たちにはこの山は宝の山なのである。

テスタッチョの丘
ゆかりの噴水

ローマ時代の墓 MAP P.197、P.32 C2

ピラミデ

Piramide ピラミデ

紀元前1世紀末に造られたピラミッド。右は、かつてのローマの港への街道入口に建つサン・パオロ門

ローマ法務官で平民の行政官でもあったガイウス・ケスティウスは紀元前12年に没したが、その遺言に従って墓として造られた。一辺22m、高さ27mで、表面は大理石の化粧板で覆われ、オスティエンセ駅に面した正面に起工から330日で完成されたと記されている。

●イギリス人墓地
住 Via Caio Cestino 6
☎ 06-5741900
開 9:00〜17:00
㊐㊗9:00〜13:00
※入場は閉場30分前まで

キーツ、シェリーも眠る MAP P.196、P.32 C2

イギリス人墓地

Cimitero degli Inglesi Acattolico チミテーロ デッリ イングレージ アカットリーコ

異国の文人の眠る墓地

ピラミデの隣、アウレリアヌスの城壁Mura Aurelianeの内側には非カトリック教徒の墓地Cimitero Acattolicoがあって別名「イギリス人墓地」と呼ばれている。18世紀の後半から、芸術家や文人の間で一種の"ローマ巡礼"が盛んになり、祖国に戻らずこの地で生涯を終える者もあった。当時の規則ではカトリック教徒の墓地にそれ以外の信仰をもつ者を葬ることはできなかったため、造られたのがこの墓地であった。ここにはシェリーやキーツらのイギリス人のほか、ゲーテの息子なども葬られている。

ACCESS

バスに乗るなら

3 (トラム)●トラステヴェレ駅へ
●チルコ・マッシモ、コロッセオ、サン・ジョヴァンニ・イン・ラテラーノ、サンタ・クローチェ・イン・ジェズラレンメ、ベッレ・アルティ通り(ヴィラ・ジュリア、国立近代美術館)へ
75 チルコ・マッシモ、コロッセオ、カヴール通り、テルミニ駅へ

M 地下鉄に乗るなら

B線ピラミデ駅
オスティアへ行くオスティア・リド線の鉄道駅も近い

見どころNAVIGATOR

来た道をジェルソミーナ広場まで戻り右折して進むと左にピラミデが見えてくる。ピラミデの脇を抜けると地下鉄B線Piramide駅だ。

ここまできたら、イータリー(P.287)へ

地下鉄ピラミデ駅の南側にはオスティエンセ駅があり、さらに線路をはさんだ反対側(地下通路あり)にイータリーがある。イータリーは日本でもおなじみの高級スーパー。ここは規模が大きく、品揃えが豊富で、フードコートや実演も充実。ここまで来たら、ちょっとのぞいてみよう。昼休みがなく、営業時間も長いので、軽食や食事、おみやげの品定めにもおすすめ。ピラミデ駅からは地下鉄でテルミニ駅まで約10分。

カラカラ浴場とアッピア旧街道

Dalle Terme di Caracalla alla Via Appia Antica

この地区の歩き方

石畳の道に糸杉と唐笠松が影を落とし、鳥のさえずりだけが聞こえる**アッピア旧街道**。皇帝たちは、たくさんの御供を従えて輿(こし)に乗りこの道を行った。兵士たちは国を守るべく南に進み、捕らえられたキリスト教徒は処刑されるべく北に歩を進めた。かつては壮麗な墓が沿道に並んでいたこの道も、中世以降は忘れ去られた存在となってしまった。しかし、古代ローマに思いをはせながらの瞑想と散策にこれ以上ふさわしい場所はない。緑の田園風景には、初期キリスト教徒の共同地下墓地＝カタコンベや競技場が点在する。

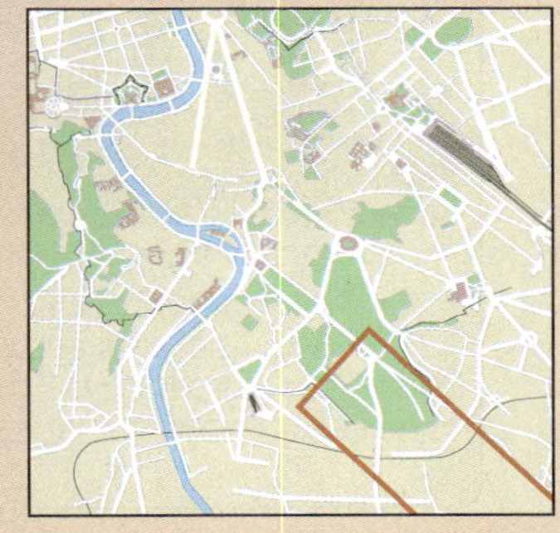

カラカラ浴場とアッピア旧街道

見どころNAVIGATOR

わだち跡の残る石畳が続くアッピア旧街道

ローマの北側から南イタリアへと通じるアッピア旧街道。「すべての道はローマに通ず」のとおり、ローマを起点に広大なローマ帝国の領土に張り巡らされた道のひとつだ。エリア9は、時代背景も似たカラカラ浴場からアッピア旧街道の見どころを回るコース。

移動距離がやや長いので、市バスを利用しよう。ただし、市バスは日曜・祝日はかなりの減便となる。日曜・祝日は旧アッピア街道は車両通行が制限されるので、アッピア旧街道公園事務所などから貸し自転車を利用してコースを回るのも楽しい。ただ、一部の道はデコボコしており、お尻が悲鳴をあげるのを覚悟しよう。

ローマ時代のロマンを夢想させてくれる水道橋の遺構

アッピア旧街道は古代の風情があちこちに残るものの、沿道には店は少なく、時間帯によっては人通りもほとんどない。ひとり歩きは避け、夕暮れ前には必ず町へ戻ろう。

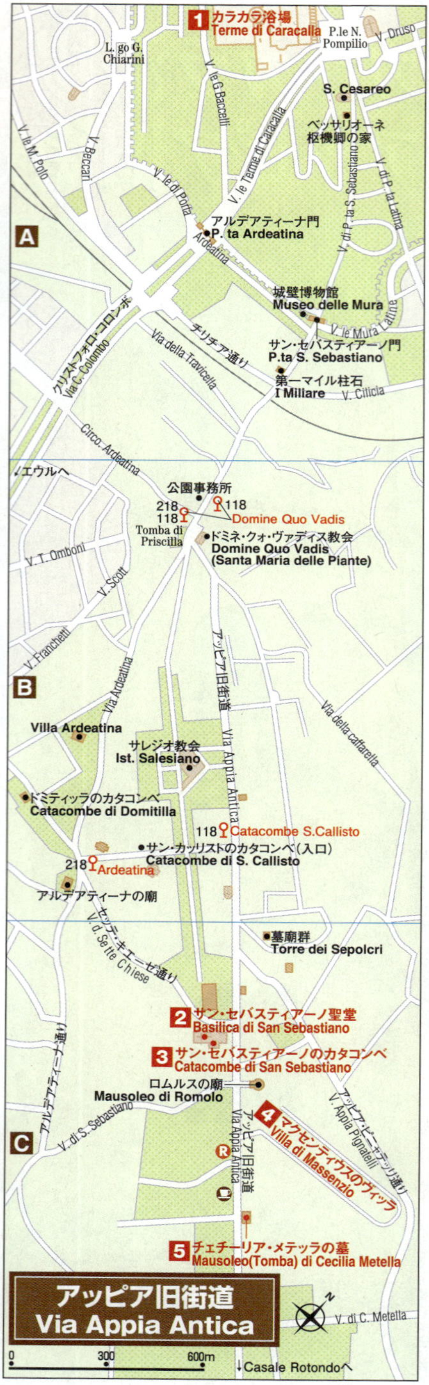

アッピア旧街道 Via Appia Antica

1 カラカラ浴場 Terme di Caracalla
P.le N. Pompilio
V. Druso
L. go G. Chiarini
S. Cesareo
ベッサリオーネ枢機卿の家
アルデアティーナ門 P. ta Ardeatina
城壁博物館 Museo delle Mura
サン・セバスティアーノ門 P.ta S. Sebastiano
第一マイル柱石 I Miliare
V. Cilicia
クリストフォロ・コロンボ通り Via C. Colombo
チリチア通り
Via della Travicella
Circo. Ardeatina
↙エウルへ
公園事務所
218 118
118 Domine Quo Vadis
Tomba di Priscilla
ドミネ・クォ・ヴァディス教会 Domine Quo Vadis (Santa Maria delle Piante)
V. T. Omboni
V. Scott
V. Franchetti
Via Ardeatina
アッピア旧街道 Via Appia Antica
Via della caffarella
Villa Ardeatina
サレジオ教会 Ist. Salesiano
ドミティッラのカタコンベ Catacombe di Domitilla
118 Catacombe S.Callisto
サン・カッリストのカタコンベ（入口） Catacombe di S. Callisto
218 Ardeatina
アルデアティーナの廟
墓廟群 Torre dei Sepolcri
セッテ・キエーゼ通り V. d. Sette Chiese
2 サン・セバスティアーノ聖堂 Basilica di San Sebastiano
3 サン・セバスティアーノのカタコンベ Catacombe di San Sebastiano
ロムルスの廟 Mausoleo di Romolo
アルデアティーナ通り
V. di S. Sebastiano
4 マクセンティウスのヴィッラ Villa di Massenzio
アッピア・ピニャテッリ通り V. Appia Pignatelli
5 チェチーリア・メテッラの墓 Mausoleo(Tomba) di Cecilia Metella
V. di C. Metella
0 300 600m
↓Casale Rotondoへ

カラカラ浴場とアッピア旧街道の見どころ

1 カラカラ浴場

Terme di Caracalla

カラカラ帝により造られた古代ローマの豪華な浴場跡。劇場や運動場、図書館などを併設した巨大娯楽場として、ローマ人の人気を博したという。

★★ P.210

2 サン・セバスティアーノ聖堂

Basilica di San Sebastiano

聖ペテロと聖パウロの2人の聖人にささげられた聖堂。キリスト教徒迫害の時代に殉教した2人をしのぶ巡礼者が今も訪れる。

★ P.216

3 サン・カッリストのカタコンベ

Catacombe di San Callisto

全長10kmに及ぶ、キリスト教徒最大の埋葬地。3世紀以降、歴代の法王を埋葬したことから注目を集めるようになった。

★ P.215

4 マクセンティウスのヴィッラ

Villa di Massenzio

3世紀初めにマクセンティウス帝により造営され、地下でヴィッラと霊廟とを結んでいたという。今は緑の草原が広がる。

★ P.217

5 チェチーリア・メテッラの墓

Mausoleo(Tomba) di Cecilia Metella

直径20mのひときわ目を引く、ローマ時代の名門家系の墓。高台に位置しているため、14世紀には要塞として利用された。

★ P.217

6 クインティーリ荘

Villa dei Quintili

ローマ時代のヴィッラの壮大さを実感させてくれる広大な遺跡。アッピア旧街道に隣接し、ローマの田園の風情を満喫できる。

★★ P.218

カタコンベへのバス

地下鉄B線コロッセオ駅を背にした左前方の道路上から118番のバス（㊏㊐㊗運休）に乗車。約15～20分程度（渋滞多い）で公園事務所（ドミネ・クォ・ヴァディス教会）で下車すると、前方に三差路が現れる。真ん中の坂道は、サン・カッリストのカタコンベへの専用道。観光バスや一部の車は通るものの、左右に草地や杉並木、オリーブ林が広がり楽しい散策路。1kmほど進むと右側にカタコンベの切符売り場や売店が見えてくる。

または118番のバスで公園事務所から3つ目の停留所（進行方向右側にサン・カッリストのカタコンベと大きな看板あり）で下車し、門を抜け坂を上がるとカタコンベ。こちらは歩く距離は短い。その後、118番のバスはサン・セバスティアーノ聖堂とカタコンベ前にも停車し、チェチーリア・メテッラの墓手前を左折してVia Appia Pignatelliへ入る。

帰りの118番はサン・セバスティアーノのカタコンベの前は通らないので、サン・カッリストのカタコンベまたは公園事務所前まで移動して乗車しよう。

ドミネ・クォ・ヴァディス教会脇、三差路の案内板が親切

床モザイクにローマ時代をしのぶ

 P.208 A、P.40 C2

カラカラ浴場 ★★

Terme di Caracalla

テルメ ディ カラカッラ

カラカラ浴場の遺跡。オペラの舞台にもなる

夏の間ここで大規模な**野外オペラ**が催されることでも有名な浴場だ。カラカラ帝によって212〜217年にかけて造られ、235年には周囲を囲む壁が完成された。メインの建物の内部は、中央に3つの温度の違う浴槽と大きなホールが配置され、その両脇にはトレーニングのためのアスレチック施設や汗を流すための部屋などが更衣室とともに左右対称に配置されていた。この大きな建物（今日見られる壮大な遺構がそれである）はよく手入れされた庭で囲まれ、周囲には集会や講義のための広間やギリシア語とラテン語の図書館、スタジアムなどが並び、商店もあった。この巨大な施設に水を供給するために新たに水道も引かれ、また床や壁は大理石やモザイクなどで覆われて、彫刻もあちこちにおかれていた。大規模な構造や今も残る美しい床モザイク、周囲の緑が相まって、ローマ人を魅了したすばらしいリラックスの場であったことを実感させてくれる。

当時のモザイクも展示される

のんびりとひと休み。カラカラ浴場跡にて

見どころNAVIGATOR

カラカラ浴場からアッピア旧街道へは、徒歩またはバス118番（浴場前の大通りをチルコ・マッシモ側に戻る途中にバス停あり）で。S.セバスティアーノ門付近は交通が激しいので、徒歩の場合は十分に注意を払おう。

ACCESS

カラカラ浴場へバスで行くなら

118 地下鉄B線コロッセオ駅、チルコ・マッシモ駅から
628 ヴェネツィア広場から
714 テルミニ、サン・ジョヴァンニ、メトロニア門から

M 地下鉄で行くなら

B線チルコ・マッシモ下車、約500m

2018年カラカラ浴場公演プログラム

- **オペラ『椿姫』La Traviata** 7/3、7/4、7/5、7/6、7/7、7/8、7/13、7/20
- **コンサート『ビョーク』Björk** 7/13
- **コンサート『パオロ・コンテとオーケストラ』Paolo Conte and His Orchestra** 7/14、7/15
- **コンサート『エンニオ・モッリコーネ』Ennio Morricone** 7/16、7/17
- **オペラ『カルメン』Carmen** 7/14、7/19、7/29、7/31、8/2
- **バレエ『R.ボッレとフレンズ』Roberto Bolle and Friends** 7/17、7/18
- **バレエ『ロミオとジュリエット』Romeo and Juliet** 7/27、7/28、8/1、8/3、8/4

※公演開始は21:00。料金€20〜100、コンサートは€90〜130/150、ボッレは€25〜125。切符はローマ・オペラ座窓口、オンライン URL www.operaroma.itで

●カラカラ浴場

住 Viale delle Terme di Caracalla 52
☎ 06-39967700
開 10月最終㊐〜2/15 ㊋〜㊐9:00〜16:30
2/16〜3/15 ㊋〜㊐9:00〜17:00
3/16〜3月最終㊏ ㊋〜㊐9:00〜17:30
3月最終㊐〜8/31 ㊋〜㊐9:00〜19:15
9/1〜9/30 ㊋〜㊐9:00〜19:00
10/1〜10月最終㊏ ㊋〜㊐9:00〜18:00
すべての季節の㊊ 9:00〜14:00
休 1/1、5/1、12/25 料 €8
※切符売り場は入場1時間前まで。
※毎月第1㊐、18歳以下無料

新しい見どころ

ジムの床の一部で修復が終了し、当時さながらに色鮮やかによみがえった美しい床モザイクを見ることができるようになりました。
（在ローマ　ローマ大好き　'18）

古代ローマの石畳を訪ねて

MAP P.208

アッピア旧街道 ★★★

Via Appia Antica　ヴィア アッピア アンティーカ

ローマ名物、唐笠松の続くアッピア旧街道。道脇には祠や遺跡が残る

アッピア旧街道は紀元前312年に執政官アッピウス・クラウディウスによって敷かれた、**ローマで最初の執政官道路**である。まずカプア（ナポリの北40km）まで造られ、さらにイタリア半島のかかとにあるブリンディシの港まで延長されて、東方支配の拠点となるこの重要な港町とローマを結ぶ生命線となった。古代ローマ人はエトルリア人からすぐれた土木技術を学んだが、独自に「舗装」を施すことを考案して悪天候時にも使用できるようにしたことで、道路の利用価値は飛躍的に増大した。

ローマ人の「舗装」技術を残す、本来のアッピア街道（大きな平らな石の舗装）

マイル柱石1（アッピア旧街道の起点を示す）

アッピア街道はこうしたローマ人の知恵を結集させてできた最初の、排水設備を備えた完全舗装の2車線道路であった。また、起点からの距離がわかるように1マイル（1609m）ごとに置かれていた**マイル柱石**Colonna miliareは今でも道端に見ることができる。

ACCESS

アッピア旧街道Via Appia Antica方面へバスで行くなら

118 地下鉄B線コロッセオ駅、チルコ・マッシモ駅、アヴェンティーノ大通り、カラカラ浴場、S.セバスティアーノ門から

218 S.ジョヴァンニ・イン・ラテラーノ広場から

660 地下鉄A線コッリ・アルバーニ駅から、チェチーリア・メテッラの墓

アッピア旧街道への行き方

見学場所をどこから始めるかによってバスを選ぼう。カタコンベなら地下鉄B線コロッセオ駅下車で118番を利用。クインティーリ荘からなら地下鉄A線アルコ・ディ・トラヴェルティーナ駅下車で664番利用または118番で終点下車。

✉ 水道橋公園へ

地下鉄A線Subaugusta駅を出て、通りを左右に見渡すと、通りの右手奥に教会が見えます。通りが終わる教会まで5分以上歩き、通りを渡って数分行くと右に公園が見えます。公園に入り、現代の水道橋を抜けると巨大なクラウディア水道橋が切れ切れにそびえ立っています。ローマ人の公共工事と水利への情熱に圧倒されました。テルミニ駅からは約30分ですが、夕方以降は行かないほうがよいと地元の人に言われました。帰りの道すがらに見つけたジェラテリア兼パスティチェリアのPan di Zuccheroはとてもおいしい。€2でタップリ2種類盛り。お店で座って食べられます。

（東京都　はまちゃん）

ローマ水道橋を訪ねて

水道橋の起源は古く、紀元前4世紀に遡る。皇帝たちにより、浴場やニンフェウム（噴水や彫像などと一体化した建物）、あるいは生活用水として利用するために造られた物。長いもので90km、場所によっては高さ30mもの石造りの高いアーチを築き、その上に渡した水路には緩やかな傾斜がつけられ、ときには地中をも通って運ばれた。動力を一切用いずに、長い距離を運ぶためには、当時有数のローマの土木・建築技術が駆使された。ローマ松をバックに空をまたぐように続く風景は、豊かなるいにしえのローマを夢想させてくれる。今も、水道橋公園ではその遺構を見ることができる。

ローマ時代の遺構、水道橋

水道橋公園Il Parco degli Acquedottiへの行き方

地下鉄A線Subaugusta駅下車、ViaT.Labienoと表示のある階段（改札口を背に左側）を上り、そのまま真っすぐティート・ラビエーノ通りViale Tito Labienoを徒歩約10分（バスの通る道を左に見て進む）。道は小さな保育園のような建物に突き当たり、その左奥に広い公園が広がり、その奥に長い水道橋が見える。ゆったりとした丘の上からは水道橋の遠望を楽しめるし、緑地帯を横切れば、水道橋をかなり近くで眺めることもできる。

水道橋公園と呼ばれているものの、特別な表示や施設、照明などはなく野原の趣。町の人は散歩やジョギング・コースとして利用している。人影は少ないので、遅い時間の見学は避けよう。

アッピア旧街道観光案内

紀元前3世紀に築かれ、その重要性から**「女王の道」**と呼ばれた**アッピア旧街道**。轍（わだち）の跡の残る石畳、唐笠松、墳墓、カタコンベをはじめとする古代のモニュメントが沿道に残り、古（いにしえ）のローマの面影が色濃い。ただ、バスの便は少なく、長い距離を歩くしかなかったので、魅力的なスポットながら行きづらい場所でもある。

■市バスで行くアッピア旧街道

おすすめは**118番のバス**をコロッセオ前から利用して終点の**クインティーリ荘で下車**し、広いクインティーリ荘の敷地（入場切符が必要）を見学しながら横切り、アッピア旧街道側の出入口から出て、アッピア旧街道をチェチーリア・メテッラ方向へ歩くこと。クインティーリ荘からチェチーリア・メテッラの墓まで約3km。その先のサン・カッリストのカタコンベまたは公園事務所前までは徒歩で1時間30分～2時間30分程度の道のりだ。118番のバスの帰路はサン・セバスティアーノのカタコンベの前は通らないので、サン・カッリストのカタコンベ前またはサン・カッリストの**カタコンベの専用道**（→P.209。バスの通る道は交通が激しいので、専用道が快適）を通って公園事務所前まで移動してバスに乗車しよう。バスは平日のみ9:00～18:00台に1時間に4～5便程度の運行。118番は循環バスでクインティーリ荘の向かい側の車線上が終始発。コロッセオからのバスはクインティーリ荘手前に停車し、さらに少し進んで戻り、クインティーリ荘の道路反対側が終点。終点下車がわかりやすい。

また、660番のバスはチェチーリア・メテッラそばに停車し、地下鉄B線Arco di Travertino、Colli Albani駅へ行くのでこれも時間があえば便利。バスは7:00～20:00台に1時間に1～2本。

118番バス経路　ヴェネツィア広場→フォーリ・インペリアーリ通り→コロッセオ→サン・グレゴリオ通り→カラカラ浴場→サン・セバスティアーノ門→アッピア旧街道/クオヴァディス教会→サン・カッリストロのカタコンベ→サン・セバスティアーノ聖堂→アッピア・ピニャテッリ通り→アッピア街道→クインティーリ荘（終始点）→アッピア街道→アッピア・ピニャテッリ通り→アッピア旧街道→サン・カッリストロのカタコンベ→クオヴァディス教会→サン・セバスティアーノ門→カラカラ浴場→チルコ・マッシモ→真実の口→ヴェネツィア広場

※'18年1月現在、㊏㊐㊗は運休

■サイクリングでアッピア旧街道を満喫

サイクリングの楽しさに目覚めてしまうアッピア旧街道

バスだけでは物足りない人には、サイクリングでの旧街道巡りがおすすめだ。バスを待つことなく、鳥のさえずりを聞きながら森林浴の気分で街道を自在に移動できる。118番のバスでアッピア旧街道の入口近くの**公園事務所前**Sede Parco Appia Anticaで下車。建物入口の❶で自転車をレンタルしよう。ちなみに、公園事務所から旧街道の趣がよく残る**カサール・ロトンド**（街道沿いで一番大きい墳墓）までカタコンベや周辺の景色をゆっくりと楽しみながら**所要約3時間**。帰りは、緩い下り坂なので一気に下ると約30分。旧街道はほぼ一直線なので迷う心配はない。心配なら、売店で詳細な地図を入手しよう。

日曜は旧街道沿いの住民を除き、車両通行止めとなるので、サイクリングには日曜がおすすめだ。旧街道は人通りが少なく、町の中心からやや離れているので、徒歩でも自転車利用の場合も夕暮れ時までには、引き上げよう。特に、自転車の返却時間の締め切りは早いので注意。女性ひとりでの行動は避けるのが賢明だ。

また、旧街道は石畳の道のため、場所によってはハンドルを取られたり、お尻に負担がかかる。ときには降りて自転車を引くことも必要だ。また、サン・セバスティアーノ門からサン・セバスティアーノのカタコンベあたりまでは車の往来が激しい。このあたりは特に注意しよう。

アッピア旧街道の❶
住 Via Appia Antica 58/60
☎ Fax 06-5135316
営 9:30～13:30、14:00～18:00(11～2月17:00)
㊏㊐㊗ 9:30～19:00(11～2月17:00)
貸自転車は上記❶で。☎で予約可
料 最初の3時間は1時間€3、1日(5時間以上)€15
パスポートなどの身分証明書が必要
貸出時間
3月下旬～10月下旬9:30～17:00、㊏㊐㊗9:30～18:00
8月㊊～㊎9:30～17:00、10月下旬～3月下旬9:30～16:30
※このほかAppia Antica Caffèなど7ヵ所でも貸出あり。URL www.parcoappiaantica.it(一部日本語あり)

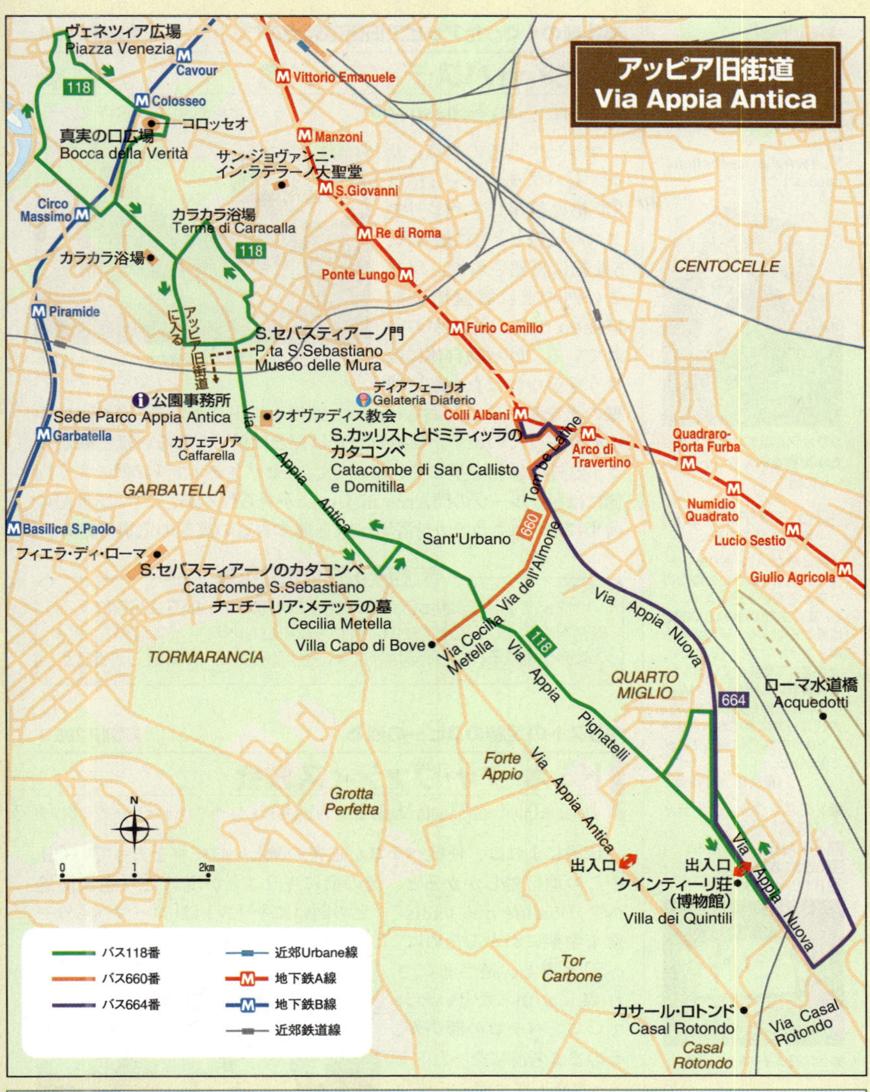

私的おすすめルート

自転車と徒歩で回るアッピア旧街道

コロッセオの地下鉄駅を背にして左側100mくらいの所のバス停から118番でアッピア旧街道へ行けます。でも先に近くの売店でバスチケットをゲットしないとバスの中では買えません。われわれはタダ乗りになってしまいました。運転手に**公園事務所前Parco Regionale dell Appia Antica**とページを見せたら、うなずいて、公園事務所前でバスを止めてくれた。公園事務所前で自転車を借りることができるが、交通量が多く、スピードも半端でないので、ここで借りることはおすすめできない。

前方を見ると三股に道路が分かれており(P.208地図参照)、左が**アッピア旧街道**、右は**アルデアティーナ通り**。この両者は先のほうで合流するのでどちらを選んでもよいが、**合流点の真ん中**が、カタコンベへ行く3本目の道路となっており、ここは車がほとんどないし、眺めも最高でおすすめ。ゆったりとした散歩を楽しむことができる。中間地点にカタコンベの事務所があり、飲み物の自販機が設置してあり、水分補給もできる。

小休止後、そのまま進んで行くと、出発点と同じく合流点となる。そのまま、アッピア旧街道を進んでいくと、**Cafe dell Appia Antica**が見えてくる。ここで自転車を借りる。1台1時間€4。3km先の交差点まで進んで、引き返してきたが、借りた時間は45分。2人分2台借りたが、料金は後払いで、2台で€4。ひたすら真っすぐな道で、でも風景も石畳も紀元前からあったと思えると感慨深い思いでした。

散歩、自転車はそれぞれ3km、往復12kmの遠足でした。11:30頃にバスに乗って、20分ほどで散歩の起点に到着。散歩、自転車、遅いランチを自転車を借りた道の反対側、アンティークな雰囲気のレストランQui nun se more maiで終えて、バスで市内に着いたのは16:00頃でした。 (横浜の豚 '17)

●城壁博物館
住 Via di Porta S. Sebastiano 18
☎ 06-70475284
開 9:00〜14:00
休 ㊊、1/1、5/1、12/25
料 無料
URL www.museodellemuraroma.it

カラカラ浴場まで水を供給した水道橋を支えていたドゥルーゾの門

✉ クラウディア水道橋(P.211)へ

「夜は危ない」とありました。確かに明かりのない公園なので夜は危ないと思います。でも、夏の夕方(8月の18:00頃)は風が心地よく、現地の人もゆったりとくつろいでいたり、犬を連れて散歩していました。羊の群れにも出合い、のんびり草を食む姿も見られました。古代ローマにタイムスリップしたような気分に浸ることができました。
(東京都 Ananas)

●ドミネ・クォ・ヴァディス教会
住 Via Appia Antica 51
☎ 06-5120441
開 8:00〜19:30

教会に残るキリストの足跡

✉ カタコンベへ

サン・セバスティアーノのカタコンベでは日本語ガイドの案内板はありません。日本語ガイドを聞きたい場合は、入口の係員に「ジャポネーゼ」というと、日本語のレコーダーを持ったガイドが来てくれます。ここから、アッピア旧街道を歩いてチルコ・マッシモ駅へ行きました。サン・セバスティアーノ門までは交通量が多いですが、ドゥルーゾ門からは遊歩道みたいに静かでいい雰囲気です。
(東京都 オニオンさん '15)

巡礼者のくぐったアッピア旧街道起点の門 MAP P.208 A

サン・セバスティアーノ門 ★

Porta San Sebastiano ポルタ サン セバスティアーノ

アウレリアヌスの城壁のなかで、最も壮大なサン・セバスティアーノ門

アッピア街道の起点、サン・セバスティアーノ門は3世紀の後半にアウレリアヌスの城壁とともに造られ、5世紀に再建された。現在この門の上に**城壁博物館Museo delle Mura**がおかれている。展示物自体にはそう重要な物はないが、城壁の上を歩けるのがおもしろい。壁の上に出ると、ここがローマの中心からほんのわずかに離れただけだとは信じられないほど緑が多く、郊外の様相を呈している。また、S.セバスティアーノ門のすぐ内側には**ドゥルーゾの門**Arco di Drusoが見られるが、これは3世紀の前半に造られたカラカラ浴場へ水を運ぶ水道の高架の遺構である。

見どころNAVIGATOR

門を出ておよそ120m行くと、右側に最初の**マイル石柱**が目に入る。線路をくぐりさらに進むと800mで左に小さなドミネ・クォ・ヴァディス教会が現れる。この周辺は特に車の往来が多いので、注意して歩こう。

キリストの足跡のコピーの残る MAP P.208 B

ドミネ・クォ・ヴァディス教会

Domine Quo Vadis?(Santa Maria delle Piante) ドミネ クォ ヴァディス(サンタ マリア デッレ ピアンテ)

伝説によれば、使徒ペテロが迫害の激しいローマを去っていく途中この地に差しかかると、彼の前にキリストが現れた。「**主よ何処へ?**」Domine(ドミネ) quo(クオ) vadis(ヴァディス)? との問いにキリストは「ローマへもう一度十字架にかかるために」と答え、ペテロはすべてを悟ってローマへ引き返し、逆さまにされ磔(はりつけ)にかかったといわれている。ペテロの問いが、そのまま名前になったドミネ・クォ・ヴァディス教会はすでに9世紀にはここに建っていたが、今日見られるものは17世紀に建て直されたものである。

17世紀に再建された教会のファサード

見どころNAVIGATOR

教会前の三差路でアッピア旧街道は左に分かれる。アッピア旧街道は交通が激しいので、三差路の真ん中の道を行こう。左右に田園風景を眺めながら1kmほどでサン・カッリストのカタコンベに到着。左へ進み、階段を下るとアッピア旧街道が続いている。

歴代法王の墓の残る共同埋葬所 MAP P.208 B

サン・カッリストのカタコンベ ★★

Catacombe di San Callisto カタコンベ ディ サン カッリスト

サン・カッリストのカタコンベはトゥーフォtufoと呼ばれる柔らかな石の地層に、地下4層、延べ面積12万平方メートルにわたって造られた初期キリスト教徒の共同埋葬所である。3世紀にはカリクストゥス1世Callisto Iがここをローマの司教の墓所に定めたため、とりわけ重要なカタコンベとなった。

「歴代法王の墓」

「**歴代法王の墓**」Cripta dei papi、7～8世紀のフレスコとステファノ・マデルノの有名な彫刻(コピー)が見られる「**聖チェチーリアの墓**」Tomba di S. Cecilia、洗礼・告解・聖体の秘蹟を象徴する3世紀の貴重なフレスコの画が残る「**秘蹟の埋葬所**」Cubicoli dei Sacramentiの5つの墓、最も初期(2世紀前半)のカタコンベの中核部分をなす「ルチーナの埋葬所」Cripta di Lucinaなどをガイドの案内で訪れることができる。

「聖チェチーリアの墓」。彫像はコピー。オリジナルはS.チェチーリア・イン・トラステヴェレ教会にある

見どころNAVIGATOR

S.カッリストのカタコンベからやや先で左にアッピア・ピニャテッリ通りVia Appia Pignatelliが分かれる。これを過ぎてしばらく行くと両側が開けて、右側の広場にはS.セバスティアーノの聖堂が建つ。

●サン・カッリストの カタコンベ

住 Via Appia Antica 110/126
☎ 06-51301580
開 9:00～12:00
14:00～17:00
休 ㊌、1/1、復活祭の㊐、12/25、'18年1/25～2/21
料 €8
※ローマのカタコンベの多くは11～2月中の1ヵ月間、持ち回りで休場となるので注意。
URL www.catacombe.roma.it

内部はガイド付き見学

言語別(英・仏・独・伊)にガイド付きで見学。日本語のガイドテープもある。所要30～40分。

日本語ガイドは?

以前の投稿を見て、ふたりなら、日本語オーディオガイドが借りられると思いましたが、ダメ! 英語のガイド付き見学に入るよう指示されました。直前に日本人がふたり来て計4人になったので、日本語が少しできるガイドが要所で日本語のガイドテープを流し、そのほかは英語で説明してくれました。ただ、私には英語が理解できず、同行の方に助けられました。ここのおみやげはとても安かったです。絵はがきやペンダントヘッドも€0.30でした。
(東京都 道下ポチ '16)

「神聖な場所につき肌を露出した服装は禁止」の表示が立っている

カタコンベの名の起こり column

「カタコンベ」は今日では初期キリスト教徒の共同地下墓地を意味するが、もとはS.セバスティアーノの地下埋葬所を指す固有名詞だった。S.セバスティアーノの埋葬所はトゥーフォと呼ばれる凝灰岩の石切り場の近くに造られたことから「カタコンバKata kymbas」、つまり「採石場の隣」と呼ばれるようになり、それが後代になってほかの同様の地下埋葬所にも使われるようになったのである。

ローマには、キリスト教が入る以前から柔らかいトゥーフォの層に掘られた地下墓地はすでにいくつも存在していた。やがてキリスト教が密(ひそ)かに浸透してくると、信者を一緒に埋葬する場所が必要になってこのような地下墓地があちこちに造られ、そのいくつかは時代とともに何層にも分かれて、通路が複雑に交差する大規模な物になっていった。埋葬の方法は単純で、布で包んだ遺体を壁に掘られた穴に安置し、外から石を積んで封じるだけであった。見学に下りてみればわかるように、内部は寒くて湿気も多く、今でも一種異様な臭いの残る迷路で、ここがキリスト教徒たちの隠れ家や秘密の集会の場所であったという、かつて一般に信じられていた説は信憑性がない。

使徒ペテロとパウロにささげられた　MAP P.208 C

サン・セバスティアーノ聖堂 ★

Basilica di San Sebastiano　バジリカ ディ サン セバスティアーノ

サン・セバスティアーノ聖堂内部

サン・セバスティアーノ聖堂Basilica di S. Sebastianoは、もとは4世紀の前半に建てられた使徒ペテロとパウロにささげられた聖堂であり（ふたりの使徒の遺体は一時期このカタコンベに埋葬されていた）、ローマの7大バジリカのひとつである。その後ディオクレティアヌス帝の時代に殉教した**聖セバスティアヌス**がここに葬られ、9世紀頃には聖堂はこのミラノ生まれの殉教者の名を冠するようになった。

当初は3廊の聖堂であったが13世紀には単廊式に改装され、17世紀の初めにはボルゲーゼ枢機卿の命で建て直された。

●サン・セバスティアーノ聖堂
住 Via Appia Antica 136
☎ 06-7808847
開 8:00～13:00
14:00～17:30

Sightseeing社のドミティッラのカタコンベツアー
Domitilla Catacombs +shuttle bus
テルミニ駅前からコロッセオ、チルコ・マッシモを通って車窓観光し、ドミティッラのカタコンベをガイド付きで見学するツアー。
テルミニ駅前発
9:15(戻り11:30)、
10:40(12:55)、
15:00(16:50)
㊋を除く
料 €30、6～17歳€20
※バスでの移動50分、見学50分。やや歩行距離あり
集合場所
Largo Di Villa Peretti 1
(駅を背に広場の左先、出発15分前に集合)
URL www.city-sightseeing.it

聖堂の地下に広がる　MAP P.208 C

サン・セバスティアーノのカタコンベ

Catacombe di San Sebastiano　カタコンベ ディ サン セバスティアーノ

聖堂の地下には「聖セバスティアヌスの墓」Cripta di S. Sebastianoを含む大きなサン・セバスティアーノのカタコンベが広がり、一部にはカタコンベの名の起源となった古い採石所cavitaの跡も見ることができる。

キリスト教徒をシンボル化した銘

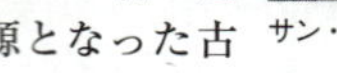

サン・セバスティアーノのカタコンベの内部

●サン・セバスティアーノのカタコンベ
住 Via Appia Antica 136
☎ 06-7850350
開 10:00～16:30
(閉場17:00)
休 ㊐、1/1、12/25、12月
料 €8
URL www.catacombe.org

ACCESS
カタコンベ方面へバスで行くなら
218 S.ジョヴァンニ・イン・ラテラーノ広場から

カタコンベ内の墓にはフレスコ画が残る

見どころNAVIGATOR

なお、アッピア旧街道からは外れるが、3大カタコンベのひとつドミティッラのカタコンベへはS.セバスティアーノのわずかに手前で右に分かれるセッテ・キエーゼ通りVia delle Sette Chieseから達することができる。途中アルデアティーナ通りVia Ardeatinaを横切り、さらに行けば左にある。

地下遺構の残る　MAP P.208 B

ドミティッラのカタコンベ

Catacombe di Domitilla　カタコンベ ディ ドミティッラ

ドミティッラのカタコンベでは、4世紀の終わりに建てられその後地震で倒壊して埋められたSs.ネレオ・エ・アキッレオ教会Ss. Nereo e Achilleoの興味深い地下遺構を見ることができる。また、このカタコンベはフラヴィア家Flaviaの私的な墓所から発展したため、一角にはこのローマの名門家系の埋葬所も見られる。

●ドミティッラのカタコンベ
住 Via delle Sette Chiese
280/282
☎ 06-5110342
開 9:00～12:00
14:00～17:00
休 ㊋、1/1、復活祭の㊐、12/25、12月中旬～1月中旬
料 €8
URL www.domitilla.info

見どころNAVIGATOR

S.セバスティアーノ聖堂の前からアッピア旧街道をなおも行くと、まもなく左に一群の遺跡が現れる。

一度も使われなかった競技場

MAP P.208 C

マクセンティウスのヴィッラ ★

Villa di Massenzio　ヴィッラ ディ マッセンツィオ

306～312年の在位期間にマクセンティウス帝はアッピア街道に沿ったこの地に館と競技場、息子ロムルスの廟(びょう)を造営した。館はほとんど跡をとどめないが**競技場**はほぼ完全な姿を今日に伝えている。長さ520m、幅92mの競技場には1万人の観衆が受け入れ可能であったと推定されるが、グラウンドに敷かれる砂が見られないことから、マクセンティウス帝の死(ミルヴィオ橋の戦いでコンスタンティヌス帝に敗れ戦死した)で工事は中断し、おそらく一度も使用されなかったのではないかと思われる。

一度も使われなかった(!?)競技場

パンテオン式プランによる

MAP P.208 C

ロムルスの廟(びょう)

Mausoleo di Romolo　マウソレオ ディ ロモロ

一方、309年に造られた**ロムルスの廟**(びょう)は、後世に別の建物が付け足されて外観からは原形がわかりにくいにせよ、中に入ると円形の墓室と矩形の前室からなるパンテオン式のプランがよく残っているのがわかる。墓所は当初息子ロムルスのために造られたが、後には一族がここに葬られたため、内部には骨壺などを安置した複数の壁龕(へきがん)が認められる。

円形の墓室に、後世の建物が付け足されてしまったが、横に回ると当時のプランがわかる。('18年1月現在、内部見学不可)

名門貴族出身の女性の墓

MAP P.208 C

チェチーリア・メテッラの墓 ★

Mausoleo(Tomba) di Cecilia Metella　マウソレオ(トンバ) ディ チェチーリア メテッラ

マクセンティウス帝の遺跡400mほど先、左側に建つのが**アッピア街道で最もよく保存**され、また印象的な眺めのチェチーリア・メテッラの墓である。道に面した外壁には、執政官メテッロの娘にして名門家系のルキニウス・クラッススの妻であった彼女の名が

緑の田園に浮かび上がる、アッピア街道で最も知られた建造物、チェチーリア・メテッラの墓

●マクセンティウスのヴィッラ
●ロムルスの廟

住 Via Appia Antica 153
☎ 06-0608
開 10:00～16:00
12/24、12/31 10:00～14:00
休 ㊊、1/1、5/1、12/25
料 無料
URL www.villadimassenzio.it

マクセンティウスの館は部分的に残る

アッピア旧街道 どこで休む

旧街道を歩くなら、歩きやすい靴、帽子やサングラスなどの日よけグッズ、飲み物は持参しよう。バールやカフェ、レストランがあるのはチェチーリア・メテッラの墓周辺のみ。手前の**ヴィッラ・カーポ・ディ・ボーヴェ**Villa Capo di Boveは、ローマモザイクの遺跡が残る庭園に現代彫刻が点在、緑の奥にアッピア旧街道の歴史を写真やDVDで鑑賞できるスペースがある。入場無料、手前右側の建物にはトイレや飲み物の自販機があるので、休息だけでもおすすめのスポット。サン・セバスティアーノ、サン・カリッストのカタコンベ、公園事務所横などにバールや自動販売機がある。

●チェチーリア・メテッラの墓

住 Via Appia Antica 161
☎ 06-39967700
開 3/16～3月の最終㊏ 9:00～17:30
3月の最終㊐～8/31 9:00～19:15
9月 9:00～19:00
10/1～10月の最終㊏ 9:00～18:30
10月最終㊐～2/15 9:00～16:30
2/16～3/15 9:00～17:00
休 ㊊、1/1、5/1、12/25
料 共通券€5
※クインティーリ荘との共通券(有効1日)。
※切符売り場は閉場1時間前まで
※毎月第1㊐、18歳以下無料

クインティーリ荘への行き方

地下鉄A線Colli Albani駅から664番のバスでAppia/Squillace（バス停11個目:所要20〜40分）で下車。または、118番の終点下車。

アッピア旧街道へ

118番バスの終点で下車してもよいのですが、運転手に「クインティーリ荘で下車したい」と告げておくと、入口前のバス停で降ろしてくれます。クインティーリ荘を通り抜けるには、入場料を支払う必要があります。入口近くに博物館そしてローマ時代の豪邸の遺跡が緑の丘に点在していてとてもすばらしく、一見の価値があります。
（神奈川県　加納敏行　'15）

アッピア旧街道の当時の敷石が残っているのはチェチーリア・メテッラの墓からさらに先。ローマの近くは普通の舗装で交通量も多いので全く風情はありません。S.カッリストのカタコンベから旧街道と並行に走る専用道のほうが野原を突っ切って行くので気持ちいい。
（東京都　パスタ大好き　'15）

●クインティーリ荘
住 Via Appia Nuova 1092
☎ 06-39967700
開 3/16〜3月の最終㊏
9:00〜16:00(17:00閉園)
3月の最終㊐〜8/31
9:00〜18:30(19:30閉園)
9月　9:00〜18:00
(19:00閉園)
10/1〜10月の最終㊏
9:00〜17:30(18:30閉園)
10月最終㊐〜2/15
9:00〜15:30(16:30閉園)
2/16〜3/15
9:00〜16:00(17:00閉園)
休 ㊊、1/1、12/25
料 共通券€5（チェチーリア・メッテラの墓と共通。有効1日)、18歳以下無料
※切符売り場は閉場1時間前まで
※毎月第1㊐は無料

ACCESS

Via di Cecilia Metellaからバスに乗るなら

118 カラカラ浴場、真実の口、ヴェネツィア広場、コロッセオへ

218 サン・ジョヴァンニ・イン・ラテラーノ広場へ

660 A線アルコ・ディ・トラヴェルティーノ駅Arco di Travertino、コッリ・アルバーニ駅Colli Albani（終始点)へ

狭間のある建物(右)は中世に付け加えられた

刻まれている。墓は方形の基部の上に円筒形が乗った形で、外側は**トラヴェルティーノ**travertinoと呼ばれる白い石で覆われ、上部には**懸花装飾**や**牛頭模様**などの美しいフリーズが今も残っている。頂上部のツバメの尾形の狭間はここを要塞として使ったカエターニの一族が14世紀に付け加えた物である。入って右の、これも中世に造られた壁で囲まれた小さな庭には付近の墓などから集められた断片が置かれている。また、道を挟んで右に建つ崩れた教会の一部はゴシック式の**S.ニコラ教会**S.Nicolaの名残である。

広大な古代のヴィッラ　MAP P.213

クインティーリ荘 ★
Villa dei Quintili
ヴィッラ デイ クインテーリ

クインティーリ荘の発掘品を展示した小博物館

アッピア旧街道と新街道の間の広大な遺跡。アッピア新街道に面した入口には小さな博物館があり、遺跡や旧・新のアッピア街道から発掘された彫像、モザイクなどを展示。

クインティーリ荘はかつてローマ郊外で最も広い住まいだったといわれ、151年頃、貴族のクインティーリ（クインティリアヌス）兄弟（アウレリアヌス帝などの時代に富を築いた）によりその基礎が築かれ、後にコンモドゥス皇帝により拡大された。コンモドゥス帝は兄弟が陰謀を企てたとの名目で彼らを暗殺し、以前から狙っていたこの地を手に入れたともいわれている。田園のなかの暮らしを好んだという彼らは敷地内に広大な入浴施設を築き、高台の遺跡には住居部分や14mもの高さの天井を持つ温水と冷水の浴室が円状に配され、さらに井戸、ニンフェウムNinfeoなどが点在している。周囲には羊が放牧される田園が広がり、アグロ・ロマーノの面影が色濃い。

緑に映えるクインティーリ荘の遺跡

見どころNAVIGATOR

ここからさらに1.5kmほど先からは、両側に記念碑や墓が並び、唐笠松が影を落とす、真にアッピア街道らしい風景が展開するが、交通が不便なので旅行者には訪れにくいのが難点である。したがって、この場所を訪れるならタクシー、レンタルの自転車やバイクなどを利用するか、途中でアッピア旧街道を横切っているエロデ・アッティコ通りVia Erode Atticoから地下鉄A線のアルコ・ディ・トラヴェルティーノArco di Travertinoやコッリ・アルバーニ駅Colli Albaniを結ぶバス660番を利用するかになるが、いずれにしてもアッピア旧街道沿いには一部分を除き、店や公衆電話などはないので、天候と時間の余裕を十分に見定めて出かける必要がある。また、ひと気の少ないところなので、明るい時間帯に訪れることと女性のひとり歩きは避けたほうが無難である。

城壁外の見どころとその他の地区

Altri Luoghi

エリア10

この地区の歩き方

ローマの見どころの中心である旧市街は、おもにアウレリアヌスの城壁内。エリア1～9では、読者の「歩き方」の便宜を考え、旧市街とそこからの交通の便のよい城壁外の見どころをまとめて紹介した。

ここでは、**城壁外に単独（の地域）に位置する見どころ**を案内。**ローマ4大聖堂のひとつ**、サン・パオロ・フオーリ・レ・ムーラ大聖堂。古代ローマを系統的に展示したローマ文明博物館のある、近代都市**エウル**。サッカー場や巨大な大理石像が周囲を取り囲む、**フォロ・イタリコ**など。いずれも交通機関を上手に利用したい。

S.C.イン・ジェルザレンメ聖堂から大学都市へ

見どころNAVIGATOR

270年から275年にかけて、蛮族の侵入を防ぐためにアウレリアヌス帝によって、建設されたローマの城壁は、現在もかなりの部分が残る。313年にコンスタンティヌス帝によって、キリスト教が認められるまで、キリスト教徒は城壁外に埋葬されたため現在でも城壁外に多くの聖堂が残る。その聖堂のひとつ、サンタ・クローチェ・イン・ジェルザレンメ聖堂から出発し、興味に合わせて途中でバスなどを利用して、テルミニ駅まで戻ろう。

キリストの聖遺物を祀る

MAP P.33 B4

サンタ・クローチェ・イン・ジェルザレンメ聖堂 ★★

Santa Croce in Gerusalemme　サンタ クローチェ イン ジェルザレンメ

貴重な聖遺物が収められている
サンタ・クローチェ・イン・ジェルザレンメ聖堂

コンスタンティヌス帝の母、ヘレナがエルサレムから持ち帰った聖遺物を祀るため、320年に帝の命によって聖堂の建設が始められた。この聖堂の聖遺物は、キリストが刑に処せられた**十字架の断片と1本の釘、それに茨の冠の棘**。信仰あつきカトリック教徒にとっては、これ以上貴重な聖遺物はない。そのため中世にはローマを訪れる巡礼者が必ず詣でる7つの聖堂のひとつになった。しかし聖堂そのものは12、18世紀にほとんど全面的に建て直されているため、古い部分を残していない。聖遺物の収められている礼拝堂Cappella delle Reliquieを訪れるには、左側廊の内陣寄りから左に入って階段を上がれば**「十字架の礼拝堂」**Cappella della Croceへ達することができる(閉まっているときには聖具室へ申し込む)。

一方、反対側の右の側廊の末端から階段を下りると、**「聖ヘレナの礼拝堂」**Cappella di S. Elenaだ。聖ヘレナの礼拝堂は、これもヘレナ自身が持ち帰ったゴルゴタの丘の土の上に建てられ、周囲は1400年代終わりの、多分メロッツォ・ダ・フォルリのデザインによる(その後バルダッサーレ・ペルッツィが加わったとされる。)ヴォールトのモザイク装飾はすばらしい。アプシス(後陣)にあるフレスコ画(1400年代)とヤコポ・サンソヴィーノ作のクイノネス枢機卿の墓(1536年)が興味深い。

聖遺物の十字架の断片が収められる

ACCESS

M サンタ・クローチェ・イン・ジェルザレンメ聖堂へ地下鉄で行くなら

A線サン・ジョヴァンニ駅

バスで行くなら

3 (トラム)●サン・ジョヴァンニ門、コロッセオ、チルコ・マッシモから●ヴィッラ・ジュリア、国立近代美術館から

●サンタ・クローチェ・イン・ジェルザレンメ聖堂

住 Piazza di S. Croce in Gerusalemme 12
☎ 06-70613053
開 7:00～12:45
15:30～19:30
ミサ
平日7:00、8:00、18:30
㊐㊗8:00、10:00、11:30、18:30
※宗教行事の際は拝観不可
URL www.santacroceroma.it

✉ 聖ヘレナの礼拝堂

決して大きな礼拝堂ではありませんが、目の前いっぱいに広がるモザイクは息をのむ美しさでした。明るく照らす照明もありませんが、小さな窓から差し込む光に浮かび上がる姿は荘厳そのものです。古いモザイクではないようですが、9日間滞在したローマの今回の旅では一番美しく、心に染みるモザイクでした。

(大阪府　rin)

ローマの4大聖堂とは?

キリスト教徒にとって聖堂とは、聖年の年にローマに巡礼し、**4大聖堂**(サン・ジョヴァンニ・イン・ラテラーノ聖堂、サン・ピエトロ・イン・ヴァティカーノ聖堂、サン・パオロ・フオーリ・レ・ムーラ聖堂、サンタ・マリア・マッジョーレ聖堂)に参詣すれば、罪の免償が与えられるとされる特別な場所だ。

近代になるとこの4大聖堂に加え、3つの聖堂(サン・ロレンツォ・フオーリ・レ・ムーラ聖堂、サン・セバスティアーノ・フオーリ・レ・ムーラ聖堂、サンタ・クローチェ・イン・ジェルザレンメ聖堂)を加えた7大聖堂の巡礼が奨励されるようになった。

見どころNAVIGATOR

S.C.イン・ジェルザレンメ広場からエレニアーナ通りVia Elenianaを進み、ローマ時代の水道（アクア・クラウディア）のアーチをくぐるとマッジョーレ門広場Piazza di Porta Maggioreに出る。左前方、鉄道に沿ってG.ジョリッティ通りVia Giovanni Giolittiに入ると間もなく、右側に**「ミネルヴァ・メディカの神殿」Tempio di Minerva Medica**と呼ばれる大きな遺跡が目に入る。おそらく4世紀頃に建てられたニンフェウム（ローマ時代の噴水や庭園のある館）のひとつで、名前はここで発見されたミネルヴァと蛇の彫刻が、古代には医学(メディチーナ)のシンボルであったことに由来する。

さらに進み、右に線路下をくぐるトンネルを見送るとすぐに、小さな**サンタ・ビビアーナ教会**がある。

ベルニーニが「建築家」として第一歩をしるした教会

MAP P.41 A4

サンタ・ビビアーナ教会
Santa Bibiana
サンタ ビビアーナ

創建は5世紀だが、1624年にベルニーニによって建て直された。これは“建築家”ベルニーニの最初の作品で、教会内部の主祭壇には「S.ビビアーナの像」(1626年)を残している。小さな教会ながら、町の人たちに愛され、バロック期のローマで活躍したピエトロ・ダ・コルトーナの壁画も残る。

ベルニーニが初めて手がけたビビアーナ教会

見どころNAVIGATOR

もどってトンネルをくぐり、線路の反対側に出てティブルティーナ通りVia Tiburtinaを進むと、途中広くなったティブルティーナ街道からS.ロレンツォ広場Piazzale S. Lorenzoへと出る。

ローマ7大聖堂のひとつ

MAP P.33 A4

サン・ロレンツォ・フオーリ・レ・ムーラ聖堂 ★★
San Lorenzo fuori le Mura
サン ロレンツォ フオーリ レ ムーラ

コンスタンティヌス帝によって330年に建てられ、ローマの7大聖堂のひとつとして巡礼の人々を集めた。聖堂は聖ロレンツォが葬られた場所に建てられ、6世紀には再建されたが、432年には反対側に別の聖堂が建てられ、ふたつの聖堂のアプシス（後陣）はほぼ接していた。その後、8世紀にはひとつに統一され、12世紀に鐘楼が加えられた。正面の美しい柱廊はヴァッサレットの作品(1220年)である。

中に入ると、この聖堂がふたつの別の建物からなっていることがすぐにわかる。3つの廊のある前半分はかつてのヴェルジネ教会に、高い内陣のある後ろ半分は古いS.ロレンツォ教会に属していた。内陣は後に、地下に墓所を造るため、もとの位置より上に上げられたので両脇の列柱は床面から生え出たような印象だ。

コズマーティ様式のふたつの説教壇、復活祭用の燭台、床、司教の座、手すり、ローマ時代の石棺の置かれた壁龕(へきがん)などはいずれも12世

「歩き方」のコツ

次の目的地のサンタ・ビビアーナ教会へ向かう道は交通が激しく、またその次の見どころのサン・ロレンツォ・フオーリ・レ・ムーラ聖堂へも1km以上ある。そこで、途中の見どころを割愛してポルタ・マッジョーレ広場Piazza Porta Maggioreから、トラム19番に乗って、S.L.フオーリ・レ・ムーラへ向かうのも、ひとつの方法だ。

✉ トラムが楽しい

ローマの町をグルリと半周するトラム3番。バスよりもすいているし町並みがもっと身近に感じられます。ヴィッラ・ジュリアの前（始終点）から緑のボルゲーゼ公園、交通の激しい聖堂近く、さらにコロッセオの脇を抜けて、トラステヴェレ駅が終点。ローマの町のさまざまな顔が車窓から楽しめるのが魅力です。ただし、グルリと迂回するので、目的地まではかなり時間がかかります。時間的に余裕がある人向けです。
（千葉県　電々良子　'18）

●サンタ・ビビアーナ教会
住 Via G. Giolitti 154
☎ 06-4465235
開 7:30～10:00
16:30～19:30
㊐㊗ 7:30～12:30
16:30～19:30
ミサ
平日8:30、10:00(冬季)、
11:30、18:30
㊐㊗8:00、18:30
※宗教行事の際は拝観不可
URL www.santabibiana.com

●サン・ロレンツォ・フオーリ・レ・ムーラ聖堂
住 P. le del Verano 3
☎ 06-4466184
開 7:00～12:00
16:00～19:00
ミサ
平日8:00、18:30
㊐㊗9:30、11:00、18:30
※宗教行事の際は拝観不可
URL www.basilicadisanlorenzo.com

マンズーによる
政治家ガスペリの碑

ロマネスク様式の回廊

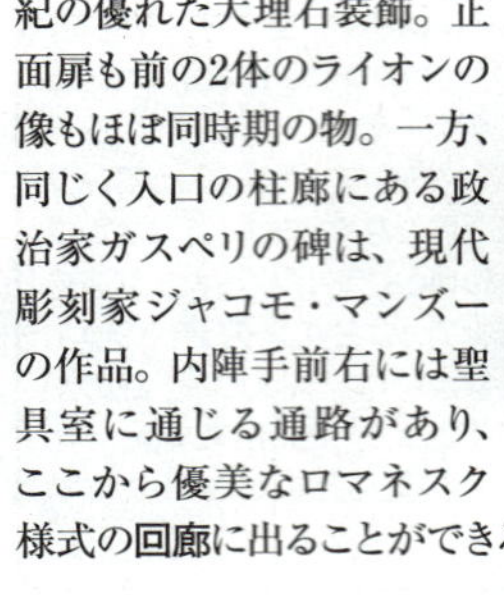

紀の優れた大理石装飾。正面扉も前の2体のライオンの像もほぼ同時期の物。一方、同じく入口の柱廊にある政治家ガスペリの碑は、現代彫刻家ジャコモ・マンズーの作品。内陣手前右には聖具室に通じる通路があり、ここから優美なロマネスク様式の回廊に出ることができる。

正面柱廊の美しい
サン・ロレンツォ・フオーリ・レ・ムーラ聖堂

ファシズム時代の代表建築　MAP P.33 A4

大学都市

Città Universitaria della Sapienza　チッタ ウニヴェルシタリア デッラ サピエンツァ

ファシズム時代の建築が建ち並ぶローマ大学構内

S.L.フオーリ・レ・ムーラ聖堂を背にして右前方に延びる、トラムの走る大通りはレジーナ・エレーナ通りViale Regina Elenaで、通りの左側が**大学都市**(ローマ大学)。入口は通りの中ほどにある。総面積約20万㎡のこの学術都市は、1932～35年にかけてM.ピアチェンティーニのプロジェクトをもとに、ジオ・ポンティやジュゼッペ・パーガノなどで構成された建築家のグループによって計画・実現され、ファシズム時代のイタリア建築の代表例だ。

敷地の中央には広い空間が設けられ、周りに建つ建物はそれぞれ異なった建築家の設計による。近代建築に興味がある人には必訪だ。R.エレーナ通りから入り、構内を真っすぐに横切ればシエンツェ通りViale delle Scienzeに出られる。

ローマ市街の東側に広がる大学都市

聖堂巡りには トラム3番が便利

サン・ロレンツォ・フオーリ・レ・ムーラ聖堂→マッジョーレ門→サンタ・クローチェ・イン・ジェルザレンメ教会→サン・ジョヴァンニ・イン・ラテラーノ大聖堂→コロッセオ→ピラミデ駅と運行しているので、7大聖堂などを回るのに便利です。本数も多いし、トラムレールの上を走るのでバス停もわかりやすいです。(愛知県　YOU-KO)['18]

見どころNAVIGATOR

大学都市を背にして北に進むと、ウニヴェルシタ通りViale dell' Universitàに出る。この十字路を左に折れ、すぐ先で右斜めにモンツァンバーノ通りVia Monzambanoに入ると、やがて広いカストロ・プレトーリオ通りViale Castro Pretorioにぶつかる。右側が21～23年に、ティベリウス帝により造られた**カストロ・プレトーリオ**(近衛兵の陣営)で、その後アウレリアヌスの城壁に取り入れられた。陣営を囲んでいた壁はむしろ反対側、ポリクリニコ通りViale del Policlinicoによく残っている。カストロ・プレトーリオは後にいっときイエズス会が所有し、そのときの書籍をもとに、**国立図書館**が置かれている。入口はC.プレトーリオ通りの右側中ほどにある。左側中ほどからはS.マルティーノ通りVia S. Martino della Battagliaが延び、これを進めば独立広場Piazza Indipendenzaを経て、テルミニ駅前のチンクエチェント広場に出る。

ACCESS

チンクエチェント広場からバスに乗って

広場からバス 90 (8つ目のバス停下車)でノメンターナ街道の次の見どころのS.アニェーゼ・フオーリ・レ・ムーラ教会(P.224)へ。またはテルミニ駅から地下鉄B1線で。

ノメンターナ街道周辺

見どころNAVIGATOR

ピア門から郊外に向かって延びるノメンターナ街道Via Nomentanaはプラタナス（スズカケ）の並木の美しい通りで、両側にはローマが首都になってから建てられた、当時の有産階級の大きな建物や緑に囲まれた瀟洒（しょうしゃ）なヴィッラが並んでいる。

ミケランジェロの最後の建築物

MAP P.35 C4

ピア門 ★
Porta Pia　ポルタ ピア

テルミニ駅の北、アウレリアヌスの城壁に開けられたピア門は、ピウス4世Pio IVの依頼で1564年にミケランジェロが完成させたが、これはミケランジェロの最後の建築の仕事となった。彼の仕事が見られるのは城壁の内側、9月20日通りに面した部分だが、すでに後期ルネッサンスからバロックへ移行しつつある建築の様式が見て取れる。

また、1870年9月20日にはイタリア統一を求める軍隊がこのピア門近くの城壁に攻撃を加え、アウレリアヌスの城壁は、その長い歴史で初めて破壊された。

これらの戦いに功績のあった歩兵部隊を記念する**歩兵部隊歴史博物館Museo Storico dei Bersaglieri**がピア門の内部におかれている。

大樹が続くノメンターナ街道

ピア門は巨匠ミケランジェロ最後の作品

ACCESS

ピア門へ
バスで行くなら

90（トロリーバス、急行）テルミニ駅から

60（急行）ヴェネツィア広場、ナツィオナーレ通り、共和国広場から

62 ピア広場（サンタンジェロ城そば）、V.エマヌエーレ2世大通り、ヴェネツィア広場、サン・シルヴェストロ広場、バルベリーニ広場から

●歩兵部隊歴史博物館

住 Piazzale Porta Pia 2
☎ Fax 06-486723
開 月〜金9:00〜15:00
5〜9月は土日も
9:00〜14:00
地 P.35 C4(ピア門内部)
URL www.assobersaglieri.it/

ACCESS

サンタニェーゼ・フオーリ・レ・ムーラ教会、サンタ・コスタンツァ教会へバスで行くなら

90（トロリーバス）テルミニ駅から

60（急行）ヴェネツィア広場、ナツィオナーレ通り、共和国広場から

62 V.エマヌエーレ大通り、コルソ通り、バルベリーニ広場、ピア広場から

M 地下鉄で行くなら

地下鉄B1線（B線Bolognaで乗り換え）S.Agnese/Annibaliano下車

●サンタニェーゼ・フオーリ・レ・ムーラ教会

住 Via Nomentana 349
☎ 06-86205456
開 8:00〜19:00
休 ㊐午前、㊗
ミサ
夏季
平日8:00、19:00
㊐㊗8:00、10:00、11:15、19:00
冬季
㊐㊗8:00、10:00、11:15、12:30、19:00
※ミサなどの宗教儀式の際は観光客の拝観不可

●サンタニェーゼのカタコンベ

開 9:00〜12:00
15:00〜17:00
休 ㊐午前、復活祭の㊐、11/1〜11/28、12/25
料 €8
地 P.223（上記教会地下）
※切符売り場は閉場30分前まで
URL www.santagnese.com

●サンタ・コスタンツァ教会

住 Via Nomentana 349
☎ 06-86205456
開 9:00〜12:00
15:00〜18:00
休 ㊐午前、宗教的㊗
※ガイド付見学。結婚式や宗教行事の際は拝観不可。

✉ アクセスが便利に

ローマでも屈指の美しいモザイク（カタコンベも）が見られて大好きな場所ですが、交通が不便でした。しかし、地下鉄の支線がBolognaからConca d'Oroに延び、とても行きやすくなりました。地下鉄B線のBolognaで乗り換えて次のS.Agnese/Annibaliano駅で下車。地上に出た所が教会の裏手になります。駅には有料トイレ（€0.6）もありました。
（JOKO '14）

奇跡の聖アグネスゆかりの地　MAP P.223

サンタニェーゼ・フオーリ・レ・ムーラ教会 ★★

Sant'Agnese fuori le Mura　サンタニェーゼ フオーリ レ ムーラ

町の人々の信仰を支える教会

ノメンターナ通りをおよそ2kmほど進み、並木が尽きる所にあるのがサンタニェーゼ・フオーリ・レ・ムーラ教会。聖女アニェーゼ（アグネス）のことについてはナヴォーナ広場に建つサンタニェーゼ・イン・アゴーネ教会（P.123）で触れたが、このノメンターナ街道にある教会は聖女の墓の上に342年、コンスタンティヌス帝の娘（または孫）のコンスタンティアによって建てられた。7世紀の前半にはホノリウス1世によって建て直され、その後も幾度かの修復が加えられたが、初期のキリスト教の聖堂の面影をよく保存している点で特筆される。

後陣に描かれた『栄光の聖女アニェーゼ』

ノメンターナ街道に面しているのは聖堂の後ろに当たる部分で、15世紀の鐘楼と柱廊の間には質素な後陣が見られる。入口はノメンターナから入ったサンタニェーゼ通りVia di S. Agneseにある。れんがの敷きつめられた親しみのもてる小さな前庭から堂内に入ると、円柱で仕切られた3つの廊とビザンチンのモザイクで飾られたすばらしい後陣が目に入る。**『栄光の聖女アニェーゼ』**S. Agnese in gloriaと名づけられたこのモザイクは、7世紀のローマにおいてはビザンチン美術が優位であったことを物語っている。ナルテックス（前室左側）からは**サンタニェーゼのカタコンベ**Catacombe di S. Agneseに下りることができる。

美しいモザイクが飾る　MAP P.223

サンタ・コスタンツァ教会 ★★

Santa Costanza　サンタ コスタンツァ

円筒形の上部が独特なS.コスタンツァ教会

サンタニェーゼ教会のすぐ左隣にあるS.コスタンツァ教会も4世紀に建てられ、最初はコンスタンティヌス帝の娘（あるいは孫）の墓所であった。しかし間もなく洗礼堂として使われるようになり、やがては教会となった。墓の周りに巡らされた2列の円柱と円筒形の建物の壁に開けられた窓は独創的で、天井側面を飾るモザイクは初期キリスト教に特有のいくつかのシンボルを表してはいるが、基本的には伝統的なローマの壁面装飾の影響を強く残している。白地の背景に浮かび上がるモチーフの数々はローマに特有のもので、色彩の

微妙な調和を維持することに成功している。残念ながら同様のモザイクで覆われた天井は1620年の修復で取り壊され、この類まれなる色彩の交響曲を今日体験することはかなわぬ願いである。また、かつてここに安置されていたコンスタンティアの石棺は、現在はヴァティカン博物館に展示されている。

ローマの壁面装飾の影響が残る天井のモザイク

ローマ最大のカタコンベ

MAP P.223

プリシッラのカタコンベ ★★

Catacombe di Priscilla カタコンベ ディ プリシッラ

2世紀のフレスコ画が残る「ギリシア礼拝堂」

プリシッラのカタコンベはアーダ公園Villa Adaの広大な敷地とサラーリア街道の地下にまたがる、ローマでも最も広くまた古いカタコンベのひとつである。名前のもととなったプリシッラは、ドミティアヌス帝によって殺された執政官アキレウス・グラブリオの子孫だと思われる。

カタコンベは2層からなり、第1層のほうが古く、とりわけ**「ギリシアの礼拝堂」**Cappella Grecaと呼ばれる、アーチでふたつに仕切られた部屋には新・旧約聖書の場面を描いた2世紀のフレスコ画があって興味深い。また、近くの埋葬所には2世紀中頃の**「聖母子とイザヤ」**Madonna col bambino e Isaiaの壁画も見られ、これもカタコンベ内に描かれた最初の聖母子像として貴重である。

カタコンベに描かれた最初の聖母子像

19世紀の終わりに行われた発掘では、多くの装飾が施されたグラブリオ一族の埋葬所が発見され、石棺とともに碑文を刻んだ石板も出土した。キリスト教が公認されたあとにはこれらの墓の上にS.シルヴェストロの聖堂Basilica di S. Silvestroが建てられ、数人の法王もここに埋葬された。しかし現在見られる教会は最近建て直された物だ。

見どころNAVIGATOR

見学後、もしも天気がよくて急いでいないなら、サヴォイア家が狩り場にし、ヴィットリオ・エマヌエーレ3世が館を建てて住んだ、広大な**アーダ公園Villa Ada**のなかを散策することをぜひすすめたい。起伏に富んだ地形に、自然と人工のほどよく調和した眺めは、ローマでも珍しい。なお、ファシスト党の統帥ベニート・ムッソリーニはこの公園内のV.エマヌエーレ3世の館（現在はエジプト大使館となっている）で、1943年7月25日、国王と会談するために訪れたところを逮捕された。

✉サンタニェーゼ・フオーリ・レ・ムーラ教会とコスタンツァ教会へ

地下鉄B線がボローニャ駅で分岐しています。テルミニ駅からは3本に1本が直通なので直通に乗車を。とても静かで美しい教会。喧騒に疲れたら訪れたい場所です。
（埼玉県　小林和明　'16）

✉カタコンベを訪ねて

ノメンターナ街道周辺を訪ねてみました。サンタニェーゼのカタコンベはテルミニ駅からバスで約10分、住宅街にあります。カタコンベ=郊外と思い込んでいたので、拍子抜けしました。さて、扉の前で待っていると、モザイクが美しい隣のサンタ・コスタンツァ教会からカタコンベの順番で案内してくれました。ここのカタコンベはベッドに骸骨が寝ているなど、古代の墓の雰囲気がよく残っています。

また、プリシッラのカタコンベまでは、ここから徒歩約15分。こちらはフレスコ画が見事でした。
（名古屋市　吉本亜土）

●プリシッラのカタコンベ

住 Via Salaria 430
☎ 06-86206272
開 9:00～12:00
14:00～17:00
休 ㊊、1/1、復活祭の㊐、12/25、7/24～8/20
料 €8
URL www.catacombepriscilla.com

✉プリシッラのカタコンベへ

バスはテルミニから92、310番などで、Piazza Curatiで下車。少し歩くと大きな看板があるので、すぐにわかります。ガイド付きのみの見学です。アーダ公園は広く緑がいっぱいのすがすがしい所でした。
（東京都　由愛）

カタコンベ入口の表札

ACCESS

プリシッラのカタコンベ（ノメンターナ街道）近くからバスに乗るなら

92 ボルゲーゼ公園、五百人広場(テルミニ駅)へ

ACCESS

サン・パオロ・フオーリ・レ・ムーラ大聖堂へバスで行くなら

23 リソルジメント広場、真実の口近く(川岸沿い)、ピラミデから

M 地下鉄で行くなら

B線サン・パオロ駅

●サン・パオロ・フオーリ・レ・ムーラ大聖堂

住 Piazzale di San Paolo 1/ Via Ostiense 186
☎ 06-69880800
開 9:00〜18:00
回廊、絵画館、考古学区域 9:00〜18:00
料 回廊ほか€4
URL www.basilicasanpaolo.org/index.asp

おみやげも充実

地下鉄駅から徒歩数分で人混みを避けてのんびりするのにぴったりの教会です。おみやげ屋も充実していて、パウロ修道会の€1.50のチョコレートはおいしかったし、ハーブ入りの石鹸は€3でお買い得感があっておみやげにピッタリでした。
(東京都　小笠原)

石鹸、化粧品、ビスケット、ジャムなど品揃えが充実しています。イタリア旅行歴12回目の、私の勝手な教会付属のおみやげ屋ランキングで、1位はパドヴァのサンタントニオ聖堂、2位アッシジのサン・フランチェスコ聖堂、そして3位がここです。
(東京都　山田信子)

充実した品揃えです。宗教グッズからチョコレート、オリーブ・オイル、化粧品、石鹸まで種類豊富で、おみやげ探しに重宝します。
(在ローマ　ローマ大好き　'18)

ローマ有数の美しい回廊をもつ

MAP P.226

サン・パオロ・フオーリ・レ・ムーラ大聖堂 ★★

San Paolo fuori le Mura　サン パオロ フオーリ レ ムーラ

この大聖堂S. Paolo fuori le Muraはコンスタンティヌス帝によって、聖パウロの墓の上に建てられ、386年にはさらに大きな規模に再建された。中世に聖人や殉教者のゆかりの地を回る巡礼が盛んになると、ここS.パオロもそのひとつとして数えられ、訪れる多くの人をその大きさと美しさとで感嘆させた。ピエトロ・カヴァッリーニのモザイクで飾られたファサードからコンスタンティノープルで造られた**青銅の扉**をくぐると、内部は80本の大理石の柱で5つの廊に区切られ、内陣のアーチはラヴェンナのモザイク師の見事な壁画で飾られていたのである。

再建されたファサード

後陣のモザイク

ローマでも最も美しい聖堂のひとつであったS.パオロは、1823年6月15日の夜に起きた火災(ひとりの職人がたき火の火を消さずに帰り、火事が起きた)によってほぼ全焼してしまった。今日我々が目にするのはベッリ、カンポレーゼらによって再建された新しい建物である。幸いにして、聖パウロの墓の上におかれたアルノルフォ・ディ・カンビオの**祭壇**やヴァッサレット作の見事なコズマーティ様式の復活祭用燭台、ヴェネツィア派のモザイクで飾られた**後陣の天井**などは焼け残り、同じく災禍を免れたブロンズの扉とともに当時の聖堂の面影を伝えている。

柱廊で囲まれた中庭も残り、ローマでも1、2の美しい**回廊**として知られ、コズマーティ様式の高度に完成された具体例としても重要な存在だ。

コズマーティ様式の美しい回廊

意図された近代都市

MAP P.227 A1

エウル ★

E. U. R.

エウル

“四角いコロッセオ”労働文明宮

ローマ市街の南に広がるエウルE. U. R.は、1930年代の終わりにローマ万博を目指して建設が始められた新興地区。

町の名前E.U.R.はEsposizione Universale di Roma(ローマ万博)の頭文字を取ったもので、この万博は1942年に開かれるはずであった。当時のファシスト政権はその威光をかけた一大モニュメントを造ることを目指し、設計をピアチェンティーニを中心とする建築家のグループに任せた。工事は1938年に始められたが、第2次世界大戦に入って中断され、'51年に再開された。すでに完成し、戦争の間放置されていた建物は修復され、新しい建物も次々に建てられて、エウルはわずかな期間で今日見る姿になった。

“四角いコロッセオ”として知られるグエッリーニらの設計による**労働文明宮**Palazzo della Civiltà del Lavoro、リーベラによる会議場Palazzo dei Congressi、フォスキーニの建てた**Ss. ピエトロ・エ・**

ACCESS

M エウルへ地下鉄で行くなら

B線エウル・パラスポーツ駅、またはエウル・フェルミ駅

バスで行くなら

170 テルミニ駅、ヴェネツィア広場、トラステヴェレ駅から

714 テルミニ駅、サン・ジョヴァンニ・ラテラーノ広場、カラカラ浴場方面から

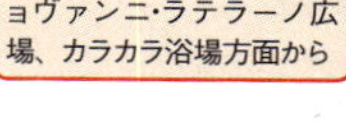

知ってる!?

印象的なフォルムの労働文明宮には、ローマを代表するブランド、フェンディの本社がおかれています。有名ブランドが文化財の修復活動のパトロンになることは知られていますが(トッズがコロッセオ、ブルガリがスペイン階段、フェンディがトレヴィの泉……)、ここもその一環です。フェンディが修復し、2028年までのレンタルが決まっているそうです。建物1階にはミュージアムスペースが設けられ、特別展の際には公開されます。

(在ローマ　ミーシャ　'18)

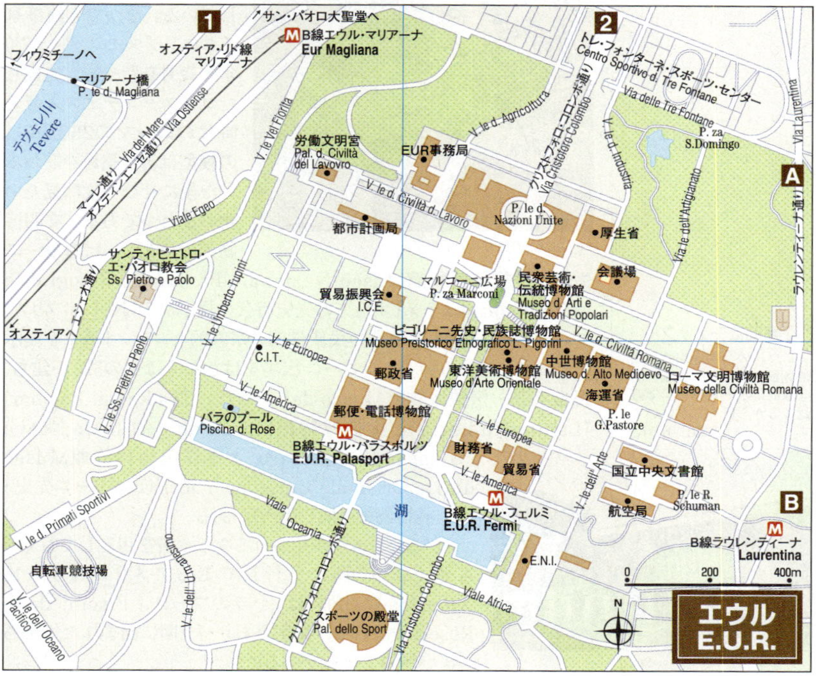

パオロ教会Ss. Pietro e Paoloなどがエウルを代表する建物として名高い。また、エウルの中心部を横断する形に**人工の湖**Laghettoが造られ、散歩道や貸ボートの設備なども整備されて自然に親しめるよう工夫されている。この湖の南、小高い丘の上には**スポーツの殿堂**Palazzo dello Sportが建つ。直径100mの円屋根と高さ20mに及ぶガラスの壁面で囲まれた建物は、1960年のオリンピックに際してピエール・ルイージ・ネルヴィが設計した彼の代表作のひとつ。1万5000人収容で、ボクシングや体操競技、バスケットボールなどの試合が行われる。

銀白に輝くSs.ピエトロ・エ・パオロ教会

エウルにはローマ文明博物館、2016年に4つの博物館が統合された文明博物館MuCivがある(敷地は別、共通券)。**ローマ文明博物館**Museo della Civiltà Romanaではローマの起源から6世紀までの発展の歴史を模型を中心に解説展示している。なかでも建築家イタロ・ジスモンディが30年の歳月を費やして完成したコンスタンティヌス帝の時代の**ローマの250分の1の模型**は古代遺跡を訪ね歩いた後にぜひ一度は見たい物のひとつである。文明博物館のひとつ、**ピゴリーニ先史・民族誌博物館**Museo Nazionale Preistorico Etnografico Luigi Pigoriniはラツィオ地方の先史時代の展示品のほかにアフリカ、アメリカ、オセアニア地方の民族学的、宗教的なコレクションを展示していておもしろい。マルコーニ広場をはさんでほかの3館が建ち、民衆芸術・伝統博物館Museo delle Arti e Tradizioni Popolari "Lamberto Loria"、中世博物館Museo dell'Alto Medioevo "Alessandra Vaccaro"と東洋美術博物館Museo d'Arte Orientale"Giuseppe Tucci"(ピゴリーニ先史・民族誌博物館と同じ館内)がある。

春には桜が咲く、エウルの人造湖

ローマの250分の1の模型(部分)

夏の1日、エウルを訪れるなら水着を用意して行くのも悪くない。湖に平行して走るアメリカ通りV. le Americaの一角には「バラのプール」Piscina delle Roseと呼ばれる、文字どおりバラ園に囲まれた気持ちのよい屋外プールがある。

●Ss.ピエトロ・エ・パオロ教会
住 Piazzale Santi Piero e Paolo 8
☎ 06-5926166
開 7:00～19:00

●ローマ文明博物館
住 Piazza G. Agnelli 10
☎ 06-0608
地 P.227 B2
※'18年1月現在、休館中
URL www.museociviltaromana.it

●文明博物館MuCiv
ピゴリーニ先史・民族誌博物館、民衆芸術・伝統博物館、中世博物館、東洋美術博物館
住 Piazza Guglielmo Marconi 14(切符売り場)
☎ 06-5936148
開 8:00～19:00
休 ㊊、1/1、12/25
料 €8(4館共通、有効3日)
※切符売り場は閉館30分前まで

事前にチェック
エウルの文明博物館は臨時休館でした。少し遠い所は直前にホームページで確認してから行くのがいいです。　(和歌山県　K)

国立民衆芸術・伝統博物館

ローマオリンピックの記念

MAP P.229

フォロ・イタリコ ★

Foro Italico フォロ イタリコ

大理石のスタジアム

ローマの中心街の北西、モンテ・マリオの丘Monte Marioの麓に広がるスポーツセンターはフォロ・イタリコForo Italico。ムッソリーニの計画により1920年代に工事が始められ、1960年のオリンピックの際に完成。フォロは「大理石像のスタジアム」Stadio dei Marmi、「オリンピックスタジアム」Stadio Olimpico、「オリンピックプール」Stadio Olimpico del Nuotoの3つからなるが、周辺にはほかにも陸上競技のトラック、国際学生会館、テニスコートなどもあって、広い敷地を占有している。

60体の大理石の彫像で飾られた「大理石像のスタジアム」はなかなか見応えがある。また、「オリンピックスタジアム」は1990年のサッカー・ワールド・カップを機に完全改装されて収容人員が大幅に増えたが、相変わらず日曜日ごとにサッカーファンで埋め尽くされている。一方テニスコートでは、毎年5月にはテニスのワールドカップが開催されて、負けず劣らずのにぎわいを見せる。

ACCESS

フォロ・イタリコへバスで行くなら

32 リソルジメント広場、地下鉄A線オッタヴィアーノ駅そばから

280 カヴール広場、レパント駅そばから

ローマの現代美術館 column

意欲的な現代建築に現代アートが広がるローマの現代美術館。**イタリア国立21世紀美術館**はイタリア初の国立現代美術館。プリツカー賞受賞の建築家、故ザハ・ハディド女史の近未来的な意表を突く建物内に広がる。

一方、**ローマ現代美術館**は、コンクリートとガラスを多用した4階建てで、現代美術を身近に感じさせてくれる開放的な美術館。手頃なビュッフェランチが食べられるレストランや新しいライフスタイルを感じさせてくれるカフェも楽しい。

●イタリア国立21世紀美術館(MAXXIマクスィ)
Museo Nazionale delle Arti del XXI Secolo

住 Via Guido Reni 4A ☎ 06-3201954
開 11:00～19:00、㊏11:00～22:00
休 ㊊、5/1、12/25 料 €12、30歳以下€8、学生€4
地 地図外 URL www.maxxi.art
交 地下鉄A線Flaminio駅上からトラム2番で4つ目のAppollodoro下車、徒歩5分。

●ローマ現代美術館(MACROマクロ Via Nizza)
Museo d'Arte Contemporanea Roma

住 Via Nizza 138(Via Cagliariとの角)
☎ 06-489411
開 ㊊㊋㊌9:00～21:00、㊍㊎㊏9:00～24:00
休 ㊊、1/1、5/1、12/25
※'18年1/19より再開され、ロンドンで話題になった特別展『ピンク・フロイド大回顧展』Mostra "Pink Floyd Exhibition: Their Mortal Remains"を開催。料 特別展€18、26歳以下、65歳以上€16、学生€14 地 P.35 B4
URL www.museomacro.it
交 テルミニ駅からバス38番で5つ目の停留所下車、すぐ。

近未来的な建築も魅力的なマクスィ

ACCESS

ヴィッラ・トルローニアへバスで行くなら
90（トロリーバス、急行）テルミニ駅から
60（急行）ヴェネツィア広場から
(Nomentana/Villa Torloniaまたは Trieste下車)

●ヴィッラ・トルローニア美術館
住 Via Nomentana 70
☎ 06-0608
開 9:00～19:00
12/24､12/31　9:00～14:00
休 ㊊、1/1、5/1、12/25
料 カシーノ・ノビレ　€7.50
カシーナ・デッレ・チヴェッテ　€6
2館共通券　€9.50
※切符売り場は閉場45分前まで
URL www.museivillatorlonia.it
切符売り場はノメンターナ街道側の入口にある（バス停からの最寄り入口そば）
※テルミニ駅前のバスターミナルからバス90番で4つ目Villa Torloniaのバス停Nomentana/Trieste下車すぐ。
庭園のみは入場無料。
開 4/1～9/30　7:00～20:30
10/1～3/31　7:00～19:00
各館の入場券は入口脇のみで販売なので庭園散策の前に購入を。

フクロウの家のゲスト用浴室を飾ったオリジナルタイル

列柱に囲まれた浴室の壁面を飾るフレスコ画『ガラテア』

近代イタリアの歴史を刻む、19世紀の貴族ヴィッラ　MAP 地図外

ヴィッラ・トルローニア ★★★
Villa Torlonia　ヴィッラ・トルローニア

親族の結婚を祝して建設された、緑のなかの劇場

テルミニ駅からバスで約10分、市内北東部に位置するヴィッラ・トルローニア。広大な緑のなかに白亜の館のカシーノ・ノビレ、カシーノ・デイ・プリンチーピ、山小屋風のカシーナ・デッレ・チヴェッテをはじめ劇場、リモナイア（レモン栽培場）、厩舎などが点在する庭園を総称してヴィッラ・トルローニアと呼び、現在は美術館として公開されている。一般的に、カシーノCasinoとは貴族らが田舎に建てた狩りや猟のための館のことだが、ここではトルローニア家の邸宅という意味だ。

カシーノ・ノビレ Casino Nobile

カノーヴァの彫像が飾る三角破風の、堂々たるファサード

ジョゼッペ・ヴァラディエにより1802年に着手され、その後ジョヴァンニ・バッティスタ・カレッティによりファサードに大幅に手が加えられた。内部には、カノーヴァをはじめとする多くの芸術家や職人により華麗に装飾が施された空間が広がる。玄関から入ると、庭園に面してガラス張りの「舞踏の間Sala da Ballo」が続き、2階分の高さを誇る壁面のバルコニーにはオーケストラ席が設けられ、明るい室内にはシャンデリアがきらめく。

豪華な内装と庭園からの光で、華麗な空間を演出する『舞踏の間』

白い列柱が並び、その上にはスタッコ装飾、天井は「パルナッソス」のフレスコ画で飾られている。この「舞踏の間」を取り巻いて、仕切られた小部屋がいくつも続く。各部屋の装飾は、華やかで贅が尽くされている。

1925～1943年にはファシスト政権の宰相ベニート・ムッソリーニが借り受け、地下にはガスと爆撃に備えたシェルターが設けられた。ムッソリーニの娘の盛大な結婚式もここで催され、その華やかな様子は、館内のオーディオルームで見ることもできる。

カシーナ・デッレ・チヴェッテ(フクロウの家) Casina delle Civette

『夜のフクロウ』
Civette nella Notte

1840年頃にジュゼッペ・ヤッペリのデザインにより酪農場を兼ねたスイス風山小屋として、庭園の外れの人工の丘に隠れるように建てられた。1、2階に分かれた内部は、当時ヨーロッパで大流行した**アール・ヌーヴォー様式**（イタリア語ではリバティ様式Stile Libertyと呼ぶ）でまとめられている。その頃のステイタスシンボルであった**ステンドグラス**や流れるように美しい曲線を描く寄木細工や鋳鉄、タイル、絵、彫像などで飾られている。部屋ごとに異なるインテリアとアール・ヌーヴォー風の緻密なディテールが続き、美意識の高さに驚かされる。ローマ、否イタリアでも珍しい、究極のアール・ヌーヴォーの空間だ。内部はこぢんまりとしているので、当時の生活に思いをはせてゆっくり見学しよう。

シンボルであるフクロウは、姿を変えて邸宅の随所に見られる

ステンドグラスのなかで、特に見逃せない物を挙げると「**バラと蝶**Rose e Farfalle」、「**ブドウ棚**Il Chiodo con Tralci e uva」、「**フクロウ**Civette」、「**運命の女神**La Fata」など。

「ゲスト用浴室」
Bagno degli Ospiti

カタツムリの彫刻を配した優美な椅子

出口の『四季の階段』
Scala delle 4 stagioni

カシーノ・デイ・プリンチーピ Casino dei Principi

ヴィッラ建築当初に建てられた、この庭園の核ともいうべき建物。緑の木陰に隠れた小さな館ながら、内部は贅を尽くした洗練された物。とりわけ食堂Sala da Pranzoは床には古代ローマ風の美しいモザイク、天井には穏やかな空の絵が広がり、壁面にはナポリをはじめとする南イタリアの風景画が描かれている。

木陰に特別展の現代彫刻が飾られた入口付近

✉ **バスで**

90番のバスだと、下車後進行方向に向かって少し歩くと入口があります。
（香川県　tobe）['18]

✉ **ローマの近代史を身近に**

カシーノ・ノビレのオーディオルームでビデオを見ました。ムッソリーニの娘の結婚式の華やかな様子やファッションに時代を感じました。でも、ファシストの時代とムッソリーニがこの後どんな末路を迎えたか……。また、2階の壁にはここに駐留した米軍兵士が残したという、夢見るようにフラダンスを踊る女性の姿が描かれています。これもなぜか心に残るものになりました。近代の歴史に振り回された人生がぎゅっと凝縮したような、美しくもドラマチックな美術館でした。　（東京都　ルル）

発電所の中に古代彫刻を展示

MAP 地図外

モンテマルティーニ美術館 ★★

(Musei Capitolini) Centrale Montemartini

(ムゼイ カピトリーニ) チェントラーレ モンテマルティーニ

歴史上の人物の胸像が並ぶ

ローマ初の公共発電所の中にある美術館。役目は終えたものの、今も機械油の臭いを感じさせる発電機器とともに艶やかな彫刻が並ぶ、ユニークな美術館だ。

展示品はカピトリーニ美術館の収蔵品、およびこれまでスペースの関係で未公開だった物を含め、約400点にも上る。価値あるギリシア時代の彫刻を中心に、ローマ時代のモニュメントや邸宅を飾った彫刻、モザイクや装飾品が多くを占めている。展示品の多くには発掘場所も表示されているので、現在のローマから古代の風景が透けて見えるようで興味深い。

『トーガを着たバルベリーニ』
左右に父と祖父の頭像をささげ持つ

特に見逃せない作品を挙げてみよう。歴代皇帝の彫像の並ぶ『柱の間Sala colonne』では**『トーガを着たバルベリーニ』**Togato Barberini。**『テセウス』**Teseo、**『小アグリッピーナ像またはオランテ』**Statua in basanite di Agrippina raffigurata come Orante。『ボイラーの間 Sala Caldaie』は、おもに1800〜1900年代に地下鉄やトラム工事の最中に発掘されたローマ時代の邸宅を飾った彫刻を展示。カヴール通りの家Domus di Via Cavourを飾った**『パソス(哀しみ)の彫像』**Statua di Pathos、**『休息するサテュロス』**Statua di Satiro in Riposo、アウレリア城壁のサン・ロレンツォ門の家を飾った**『巨人と闘うサテュロス』**Satiro in lotta contro i Gigantiなど、ドラマチックな彫刻が並ぶ。

ローマ市の標章、S.P.Q.R.を抱く、
モンテマルティーニ美術館の建物

ACCESS

M 地下鉄で行くなら

B線ガルバテッラGarbatella下車。改札口の新聞売り場左側の通路を行き、広い旧市場の敷地を抜け、道を渡ったほぼ正面左側(工場の出入口のようなので注意。)

バスで行くなら

23 ●リソルジメント広場、サン・ピエトロ広場方面から
●サン・パオロ大聖堂から

●モンテマルティーニ美術館

住 Via Ostiense 106 (Centrale Montemartini)
☎ 06-5754207
開 9:00〜19:00
12/24、12/31
9:00〜14:00
休 ㊊、1/1、5/1、12/25
料 €7.50、特別展の場合€11 (カピトリーニ美術館との共通券€12.50、特別展の場合€16、7日間有効)
URL www.centralemontemartini.org

※カピトリーニ美術館では、2017年12/7〜2018年4/22に特別展『古代の宝、ヴィンケルマンと1700年代のカピトリーノ美術館』"Il Tesoro di Antichità. Winckelmann e il Museo Capitolino nella Roma del Settecento"

※モンテマルティーニ美術館では、2017年12/12〜2018年6/30に特別展『古代エジプトとエトルスコ、E.ベルマンから金のスカラベ』"Egizi Etruschi. Da Eugene Berman allo Scarabeo dorato"

見落としそうな美術館入口

ローマから行く小都市

i Dintorni di Roma

ほんの少しバスや列車に揺られるだけで、ローマとはひと味異なる町へアクセスできるのが多様な顔をもつイタリアの魅力。青い大海原の広がる地中海、キラキラと光輝く噴水公園、緑のなかに極彩色の壁画の残る地下墓地、大きなプールのようなのどかな温泉など……。また、土地自慢のワインや料理を味わうのも旅の醍醐味だ。ここで取り上げた町はローマからの日帰りも可能なので、時間が許せばぜひ足を延ばしてみよう。

華麗な噴水で飾られた

P.14、P.238

ティヴォリ
Tivoli
ティヴォリ

ヴィッラ・デステのテラスからの眺め

ローマから北東に向かって延びるティブルティーナ街道V. Tiburtina沿いにはハドリアヌス帝の造った美しい別荘や、噴水で有名なヴィッラ・デステの館のあるティヴォリの町がある。途中のティヴォリの鉱泉地帯は、古代から建築材として使われたトラヴェルティーノと呼ばれる石の名産地になっていて、車窓からも露天掘りの石切り場を見ることができる。ハドリアヌス帝の別荘の見学をする場合は、途中に日陰がないので、夏ならローマを朝早くにたって、暑くなる前に回るほうがよい。

ハドリアヌス帝の別荘、ホスピタリアにて

ティヴォリへの行き方
→P.242

●COTRAL案内所

URL www.cotralspa.it

Free 800-174471
（イタリア国内フリーダイヤル）

✉近郊へ便利な1日券 B.I.R.G.切符

ローマ郊外を観光するのに便利な切符。ローマ市内交通（地下鉄、トラム、バス）に加え、ゾーン内のCOTRAL社のプルマン、fs鉄道が1日乗り放題となります。ゾーンは7つに分けられ、チェルヴェテリへは2ゾーン€6、ティヴォリ、カステッリ・ロマーニが3ゾーン€8、タルクィニアが5ゾーン€12です。切符はCOTRAL社のバスターミナルやテルミニ駅では地下の地下鉄連絡通路にあるキオスク（新聞売り場）で購入できます。

（愛知県　どんちゃん）['18]

往復のプルマン利用だけでは元がとれない場合があります。前日にテルミニ駅の売店などで購入し、当日は地下鉄とプルマンをフルに利用するのがいいです。　（千葉県　君子）

●ティヴォリの🛈

住 Piazzale Nazioni Unite
☎ 0774-313536
開 10:00～13:00
　16:00～18:00
休 ㊊
地 P.234 B1

ローマからのプルマンが停車するヴィッラ・デステの最寄りバス停Largo Nazioni Uniteの進行方向右の坂道に🛈のブースあり。地図やバスの時刻表の配布あり。

駅から渡る川

ヴィッラ・デステ(エステ家の別荘)
Villa d'Este

世界遺産

ヴィッラ・デステの「水の競演」

16世紀の半ばにフランス王フランソワ1世によって枢機卿となったイッポーリト・デステ(Ippolito d'Este)は後に失脚してティヴォリに引退し、ベネディクト派の修道院をナポリ出身の建築家ピッロ・リゴーリオ(Pirro Ligorio)に依頼して改築させた。

高低差のある広大な庭園を見下ろすように建つ壮大な館は16世紀のローマ派の画家たちよるフレスコ画で彩られている。風景や神話の物語などで壁や天井が優雅に装飾された部屋を抜け、テラスに出ると眼下に庭園と遠くのティヴォリの町を一望することができる。

館のテラスから庭園を一望してから見学をはじめよう

イタリア式庭園の傑作と称される庭園は、高低差を巧みに生かしてレイアウトされ、500を超えるという噴水が点在し、手入れの行き届いた植栽と季節の草花が色を添える。涼やかな水音とみずみずしい緑、マイナスイオンがあふれる空間はローマの喧騒を忘れさせ、ひととき別の世界へと誘ってくれる。この地を訪れた晩年のF.リストは『巡礼の年第3年』に「エステ荘の噴水」を含め3曲を作曲した。

明るい太陽のもと、水しぶきが輝く昼間もよいし、季節があえばライトアップされる夜間開館は幻想的でロマンティックだ。

気品あるエステ家の別荘

世界遺産

ヴィッラ・デステ
登録年2001年　文化遺産

●ヴィッラ・デステ
住 Piazza Trento 5
☎ 199766166(コールセンター)
開 8:30～19:45
　㊊14:00～19:45
休 ㊊午前、1/1、12/25
料 €8(特別展の場合€11)
地 P.234 AB1
※切符売り場は18:45まで
※第1㊐は無料
URL www.villadestetivoli.info

オルガンの噴水
演奏時間10:30～、2時間おきに実施

ローマからティヴォリへ

電車でティヴォリへでかけました。ローマから1時間弱、便利で料金も片道€2.60でバスよりも経済的。駅は町の東端、駅前には案内板もなく、ただ新聞スタンドがあるだけ。私はスタンドで地図をもらい、駅にいたほかの観光客の道案内となりました。駅前を右へ行くと右側にアパートがあり、下り坂になります。しばらく進むと交通量の多い十字路へ出ます。レストランなどもあり、川を渡ると町に入ります。

ローマの乗車駅はティブルティーナ駅。ティヴォリ行きのホームは駅構内の一番はずれに位置し、10分くらい駅構内の地下道や階段を歩き、なかなかわかりにくいです。

私は、ティヴォリに宿泊しました。空港からは地下鉄で直通で行けます。宿泊したのは
B&B Catilli
住 Via D.Giuliani 74,TIVOLI
☎ 0774-332212
Fax 0774-313643
URL www.catillo-tivoli.it
親類一家で経営しているらしく、和気あいあいとしてサービスもよく室内もきれいでおすすめです。1泊2食つきで€61でした。駅から徒歩10分程度、古い町並みのなかにあります。
(宮城県　麻生正)['18]

■噴水　Fontane　★★★

テラスから階段を下るとベルニーニ作ともいわれるビッキエローネの噴水F.na di Bicchieroneを経て**百の噴水の小道**Viale delle 100 Fontaneに出る。苔やシダに覆われた彫刻群と水の作り出すシーンは印象的である。この小道の両端にはそれぞれ**楕円の噴水**F.na dell'Ovatoと**ロメッタ**Romettaと呼ばれる古代ローマの建築物を縮小再現した泉が配置されている。中央を下っていくと**ドラゴンの噴水**F.na dei Draghiを過ぎて3つの池に出る。さらに進んで右に行けば**オルガンの噴水**F.na dell'Organo Idraulicoがあり、今も水力を利用してオルガンが奏でられる。

1 楕円の噴水
Fontana dell'Ovato

館を背にした右前方にある。滝の周囲に半楕円状に歩廊があることから「楕円の噴水」、あるいは滝の上の女神像から「ヴィーナスの噴水」、さらにティヴォリの町の山と滝、川を現していることから「ティヴォリの噴水」とも呼ばれている。緑に覆われ、奥行きと高さが手前の広場と相まってダイナミックで優美な様子は「噴水の女王」と呼ぶにふさわしいたたずまいだ。噴水の周囲の歩廊は現在通行不可。

4 ドラゴンの噴水
Fontana dei Draghi

百の噴水の通りから、ふた手にわかれた大階段の下にある。法王グレゴリウス13世へのオマージュとして作成された物で、ドラゴンはこの法王の紋章だ。4体のドラゴンが中央に円を描き、その中心から高く噴水が水を噴く。奥のニッチにはErcole(ヘラクレス)の彫像が置かれている。

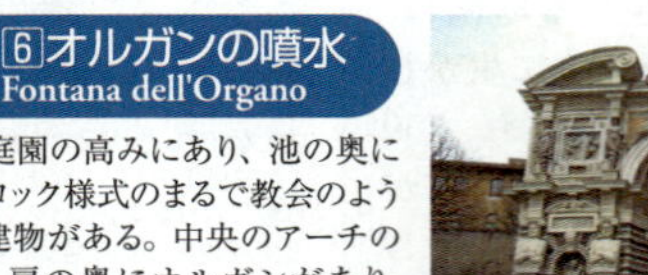

6 オルガンの噴水
Fontana dell'Organo

庭園の高みにあり、池の奥にバロック様式のまるで教会のような建物がある。中央のアーチの下、扉の奥にオルガンがあり、水圧でパイプオルガンが演奏される。周囲の水音があるので、近くでないと聴こえない。2時間(10:30〜)おきの演奏なので時間に合わせて近くに行こう。切符売り場近くに演奏時間の表記あり。

9 ネットゥーノの噴水
Fontana di Nettuno

庭園のなかでもひときわ高く水を上げ、滝が流れ落ちるダイナミックな噴水。中央の滝、その脇、さらに手前に滝が流れ、大水量が吹き上げる。奥にはさらに12もの噴水が細く水を上げる様子は重層的かつ芸術的。後年多くの噴水のモデルになったと言われ、カゼルタの噴水（ナポリ近郊の世界遺産）もそのひとつ。特にペスキエーレ側に下がって眺めると上段のオルガンの噴水とともに壮大な風景を作り出している。

2百の噴水
Cento Fontane

楕円の噴水とロメッタの噴水を結ぶ約100mのメインストリート。緑にあふれる通路に苔むした噴水が並び、水音とさわやかなマイナスイオンが漂い、噴水の飛沫が光に反射してことのほか美しい。水の流れは周匝の川を模して、2〜3列に平行に流れ、動物を模した噴水の噴き出し口が続き、さらにこの館の主を象徴するエステ家の紋章の鷲、オベリスク、フランス王家の白百合の紋章などの像が点在する。

3ロメッタの噴水
Fontana di Rometta

館を背にした左前方、百の噴水から続く。左の高台から3ヵ所に分割したように構成され、古代ローマの町並みを再現した噴水だ。ティトゥウス帝をはじめとする凱旋門、ローマ建国の狼と乳を飲む双子、噴水がテヴェレ川、古代船を模したティベリーナ島とオベリスク、ローマの栄光を表す鎧を着て槍を持つ勝利の女神像など、ローマの町を思い起こして見ると興味も深まる。館前のテラスからからは全貌を俯瞰することができる。

5ペスキエーレ(養魚場)
Peschiere

庭園のほぼ中央にあり、四角い大きな池が3つ続いている。かつては珍しい淡水魚が飼われ、ときには釣りに興じ、その魚がテーブルに運ばれたという。正面には勢いよく水を噴く海の神ネットゥーノの噴水、さらにその一段高みにオルガンの噴水が続き、周囲の木々や整然と刈り込まれた木立とともにまるでひとつの劇場のよう。風情のよいフォトジェニックな散歩道だ。

7メタの噴水
Fontana rustiche dette "Mete"

よく刈り込まれた植栽のなか、道の左右に小山が一対になった噴水。3層の岩が苔むし、頂上の2ヵ所から水が流れ落ちている。かつてローマのコロッセオとコスタンティヌスの凱旋門の間にあったメタ・スダンテMeta Sudanteの噴水を模した物で、勇敢なるローマの拳闘士は闘いの後に体を洗ったという。Sudanteとは汗をかくという意味で、その水の流れの様子からまたは汗を流したからという。

8アルテミスまたは母なる神の噴水
Fontana di Diana Efesia o Madre Natura

乳房を思わすたくさんの装飾がされていることから多産・出産の神、豊穣の神とも呼ばれる噴水。西の塀に置かれている。どこかポツンと置かれた印象なのは、かつて別の場所にあり、オルガンの噴水の建造とともにここに移されたから。

●グレゴリウス法王の別荘
住 Largo S. Angelo/Piazza Tempio di Vesta(入口)
☎ 0774-332650
開 3月、10/20〜12/31 10:00〜16:00
4/1〜10/19 10:00〜18:30
12/1〜2/28は事前予約で見学可
休 ㊊(4〜10月は除く)、12/25
料 €7、26歳以下€4(家族券大人2人+子供2人€17)
地 P.234 A2
URL www.foundambiente.it/luoghi/parco-villa-gregoriana
※入場は閉場1時間前まで
※メインゲートは市バス4、4X番が停車するLargo Sant' Angelo。橋を渡り、広場を右折したリストランテ・シビッラの脇にも入口あり。

サンタ・マリア・マッジョーレ教会
S. M. Maggiore

ヴィッラ・デステの入口にあるトレント広場Piazza Trentoには16世紀に再建された教会が建つ。内部の右側廊には15世紀のキリスト磔刑(たっけい)の彫刻(Crocifisso)、身廊にはヤコポ・トッリティによる13世紀の聖母の祭壇画、左側廊にはバルトロメオ・ダ・シエナの3幅対の祭壇画(14世紀)が飾られている。

グレゴリウス法王の別荘 ★★
Villa Gregoriana

19世紀の前半に法王グレゴリウス16世によって整備された庭園で、アニェーネ川の滝を中心に構成されている。内部にはこの滝を眺める展望台やシビラの洞窟などをはじめ、さまざまな滝や洞窟などが人工的に配置され、対岸に設けられた出口には岩の上に建てられた**ヴェスタの神殿**Tempio di Vestaを見ることができる。円形の神殿は10本のコリント式の柱で囲まれ、紀元前1世紀頃に建てられた。さらに先には正面にイオニア式の4本の柱を持つ**シビラの神殿**Tempio della Sibillaが建つ。(別荘が閉まっている場合にはグレゴリウス橋を渡って右に延びるシビラ通りを行き、リストランテ〈シビッラ〉脇からシビラの神殿を見学することができる。)

大滝が見事だ

シビラの神殿下の谷に広がる法王の別荘

緑のなかで美しいシビラの神殿

✉ティヴォリへ

ティヴォリからヴィッラ・アドリアーナへはオレンジ色の4番のバスがヴィッラの入口まで往復していて、とても便利でした。ヴィッラ・アドリアーナはひとつの町のように構成されていて、とても興味深いものでした。

ヴィッラ・デステは噴水と緑あふれる庭園がとてもロマンティックで涼しくてすてきでした。

(埼玉県　岡部篤子)

✉ティヴォリへの行き方

ティヴォリで必見の地はヴィッラ・アドリアーナとヴィッラ・デステ。まわる順番としては、行きにくいヴィッラ・アドリアーナを優先させるのが気持ち的に楽だと思います。ポンテ・マンモーロ駅から1〜3時間に1便最寄りのバス停までバスが出ています。発車時刻も正確で1回券€2.80、1日券€8でした。最寄りのバス停で降りれば切符売り場までとても近いです。ポンテ・マンモーロ駅の切符売り場にティヴォリ行きのバス時刻表は張ってありました。

(神奈川県　あずき)['18]

ティヴォリのレストラン

シビッラ
Ristorante Sibilla in Tivoli dal 1720

シビラの神殿の敷地内にあり、神殿はもちろんのこと、席によってはグレゴリウス法王の別荘の滝などを遠望し、初夏には頭上に藤が咲く。土地の料理を中心にプレゼンテーションも楽しい。日本の皇室や世界のセレブも訪れる、この町を代表する1軒。 できれば予約

URL www.ristorantesibilla.com
住 Via della Sibilla 50, TIVOLI
☎ 0774-335281
営 12:30〜15:00、19:00〜22:30
休 ㊊　予 €25〜50
C A.D.J.M.V.
地 P.234 A2
交 ヴィッラ・デステから徒歩10分

ヴィッラ・アドリアーナ(ハドリアヌスの別荘) Villa Adriana

世界遺産

カノプス正面左の見晴台からの眺めがすばらしい

ハドリアヌス帝はその治世にローマ帝国の領土を視察して回り、ローマに戻ると旅の途中で見た美しい建築物や景観を再現しようとこの別荘の建設を始めた(118年)。130年にほぼ完成し、ギリシアやエジプトに構想を得た美しい建築が並ぶ保養地となったが、ハドリアヌス帝自身は138年には病気のためこの世を去ってしまった。彼以後の皇帝もこの別荘を訪れたがしだいに忘れられ、蛮族の侵入によって破壊された。発掘はイタリア統一後、ようやく本格的に始められた。1999年にユネスコの世界遺産に指定され、現在は大がかりな修復作業が続けられている。今なおのどかな周囲の自然と相まって、訪れる人にしばし古代の夢を見させるに十分である。

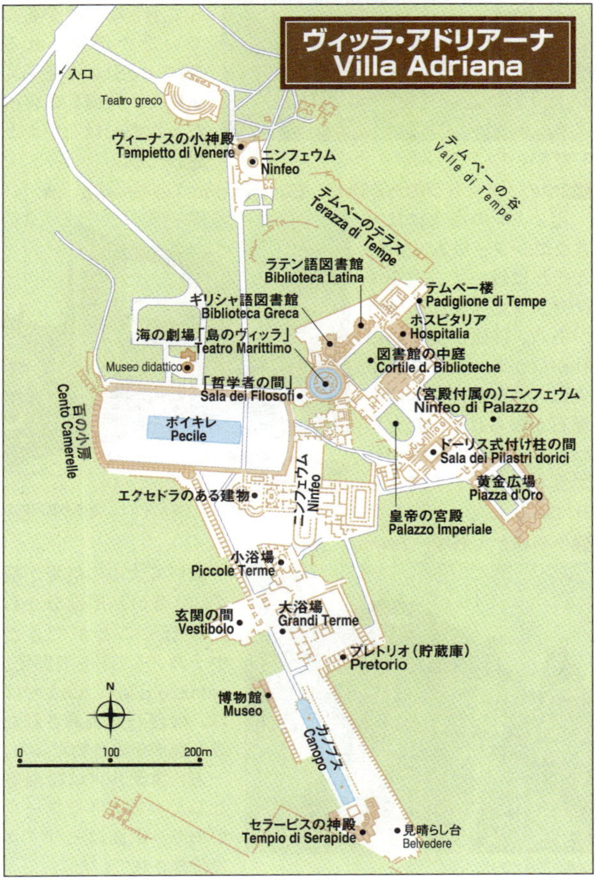

世界遺産

ヴィッラ・アドリアーナ
登録年1999年　文化遺産

●ヴィッラ・アドリアーナ

住 Via di Villa Adriana 204
☎ 0774-530203
開 5/1～8/31　9:00～19:30
9月　9:00～19:00
10/1～10月最終㊏　9:00～18:30
10月最終㊐～12/31　9:00～17:00
1/2～1/31　9:00～17:00
2月　9:00～18:00
3/1～3月最終㊏　9:00～18:30
3月最終㊐～4/30　9:00～19:00
休 1/1、12/25
料 €8(特別展の場合€11)
地 P.14、P.239
※入場は閉場1時間30分前まで
URL www.villaadriana.beniculturali.it
※毎月第1㊐は無料

魅力的なティヴォリ

ポンテ・マンモーラからCOTRALのプルマンバスを利用し、ヴィッラ・アドリアーナへ先に行き、市バスでティヴォリまで戻り、ヴィッラ・デステを見て、帰りはfs線でティブルティーナ経由で戻りました。切符は事前に1日券€8を購入しておきました(ティヴォリの市バス以外は利用可)。近くにいた乗客の人に降りる所を教えてもらい、バスを降りてからも何度も人に道を尋ねて15分ほど歩きました。非常にわかりにくいです。でも、ヴィッラ・アドリアーナはよく保存された広大な遺跡でいにしえのローマ時代に思いをはせながら散歩でき、思った以上にとてもよかったです。見学後、市バス4番で町まで行き、「歩き方」掲載のレストラン・シビッラへ。€25のランチコース(水、ワイン、コーヒーを入れて最終的に€39)を食べましたが、遺跡の見える雰囲気のよいレストランで、お店の人も感じよく食事もおいしくて大満足でした。その後、町中を歩いてヴィッラ・デステを見学。すばらしい噴水の数々、また館から望む風景が本当に美しかったです。帰りは調べておいたティブルティーナ駅直行の電車に乗れたので、ローマまで40分くらいで戻れました。直行便の利用を。

ティヴォリは行きづらいイメージがあるかもしれませんが、2ヵ所の世界遺産それぞれ性格が違ってどちらもすばらしいものですし、町も昔のイタリアっぽい風情があって私的にはとてもおすすめです。迷路のような道が多く、私は迷ってしまいましたが、GPS利用がおすすめ。Wi-FiからGPSに繋がりました。

(東京都　crimson　'15)

COTRAL社ティヴォリ行き モンテ・マンモーロ発のプルマンバスは3種類
①プレネスティーナ経由
Via Prenestina
平日5:31～21:16に1時間30分～2時間に1便
㊐㊗6:57～20:57に2時間に1便
②アウトストラーダ経由
Via Autostrada
平日のみ5:15～20:35に約30分に1便
③ティブルティーナ経由
Via Tiburtina
平日5:00～22:00に15～20分に1便
㊏㊐5:00～22:00に20～30分に1便
ヴィッラ・アドリアーナに近いバス停に停車するのは①と②。

ポイキレの裏（北西側地面）に続く百の小房

大テルメの高いヴォールト。大がかりなテルメが実感できる

チケット売り場から木立の中の道を歩いていくとポイキレに到着する。園内には多くの標識も設置されているが、敷地が広大なうえ高低差があり、野原のような場所では通路との境がわかりにくいエリアがある。まず、ポイキレ手前の展示室（トイレあり）で全体の模型図を見て、本書や配布の地図で全体を把握し、とくに見学したい場所を通りすぎないようにしよう。カノプス正面左の階段を上がった**見晴らし台**Belvedereからの眺めはよく、ここからカノプスを左に見下ろして「プレトリオ」を経て、東側の黄金広場方向への見学路が続いている。

■ポイキレ　Pecile　★

すがすがしいポイキレから見学スタート

ギリシア語でストア・ポイキレつまり彩色回廊と呼ばれた矩形の柱廊232m×97m。中央には大きな池があり、西側には柱廊に沿って小さな部屋が並んでいたのが見られる（**百の小房**）。おそらく倉庫か、警備兵の寝所だったのではないかと思われる。

■3つのエクセドラのある建物　Edificio con Tre Esedra　★

ポイキレの南東には大きな**ニンフェウム**Ninfeoとそれに続いて三方をエクセドラで囲まれた場所がある。柱頭が美しい円柱が置かれ、かつては中央に大きな噴水、床は大理石が張られていたと思われる。皇帝の私邸部分で食事室だったと考えられている。

伸びやかですがすがしい皇帝の私邸部分

■小浴場と大浴場　Terme　★★

皇帝が憩ったテルメ

続いて大小の浴場が続く。皇帝の私邸部分から直接行くことができた**小テルメ**は、「冬の邸宅」palazzo d'Invernoと呼ばれ、大理石で装飾された最も豪華な建造物だった。一方、**大テルメ**は冷温室とふたつの大きなプールがあり、床面はモザイクで装飾されていた。

■カノプス　Canopo　★★★

造成された谷間にはカノプスと呼ばれる、細長い池とその奥にあるエジプトの**セラーピス神殿**Serapeumで構成された遺構がある。池の周りは円柱とそれに乗った優美なアーチで囲まれ、その下には彫刻が並べられていた。一部は復元されている。また、カノプスの手前には小さな**博物館**Museoがあり、発掘による出土品が並べられているが、ギリシアの彫刻家フィディアスによる「アマゾンの女」Amazzoneの模刻は一見の価値がある。

「皇帝の夢」を実感するカノプス

■プレトリオ　Pretorio

3層に分かれ、狭いアーチで仕切られた一群の建物は当初は兵舎と考えられ、プレトリオ（幕営）と呼ばれたが、現在では貯蔵庫だったことがわかっている。

先ほどの大小ふたつの浴場跡に戻ったら、東側の斜面に上がると一段上に広がる遺跡群に出られる。

■島のヴィッラ（海の劇場）　Villa dell' Isola　★

読書室であった「哲学者の間」

「海の劇場」と呼ばれてきたこのヴィッラは柱廊に囲まれた円形の建物で、その中心には池に囲まれて小さな家が配置されている。また、島のヴィッラ近くにある後陣の付いた正方形の部屋は「**哲学者の間**」**Sala dei Filosofi**と呼ばれ、読書室であったらしい。

■皇帝の宮殿　Palazzo Imperiale

いくつかの居室と公式の行事に使われた広間のほか、黄金広場から図書館までを含む大きな建築群であった。中庭を中心に、周辺に**ドーリス式の付け柱の間**Sala dei Piastri Doriciや宮殿付属の**ニンフェウム**Ninfeo di Palazzoなどが配置されていた。

広大な皇帝の宮殿跡

■黄金広場　Piazza d'Oro

静かでフォトジェニックな黄金広場

黄金の広場と名づけられたこの広場はかつては60本の柱で囲まれ、奥には8角形の部屋があった。

イオニア式の円柱が美しい島のヴィッラ

平日に出かけよう

ローマからのプルマンバスは㊐㊗は減便。また、市内バスの4番、4X番も㊐㊗は減便で午後は早くに運行終了。公共交通を利用する場合は平日に出かけるのがベター。

●博物館（カノプスそば）

開　9:00～13:15
14:15～閉場30分前

✉ティヴォリへ

個人旅行のため行き帰りにちょっと苦労しましたが、午前はヴィッラ・デステ、午後はヴィッラ・アドリアーナと、1日で見て回れます。ヴィッラ・デステは坂や階段の上り下りが多く疲れますが、ネットゥーノの噴水は見事でした。一方、オルガンの噴水は演奏だけで、水の動きは見られずちょっと期待はずれ……。

ヴィッラ・アドリアーナは海の劇場が修復中で見学できず残念でした。その分カノプスのたたずまいに浸りました。日よけがないので帽子は必須。水は汲めるので、ペットボトルがあると便利です。また、絶好の写真スポットが多いので、写真をたくさん撮るひとはバッテリーの予備があると安心です。
（千葉県　醍醐圭一　'15）

小さく区切られた
ホスピタリアの客室

テムペーのテラスから、
ティヴォリの町遠望

出口へ
ヴィーナスの小神殿から坂を下った出口への近道は閉鎖中。再び、来た道を戻ろう。ポイキレ南側の木立のなかの1本道を下ると出口への近道だ。

■図書館　Biblioteche

ホスピタリア。床面は美しいモザイクで飾られ、正面のニッチに寝台が置かれていた

図書館の中庭(Cortile delle Biblioteche)と呼ばれる矩形の広い中庭に面して、ギリシア語とラテン語のふたつの図書館が並んでいた。中庭の北東の縁に沿っては内部が10の小さな部屋に仕切られた**ホスピタリア**Hospitariaと呼ばれる建物があり、客室として使われたこれらの部屋の床にはモザイクが残っている。

■テムペーのテラス　Terrazza di Tempe

図書館の北東には3層からなる見晴らしのよいテムペー楼Padiglione di Tempeがある。それに続いて広がる緑の茂った一角がテラスで、下にはテムペーの谷が延びている。

■ヴィーナスの小神殿　Tempietto di Venere ★

眺めのよい高台に建つ、
ヴィーナスの神殿

テムペーのテラスの端に位置し、ヴィーナスにささげられたといわれる神殿の円柱が残る。すぐ近くには管理事務所がある。

ティヴォリへの行き方

①プルマンバスで

地下鉄B線の終点ひとつ手前のポンテ・マンモーラ駅下車。地上のバスターミナルからプルマンに乗車。10〜20分間隔の運行で所要約50分(切符売り場は改札を出た先。切符€2.80、車内購入€7)。**ヴィッラ・デステ**へはPiazza Garibaldi/Villa d'EsteまたはLargo Nazioni Unite下車。進行方向左奥(駐車場と広場の先)がヴィッラ・デステ。

ヴィッラ・アドリアーナへはティヴォリ行きプレネスティーナ経由Via PrenestinaでVilla Adrianaのバス停で下車し、約400m (緩やかな坂を上がり、案内板を右折)。アウトストラーダ経由Via Autostradaはバス停から入場口までは約2kmあるので避けよう。また、便は少ないがヴィッラ・アドリアーナすぐ近くに停車するものもあるので、切符売り場で確認を。

②鉄道で

fs線ティブルティーナ駅からRV、R利用で所要48分から1時間25分(切符€2.60)。1時間に1便程度。地下鉄駅からホームまでは距離があるので余裕を。ティヴォリ駅前から左前方に見える歩行者専用の橋を渡り、広場を越えてViale Tomeiを直進、そのまま道なりに進めば約10分でヴィッラ・デステ。先に**ヴィッラ・アドリアーナ**へ向かうならViale Tomeiの左にあるタバッキでバスの切符(COTRAL社€1.10)を購入し、広場に戻り1本北側に平行して走るViale Triesteの階段前から①のPrenestinaまたはAutostrada経由のバスに乗車。

③ティヴォリの町からヴィッラ・アドリアーナへ

町から**ヴィッラ・アドリアーナ**へは市バス4、4X番で。Piazzale Nazioni Uniteなどから平日30分〜45分に1本、最終20:00、㊐㊗は1時間10分に1本で最終12:50。ヴィッラ・アドリアーナの正面出入口前にバス停あり(時間帯により停車しない便があり、出入口から続くVia di Villa Adrianaを大通りまで約300m移動の必要あり)。切符(市バス€1)は市内ではタバッキ、ヴィッラ・アドリアーナでは切符売り場で販売。窓口に時刻表の掲載あり。

✉私たちの行き方

ティブルティーナ駅からfs線を利用してティヴォリへ。ティヴォリ駅前にバス停があると思いましたがバスはなく、バールと新聞売り場はあるもののかなり寂しい駅。目の前の川の橋を渡り、町のタバッキで切符を購入してまずヴィッラ・アドリアーナへ。バスはいろいろあるようで、運転手に「ヴィッラ・アドリアーナへ」と聞くと次のバスを教えてくれました。言われた所で下車し、バス停から畑と家が続く道を10分ほど歩きました(バス停はわかりにくいので運転手に教えてもらうのがいいです)。帰りは、出口そばからバス4番に乗車して終点のVilla Gregorianaで下車。リストランテ・シビッラでランチをしてからヴィッラ・デステへ向かいました。商店街や古い町並みを見ながら徒歩10分程度で到着でした。帰りはLargo Nazioni Uniteからプルマンに乗車、地下鉄に乗り換えてローマへ戻りました。バス4番を上手に利用するのが疲れないティヴォリ観光のキモです。古代ローマと噴水に癒され、おいしい食事……魅力いっぱいの日帰り旅となりました。
(東京都　MCM　'15)

古代ローマ屈指の貿易港

MAP P.14、P.244～245

オスティア・アンティカ

Ostia Antica/Ostia Scavi　オスティア アンティカ/オスティア スカーヴィ

古代ローマの人々の生活を想像し、昔と変わらぬ自然に出合えるオスティア・アンティカの遺跡

紀元前4世紀、ローマの城塞都市として建設されたオスティア・アンティカ。5万人もの人口を抱え、繁栄した町もテヴェレ川の運んだ土砂に埋まり、約800年で幕を閉じた。しかし、1909年に発掘作業が始まるまで、土砂に覆われた町は当時の姿をよく保存していることで名高く、ポンペイやエルコラーノと並び称されるほどだ。

町は、ローマの発展とともに海軍の重要拠点となり、さらに領土の拡張にともなう海上貿易でさらに発展していった。軍人、役人、商人、職人、貿易に携わる外国人や他国から連れられて来た奴隷も住み、町にはローマの神々以外の信仰の場や兵舎、食堂、住居などが建設された。紀元前1世紀には、城壁で囲まれてひとつの都市として形成され、帝政時代には、フォロや劇場などが建設された。しかし、1世紀の半ばには、すでにテヴェレ川の河口に堆積する土砂のため大型船の接岸が困難になり、クラウディウス帝が現在のフィウミチーノに新しい港を建設。その後は港湾都市としてよりも、行政の中心として発展していったが、荷役などに従事した労働者は新しい港へ移り、住人は役人や貴族だけとなり、町は衰退。4世紀には完全に廃虚となってしまったのだった。

海風の気持ちよい場所に立つと、目前に広がる草原と古代遺跡に歴史のロマンを感じずにはいられない。

床のモザイクの保存状態もよい

オスティア・アンティカへの行き方

地下鉄B線ピラミデ駅まで行き、オスティア・リド線（約15～30分おき）に乗り換えてOstia Antica駅下車。所要約40分。

駅から前方に延びる道を行き左折する。徒歩で約5分。

地 P.14

●オスティア・アンティカ

住 Viale dei Romagnoli 717
☎ 06-56358099
開 3月の最終㊐～8/31
8:30～18:15(閉場19:15)
9月
8:30～18:00(閉場19:00)
10/1～10月の最終㊏
8:30～17:30(閉場18:30)
10月の最終㊐～2/15
8:30～15:30(閉場16:30)
2/16～3/15
8:30～16:00(閉場17:00)
3/16～3月の最終㊏
8:30～16:30(閉場17:30)
5/1　8:30～18:15
休 ㊊、1/1、12/25
料 €8、18歳以下無料
URL www.ostiaantica.beniculturali.it
※毎月第1㊐は無料

入口にも注目

入口、切符売り場はローマ門Porta Romana。ローマ門は、古代オスティアの正門で、共和政時代(79年)城壁とともに建設された。門へ続く両側にも、紀元前2～3世紀の墓や碑などが並んでいる。

✉ ピラミデ駅乗り換えが便利

地下鉄B線ピラミデ駅での乗り換えが便利です。名前は違いますが、ピラミデ駅はリド線のオスティエンセ駅とつながっていて、すぐに乗り換えができます。始発で座れるし、便利です。
(東京都　Spagnolo)

✉ オスティアへ

地下鉄B線ピラミデ駅でそのままローマ・リド線に乗り換えできました。ローマ・リド線の駅名は「ローマ・ポルタ・サン・パオロRoma Porta S.Paolo」。地下鉄からの乗り換えは改札を通りませんでした。地下鉄1回券でオスティア・アンティカまで乗車可能です。　(匿名希望　'15)

✉ おすすめスポット

駅を出て右前方にお城があります。内部に小規模な町とお城があります。城内からの眺めもすばらしいです。
(滋賀県　JOKO)

お城Castello di Giulio Ⅱ
住 Piazza della Rocca 16
☎ 06-56358024
開 ㊏㊐㊗のみ9:30～18:00

デクマーノ・マッシモ

消防士宿舎中庭の神殿
「いけにえ」のモザイク

修復されて夏には古典劇が上演されている劇場

■デクマーノ・マッシモ　Decumano Massimo

ローマ門を起点に真っすぐに延びる広い通りは、オスティアの町を貫くメインストリートのデクマーノ・マッシモ。当時は町の重要な建物や商店、富裕な人々の邸宅などが並んでいた。ローマ門を入り左側のヴィットリア広場Piazzale Vittoriaでは、ミネルヴァ神の像(1世紀)を見ることができる。

■ネプチューンの浴場　Terme di Nettuno

遺跡がこう呼ばれるのは、テラスから眺めるテピダリウス(温浴場)の遺構にネプチューンとアンフィトリーテの見事なモザイクがあるからで、その隣には列柱で囲まれた運動場も見られる。

■消防士の宿舎　Caserma dei vigili

消防士の常駐した宿舎で、中庭には柱廊の一部、皇帝の像の台座、モザイクなどが残る。

ここを出て再び浴場の遺跡に沿ってフォンターナ通りを行くと商店の跡が並び、デクマーノ・マッシモにぶつかる手前には当時の**居酒屋**Cauponaの跡も確認できる。

■劇場　Teatro　★★

この円形劇場はアウグストゥス帝によって造られたものだが、セヴェルス帝の時代に完全に再建された。外部の柱廊と階段席は野外劇場として利用するために修復された物。

■同業組合広場　P.le delle Corporazioni　★

劇場の奥に広がる大きな広場で、当時はその周囲を2列の柱が取り囲み、その下には武器を商う店をはじめさまざまな店や工房が並んでいた。中央には収穫の神ケレス神を祀ったと思われる神殿の祭壇跡も残る。

■アプレイウスの家
Casa di Apuleio

この家は当時の邸宅のひとつで、その隣にはセッテ・スフェーレ(Sette Sfere)の名で呼ばれるミトラ教の**礼拝堂**mitreoがあり、集まりに使われた広間も残っている。このふたつの建物の南には祭壇の上に4つの小さな神殿がある紀元前2世紀の**四神殿**Quattro Tempiettiの遺跡が続く。

■居酒屋(食堂)　Thermopolium

大理石のカウンターと果物などの食べ物の壁画の残るテルモポリウムは、温かい飲み物を出した当時のバールの跡である。

■オスティア博物館　Museo Ostiense　★

博物館にはオスティアで発掘されたさまざまな出土品が展示され、中にはギリシアの彫刻の貴重な模刻を始め、モザイクや壁画なども含まれる。(9：30～閉場)

✉偽ガイドに注意!

入口そばの遺構に隠れて、本物そっくりの立派な名札を下げ、職員だと名乗り遺跡内を案内しました。その後、人影のない所で、ひとり€100を要求してきました。私たちは最初に料金の明示がなかったことを主張し、遺跡内の博物館に逃げ、職員と警備員に助けられました。

(神奈川県　ぴっころLucy)

ローマで海水浴
リド・ディ・オスティア

オスティアの遺跡近くのオスティアの海は、ローマっ子の格好の海水浴場。7・8月の週末にはリドに向かう車が列をなして大混雑するが、6・9月の季節ならゆっくりとした浜辺の1日を過ごすことができる。更衣室、シャワー、パラソル、デッキチェアーなども完備している。

行き方は遺跡行きの電車に乗りLido Centro駅で下車。

■カピトリウムと公共広場　Capitolium e Foro

　オスティアで最大だったこの神殿はローマのカピトリーノの丘（カンピドーリオの丘）の神殿と同様にジュピター、ユノ、ミネルヴァの3神にささげられていた。2世紀の中盤に造られ、現在残っているのは壁の一部、階段、前中廊の柱、フリーズの断片などである。デクマーノ・マッシモを挟んで神殿の前に広がるのは公共広場（フォロ）で、柱廊の柱が何本か見られる。広場の端には1世紀の**ローマとアウグストゥス帝の神殿**Tempio di Roma e Augustoがあり、『勝利者ローマの像』Roma Vincitriceを見ることができる。フォロの東側にある大きな遺構は浴場跡Terme del Foro、西側にあるのはバジリカBasilicaだ。

■キューピッドとプシケの家　Domus di Amore e Psiche

　共和政時代の神殿の前を通り過ぎると、「キューピッドとプシケの家」と呼ばれる後期帝政時代（4世紀）の邸宅跡がある。モザイクや大理石による装飾も残り、当時の富裕な階層の住居のよい一例である。近くには**ミトラ教の浴場跡**もあり、地下には集会所が残っている。

■七賢人の浴場　Terme dei 7 Sapienti

　狩りのシーンのモザイクで飾られた美しい広間がある。

■トラヤヌス帝信者会　Schola del Traiano

　おそらく船大工の同業者組合の建物だったと思われ、中央には池が残り、円柱の並ぶ庭もある。

■公共広場浴場　Terme del Foro

　壮大な遺構はフォロの浴場と呼ばれ、オスティアで最も大きな浴場施設であった。

■五穀豊穣の女神の家　Casa della Fortuna Annonaria

　これも帝政後期の貴族の住宅の好例で、大理石の床、モザイク、壁画、彫刻などによる装飾は当時の様子を彷彿とさせてくれる。

カピトリウムからの眺め

●絵のある共同住宅
要予約☎06-56358044で㊐10:30に見学可

トラヤヌス帝信者会
泉のある中庭

古代オスティア遺跡

古代の川筋
テヴェレ川 Tevere
キューピッドとプシケの家 Domus di Amore e Psiche
ブティコススの浴場
V. d. Horrea Epagathiana
カルド・マッシモ Cardo Massimo
小市場
エパガティアーナの倉庫
カピトリウム（3主神の神殿）Capitolium
守護神の家
元老院
駐車場
オスティア博物館 Museo Ostiense
絵のある共同住宅 Insula dei dipinti/Casa Decorate
ディアナの家
Via d. Molini
同業組合広場 P. le. d. Corporazioni
アプレイウスの家 Casa di Apuleio
ミトラ教礼拝所 Mitreo
大穀物貯蔵庫
四神殿
ケレス神殿 Tempio di Cerere
劇場 Teatro
居酒屋（食堂）Thermopolium
消防士の宿舎 Caserma dei Vigili
Via d. Vigili
ネプチューンの浴場 Terme di Nettuno
食糧倉庫
馬車屋の浴場
城へ500m
駅へ600m
ローマ門 Porta Romana
P. le d. Vittoria
V. Ostiense
ネクロポリス
Via d. Tombe
デクマーノ・マッシモ Decumano Massimo
スト教のバジリカ
バジリカ
公共広場 Foro
英雄像のフォロ
公衆便所
円形神殿 Tempio Rotondo
円形神殿の家
女神ローマとアウグストゥス帝の神殿 Tempio di Roma e Augusto
雷神ジュピターの家
モザイク壁龕の家
公共広場浴場 Terme del Foro
円柱の家
魚の家
粉ひき場
Semita d. Cippi
嫉妬男の家
洗濯屋
五穀豊穣の女神の家 Casa della Foruna Annonaria
ホルテンシウスの食糧倉庫
V. d. Sabazeo
フェリチッシモのミトラ教礼拝所
小柱廊の門の家
灯台の浴場
動物のミトラ教礼拝所
マグナ・マーテルの原
マグナ・マーテル神殿
ベッローナ神祭事係の居住区
ベッローナの神殿
ラウレンティーナ門
アッティス神の祠
シッラの城壁 Cinta Sillana
パノラマ通り Strada Panoramica
N
0　100　200m

死者の町、ネクロポリの残る

MAP P.14

エトルリアの町 世界遺産

タルクィニア
Tarquinia
★★★

チヴィタヴェッキアの北、海岸線を走るアウレリア街道V. Aureliaから少し入るとタルクィニアの町がある。丘の上に発展したこの町の歴史は古く、今も中世の面影を残している。また、町の東にはエトルリア時代のネクロポリがあり、歴史や考古学に興味があるならぜひ訪れたい。

タルクィニアの市庁舎と旧市街

美しい回廊の考古学博物館中庭

ヴィテッレスキ宮Pal. Vitelleschiは町の入口にあって、3階建ての見事なルネッサンス初期（15世紀前半）の建築である。ここには**国立考古学博物館**Museo Archeologico Nazionaleがおかれ、1階には墓石や石棺、2階にはフリーズの一部であった『**有翼馬**』Cavalli Alati、ギリシアや地元タルクィニアの壷、3階には「戦車競走」や「トリクニオ」の墓をはじめネクロポリから持ってこられたフレスコ画の数々が展示されている。

有翼の2頭の馬の高浮き彫りは
エトルリア芸術の頂点を示すもの

町の西の外れにある**S.M.ディ・カステッロ教会**S. M. di Castelloは12～13世紀の初めにかけて建てられたロマネスク様式の教会で、コズマーティ様式のモザイクで飾られた美しい入口（12世紀半ば）をもち、3廊のバジリカ式の内部も厳かな雰囲気をたたえている。祭壇の天蓋も同時期の物だ。

一方、町の中心には市庁舎の建つマッテオッティ広場Piazza Matteottiがあり、この後ろには中世の地区が広がっている。13世紀のロマネスク＝ゴシック様式のS.パンクラツィオ教会S. PancrazioやSs.アンヌンツィアータ教会Ss. Annunziata、ロマネクス様式のS.マルティーノ教会S. Martino（13世紀）、プリオーリ宮Pal. dei Priori（13世紀）などの建物をはじめ、古い家や町並みの景観は非常に印象的である。また、町の東にあるS.フランチェスコ教会S. Francescoも13世紀の終わりに建てられた物だ。

世界遺産
チェルヴェテリとタルクィニアのエトルリア遺跡
登録年2004年　文化遺産

タルクィニアへの行き方
●鉄道で
ローマ・テルミニ駅からfs線ピサ行きの列車でタルクィニア下車。所要約1時間15分（€6.90）。約2時間間隔の運行。駅から町へはバスで約10分（€1、運転手が販売）。駅出口にバス停があり、列車にほぼ合わせて運行している。
●プルマンで
地下鉄A線コルネリア駅の上のターミナルからCOTRAL社のプルマンのチヴィタヴェッキア行きで終点で下車し、タルクィニア経由のプルマンに乗り換える。ローマから所要2時間30分～3時間。30分～1時間間隔の運行（平日15便、㊐㊗2便）。
ヴィテルボとを結ぶプルマン（平日9便、㊐㊗2便）も運行。
ⓘはバスの到着する広場に面してある。バスの時間も掲示してあるので、利用の際はチェックしておこう。

ローマからの切符
BIRG（→P.234）のZONE 5の€12が便利で経済的。
['18]

●タルクィニアのⓘ
住 Piazza Cavour 23/ Barriera S.Giusto
☎ 0766-849282
営 9:30～12:30
15:00～18:00
休 ㊊、1/1、5/1、12/25
地 P.247 B1

タルクィニアでナニを見る？
国立考古学博物館は、エトルリア関係としては質・量ともにイタリアでも屈指。館内には、驚くほど巧みに描き出された黒絵や赤絵の壺や皿、アクセサリーなどが並び、ネクロポリも再現されている。しかし、ネクロポリにも足を運ぼう。草原の地下で極彩色に輝く動物や人々は驚きとともに、彼らの死生観と豊かな生活を如実に伝えてくれる。

●国立考古学博物館
住 Corso V.Emanuele
☎ 0766-850080
開 8:30～19:30
7～8月のみ
9:00、10:30、12:00、13:30、15:00、16:30、18:00の入場の場合あり
休 ㊊、1/1、12/25
料 €6（ネクロポリとの共通券€8。同日のみ有効）、18歳以下無料
地 P.247 B1
※切符売り場は閉場1時間前まで

ネクロポリ。小さな小屋の下の地下に壁画の残る墓が保存されている

ネクロポリNecropoli（墓地遺跡群）は町の東2kmの緑の丘にあり、紀元前8〜4世紀にかけて繁栄した古代のタルクィニアの都市はこれに隣接していた。ここのネクロポリはチェルヴェテリとは違ってすべて地下に造られている。紀元前7世紀からローマ共和政の時代にいたる600に及ぶ墓が確認されているが、保存のために随時公開される墓が変わる。墓の多くは豊かな彩色の壁画で飾られていて、エトルリア人の死後の世界観を知るうえでも貴重な資料である。おもな墓には**「バローネ(男爵)の墓」**Tomba delle Barone（紀元前6〜5世紀、P.248〜249地図外）、ダンスをする人が描かれた**「カルダレッリの墓」**(紀元前6世紀)、**「狩りと漁の墓」**（紀元前6世紀後半）、楽器奏者を描いた**「豹の墓」**(紀元前5世紀）などがある（→P.248〜249)。

墓を覆う建物。建物前の案内板(伊・英語)には詳細な説明がある

狩りと漁の様子が描かれた墓は2室構成だ

ネクロポリへの行き方

ⓘの前から20〜40分ごとに無料シャトルバスが運行。

徒歩での行き方は、ⓘのある広場から続く大通りCorso V.Emanueleの坂道を上り、市庁舎前で右折してVia Porta Tarquiniaへ入り、城門を抜けてVia Ripagrettaを直進すると左側にある。所要10分程度。

ネクロポリ内にはブックショップ、バール、トイレなど完備。

●ネクロポリ

開 3/30〜9/30　8:30〜19:30
10/1〜10/26　8:30〜18:30
10/27〜10/31　8:30〜17:30
11/1〜3/29　8:30〜17:00

休 ㊊、1/1、12/25

料 €6(国立タルクィニア博物館との共通券€8)、18歳以下無料

地 P.247 B2外

※切符売り場は閉場1時間前まで

✉タルクィニアへ

ピサ行きの列車はテルミニ駅で27番線からの発車でした。ホームはとても遠いので、時間に余裕をもって向かいましょう。ネクロポリに行きました。「死者の町」から想像するような暗い場所ではなく、明るい日差しと風が心地よい草原にあります。それぞれのお墓には階段を10〜20段下りて行きます。目が慣れないと段差が見にくいので気をつけてください。ガラス張りの窓の脇に明かりのボタンがあり、数分明かりがついて壁画を鑑賞できます。町の入口のⓘで地図とバスの時刻表をもらえます。

（東京都　Ananas）

世界遺産 タルクィニアのネクロポリ案内

町から徒歩で約10分。小高い丘の上に広がるネクロポリ。眼下の平野部はかつてエトルリアの町があった場所でこの高台にネクロポリが築かれた。

墓は小屋の地下にあり、短い急な階段を下り、自分で照明のスイッチを入れて見学する。内部の湿度や温度を一定に保ち、絵画を保護するため、ガラス越しでの見学。この丘だけで約20墓が公開されており、ひととおり見学すると約2時間はかかる。広域では600墓、あるいはそれ以上の墓がまだ地下に眠っているといわれるが、公開されているのはほぼこの遺跡のみ。また、壁画保護のため、年により公開される墓が変更される場合がある。

❶軽業師の墓 紀元前6世紀

三角破風には赤いライオンと緑の豹。その下で軽業師たちがショーを繰り広げている。右側で長い杖を持って腰掛けてそれを眺めているのが、この墓の住人。クルクルと回る女性の頭に乗せられた燭台めがけて男が円盤を投げようとしている。

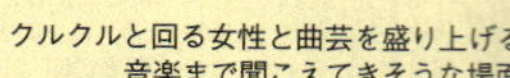

クルクルと回る女性と曲芸を盛り上げる音楽まで聞こえてきそうな場面

❻雌ライオンの墓 紀元前6世紀 ★

三角破風には2頭の赤い雌ライオン。その下にはワインの入った大きな壺を中心に手を高く挙げてダンスをする踊り子たち。さらにその下では生き生きとした鳥とイルカが飛び交う。左の壁に描かれた寝姿の男性は命のシンボルの卵を手にしている。

墓の左壁面に描かれた男性像。「命・再生」を意味する卵を手にしている。海を自在に泳ぐイルカは自由のシンボル

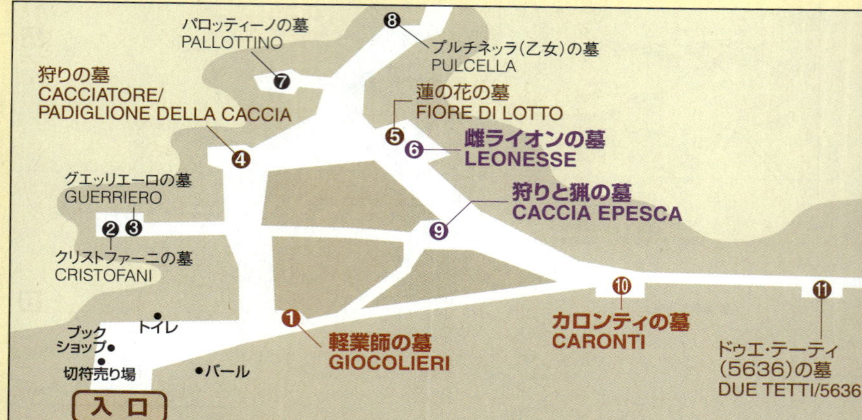

⑨狩りと漁の墓　紀元前6世紀　★★

名前どおり、狩りと漁の風景を描いた墓。2室構成の墓で、手前の第1室は狩りから帰り、木の間で踊りや遊戯を楽しむ人々。ここには墓の入口に小さなスクリーンが置かれ内部の様子が映し出され、詳細に見学できる。奥の第2室の三角破風には、この墓の住人である夫婦が宴会に興じる姿、その下には船に乗って漁をする人や陸から鳥を打ち落とそうとする姿がある。船の周囲に鳥や魚が乱舞し、まるでひとつの風景画のよう。左の壁に飛び込み男の姿がある。明るい色調で躍動感と幸福感があふれる。

2室構造のため、実際は奥の室はやや見づらいが設置されたスクリーンが臨場感ある生き生きと美しい場面を見せてくれる。高みから海へジャンプする「飛び込み男」の図

色彩と躍動感にあふれたすばらしい傑作。当時の人々の衣服や装飾品にも注目

㉑豹の墓　紀元前5世紀　★★

三角破風には2頭の豹、その下には3つの横臥食卓に横たわり宴会に興じる3組のカップル（男女2組と男性1組）と召使い。左右の壁面では楽師たちが音楽を奏でる。とりわけ右壁の男性の踊り子を先頭にフルート奏者、竪琴奏者が続く絵は写実的。

ネクロポリの東、柵（通路あり）を抜けた区域にある「豹の墓」。見逃さないように

⑩カロンティの墓　紀元前3〜2世紀

それまでの幸福感あふれる絵画とは異なり、色も乏しく、どこかアニメ調の暗く邪悪な雰囲気の絵。黄泉の国へと続くふたつの扉の横には霊魂を捕らえようとするカギ鼻の悪魔が立つ。エトルリア時代の終わりを予告するかのような墓で、同様の絵は、ドゥエ・テーティの墓でも見られる。

左）壁面上部、ふたりの悪魔に囲まれ、黄泉の国へと旅立つ人を指さす人たち

右）壁面右側、黄泉の国へと続く扉と左右に立つ悪魔Charun

タルクィニア　モンテロッツィのネクロポリ　カルヴァリオ地区
Tarquinia -Necropoli dei Monterozzi "Area del Calvario"

※黒字の墓は非公開

⑬ カルダレッリの墓 CARDARELLI
⑭ モレッティの墓 MORETTI
⑮ 鞭打ちの墓 FUSTIGAZIONE
ゴネイオンの墓 RGONEION
⑯ 小花の墓 FIORELLINI
⑰ ベッティーニ（5513）の墓 BETTINI/5513
⑱ 鹿猟の墓 CACCIAAL CERVO
⑲ 二重の墓 DOPPIO
⑳ 5512の墓
BARTOCCINI
㉑ 豹の墓 LEOPARDI
㉒ 葬儀寝台の墓 LETTO FUNEBRE
㉓ 横臥食卓の墓 TRICLINIO
㉔ バッカスの巫女の墓 BACCANTI
柵

チェルヴェテリ
Cerveteri ★★★

円錐形の屋根を乗せたトゥムーロと呼ばれる墳墓

ティレニア海からわずかに内陸に入ったチェルヴェテリの町はかつてカエレと呼ばれ、ラツィオ地方に数多くあったエトルリア人の都市の中でも最も有力な商業都市のひとつであった。海に近い地の利を得て海上貿易で発展したこの町は、紀元前7世紀頃には最盛期に達したが紀元前4世紀には衰退が始まり、海上権を失うとともに、力を完全に失った。

墳墓の中の様子

古い地区の中心はS.マリア広場Piazza S. Mariaで、中世の城壁（一部はエトルリア時代）を含む城塞と新しいS.マリア教会、16世紀のルスポリ宮Palazzo Ruspoli、12世紀の古い城Castelloで囲まれている。

この城は現在**国立チェリテ博物館**Museo Nazionale Ceriteになっていて、チェルヴェテリで発掘されたエトルリア文明に関する貴重な資料が並んでいる。ネクロポリを訪れる前にここで事前に知識を得ておこう。1階には紀元前9～6世紀までの作品が並び、付近のソルボSorboやアバトーネAbatoneの墳墓群からの出土品を見ることができる。2階は紀元前6世紀の後半から紀元前1世紀までの作品を展示しており、アッティカ様式の赤絵や黒絵の陶器のほか、石灰岩の石棺やアラバスターの棺なども並ぶ。

町から約2km離れた**死者の町ネクロポリ**Necropoli della Banditacciaはバンディタッチャの丘Colle della Banditacciaの上に広がり、墳墓は道に沿って生者の世界の家のように並び、文字どおりひとつの町を形成している。ここには紀元前7～1世紀にわたる墓があるが、チェルヴェテリのネクロポリに多く見られるのはトゥーフォ（凝灰岩）に掘られた円形の土台の上に円錐形の屋根を乗せたトゥムーロtumuloと呼ばれる墳墓で、エトルリア人の住居を再現したものといわれる。セポルクラーレ通りV. Sepolcraleに沿って、漆喰による日用品の浮き彫りが壁面に残る**「浮き彫りの墓」**Tomba dei Rilieviを始め、興味深い墳墓が多くある。

チェルヴェテリへの行き方

ローマ・テルミニ駅からfs線ピサ行きの列車でラディスポリLadispoli駅下車。テルミニから所要38～53分（€3.60）。駅から町へはバスが運行している。

地下鉄A線コルネリア駅上のターミナルからCOTRAL社のプルマンのラディスポリ-チェルヴェテリLadispoli-Cerveteri行きで所要1時間～1時間30分。終点下車。平日15分～30分、㊐㊗1時間～1時間30分間隔の運行。

地 P.14

●チェルヴェテリのℹ Pro Loco Cerveteri

住 Piazza Risorgimento 19
☎ 06-99551971
開 9:30～12:30
15:30～17:30
㊐10:30～12:30
休 ㊐午後、㊊

夏季はバスが到着する広場の手前にℹのボックスがある。

●国立チェリテ博物館

住 Piazza S.M.Maggiore
開 8:30～19:30
休 ㊊
料 €6（ネクロポリとの共通券€8）

●ネクロポリ

住 Piazzale della Necropoli
開 8:30～日没1時間前
休 ㊊、1/1、12/25
料 €6（共通券€8）
※上記2ヵ所ともに原則として予約義務（＋予約料€2）
予約☎ 06-9940651

「浮き彫りの墓」では、日用品の漆喰の浮き彫りが見られる

法王の愛した中世の町 MAP P.14

ヴィテルボ
Viterbo

ヴィテルボ

石畳と数多くの噴水に彩られた中世の町、ヴィテルボ。7つの門と城壁に囲まれた町並みは、中世の面影が色濃く、古きよきイタリアを愛する人にとってはとりわけ魅力的だ。

ヴィテルボの起源はエトルリア時代。そして、繁栄を遂げたのは中世のこと。12世紀から16世紀にかけ、多くの法王がここに居を移し、ある法王はここで生を受け、あるいは死を迎え、そして新たな法王が選出された。そのため、ヴィテルボは別名「法王の町」Città dei Papi とも呼ばれる。また、ヴィテルボはローマへ向かう巡礼者の通り道であるカッシア街道の中継点に位置したことから多くの巡礼者を迎え、さらに13世紀には、ヨーロッパ全土から芸術家、哲学者、政治家、知識人が訪れ、文化の中心地となっていった。

たくさんの噴水が残るヴィテルボ

毎年9月3日の夜には、「サンタ・ローザの仕掛け」Macchina di S. Rosaと呼ばれるイルミネーションで飾られた大きな塔を100人近い人々が担いで町を練り歩き、周囲の古い町並みと相まって独特の雰囲気を創り出す。そのほかにも古時計の市やバロック・フェスティバル、アンティーク市なども催され、四季を通じて訪れる人が多い。

町の中心はサン・ロレンツォ広場Piazza San Lorenzo。町一番の歴史を誇るこの広場は防御が固い丘の上に位置し、エトルリア時代にはアクロポリスがおかれ、中世には宗教と政治の中心となり、今もサン・ロレンツォ大聖堂と法王の館が町を見下ろしている。

ヴィテルボへの行き方

プルマンバス利用の場合は、地下鉄フラミーニオ駅そばにあるATAC運営の私鉄ローマ・ノルド線のフラミーニオ広場駅（Pizza Flaminio）から乗り、サクサ・ルーブラSaxa Rubraで下車し、駅近くのターミナル、サクサ・ルーブラからバスに乗車。所要約90分。バスは20分に1本程度、頻繁にある。また、この私鉄はヴィテルボへも向かう。列車利用でヴィテルボまで約2時間40分（直通は1日3便）。

鉄道fs線利用の場合は、テルミニ駅からローマ-オルテ-アンコーナ線（一部フィレンツェ行きも）でオルテで乗り換えて、所要約2時間15分。オスティエンセ駅からヴィテルボ行きもあり。

ヴィテルボ散策のために

本書のヴィテルボの筆者スサンナ・ビガンゾーリさんは、現在ヴィテルボ県の公式ガイド。日本語堪能。
URL www.italiatuscia.com
（連絡先info@italiatuscia.com）

下車駅に注意！

ヴィテルボにはfs線の駅が2ヵ所（ポルタ・ロマーナ駅とポルタ・フィオレンティーナ駅）とローマ・ノルド線の駅がある。プルマンバスはポルタ・フィオレンティーナ駅近くのターミナルから発着。城壁内は南北約2km、東西約1.5km。町の各所に見どころは点在しているので、町をそぞろ歩くなら、どこで下車してもさほど差はない。ホテルが決まっている場合は下車駅を確認しておこう。

法王の温泉 Terme dei Papi

column

火山帯に位置するヴィテルボは温泉の町としても名高く、古代ローマから人々に愛されてきた。さまざまな効能を求めて、歴代法王たちが身を浸したというのが「法王の温泉＝テルメ・デイ・パーピ」だ。現在はホテルも備えた近代的な温泉施設だ。広さ2000㎡の野外温泉プールをはじめ、洞窟サウナ、エステサロン、各種の温泉療法、ホテルまで備えている。

ヴィテルボっ子にとっては、週末の温泉プールはまるで町の広場のよう。友人と会い、おしゃべりに興じる社交場なのだ。

場所により深さや温度が異なる。好みの場所でリラックス

《行き方》ヴィテルボ市内、城壁内のPiazza Martiri di Ungheria マルティリ・ディ・ウンゲリア広場から2番のテルメ行きで所要約20分。バスは1時間1本程度。温泉のみならローマ北側の地下鉄A線フラミーニオ駅近くのViale George Washingtonから9:00発、テルメ発16:00のシャトルバスサービス（往復€8）あり。所要1時間15分。オルテ駅からもシャトルバス便あり。（→下記URL）

住 Strada Bagni 12　☎ 0761-3501
URL www.termedeipapi.it
営 温泉プール　9:00〜19:00（5/17〜9/3　20:00）
㊏21:00〜翌1:00も
温泉テラピー　7:00〜19:00
休 温泉プール㊋　料 平日€12、㊐㊗の前日と㊐㊗€18
※温泉は水着を着用のこと

●ヴィテルボのi
住 Piazza Martiri d'Ungheria
☎ 0761-226427
開 10:00〜13:00
15:00〜19:30
休 ㊊、㊗

●S.ロレンツォ聖堂
開 夏季10:00〜13:00
15:00〜19:00
冬季10:00〜13:00
15:00〜19:00
(8月20:00)

法王の館の下にあるファウル谷でスバンディエラトリの上演

●サンタ・ローザの仕掛け博物館
Museo del Sodalizio Facchini di S. Rosa
住 Via San Pellegrino 60
☎ 0761-345157
開 3〜7月、9〜10月
10:00〜13:00
16:00〜19:00
8月　10:00〜13:00
15:00〜20:00
11〜3月　10:00〜13:00
15:00〜18:00
休 ㊊
料 無料

5年ごとに新しくされる「仕掛け」の模型や写真を通して、この祭りを紹介している。

サンタ・ローザの祭り
Trasporto della Macchina di Santa Rosa

ヴィテルボの守護聖女サンタ・ローザにささげる祭りで、毎年9月3日に開催される。「サンタ・ローザの仕掛け」と呼ばれる大きな塔は高さ28m、重さ5トン。これを担ぐファッキーニ（担ぎ手）は町の力自慢たち。150kgの重りを上げ下げしながら80mを走り抜ける競技を勝ち抜いた100人だけに与えられた宗教的にも伝統的にも名誉な役割だ。

祭り当日の夜は、旧市街の明かりはすべて消され、暗闇のなか828個のろうそくの灯で飾られた、壮大な仕掛けが楽隊の音楽とともに町を練り歩く。きらめくろうそくの灯に照らし出される町並みは、まさに中世絵巻の一場面のよう。

サン・ロレンツォ広場にある13世紀の法王の館と装飾アーチ

法王の館Palazzo dei Papiは、1255〜1267年にかけて法王の住居として建設された、ヴィテルボ・ゴシック様式の最高峰。とりわけ、開廊を飾る繊細な円柱と装飾アーチは、ヴィテルボの象徴だ。この法王の館で13世紀にコンクラーベ（次期法王選出会議）の語源となる事件が起きたのだった。1270年、2年の法王選出の議論を経てもなお新法王が決まらなかったことに業を煮やしたヴィテルボ市民は、この館に選出にあたる枢機卿を「鍵をかけてcum clave」閉じ込め、さらに会議室の屋根を取り払い、食事の制限までして選出を急がせたという。そして、33ヵ月の史上最長の議論を経て、新法王が選出されたのだった。

法王の館の手前に建つのは、ヘラクレスにささげられた神殿跡に12世紀に建立された**サン・ロレンツォ大聖堂**Cattedrale di San Lorenzo。現在見られるファサードは1570年にガンバーラ枢機卿により建造された。脇の縞（しま）模様が美しい鐘楼はゴシック・トスカーナ様式で14世紀の物。内部は、12世紀のロマネスク様式のオリジナルがよく保存されており、奇妙な柱頭装飾をもつ円柱が並ぶ3廊式で、床面にはコズマーティ様式のモザイクが残る。後陣には12世紀終盤の板絵「**カルボナーラの聖母**」Madonna della Carbonaraがある。

再建に尽力したガンバーラ枢機卿の名前が刻まれたファサード

サン・ロレンツォ広場を出るとすぐ左側に見えるのが、ファルネーゼ宮Palazzo Farnese。ファルネーゼ家出身の法王パウルス3世（在位1539〜1549年）が少年時代を過ごした場所で、やや薄暗い中庭に入ってみると、そこには中世の空気がそのまま流れているかのようだ。

中世の雰囲気をそのまま残すサン・ペッレグリーノ地区

石造りのサン・ロレンツォ橋を渡り、小さな広場を越えると、中世の町の中心**サン・ペッレグリーノ通り**Via San Pellegrino。石畳が続く狭い通りの両端に搭状の住宅、アーチ、二連窓や高架橋のある家並みが続き、まるで中世へタイムスリップしたような気分にさせてくれる。5月はじめに催される**サン・ペッレグリーノ・イン・フィオーレの祭り**では、この通り全体が花や木々で彩られ、華やかな舞台になる。「サンタ・ローザの仕掛け」博物館も、この通りにある。

古い面影を残すサン・ペッレグリーノ通りの中ほどに位置するサン・ペッレグリーノ広場で目を引くのが、有力家系の住宅の典型である13世紀の**アレッサンドリ宮**Palazzo degli Alessandri。優雅な外階段と低いアーチのバルコニーが特徴的だ。プロッフェルロProfferloと呼ばれる外階段は、屋敷の主人の有力度に比例して高さを増し、より立派に建築されたという。今も旧市街のいたる場所に残り、Via Saffiの**ポッシア邸**Casa Poscia、Via dell'Orologio Vecchioの**マッザトスタ邸**Palazzo Mazzatostaなどはとりわけ見事だ。

14世紀のポッシア邸の
プロッフェルロという石の外階段

そのほかの旧市街の見どころとしては、**プレビシート広場**Piazza Plebiscitoを忘れてはならない。中世以来の政治の中心地だった広場で、周囲はヴィテルボの歴史を語る重厚な建物で飾られている。現在は市庁舎として使われている**プリオーリ宮**Palazzo dei Prioriは15世紀の創建。建物奥の中庭からはファウルスの谷の絶景が広がる。また、内部の「王の間」Sala Regiaには、改修後美しくよみがえった**16世紀のフレスコ画**があり、ヴィテルボの町の起源が描かれている（見学は市庁舎の守衛さんに声をかけて入場のこと）。

エトルリア時代紀元前4世紀の石棺

サン・ペッレグリーノ通りを北に100mほど上った所にある、**サンタ・マリア・ヌオーヴァ教会**S.Maria Nuovaは、11世紀創建のロマネスク様式で、町最古の教会のひとつ。ファサード左脇には、聖トマス・アクィナスが説教をしたという説教壇があり、内部には三幅対祭壇画をはじめとする、13～14世紀の絵画の傑作が残る。

一方、町の東側の城壁の外には市立博物館とS.M.デッラ・ヴェリタ教会が並んで建つ。**市立博物館**Museo Civicoの1階にはヴィテルボ周辺から出土したエトルリアの美術品が並んでいる。上階は絵画館で、ピオンボらの作品のほかデッラ・ロッビア一族のテラコッタなどを展示。

プリオーリ宮殿の16世紀の美しいフレスコ画

●市立博物館
住 Piazza F. Crispi
☎ 0761-340810
開 4～10月　9:00～19:00
　 11～3月　9:00～18:00
休 ㊊、1/1、5/1、9/4、12/25
料 €3.10

✉ ヴィテルボへ
長距離バス（プルマン）でヴィテルボへ行く場合は、降車場所をあらかじめ運転手さんに伝えておくことをおすすめします。ヴィテルボのバスターミナルは旧市街の城壁からやや遠く、市内バスに乗り換える必要があるので、旧市街訪問の旨を伝えておくと便利です。（匿名希望）

ヴィテルボのホテル

Ⓗ トゥーシャ
Hotel Tuscia
☆☆☆
駅から400m。中世の地区にある中規模のあたたかい雰囲気の快適なホテル。テラスからの眺めもすばらしい。
URL www.tusciahotel.com
住 Via Cairoli 41
☎ 0761-344400
Fax 0761-345976
C A.M.V.
室 39室 朝食込み
SB €44/50　TB €68/76
読者割引 3泊以上で10%
※滞在税€1.10

Ⓗ デイ・パーピ
B&B dei Papi
中世地区と法王宮の間に位置する静かなB&B。ツタのからまる古い邸宅に5室のみを配し、ゆったりとくつろげる。3階建てだが、階段のみなので、荷物は少なめがベター。
URL www.bbdeipapi.it
住 Via del Ginnasio 8
☎ 3478685489
Fax 0761-346451
C M.V.
SB €70/80　TB €140
SU €150
朝食込み
読者割引 2泊以上で15%
※滞在税€1

ヴィテルボの郊外

■バニョレッジョ

Bagnoregio　バニョレッジョ

村の手前、展望台からの眺め。一本の細い橋だけが集落に続き、周囲にはカランキが広がる

人気上昇中！「死に行く町」
チヴィタ・ディ・バニョレッジョ
チヴィタ・ディ・バニョレッジョ
Civita di Bagnoregio

要塞のようなオルヴィエートの町を遠望し、オリーブの林とブドウ畑、夏にはヒマワリが一面を染める田園地帯を抜けて40分〜1時間でバニョレッジョの町に到着。バニョレッジョは歴史を古代まで遡るが、今はラツィオ州の穏やかな田舎町。隣村のチヴィタ・ディ・バニョレッジョの玄関口だ。

急峻な橋の上、孤高にたたずむチヴィタ・ディ・バニョレッジョ。空高い村へ300mもの長い橋が延び、季節によっては霧に浮かぶ集落は「天空の城」。まさに地上の浮き島、陸の孤島だ。もろい凝灰岩の土地はかつて一筋の道を残していたが、風化や地震により崩れ去り、この特異な景観を作り出した。道を消失させた強い風は今も橋に吹き、ときには歩くのさえ困難なほど。古代ローマから続くという村は今も風化を続け、いつかは消え去る運命にあるため「死に行く町」La città che muoreと呼ばれている。

映画「ホタルノヒカリ」で「ホタル」こと綾瀬はるかがウェディングドレスで駆け上がったシーンが撮影された場所

バニョレッジョの町からだと約1km。橋を渡ったチヴィタ村の中心の小さな広場に立つのは、サン・ドナート教会San Donato。住人は30人程度、一時さびれた時代があったものの、今は観光地として注目を集め、みやげ物屋やB&B、バールなどが並ぶ。小さな集落を一周し、村を横切る道をさらに進んでみよう。眺望が開けた先にはこの独特な景観を作り出した自然の営みが周囲の山々にも広がっている。

町の中心サン・ドナート教会広場。周囲の古い小路にB&B、飲食店、みやげ物屋が続く

観光シーズンの日中は人で埋まるチヴィタの村も夕方は本来の静けさを取り戻す。季節折々の花が家々を飾る

バニョレッジョの行き方

ヴィテルボからのバスは㊊〜㊏に20分〜1時間30分に1便あり。

ローマからはオルヴィエート経由で。ローマ・テルミニからオルヴィエートへはフィレンツェ行きのRVで1時間13分〜1時間20分（切符€7.80。ホームは1番線奥のEST1〜2の場合がほとんど）。バニョレッジョ行きのCOTRAL社のバスはオルヴィエート駅前ケーブルカー乗り場横にバス停あり。切符（€1.30、往復分の購入を。）は駅のバールで販売。バールの出口近くにバニョレッジョ行きのバスの時刻表が張ってある。（所要約1時間）

●オルヴィエート駅前発 バニョレッジョ行き（㊊〜㊏のみ）
6:30、7:35、8:00、13:00、14:10、17:50、18:30

●バニョレッジョ発 オルヴィエート駅行き（㊊〜㊏のみ）
5:30、6:35、6:45、7:00、9:55、10:10、12:55、13:00、13:35、14:40、17:25
['18冬]

バニョレッジョで下車したら、バス停の後方にある金属製の階段を上がり町の大通りへ。この通りをまっすぐ約1km、10〜15分歩くとチヴィタ・ディ・バニョレッジョの村を望む展望台Belvedereへ到着。手前の階段を下り、さらに坂を下ろう。橋の手前左側に切符売り場があるので、ここで切符（平日€3、㊐㊗€5）を購入。橋の入口で切符を呈示して橋を渡ろう。村の中心まで約10分。

COTRAL社
URL www.cotralspa.it

バニョレッジョのおすすめホテル

Ⓗ ホテル・リストランテ ロマンティカプッチ Hotel Ristorante Romanticapucci

バニョレッジョのメインストリートにあるホテル兼レストラン（レストランのみ休㊊）。14世紀の古い邸宅にあり、各室のインテリアは異なるがどれも広々として清潔。1階奥には小さなレストランがあり、土地の料理が味わえる。近郊産トリフを使った料理が1年中手頃な値段で味わえるのが魅力。

URL www.hotelromanticapucci.it
住 Piazza Cavour 1, BAGNOREGIO
☎ 0761-792121
Fax 0761-1763758
C A.D.J.M.V.
室 7室　朝食込み W-F
TB €80（ベッド1台につき追加€25）
交 バス停から徒歩5分 ['18]

バニャイア

Bagnaia　バニャイア

水と緑の競演
ランテ荘　Villa Lante

中世のたたずまいを色濃く残した、れんが色のバニャイアの町の中心がランテ荘だ。

16世紀初め、リアリオ枢機卿が狩猟地として高い塀で囲み、その後の枢機卿たちが競うかのように噴水などを造営した庭園だ。ヴィニョーラの傑作と称えられる噴水と植栽の見事なルネッサンス期の**イタリア庭園**を中心に、背後には森Parcoが広がり、22ヘクタールの広さを誇る。入口を入ると、まるでコード刺繍を施したような美しく刈り込まれた植栽が広がり、その中心の四角い池の中央には黒い彫像が取り巻く**「正方形の噴水」**Fontana del Quadrato(別名Quattro Mori)がある。

イタリア庭園と背後に広がるバニャイアの集落

噴水の右には、左右対称に建てられた**ガンバーラ館**Palazzina Gambaraと**モンタルト館**Palazzina Montaltoのふたつが建つ。16世紀のフレスコ画のほか、礼拝堂や枢機卿の居室などが残るが、ガンバーラ館の1階一部のみ見学可だ。

コード刺繍のような刈り込まれた庭園に美しい植栽と「正方形の噴水」

右の階段を上ると全体の眺めがすばらしい。この小さな丘を舞台にいくつもの噴水が点在している。**「巨人の噴水」**Fontana dei Gigantiには、ローマを流れるテヴェレ川とフィレンツェのアルノ川を擬人化したふたつの巨像が横たわる。**「鎖の噴水」**Fontana della Catenaは、自然の高低を利用した水路で、ガンバーラ枢機卿の紋章のザリガニが彫刻されている。さらに上部には八角形のクラシックな**「イルカの噴水」**Fontana dei Delfini、シダに覆われたグロッタ風の**「洪水の噴水」**Fontana del Diluvioなどが続いている。

テヴェレ川とアルノ川を擬人化した「巨人の噴水」

一番高みの「イルカの噴水」から自然に「鎖の噴水」、「巨人の噴水」へと水が流れる様子は周囲の緑と相まって実に美しく、装飾噴水をイタリア語で『水の遊戯Giochi d'acqua』と呼ぶことを実感させてくれる。

見学可能なガンバーラ館の内部

マニエリスム様式の「鎖の噴水」は美しい

●ランテの別荘
住 Via Jacopo Barozzi 71
☎ 0761-288008
開 4/16～9/15　8:30～19:30
9/16～10/31、4/1～4/15　8:30～18:30
3月　8:30～17:30
11/1～2/28　8:30～16:30
休 ㊊、1/1、5/1、12/25
料 €5
※入場は閉場30分前まで

ランテの別荘への行き方

ヴィテルボ市内、城壁内のM.ウンゲリア広場　Piazza Martiri d'Ungheriaから市バス6番のバニャイアBagnaia行きで終点下車。バスは1時間に1本程度。町の中心の広場脇からみやげ物屋の並ぶ小路を入ると入口と切符売り場がある。

また鉄道でのアクセス方法として、ATAC運営の私鉄ローマ-ノルド線を利用する方法がある(P.251袖記事参照)。ヴィテルボからは、1駅で所要時間は8～10分。1日12本程度。フラミーニオ広場駅からアクセスの場合、終点のヴィテルボ駅のひとつ手前がバニャイア駅である。
所要時間は約2時間30分。
地 P.14

ヴィテルボの郊外

■ボーマルツォ

Bomarzo　ボーマルツォ

聖なる森の寓話
怪獣庭園　Parco dei Mostri（パルコ ディ モストリ）

怪奇な巨像が点在するバロック庭園

16世紀、貴族のピエーロ・フランチェスコ（ヴィチーノ）・オルシーニ公が富と権力の証しとして造営したマニエリスムの庭園。ナポリ出身のピッロ・リゴリオらの手になる怪奇な巨像が点在することで有名だ。

地方貴族であったオルシーニ公がなぜこの奇怪な庭園を思いついたかは、諸説がある。邪悪なる森羅万象を具現したとも、幻想と驚異が爛熟したマニエリスムの極限からの新たなる出発とも、また自らの未知なるものへのはけ口だともいわれている。

聖なる森Sacro Boscoと呼ばれるシイやカシの茂る、よく整備された段丘状の森に公園は広がっている。入口周辺は、ピクニックに最適な公園となり、小川を渡ると、ところどころに小さな滝が飛沫を上げている。入口左には頭にボールを乗せた道化師のような「**緑のイモリ**」Proteo Glauco、高台には「**神殿**」Il Tempioが建つ。さらに、森を奥に進むとうっそうとした緑の中に奇妙な建造物が次々に現われる。巨岩をくり抜いて造った、人が入れるほどの大きな口を開けた巨人の「**地獄の口**」La Bocca dell'Inferno、「**象**」L'Elefante、トランペットを吹く勝利の女神像を乗せた「**亀**」La Tartaruga、「**竜**」Il Drago、緑の木々と同化したような苔むした海神「**ネプチューン像**」Nettuno、今にも叫び声が聴こえてきそうな「**巨人の戦い**」La Lotta fra i gigantiなどが続く。

庭園の名所といえば「地獄の口」。
口は人間の背丈より大きい

とりわけ、この庭園の神髄を実感させるのが、「**傾いた家**」La casa pendenteだ。外から見ているだけではさほど違和感はないが、中に入ると平衡感覚が失われ、真っすぐ歩くこともできず、不思議な恐怖感に包まれる。

建造当時は、尋常ならぬ夢想と驚きに満ちあふれたであろう庭園は、数々の識者を魅了し、多くを語られてきた。しかし、現在はやわらかな日差しのもと、平和にまどろむかのように穏やかな表情を見せている。

叫び声が聴こえてきそうな
「巨人の戦い」

●怪獣庭園
☎ 0761-924029
開 4/1～10/31 8:30～19:00
11/1～3/31 8:30～日没1時間前
料 €10
4～13歳€8
4歳まで無料
URL www.sacrobosco.it

怪獣庭園への行き方
ヴィテルボの鉄道fs駅近くのCOTRAL社のバスターミナル(Piazza G.Bruno)からオルテOrte行きでボーマルツォ下車。所要約30分。バスは、㊊～㊏の運行のみ、ヴィテルボ発9:20、11:30、13:10、13:50、17:30、20:10['18冬]。公園へは村の中心を通る坂道を上り、旧役場下の駐車場手前の階段Via del Lavatoioを下る。教会前から徒歩で約15分。
地 P.14

まず、「緑のイモリ」が
出迎えてくれる

✉タクシー利用でボーマルツォへ
ローマから鉄道利用でAttigliano-Bomarzoで下車、駅からタクシーを利用しました。タクシーは駅のバールで呼んでもらえます。往路は€20。帰りはタクシーの運転手と時間を決めておいて、庭園の駐車場まで迎えに来てもらいました。復路€10でした。切符売り場で園内の地図をもらえますが、英語版よりイタリア語版のほうがすこし詳しいです。
（東京都　杉山敦樹）

Ristorante Guide

ローマで食べる

レストラン ピクト案内
高級店　中級店　庶民的な店　ピッツェリア　エノテカ
ビッレリア　B級グルメ　ジェラテリア　カフェ・バール

ローマの郷土料理

どこで何を食べる？

たくさんのレストランやピッツェリアがひしめくローマの町。ローマ名物の臓物料理を食べるなら**テスタッチョ**、魚料理は**トラステヴェレ**と言われている。どちらもローマの下町で今も庶民的なレストランが多い。

かつては労働者の町と呼ばれていたテスタッチョは現代美術館MACROやイータリーができて活気ある注目の界隈。トラステヴェレは今では夜だけでなく昼もにぎわいを見せ、昔ながらのローマらしい風景で観光客にも人気上昇中。

ショートパスタのアマトリチアーナ

Mezza manica alla Amatriciana

庶民的な味わいで楽しむ**テスタッチョ**

トンナレッリ（下）を手早くあえる給仕係りの手際のよさにビックリ

フェリーチェ・ア・テスタッチョ （→P.275）

Felice a Testaccio

小羊のオーブン焼き

Abbacchio al Forno

ローマ風カルチョーフィ

Carciofi alla Romana

リガトーニのカルボナーラ

Rigatoni alla Carbonara

庶民的なローマ料理を味わうなら、いつも大にぎわいのフェリーチェへ行こう。2回転するほどの人気なので予約は必須。ローマでは「木曜ニョッキ、金曜魚（またはエジプト豆とバッカラのスープ）、土曜はトリッパ Giovedi gnocchi, Venerdi pesce(ceci e baccalà), Sabato trippaと呪文のようにとなえられる名物料理がある。このローマの伝統にのっとった日替わり料理をはじめ、多彩な料理が楽しめる。

トンナレッリのカッチョ・エ・ペーペ（チーズと胡椒）

Tonnarelli Cacio e pepe

アサリのスパゲッティ

Spaghetti alle vongole veraci

魚のグリルは給仕係が取り分けてくれる

魚を食べるなら

トラステヴェレへ

ケッコ・エル・カレッティエーレ (→P.271)

Checco er Carettiere

古きよきローマの面影を残すトラステヴェレで最もトラステヴェレらしいと呼ばれる1軒。入口には古いワインの荷車が置かれ、天井からはニンニクやトウガラシの束が下がり、タイムスリップしたような懐かしい気分にさせてくれる。料理は臓物料理から魚料理まで充実している。魚料理は店内の魚ケースから自分で選ぶこともできるし、調理前に見せてくれるのが良心的でうれしい。

鮮魚とスカンピのグリル

Pesce fresco di mare alle griglia

ローマ風揚げ物盛り合わせ

Antipasto fritto romano

ユダヤ風カルチョーフィ

Carciofi alla giudia

ダ・ヴィンチェンツォ (→P.261)

Da Vincenzo

テルミニ駅からも徒歩圏内、ローマの郷土料理から肉、魚料理とバリエーション豊富なメニューが揃っている。魚介類の多彩な前菜、伊勢エビを使ったパスタ、大型エビのグリル、各種魚料理など日本人好みのラインアップとわかりやすい日本語メニューがあるのもおすすめポイント。

ジャガイモのニョッキ春野菜のソース

Gnocchi alla Primavera

小羊のスコッタディート(グリル)

Abbacchio a scottadito

テルミニ駅近くで楽しむ

マッツァンコーレ(大型クルマエビのグリル)

Mazzancolle alla griglia

ロショーリ

Map P.42 C1

Roscioli Salumeria

1824年から、4代にわたって続く高級食料品店兼ワイン・バー兼パン屋（すぐそば）。店内にテーブルが並び、昼と夜は食事処に早変わり。イタリア中のサラミやチーズが揃い、季節の料理も味わえる。厳選したワイン、オリーブ油、バルサミコも揃うのでグルメのおみやげ探しにも最適。 要予約 日本語メニュー

URL www.salumeriaroscioli.com
住 Via dei Giubbonari 21
☎ 06-6875287
営 12:30～16:00、19:00～24:00
休 ㊐㊗ 予 €40～80
C A.J.M.V.
交 ヴェネツィア広場から徒歩5分

ジジェット・アル・ポルティコ・ドッタヴィア

Map P.39 A4

Giggetto al Portico d'Ottavia

かつてのユダヤ人街ゲットーにある、1923年創業の3世代続く家族経営のレストラン。ローマ風ユダヤ料理の老舗。前菜には、パリパリに揚げたアーティチョークのユダヤ風Carciofi alla Giudiaを味わってみたい。

できれば予約 日本語メニュー

URL www.giggetto.it
住 Via del Portico d'Ottavia 21/A
☎ 06-6861105
営 12:30～15:00、19:30～23:00
休 ㊊
予 €35～65（コペルト€1.50）、定食€45 C A.D.J.M.V.
交 オッタヴィアの列柱脇

カフェ・プロパガンダ

Map P.40 B2

Caffè Propaganda

コロッセオの東側、バールやトラットリアがひしめく界隈にあり、店内はパリのカフェかビストロを思わす落ち着いた雰囲気。パスタ（€11～）やハンバーグ（€18）などの簡単な食事やお茶、食前酒が楽しめる。観光客の人混みに疲れてゆっくり過ごしたいときにおすすめのスポット。ローマっ子には自家製マカロンも人気。㊏㊐は昼休みなし。

URL www.caffepropaganda.it
住 Via Claudia 15
☎ 06-94534255
営 12:00～15:30、18:30～23:30
休 無休 予 €30～70 C A.D.M.V.
交 コロッセオから徒歩2分

ダ・ネローネ

Map P.40 A2

Da Nerone

安さと味のよさで人気の1軒。地元っ子と旅行者で狭い店内はいつもいっぱいだ。種類豊富な前菜や個性的な味わいのフェットチーネ・ネローネFettuccine alla Nerone(€10)がおすすめ。

要予約 日本語メニュー

住 Via delle Terme di Tito 96
☎ 06-4817952
営 12:00～15:00、19:00～23:00
休 ㊐、8月
予 €30～40(10%)、定食€30
C D.J.M.V.
交 B線Colosseo駅から徒歩2～3分

アッレ・カッレッテ

Map P.40 A1

Alle Carrette

飾り気のない昔ながらのピッツェリアの雰囲気のなか、ローマ風の、生地の薄いピッツァが味わえる。軽い食感で女性でも1枚ペロリといける。ルーコラとエビのピッツァPizza Ruchetta e Gamberiやソーセージとモッツァレッラ、キノコのFrancescanaなどがおすすめ。

住 Via della Madonna dei Monti 95
☎ 06-6792770
営 12:00～16:00、19:00～23:30
休 一部の㊗
予 €10～20
C D.M.V.
交 地下鉄B線Cavour駅から徒歩7～8分(入口が小さいので注意！)。

ランティーカ・ビッレリア・ペローニ

Map P.43 B3

L'Antica Birreria Peroni

1906年からの歴史を誇る、ビアホール。ビールはペローニ社の物だけでなく、外国産もありワインも楽しめる。料理は、ドイツ風ソーセージをはじめ、ローマ料理もあるので、飲みたい人も食事したい人も一緒に気取りなく、陽気な雰囲気で楽しめる。予約は受け付けない。

住 Via S.Marcello 19
☎ 06-6795310
営 12:00～24:00
休 ㊐、8月2週間
予 €15～25、食事€25
C A.D.J.M.V.
交 ヴェネツィア広場から徒歩5分

ダ・ヴィンチェンツォ
Map P.35 C3

Da Vincenzo

テルミニ駅からも徒歩圏内の家族経営のレストラン。お店に入ると左の棚に前菜などがにぎやかに並んで食欲をそそる。ローマ料理と魚介類が揃い、肉と魚どちらも楽しめるのがうれしい1軒だ。友人たちと連れ立って出かけ、種類豊富な前菜やパスタ類をシェアして味わうのが楽しい。 日本語メニュー

住 Via Castelfidardo 6
☎ 06-484596
営 12:30～15:00、19:30～23:00
休 ㊐、8月
予 €35～50(コペルト€1)
C A.D.J.M.V.
交 テルミニ駅から徒歩15分

アル・グラッポロ・ドーロ
Map P.35 C4

Al Grappolo d'Oro

1950年から続く、伝統的な郷土料理と新鮮な魚が味わえる1軒。明るく、落ち着いた雰囲気。さまざまな魚介類や野菜の前菜のブッフェやボンゴレのパスタやロンボ（大平目）のオーブン焼きなどがおすすめ。 日本語メニュー

URL www.algrappolodoro.it

住 Via Palestro 4-10
☎ 06-4941441
営 12:00～15:30、19:00～24:00
休 ㊐、8月
予 €35～55、定食€35、45
C A.J.M.V.
交 テルミニ駅から徒歩7～8分

コリオラーノ
Map P.35 B4

Coriolano

冷凍食品や電子レンジは使用せず、パスタやデザートは自家製。材料と調味に吟味を重ねる、こだわりの1軒。1935年から続く家族経営で、店内は落ち着いた雰囲気で居心地がよい。魚料理とローマ料理が充実。 要予約 日本語メニュー

URL www.trattoriacoriolano.it

住 Via Ancona 14
☎ 06-44240959
営 12:30～15:00、19:30～23:00
休 ㊐、8月20日間
予 €45～75 C A.D.M.V.
交 B線Castro Pretorio駅から徒歩10分。テルミニ駅からバス36、90番。中心街からバス62番

ダ・ジジェット
Map P.35 B4

Da Giggetto

旧市街を抜けたピア門近く、飲食店が集中した界隈にある、ローマでも老舗の1軒。ベルを鳴らして入る店内は落ち着いており、大人のピッツェリアの雰囲気。定番の揚げ物類をはじめ、40種以上のピッツァ、炭火のステーキ、自家製デザートまで充実。  日本語メニュー

URL www.dagiggettoilredellapizza.it
住 Via Alessandria 43/49
☎ 06-8412527
営 12:30～14:45、19:00～翌1:00
休 ㊏昼、8月1週間
予 €15～30、定食€25
C M.V.
交 ピア門から徒歩3分

モンテ・アルチ
Map P.35 C4

Monte Arci

庶民的なレストランやトラットリアが並ぶカステルフィダルド通りで、いつも地元の人でにぎわっている1軒。ローマ料理とサルデーニャ料理、さらにピッツァも味わえるので家族連れやグループにも最適。

日本語メニュー

住 Via Castelfidardo 33/35
☎ 06-4941347
営 12:30～15:00、18:30～23:30
休 ㊐、8/10～8/27
予 €18～40、定食€45
C A.M.V.
交 テルミニ駅から徒歩10分

トリマーニ・ワインバー
Map P.35 C4

Trimani Wine Bar

ローマでも有数のワイン店、トリマーニが店の横に開いたワインバー。銘醸ワインがグラス1杯から味わえるうれしい1軒。料理の種類は少ないものの、吟味されている。

要予約

住 Via Cernaia 37/b
☎ 06-4469630
営 11:30～15:00、17:30～24:00
休 ㊐、8月3週間
予 €15～、食事€39～54
C A.D.J.M.V.
交 A線Repubblica駅から徒歩7～8分

 レストランピクト案内  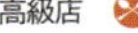 高級店  中級店  庶民的な店 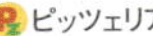 ピッツェリア  エノテカ  ビッレリア  B級グルメ

アントネッロ・コロンナ
Map P.44 B1

Antonello Colonna

専用エレベーターで上がると、近未来的な明るいフロアが広がる。ここは昼のみ営業でビュッフェがメインのオープン・コロンナ(営12:30～15:30、ビュッフェ€16～30)。同じフロアの階段上、赤い扉の先がミシュランの1つ星のアントネッロ・コロンナだ。周囲には緑のテラスが巡り、ゆったりとした贅沢な大人の空間が広がる。旬の素材を生かした料理は、プレゼンテーション、味わいにシェフ独自のオリジナルな世界が広がり、楽しい驚きに満ちた一夜を約束してくれる。スペシャリテはネガティブ・カルボナーラNegativo Carbonara、ウズラの悪魔風ブラディマリーソースQuaglia alla Diavola bloody mary、ディプロマートクリームのパイ、塩キャラメル風味Dipromatico crema e cioccolato, caramello al saleなど。

URL www.antonellocolonna.it
住 Scalinata di Via Milano 9a (Palazzo delle Esposizioni)
☎ 06-47822641
営 19:00～23:00
休 昼、㊐㊊、8月
予 €100～130、定食€95
C A.D.J.M.V.
※市立展示館の最上階。建物横の階段から入り、専用エレベーターで。

コッリーネ・エミリアーネ
Map P.44 A1

Colline Emiliane

美食の地として知られるエミリア地方の料理が売り物。お店のおすすめは、名産の生ハムProsciutto、自家製の手打ちパスタを使ったカボチャのトルテッリTortelli di Zucca、小牛を柔らかく煮込んだGiambonetto di Vitello con Purèなど。人気店なので、早めの入店か予約がベター。 要予約

住 Via degli Avignonesi 22
☎ 06-4817538
営 12:45～14:45、19:30～22:45
休 ㊐夜、㊊、復活祭の1週間、8月、クリスマスの10日間 予 €45～60、定食€55 C A.J.M.V.
交 A線Barberini駅から徒歩2～3分

アル・モーロ
Map P.43 A3

Al Moro

ローマ料理の店。メニューに"アッラ・モーロ"(モーロ風)とつけられているのは先代が創案した見事な料理で、試す価値は十分。伝統的なローマの名物料理が揃っている。 要予約

✉ローマに来るたびに行きます。おすすめはSpaghetti al Moro＝カルボナーラ、前菜にはFritto al Moroを。量も手頃で美味です。(東京都 5回目のローマ)['18]

URL www.ristorantealmororoma.com
住 Vicolo delle Bollette 13
☎ 06-6783495
営 13:00～15:30、19:30～23:30
休 ㊐、8月20日間 予 €50～90
C A.V.
交 トレヴィの泉から徒歩2～3分

ホスタリア・アル・ボスケット
Map P.44 B1

Hostaria Crisciotti al Boschetto

庶民的なローマ料理が楽しめる1軒。中庭での食事も夏には気持ちよい。中庭利用(喫煙席あり)は4/1～9/30のみ。

✉いつも満員で、今回も味・量ともに満足。でも、最近サービス料が15%となり、1～2皿程度で終わらせるのが正解。と思いました。 (東京都 デンコ)['18]

住 Via del Boschetto 30
☎ 06-4744770
営 12:00～15:00、18:00～23:00
休 無休
予 €25～40(15%)、定食€18(平日昼のみ)
C A.D.M.V.
交 クイリナーレ広場から徒歩約5分

"エスト!エスト!!エスト!!!"フラテッリ・リッチ
Map P.44 B2

"Est! Est!! Est!!!" Fratelli Ricci

1900年創業の歴史を誇る店で、テルミニ駅からも近い。各種の特製ピッツァのほか、ローマ名物のバッカラ(鱈)のフライ、スプリーなどのフリット類も充実。ローマならではのプリモもある。

㊏夜は 要予約
URL www.anticapizzeriaricciroma.com

住 Via Genova 32
☎ 06-4881107
営 18:30～24:00
休 ㊊、8月
予 €20～45
C M.V.
交 A線Repubblica駅から徒歩7～8分

トラットリア・モンティ　Map P.45 C4

Trattoria Monti

シンプルでモダンなトラットリア。マルケ州出身の家族の経営で、新感覚のマルケ風ローマ料理が味わえる。人気料理は大きなラヴィオリRavioliや野菜のムースSformatoなど、季節の素材によりさまざまに姿を変える料理が楽しい。

住 Via San Vito 13/a
☎ 06-4466573
営 12:00〜15:00、20:00〜23:00
休 ㊐夜、㊊、8月、クリスマスと復活祭の1週間　予 €43〜55、定食€45、50　C D.J.M.V.
交 地下鉄A線ヴィットリオ・エマヌエーレ駅から徒歩3分。テルミニ駅から徒歩10分

ホスタリア・ラ・カルボナーラ　Map P.44 C2

Hostaria La Carbonara

✉ カルボナーラ発祥の店だそうです。カルボナーラ€6は、日本の物のようにクリーミーではありませんが、コクがあっておいしかった。日本人には少し塩辛いかな?「お塩少なめ!　poco sale!」と言ったほうがいいかも。前菜の生ハムとモッツァレッラチーズ€10もおすすめです。
（兵庫県　ローマ大好き）['18]

URL www.lacarbonara.it
住 Via Panisperna 214
☎ 06-4825176
営 12:30〜14:30、19:00〜23:00
休 ㊐　予 €30〜60　C A.D.V.
交 クイリナーレ広場から徒歩5〜7分

イル・ガッロ・ネーロ　Map P.45 B3

Trattoria Il Gallo Nero

夜も早い時間から営業している便利な1軒。歩道にもテーブルが出て、店内も思ったより広くてこぎれい。ローマの家庭料理が手頃な値段で食べられる。

できれば予約　日本語メニュー

✉ スタッフは親切でフレンドリーでお料理もおいしかったです。2日続けて通ったら、プロセッコをごちそうしてくれました。（宮崎県　Meico　'15）['18]

住 Via Principe Amadeo 7/H
☎ 06-4740626
営 12:00〜23:30　休 ㊋
予 €25〜55、定食€16（肉）、20（魚）
C M.V.
交 テルミニ駅西口から徒歩5〜6分

メイド・イン・ネポルス　Map P.33 A4

Meid in Nepols

テルミニ駅にほど近いピッツェリア。間口は狭いが、店内は明るく広く、いつもローマっ子や観光客で大にぎわい。名前通り、種類豊富な本場ナポリのピッツァ（€6〜）やナポリ料理をはじめ前菜、魚介類、肉料理も充実しており、料金もリーズナブル。ただし、夜はかなり混雑するので、予約して出かけよう。　要予約

URL www.meidinnepols.it
住 Via Varese 54
☎ 06-44704131
営 12:30〜15:00、19:30〜23:00
休 ㊐　予 €10〜25　C A.D.M.V.
交 テルミニ駅から徒歩3分

メルカート・チェントラーレ　Map P.45 B4

Mercato Centrale

テルミニ駅の駅ナカにオープンしたにぎやかな市場のようなフードコート。名前通り、市場のようなディスプレイや季節感のある品揃えと活気ある雰囲気が楽しい。約20の屋台が集い、スプリー（ライスコロッケ、€2〜）やパニーノのB級グルメからピッツァ、パスタ、魚介類のフリット、野菜料理、ステーキ、ラーメン、寿司、トリュフ、ジェラートまで勢揃い。その場でパクつくのもいいし、屋台の周囲にはカウンター席やテーブル席があるので、座って食事できるのもうれしい。2階には世界各地の名店でシェフを務めた**オリヴァー・グローウィングのレストラン**があり、カジュアルな雰囲気のなかで洗練された料理が楽しめる。3階はバールと1階で購入したものを運んで食事ができるフリースペース。

URL www.mercatocentrale.it/roma
住 Via Giolitti 36
☎ 06-46202900　営 8:00〜24:00
休 無休　予 €2〜　C A.D.M.V.

オリヴァー・グローウィング Oliver Glowing
☎ 06-46202989
営 12:00〜15:00、19:00〜23:00
予 €40〜、定食€55　C A.D.M.V.
交 テルミニ駅西側。駅正面から徒歩2〜3分。空港バスのバス停近く。コイン内の通路からも続いている

レストランピクト案内  高級店  中級店  庶民的な店  ピッツェリア 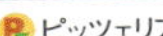 エノテカ  ビッレリア  B級グルメ 

エノテカ・ラ・トッレ

Map P.32 A2外

Enoteca la Torre

ホテル・ラエティティア(→P.300)にあるミシュランの1つ星レストラン。クラシックで洗練された雰囲気のなか、現代的なイタリア料理が楽しめる。とりわけ昼定食は前菜からメインまで並んだメニューから2品、さらにデザートメニューから1品、グラスワイン、ミネラルウォーターがついて€60と、リーズナブルで人気だ。旅のロマンティックな思い出に最適。要予約

URL www.enotecalatorreroma.com
住 Lungotevere delle Armi 22/23
☎ 06-45668304 営 12:30～14:30、19:30～22:30 休 ㊐、㊊昼
予 €100～、定食€95、130、昼(平日)€60 C A.D.M.V.
交 地下鉄A線Lepanto～徒歩3～5分

ラ・カンパーナ

Map P.42 A2

La Campana

ローマの郷土料理を中心に幅広い料理が揃う。夏にはカボチャの花のフライ、冬にはトリュフのパスタなどと、季節の味わいも充実している。地元の人の利用が多い1軒。

できれば予約 日本語メニュー
URL www.ristorantelacampana.com

住 Vicolo della Campana 18/20
☎ 06-6875273
営 12:30～15:00、19:30～23:30
休 ㊊、8月
予 €35～45(パーネ€2)、定食€50
C A.D.J.M.V.
交 ナヴォーナ広場から徒歩5～6分

オテッロ・アッラ・コンコルディア

Map P.46 B2

Otello alla Concordia

ローマの庶民的な料理が売り物。ローマの名物料理、アバッキオと魚介のフリットミストがお店の人のおすすめ。1年中、店の奥の中庭で食事ができるのも楽しい。

要予約 日本語メニュー
URL www.otelloallaconcordia.it

住 Via della Croce 81
☎ 06-6791178
営 12:30～15:00、19:00～23:00
休 ㊐夜、7月下旬と2月上旬の2～3週間
予 €25～40(コペルト€1)、定食€25 C A.D.J.M.V.
交 A線Spagna駅から徒歩2～3分

オステリア・デッラ・フレッツァ グスト

Map P.46 B1

Osteria della Frezza-Gusto

風情ある小路にテーブルを広げる、モダンな複合店舗。レストラン、ピッツェリア、ワインバー、オステリアなどが軒を並べる。
✉いくつものお店が並んでいますが、チーズのお店ではチケットCichettoという小皿料理があります。メニューのほとんどの料理がチケットで注文でき、1皿一律€3。(東京都 SYSYK '10)['18]

住 Via della Frezza 16 / Vicolo del corea ☎ 06-32111482
営 12:30～24:30 休 無休
予 €15～(コペルト€2、7%)
C A.D.J.M.V.
交 アウグストゥス帝の廟から徒歩2分
〔営業終了。別飲食店が営業中〕

ヴィータ

Map P.46 C2

VyTA

ローマのあるラツィオ州の州立エノテカ。ラツィオ州のワイン、ハム、チーズをはじめ、土地の料理も味わえる。店内にはワイン以外にも蜂蜜、ジャム、お菓子なども並び、販売もしている。その土地ならではの味わいを見つけたい人におすすめ。

住 Via Frattina 94
☎ 06-69202132
営 12:30～15:00、17:00～22:30
休 8月
予 €10～
C A.D.M.V.
交 スペイン広場から徒歩3分

ラツィオ州のDOCGワイン

イタリアワインの格付けで一番にランクされるのがDOCG。イタリア全土で約70種が承認されている。ラツィオ州はこれまでチェザネーゼ1種のみだったが、2011年4月、ラツィオ州に2つのDOCGが追加承認された。機会があったら、味わってみよう。

●チェザネーゼ・デル・ピーリオ Cesanese del Piglio
伝統的に白が好まれるラツィオ州で意外な感もあるが、最初のDOCGはこの赤ワイン。土地特有のブドウ品種チェザネーゼ種で作られ、しなやかで芳醇。

●フラスカーティ・スーペリオーレ Frascati Superiore
ローマといえばフラスカーティ。マルヴァジア種を主体にした軽くてフルーティーな白。スーペリオーレは熟成を経、エレガントでより豊かな香りと味わいが特徴。

●カンネッリーノ・ディ・フラスカーティ Cannellino di Frascati
フラスカーティの甘口ワイン。黄金色と花を思わす香りが幸福気分を運んでくれる。ローマの午後の明るい日差しの下で冷やして飲みたいワイン。

イル・パリアッチョ

Map P.37 C3

Il Pagliaccio

現代的なしつらえの入口からベルを鳴らして中へ入ると、古きよき時間を重ねた邸宅の雰囲気の落ち着いたサロン、現代美術が飾られたサロンなど趣の異なる空間にテーブルが広がる。サービスもゆったりとしていて、くつろげる雰囲気だ。シェフは日本をはじめ、アジアで働いた経験もあり、味わいやプレゼンテーションにアジア的な要素が見られ、日本人の私たちには親近感がもてる。メニューは季節ごとに変更されるが、スペシャリテは、濃厚なブッラータチーズと青りんごやカモミールの繊細な香り、温度差のあるスプーマが極上のハーモニーを生む牡蠣のスープOstrica in zuppa di burrataや極上の詰め物をしたラヴィオリのスープRavioli in brodo、小羊Agnello(Abacchio)など。ミシュランの2つ星。ドレスコードあり。 要予約

URL www.ristoranteilpagliaccio.com
住 Via dei Banchi Vecchie 129a
☎ 06-68809595
営 12:30〜14:00、19:30〜22:00
休 ㊐㊊、㊋昼、8月3週間
予 €130〜190、定食€150、170、75(昼のみ)
C A.D.M.V.

イル・コンヴィーヴィオ・トロイアーニ

Map P.42 A1

Il Convivio Troiani

伝統的イタリア料理に根ざした独創的な料理は、野菜と魚介類を多用し、軽やかで現代的な味わい。ワインも2000種を誇る充実ぶり。ミシュランの1つ星。 できれば予約

✉ 定食を注文。日本の懐石のようなイタリアンで、重い料理に疲れた胃袋に優しい。定食はイタリア語ができなくてもコースなので便利です。　　（東京都　武市直子）['18]

URL www.ilconviviotroiani.com
住 Vicolo dei Soldati 31
☎ 06-6869432 営 20:00〜23:00
休 ㊐、8月中旬10日間
予 €130〜165、定食€125
C A.D.J.M.V.
交 ナヴォーナ広場から徒歩2〜3分

ラ・ロセッタ

Map P.42 B2

La Rosetta

1966年から続く、家族経営の名店。入口にズラリと並んだ魚介類が食欲をそそる。小さいお店だがおいしい魚料理のリストランテとして知られている。素材の新鮮さと適切な調理法が相まって質の高い食事ができる。

URL www.larosettaristorante.com

住 Via della Rosetta 8/9
☎ 06-6861002
営 12:00〜23:00
休 8月中旬の2週間
予 €100〜150、定食€90
C A.D.J.M.V.
交 パンテオンから徒歩1〜2分

サンガッロ・アイ・コロナーリ

Map P.42 A1

Sangallo ai Coronari

エレガントで洗練された店内では、厳選した牛肉や新鮮な魚介類を使った創作料理が味わえる。日本で働いたこともあるシェフの料理はヘルシーで美しい。サービスもあたたかい。

要予約

URL www.ristorantesangallo.it

住 Via dei Coronari 180
☎ 06-6865549
営 12:30〜15:30、19:30〜23:00
休 8月中旬、クリスマス
予 €60〜90
C A.M.V.
交 ナヴォーナ広場から徒歩約5分

イタリアのグルメガイド

日本でもおなじみの**ミシュラン**Michelin "Italia"、ガイドブックでも知られる**トゥーリング社**Touring Editoreの "Alberghi e Ristoranti d'Italia"、ワインガイドで有名な**ガンベロ・ロッソ**Gambero Rossoなどが有名。各書ともに住所や電話などの一般情報、地図(ガンベロ・ロッソを除く)やイタリア語でのコメントのほか、ミシュランは★、ガンベロ・ロッソは、レストランはフォーク（例:3フォークだと90〜100点）、トラットリアはエビのマークで評価を表している。トゥーリングはレストランのランクをフォークで表示、会員割引のある店に★。このほか、質と値段のバランスなどの項目もある。

パパ・ジョヴァンニ
Map P.42 B2

Papà Giovanni

1934年から3代続く家族経営。名物パトロンの引退後は彼の教えを受けた息子が腕を振るう。ワインと花に囲まれた独特の雰囲気とヘルシーで新しいローマ料理にファンも多い1軒。

要予約 日本語メニュー

URL www.ristorantepapagiovanni.it

住 Via dei Sediari 4
☎ 06-6865308
営 12:00～14:30、18:30～22:30
休 ㊐、復活祭期間、8月、12月
予 €25～50(コペルト€3、12%)、定食€60
C M.V.
交 ナヴォーナ広場から徒歩2～3分

ダ・パンクラツィオ
Map P.42 C1

Da Pancrazio

紀元前1世紀、シーザーが殺害されたというポンペイ劇場の遺跡の上に建つレストラン。当時の壁の残る部屋もあり、古代ローマの名残のなか、ローマの代表的料理が味わえる。

できれば予約 日本語メニュー

URL www.dapancrazio.it

住 Piazza del Biscione 92
☎ 06-6861246
営 12:30～15:00、19:30～23:00
休 ㊌、8/15、12/24～12/26
予 €35～55
C A.D.J.M.V.
交 ナヴォーナ広場から徒歩約5分

ダ・アルマンド・アル・パンテオン
Map P.42 B2

Da Armando al Pantheon

パンテオンのすぐ近く、気取らない雰囲気のなかローマ料理が味わえる。パスタなら、カルボナーラCarbonaraやその原型といわれるグリーチャGricia、セコンドなら小羊(アバッキオ)Abbacchioや胃袋の煮込みのトリッパTrippaをはじめ、伝統的な料理が揃う。

要予約 日本語メニュー

URL armandoalpantheon.it
住 Salita de' Crecenzi 31
☎ 06-68803034
営 12:30～15:00、19:00～23:00
休 ㊏夜、㊐、㊗、8月
予 €45～70、定食€60
C A.D.M.V.
交 パンテオンから徒歩1分

ロルソ・オッタンタ
Map P.42 A1

Hostaria L' Orso 80

古いトラットリアの雰囲気にあふれるお店。料理はクラシックなアマトリーチェ地方の物で、16種類の前菜1人€15やプリモはボリュームも十分。

✉大みそかに閉店しているレストランが多いなか、ランチタイムは通常料金で営業していました。リーズナブルでおいしく、店員さんもとてもフレンドリーでした。(東京都　児玉佳世子)['18]

4人以上は 要予約
住 Via dell'Orso 33　☎ 06-6864904
営 12:30～15:00、19:00～23:30
休 ㊊、8月　予 €25～70(コペルト€1)、定食€70　C A.D.J.M.V.
交 ナヴォーナ広場から徒歩2～3分

ダル・カヴァリエール・ジーノ
Map P.42 A2

Dal Cavalier Gino/Da Gino

ローマとお隣りのアブルッツォ地方料理の店。1963年創業、壁に描かれた風景画も見事。こぢんまりとした店で、人気もあるので予約がベター。野菜の前菜やアバッキオ(小羊)の猟師風などがおすすめ。

要予約

住 Vicolo Rosini 4
☎ 06-6873434
営 13:00～15:45、20:00～23:00
休 ㊐㊗、8月
予 €35～45(10%)、定食€40
C 不可
交 モンテチトーリオ宮から徒歩2～3分

クル・デ・サック・ウーノ
Map P.42 B1

Cul de Sac 1

普段着感覚で利用できる1軒。高級感のあるエノテカが多いなか、庶民的な雰囲気。ワインの品揃え1500種類、食事も充実しているので、観光の合間に利用するのにも最適。

URL www.enotecaculdesac.it

住 Piazza Pasquino 73
☎ 06-68801094
営 12:00～24:30
休 無休
予 €4～、食事€25～
C J.M.V.
交 ナヴォーナ広場から徒歩2～3分

ダ・フランチェスコ

Map P.42 B1

Da Francesco

地元の人でにぎわう大衆的な食堂兼ピッツェリア。ローマの習慣にならい、ピッツァは夜のみ。伝統的な味わいや雰囲気が人気の1軒。

できれば予約 日本語メニュー

URL www.dafrancesco.it

住 Piazza del Fico 29
☎ 06-6864009
営 12:00～翌1:00
休 一部の㊗
予 €20～40
C M.V.
交 ナヴォーナ広場から徒歩3分

ラ・サグレスティア

Map P.42 B2

La Sagrestia

店名のとおり、かつて教会の聖具室(サグレスティア)だった場所が店になっている。ローマ料理とピッツァの店だが、特にピッツァを目当てにやって来る旅行者も多い。パンテオンから1～2分の好立地。

できれば予約

URL www.lasagrestia.com
住 Via del Seminario 89
☎ 06-6797581
営 12:00～15:00、19:00～23:00
休 ㊌、8/14～8/16、12/24～12/26
予 €50～100、定食€25
C A.J.M.V.
交 ナヴォーナ広場から徒歩5～6分

ラ・モンテカルロ

Map P.42 B1

La Montecarlo

薄くて香ばしいピッツァのほか、フリッティ類(揚げ物)、パスタ、自家製のお菓子も充実している。サラダも好評。ナヴォーナ広場に近く、ローマっ子や観光客で昼も夜もにぎわうので早めに出かけよう。

日本語メニュー

URL www.lamontecarlo.it

住 Vicolo Savelli 13
☎ 06-6861877
営 12:00～翌1:00
休 ㊊、8/16～8/26頃
予 €12～15、定食€12
C 不可
交 ナヴォーナ広場から徒歩3分

オビカ

Map P.42 C1

Obikà

東京をはじめ、世界中にあるモッツァレッラ・バーの支店。各種モッツァレッラをはじめ、パスタ類なども味わえる。広場のにぎわいを眺めながら、カジュアルに食事したいときに。18:30～食前酒タイムでモッツァレッラのテイスティングあり。

URL www.obika.com
住 Piazza Campo de' fiori 16 Via dei Baullariとの角
☎ 06-68802366
営 8:00(㊏㊐9:00)～23:00(㊎㊏㊐24:00) 休 無休 料 €15～(パン代€1) C A.D.J.M.V.
交 カンポ・デ・フィオーリ広場の一角

アリスト・カンポ

Map P.42 C1

Aristo Campo

カンポ・デ・フィオーリの端に位置するパニーノの店。店頭にはローマの郷土料理のひとつポルケッタ(子豚の丸焼き)が並ぶ。ポルケッタのパニーノ(€6)をほお張りながら、ビール片手にカンポ・デ・フィオーリを眺めるのも楽しい。

住 P.za della Cancelleria 92/A/ Campo di Fiori 30
☎ 06-6864897
営 11:00～翌3:00
休 無休
予 €3～
C M.V.
交 カンポ・デ・フィオーリ広場の一角

ザザ

Map P.42 B2

Za Zà

ナヴォーナ広場近く、小さな広場にある現代的な雰囲気の切り売りピッツァの店。60時間の長時間発酵、オリーブ油や小麦粉などの素材はオーガニック(ビオ)とDOC(公的機関によるお墨付きの原産地が明確な産品)のこだわり。店頭にはテーブルが置かれているので、その場で食べるのもいい。

URL www.pizzazaza.it
住 Piazza Sant'Eustachio 49
☎ 06-68801357
営 11:00～23:00
休 8/15
予 €3.90～
交 ナヴォーナ広場から徒歩3分

レストランピクト案内
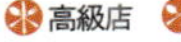 高級店  中級店  庶民的な店  ピッツェリア  エノテカ  ビッレリア  B級グルメ
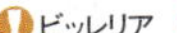

チェーザレ

Map P.37 B3

Da Cesare dal 1921

ローマ料理にトスカーナ料理、魚・肉、ピッツァ(夜のみ)と、品揃えも充実したうれしい1軒。夏には気持ちよいテラス席もオープン。自家製のお菓子やワインの品揃えも、お店の人の自慢。

要予約 日本語メニュー

URL www.ristorantecesare.com

住 Via Crescenzio 13
☎ 06-6861227
営 12:30～15:00、19:30～23:30
休 8/16～8/26
予 €35～70(コペルト€2.50)、定食€40
C A.D.M.V.
交 サンタンジェロ城から徒歩5分

ラルカンジェロ

Map P.37 B3

L'Arcangelo

カヴール広場近く、古きよき時代の雰囲気を残すレストラン。テーブルには古いブリキのおもちゃやミニカーが飾られ、正面には歴史あるワインカウンターが陣取る。料理は創造的なローマ料理が中心で数週間ごとにメニューは変更される。

要予約

住 Via G.G.Belli 59/61
☎ 06-3210992
営 13:00～14:30、20:00～23:00
休 ㊏昼(夏季は夜も)、㊐、8月
予 €35～70(15%)
C A.M.V.
交 カヴール広場から徒歩2分

アルルー・ア・サン・ピエトロ

Map P.36 B2

Arlù a San Pietro

サン・ピエトロ広場からほど近い路地にある、白を基調にした女性好みのしつらえのカジュアルレストラン。伝統的なローマ料理がおしゃれに盛りつけられ、食事を盛り上げてくれる。よい季節には店頭に並べられたテーブルでの食事もおすすめ。

できれば予約

URL www.ristorantearlu.it
住 Borgo Pio 135
☎ 06-6868936
営 11:30～16:00、18:30～22:00
休 8月、㊏夜、㊐
予 €35～60
C A.M.V.
交 サン・ピエトロ広場から徒歩5分

リストキッコ

Map P.37 C3

Ristochicco

観光客の利用も多いが、ローマの味わいにこだわった1軒だ。ローマの名物のパスタ、カルボナーラ、アマトリチャーナをはじめ、肉、魚介類が味わえ、ワインも充実の品揃え。アツアツのフライパンでサービスされるパスタ類は量・質ともに食べ応え十分。

URL www.ristochicco.it
住 Via di Panico 83
☎ 06-68892321
営 12:00～15:00、19:00～23:00
休 ㊊
予 €15～(パン€1.50、注文で)
C A.D.M.V.

ラ・プラトリーナ

Map P.37 A3

La Pratolina

若者や家族連れでいつもにぎわうピッツェリア。ここではピッツァとは呼ばずPinsaピンサと呼ばれる。ピンサとは、生地をていねいに長時間発酵させ、薪を燃やした本格的な釜で焼かれた物で、ちょっと細長い卵型。組み合わせの楽しい特製ピンサが約40種類。

要予約

URL www.pizzerialapratolina.it
住 Via degli Scipioni 248
☎ 06-36004409
営 19:00～23:30
休 ㊐、8月の第2・3週
予 €18～30
C A.J.M.V.
交 A線Lepanto駅から徒歩5分

カンティーナ・ティロレーゼ

Map P.37 B3

Cantina Tirolese

うっかりすると見逃してしまうようなビッレリア。グーラッシュやチーズフォンデュ、ストゥルーデルなどのチロル料理がオーストリアのワインやビールとともに味わえる。ランチブッフェは€9.50(スープ、各種料理(1回盛り)、水、デザート)。

✉ お昼のビュッフェはすっごく充実していて、お腹いっぱいになりました。(東京都　ファーメ)['18]

住 Via G. Vitelleschi 23
☎ 06-68136804
営 12:00～15:00、19:00～24:00
休 ㊊、6/26～9/12 予 €25～39、定食€9.50(昼のみ)、€35 C D.J.M.V.
交 S. アンジェロ城から徒歩2～3分

ジューダ・バッレリーノ

Map P.34 C2

Giuda Ballerino

バルベリーニ広場に建つ、ホテル・ブリストル(→P.303)の8階の最上階にある、モダンなレストラン。おしゃれな雰囲気のなかローマのパノラマと料理が楽しめる。各種の定食も揃い、ベジタリアン€75(4皿)からシェフの過去と現在の料理を賞味できる€130（7皿）まで。アラカルトも充実。

できれば予約

URL www.giudaballerino.com
住 Piazza Barberini 23, Hotel Bristol
☎ 06-42010469
営 19:00～23:00
休 ㊐ 予 €100～200、定食€90、100、110
C A.D.M.V.

ハリーズ・バー

Map P.34 B2

Harry's Bar

ヴェネト通りにある、エレガントで歴史ある高級レストラン兼ワインバー。おすすめは伊勢エビのサラダInsalata d'astice al vaporeやエビとズッキーニの花のパッケリ(パスタ)Paccheri con Mazzancolle e Fiori di Zucchinaなど。通りに面したテラスでの食前酒もすてき。

要予約

URL www.harrysbar.it
住 Via Vittorio Veneto 150
☎ 06-484643
営 10:00～翌2:00
休 無休 予 €10～、食事€100～140、定食€130
C A.D.J.M.V.
交 A線Barberini駅から徒歩7～8分

ペッポーネ

Map P.34 C2

Peppone 1890

19世紀の館を改装したお店。100年近く続く家族経営で、落ち着いた雰囲気のなか、上質なローマの家庭料理が味わえる。秋から冬にかけてはポルチーニ茸や白トリフも揃う。夏はオープンエアの中庭でも食事ができる。ヴェネト通りからも近い。

できれば予約

URL www.peppone.it
住 Via Emilia 60
☎ 06-483976
営 12:00～15:00、19:00～23:00
休 ㊐、8/13～8/31
予 €35～55(15%)、定食€50、55
C A.J.M.V.
交 ピンチアーナ門から徒歩5～6分

オルランド

Map P.34 C2

Orlando

白とグレーを基調にしたシンプルでおしゃれなシーフードレストラン。若く勢いのあるシェフによる、毎シーズン変わるコースメニューを楽しみにするファンが多いのにも納得。デザートも美味。ワインペアリングの評判もよい。

URL www.facebook.com/orlandosaporidisicilia

住 Via Sicilia 41 / Via Marche 9との角
☎ 06-4201610
営 12:30～15:00、20:00～23:00
休 ㊏昼、㊐
予 €38～100、定食€50～
C A.M.V.
交 A線バルベリーニ駅より徒歩5分

食前酒／アペリティーヴォを楽しもう

日本にはない習慣でイタリアでぜひ楽しみたいのが**食前酒／アペリティーヴォ**Aperitivo。町を歩いていると、午後早い時間から戸外のテーブルでゆったりとグラスを傾ける人たちを目にするはずだ。伝統的な食前酒は、日本でもおなじみの赤い**カンパリ**Campari、**チンザノ**Cinzano、**マルティーニ**Martiniなど。ハーブや柑橘類の風味が強いリキュールタイプでオンザロックやソーダ割りで楽しむのが一般的だ。今、イタリア中で親しまれているのが、**スプリッツ**Spritz。アペロールAperol(アルコール度の低いオレンジ色のリキュール)、発泡性白ワインのプロセッコ、発泡性のミネラルウォーターを混ぜ、氷、そしてオレンジを一切れ入れるのがスタンダード。大き目のワイングラスでサービスされることが多い。

どこで飲む?

スプリッツはイタリア中どこのバールでもOK。おすすめは、少し高くても、ちょっと高級感のあるお店。おしゃれでおいしいおつまみがサービスされることが多く、午後の気分を盛り上げてくれる。高級食料品店のフランキ（→P.297）はテーブル席は狭いが、店頭に並んだものが味わえ、ちょっと得した気分。ホテルのルーフガーデンや緑の中庭なら町の喧騒を避けて、ゆったりとひと時リゾート気分に浸れるのも魅力。

時間限定（17:00～19:00頃）で食前酒の代金のみで、前菜をビュッフェで楽しめる**ハッピーアワー**を実施しているお店もあり、お店によっては夕食がいらない場合もあるほど。

スプリッツとおつまみ@フランキ

レストランピクト案内  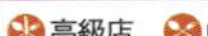高級店 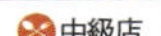中級店 庶民的な店 ピッツェリア エノテカ ビッレリア B級グルメ

グラス・ホスタリア Map P.39 A3

Glass Hostaria

下町トラステヴェレになじむ外観とは異なり、店内は鉄とガラスを多用し、ライトの明かりが印象的なモダンなインテリア。現代的で創造的な料理が味わえる、今注目したい1軒だ。美しい盛りつけと素材への火入れ具合、ちょっと驚かされる味の組み合わせも楽しい。全体的に軽い味わいだ。また、種類豊富な自家製パンや、デザート、食後のプチフールまで楽しい驚きに満ちている。ローマのあるラツィオ州ワインをはじめイタリア、フランスのワインが充実。ミシュランの1つ星。

要予約

URL www.glass-restaurant.it

住 Vicolo del Cinque 58
☎ 06-58335903
営 19:30〜23:00
休 ㊊、1/15〜1/30、7/12〜7/17
予 €70〜100、定食€85、90、150
C A.D.J.M.V.
交 S.M.イン・トラステヴェレ聖堂から徒歩2分

ソーラ・レッラ Map P.39 A4

Sora Lella

風情あるティベリーナ島にあるローマ料理の店。田舎風オムレツFrittata alla Paesana con Polpettine della Nonna、子羊のロースト、アーティチョーク詰めSella d'Abbacchio Farcita con Carciofi、リコッタチーズのケーキTorta di Ricottaなどがおすすめ。 要予約

URL www.trattoriasoralella.it
住 Via Ponte Quattro Capi 16
☎ 06-6861601
営 12:30〜15:00、19:30〜23:00
休 冬季㊐、8/15前後の5日間、クリスマス期間 予 €48〜60（10%）、定食€75 C A.D.J.M.V.
交 マルケルス劇場から徒歩3分

ジーノ 51 Map P.39 B3

Gino 51

トラステヴェレの入口に店を構えるレストラン兼ピッツェリア。週末の夜は早い時間に席が埋まってしまう人気の1軒。ピッツァのほか、魚介類のパスタやグリルなどが手頃な料金で楽しめる。
週末は要予約

住 Via della Lungaretta 85
☎ 06-5803403
営 11:30〜23:45
休 無休
予 €20〜50、定食€40、50
C A.D.J.M.V.
交 ソンニーノ広場から徒歩4分

ダ・ルチーア Map P.39 A3

Trattoria da Lucia

伝統的なローマの庶民料理の店で、気取らない雰囲気。いつも町の人と観光客でにぎわう。材料のよさと料理の家庭的な味付けは保証付き。値段も十分庶民的でうれしい1軒。自家製デザートもおすすめ。
要予約

住 Vicolo del Mattonato 2/B
☎ 06-5803601
営 12:30〜15:00、19:30〜23:00
休 ㊊、8月の3週間
予 €33.50〜40.50(パーネ€1.50)
C 不可
交 S.M.イン・トラステヴェレ聖堂から徒歩5分

ミネラルウオーターの選び方……注文前に一読を!

「naturale」とは、「自然の、天然の」という意味で、天然由来の炭酸が含まれた場合もある。一般的にレストランで「naturale」と注文するとほとんど非発泡のものが運ばれてくるが、念を押すならひとこと「non (senza) gas」と付け加えよう。逆に発泡性を頼みたいならcon gasと付け足して。

非発泡の代表はパンナPanna、発泡性ならサン・ペレグリーノSan Pellegrino、サン・ベネデットSan Benedettoは両種類ある。多くのメーカーではビンのキャップの色で発泡か非発泡を区別している。キャップのブルーが発泡、ピンクまたは白が非発泡と区別できる場合が多いものの、これも厳密ではない。

発泡性の水は消化を助けるともいわれる。ワインと同じように土地ごとの違いを水で感じるのもおもしろいのでは。

アンティーカ・ペーザ

Map P.38 A2

Antica Pesa

トラステヴェレからジャニコロの丘へ向かう、17世紀の館にあるレストラン。中庭のテーブルや現代的なフレスコ画が描かれた内装など、ローマらしさにあふれ、海外からの著名人もよく訪れる。料理は土地の素材にこだわった伝統的なローマ料理が味わえる。デザートも秀逸。 要予約

URL www.anticapesa.it
住 Via Garibaldi 18
☎ 06-5809236
営 19:30～23:00
休 ㊐ 予 €50～100
C A.D.J.M.V.
交 S.M.イン・トラステヴェレ聖堂から徒歩5分

ケッコ・エル・カレッティエーレ

Map P.39 A3

Checco er Carettiere

新鮮な魚とローマ料理の店。古い町並みに溶け込む歴史ある建物と古きよき時代を思わす田舎風のインテリアが印象的。1935年から3代に渡って続く家族経営の1軒。吟味された食材でおいしい。夜は 要予約
URL www.checcoercarettiere.it

住 Via Benedetta 10/13
☎ 06-5817018
営 12:00～15:00、19:30～24:00
休 無休
予 €50～80、定食€50
C A.D.J.M.V.
交 トゥリルッサ広場の一角

パリス

Map P.39 B3

Paris

ユダヤ風ローマ料理の店。自家製の手打ちパスタや牛の尾、内臓類を使った料理がお得意。お店のおすすめは、野菜の揚げ物Fritto Vegetale、オックステールのトマト煮込みCoda alla Vaccinaraなど。家族経営で落ち着いた雰囲気。地元の常連客も多い。 できれば予約

URL www.ristoranteparis.it
住 Piazza San Calisto 7a
☎ 06-5815378
営 12:30～15:00、19:30～23:00
休 ㊐、8月 予 €35～60、定食€45～ C A.D.J.M.V.
交 S.M.イン・トラステヴェレ聖堂そば

オステリア・デル・ベッリ

Map P.39 B3

Osteria del Belli

観光客やローカルに常に人気のシーフードレストラン。種類豊富な前菜や、惜しみなく魚介を使ったパスタ、メインは選ぶのに迷ってしまうほど。フレッシュな牡蠣やエビ、タコやムール貝、魚介好きなら一度は訪れたくなるはず。デザートはティラミスが人気。

URL www.facebook.com/Osteria-del-Belli-473023706139166/?ref=ts
住 Piazza S.Apollonia 11
☎ 06-5803782
営 12:30～15:00、19:30～23:40
休 ㊊ 予 €30～50 C A.M.V.
交 S.M.イン・トラステヴェレ聖堂から500m

トラットリア・デッリ・アミチ

Map P.39 A3

Trattoria degli Amici

教会が中心となった福祉団体が運営する知的障害をもつ人たちが働く店。店頭の緑陰のテラスが気持ちよく、ローマ名物のフリット類や前菜盛り合わせAntipasto della Trattoriaなどがおすすめ。趣旨に賛同したワイナリーが提供しているワインもいい。 できれば予約

URL www.trattoriadegliamici.org
住 Piazza Sant'Egidio 5/6
☎ 06-5806033
営 12:30～15:00、19:30～23:30
休 8月 予 €27～42(コペルト€1)、定食€40
C A.J.M.V. 交 S.M.イン・トラステヴェレ聖堂から徒歩2分

カルロ・メンタ

Map P.39 B3

Carlo Menta

世界各地からの観光客が集い、破格な料金の定食が人気。アラカルトもあり。
✉ 定食はブルスケッタ、パスタ、肉料理、デザートまでついて、お得です。周辺のどこよりも混雑していて活気がありました。 (埼玉県 かすみ '16)

住 Via della Lungaretta 101
☎ 06-5803733
営 12:00～23:20
休 無休
予 €13～30、定食€10(昼)、€13(夜) C A.M.V.
交 S.M.イン・トラステヴェレ聖堂から徒歩3分

レストランピクト案内
 高級店  中級店  庶民的な店  ピッツェリア  エノテカ  ビッレリア  B級グルメ 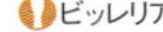 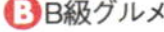

ローマのピッツェリアBEST3を探せ!

ピッツァに合うドリンクは?

若い人はビール、そこそこのお齢の人!?はワイン。コーラも人気がある。ビールやワインは品名とともに量0.40ℓとか400cc、カラファの場合は1/4ℓ、1/2ℓという具合に表示してある。グラスワインはビッキエーレBicchiere／カリチェCaliceと表示。

ビール Birra(ビッラ)の種類

生ビール Birra alla Spina(ビッラ・アッラ・スピーナ)、瓶ビール Birra in bottiglia(ビッラ・イン・ボッティリア)、地ビール／クラフトビール Birra Artigianale (ビッラ・アルティジャナーレ)手工業的に造られた少量生産のビール

ワイン Vino(ヴィーノ)

赤ワイン Vino rosso(ヴィーノ・ロッソ)、白ワイン Vino bianco(ヴィーノ・ビアンコ)

ソフトドリンク Bibite

コーラなどで缶lattine(ラッティーネ、単：ラッティーナ)入りが多い

BEST1 生ソーセージとポテトの白ピッツァは絶品! ダル・ポエタ Dar Poeta

(→P.273)

トラステヴェレの一角、初夏には芳しい藤の花が目印になる小さな小路を入った所にある。

メニューに「うちのピッツァはローマ風(薄くてクリスピー)でも、ナポリ風(縁が厚くてフカフカ)でもなく、これがダル・ポエタ!」とあるように、ほどよい厚さと趣向を凝らしたオリジナルのピッツァが味わえる。ここには多くのピッツェリアにある揚げ物類はないが、**ブルスケッタ**Bruschetta (トーストした厚切りの田舎パンに、トマト、きのこなどをのせた物)が充実。ピッツァは約30種類で€5～9.50。

パタタッチャPatataccia €9(モッツァレッラチーズ、ポテト、生ソーセージSalsiccia)

グリーンサラダInsalata verde €5(レタスとルケッタ)

サルモナータSalmonata €8(モッツァレッラ、サーモン、ゴルゴンゾーラチーズ、ルケッタ)

BEST2 ピンサと呼ばれるピッツァが大人気 ラ・プラトリーナ La Pratolina

(→P.268)

ショッピング・ストリートのコーラ・ディ・リエンツォの近く。静かな住宅街の一角、夜の明かりに照らし出される行列が目印のピッツェリア。長時間発酵させた生地と迷うほど種類豊富なトッピング、楽しい自家製デザートの店。長時間発酵させた生地はモチモチとしていて小麦粉本来のあじわいが深い。楕円形に伸ばされた生地は薪釜で焼き上げられ、トッピングと相まってかなりボリューミー。ピッツァは約40種で€5～10、デザートは約16種類€5。

デザートのマスカルポーネのクリーム、イチゴ添えCrema di Mascarpone con fragole テーブルでカップを倒してサービスしてくれるのも楽しい。イチゴのほかチョコのヌテッラも人気

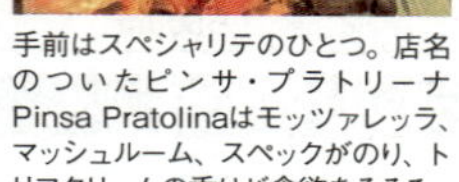

手前はスペシャリテのひとつ。店名のついたピンサ・プラトリーナPinsa Pratolinaはモッツァレッラ、マッシュルーム、スペックがのり、トリフクリームの香りが食欲をそそる

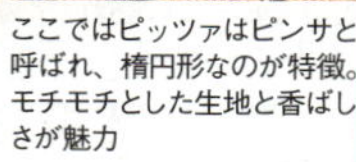

ここではピッツァはピンサと呼ばれ、楕円形なのが特徴。モチモチとした生地と香ばしさが魅力

BEST3 品揃え豊富なビールとちょっと武骨なピッツァがいい アッレ・カッレッテ Alle Carrette

(→P.260)

コロッセオの近く、風情ある小路にあるピッツェリア。気候のよい季節には外のテーブルでの食事が気持ちいい。前菜として人気のあるフリッティFrittiは、**カルチョーフィ**Carciofi€6.50、**バッカラ**(干ダラ) Filetto di Baccalà€3.50、**ズッキーニの花**Fiori di Zucca€3.50、**アスコリ風オリーブ**(大型のグリーンオリーブにミンチを詰めた物) Olive Ascolana€5.30、ライスコロッケSuppli€6など。「フリット・ミスト Fritto Misto」と注文して、ミックスしてもらうのがいい。

ピッツァ・ビアンカ・ブロッコレッティ€8(菜の花に似た野菜と生ソーセージのせ)Pizza Bianca con broccoletti e salsiccia

一番のおすすめはズッキーニの花。とろけるチーズとアンチョビーの絶妙な味わい

パッツァPazza €8(大型ピーマン、フンギ、生ソーセージ、オリーブ、モッツァレッラのせのトマトソース味)

ダル・ポエタ

Map P.39 A3

Dar Poeta

ローマのピッツァ・チャンピオンの店。生地やトッピングに工夫を凝らしたボリュームたっぷりのピッツァが売り物。チョコとリコッタ入りのカルツォーネも人気のデザート。週末は30分〜1時間待ちの行列ができる。

URL www.darpoeta.com

住 Vicolo del Bologna 45/46
☎ 06-5880516
営 12:00〜24:00
休 無休
予 €10〜20
C A.D.J.M.V.
交 シスト橋から徒歩3分

アイ・マルミ・パナットーニ

Map P.39 B3

Ai Marmi Panattoni

いつも夜遅くまでにぎわう大衆的なピッツェリア兼ローマ・トスカーナ料理の店。長い歴史を誇る。ごくごく薄いローマ風ピッツァが人気の的。ローマでも指折りのリーズナブルな店と、店の人が自認する安さがうれしい。

住 Viale Trastevere 53/59
☎ 06-5800919
営 18:30〜翌2:20
休 ㊌、8/10〜8/28
予 €15〜20、定食€18
C M.V.
交 S.M.イン・トラステヴェレ聖堂から徒歩3〜4分

イーヴォ・ア・トラステヴェレ

Map P.39 B3

Ivo a Trastevere

若者に人気の活気あふれる1軒。大きくて香ばしいピッツァのほか、前菜もパスタ類もボリュームたっぷり。田舎風の自家製タルトもお店の人のおすすめ。

要予約

住 Via di S. Francesco a Ripa 158
☎ 06-5817082
営 18:00〜24:30
休 ㊋　予 €15〜23
C A.D.M.V.
交 S.M.イン・トラステヴェレ聖堂から徒歩3〜4分

ビル&フッド

Map P.39 A3

Bir & Fud

素材にこだわった料理と150種もの地ビールが味わえるカジュアルな1軒。揚げ物を中心とした種類豊富な前菜やピッツァをはじめ、黒板にはその日のパスタ料理なども書かれている。ピッツァ（€5〜12）はもちろんのこと、趣向を凝らした揚げ物がおすすめ。

要予約

URL www.birandfud.it
住 Via Benedetta 23
☎ 06-5894016
営 12:00（㊋㊌18:00〜）〜翌2:00
休 一部の㊗
予 €20〜35
C A.D.M.V.
交 トゥリルッサ広場から徒歩2分

シシーニ

Map P.39 B3

Sisini La Casa del Supplì

トラステヴェレで大人気のスナック&お総菜のお店といえばここ。熱々のライスコロッケ、スプリーSupplìやピッツァ、鶏の丸焼き、野菜など何でもあり。もちろん持ち帰りもできるし、観光中に長時間足を止めずに食べられるのもうれしい。

住 Via San Francesco a Ripa 137
☎ 06-5897110
営 10:00〜22:00
休 ㊐㊗
予 €2〜10
C 不可
交 マスタイ広場から徒歩4分

イタリアのビール

イタリアでの食事のお供はワインという人も、「とりあえずビール」が恋しい。イタリア語でビールはビッラBirra。生ビールはビッラ・アッラ・スピーナBirra alla Spina。イタリアの瓶入りビールで一般的なのは、青いリボンという名のナストロ・アズッロNastro Azzurroやひげのおじさんがラベルに描かれたモレッティMoretti、ローマ生まれのペローニPeroniなど。ただ、日本でもおなじみのオランダのビール、ハイネケンHeinekenしか置いてないお店もある。

 レストランピクト案内 高級店 中級店 庶民的な店 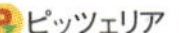ピッツェリア エノテカ ビッレリア B級グルメ

ローマのパスタを味わう

Pasta

プリモ・ピアット=パスタには、ローマ名物が数多い。アマトリチアーナ(塩豚とトマトソース、ペコリーノチーズを使い、唐辛子でちょっと辛めが味のアクセント)、グリッチャ(アマトリチアーナのトマトなしバージョン)、カッチョ・エ・ペーペ(シンプルにチーズと胡椒で味付け。たっぷりなチーズが濃厚でクリーミー)、などなど。日本人に親しまれているカルボナーラもローマ生まれだ。コッテリ、アッサリ、クリーミーとその味わいもお店によって様々。
自分好みの味わいを探してみるのも楽しい旅の思い出だ。

3店のカルボナーラ対決!!

まずは、カルボナーラ発祥の地ともいわれる1906年創業の**ラ・カルボナーラ**(→P.263)へ。ここのスパゲッティ・アッラ・カルボナーラSpaghetti alla Carbonara(€7)はチーズが香るあっさり系。前菜やセコンド、ローマならではの付け合わせや曜日によって食される ローマ料理も充実のラインナップ。超人気店なので、予約必須。時間に遅れると席がなくなるのでご注意を。

ロショーリのカルボナーラLa Carbonara(€15)はイタリアのガイドブックでローマのカルボナーラNo.1に選ばれたもの。卵や上からかける胡椒も厳選、大きめの豚のホホ肉(グアンチャーレ)はカリカリでソースはクリーミー、王道のカルボナーラだ。

リストキッコ(→P.268)は古き良きローマのトラットリアの風情を残す店。熱々のフライパンにのってスパゲッティ・アッラ・カルボナーラSpaghetti alla Carbonara(€10)が登場するプレゼンテーションが楽しい。女性では絶対!完食は難しいほどで、量はボリューミー。コッテリ系の味で、ローマの伝統的な味わいだ。この店の**ムール貝のソテー、トマト風味**Soutè di Cozze al Pomodoro(€13)もおすすめ。これとパスタを2人でシェアするのが日本人の平均的な胃袋にはちょうどいいかも。

ラ・カルボナーラ
1906年から続く、ややアッサリ系のカルボナーラ

ロショーリ
イタリアのガイドブック、ガンベロ・ロッソでNo.1に輝いた1皿

ラ・カルボナーラのフリットゥーラFrittura €8。初夏はズッキーニの花のフライ

ロショーリのイタリアの伝統的サラミとチーズの盛り合わせ €19

トンナレッリも味わってみて

ローマ名物のパスタといえば**トンナレッリ**。小麦粉と水だけで作った生パスタで機械で押し出して成型されるため、やや縮れてモチモチの口当たりが特徴だ。これを味わうなら、テスタッチョの**フェリーチェ**(→P.275)の**トンナレッリのカッチョ・エ・ペーペ**Tonnarelli Cacio e Pepe(€7)(→P.258)がおすすめ。挽きたてのチーズで真っ白に覆われた皿がテーブルに運ばれ、サービス係が目の前で素早くかき混ぜてあえて、濃厚な1皿に仕立ててくれる。

手打ちパスタのフェットチーネはローマっ子にはお母さんお手製のマンマの味。ラ・カルボナーラやリストキッコでは、スパゲッティを€1程度でお店特製のフェットチーネに変更することも可能だ。

大きな陶製の鍋で、タップリと供されるムール貝のソテー

昔ながらのローマの雰囲気のなかで味わう、伝統的な1皿
リストキッコ

ケッキーノ・ダル・1887

Map P.32 C2

Checchino dal 1887

店名からわかるとおり、1世紀以上の歴史を誇るローマ料理の老舗。内臓類を使った庶民的なローマ料理はこの店のあるテスタッチョ界隈が発祥の地とされ、メニューには伝統料理が並ぶ。お店のおすすめは、豚足のサラダInsalata Zampi、リガトーニのモツソースあえRigatoni con Pajata、オックステールの煮込みCoda alla Vaccinaraなど。内臓類とはいえ臭みもなく、洗練されたお店の雰囲気とともに楽しめるはず。テスタッチョの丘の地下を掘ったカンティーナ（ワイン庫）も歴史を感じさせてすばらしい。

できれば予約

URL www.checchino-dal-1887.com

住 Via di Monte Testaccio 30
☎ 06-5743816
営 12:30～15:00、20:00～23:45
休 ㊐夜（7月は昼も）、㊊、8月
予 €40～70、定食€40、42、48、65　C A.J.M.V.
交 B線Piramide駅から約500m。ヴェネツィア広場からバス85番でZabaglia/Galvani下車

フェリーチェ

Map P.39 C4

Felice a Testaccio

飾らない雰囲気の庶民派ローマ料理のトラットリア。手頃で飲みやすいハウスワインが用意され、1皿のボリュームも十分。季節の野菜のオムレツFrittaやカッチョ・エ・ペペ、アバッキオなどがおすすめ。

要予約

URL www.feliceatestaccio.it
住 Via Mastro Giorgio 29
☎ 06-5746800
営 12:30～15:30、19:00～23:30
休 8月の1週間
予 €35～45
C A.V.
交 B線Piramide駅から徒歩7～8分

ピアット・ロマーノ

Map P.39 C4

Piatto Romano

古きよきローマ料理のレストラン。料理はシンプルで華美なものではないが、どれを食べてもとても味わい深い。ローマ伝統の味を知るならここへ。スタッフも親切で感じがよいと評判。夜はローマ風ピッツァもある。

URL www.piattoromano.com
住 Via G.B.Bodoni 62
☎ 06-64014447
営 12:30～15:30、19:30～23:30
休 ㊐
予 €20～40（コペルト€3）
C J.M.V.
交 テスタッチョ広場から徒歩2分

アグスタレッロ・ア・テスタッチョ

Map P.39 C3

Agustarello a Testaccio

1957年から続く、家族経営のトラットリア。小羊、トリッパ、牛の尾など、ローマ伝統の庶民料理が味わえる店。店内は気取りのない雰囲気で、料理とともにローマの下町を感じさせてくれる。

要予約

住 Via G. Branca 98/100
☎ 06-5746585
営 12:30～15:00、19:30～23:30
休 ㊐、㊗、8月の最後の週と9月の最初の週　予 €25～40（コペルト€0.50）、定食€30　C M.V.
交 バス170番テスタッチョ下車2～3分

トラピッツィーノ

Map P.39 C3

Trapizzino

ローマで人気の“トラピッツィーノ”発祥の店の支店。袋状になったフォカッチャに、さまざまなローマ風煮込みをはさんだ新傾向パニーノ。お手軽ながら、しっかりした食べ応えのストリートフードだ。定番の鶏のカチャトーラが人気。ビールの種類も豊富なのでビール派にもおすすめの一軒。

URL www.trapizzino.it
住 Via Giovanni Branca, 88
☎ 06-43419624
営 12:00～翌1:00
休 一部の㊗　予 €3.5～9
C M.V.　交 バス170番でテスタッチョ下車徒歩2～3分

レストラン ピクト案内  高級店 中級店 庶民的な店 ピッツェリア エノテカ 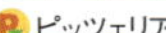ビッレリア B級グルメ 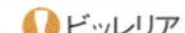

番外編

ローマで何をどこで食べる?

ローマ庶民の名物 ポルケッタ

ポルケッタの専門店、エル・ブケット

ローマのあるラツィオ州やお隣のウンブリア州などで昔からの野外料理のごちそうが**ポルケッタ**=豚の丸焼き。郊外の広場やお祭りには屋台が出たり、今ではお総菜屋でも売っていたりする。ローズマリーの香りがきいていて、パリパリの皮としっとりとしたお肉のハーモニーがおいしい。そのままワインのおつまみにしたり、パニーノにするのが定番の食べ方。

テルミニ駅近くの**ヴィーニ・エ・ポルケッタ・エル・ブケット**はその専門店。昔ながらの小さな店ながら、人気は健在。

カンポ・デ・フィオーリ広場に面してあるパニーノ屋兼バールの**アリスト・カンポ**Aristo Campo (→P.267) ではカウンターにドーンと置いてある。テラスに座ってパニーノをほお張ろう。

皮はパリパリ。食べごたえ十分のポルケッタ

ヴィーニ・エ・ポルケッタ・エル・ブケット
Vini e Porchetta"Er Buchetto"
住 Via Viminale 2F
☎ 3299652175
営 10:00～15:00、17:00～21:00、㊏10:00～14:30
休 ㊏午後、㊐、8月後半
予 €5～15 C 不可 地 P.45 A3
交 テルミニ駅西口から徒歩5分

日本料理 を食べるなら

ローマでも日本料理が花盛り。日本人にとってはうれしいけれど、頭をひねるような料理があることも事実。さて、日本人にも定評があり、イタリア人にも人気の店は、**濱清Hamasei**。ローマですでに40年続く老舗で、堂々としたカウンターがある高級店。寿司、刺身、てんぷら、すきやき、鉄板焼きなどが楽しめる。ご膳になっているランチは€15とお得。

支倉Hasekuraはもう少し手頃で家庭的でくつろげる雰囲気。1品料理から定食まで充実している。

濱清
Hamasei 要予約
URL www.roma-hamasei.com
住 Via della Mercede 35/36
☎ 06-6792134
営 12:00～14:30、19:15～22:45
休 ㊊、8月の2週間
予 €30～80、定食€15(平日昼)、€30(夜)
C A.D.J.M.V. 地 P.43 A3
交 スペイン広場から徒歩5分

支倉
Hasekura
URL www.hasekura.it
住 Via dei Serpenti 27
☎ 06-483648
営 12:30～14:30、19:30～22:45
休 ㊐、㊊昼、8月
予 €25～45、定食€17～45
C A.D.J.M.V. 地 P.44 C1
交 B線Cavour駅から徒歩約10分

テルミニ駅で 手軽に食事

列車の時間に合わせて手軽に食べたいときにはテルミニ駅のバールやカフェが便利。駅構内にはセルフレストランが2軒あるので、1品程度食べたいときに利用するのもいい。自分の食べたい物をその場で確認して食べられるのがセルフレストランのいいところ。2階には全国展開するチェーンセルフレストランの**チャオCiao**、1階マルサラ通り側のバールの奥に**グストGusto**がある。

チャオ
Ciao
住 Piazza dei Cinquecento
☎ 06-47833106
営 11:00～22:30
休 無休 予 €9～15 C A.D.J.M.V.
地 P.45 B4 交 テルミニ駅構内

グスト
Gusto
住 Via Marsala 25 テルミニ駅1階
☎ 06-47825122
営 11:00～22:30
休 無休 予 €9～15 C D.M.V.
地 P.45 A4 交 テルミニ駅構内

テルミニ駅のグスト

ローマのジェラテリア BEST3を探せ!

ジェラートの買い方・注文の仕方

ジョリッティのような大きなお店では、まずレジで大きさや値段を言って料金を支払い、レシートをもらう。そのレシートをジェラートの並んでいるカウンターに出して注文をする。ジェラートのカウンターとレジが一緒の場合もあるので、その場合もまず値段などを告げて料金を払ってから注文する。そのとき**コーノ**Cono(コーン)または**コッパ**Coppa／**コペッタ**Copetta(カップ) と容器を選んでからフレーバーを選ぶ。フレーバーで迷ったら、お店の人に聞くのもいいし、お店によっては小さなスプーンで味見をさせてくれる場合もある。好みで生クリーム＝パンナ(有料の場合もあり)をのせてもらおう。

素材にこだわった繊細な味

ジェラテリア・デル・テアトロ

(→P.279)

Gelateria del Teatro

ナヴォーナ広場近く、風情ある小路にあるジェラテリア。ローマ旧市街では最高と評価が高い。イタリア中から集めた、季節ごとの最高の素材で作ったジェラートは繊細な味わい。フレーバーの組み合わせも斬新で新鮮だ。例えば**セージとラズベリー**Salvia e lamponi、**白桃とラベンダー**Pesca Bianca e lavanda、**ホワイトチョコとバジリコ**Cioccolata bianca e basilico、**リコッタチーズ、イチヂジクとアーモンド**Ricotta fico e mandorleなどを試してみたい。

迷ったら好みを伝えお店の人に相談！
コーン€2.50(2種)、€4(3種)。

店の奥には、購入したジェラートを味わえる席もある

BEST 2

ローマで一番有名なジェラテリア

ジョリッティ

(→P.278)

Giolitti dal 1900

ローマのジェラテリアといえばジョリッティと誰でもが答える、1900年から続く老舗だ。フレーバーは豊富で全体では約60種。今も愛される昔からある定番のフレーバーから新傾向の物までさまざま。値段は**ピッコロ**Piccolo（小）€2.50（2種）、**メディ**Medi(中)€3.50(3種)、コーンの大きさが20cm以上ある**グランデ**Grande（大）€4.50（3種以上お好みで)、さらに大きなジガンテGigante€10もある。テーブル席ではコーンはサービスされない。グラス入りなどで€7～。

行列必至。列に並ぶのが嫌なら広いサロンや外のテーブルでオーダーを

定番のノッチョーラ、チョコレート・フォンダンテ、ピスタチオとパンナの組み合わせ。テーブル席で€7

手作り感たっぷり!

ラ・ロマーナ

(→P.279)

Gelateria La Romana

テルミニ駅からやや離れるが、駅からは徒歩圏内。東側に住宅地を控えるため、いつも普段着の地元っ子で大にぎわい。現代的で清潔感のあるガラス張りの店内にはテーブル席もあるので、その場で座って食べることも可能。コーンとカップがあるが1回目は**コーンを注文**してみよう。コーンを注文すると、中にトロリとチョコレート(**チョコ**と**ホワイト**の2種から選択)を注ぎ、盛り付けてくれる。2種で€2、3種で€2.50、4種で€3、5種(ビッグカップ)€4、**パンナも無料**でトッピング。厳選した素材と70年の伝統から生まれる味わいは濃厚でクリーミー。

店内のショーケースにはアイスクリームケーキも充実の品揃え

風味を損なわないようにという、昔ながらのフタ付き容器に詰めてサービスされる。創業から続くクレーマCrema dal 1947（レモン風味)が有名

ジョリッティ　Map P.42 A2

Giolitti dal 1900

1900年創業、ローマ中に名を知られた菓子とジェラートの店。奥には、落ち着いた広いサロンがあり、アイスクリームのほか、軽食も食べられる。ボリュームいっぱいのパフェ類もおすすめ。

URL www.giolitti.it

住 Via Uffici del Vicario 40
☎ 06-6991243
営 7:00～翌1:00
休 無休
予 €2.50～
C A.D.J.M.V.
交 パンテオンから徒歩5～6分

サン・クリスピーノ　Map P.43 A4

San Crispino

素材のよさと豊富な種類が自慢のジェラテリア。コーンはなく、カップだけなのもお店のこだわり。店内奥にテーブル席のあるサロンも併設。細い路地の続くトレヴィの泉近くにあり、ちょっと見つけにくいかも。お店のおすすめは、チョコレート・メレンゲとグレープフルーツの生クリームのせMeringa al Cioccolato e Pompelmo con Panna。 日本語メニュー

住 Via della Panetteria 42
☎ 06-6793924
営 11:00～24:30（㊎㊏翌1:30）
予 €2.70～10
C 不可
交 トレヴィの泉近く

グロム　Map P.42 A1

Grom

2003年にトリノで生まれたジェラテリア。日本をはじめ世界中に展開しており、ローマ市内にも6軒ある。いつも行列のできる人気店。厳選した素材を使ったジェラートは濃厚な味わいでクリーミー。 日本語メニュー

✉ テルミニ駅にGROMができました。1階の中央口あたりと地下に計2店。中央口のほうが種類が豊富でおすすめ。
（埼玉県　かすみ　'16）

住 Piazza Navona 1/Via Agonale 3
☎ 06-68807297　営 11:00～24:00、夏季㊏11:00～翌1:00　冬季㊐～㊍11:00～23:00　休 12/25
予 €2.60～　C A.D.J.M.V.
交 ナヴォーナ広場の一角

リンツ　Map P.42 A2

Lindt

スイスを代表するチョコレートブランドの「リンツ」のバール兼ジェラテリア兼ショップ。店頭にはジェラート、奥にはさまざまなパッケージに入った定番のリンドールが多彩なフレーバーで並んでいる。ショコラティエのこだわりのチョコはおみやげにも最適。

住 Piazza della Maddalena 12
☎ 349-2566507
営 10:00～23:00
休 無休
予 €2.50～
C A.D.J.M.V.
交 S.M.マッダレーナ教会すぐ

G.ファッシ パラッツォ・デル・フレッド　Map P.41 A4

G.Fassi Palazzo del Freddo

1880年からジェラートを作り続けてきた老舗。パラッツォの名のように、大きな建物の大店舗。工場直結の店内には選ぶのに困るほどの種類が並ぶ。テーブル席もある。

URL www.gelateriafassi.com

住 Via Principe Eugenio 65/67
☎ 06-4464740
営 12:00～24:30（㊎㊏24:00）、㊐10:00～24:00
休 一部の㊗
予 €1.60～
C M.V.
交 A線Vittorio駅から徒歩5～6分

✉ 読者のおすすめ

ジェラテリア・オールド・ブリッジ

Gelateria Old Bridge

€1.50～3までのカップまたはコーンが選べます。€2のカップで3種類入れてくれました。量も多いし、おいしくて満足。日本在住のイタリア人が教えてくれました。
（香川県　tobe）

住 Viale dei Bastioni di Michelangelo 5　☎ 328-4119478
開 ㊊～㊏9:00～翌2:00、㊐14:30～翌2:00　地 P.36 B2

ジェラテリア・デイ・グラッキ（→P.279）

Gelateria dei Gracchi

すごく混んでいるが、とてもおいしかったです。
（東京都　杉山敦樹）

地元の人に人気のお店で、smallサイズで€2.50。素材の舌触りが残っていておいしかったです。
（福岡県　S・M）

ジェラテリア・デル・テアトロ　Map P.37 C3

Gelateria del Teatro

ナヴォーナ広場近く、風情ある小路にある。定番のジェラートのほか、ちょっと新しい味わいも揃っている。素材を生かした繊細な味わいはクセになりそう。店内にはテーブルもあり、そこで食べることができるのもうれしい。冬季はチョコレートも販売。市内に2軒あり。

住 Via dei Coronari 65/66
☎ 06-45474880
営 夏季10:30～24:00、冬季11:30～21:30
休 一部の㊗
予 €2.50～
交 ナヴォーナ広場から徒歩5分

チャンピーニ　Map P.46 C1

Ciampini

落ち着いたカフェ兼ジェラテリア。おすすめはジェラート。味には定評があり、ローマっ子のファンが多い。タルトゥーフォが1番人気。外のテーブルも気持ちよい。簡単な食事もできる。いつも混んでいるので、すぐ近くのチャンピーニ・ドゥーエなら座れる可能性大。　日本語メニュー

住 Piazza S. Lorenzo in Lucina 29
☎ 06-6876606
営 8:30～22:30
休 ㊊、8/10～8/17
予 €3.50～15、食事€35～55
C A.J.M.V.
交 A線Spagna駅から徒歩5～6分

フィオーリ・ディ・ルーナ　Map P.39 B3

Fiori di Luna

トラステヴェレの入口、大通りのソンニーノ広場からS.M.イン・トラステヴェレ聖堂へと続くにぎやかな小路にある小さなジェラテリア。新趣向の味わいも揃う意欲的な1軒。冬季は各種チョコレートも並ぶ。小さなテーブル席もあり。

住 Via della Lungaretta 96
☎ 06-64561314
営 夏季12:00～24:00、冬季13:00～21:00
休 ㊊、1/15～2/15
予 €2.50～
交 S.M.イン・トラステヴェレ聖堂から徒歩3分

グラッキ　Map P.37 A3

Gelateria dei Gracchi

ヴァティカン近く、コーラ・ディ・リエンツォ通りの裏手にある。飾り気のない、昔ながらの店構えながら、長年ローマっ子に愛されている店。新鮮な牛乳と卵にこだわり、添加物は一切不使用。リンゴとシナモンmela e cannella、アーモンドとオレンジmandorle tostato e aranciaなど複雑な味わいも楽しい。市内に2軒あり。

住 Via dei Gracchi 272
☎ 06-3216668
営 12:00～24:30　休 一部の㊗
予 €2.50～　C V.
交 地下鉄A線Lepanto駅から徒歩3分

ラ・ロマーナ　Map P.35 C3

Gelateria La Romana

サン・マリノ共和国の近く、リミニで1947年に創業。イタリア全土で展開しており、ローマには3軒（住 Via Cola di Rienzo 2ほか）。天然の素材と作り立てにこだわり、濃厚でクリーミーな伝統的な味わい。日替わり、季節限定など、新しい味わいがいつも楽しめる。明るい雰囲気もいい。

URL www.gelateriaromana.com
住 Via XX Settembre 60
☎ 06-42020828
営 11:00～24:00（㊎㊏翌1:00）
休 一部の㊗
予 €2～　C A.D.M.V.
交 テルミニ駅から徒歩15分

ジェラテリアの激戦地区　黄金の三角地帯

ローマのジェラテリアの老舗、ジョリッティ（→P.278）からナヴォーナ広場、パンテオンにかけての三角地帯はジェラテリアの激戦区。

パンテオン正面奥のサンタ・マリア・マッダレーナ教会そばにトレヴィの泉近くの人気店サン・クリスピーノ（→P.278）の支店（住 Piazza della Maddalena 3a　☎ 06-68891310　営 11:00～24:00　休 無休　地 P.42 B2）。

すぐ近くに、いつも人であふれる大型のバールを併設したバール・デッラ・パルマBar della Palma（住 Via della Maddalena 19/23　☎ 06-68806752　営 ㊊～㊍8:00～24:30（㊎～㊐翌1:30）　休 無休　C A.M.V.　地 P.42 A2）は種類が豊富。

ローマのカフェとバールを楽しもう!

カフェとバールの楽しみ方

道を歩けばすぐに見つかるバールやカフェ。たくさんありすぎてどこに入ればよいか迷う人も多いはず。そこで目的に合わせてお店を選んでみよう。

アートを楽しむなら

カノーヴァ・タドリーニ

アートを感じるなら、**カノーヴァ・タドリーニ**(→P.281)。通りに面した外テーブルが気持ちいいが、ぜひ1階に陣取ろう。巨大な彫刻が頭上と眼前に広がるユニークな空間だ。

ルネッサンスの巨匠、ブラマンテの息吹が感じられる回廊の上にある**キオストロ・デル・ブラマンテ**(→P.282)も印象的。ファッション雑誌の撮影にも使われる風情ある空間だ。

アンティコ・カフェ・グレコ

歴史を感じるなら

ローマを訪れた著名人が訪ねたのが**アンティコ・カフェ・グレコ**(→P.281)。内部も18世紀のほぼ創業当時のまま。店頭に立ち飲みのカウンターがあるので、時間がない人や雰囲気だけを見たい人はここを利用しよう。ローマっ子にも人気でエスプレッソなどがおいしい。

エスプレッソを極めるなら

サンテウスタキオの店頭

店頭でコーヒー豆を焙煎しているお店はどこもおいしい。特にローマで人気があるのが**サンテウスタキオ**(→P.282)。いつも長蛇の列ができているので並ぶのを覚悟で出かけよう。店頭に並ぶコーヒーを詰めたチョコレート・ボンボンやコーヒー豆をチョコで包んだキッキ・ディ・カフェなどもおみやげにいい。

ラ・カーサ・デル・タッツァ・ドーロ(→P.282)もいつもすごい人混み。エスプレッソをはじめ、夏のグラニータや冬のカフェ・モカを片手にパンテオンを眺めるのもオツなもの。キッキ・ディ・カフェもおすすめ。

ジェラテリアやカフェの掟

バンコは10分待ちのジョリッティ

カフェやバール、ジェラテリアではテーブルとカウンター(バンコbanco)では注文の仕方も支払いの方法も異なる。テーブル席ではカメリエーレ(給仕係)に注文し、支払いもする。一方、立ったまま食べたり飲んだりする場合は、まずレジで注文して支払い、レシートをもらい、カウンターの係にレシートを出して再度注文する。テーブル席とカウンターでは同じ物でも料金が異なる場合がほとんど。たまたま、テーブル席に座っている人が少ないと、ジェラートなどを手に椅子に座ってしまいがち。でもこれは、約束違反。ときには注意されることもあるので注意しよう。

庶民的な店や田舎では、どちらも同じ料金で差別がない場合もあるが、カウンターで注文したものを手に座りたくなったら、まずはお店の人に確認してみよう。

カフェとバールのメニュー

カフェやバールはイタリア人の生活になくてはならない存在だが、これは、われわれ旅行者にも同様。バールのメニューは種類が豊富なのでほんの一部しか挙げていない。カウンターで隣のイタリア人が注文する物をよく見ておいて、気に入ったら次回はそれにトライしてみるのも楽しい。

Caffè	エスプレッソ

エスプレッソは少量がおいしい

Caffè macchiato	カフェ・マッキアート(エスプレッソ+ミルク)
Cappuccino	カプチーノ
Caffè latte	カフェオレ
Caffè freddo	冷たいエスプレッソ
Caffè shakerato	エスプレッソに氷を入れてシェイクしたもの
Tè	紅茶
Tè freddo	冷たい紅茶
Camomilla	カミツレ茶(カモミール)
Cioccolata	ココア
Coca cola	コカコーラ
Acqua minerale	ミネラルウオーター
Aranciata	炭酸入りオレンジ
Succo di frutta	ネクタージュース
Spremuta	スプレムータ(フレッシュジュース)

レッド・オレンジのスプレムータ

Frullato	ミルクセーキ
Granita	フラッペ
Gelato	ジェラート(アイスクリーム)
Cornetto	クロワッサンタイプの菓子パン
Pasta	シュークリームなどのお菓子
Tramezzino	サンドイッチ
Panino	丸型パンのサンドイッチ

APERITIVO	食前酒
Campari	カンパリ
Cinzano	チンザノ
Martini	マティーニ
Cynar	チナール

DIGESTIVO	食後酒
Amaro	アマーロ
Grappa	グラッパ
Sambuca	サンブーカ
Brandy	ブランデー
Whisky	ウイスキー

アンティコ・カフェ・グレコ

Map P.46 B2

Antico Caffè Greco

1760年創業。数多の芸術家も通った老舗カフェ。当時のままの雰囲気は、カウンターでも楽しめる。サロンのテーブルや椅子には、利用した著名芸術家の名が刻まれている。

✉ Caffè con Cioccolatoをいただきましたが、日本では味わえないおいしさでした。歴史を感じさせる内装もすばらしく、買い物のあとの休憩におすすめ。（東京都　田葉隆一　'15）['18]

住 Via Condotti 86
☎ 06-69788427
営 9:00～21:00　休 一部の㊗
予 €5～　C A.J.M.V.
交 スペイン階段から徒歩3分

バビントン

Map P.46 B2

Sala Da Tè Babington

ローマで暮らしたA.ヘップバーンも愛したスペイン階段脇にある、歴史ある優雅な雰囲気のティールーム。イタリアでは珍しく、本格的な英国風ティーが味わえると定評の1軒。30種以上の紅茶とともにイングリッシュ・ブレックファスト、アフタヌーンー・ティーのほか、カレーなども味わえる。

URL www.babingtons.com
住 Piazza di Spagna 23/25
☎ 06-6786027
営 10:00～21:15　休 無休
予 飲みもの€6～10、食事€12～20、定食（ブランチなど）€34～40
C A.D.J.M.V.
交 スペイン広場の一角

ロサーティ

Map P.46 A1

Rosati Piazza del Popolo

アールヌーヴォーのしつらえの落ち着いたカフェ。さわやかな季節にはポポロ広場に面したテラス席も気持ちいい。各種飲み物のほか、ジェラートやお菓子類も充実。パスタ€12～などもあり簡単な食事もできる。

住 Piazza del Popolo 4a/5
☎ 06-3225859
営 7:30～23:30
休 無休
予 €2.50～30
C A.D.J.M.V.
交 ポポロ広場の一角

カノーヴァ・タドリーニ

Map P.46 B2

Caffè e Ristorante Canova Tadolini

19世紀初頭にローマで活躍したカノーヴァとその弟子タドリーニのアトリエがほぼ当時の内装のままカフェ兼レストランとして営業。1階がバールとカフェ、2階がレストラン。料理は伝統的な料理をアレンジしたものでサービスも落ち着いている。

住 Via del Babuino 150/A-B
☎ 06-32110702
営 7:00～20:00、食事12:00～24:00
休 8月の15日間
予 €25～70
C A.D.J.M.V.
交 スペイン広場から徒歩5分

ミネルヴァ・ルーフ・ガーデン

Map P.42 B2

Minerva Loof Garden

ホテルの屋上にあるカフェ兼バー兼レストラン。ホテル玄関を入り、エレベータを利用してテラスへ。眼下にパンテオンとロトンダ広場、遠くにサン・ピエトロのクーポラを望むすばらしいパノラマが広がる。食事もできるが、カフェとしての利用がおすすめ。

URL www.minervaroofgarden.it
住 Piazza della Minerva 69
グランド・ホテル・デ・ラ・ミネルヴァ（→P.309）の屋上
☎ 06-695201
営 夏季のみ12:00～翌1:00　ランチ12:30～15:00、ディナー19:30～23:00
休 冬季　予 €5～　C A.D.J.M.V.
交 パンテオンから徒歩2分

トレ・スカリーニ

Map P.42 B1

Tre Scalini

カフェ兼レストランで、2階で食事もできるが、とりわけタルトゥーフォTartufo Nero（トリュフ）と呼ばれるジェラートで有名。ナヴォーナ広場を眺めながらのひとときにおすすめ。

URL www.trescalini.it

住 Piazza Navona 28
☎ 06-68806209
営 バール9:00～翌2:00、レストラン12:30～15:30、17:00～24:00
休 1/7～2/7
予 €5～、食事€50～60
C A.D.J.M.V.
交 ナヴォーナ広場の一角

チャンピーニ Map P.34 C1

Ciampini Bistrot

スペイン階段上、トリニタ・デイ・モンティ教会を左に進んだ高台の緑のなかにある見晴らしのいいカフェ兼ジェラテリア兼ビストロ。コルソ通り近くのサン・ロレンツォ・ルチーナ広場などにあるローマっ子に人気のある同名店の支店。スペイン階段の観光後のお茶や休憩にピッタリのロケーション。夕暮れ時はロマンティックな雰囲気。

住 Via Fontanella di Borghese 59
☎ 06-68135108
営 7:30～23:30
休 8/11～8/16 予 €2～、パスタ€11～ C A.J.M.V.
交 スペイン階段上から徒歩2分

イル・パラツェット Map P.34 C1

Il Palazzetto

スペイン階段脇（入口は階段上部）に広がる高級感あるテラスバー兼イヴェントスペース。スペイン階段や舟の噴水を見下ろすすばらしいパノラマが楽しめる。飲み物のほか、サラダやパスタ、ピッツァなどもあり、ランチやお茶に最適。高級ホテル・ハスラーのグループのひとつで、階下にホテルもあり。

住 Vicolo del Bottino 8
☎ 06-699341000
営 12:00～14:30、19:30～22:30
休 一部の㊗
予 €7.50～
C A.D.J.M.V.
交 スペイン階段上部すぐ

カンティアーニ Map P.36 B2

Cantiani

1935年創業のパスティチェリア兼バール&カフェ。ターヴォラ・カルダ（軽食堂）やジェラテリアとしても営業。コーラ・ディ・リエンツォ通りでお茶をしたり、簡単に食事をしたいときに便利。店内奥のターヴォラ・カルダのランチは近隣のビジネスマンで大混雑。

住 Via Cola Di Rienzo 234
☎ 06-6874164
営 7:00～21:00
休 8/14～8/15
予 €2～、パスタ、セコンド€6～
C A.D.J.M.V.
交 リソルジメント広場から徒歩5分

キオストロ・デル・ブラマンテ Map P.42 B1

Chiostro del Bramante

16世紀にブラマンテが設計した建物内。1階美術館の切符売り場を抜けて階段を上ると、柱廊の光と陰が美しい歴史ある空間にモダンなカフェが広がる。飲み物のほか、サラダやサンドイッチ類、自家製チーズケーキなどもあり、観光途中の休息にも最適。

住 Via Arco della Pace 5
☎ 06-68809036
営 カフェテリア10:00～20:00 ランチ12:00～15:00 ㊏㊐ブランチ10:00～15:00 休 8月
予 €1.50～、食事€10～20
C A.D.M.V.
交 ナヴォーナ広場から徒歩5分

サンテウスタキオ Map P.42 B2

Caffè Sant'Eustachio

こだわりのコーヒー店。薪の火による焙煎で有名。「グラン・カフェ」と呼ばれる、秘伝のブレンドによるコーヒーはローマでも知る人ぞ知る逸品。グランカフェのほかコーヒー風味のバッチョ、グラニータなどもおすすめ。古きよきローマの雰囲気に浸れる。

URL www.santeustachioilcaffe.it
住 Piazza S. Eustachio 82
☎ 06-68802048
営 7:30～翌1:30
休 8/15、12/25
予 €2.20～
C M.V.
交 パンテオンから徒歩2分

ラ・カーサ・デル・タッツァ・ドーロ Map P.42 B2

La casa del Caffè tazza d'oro

かつて、コーヒー焙煎所が軒を連ねていた界隈にある1軒。ひきたての香り高いコーヒーが味わえる。生クリームをたっぷり使ったカフェ・モカやグラニータ（夏のみ）がおすすめ。量り売りのコーヒー豆も人気。お店のおすすめの豆はLa Regina dei Caffe 1kg約€20。

URL www.tazzadorocoffeeshop.com
住 Via degli Orfani 84
☎ 06-6789792
営 7:00～20:00、㊐10:30～19:15
休 8/15、12/25、復活祭の㊐
予 €1～
C A.D.M.V.
交 ナヴォーナ広場から徒歩3分

Shopping Guide

ローマでショッピング

ラツィオ州の ローマでワインを買う!

イタリア旅行の楽しみのひとつは『食』。ローマでおいしい食事やワインを楽しんだら、ワインや食材をおみやげにして、旅の余韻を楽しもう。お友達にも旅の楽しみをおすそ分け!! もちろん、ローマの旅ならラツィオ州のワインを。

トリマーニ(→P.285)で選んだ! Best 3

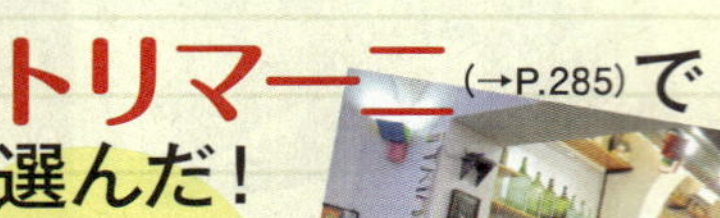

1 モットゥーラ ラトゥール・ア・チヴィテッラ 2010

Mottura Latour a Civitella 2010 I.G.T.

ラツィオ州北西部、ヴィテルボ近郊でグレケット種100%から造られ、タンクでの発酵後、オークの樽に移して凝灰岩の洞窟で熟成される。

輝く黄金色で、フルーティーでいくらかナッツの香りが感じられエレガントな印象。やわらかな飲み心地。

価格€17.90

白ワイン

2 プリオール・ユ・クワルト 2011 チェサネーゼ・デル・ピーリオ

Priore Ju Quarto 2011 Cesanese del Piglio D.O.C.G.

ラツィオ州南東部、アナーニやピーリオ周辺の丘で土着品種のチェサネーゼ・ディ・アッフィーレ種から造られる。チェサネーゼは中世から作られている歴史あるワインのひとつ。ルビー色がかった赤、チェリーとバニラを感じさせる繊細な香り、滑らかな口当たりで口から鼻へ抜ける風味がいい。

価格€17.40

赤ワイン

3 パッセリーナ・デル・フルシナーテ カサーレ・デッラ・イオリア

Passerina del Frusinate Casale della Ioria I.G.P.

ローマの東、アナーニ近くのチョチアリアで造られる白ワイン。パッセリーナ種100%から造られ低温発酵される。輝く麦わら色で果実味にあふれフレッシュ・フルーティー。土地の料理に合わせてカジュアル感覚で飲みたいワイン。

価格€6.90

白ワイン

デザートワインも楽しんで

ワインを選んでくれたのは、トリマーニ・ワイン・バーの料理とワインを取り仕切るトリマーニさんとエノテカのスタッフ。日本ではあまり接する機会のないデザートワインもぜひ試してみよう。甘く芳しく、優しい口当たりは食後のハッピー気分をより高めてくれる。ラツィオ州のデザートワインはAleatico di Gradoliが有名。ブドウ品種特有のやや重厚でクラシックな口当たりだ。さわやかな余韻を楽しむならピエモンテ産などもおすすめ。1杯€4～8程度で楽しめる。

トリマーニ【ワイン】

Map P.35 C4

Trimani

●ワインを買うなら専門店で

ローマ1の酒商トリマーニは、200年近い伝統を持つ老舗。広い店内にはイタリア中の高級ワインからお手頃な物まで、ローマ1の品揃え。スタッフが、お値頃で価値のあるワインをすすめてくれる。宅配便での日本発送も可。

住 Via Goito 20
☎ 06-4469661
営 9:00～20:30
休 ㊐㊗
C A.D.J.M.V.
交 地下鉄A・B線Termini駅から徒歩7～8分

コスタンティーニ【ワイン】

Map P.37 B3

Il Simposio di Costantini

●老舗が誇る、充実の品揃え

緑の庭園が広がるカヴール広場に面し、アールヌーボーの豪華な装飾が目を引く高級レストラン&エノテカに併設するワイン店。イタリア・フランスの名醸ワインから手頃な物、ウイスキー、リキュールなど充実の品揃え。

住 Piazza Cavour 16
☎ 06-3241489
営 9:30～13:00、16:30～20:00（レストラン、エノテカ10:00～24:00）
休 ㊐、8月、1/1、復活祭の㊐、12/25、12/26
C A.M.V.
交 カヴール広場の一角

ブッコーネ【ワイン】

Map P.46 A1

Buccone

●どこか懐かしい雰囲気も魅力

ポポロ広場の近く、古色蒼然とした店内の壁にはズラリとワインが並ぶ。ワインのほかウイスキー、シャンパン、グラッパ、オリーブ油、アチェート・バルサミコからビスケットなど吟味した商品が並ぶ。店内で食事もできる。

URL www.enotecabuccone.com
住 Via di Ripetta 19
☎ 06-3612154
営 9:00～20:30、㊎㊏9:00～23:30
休 ㊐、8月の3週間
C A.D.J.M.V.
交 ポポロ広場から徒歩4～5分

カストローニ【食料品】

Map P.44 B1

Castroni

●軽い食事やおみやげ探しに

人気の高いひきたてコーヒーでのどを潤したら、各種チョコの量り売りや半地下に並ぶイタリア産食材からのおみやげ選びが楽しい。

✉ドライトマトを買いましたが、高品質でした。　（東京都　SYSYK)['18]

住 Via Nazionale 71
☎ 06-48906894
営 7:30～20:00
休 無休
C A.D.M.V.
交 地下鉄A線Repubblica駅から徒歩7～8分

フラテッリ・ファッビ【食料品】

Map P.46 B2

Frattelli Fabbi

●品揃えのよさが、地元で評判

スペイン広場付近のグルメ通り、クローチェ通りにある食料品店。店内は狭いが、ハム、チーズからタルトゥーフォ（トリュフ）、オリーブ油、バルサミコなどの高級食材まで扱う。真空パックも可。

住 Via della Croce 27/28
☎ 06-6790612
営 8:00～19:45
休 ㊐、8月10日間
C A.D.J.M.V.
交 地下鉄A線Spagna駅から徒歩5分

アンティーカ・カチャーラ【食料品】

Map P.39 B3

Antica Caciara Trasteverina

●ローマ通が通う食料品店

ローカルいち押しの食料品店で来客はひっきりなし。オーナーこだわりの仕入れで質のよいチーズ、サラミ、ワインやパスタが良心的な価格で揃い、自宅用にもおみやげにも最適。日本に持って帰る旨を伝えれば真空パックで梱包してくれる。リピーターも多い。

住 Via San Francesco a Ripa 140 a/b
☎ 06-5812815
営 7:00～14:00、16:00～20:00
休 ㊐㊗
C M.V.
交 マスタイ広場から徒歩3分

パスタをおみやげに！

イタリアみやげで一番なじみがあってお手頃なのがパスタ。ちょっとかさ張るけど、ゆでて本場のソースであえれば、簡単においしいイタリアンのできあがり。

カストローニ パスタ・アッルオーヴァ
Castroni Pasta all'uova

ローマで老舗の食料品店カストローニ、おすすめの自社ブランドの卵入りパスタ。卵入りのパスタは日本では種類が少ないので、ちょっと珍しいおみやげ。ツルッとしていながら、表面のザラザラにソースが染み込みこんでいいお味になるハズ。ゆで時間が5～7分程度と短いのも魅力。細めはトリフソース、太めはミートソースとの相性がいい。価格500g €3.80

カストローニ（→P.285、297）

マルテッリ
Martelli

イタリアの高級食品店では必ず並んでいる、黄色いパッケージ。吟味した素材と伝統的製法を守った家族経営のパスタメーカーの商品。「乾燥パスタのベストワン」と呼ぶグルメも多い。小麦の香りが高く、昔ながらの成型や60時間をかけるという自然乾燥は、パスタ表面にザラザラを生み、ソースとのからみもよく、もちっとした口当たり。種類は少なく、スパゲッティ、ペンネ、フシッリなど。価格1kg €4.50

トリマーニ（→P.285）

サポーリ＆ディントルニ フェットチーネ・ディ・カンポフィローネ
Sapori Dintorni Fettucine di Campofilone

スーパー・コナドの高級ブランドSapori&Dintorniの卵入りパスタ。Sapori&Dintorniは土地の素材を伝統的な製法で作った商品ブランド。パスタ、ソース、お菓子などさまざまな種類があり、通常の商品よりやや高いが、パッケージもきれいでおみやげにピッタリ。こちらも細めはトリフソースなどの繊細なソースに、太めはミートソースなど濃厚なソースに合わせて。価格500g €2.99

コナド（→P.287）

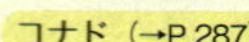

パスタソースも一緒にどうぞ

専門店やスーパーにはビン入りのパスタソースが各種並んでいる。定番のトマトソースからジビエ類をつかった物、南イタリア特産の唐辛子の辛いソース、カルチョフィー（アーティチョーク）などの野菜のソースなど、どれを選ぶか迷う。まずは使い勝手のよい定番のソースを選ぼう。最後の味付けに欠かせないパルミジャーノチーズもおみやげに。

トリフソース Salsa Tartufi

ゆでたパスタとあえるだけで香り高いトリフパスタのできあがり。トリフオイルOlio di Tartufoがあればさらにグッド。種類によってはトーストした田舎パンに乗せればトリフのブルスケッタも簡単にできる。

ジェノヴェーゼ Pesto Genovese

バジリコ、松の実、ニンニク、パルミジャーノをていねいにすりつぶし、オリーブ油と合わせたペースト。ゆでたパスタにあえるだけで地中海の香りいっぱいの一皿に。オリーブ油でのばせば、魚や肉料理のソースに。

ラグー Ragù

おなじみのミートソース。そのままパスタとあえてパルミジャーノチーズをふればイタリアのマンマの味が簡単に再現できる。ホワイトソースといっしょにオーブンで焼けばPasta al Fornoのできあがり。

ビオパスタについて

最近よく見かける表示がビオロジコBiologico、略してビオBIO。これはオーガニック＝有機栽培の意味で、化学農薬、化成肥料などを避けて栽培された安全性が高い食品の証明だ。近年見かけるのがちょっと茶色いパスタ（多くの場合BIO表示あり）。これは全粒粉（小麦の胚芽を取らずに製粉した物。お米に例えれば玄米）で作られた物で、栄養や食物繊維が豊富なので、健康志向やダイエットを気にする人に人気。

■イタリア最大店舗■

ローマのイータリー EATALY

イタリア中のワインが揃う

✉日本でもおなじみのイータリー。えりすぐりの高品質の食材が揃っていることで有名ですが、イタリア最大規模の店舗が'12年6月にローマにオープン。食材からキッチングッズまで並び、店内のあちこちにバールやレストランがあるので、その場で味わうこともできます。珍しい食材探しやおみやげ探しにおすすめ。でも、普通のスーパーにあるような物がない場合もあります。テルミニ駅から地下鉄で約10分、そこから徒歩で7〜8分です。（ローマ在住　'12）

夜遅くまでの営業なので、食事を兼ねて買い物に出かけるのものいい。時間帯によってはモッツァレッラ作りやコーヒーの焙煎の様子などを見ることもできる。各階に食品売り場のほか、イート・インも併設。1階は軽食。2〜3階はパスタ、魚介、揚げ物、肉などに分かれ、階が同じなら、ブースが異なっていても同時にオーダー可。最初に席を取り、その番号札を持ってレジで注文。テーブルまで料理は運んでくれる。1皿€10〜15（コペルト€1）。買い物のカートを横に置いて食事ができるのも便利。買い物は最後に精算できる。

✉テルミニ駅から共和国広場に入ってすぐのアーケードにイータリーができました。小規模店舗なので、ショッピングより食事に便利に使えます。

（匿名希望　'16)['18]

住 Piazzale XII Ottobre 1492(オスティエンセ駅脇)
☎ 06-90279201
開 9:00〜24:00(イベントなどにより変更の場合あり)
休 1/1、復活祭、8/15、12/25〜12/26　C A.D.J.M.V.
地 P.33 C3　URL www.eataly.net
行き方 地下鉄B線ピラミデ駅下車、エアー・ターミナルAir Terminal方面出口を出て地下通路からオスティエンセ駅構内を抜け、15番ホームを過ぎた一番奥の出口を上がる。正面のイタロ窓口の右を建物沿いに進む

✉イータリーに行くにはB線ピラミデ駅下車。ラウレンティーナ方面の改札を出れば看板があり、迷わずに行けます。トイレもきれいでした。

（静岡県　ケースタイル　'16)

コナド［スーパー］

Map P.45 A4

Conad

●テルミニ駅地下で何でも揃う

観光客にとって最も便利でわかりやすい、テルミニ駅地下にあるスーパー。さほど規模は大きくないが、果物、お菓子、飲み物、日用品が揃い、長い営業時間も便利。観光客の利用が多いためか、おみやげ向けのお菓子やワインも充実しているのもうれしい。店の奥には総菜コーナーがあり、温かい料理やピッツァなども揃っている。電子レンジでも温めてくれるのも便利。

もう少し大きなConadの店舗はテルミニ駅北側の独立広場Piazza Indipendenzaの一角にある。

テルミニ駅地下店
住 Stazione Termini/ Piazza dei Cinquecent 1
☎ 06-87406055
営 6:00〜24:00
休 無休
C A.D.J.M.V.
交 テルミニ駅地下構内

独立広場店
住 P.zza Indipendenza 28
☎ 06-44704290
営 7:30〜22:00、㊐8:00〜20:00
C A.D.J.M.V.
地 P.35 C4
交 独立広場の一角

シンプリー・マーケット［スーパー］

Map P.45 B3

Simply Market

●大型食料品スーパー

ローマの旧市街には大型の食料品スーパーは少ない。ウピムの地下階に広がる。テルミニ駅地下のスーパーよりも広く、おみやげに最適なお菓子やワインなどが充実。上階のウピムからは行けないので、正面左の下り階段を利用しよう。

住 Piazza S. M. Maggiore 1〜5
☎ 06-44360225
営 7:00〜24:00
C J.M.V.
交 S.M.マッジョーレ大聖堂前

ローマらしいおみやげを探す

ローマに来たなら、ぜひのぞいてみたいお店を紹介。自分へのおみやげなら、身近に置けて、思い出に浸れたり、生活に役立つような小物を探したい。印象的な町の風景が描かれた絵や文房具、長く使えそうな革製品、イタリアの味を再現するのに便利なキッチン用品などはかさ張らずにおすすめ。日本で待つ人たちには、手仕事が美しい子供服もイタリアならでは。日本人好みのおみやげがいろいろ揃い、日本語が通じるローマ三越は旅行者にはありがたい。

ファブリアーノ【紙製品】 Map P.46 A1

Fabriano

●**紙製品の老舗**

1200年創業の紙製品の専門店。かのラファエッロやダ・ヴィンチも愛用したという。明るい店内にはカラフルなノート、手帳、革製品などが並ぶ。旅ノートやワインノートなども楽しい。

住 Via Babuino 173
☎ 06-32600361
営 10:00～20:00
休 1/1、12/25
C A.J.M.V.
交 地下鉄A線Spagna駅から徒歩6～7分

ヴェルテッキ【文具】 Map P.46 B2

Vertecchi

●**品揃え豊富な有名文具店**

イタリア製のシステム手帳や高級万年筆から、画材やデザイン用品まで。オリジナルのローマらしいカード類やメモパッドは、おみやげに。

✉ 楽しい紙製品や小物、キッチン用品までありました。店員さんも親切で、お気に入りの1軒に。
（東京都　玲子）['18]

住 Via della Croce 70
☎ 06-3322821
営 10:00～19:30
休 一部の㊗
C A.M.V.
交 地下鉄A線Spagna駅から徒歩5分

クチーナ【キッチン雑貨】 Map P.46 B2

c.u.c.i.n.a.

●**お料理好きに**

細長い店内には料理道具、カトラリー、リネン類などキッチングッズがいっぱい。チーズおろしなどイタリアならではの物を探すのも楽しい。手頃なおみやげ探しに最適。ナヴォーナ広場近く＝Via dei Parione 21にも店舗あり。

住 Via Mario de' Fiori 65
☎ 06-6791275
営 10:00～19:30、㊊15:30～19:30
休 ㊐、㊊午前、1/1、復活祭とその翌㊊、8/15、12/25、12/26
C A.D.J.M.V.
交 地下鉄A線Spagna駅から徒歩3分

グスト・エンポリオ【キッチン雑貨】 Map P.42 A2

Gusto Emporio

●**食を丸ごと知る、味わう**

アウグストゥス帝の廟近くに、複数の飲食店を展開するグスト・グループによる、料理本やキッチン用品（食器、鍋、調理器具、ファブリックなど）を扱う店舗。料理のプロから愛好家までご用達のラインアップ。

住 Via della Scrofa 16
☎ 06-3236363
営 10:30～20:00
休 一部の㊗
C A.M.V.
交 ナヴォーナ広場から徒歩5分

ビアレッティ【キッチン雑貨】 Map P.37 A3

Bialetti

●**コーヒーマニア必見**

直火式コーヒーメーカーで有名なビアレッティ。店内にはカラフルなエスプレッソのコーヒーメーカーが並ぶ。コーヒーカップはもちろんキッチングッズも豊富。イタリアらしいセンスのよさとお手頃な価格帯がうれしい。

住 Piazza cola di Rienzo 82
☎ 06-92081885
営 10:00～20:00、㊐13:00～16:00
休 ㊐午前
C A.M.V.
交 バス81番などでCicerone/Plinio下車、徒歩1分

イノチェンティ【クッキー】

Map P.39 B4

Biscottificio Innocenti

●実力派クッキー!!

たくさんの焼きたてクッキーがずらり！1枚から購入OKなので色々な種類が味わえる。ローマでクッキー食べ歩きはここじゃなきゃ！という熱烈なファンも多く、甘党には外せないお店。さくさくのクッキーを召し上がれ！

住 Via della Luce 21
☎ 06-5803926
営 8:00～20:00、㊐9:30～14:00
休 夏季㊐、一部の㊗、8月の数週間
C 不可
交 S.Cイントラステヴェレ教会から徒歩3分

アンティクアリウス・ステファーノ・ビフォルコ【版画】

Map P.42 B1

Antiquarius Stefano Bifolco

●アンティーク版画をおみやげに

アンティーク版画の専門店。扱っているのはすべてオリジナルで1400年代～1800年頃の物。古いローマの町並みの版画はインテリアのグレードアップ間違いなし。価格は€25～300くらい。2～3日あれば、額入れ（€400～500）も可能。

住 Corso Rinascimento 63
☎ 06-68802941
営 9:30～13:00、16:00～19:30
休 ㊏、㊐、8月
C A.J.V.
交 ナヴォーナ広場から徒歩1分

カンポ・マルツィオ・デザイン【文具】

Map P.46 C1

Campo Marzio Design

●おしゃれなペンの専門店

万年筆をはじめとするペンの専門店。明るい店内にはペン先、筆、インク、手帳などの文具が並ぶ。技術とデザインの粋を集めた高級万年筆からおみやげにも最適なおしゃれなペン（€10～）まで揃う。

✉ 財布やかばんなど革好きにはたまらない店でもあります。
（群馬県　神道麻美）['18]

住 Via Campo Marzio 41
☎ 06-68807877
営 10:30～19:30
休 8/15　C A.D.J.M.V.
交 コロンナ広場から徒歩5分

カルトレリア・パンテオン【紙・革製品】

Map P.42 B2

Cartoleria Pantheon

●便利な立地

✉ パンテオンの南西、道を隔てた一角にある文具店。革製品が充実していて、お店のおじさんが身振り手振りで買い物の相談にも応じてくれてよい買い物ができました。
（千葉県　丸山貴義）['18]

住 Via della Rotonda 15
☎ 06-6875313
営 10:30～20:00
㊐13:00～20:00
休 ㊐午前、1/1、復活祭の㊐、8/15、12/25、12/26
C A.M.V.
交 パンテオンの西側

チール【子供服】

Map P.46 B2

Cir

●イタリアならでは手仕事を

ハンドメイドの刺繍専門店。ベビー・子供服、テーブルクロスなど、繊細な手刺繍が施された上質な品が並ぶ。イタリアらしい子供服やテーブルクロスなどはおみやげにも最適。バルベリーニ広場（住 Piazza Barberini 11）にも支店あり。

住 Via del Babuino 103
☎ 06-6791732
営 10:00～19:00
休 ㊐、8/14～8/17
C A.D.J.M.V.
交 地下鉄A線Spagna駅から徒歩2分

ローマ三越【デパート】

Map P.44 A2

Roma Mitsukoshi

●有名ブランドが一堂に

日本語が通じるうれしいデパート。フェラガモ、エトロ、グッチなどのイタリアブランド以外にもヨーロッパの主要ブランドが揃うので便利。

✉ 休憩スペースが充実。無料で水が飲め、Wi-Fiやトイレが利用できます。買い物がてら涼しい所に座って体力を回復できました。　（ぽるて）['18]

住 Via Nazionale 259
☎ 06-4827828
営 10:45～19:15
休 復活祭の㊐㊊、12/25、12/26
C A.D.J.M.V.
交 地下鉄A線Repubblica駅から徒歩3分

Shopping

ローマらしいおみやげを探す

ローマ1のショッピングストリート
コンドッティ通りとスペイン広場

スペイン階段から延びる、ローマ1の高級ショッピング・ストリートが、コンドッティ通り。イタリアを代表するブランド店が軒を連ねているので、ウインドーを眺めながらのそぞろ歩きが楽しい。スペイン階段の左右に広がるスペイン広場には、お求めやすい若者用ブランドのオープンが続いている。週末は、地元の人を中心に、すごい混雑となるので、ゆったりと歩いてみたいのなら、平日の午前中がおすすめ。

プラダ【ブランド】 Map P.293 A2

Prada

●人気ブランドの新ショップ

今、話題の商品を中心に展示。トータルな品揃え。ポコノ(ナイロン素材)の種類も豊富。日本語を話す店員が常勤。バッグ以外にも、レディス、メンズのウェアも豊富に揃う。

住 Via Condotti 92/95
☎ 06-6790897
営 10:00〜19:30
C A.D.J.M.V.
交 地下鉄A線Spagna駅から徒歩3分

グッチ【ブランド】 Map P.293 A2

Gucci

●GG柄が人気

1階には、バッグ、スカーフなどの人気のアイテムが並ぶ。2階は、靴やウェア。日本人店員も常勤。イタリア人店員のセンスのよさに脱帽。

住 Via Condotti 8
☎ 06-6790405
営 10:00〜19:30
㊐10:00〜19:00
休 一部の㊗
C A.D.J.M.V.
交 地下鉄A線Spagna駅から徒歩3分

ジョルジオ・アルマーニ【ブランド】 Map P.293 A・B2

Giorgio Armani

●シックな女性の憧れ

どんな女性をもすっきりと包む、アルマーニのジャケット。コンサバな、一度着たら手離せない服。働くイタリア女性の支持No.1。

住 Via Condotti 77
☎ 06-6991460
営 ㊊〜㊏10:00〜19:00
㊐10:00〜14:00、15:00〜19:00
C A.D.J.M.V.
交 地下鉄A線Spagna駅から徒歩5分

サルヴァトーレ・フェラガモ【ブランド】 Map P.293 B2

Salvatore Ferragamo

●完璧な履き心地の靴

飽きのこないデザインと完璧なシルエット。ヴァラだけではないフェラガモの靴を。品揃えも在庫も豊富。レディスのウェアやスカーフなどの小物も充実している。メンズ用ショップは65番地に。

住 Via Condotti 73/74
☎ 06-6791565
営 10:00〜19:30
㊐10:00〜19:00
休 無休
C A.D.J.M.V.
交 地下鉄A線Spagna駅から徒歩5分

マックス・マーラ【ブランド】 Map P.293 B2

Max Mara

●すべてのラインが揃う本店

マックス・マーラ、スポーツ・マックスなどの6つのラインが部屋ごとに分かれ、充実した品揃え。マックス・マーラのファンには必訪の本店だ。ローマ市内に数軒あるマックス・マーラのなかでは最大。

住 Via Condotti 17/19
☎ 06-69922104/5
営 10:00〜20:00
㊐10:30〜20:00
C A.D.J.M.V.
交 地下鉄A線Spagna駅から徒歩5分

アルベルタ・フェレッティ【ブランド】

Map P.293 B1

Alberta Ferretti

●フェミニンなドレスなら

ウインドーディスプレイが美しいコンドッティ通りの店内には、アルベルタ・フェレッティとフィロソフィ、両ブランドが揃う。エレガントでスイートなドレスに人気が集中。値頃感あり。ウェディングラインもすてき。

住 Via Condotti 34
☎ 06-6991160
営 10:00〜19:00
休 無休
C A.D.J.M.V.
交 地下鉄A線Spagna駅から徒歩5分

ドルチェ&ガッバーナ【ブランド】

Map P.293 B1

Dolce & Gabbana

●大胆かつ斬新なデザイン

光る素材やフェミニンな透ける素材がボーイッシュなスタイルにマッチしたデザイン。前衛派を自認する、イタリアンブランドファン必見。上品でセクシーな服が身上だ。住 Piazza Spagna 94にも店舗あり。

住 Via Condotti 51
☎ 06-69924999
営 10:30〜19:30
C A.D.J.M.V.
交 地下鉄A線Spagna駅から徒歩5分

ゼニア【ブランド】

Map P.293 B1

Ermenegildo Zegna

●コンサバなイタリア男性御用達

服地メーカーだったゼニアは、派手さはないが長く着られるデザインが魅力の男性ブランド。イタリア式の対面販売が健在で、体にフィットしたスーツを店員と相談して選ぶ楽しさが味わえる。

住 Via Condotti 58
☎ 06-69940678
営 10:00〜19:30
㊐10:00〜19:00
C A.D.J.M.V.
交 地下鉄A線Spagna駅から徒歩5分

フェンディ【ブランド】

Map P.293 B1

Fendi

●本店ならではの風格と品揃え

毛皮店としてスタートした、ローマを代表するブランド。'05年に創業80年を記念して「フェンディ宮殿」が誕生。バッグ、ウエアなど本店ならではの充実した品揃えを誇り、特に2階の上質な毛皮類は圧巻。

住 Largo Goldoni 420
☎ 06-33450890
C A.D.J.M.V.
交 地下鉄A線Spagna駅から徒歩5〜6分

トッズ【ブランド】

Map P.293 B1

Tods

●しなやかでスポーティー

故ダイアナ妃をはじめ、著名人も愛したドライビング・シューズ「ゴンミーノ・モカシン」で有名なブランド。スポーティで履き心地のよい靴（レディス、メンズ、キッズ）、バッグなど充実の品揃え。

住 Via Condotti 53
☎ 06-6991089
営 10:30〜19:30
㊐㊗10:00〜14:00、15:00〜19:30
C A.D.J.M.V.
交 地下鉄A線Spagna駅から徒歩3分

ブルガリ【宝飾】

Map P.293 A2

Bvlgari

●世界の三大宝飾店のひとつ

イタリアを代表する宝飾店の本店。ため息の出る豪華な宝石のディスプレイが見事。機能的で、モダンなデザインの時計が大人気。ジュエリーだけでなくスカーフやバッグにも進出中。

住 Via Condotti 10
☎ 06-6793876
営 10:00〜19:30
㊐㊊11:00〜19:30
休 ㊐
C A.D.J.M.V.
交 地下鉄A線Spagna駅から徒歩3分

フェデリコ・ブッチェッラッティ【宝飾】 Map P.293 B1

Federico Buccellati

●金・銀製品の加工が見事

ブルガリと肩を並べる老舗宝飾店。リーフをデザインした繊細な細工の指輪が有名。ヨーロッパの伝統を感じさせる銀製品のカトラリーは一見の価値あり。

住 Via Condotti 31
☎ 06-6790329
営 10:30～13:30、15:30～19:00
休 ㊐、㊊午前、8月2週間
C A.D.J.M.V.
交 地下鉄A線Spagna駅から徒歩5分

モンクレール【ブランド】 Map P.293 A2

Moncler

●おしゃれな高級ダウンなら

高級ダウンメーカーとして人気の高い、フランス生まれでミラノに本拠地をおくメーカー。店内はカジュアルやハイ・ファッションの各種ダウンコートをはじめ、ウエア、バッグなど幅広い品揃え。フィウミチーノ空港内にも店舗あり。

住 Piazza di Spagna 77
☎ 06-69940292
営 10:30～19:30
休 一部の㊗
C A.D.J.M.V.
交 地下鉄A線Spagna駅から徒歩2分

ヴァレンティノ G.【ブランド】 Map P.293 B2

Valentino Garavani

●究極のイタリアンエレガンス

イタリアンモードの大御所。ローマ発のブランドならではの華やかさとエレガントさは他の追随を許さない。ややカジュアルなレッド・ヴァレンティノ（住 Via del Babuino 61）も人気。

住 P.za di Spagna 35/38
☎ 06-6783656
営 ㊊～㊏10:00～19:30
㊐10:00～19:00
休 無休
C A.D.J.M.V.
交 地下鉄A線Spagna駅から徒歩4分

ミッソーニ【ブランド】 Map P.293 A2

Missoni

●色の魔術師の織りなすニット

カラーコーディネートの見事さはあまりにも有名。どこにでも着ていける高級ニット。レディース、メンズとも揃う。シーズンごとのコレクションが充実し、季節ごとにテーマに沿った新作が展示される。

住 Piazza di Spagna 78
☎ 06-6792555
営 10:30～19:30
㊐11:00～19:00
休 8月の㊐
C A.D.J.M.V.
交 地下鉄A線Spagna駅から徒歩2分

フレッテ【リネン】 Map P.293 A2

Frette

●イタリアを代表するリネン専門店

イタリアのラグジュアリーリネンブランド。手刺繍の高級品を揃えたスペイン広場店では、結婚のお祝いの品を買い求める人が多いとか。コルソ通り（31番地）店は、ややカジュアルな品揃え。

住 Piazza di Spagna 10/11
☎ 06-6790673
営 10:00～19:00
㊐㊗11:00～18:00
休 無休
C A.D.J.M.V.
交 地下鉄A線Spagna駅から徒歩3分

普段使いのお店ならコルソ通り！

せっかくのローマ、高級店でもお買い物したい！…でも予算がなぁ。という方！コルソ通りはいかがでしょう？コルソ通りはZaraなどのファストファッション店やNike、Adidasなどのスポーツショップ、日本未出店ながら世界の若者から人気を集めるブランドが集結していておしゃれ好きには必見エリア。価格帯も高級店に比べ手に取りやすくてうれしい。日本にもあるのになぜローマでも？とは思うなかれ。イタリア限定のデザインや着こなしをチェックしよう。個人的なおすすめはカナダ発祥のシューズブランドALDO。目を引くキュートなデザインと履きやすさ、良心的な価格が◎。小物やメンズも揃うのでぜひ！

（東京都　まだ20代　'18）

フルラ【ブランド】

Map P.293 A2

Furla

●新装開店のフルラ店

日本でもすっかりおなじみのボローニャ生まれのフルラ。ここは、フルラのローマのフラッグシップで2階にわたって広がる大店舗。カジュアルからシックなバッグはもちろんのこと小物やアクセサリーも揃う。

住 P.za di Spagna 22
☎ 06-6797159
営 10:00〜19:30
休 一部の㊗
C A.D.J.M.V.
交 地下鉄A線Spagna駅から徒歩5分

ディーゼル【ブランド】

Map P.293 A2

Diesel

●イタリアン・カジュアルの代表

高級カジュアルとして人気の高いディーゼル。スペイン広場に2015年に大型店舗をオープン。デニムをはじめレディス・メンズ、キッズのウエア、バッグ、アクセサリーなど豊富な品揃え。店内はディーゼルらしい斬新な雰囲気。

住 Piazza di Spagna 18, Via del Bottinoとの角
☎ 06-6786817
営 10:00〜20:00
休 一部の㊗
C A.D.J.M.V.
交 スペイン階段から徒歩1分

スペイン広場 Piazza di Spagna 周辺

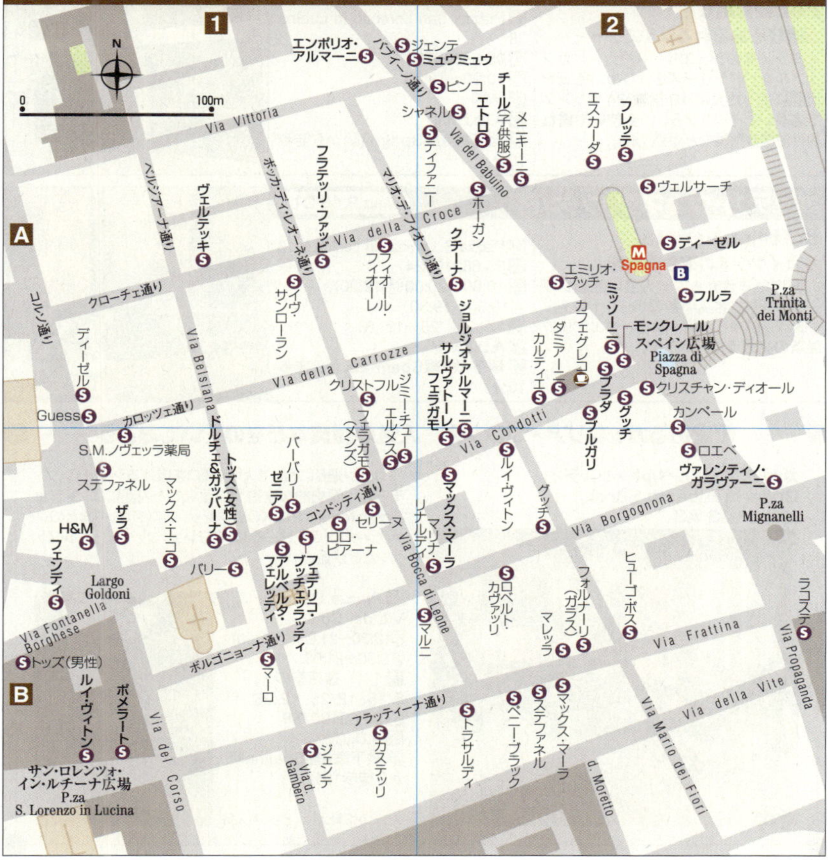

1 2 A B
N
0 100m
Via Vittoria
エンポリオ・アルマーニ
ジェンテ
ミュウミュウ
バブイーノ通り
ピンコ
シャネル
チール(子供服)
エトロ
メニキーニ
エスカーダ
フレッテ
ティファニー
Via del Babuino
ホーガン
ヴェルサーチ
ディーゼル
Spagna
エミリオ・プッチ
フルラ
P.za Trinità dei Monti
ベルシアーナ通り
ヴェルテッキ
ボッカ・ディ・レオーネ通り
フラテッリ・ファッビ
マリオ・デ・フィオーリ通り
Via della Croce
フィオーレ・フィオーレル
クチーナ
イヴ・サンローラン
クローチェ通り
コルソ通り
ジョルジオ・アルマーニ
サルヴァトーレ・フェラガモ
カフェ・グレコ
ダミアーニ
カルティエ
ミッソーニ
モンクレール
スペイン広場 Piazza di Spagna
プラダ
クリスチャン・ディオール
グッチ
ブルガリ
カンペール
ロエベ
ヴァレンティノ・ガラヴァーニ
ディーゼル
Via Belsiana
Via della Carrozze
クリストフル
ジミー・チュー
エルメス
フェラガモ(メンズ)
Guess
カロッツェ通り
S.M.ノヴェッラ薬局
ステファネル
ドルチェ&ガッバーナ
トッズ(女性)
バーバリー
ゼニア
Via Condotti
ルイ・ヴィトン
グッチ
Via Borgognona
P.za Mignanelli
マックス・エ・コ
コンドッティ通り
セリーヌ
ロロ・ピアーナ
マックス・マーラ
リチャルディ
マリナ・リナルディ
H&M
ザラ
フェンディ
Largo Goldoni
バリー
フェテリコ・ブッチェラッティ
アルベルタ・フェレッティ
Via Bocca di Leone
ロベルト・カヴァッリ
フォルナーリ(ガラス)
マレッラ
ヒューゴ・ボス
ラコステ
Via Fontanella Borghese
トッズ(男性)
ボルゴニョーナ通り
マーロ
マルニ
Via Frattina
Via Propaganda
ルイ・ヴィトン
ポメラート
Via del Corso
フラッティーナ通り
カステッリ
トラサルディ
ペニー・ブラック
ステファネル
マックス・マーラ
Via della Vite
Via Mario dei Fiori
サン・ロレンツォ・イン・ルチーナ広場 P.za S. Lorenzo in Lucina
ジェンテ
Via d. Gambero
d. Moretto

ローマっ子に人気のエリア

サン・ロレンツォ・イン・ルチーナ広場とバブイーノ通り

スペイン広場からコルソ通りに出て、左に少し進んだ右側にあるのがサン・ロレンツォ・イン・ルチーナ広場。ルイ・ヴィトンのメガ・ストアーをはじめ、ボッテガ・ヴェネタ、ポメラートなどが大きな店舗を構えている。周囲には小さいながら、フランス・ブランドも点在し、靴好きにはルブタンは見逃せない。スペイン広場を背に右に進むとバブイーノ通り。モスキーノの大店舗をはじめ、人気ブランドがめじろ押しの界隈だ。

ルイ・ヴィトン【ブランド】

Map P.293 B1

Louis Vuitton

●待たれていた2号店

日本と同様ヴィトン人気はイタリアでも不動だ。コンドッティ通りの店は世界中からの観光客でいつも混雑しているが、ここはより広く、さらに充実の品揃え。バッグのほか、小物や靴、ウエアも充実。

住 Piazza S. Lorenzo in Lucina 41
☎ 06-68809520
営 10:00(㊐11:00)～19:30
C A.D.J.M.V.
交 地下鉄A線Spagna駅から徒歩10分

ポメラート【宝飾】

Map P.293 B1

Pomellato

●遊び心あふれるジュエリー

ミラノ発のジュエリーメーカー。カジュアルなドドシリーズをはじめ、色石を大胆に使った大ぶりな指輪やイヤリングで名高い。イタリアらしい金使いや重ね着けできる指輪などが魅力的。

住 Piazza San Lorenzo in Lucina 38
☎ 06-68809790
営 10:00～19:30
休 ㊐㊗
C A.D.J.M.V.
交 地下鉄A線Spagna駅から徒歩10分

ボッテガ・ヴェネタ【ブランド】

Map P.46 C1

Bottega Veneta

●ハイクラスの落ち着きを

幅広い年代から人気の高い高級レザーブランド。名高い各種のイントレチャートバッグから、靴、財布、ウエアまで最新の高級ラインが充実。

住 Piazza S. Lorenzo in Lucina 9/13
☎ 06-68210024
営 10:00～20:00(㊍19:00)
㊐10:30～19:30
休 1/1、12/25～12/26
C A.D.J.M.V.
交 地下鉄A線Spagna駅から徒歩10分

歴史あるガッレリア・コロンナ　人気の雑貨などをのぞいてみよう

ガッレリア・アルベルト・ソルディ
Galleria Alberto Sordi
Map P.43 A3

コルソ通りに面して大きく間口を広げるショッピング・モール。歴史的な建造物を改装した内部には、トラサルディJeans、PINKO、グゼッレ、コチネッリなどのファッションブランド、書籍、CDショップ、カフェ、レストランなどが並ぶ。

住 Piazza Colonna/Via del Corso
営 8:30～21:00(㊏22:00)
㊐9:30～21:00
休 1/1、復活祭の㊐、8/15、12/25、12/26
☎ 06-69190769
C A.D.J.M.V.
交 地下鉄A線Spagna駅から徒歩10分

カフェが2軒入り、どちらも人気

ミュウミュウ【ブランド】

Map P.293 A1

Miu Miu

●甘めのデザインがお好みなら

Prada創始者の孫娘の手によって創設されたブランドMiuMiu。プラダに比べ比較的華やかな色使い。カラービジューやリボンなどを使った上品ながら甘めのデザインは、どの世代の女性にも愛されている。

住 Via del Babuino 91
営 06-36004884
営 10:30～19:30
㊐10:00～19:00
休 一部の㊗
C A.D.J.M.V.
交 地下鉄A線Spagna駅から徒歩5分

エトロ【ブランド】

Map P.293 A2

Etro

●カシミール・ショールは必見

カシミール紋様の「カシミール・ショール」が有名だが、ウェアも充実。日本ではペイズリー柄のバッグが注目されるが、出発は生地屋さん。

住 Via del Babuino 102
☎ 06-6788257
営 10:00～19:30
C A.D.J.M.V.
交 地下鉄A線Spagna駅から徒歩5分

エンポリオ・アルマーニ【ブランド】

Map P.293 A1

Emporio Armani

●アルマーニのエッセンスが凝縮

おなじみの、ジョルジオ・アルマーニのセカンドライン。最近の商品の充実ぶりは見事。レディス、メンズともにアルマーニらしい小粋なセンス。ジーンズなどは対面の店舗に移動。

住 Via del Babuino 140
☎ 06-3221581
営 10:00～19:30
㊐10:00～14:00、15:00～19:00
C A.D.J.M.V.
交 地下鉄A線Spagna駅から徒歩5分

アルマーニ・ジーンズ【ブランド】

Map P.46 B2

Armani Jeans

●カジュアルで若々しい

名前どおりジーンズをはじめ、ジョルジョ・アルマーニのカジュアルラインが並ぶ。間口は狭いが、店内は広く、メンズ、レディスが勢揃い。若い店員さんも多く、フレンドリーな対応と本家に比べお値頃価格なのがうれしい。

住 Via del Babuino 70/A
☎ 06-360001
営 10:00～19:00
㊐10:00～14:00、15:00～19:00
休 一部の㊗
C A.D.J.M.V.
交 地下鉄A線Spagna駅から徒歩5～6分

新オープン、ブランドの殿堂

ラ・リナシェンテ
La Rinascente
Map P.43 A4

●ショッピング天国ついに完成！

11年の歳月をかけ、ついに新しいラ・リナシェンテがオープン！デパートは比較的小さめのローマで類を見ない大きさ。なんと約800ものブランドが集約されている。ラグジュアリーブランドからカジュアルウェア、キッズ／ベビーやインテリア、食料品、みやげ物、飲食店までなんでも揃い、ウインドーショッピングだけでも十分楽しめる。また、地下1階にローマ水道の一つ、「アクア・ヴェルジネ」Acqua Vergineの遺構があり、見学も可能。

住 Via del Tritone 61
☎ 06-879161
営 9:30～23:00
休 一部の㊗
C A.D.J.M.V.
交 トレヴィの泉から徒歩4分

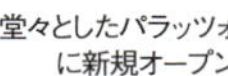

堂々としたパラッツォに新規オープン

気持ちよいプロムナード

ヴァティカン周辺

　バスやトラムのターミナルとなっているリソルジメント広場からポポロ広場方面へ向かうコーラ・ディ・リエンツォ通り。地元の人ご用達のショッピング街だ。緑の街路樹が広がり、緑陰にはベンチが並ぶ気持ちよいプロムナードだ。イタリアを代表するセレクトショップのジェンテをはじめ、旬のブランドから格安の衣料や小物を売る屋台まで並ぶ。裏手にはオーナーの個性が出た雑貨店も点在し、のぞきながらのそぞろ歩きが楽しい。

ジェンテ【セレクト】

Map P.297 C1

Gente

●**ブランドフリークは必見**

　プラダをはじめ、ミュウ・ミュウ、D&G、ロメオ・ジリ、ジル・サンダーなど、注目のブランドが揃うファッショニスタ注目のセレクトショップ。ローマ市内に6店舗あり。

住 Via Cola di Rienzo 277
☎ 06-3211516
営 10:30〜19:30
㊐11:30〜14:00、15:00〜19:30
休 1/1
C A.D.M.V.
交 地下鉄A線Ottaviano駅から徒歩5分

ツイン・セット【カジュアル】

Map P.297 C2

Twin-Set

●**リボンが目印**

1990年、モデナ近くで創業のレディスブランド。リボンがブランドの目印のように効果的に使われ、シックで落ち着いたイメージだが、イタリア的な華やかさとセクシーさを併せもつ。ニット、ドレス、コートをはじめ、バッグや靴などの小物類も揃う。

住 Via Cola di Rienzo 245/249
☎ 06-69923930
営 10:00〜20:00
㊐11:00〜20:00
休 一部の㊗
C A.D.J.M.V.
交 地下鉄A線Ottaviano駅から徒歩7〜8分

ベネトン【カジュアル】

Map P.297 C2

Benetton

●**明るい大型店**

　コーラ・ディ・リエンツォ通りでもひときわ目を引く大型店舗。幼児向けの012から、子供、レディス、メンズまで、定番のセーターやTシャツ、流行をやや意識した物まで幅広い品揃え。買い物に悩んだらのぞいてみるのもいい。

住 Via Cola di Rienzo 197/209
☎ 06-36002921
営 10:00〜20:00
C A.D.J.M.V.
交 地下鉄A線Ottaviano駅から徒歩8分

コッチネッレ【バッグ】

Map P.297 C2

Coccinelle

●**人気上昇中**

　パルマ生まれの、流行を取り入れた革のバッグが中心。手頃で機能的、加えておしゃれなのが人気の秘密。店内は広くはないが、地下に倉庫があるので品揃えは充実。

住 Via Cola di Rienzo 255
☎ 06-3241749
営 10:00〜20:00
㊐㊊16:00〜20:00
休 一部の㊗
C A.D.J.M.V.
交 地下鉄A線Ottaviano駅から徒歩7〜8分

ポリーニ【皮革】

Map P.297 C1

Pollini

●**実用性と美しさの融合**

　柔らかく、滑らかな革と美しくも足にやさしい靴で有名なポリーニ。ひとめでそれとわかるデザインでも品が良く美しいのがポリーニのデザインだ。シューラバーはぜひ一訪を。

住 Via Cola di Rienzo
☎ 06-6832111
営 10:00〜20:00
休 一部の㊗
C A.D.J.M.V.
交 リソルジメント広場から徒歩5分

ザラ・ホーム【雑貨】
Map P.297 C2

Zara Home

●生活に役立つカラフルな雑貨

おなじみスペイン発のファスト・ファッション・ブランドのZARAによる雑貨店。テーブルクロス、ランチョンマット、食器などのテーブルまわりからベッドまわりまで種類豊富に展開。新生児を中心とした子供用の衣料や小物もある。

住 Via Cola di Rienzo 225/229
☎ 06-32609280
営 10:00～20:00
休 一部の㊗
C A.D.J.M.V.
交 地下鉄A線Ottaviano駅から徒歩10分

コイン・エクセルシオール【デパート】
Map P.297 C2

Coin Excelsior

●高級感あるデパート

2014年4月にCoin Excelsiorとしてより高級感ある店舗に生まれ変わった。1階は化粧品とティファニー、2階はマーク・ジェイコブス、ヴァレンティーノ・レッドなどの人気ブランドや高級雑貨などの充実の品揃え。かつてスーパーのあった地下はEat'sと呼ぶ、食料品コーナーになった。

住 Via Cola di Rienzo 173
☎ 06-36004298
営 10:00～20:00
㊐㊗10:30～20:00
休 1/1、12/25　C A.D.J.M.V.
交 地下鉄A線Ottaviano駅から徒歩12分

フランキ【食料品】
Map P.297 C2

Franchi

●老舗のデリカ・テッセン

天井から下がった生ハムが目印。ローマ料理の総菜からパーティ用のおしゃれな総菜まで扱う。店内には、バールもあり総菜とワインも楽しめる。18:00～ハッピーアワー(食前酒を頼むと特製の無料のおつまみ付き)。

住 Via Cola di Rienzo 200
☎ 06-6874651
営 7:30～22:00
休 ㊐
C A.D.J.M.V.
交 地下鉄A線Ottaviano駅から徒歩7分

カストローニ【食料品】
Map P.297 C2

Castroni

●輸入食品も揃う食料品店

ヴァティカン周辺で、最も有名な高級食料品店。高級オリーブ油、パスタをはじめイタリアン、フレンチからオリエンタルフーズまで充実の品揃え。コーヒー豆400g€9.80も地元の人に人気が高い。

住 Via Cola di Rienzo 196
☎ 06-6874383
営 8:30～20:00
休 一部の㊗
C A.J.M.V.
交 地下鉄A線 Ottaviano駅から徒歩7分

コーラ・ディ・リエンツォ通り Via Cola di Rienzo 周辺

1
2
C
地下鉄 M Ottavianoへ
Via Vespasiano
オッタヴィアーノ通り Via Ottaviano
Via Germanico
Via Caio Mario
Via Fabio Massimo
Via Paolo Emilio
Piazza dei Quiriti
Via A. Regolo
Via dei Gracchi
Via Catone
Via Silla
Piazza d. Unità
ナラカミーチェ
ジェンテ
マックス・マーラ
マックス・マーラ ウィークエンド
コッチネッレ
ツイン・セット
サボン
ザラ・ホーム
ステファネル
ベネトン
ルイザ・スパニョーリ
コイン・エクセルシオール
リソルジメント広場 Piazza del Risorgimento
コーラ・ディ・リエンツォ通り
Via Cola di Rienzo
サン・パオロ銀行
ポリーニ
Via Properzio
シエナ銀行
カンティアーニ
フルラ
Via Terenzio
フランキ
カストローニ
Via Catullo
Via Ovidio
Via Plinio
クレディト・イタリアーノ
Via Virgilio
Via di P.ta Angelica
Via Crescenzio
Boezio
0　100m

ローマのファストファッションとローマから行くアウトレット

ここローマにも、H&MやZARAなどのファストファッションの波が襲来。レディス、メンズ、キッズ、プレ・ママ、ホームなど、取り扱い品も多く、時代にマッチしたプライスでファンが急増中。イタリアは町ごとにファッションの好みもかなり異なるので、ここではローマっ子好みのファッションをゲットしよう。

GAPも子どもに人気

ローマ発バレリーナシューズの専門店が人気

Ballerette　バレレッテ
住 Via del Gambero 22
☎ 06-69310372
営 10:00～20:00　地 P.46 C2

✉ファストファッションでのお買い物のコツ

スペイン広場やコルソ通りですれ違うたくさんの人がZARAやH&Mのショッピングバッグをぶら下げています。高級ブランド店の物よりすごく目立ちました。どこでも人気があるんですね。そこで、私も早速ZARAに参入。コルソ通りのお店はウインドーもおしゃれだし、広くてすごい品揃え。若者からマダムまでいろんな人で混んでいました。お客の数に比べて試着室は少なく、店員さんも商品整理で忙しいようで試着室に来ていろいろ世話をしてくれません。

そこで友達と連携してサイズ違いや気になる商品を持ってきてもらい、無事買い物終了。ローマらしい!?すてきなパンツとセーターをゲットしました。試着室に入らず外で試着する人もいるほどの混雑なので、友達同士で行き、試着室を早めにキープして、いろいろ試すのが時間のロスが少ないです。　　　（東京都　ユキ）

H&M
住 Via del Corso 422
☎ 06-32832500
営 10:00～21:00
休 一部の㊗
地 P.46 C2

ZARA
住 Via del Corso 129/135
☎ 06-69923196
営 10:00～21:00
休 一部の㊗
地 P.46 C2

※テナントにより営が異なる場合あり。

テルミニ駅から出発するアウトレット行きのバス

ローマ郊外には2つの大型アウトレットがある。いずれもおしゃれな町並みに200近い店舗が並ぶ。カフェやレストランをはじめ子供の遊び場も揃い、割引率30～70%というのがうれしい。タックス・フリーも利用できてさらにお得。遠足気分で出かけてみよう。テルミニ駅近くの乗り場からプルマンを利用すればアクセスも簡単。

アウトレットは①**マッカーサーグレン・デザイナー・アウトレット・カステル・ロマーノ**と②**ヴァルモントーネ・アウトレット**。①はエトロ、フェラガモ、ロベルト・カヴァッリ、ディーゼルなどやや高級路線でカジュアル系からホームアクセサリーまで揃う。②はナラカミーチェ、ベネトンなどカジュアル系が中心でスポーツウエア(ASローマ、ラツィオのオフィシャル・ショップも)や子供服・靴、雑貨類などが充実。

①マッカーサーグレン・デザイナー・アウトレット・カステル・ロマーノ
McArthurGlen Designer Outlets Castel Romano
住 Via Ponte di Piscina Cupa 64
☎ 06-5050050　URL www.mcarthurglen.com
開 ㊊～㊎10:00～20:00、㊏～㊐10:00～21:00
休 1/1、復活祭の㊐、12/25、12/26　C A.D.J.M.V.
行き方▶テルミニ駅そばから専用バスが運行。
往路：テルミニ駅そばのVia Marsala 71から9:30、9:55、10:30、11:30、12:30、15:00発
復路：アウトレット　11:20、13:45、17:15、20:00発
切符はテルミニ駅近くではCity Sightseeing社のブースで販売。
●共和国広場
Piazza della RepubbblicaのEataly内
●テルミニ駅構内
Via Giolitti 36
料 往復€15
URL からも購入可

②ヴァルモントーネ・アウトレット
Valmontone Outlet
住 Via della Pace Loc. Pascolaro, VALMONTONE
☎ 06-9599491　URL www.valmontoneoutlet.com
開 ㊊～㊎10:00～20:00、㊏㊐10:00～21:00、7～8月の㊏10:00～22:00
休 一部の㊗　C A.D.J.M.V.
行き方▶プルマン乗り場はテルミニ駅西口（1番ホーム側出口そば）発。
㊍㊎㊏㊐のみの運行。往路9:45、12:00発。復路15:00、18:30発
料 往復€12、10歳以下無料（上記切符売り場で）

Hotel Guide

ローマに泊まる

★★★ Map P.32 A2外

ヴィッラ・ラエティティア
Hotel Villa Laetitia

白亜の堂々とした外観。町中とは思えないほど、緑が色濃く、静かで落ち着いた界隈にある

ポポロ広場にもほど近い、緑濃いテヴェレ川右岸に建つ20世紀初頭の歴史あるアールデコ様式の邸宅を改装したホテル。フェンディ一族のアンナ女史による「旅の途中、まさに我が家のような感じられる親密な空間を」というコンセプトのもとに誕生した。木々が繁る庭園に建つ白亜の邸宅は重厚でロマンティック。邸宅の古き良き雰囲気を残しながら、客室はそれぞれインテリアが異なり、とりわけ3階は太陽光をタップリと取り入れ、フェンディらしい大胆でおしゃれな空間が広がる。ホテルは3階部分を占めるVilla Apartmentoとかつての邸宅の客室部分を利用したGarden Houseに分かれ、多くの部屋に簡易キッチン、テラス、パティオまたは内庭が続いているので、長期滞在にもおすすめ。部屋ごとに雰囲気に合わせてネーミングがされているのもおもしろい。

プラーティと呼ばれるこの地域はローマの高級住宅街のひとつ。中心街からはやや離れるが、地下鉄駅へのアクセスもよく、レストランなども多い界隈なので不便はない。

1階奥には洗練された雰囲気ながら、手ごろなランチメニューを提供しているミシュランの1つ星レストラン、エノテカ・ラ・トッレ(→P.264)がある。

歴史を感じさせるエントランスホール。古き良き時代のエレガンスを感じさせる。奥にレストラン、ラ・トッレがある。優雅でおしゃれな雰囲気とプチ・ホテルの安心感で、女性の滞在客も多い

(上左) オリジナルを修復したレストラン入口のバー天井。(上右) 周囲に広がる緑の中庭にて。(下左)フェンディ・カーサでまとめられたスイートの1室。(下右)ゆったりとしたラ・トッレの店内

URL www.villalaetitia.com
住 Lungotevere delle Armi 22/23
☎ 06-3226776　Fax 06-3232720
SB €100/190　TB €140/600
室 21室　朝食込み W-F
C A.D.M.V.
交 地下鉄A線Lepanto駅から徒歩3～5分

★★★★ Map P.46 B2

ポートレイト・スイート
Portrait Suites

全客室すべてスイートが特徴

ローマ1のブランドストリートの裏にあるわりにはとても静か。入口を入るとすぐにレセプションがある。個人の邸宅のような出迎えが心地よい

イタリアを代表するブランド、フェラガモによるデザインホテル。ローマ1のショッピングストリート、コンドッティ通りにあるフェラガモのメンズブティックの脇を入った所が入口。全14室、暮らすように滞在したいリッチな隠れ家のよう。現代的なエレガントと安らぎ感が調和した客室のテラスからは、スペイン階段やその上のトレニタ・ディ・モンティ教会を眺められる。ハネムーナーにおすすめしたい、ロマンティックな思い出に残るホテル。

URL www.lungarnocollection.com

住 Via Bocca di Leone 23
☎ 06-69380742　Fax 06-69190625
TB €567/2222
室 14室　朝食込み W-F
C A.D.J.M.V.
交 地下鉄A線Spagna駅から徒歩3分

★★★ Map P.35 C4

カナダ
Hotel Canada

ゆったりとしたサロンは、モダンとクラシックが調和した空間

伝統あるパラッツォに最新の設備が整った、家族経営のホテル。エレガントな家庭のサロン風のロビーや落ち着けるバーもあり大人の宿泊が多い。中庭に面した部屋は、とても静か。趣向の凝らされた部屋とお菓子も並んだ朝食は見事。テルミニ駅からも程近く、地下鉄B線Castro Pretorioからすぐ。

イタリアらしいクラシックさと現代的なデザインが組み合わされた客室は、天井が高く、清潔で居心地がよく広め。部屋によっては天蓋付きのベッドや天井にフレスコ画が描かれた部屋もあり、ローマらしい雰囲気もいっぱいだ。

よく手入れがされたアンティーク家具にほっとするホテルの部屋

吟味された食材とアンティーク調の食器で、すてきな朝食タイムが過ごせる。ハム・サラミ・チーズはもちろん、果物やお菓子も充実。併設のバールの飲み物の値段はとても良心的

URL www.hotelcanadaroma.com
住 Via Vicenza 58
☎ 06-4457770 Fax 06-4450749
SB €133/188(ツインのシングルユース)
TB €148/198 3B €128/188
室 70室 ビュッフェの朝食€6 W-F
C A.D.J.M.V.
交 テルミニ駅東口から徒歩8分
読者割引 直接予約の上、本書呈示で10%
Low 1/2〜3/25、7/29〜9/2、11/4〜12/24(クリスマス、新年を除く)

★★★ Map P.39 A3

サンタ・マリア
Hotel Santa Maria

オレンジが実る中庭がすてき!

古い町並みや飲食店が並ぶトラステヴェレの一角、高い塀と緑で囲まれた隠れ家のようなホテル。16世紀の館とキオストロを利用し、庭園にはオレンジの木々がたわわに実をつけ、静かに影を落とす。庭園では朝食や食前酒が可能。食前酒ではビュッフェ式のおつまみが無料で楽しめる。朝食も種類豊富で焼きたてのパン、新鮮なサラミ、チーズ、そしてフルーツと満足度が高い。客室は古きよき雰囲気とモダンの組み合わせで、ロフト付きの部屋やフレスコ画が残る部屋がある。無料の自転車のレンタルがあるのもうれしい。

トラステヴェレへはヴェネツィア広場からトラム8番、テルミニ駅からはバスH番(急行)が頻繁にあるので、交通の不便さは少ない。

スタッフは親切で温かみのあるサービスを提供してくれると、旅人からの信用が厚い。リピーターが絶えないことにも納得だ。

URL www.hotelsantamariatrastevere.it

無料のレンタサイクルがあるので、最もローマらしい地区といわれるトラステヴェレの探訪に便利

各部屋は趣向が凝らされており、コテージ風の部屋、ロフト付きの部屋など多様だ

住 Vicolo del Piede 2
☎ 06-5894626 Fax 06-5894815
SB €82/240 TB €93/468
室 19室 朝食込み W-F
C A.D.M.V.
交 S.M.トラステヴェレ聖堂から徒歩5分

エリア 1 コロッセオからフォロ・ロマーノ、ヴェネツィア広場へ

古代ローマ遺跡が続く、ヴェネツィア広場からコロッセオにかけてはホテルの数は少ない。ただし、高台に位置するホテルからは、フォロ・ロマーノの遺跡や緑のパラティーノの丘が見下ろせ、コロッセオを遠望することができる。古代ローマに魅了された旅人にとっては、これほど魅力的な地区はないだろう。この界隈のホテルはバス停や地下鉄駅からやや歩く必要はあるものの、意外に交通の便はよい。

★★★★★ パラッツォ・マンフレディ Map P.40 B2

Palazzo Manfredi

コロッセオの正面に位置し、朝食室のテラスからの眺望はすばらしくローマ1と言っても過言ではない。各室ごとに趣を変えた客室はモダンシックで開放感がありとても快適。一部の客室からは、コロッセオを眺められ、夕暮れ時に刻一刻と静かに表情を変える様は心を打たれる。ミシュランの星付きレストラン、アローマAromaを併設。最高のサービスと一流のホスピタリティーで忘れられない最高のローマ滞在になるはず。

URL www.palazzomanfredi.com

住 Via Labicana, 125
☎ 06-77591380
Fax 06-7005638
SB €416/1300　TB €420/2500
室 16室　朝食込み W-F
C A.D.J.M.V.
交 コロッセオから300m

パラッツォ・アル・ヴェラブロ(レジデンスホテル) Map P.40 B1

Palazzo al Velabro

外観の質素さからはホテルと想像できないほどだが、内部はモダンで機能的で快適。真実の口広場の奥、ジァーノ門近く。一般的な客室のほか、キッチン付ワンルーム2ベッド、3ルーム4ベッドなど各種タイプあり、グループや長期滞在に最適。フィットネスルームやハマン式のお風呂もあり。

URL www.velabro.it

住 Via del Velabro 16
☎ 06-6792758　Fax 06-6793790
SB €106/178　TB €119/268
室 35室　朝食€12 W-F　C A.M.V.
交 B線Circo Massimo駅からは徒歩15分、テルミニ駅からはバス170番でPiazza della Libertà下車

★★★★ ホテル・コルベ Map P.40 B1

Hotel Kolbe

フォロ・ロマーノと真実の口の間、丘の上にあるかつての修道院を改装したホテル。当時の面影を残す広い庭園には、オリーブと棕櫚の木が枝を伸ばし静かなくつろぎの空間。気候のよい時期には庭園に続くテラスで、朝食やランチがとれるのも楽しい。部屋によってはフォロ・ロマーノを見下ろすことができるので、希望があれば、予約時にリクエストしよう。

URL www.kolbehotelrome.com
住 Via di S.Teodoro 44/48
☎ 06-6798866　Fax 06-6794975
TB €85/329
室 72室　朝食込み W-F
C A.D.J.M.V.
交 地下鉄B線Circo Massimo駅

テルミニ駅周辺の広い地域を含むこのエリアは、高級ホテルから経済的なホステル、B&Bまで、種類の豊富さと数の多さは他地域の追随を許さない。バスのターミナルや地下鉄A・B線の駅もあり、観光にも便利だ。駅近くのホテルなら、チェックアウト後も荷物を預けて町歩きをして、鉄道にすぐ飛び乗れるのも魅力。自分の旅のスタイルに合わせてホテルを選ぼう。

★★★★★L ベルニーニ・ブリストル Map P.34 C2

Hotel Bernini Bristol

ベルニーニによる「トリトーネの噴水」があるローマ観光に欠かせないバルベリーニ広場に面して建つ歴史あるホテル。広場を見下ろす部屋もある客室は、洗練された雰囲気でクラシックまたはモダンなインテリア。最上階にはローマを見渡す360度のパノラマが広がるテラスレストランのジューダ・バッレリーノ（→P.269）で季節の味わいを大切にしたローマ料理が楽しめる。

URL www.berninibristol.com

住 Piazza Barberini 3
☎ 06-488931
Fax 06-4824266
SB €214/516 TB €237/690
室 172室 朝食込み W-F
C A.D.M.V.
交 地下鉄A線Barberini駅下車1分

★★★★ アンティコ・パラッツォ・ロスピリオージ Map P.45 C3

Antico Palazzo Rospigliosi

サンタ・マリア・マッジョーレ大聖堂近く、16世紀の豪壮な館を改装したホテル。時の権力者や貴族が住んだ当時のままのように残された館は、天井が高く広々としており、パブリックスペースが充実。かつてのキオストロはパラソルの並ぶ庭園となり、館の主の肖像画が飾られたサロンも優雅。後のピオ法王が聖体拝領を行った礼拝堂がホテル内にあり、当時の貴族の生活がしのばれる。客室はクラシックな雰囲気にまとめられている。

URL www.hotelrospigliosi.com

住 Via Liberiana 22
☎ 06-48930495
Fax 06-4814837
SB €89/139 TB €98/188
室 39室 朝食込み W-F
C A.D.J.M.V.
交 地下鉄B線Cavour駅から徒歩5分

★★★★ アイキュー・ホテル Map P.44 B2

IQ Hotel

ローマ・オペラ座のすぐ隣、ローマでは珍しい日本のビジネスホテルのような雰囲気のホテル。モダンな客室はシャワーのみの場合が多いので、バスタブが好みなら予約時にリクエストを。朝食室のある最上階は、ソファが置かれたオープンスペースの眺望のよいテラス。その脇には子供用のプレイスペースがあるので、小さな子供連れにもおすすめ。無料のジム、サウナがある。自販機でアメニティ、飲み物、スナックなども手軽に調達できる。コインランドリーも利用でき、電子レンジもあって購入したお総菜などを温めるのに便利。スタッフはフレンドリー。

URL www.iqhotelroma.it
住 Via Firenze 8
☎ 06-4880465 Fax 06-48930442
SB €110/240（ツインのシングルユーズ） TB €158/331 室 88室 朝食€10 W-F C A.D.J.M.V.
交 テルミニ駅から徒歩5分

★★★★ アルテミーデ Map P.44 A2

Hotel Artemide

19世紀末のリバティ様式の館にある、優美でエレガントなホテル。ビジネス客の利用も多く、明るく快適な室内はリラックスできる。イタリア人に人気の1軒。カフェ、レストラン併設。

URL www.hotelartemide.it

住 Via Nazionale 22
☎ 06-489911 Fax 06-48991700
SB €151/321 TB €168.20/358
室 85室 ビュッフェの朝食込み W-F
C A.D.J.M.V.
交 A線Repubblica駅から徒歩5分。テルミニ駅から64番のバス利用可

★★★★ ジェノヴァ Map P.45 B3

Hotel Genova

長期に渡る改装が2008年に終了し、明るく近代的に生まれ変わった。団体客の利用も多いが、設備は充実していて快適。駅至近で便利な立地。

Low 11～3月、7～8月(12/28～1/2はHigh)

URL www.horel-genova-rome.com

住 Via Cavour 25/33
☎ 06-476951
Fax 06-4827580
SS SB €70.55/131
TS TB €85/207
室 91室 朝食込み W-F
C A.D.J.M.V.
交 テルミニ駅から徒歩5分

★★★ コロンビア Map P.45 A3

Hotel Columbia

テルミニ駅とオペラ座の間に位置し、観光や買い物にも便利。室内は明るくあたたかい雰囲気。光が差し込むルーフガーデンでのビュッフェの朝食も好評。バス付きを希望する場合は予約時リクエストを。

読者割引 ウエルカムグッズプレゼント

URL www.hotelcolumbia.com

住 Via del Viminale 15
☎ 06-4883509
Fax 06-4740209
SB €139/157
TB €184/213
室 45室 朝食込み W-F
C A.D.J.M.V.
交 テルミニ駅から徒歩5分

★★★ ノルド・ヌオーヴァ・ローマ Map P.45 A3

Nord Nuova Roma

ローマ国立博物館別館(マッシモ宮)の道を挟んだところにある。客室は、明るく清潔。長い歴史と心地よい雰囲気にあふれたホテル。

URL www.hotelnordnuovaroma.it

住 Via G. Amendola 3
☎ 06-4885441
Fax 06-4817163
TB €119/233
室 153室 ビュッフェの朝食込み W-F
C A.D.J.M.V.
交 テルミニ駅から徒歩5分

★★ イタリア Map P.44 B2

Hotel Italia

テルミニ駅からもナツィオナーレ通りからも近く、バスなどの利用にも便利。客室は清潔で近代的。夏季のみエアコン使用料€10。

Low 1、2、7、8、11/1～12/20

URL www.hotelitaliaroma.it

住 Via Venezia 18
☎ 06-4828355
Fax 06-4745550
SB €49/147 TB €54/168
3B €84/241
室 34室 朝食込み W-F
C A.M.V.
交 テルミニ駅から徒歩10分

★★ ナルディッツィ・アメリカーナ Map P.44 A2

Hotel Nardizzi Americana

テルミニ駅やヴェネト通りへも近く、観光にも便利な立地。家族経営の落ち着いたホテルで、町の中心にありながら、穏やかな雰囲気。清潔さと手頃な料金が魅力。

読者割引 10%

Low 11/10～3/20(クリスマス、年末年始、休暇期間を除く)

URL www.hotelnardizzi.it

住 Via Firenze 38
☎ 06-4880035
SB €50/70 TB €60/80
SU €70/100
室 18室 朝食込み W-F C A.D.M.V.
交 A線Repubblica駅から徒歩5分

★★★★ アルピ　Map P.35 C4

Hotel Alpi

独立広場のすぐ脇、19世紀の館を改装したホテル。部屋ごとに異なるインテリアはエレガントでクラシック。近代的なバスルームは使いやすく、ジャクージ付きの部屋もある。

読者割引 直接予約で3泊以上5%

URL www.hotelalpi.com

住 Via Castelfidardo 84/A
☎ 06-4441235
Fax 06-4441257
TB €78/250
室 48室　朝食込み W-F
C A.J.M.V.
交 テルミニ駅から徒歩3～4分

★★★ アストリア・ガーデン　Map P.35 C4

Astoria Garden

テルミニ駅近く、いくつかのホテルが軒を連ねる一角にある。オレンジとバナナの木々が茂る静かな中庭があり、よい季節には朝食やお茶が楽しめる。ジャクージ付きの部屋もあるので、希望する場合は予約時にリクエストを。

Low 1/7～3/15、11/15～12/28

URL www.hotelastoriagarden.it
住 Via Vittorio Bachelet 8/10
☎ 06-4469908　Fax 06-4453329
SB €43.65/179
TB €52.38/208
室 16室　朝食込み W-F
C A.D.J.M.V.
交 テルミニ駅から徒歩5分

★★★ イゲア　Map P.45 B4

Hotel Igea

家族経営の中規模なホテル。清潔で部屋も広めでくつろげる。3つ星での、お値頃感あり。客室でのWi-Fi、無料。宿泊後は荷物も預かってもらえる。

読者割引 10%

Low 1～3月中旬、7、8、11～12月（年末年始を除く）

URL www.hoteligearoma.com
住 Via Principe Amedeo 97
☎ 06-4466913　Fax 06-4466911
SB €50/80　TB €70/120
3B €90/140
室 42室　朝食込み W-F
C A.D.J.M.V.
交 テルミニ駅から徒歩7～8分

★★★ コンティリア　Map P.45 B4

Hotel Contilia

テルミニ駅近くながら、落ち着きと親しみのあるサービスで定評のあるホテル。エレガントな雰囲気のサロンや夏はテラスでの朝食が気持ちよい。種類豊富なビュッフェの朝食も充実。

Low 1、2、3、11、12月（年末年始を除く）

URL www.hotelcontilia.com

住 Via Principe Amedeo 81
☎ 06-4466875
Fax 06-4466904
SB €50/130　TB €60/170
JS €120/270　3B €90/230
室 34室　朝食込み W-F
C A.D.J.M.V.
交 テルミニ駅から徒歩5分

★★ オルランダ　Map P.45 B3

Hotel Orlanda

テルミニ駅近くの小規模なホテル。2つ星ながら、室内は、明るくモダンな雰囲気でサービスも充実。若々しいスタッフも感じがよい。

読者割引 ローシーズンの3泊以上で10%、7～8月は3泊以上で朝食無料

Low 11～2月

URL www.hotelorlanda.com
住 Via Principe Amedeo 76
☎ 06-4880124　Fax 06-23326970
SB €40/70　TB €50/120
3B €70/140　4B €90/160
室 17室　朝食込み W-F
C A.D.J.M.V.
交 テルミニ駅から徒歩5分

★★ テーティ　Map P.45 B3

Hotel Teti

✉ テルミニ駅から徒歩3分。フロントもまじめで感じよいし、夜間はドアをロックしたうえで24時間対応なので女性のひとり旅でも安心でした。また、Wi-Fi、ドライヤー、冷蔵庫など必要なものは揃っていて快適でした。（東京都　Crimson　'15）['18]

読者割引 ローシーズンの3泊以上で10%

Low 1/3～3/9、7/16～9/14、11/1～12/27
URL www.hotelteti.it
住 Via Principe Amedeo 76
☎ 06-48904088　Fax 06-92912102
SB €40/70　TB €50/120
3B €70/140　室 12室　朝食込み
W-F　C A.J.M.V.

エリア3 スペイン広場とポポロ広場周辺

ローマのシンボル、スペイン広場を中心に、高級ショッピングストリートのコンドッティ通りや庶民的なショッピング街のコルソ通りがあるエリア。ここに宿を取るメリットはショッピングに便利なこと。ローマ滞在の目的がショッピングなら、一番のおすすめだ。また、周辺には見どころも多く、徒歩圏内のスペイン階段やトレヴィの泉など、まだ人の少ない早朝に訪ねることも容易なのがうれしい。

★★★★★L デ・ルッシェ Map P.46 A1

Hotel de Russie

ポポロ広場のすぐ脇に位置するホテル。由緒ある1800年代の館に大幅に手が加えられ、広々とした内部はクラシックと現代性がミックスした空間に生まれ変わった。とりわけ、ホテルの裏の庭園が見事。庭園は階段状に広がり、オレンジの木々やシュロが葉陰を作り、生い茂るシダの先には滝が流れる。にぎやかなローマにいることを忘れてしまうような空間だ。この庭園を眺められるレストランも人気。

Low 1/3〜3/24、11/1〜12/23
URL www.roccofortehotels.com

住 Via del Babuino 9
☎ 06-328881 Fax 06-32888884
SB €420/710 TB €603/1440
SU €901/7890
室 122室 朝食€38 W-F
C A.D.J.M.V.
交 A線Flaminio駅から徒歩5分

★★★★★ ディンギルテッラ Map P.46 C2

Hotel d' Inghilterra

スペイン広場界隈のショッピングゾーンの中心にある、シックで雰囲気のあるホテル。かって王家のもてなしの館として使われたという由緒ある場所で、ヘミングウェイなど、著名な作家や音楽家が滞在してきた宿としても有名。エレガントであり歴史も感じさせてくれる。サービスも行き届いている。「世界で最もチャーミングなホテル20」に選ばれた宿。併設のレストラン・カフェ・ロマーノも評判がよい。

URL www.starhotelscollezione.com

住 Via Bocca di Leone 14
☎ 06-699811
SB €265/600
TB €280/680
室 88室 朝食€28 W-F
C A.D.J.M.V.
交 A線Spagna駅から徒歩7分

★★★★ レジデンツァ・ディ・リペッタ Map P.46 B1

Residenza di Ripetta

ポポロ広場のすぐ近く、17世紀のバロック様式の修道院をモダンに改装したホテル。静かな中庭もあり、エレガントな内部には現代アートが飾られている。客室はおもにスイートと短期滞在用アパートで、キッチン付きやメゾネットタイプなどバリエーション豊富。カフェやレストランも併設。

URL www.residenzadiripetta.com

住 Via di Ripetta 231
☎ 06-3231144
Fax 06-3203959
TB €113/2440
室 69室 朝食込み W-F
C A.D.J.M.V.
交 A線Spagna駅から徒歩5分

★★★★ マンフレーディ　Map P.46 B2

Hotel Manfredi Suite in Rome

スペイン階段近く、「ローマの休日」に登場した風情あるマルグッタ通りに建つ。客室にはジャクージ、サウナ、衛星放送完備。18世紀風内装でロマンティックな雰囲気。

読者割引 直接予約で室料10%、エキストラベッド15%、コード"GLOBE2018"

Low 1、2、3、7、8、11、12月(祝日を除く)

URL www.hotelmanfredi.it
住 Via Margutta 61
☎ 06-3207676　Fax 06-3207736
SB €79/199　TB €99/289
JS €229/849
室 16室　朝食込み W-F
C A.D.J.M.V.
交 A線Spagna駅から徒歩5分

★★★★ モーツァルト　Map P.46 B1

Hotel Mozart

コンセルヴァトーリ(音楽院)の前にあるプチ・ホテル。20世紀初頭の邸宅の雰囲気を残したまま、改装された美しいインテリアが魅力だ。鮮やかに彩色された木製ベッドヘッド、暖炉のあるサロン、ローマのバラ色の屋根を見渡すバーのあるルーフガーデンなど、くつろぎの空間が広がる。

URL www.hotelmozart.com
住 Via dei Greci 23/B
☎ 06-36001915
Fax 06-36001735
SB €73.42/269　TB €90.90/420
室 56室　朝食込み W-F
C A.D.M.V.
交 A線Spagna駅から徒歩7分

★★★ コンドッティ　Map P.46 B2

Hotel Condotti

ローマきってのショッピングゾーンであるコンドッティ通りから徒歩2分。ブランド品を持って、歩き回らなくてよいのが助かる。清潔感あふれるインテリア。

Low 1/6~3/15、7/20~9/7、12/1~12/28

URL www.hotelcondotti.com

住 Via Mario de' Fiori 37
☎ 06-6794661
Fax 06-6790457
SB €80/396
TB €81/530
室 16室　朝食込み W-F
C A.D.J.M.V.
交 A線Spagna駅から徒歩3分

★★★ グレゴリアーナ　Map P.34 C1・2

Hotel Gregoriana

静かな通りにある、落ち着いた中級ホテル。交通の便がよいため、常連のビジネスマンの利用が多い。ホテルの建物は、600年代の修道院を改装したもので、趣がある。

Low 1/6~3/31、12/1~12/25

URL www.hotelgregoriana.it

e-mail info@hotelgregoriana.it
住 Via Gregoriana 18
☎ 06-6794269
Fax 06-6784258
SB €119/248　TB €182/290
室 19室　朝食込み W-F
C A.D.J.M.V.　休 8月3週間
交 A線Spagna駅から徒歩5分

★★★ ポルトゲージ　Map P.42 A2

Hotel Portoghesi

コルソ通りからテヴェレ川寄りの地区にある、古いアルベルゴの雰囲気を残す宿。ローマ通のなじみ客が多い。ナヴォーナ広場から徒歩6~7分。

Low 1/4~4/23、6/19~9/10、10/23~12/28

URL www.hotelportoghesiroma.it

住 Via dei Portoghesi 1
☎ 06-6864231
SB €100/160(シャワー付)
TB €130/200(シャワー付)
TB €205/230(バス付)
SU €190/260
室 30室　朝食込み W-F　C M.V.
交 テルミニ駅からバス492番利用

★★★ デル・コルソ　Map P.46 B1

Hotel del Corso

コルソ通りに位置し、観光やショッピングに最適。室内は、家庭的なあたたかい雰囲気。よい季節には眺めのよいルーフガーデンでのビュッフェの朝食も楽しみ。

URL www.hoteldelcorsoroma.com

住 Via del Corso 79
☎ 06-36006233
Fax 06-32600034
SB €70/170　TB €71.40/183
3B €108.80/242
室 18室　朝食込み W-F
C A.M.V.
交 A線Spagna駅から徒歩7分

★★★★ インターナツィオナーレ Map P.34 C2

Hotel Internazionale

スペイン階段近く、古い修道院の建物を利用したホテル。客室の内装はそれぞれに異なり、朝食用サロンとともに年代を経た雰囲気にあふれている。約100年も続く家族経営。

Low 7/16〜8/31、11/1〜12/28
URL www.hotelinternazionalehotelinroma.com

住 Via Sistina 79
☎ 06-69941823
Fax 06-6784764
SB TB €125/380
室 42室 ビュッフェの朝食込み W-F
C A.D.J.M.V.
交 A線Barberini駅から徒歩4分

★★★ スカリナータ・ディ・スパーニャ Map P.34 C1

Scalinata di Spagna

ローマに舞い戻る人々に愛されてきた、スペイン階段の上にある小さなホテル。観光にも食事にも便利な中心街にありながら、アットホームなサービスが受けられる。ローマを一望するテラスでの朝食も楽しみ。

Low 1/7〜2/28、8月、11/1〜12/27

URL www.hotelscalinata.com
住 Piazza Trinità dei Monti 17
☎ 06-45686150
Fax 06-45686153
SB €99/301 TB €116/333
JS €259/425 室 16室 ビュッフェの朝食込み W-F C A.D.J.M.V.
交 A線Spagna駅から徒歩2分

★★★ マドリッド Map P.46 C2

Hotel Madrid

サン・シルヴェストロ広場近くの中心街にあって、スペイン広場やトレヴィの泉にも徒歩圏内にあり、観光、ショッピング、食事にも便利。改装後、明るくなった。町並みを望む、ルーフガーデンでの朝食も楽しい。

読者割引 10%と客室アップグレード

Low 1、2、3、7、8、11、12月
URL www.hotelmadridroma.com
住 Via Mario de'Fiori 93
☎ 06-6991510 Fax 06-6791653
SB €100/170 TB €140/240
SU €200/420 (4〜5人) 室 26室 朝食込み W-F C A.J.M.V.
交 A線Spagna駅から徒歩7分

★★ パルラメント Map P.46 C2

Hotel Parlamento

イタリア下院のすぐ近くにあり、昼も夜も警備が厳重な地域だ。17世紀の館を改装したホテルで、インテリアやサービスも居心地よく、特にローマの町を一望するルーフガーデンは人気のあるくつろぎの場所。観光にもショッピングにも便利な立地。

Low 1、2、7、8、11月(除外期間あり)

URL www.hotelparlamento.it
住 Via delle Convertite 5
☎ Fax 06-69921000
SB €104/150 TB €112/189
室 23室 朝食込み W-F
C A.D.J.M.V.
交 コロンナ広場から徒歩5分。テルミニ駅からバス175番

アパート滞在は経済的

✉ 人数が多かったら……

ローマはホテルがとても高いと感じました。私たちは4人での旅行なので、ツインを2部屋予約しなければなりません。そこで、今回はアパートにはじめて滞在しました。2ベッドルーム＆2バスルーム、広いリビングとキッチン、パティオ付きでした。時間も気にすることなく、ローマの住人になったような気分で滞在することができました。4人で1泊€130。家族やグループ旅行ならアパートというチョイスもおすすめです。 (在アメリカ chiemi '12)

短期旅行者用アパートの探し方

一部の旅行会社やホテル検索サイトでも予約可能。また、次のサイトなども参照に。

URL www.airbnb.jp (日本語)
URL www.waytostay.com (日本語)
URL www.rentalinrome.com

✉ キッチン付きホテルに滞在 自炊のすすめ

アバッキオ、ムール貝、スカンピをレストランで食べれば€45くらいします。自炊できるホテルに宿泊したので材料費は$\frac{1}{3}$以下でこれらを食べられました。節約したい方、本場の材料で料理したい方には自炊をおすすめします。鮮魚と生ハムなどはシンプリーマーケット(旧ズマ)(→P.287)で調達。楽しいスーパーでした。 (神奈川県 nori-ma)

広いダイニングキッチンでゆったり過ごせる、キッチン付きホテル

ルネッサンス時代に建てられた豪壮な邸宅を中心に、広場が点在するこのエリアは、ローマっ子が愛してやまない地域でもある。クラシックな雰囲気が人気の高級ホテルや小規模の中級ホテルが多い。レストランやカフェが多く夜もにぎわうナヴォーナ広場や、川向こうのトラステヴェレが近く、そぞろ歩きが楽しい界隈だ。ローマならではの夜のにぎわいを楽しむには最適なロケーションだ。

★★★★★L グランド・ホテル・デ・ラ・ミネルヴェ Map P.42 B2

Grand Hotel de la Minerve

パラッツォを完全にひとつ占有する、この地区には珍しいデラックスな宿。パブリックスペースも豪華。屋上テラスからは、パンテオンのドームに手が届きそうなすばらしい景色が広がる。古きよきローマの雰囲気を色濃く残す地区にある。

URL www.grandhoteldelaminerve.com

住 Piazza della Minerva 69
☎ 06-695201
Fax 06-6794165

SB €170/369
TB €208/649
室 123室 朝食€35 W-F
C A.D.J.M.V.
交 パンテオンから徒歩2分

★★★★★L ラファエル Map P.42 B1

Raphael

建物を覆い隠すツタが、歴史を感じさせる、誰もが泊まってみたくなるようなホテル。この界隈に多い骨董店のような調度がロビーを飾り、クラシックで落ち着いた雰囲気。テラスからの眺めもすばらしい。ナヴォーナ広場へ徒歩1分。

URL www.raphaelhotel.com

住 Largo Febo 2
☎ 06-682831 Fax 06-6878993

SB €212.50 TB €255/751
室 49室 朝食込み W-F
C A.D.J.M.V.
交 テルミニ駅からV.EmanueleⅡ通りへバス64番利用、徒歩10分

★★★★ ソーレ・アル・パンテオン Map P.37 C4

Sole al Pantheon

1467年には営業し、世界最古のホテルと呼ばれている。長期にわたって工事が続けられ、近年エレガントなホテルとして再オープンした。テラコッタの床やフレスコ画が描かれた壁などいたるところに歴史を感じさせる。スーペリオーレの客室からはパンテオンを身近に見ることができ、屋上のパティオでの朝食も気持ちよい。HPに10%の割引あり。

URL www.hotelsolealpantheon.com
住 Piazza della Rotonda 63
☎ 06-6780441 Fax 06-69940689
SB €80/430 TB €100/630
室 33室 朝食込み W-F
C A.D.M.V. 交 パンテオンそば

★★★★ コロンナ・パレス Map P.43 A3

Hotel Colonna Palace

下院のあるモンテチトーリオ宮の向かい。場所柄、公務で泊まる人やビジネスマンに利用される落ち着いた安全な宿。内部は、エレガントで、歴史を感じさせる。

✉ スペイン広場やナヴォーナ広場などへ徒歩圏で便利な立地でした。朝食はホテルの屋上からローマの町を見下ろしながらの贅沢なものでした。
（東京都　武市直子）['18]

URL www.colonnapalacehotel.com
住 Piazza Montecitorio 12
☎ 06-675191 Fax 06-6794496
SB €90.56/224 TB €132/318
室 105室 朝食込み W-F
C A.D.J.M.V. 交 コロンナ広場の一角

★★★ サンタ・キアーラ Map P.42 B2

Albergo Santa Chiara

清潔で感じのよい中級ホテルで、イタリア人に愛されている宿。絨毯を敷き詰めた客室がレトロ。バスルームは清潔でモダン。窓から眺める、ローマの町並みがすてきだ。

読者割引 ハイシーズンSB€140TB€215

URL www.albergosantachiara.com

住 Via di Santa Chiara 21
☎ 06-6872979
Fax 06-6873144
SB €145/155
TB €225/280
室 76室　朝食込み W-F
C A.D.J.M.V.
交 テルミニ駅からバス40、64番利用

★★★ デル・セナート Map P.42 B2

Albergo del Senato

パンテオンの前にあるホテル。広場に面した部屋を取るなら、ライトアップされたパンテオンの眺めが楽しめる。部屋は、広くはないが清潔で快適。

URL www.albergodelsenato.it

住 Piazza della Rotonda 73
☎ 06-6784343
Fax 06-69940297
TS €175/510
室 60室　朝食込み W-F
C A.D.M.V.
交 ロトンダ広場の一角

★★★ テアトロ・ディ・ポンペオ Map P.42 C1

Hotel Teatro di Pompeo

客室13と小さいながら定評のある3つ星ホテル。カンポ・デ・フィオーリ広場から徒歩2分。ホテル内には、古代ローマ(紀元前55年)の劇場跡が残っている。HPに割引価格表記。

Low 1/6～3/31、7/1～9/7、11/1～12/26

URL www.hotelteatrodipompeo.it

住 Largo del Pallaro 8
☎ 06-68300170
Fax 06-68805531
SB €145/165
TB €190/220
室 13室　朝食込み W-F
C A.D.J.M.V.
交 テルミニ駅からバス64番利用

★★★ テアトロパーチェ・トレンタトレ Map P.42 B1

Hotel Teatropace33

2004年にオープンした、ナヴォーナ広場すぐ西側にあるプチホテル。16世紀のパラッツォの雰囲気を残して全面改装し、客室もクラシックな雰囲気にまとめられている。当時のバロック様式の石造りのらせん階段も印象的。そのためエレベーターはない。

URL www.hotelteatropace.com
住 Via del Teatro Pace 33
☎ 06-68799075
Fax 06-68192364
SB €57/124　TB €116/223
室 25室　朝食込み W-F
C A.D.M.V.
交 ナヴォーナ広場から徒歩2分

★★★ スメラルド Map P.42 C1

Hotel Smeraldo

ローマの庶民的な雰囲気が味わえる界隈にある。客室は近代的で、シンプルにまとめられている。テラスから眺めるれんが色のローマの家並みも思い出に残るはず。

Low 1～3、7、8月、11/1～12/23(㊗を除く)

URL www.smeraldoroma.com

住 Via dei Chiavari 20
☎ 06-6875929
Fax 06-68805495
SB €75.07/118　TB €97/173
室 60室　朝食込み W-F
C A.D.M.V.
交 テルミニ駅からバス40または64番利用L.go T.Argentina下車

★★★ ナヴォーナ Map P.42 B2

Hotel Navona

ナヴォーナ広場から近い2つ星のホテル。風情ある館を改装した客室は、女性好みのアンティーク風。小さいながら清潔で落ち着いた雰囲気。

Low 11～2月、7～8月

URL www.hotelnavona.com

住 Via dei Sediari 8
☎ 06-68301252
Fax 06-68803802
SB €68.73/210
TB €73.08/220
室 35室　朝食€10 W-F
C A.D.J.M.V.
交 テルミニ駅からバス64、70番利用

テヴェレ川の右岸、ヴァティカン市国を中心に発達した地区。高級住宅街を控え、コーラ・ディ・リエンツォ通りなどのゆったりとしたショッピング街が続く。日中は観光客が道をふさぐほどの混雑ぶりだが、朝や夜は静かで落ち着いたたたずまいを見せる。テルミニ駅や町の中心からはやや離れるが、地下鉄駅をはじめバスターミナルもあって交通に不便はない。

★★★★★L ローム・カヴァリエーリ
Map P.36 A1外

Hotel Rome Cavalieri The Waldorf Astoria Resort

ローマの町を見下ろすモンテ・マリオの丘に建つ、眺めのいいホテル。庭園やロビー、客室も広々としている。中庭の松林の中にある大きなプールは、ローマにいながらにしてリゾート気分にさせてくれる。メイン・ダイニングの「ラ・ペルゴラ」は町を望むルーフガーデンのエレガントなレストラン。ミシュランの3つ星でローマ有数の味と折り紙つき。

URL www.romecavalieri.com

住 Via Alberto Cadlolo 101
☎ 06-35091
Fax 06-35092165
SB €230/468　TB €286/1470
SU €720/7995　室 366室　朝食込み　W-F　C A.D.J.M.V.
交 A線Ottaviano駅からバス991番利用

★★★★ デイ・メッリーニ
Map P.37 B4

Dei Mellini

サンタンジェロ城近くのビジネス街にある近代的なホテル。入ってすぐのアールデコ調の中庭は、雰囲気よくまとめられ印象的。最近の改装後、最新かつ機能的な設備を備えた客室は、モダンなインテリアでまとめられている。ヴァティカンへも徒歩圏内、ローマっ子のショッピングゾーンのコーラ・ディ・リエンツォや空港からのプルマンが停車するカヴール広場に近く、商店や飲食店が多い地区なので便利。

読者割引 3泊以上10%

URL www.hotelmellini.com

住 Via Muzio Clementi 81
☎ 06-324771
Fax 06-32477801
SB €119/170　TB €148/271
室 66室　朝食込み　W-F
C A.D.M.V.
交 A線Lepanto駅から徒歩7～8分

★★★★ ファルネーゼ
Map P.37 A3

Hotel Farnese

1900年代の貴族の邸宅を利用した全22室のプチホテル。ローマのお屋敷街に立つ白亜の4階建て。季節には美しい花々が咲くテラスをはじめ、エレガントなサロンには本物のアンティーク家具が置かれ、くつろぎのひと時を約束してくれる。客室は当時のままのオリジナルと近代的な設備がマッチし、数室はテラス付き。季候のよい時には朝食がサービスされるルーフガーデンからの眺めもよい。

URL www.hotelfarnese.com

住 Via Alessandro Farnese 30
☎ 06-3212553
Fax 06-3215129
SB €77.28/238　TB €81.88/402
室 23室　朝食込み　W-F
C A.D.J.M.V.
交 A線Lepanto駅から徒歩3分

★★★★ コロンブス

Map P.36 B2

Hotel Columbus

サン・ピエトロ広場から延びるコンチリアツィオーネ通りに面したホテル。歴史的なパラッツォを利用したホテルで、ロビーや客室は趣味のよい家具で飾られ、広々として居心地がよい。

URL www.hotelcolumbus.net

住 Via della Conciliazione 33
☎ 06-69345123
Fax 06-6864874
SB €110/380(ダブルのシングルユーズ) TB €128/388
室 88室 朝食込み W-F
C A.D.M.V.
交 テルミニ駅からバス64番利用

★★★ サンタンナ

Map P.36 B2

Hotel Sant' Anna

1500年代のパラッツォに当時のままのアーチ型の天井が残る。落ち着いた室内に、機能的な居心地のよさが備わったホテル。地下鉄オッタヴィアーノ駅から400メートル。

URL www.hotelsantanna.com

住 Borgo Pio 134
☎ 06-68801602
Fax 06-68308717
SB €109/134
TB €116/209
室 18室 朝食込み W-F
C A.J.M.V.
交 テルミニ駅からバス60、64番利用

★★★ アルカンジェロ

Map P.37 B3

Hotel Arcangelo

歴史のある小さな館を改装したホテル。コーラ・ディ・リエンツォ通りにも近く、ショッピングや観光にも便利。室内装飾は洗練され、居心地もよい。イタリア人の常連が多い。無料の屋内駐車場あり。

URL www.hotelarcangeloroma.com

住 Via Boezio 15
☎ 06-6874143
Fax 06-6893050
SB €56.56/159 TB €64.93/189
室 33室 ビュッフェの朝食込み W-F
C A.D.M.V.
交 テルミニ駅からバス492番利用。A線Lepanto駅から徒歩10分

★★★ ジェルベール

Map P.37 A3

Hotel Gerber

簡素ながら清潔であたたかい雰囲気の宿。家族経営の心配りがありサービス、居心地ともによい。中庭がある。テルミニ駅からは70番のバスが通る。

読者割引 本書提示で10%
Low 1、2、7、8、11/1～12/15
URL www.hotelgerber.it

住 Via degli Scipioni 241
☎ 06-3216485
Fax 06-3217048
S €50/85 SB €80/140
TB €100/200 3B €120/220
室 27室 朝食込み W-F
C A.D.J.M.V.
交 A線Lepanto駅から徒歩2分

★★★ アマリア

Map P.36 A2

Hotel Amalia Vaticano

1800年代の美しい建物の2階部分がホテル。家族経営で親しみやすく、値段に比べ質がよいと評判だ。

読者割引 電話またはメールで直接予約で8%。URL からコードGLOBE入力で5%
URL www.hotelamalia.com

住 Via Germanico 66
☎ 06-39723356
SS SB €69/129
TS TB €79/169
室 30室 朝食€7(プランによる) W-F
C A.D.M.V.
交 A線Ottaviano駅から徒歩5分

★ レジデンツァ・マードリ・ピエ

Map P.36 C2

Residenza Madri Pie

修道会が経営する宿泊施設で、サン・ピエトロ大聖堂の南側にある。清潔で居心地がよい。家族連れに最適。宿泊制限はない。

URL www.residenzamadripie.it

住 Via A. de Gasperi 4/
Via Alessandro Ⅲ 3
☎ 06-631967
Fax 06-631989
SB €70/90 TB €100/140
4S 3B €150/220
室 60室 朝食込み C M.V.
交 テルミニ駅からバス64番利用

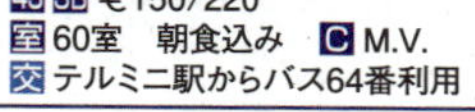

ヴェネト通りには歴史と格式を誇るイタリアを代表するホテルや、豪華なインテリアとリッチな客層に支えられた高級ホテルが並ぶ。ただ路地を1本入るとやや小規模の経済的なホテルも点在している。リッチな宿泊者が多いためか周辺には高級レストランが多い。少し歩く必要があるが、地下道を抜ければスペイン階段、坂道を下ればバルベリーニ広場と地下鉄駅へのアクセスは容易。

★★★★★L エデン

Map P.34 C2

Hotel Eden

1889年創業、ボルゲーゼ公園を背景にヴェネト通りを少し入った閑静な通りに面して建つホテル。にこやかなドアマンに迎え入れられて中に入ると、大きな暖炉のある優雅なサロンが現れる。アンティークとモダンな家具が混在し、快適に美しく飾られた客室は大きな窓から明るい光が差し込み眺望もすばらしい。「本物のイタリアのおもてなし」をモットーにした、非の打ちどころのないホスピタリティーが自慢だ。ラグジュアリーなスパやミシュラン星付きレストラン、ラ・テラッツァLa Terazzaを併設。

URL www.dorchestercollection.com

住 Via Ludovisi 49
☎ Fax 06-478121
SB €512/1688
TB €552/2580
室 120室　朝食込み W-F
C A.D.J.M.V.
交 A線Barberini駅から徒歩8分

★★★★ ローズ・ガーデン

Map P.34 C2

Hotel Rose Garden Palace

ヴェネト通りにほど近く、アメリカ大使館近くにある、1900年代初頭の邸宅を全面改装した静かなホテル。ロビーにはモンセラムが天井に伸び、その上に空が広がる。グリーンと現代彫刻がマッチした開放的なロビーが印象的。ホテルの名前どおり、季節にはバラが咲くテラスレストランを併設。客室はモダンで機能的で清潔。スパ、ジム、地下にはプールも併設。

URL www.rosegardenpalace.com

住 Via Boncompagni 19
☎ 06-421741　Fax 06-4815608
SB €120/260　TB €120/341
室 65室　朝食込み W-F
C A.D.J.M.V.
交 地下鉄A線Barberini駅から徒歩7分

★★★★ ヴィッラ・ピンチアーナ

Map P.35 B3

Villa Pinciana

ヴェネト通りからほど近く、ヴィッラが続く静かな住宅街にある邸宅ホテル。1900年代初頭の小さなヴィッラを改装し、2009年にオープン。白亜の邸宅は、どこか私邸に招かれたような気分にさせてくれる。客室は、邸宅にふさわしく優雅な雰囲気。ヴィッラの周囲には気持ちのよい庭園が広がり、夏にはここで朝食がサービスされる。無料の駐車場を併設。

URL www.hotelvillapinciana.it

住 Via Abruzzi 9/11
☎ 06-42016747　Fax 06-42916182
SB €86.25/230　TB €105/389
室 25室　朝食込み W-F
C A.D.J.M.V.
交 地下鉄A線Barberini駅から徒歩7分

★★★★★L グランド・ホテル・ヴィア・ヴェネト Map P.34 C2

G.H. Via Veneto

エレガントな1800年代のグランド・ホテルが中東ドバイに本拠地を置く高級ホテルチェーンのジュメイラとして生まれ変わった。アールデコとモダン、赤が調和した豪華でどこかエキゾチックな雰囲気。スカイバーとグリルのある屋上テラスからはすばらしいパノラマが楽しめる。スパも充実。

URL www.ghvv.it
住 Via Vittorio Veneto 155
☎ 06-487881 Fax 06-48788788
SB TB €246/789 室 106室 朝食€33 W-F C A.D.J.M.V.
交 地下鉄A線Barberini駅から徒歩7分

★★★★★L エクセルシオール Map P.34 C2

The Westin Excelsior

ローマ市内で、最大かつ最も格式の高いホテル。ロビーや室内のインテリア、従業員の応対にも伝統が感じられる。「甘い生活」の舞台となった、スノッブな雰囲気は、併設のカフェ「ドネイ」でも味わえる。

URL www.westinrome.com

住 Via Vittorio Veneto 125
☎ 06-47081
Fax 06-4826205
SB €197/490 TB €227/581
SU €1215/12500
室 281室 朝食€33 W-F
C A.D.J.M.V.
交 A線Barberini駅から徒歩8分

★★★★★L レジーナ・バリオーニ Map P.34 C2

Regina Hotel Baglioni

ヴェネト通り、アメリカ大使館の前に建つ名門ホテル。レジーナの名のとおり、マルゲリータ女王が長期滞在したことで有名。大改装が行われ、クラシックな雰囲気を残しつつ、設備、備品が充実し、5つ星ホテルとなった。併設のレストランの評判もよい。

URL www.baglionihotels.com
住 Via Vittorio Veneto 72
☎ 06-421111
Fax 06-42012130
SB €332/502 TB €402/1510
室 117室 朝食€33 W-F
C A.D.J.M.V.
交 A線Barberini駅から徒歩7分

★★★★ ラ・レジデンツァ Map P.34 C2

La Residenza

ローマの華やいだ地区にあるわりに、比較的エコノミーで快適なホテル。長期滞在のファンが多いので、早めの予約を。

Low 1/6〜3/31、8/1〜9/9
URL www.hotellaresidenza.com

住 Via Emilia 22/24
☎ 06-4880789
Fax 06-485721
SB €109/300 TB €113/313
室 29室 ビュッフェの朝食込み
C A.J.M.V.
交 A線Spagna駅またはBarberini駅から徒歩10分

★★★ チンクワンタトレ Map P.34 C2

Hotel Cinquantatre

ヴェネト通りのやや裏手に位置し、観光にもショッピングにも便利な立地。アンティーク風の家具が置かれた室内はクラシックで落ち着いた雰囲気。よい季節には屋上テラスで朝食がサービスされる。

URL www.lhotel53.com

住 Via di S.Basilio 53
☎ 06-42014708
Fax 06-42014776
SB €45.69/120
TB €47.35/191
室 14室 朝食込み W-F
C A.D.M.V.
交 地下鉄A線Barberiniから徒歩3分

★★ ゴールデン Map P.34 B2

Hotel Golden

ヴェネト通りの裏手、ボルゲーゼ公園から至近距離にある。全13室のうち10室がシャワー・トイレ付きで、エアコン完備。英語も通じる。全室禁煙。

URL www.hotelgoldenrome.com

住 Via Marche 84
☎ 06-4821659
Fax 06-4821660
SB €70/150 TB €77/270
室 13室 朝食込み W-F
C A.D.M.V.
交 A線Barberini駅から徒歩12分。テルミニ駅からバス910番利用

経済旅行者向け ドミトリーのあるホテル

大都会であるローマのホテル代は、決して安いとはいえない。部屋代にはお金をかけずに滞在したい人におすすめなのが、ドミトリーのあるホテルだ。ここで紹介するホテルは、一般的な個室もあるホテルだが、部屋のいくつかをドミトリーとして提供し、1室3～6人ほどのドミトリー形式で、部屋代を安く提供している。門限やベッドメイキングなどの決まりがあるユース・ホステルとは異なり、ホステルと呼ばれる。

★ アレッサンドロ・パレス

Map P.35 C4

Alessandro Palace Hostels

YH 4～8人部屋のドミトリーが中心。隣接してバール・レストラン（夕食€15～）もオープン。日本人マネージャーなので緊急時に心強い。宿泊受け付け15:00～、予約なしでもOK。10泊まで。

読者割引 URL から直接予約か直接訪問で5%

Low 1/2～3/6、11/5～'19年3/14
URL www.hostelsalessandro.com（日本語あり）
住 Via Vicenza 42
☎ 06-4461958 Fax 06-49380534
D €17/35 TS €70/110
朝食€5 W-F C M.V.
交 テルミニ駅から徒歩5分

アレッサンドロ・ダウンタウン・ホステル

Map P.45 B4

Alessandro Downtown Hostel

YH ローマで唯一のユースホステル協会加盟のYH。テルミニ駅やスーパーへも近くて便利。宿泊受け付け15:00～翌2:00。10:00～15:00の清掃時間は自室内に残ることはできない。上記アレッサンドロ・パレスと同系列。広めのドミトリー、ワイドスクリーンのあるラウンジルーム、無線LAN、PCの利用可、各部屋ごとに冷暖房完備など設備やサービスも充実。日本人マネージャーなので、緊急時に心強い。隣にオーナー経営の手頃なレストランオープン。

URL www.hostelsalessandro.com（日本語あり）
Low 1/2～3/16、11/5～3/14(2019)
住 Via Carlo Cattaneo 23
☎ 06-44340147 Fax 06-4938053
D €17/35 TS €60/95
室 100ベッド W-F 朝食€4(7:30～10:30)
C M.V. 交 テルミニ駅から徒歩5分

エム・アンド・ジェー

Map P.45 A4

M&J Place Hostel

YH 若いバックパッカー向きの陽気でインターナショナルな雰囲気のホステル。キッチンや食器の利用もでき、自炊派には最適。

✉ 鍵のデポジットとして€10必要。Hostelにある地図の裏に1階のバールの10%割引券があり。（匿名希望）['18]

URL www.mejplacehostel.com
住 Via Solferino 9(3階)
☎ 06-4462802
D €12/25 SB €35/70
TB €50/100
室 9室 朝食€2.50、夕食€10 W-F
C A.J.M.V.
交 テルミニ駅から徒歩5分

YWCA Woman's Hotel

Map P.44 B2

YWCA U. C. D. G.

YH 男性、女性、年齢などの宿泊制限なし。洗面台、トイレ・シャワー付きの部屋も多数。朝食込み。

URL www.ywcaitalia.it
住 Via Cesare Balbo 4
☎ 06-4880460 Fax 06-4871028

D €22 SB €55
T €66 TS €77
C J.M.V. W-F
交 テルミニ駅から徒歩5分 受付時間8:00～24:00(門限)、8月は8:00～12:00、16:00～20:00。朝食時間7:30～9:00。㊐㊗は8:00～9:30で温かい飲み物のサービスなし。

ちょっと郊外で経済的に

✉ ローマ市内中心部のホテルは高いですが少し離れると急に安くなります。今回Sheraton Roma Hotel & Conference Centerに宿泊しましたが、クラブフロアーで1泊€100以下でした。朝食はもちろん、カクテルアワーまであり、部屋も快適。テルミニまで地下鉄で20分、空港までもバス20分でとても便利でした。ちょっと郊外のホテルも検討の価値ありです。（兵庫県 田中玄一）

緑豊かな郊外エリアがおすすめ

安心の
修道会の宿泊施設

若い女性や節約旅行者に根強い人気がある修道会の宿泊施設。本来は、親元を離れた修道会の子弟や信者の旅行の便宜を図るために設けられたもの。そのため、年齢や宿泊数の制限をはじめ、門限、食事やシャワー時間なども細かく決められている。それを守れるなら、安全で清潔かつ経済的な宿泊が約束されている。繁忙期には宿泊延長は難しいので、最初にしっかりと予定を立てて予約しよう。

プロテツィオーネ・デッラ・ジョーヴァネ・カーサ・サンタ・プデンツィアーナ Map P.44 B2

Protezione della Giovane ACISJF-Casa S. Pudenziana

宗教団体の経営による、30歳までの女性のみの宿泊施設。シスターたちは親切で家庭的な雰囲気。部屋は清潔で洗面台も完備。シャワーも熱いお湯が出る。決まりが日本語でも掲示してあるので、守ろう。門限は22:30(土24:00)。受付時間7:00〜22:00。予約はFax、電話、e-mailで。

e-mail acisjf.it@virgilio.it
URL www.acisjf.it
住 Via Urbana 158
☎ 06-4880056 Fax 06-4827989
S €34 SS €45 T €52
D 1人€20、朝食込み、夕食€10(要予約) W-F
C 不可 交 テルミニ駅から500m

フィーリエ・デッラ・プレゼンタツィオーネ・ディ・マリア・サンティッシマ・アル・テンピオ Map P.36 C1外

Casa per Ferie Figlie della Presentazione di Maria SS. al Tempio

受け入れ制限は20歳以上で、常識のある人。20歳未満は20歳以上の同伴が必要。宿泊は2泊から。やや不便な場所ながら、広々としていて清潔。受付14:00〜23:30(門限)。URL から申し込み可。
URL www.casapresentazioneroma.it
住 Via S. Agatone Papa 16

☎ 06-632943 Fax 06-630324
SB €38/42 TB €60/66 朝食込み W-F C M.V.
交 テルミニ駅よりバス64番でPiazza Paoliで98または881番に乗り換え、S.ピエトロから3番目のVia GregorioⅦ下車すぐ

スオレ・デッリンマコラータ・コンチェツィオーネ・ディ・ルールド Map P.34 C2

Suore dell'Immacolata Concezione di Lourdes/Nostra Signora di Lourdes

スペイン広場にほど近く、観光に便利な立地。親切なシスターが迎えてくれ、家族連れを中心とした各国の旅行者に人気がある。

受け入れ制限なし、受付9:30〜22:00、門限22:00。朝食8:00〜9:00。最低2泊以上。予約はFaxで。

URL www.monasterystays.com (予約)
住 Via Sistina 113
☎ 06-4745324 Fax 06-4741422
S €43.75 SB €50 TB €75
3B €112.50 室 30室 朝食込み
交 A線Spagna駅から徒歩3分、Barberini駅から徒歩5分

ローマで滞在税導入

'11年1/1より、ローマ市に宿泊する旅行者を対象に滞在税(Contributo di Soggiorno a Roma/Accomodation Tax in Rome)の運用が開始。ホテルなどでの宿泊、市立美術・博物館の入館、観光バスを利用したときなどに適用される。税はローマを訪れる観光客のサービスの向上や観光PRに利用されるとのこと。

個人手配で直接予約をした場合、ホテル・バウチャーを利用する場合やパッケージツアーのいずれでも課金。日本でバウチャーを購入したりツアーなどで宿泊料金を前払いした場合も同様。購入時や申し込み時に確認を。

✉ 滞在税　支払いはさまざま

滞在税の支払いは現金のみ、カードOK、チェックインまたはチェックアウト時の支払いなど、ホテルによって支払い方法や時期はさまざま。チェックイン時にホテルで確認がおすすめ。　(千葉県　匿名希望)['18]

宿泊施設と滞在税	
1〜2つ星ホテル	€3
3つ星ホテル	€4
4つ星ホテル	€6
5つ星ホテル	€7
B&B、貸し部屋 Affittacamera/Casa Vacanza/Casa per ferie	€3.50
アグリトゥーリズモ Agriturismi レジデンス Residenza	€4
キャンプ場 Campeggi	€2
YH(私営を除く)	除外

※ひとり1泊当たり、10泊まで。2014年9/1改訂

アブルッツォ州へ

懐かしきイタリアの面影を求めて

昔ながらの生活や人情が残る村や、グルメも楽しむ!

アブルッツオ州
ローマ

イタリア半島のほぼ中央部に位置する**アブルッツォ州**。イタリアの背骨と呼ばれるアペニン山脈が貫き、北側には**グラン・サッソ山塊**（最高峰はコルノ・グランデ2912m）、南側には**ラ・マイエッラ山塊**の高峰が連なる。北側には**グラン・サッソ国立公園**、ラツィオ州、モリーゼ州と接する州南部には**アブルッツォ・ラツィオ・モリーゼ国立公園**が広がり、絶滅が心配されるヒグマやオオカミなどの**野生動物の保護区**となり、豊かな自然が残されている。

高峰の山々は粗々しい山肌を見せ、豊かな森は緩やかに牧草地へと続く。夏でも雪をいただく峰々を背景に季節の花々が咲き乱れ、あるいは中世さながらの町を歩けば遠くに美しい山並みが浮かび上がりフォトジェニックな風景を見せてくれる。そして、**活気あふれる市場**には笑顔と陽気なかけ声が飛び交い、今では忘れてしまった**昔ながらの人情や生活**が残っている。そんな懐かしきイタリアを求めて、アブルッツォ州へ出かけてみよう。

静かな山あいに点在する「美しい村」を訪ねよう。ヴィッララーゴの高台からの眺め

1 イタリアで唯一、オオカミが生息するアブルッツォ州。ビジターセンターでは保護され、飼育されているオオカミやクマなどを見ることができる **2** 集落の近くでは、まだ幼いノロジカに遭遇 **3** スルモーナの町のいたるところで売られる、カラフルなコンフェッティの花束

険しい山の斜面に古い家並みが重なるスカンノ

「イタリアの最も美しい村」とは?

アブルッツォ州は、**「イタリアの最も美しい村」** I Borghi più belli d'Italiaの宝庫。最近、日本でも話題になる「イタリアの最も美しい村」とは、イタリアにおける歴史的遺産や景観のある村によって構成され、その振興を目的として同名の民間団体によって制定されたもの。現在イタリア全土で**約200村**、アブルッツォ州では**20村**を超える。今回はローマからアクセスのよい**スルモーナ**Sulmonaからこれらの村へも足を延ばそう。

スルモーナからバス便がある「イタリアの最も美しい村」は**パチェントロ、イントロダックア、ブニャーラ、アンヴェルサ・デッリ・アブルッツィ、ヴィッララーゴ、スカンノ、ペットラーノ・スル・ジーツィオ**。

「小路の花々」Borgo Fioritoというコンクールも開催されるパチェントロ

スルモーナのヴェンティ・セッテンブレ広場。中央に立つのはこの町生まれの詩人の像

スルモーナへの行き方

●プルマンで

ローマからのプルマンはArpa、Pstar（下記時刻表で*）の2社が運行。

ローマ・ティブルティーナ駅前からスルモーナへは所用1時間20分～2時間50分（経由地により所要時間が異なる）。会社によりスルモーナでは3カ所に停車するが、町の中心に近いバス停は**Sulmona Porta Napoli–Via Ciconvallazione Orientale**または**Villa Comunale**。

ティブルティーナ駅前発
平日 8:45、12:00、15:00、17:30、17:50、19:00、20:45
㊐㊗ 16:00、17:30、18:00、19:00、20:45（㊐のみ）
切符 いずれも片道€9.50、往復€18

バスの時刻表は
URL www.sulmonalive.it/orari-autobus-sulmona-roma-roma-sulmona

Arpa社
URL arpaonline.it

Pstar社
URL www.autolineepstar.com

テルミニ駅からティブルティーナ駅へは列車利用で8～15分。

●fs線で

ローマ・ティブルティーナ駅からRで2時間50分～4時間。2時間に1便程度。切符€11.60。駅から町へは約1km。市内へのバス便あり。

■ペリーノ Pelino

住 Via Introdacqua 55
☎ 0864-210047
Fax 0864-32323
URL www.pelino.it
開 8:00～12:30（博物館12:15）15:00～18:30

ペリーノの外観。店舗の中から小さな博物館へ

古き良き面影を残す、拠点の町

スルモーナ
Sulmona

アンヌンツィアータ宮。この町の歴史や芸術を知る市立博物館やℹもここにある

南北に約2km、東西500mに中心街が広がる**中世の町**。町の北側には緑の公園が広がり、ここから続く**オヴィディオ通り**Corso Ovidioがメインストリート。通りで目をひく、カラフルで愛らしい花束は、イタリアの結婚式に欠かせない**コンフェッティ**Confetti（アーモンドやチョコを砂糖でコーティングしたお菓子）で作られたもの。スルモーナはイタリアでは**コンフェッティの町**として有名で、結婚式のために買い出しに訪れる人も多いという。

ガリバルディ広場手前に連なる、堂々と美しい13世紀の導水橋Acquedotto

石畳が続き、ベンチが点在するゆったりとしたオヴィディオ通りを進むと、右にアブルッツォ建築の傑作と呼ばれる、優美な彫像が飾られた白く輝く**アンヌンツィアータ宮**Commpresso dell'Annunziata、さらに進むと左に中部イタリア最大という**ガリバルディ広場**Piazza Garibaldiが現れる。手前にいくつものアーチが美しい姿を見せるのは**ゴシック様式の導水橋**でルネッサンス様式の**ヴェッキオの泉**に水を運んでいる。

市場の風景。赤いニンニクAglio Rossoはこの地の特産

水曜と土曜の午前中にはこの広場で**市場**（メルカート）が開かれ、近隣から運ばれた野菜や果物をはじめ特産のハチミツ、肉、サラミ、家庭用品、衣服、靴、子供のおもちゃまで何でも勢揃い。中部イタリア名物の**豚の丸焼きポルケッタ**の迫力に度肝を抜かれ、その脇では鶏が薪のオーブンで焼かれ香ばしい匂いが立ち込める。活気あるやり取り、色と匂いと人々のエネルギーが充満した楽しい市場。できれば、この日に合わせて訪ねたい。

ポルケッタの屋台

ℹ（9:00～12:00、15:30～19:00）は、アンヌンツィアータ宮の右側の建物内にあり、バスの情報も得られ、切符も販売している。

老舗のペリーノは、アブルッツォを代表する菓子メーカー

スルモーナからイントロダックアへ向かう途中には、1783年創業の**コンフェッティの老舗ペリーノの店舗**兼工場がある。コンフェッティといえばここ、というほど有名なメーカーで、アブルッツォ州を代表する老舗の菓子製造会社だ。歴史を感じさせる売店には、商品がズラリと並び、奥には創業当時からの製造機器が並び、製造方法、材料などを知る**小さな博物館**がある。

車の場合は、スルモーナ近くにはいたるところに看板があるので、それに沿って行けば簡単にアクセスできる。バスなどで行くのは難しい。

スルモーナのホテル

ホテル・サンタ・クローチェ・オヴィディウス&スパ
Hotel Santa Croce Ovidius & Spa ★★★★

住 Via Circonvalazione Occidentale 177, SULMONA（AQ）
☎ Fax 0864-53824
SB €95/130 TB €120/170
室 29室 朝食込み W-F
交 アンヌンツィアータ宮から徒歩5分
URL www.hotelsantacroce.com

町の北側にある近代的で明るいホテル。緑の中庭や食堂など気持ちよい空間が広がり、居心地がよい。大通りに面しているので、レンタカーでのアクセスもいい。駐車場完備。郷土料理が楽しめるレストラン、スパも併設。

アブルッツォ州の

「イタリアの最も美しい村」紹介

パチェントロ
Pacentro

スルモーナから北東へ8.5km。マイエッラ国立公園の中心に位置する中世の町。かつては貴族が暮らしたという村は山の麓に広がり、町の頂上には**カンテルモ城**Castello dei Cantelmo（10世紀）と**3つの塔**（14世紀）が町を見下ろす。家々の間に延びる白い石畳の道の左右には季節の花々が飾られて美しい。途中のポポロ広場に建つ真っ白な教会は**サンタ・マリア・マッジョーレ教会**S.M.Maggiore（16～17世紀）。広場には噴水の水音が響き、のんびりとした時間が流れる。

村は8世紀頃に集落を形成、ナポリ王国と歴史をともにした。城は侯爵により築かれた。塔は入場不可

白く輝くサンタ・マリア・マッジョーレ教会

村の入口の公園。村の人の憩いの場

各家庭が丹精した花々が路地を飾り、まさに花の競演

スルモーナからの「美しい村」へのバス

バスはArpa社の運行。パチェントロへは約30分。他の村はスルモーナからスカンノへの経路にある。イントロダックアへは12分、アンヴェルサ・デッリ・アブルッツィへは30～50分、ヴィララーゴへは48分～1時間10分、終点のスカンノへは58分～1時間25分。

スカンノ行きは平日7:28、11:05、12:55、14:05、15:55、17:42、20:05、㊐㊗8:00、14:05発。周辺の町へは他の経路のバスも運行しているが通学用に利用されるため、早朝、11:00台、午後は1～2時間に1便程度の運行が多い。❶で帰りの時刻を確認して切符も往復用意して出かけよう。1日1～2カ所にしておくのがベター。

イントロダックア
Introdacqua

スルモーナから南へ約5km。町の入口の公園から、ゆったりとした石畳が続く。最初に目に入るのが**アンヌンツィアータ教会**SS.Annunziataの脇に立つロマネスク様式の鐘楼。石造りの城門を入ると、中世の町並みに小路と階段が続き**四角い塔**Torre Quadrangolareへと運んでくれる。

村のシンボル、高みにそびえる四角い塔

アンヌンツィアータ教会とロマネスク様式の美しい鐘楼

アンヴェルサ・デッリ・アブルッツィ
Anversa degli Abruzzi

サジタリオ川の渓谷の上、山に張り付くように広がる遠望が美しい。村の背後には岩がちの緑の山肌が迫り、川の水音が響き、どこか深山に迷い込んだような気分にしてくれる。村の中心の**ローマ広場**Piazza Romaにはルネッサンス様式の**マドンナ・デッラ・グラツィエ教会**Madonna delle Grazieが建ち、入口上部には16世紀の**「キリスト降架」のレリーフ**が刻まれている。町の上部には崩れかけた塔（1406年）がある。

上／目抜き通りにはバールやB&Bが続いてちょっとにぎやか
下／村を縁取る坂を上ると、山々が迫ってくる

古い鐘楼が付属するのはサン・マルチェッロ教会。扉口には13世紀の彫刻と14世紀のフレスコ画

●レンタカーで

ローマから2泊または3泊で訪れるのに最適。高速道路A1はよく整備されて走りやすいし、アブルッツォ州内は交通量が多くないので、さほど心配はいらない。ローマ市内からGRAへ入るまでのわかりにくさとローマ市内の渋滞が難あり。また、アンヴェルサ・デッリ・アブルッツィからスカンノへの山道SS479は交通量は多くないものの、狭くクネクネとした道が続くので慎重な運転を。

アブルッツォ州での運転は快適。駐車も容易だ

ヴィッララーゴ
Villalago

サジタリオ川の渓谷の上に位置する村。スルモーナを出発してクネクネとした山道を抜けると湖が現れる。人造湖ながら、美しい景観と鳥のさえずりがひととき心を癒やしてくれる。

湖から上がった高台に村は位置し、階段の続く中世の集落が広がり、湖を見下ろす。

国道479号線SS479に沿って広がる、水力発電のために築かれた人造湖。キャンプやトレッキングで訪れる人も

スカンノへ向かう国道479号線、狭い手掘りのトンネル

ヴィッララーゴの集落。階段の上に続く、人口600人ほどの静かな村

ヴィッララーゴ遠望。緩やかな丘の背骨部分に集落が広がる

スカンノ
Scanno

ヴィッララーゴからスカンノへ向かう間にはスカンノ湖と森が広がり、緑濃い美しい風景が広がる。湖畔に建つ**マドンナ・デル・ラーゴ聖所祈念堂** Santuario della Madonna del Lago（17世紀）が美しい風景にアクセントを添え、印象的だ。スカンノはスキーやトレッキングなどの基地としてリゾートとしての近代的な顔をもつ一面、**旧市街**には美しい扉口をもつ古い家並みが重なるように立ち並び、その間に小路と階段、踊り場が続く。フォトジェニックな村としても知られ、1920年代にはブレッソンやジャコメッリらの写真家が好んで訪れた地でもある。

スカンノは険しい山と湖に阻まれ、昔ながらの風習が残るといわれている。そのひとつが美しい**民族衣装**。黒いドレスの胸元には2列の銀ボタンと繊細なレース飾り、スカートには華やかなエプロン、リボンと髪を編んで結い上げた頭頂部には小さな帽子がのる。銀細工もレースもこの村の伝統的な品でもある。毎年8月14日に催される婚礼行列の**ユ・カテナッチェの祭り** Ju Catenacce では民族衣装に身を包んだ晴れやかな姿が見られる。

スカンノ湖から村へ続く、緑濃い自動車道。この辺りに来ると、一気にリゾートの雰囲気がいっぱい

ハートの形をしたスカンノ湖。湖畔には教会やホテルが

イタリアでも指折りの美しい衣装。祭りの日には、民族衣装でパレードが行われる

左／スカンノの遠望。将棋の駒を重ねたように家々が連なり、集落に入れば中世さながらの景色が広がる
右／運がよければ、ミッレミリアさながらのクラシックカーレースにも遭遇

カステル・デル・サングロのレストラン・ホテル

リストランテ・レアーレ／ホテル・カーサドンナ
Ristorante Reale/Hotel Casadonna

住 Contrada Santa Liberta, CASTEL DI SANGRO（AQ）
☎ 0864-69382
URL www.ristorantereale.it　URL www.casadonna.it
営 12:30〜15:00、20:00〜23:00
料 €100〜150、定食€140（コースに合わせたグラスワイン数種€70）、€190（同€100）
室 6室　TB €180/350　朝食込み
休 1/9〜2/28頃、10/1〜10/14頃、レストランは㊊㊋も（8月は除く）
交 車で：カステル・デル・サングロの町に入る手前をサッカー場の方向へ入って進むと、スポーツ・ヴィラージュ・ホテル前あたりからホテル／レストランへの標識があるので、それに沿って進む。町から徒歩やバスでのアクセスは無理なのでタクシー利用で。
※部屋数、テーブル数が少ないので、必ず予約を。宿泊と食事の予約を一緒にするのがベター。レストランのキャンセル（48時間前まで）、ノーショー（1人€100）が厳しいので、返信メールで必ず確認を。

アブルッツォに美食の地を求めて

イタリア中で注目!!の リストランテ・レアーレへ

カスカテル・デル・サングロ Castel del Sangroへの行き方

●プルマンで

ローマからは前述(→P.318)のPstar社がローマ発スルモーナ経由カステル・デル・サングロ行きを運行。1日1〜2便、所要2時間50分、料金€15、往復€27

スルモーナからはArpa社とArpa/SATAM社が運行。所要約1時間15分。平日1日7便、㊐㊗2便。

アブルッツォ州に出かけたなら、ぜひ足を延ばしたいのが**カステル・デル・サングロのリストランテ・レアーレ**。独自の料理観とテクニックで、新たなイタリア料理の世界を広げる**ニコ・ロミト**によるミシュランの**3つ星レストラン**だ。

冬には暖炉が燃えるサロン。広いスペースに豊かな時が流れる

サングロの丘の緩やかな山道を上り、インターフォンを鳴らして敷地に入ると、初夏にはバラが咲き、ブドウ畑の緑がまぶしい。手前が料理学校、奥の古い建物がホテル・レストランだ。16世紀の修道院を改装した内部は、その慎ましやかな歴史を残しながらシンプル・モダンにまとめられている。広々としたスペースながら、客室、テーブル数も少ないので、非日常を満喫できる贅沢な時間が流れている。

ホテルの周囲にはバラが咲き誇り、ブドウ畑が広がる

カステル・デル・サングロで生まれ育ったニコ・ロミト。シェフの料理は、ほぼ独学という。短い修行期間を経て、最初のレストランをオープンしてからたった7年、2013年末にミシュランの3つ星を獲得、今注目の若手シェフだ。彼のモットーは**「(土地の)本物かつ上質の素材を使う」**こと。**「料理のミニマリスト」**とも呼ばれ、使用する素材は少ないながら、素材の核を引き出した料理が特徴だ。深い味わいとコンビネーションの妙を堪能しよう。

シェフのスペシャリテが並んだ写真集。料理は考案した年号つき

シャンパンや銘醸ワインがズラリと並ぶ圧巻のカンティナ

宿泊者に供される**シェフ特製の朝食**も格別だ。朝の爽やかな光のもと、白いリネンと銀器が輝くテーブルには、各種の絞りたてのフルーツジュース、自家製のハチミツや周辺から運ばれた最上のヨーグルトやチーズ、卵などなど、このほかメニューからオーダーできるものもあり、すべてが食べられない胃袋を恨みたくなるほどだ。

アブルッツォまでは足を延ばせないという人に朗報。ローマ・オスティエンセの**イータリー**(→P.287)とミラノのドゥオーモ広場の**イル・メルカート・ディ・ドゥオーモ**に料理学校の卒業生によるワークショップ・レストラン**「スパツィオ」**Spazioがあり、手軽にシェフの味を楽しむことができる。

光が満ちる朝食室。シェフの土地の素材へのこだわりはここにも

店内は6卓ほどだが想像以上の人数が働く、近代的なキッチン

次々と供されるアミューズは約10品。野菜やナッツなどで食感、酸味、甘味、苦みなどの食味が展開。より味わうために食べる順番も重要

水牛のリコッタチーズのラヴィオリ、胡椒とケッパー(滴下)風味Ravioli con ricotta di bufala, distillato di bufala pepe e capperi 2014。素材としては見えない、滴下したエッセンスが複雑な味わいを醸し出し、口中に驚きが広がる

ハトのロースト ピスタチオのフォンダン添えPiccione fondente e pistachio 2015。このひと皿を含め、華やかさや奇をてらう見た目はないが、口当たりや味わいは想像を超え、まさにニコ・ロミトの食のワンダーランド

旅の準備と技術

ローマの達人になるために

旅の必需品

事前に申請や手続きが必要な、海外旅行に欠かせないパスポート、会員証、保険などについて考えてみよう。

外務省パスポートA to Z
URL www.mofa.go.jp/mofaj/toko/passport

●東京都パスポート電話案内センター（24時間テレホンサービス）
☎03-5908-0400（東京）
URL www.seikatubunka.metro.tokyo.jp/passport/

●大阪府パスポートセンター
☎06-6944-6626
URL www.pref.osakalg.jp/passport/

パスポート（旅券）

政府から発給された国際的な身分証明証がパスポート。日本からの出国、他国へ入国するために必要な物だ。パスポートは有効期間が5年（濃紺）と10年（エンジ）の2種類がある。パスポートの申請から取得までは1～2週間かかる。直前に慌てないよう、早めに取得しておこう。

※イタリア入国の際には、パスポートの有効残存期間がイタリア出国時に90日以上必要

◆申請場所

住民登録をしてある各都道府県のパスポート申請窓口（旅券課）またはパスポートセンターなど。

◆必要書類

一般旅券発給申請書（旅券申請窓口で配布）、戸籍抄本または謄本、住民票（住基ネット利用者は不要）、顔写真（6ヵ月以内に撮影したもの）、本人確認用書類など。

◆受領方法

パスポート名義の本人が申請窓口で受け取る。

＊詳細は、パスポートアンサーや地元のパスポートセンターなどで確認を。

「歩き方」の便利な使い方
「地球の歩き方」はそのまま持ち歩くと重いので、地域別にバラして、その日のスケジュールに合わせてバッグに入れていました。よく使う地図ははずして持ち歩くと便利です。
（神奈川県　飯田佐和子　'15）

ビザ

日本のパスポート所持者は、イタリアでの90日以内の滞在には不要。ただし、原則としてイタリア出国時に有効残存期間が90日以上あるもの。予防接種も必要ない。仕事などでイタリアに91日以上滞在する場合は、ビザと滞在登録が必要。ビザの取得はイタリア大使館、領事館で。滞在登録は到着後現地で。

旅券発給手数料
10年旅券　1万6000円
5年旅券　1万1000円（12歳未満は6000円）
収入印紙と現金（各自治体により異なる）で納付。旅券受け取り窓口近くに売り場がある。

滞在登録

イタリアに91日以上滞在する場合は、目的地に到着後8日以内に地方警察Questura（クエストゥーラ）で滞在登録をしなければならない。

共和国広場の裏にあるクエストゥーラ

●イタリア大使館
住 〒108-8302
東京都港区三田2-5-4
☎03-3453-5291
営 ビザ関係業務
月～金9:30～11:30
※ビザの書式や情報はURLで入手可能
URL www.ambtokyo.esteri.it/ambasciata_tokyo

国際学生証 ISIC International Student Identity Card

国際的に学割が利用できるのが国際学生証。数は多くないが、一部の博物館、美術館などの見どころや劇場などで、入場料が割引や無料になる。種類は、学生Studentと生徒Scholarの2種で、対象、有効期限が異なる。申請は、主要大学の生協などで。

地球の歩き方ストア
旅の必需品や現地で役立つグッズをオンラインで購入できる。
URL //store.arukikata.co.jp

国際青年旅行証 IYTCカード

学生でなくても、26歳未満なら取得できるカード。国際学生証と同様の特典を受けられる。申請は東京都YH協会などで。

国際ユースホステル会員証

海外のYHを利用する際に必要な物。直接イタリアのYHでも作成できる場合もあるが、原則として自国で作成することになっている。人気の高いYHでは国際YH会員証の呈示がないと宿泊できない場合もあるので、事前に準備しておこう。会員証の申請は、日本YH協会、全国のユースホステル協会、大学生協などで。

中世の塔がユースホステルに

国際運転免許証 International Driving Permit

イタリアでレンタカーを利用する人は必要だ。その際には、日本の免許証の呈示も求められる場合があるので一緒に持っていこう。また、レンタカー会社によっては年令や運転歴によって貸し出し制限があるので注意。申請は住民登録がしてある都道府県の公安委員会。

日本国
JAPAN
国際自動車交通
INTERNATIONAL MOTOR TRAFFIC
国際運転免許証
INTERNATIONAL DRIVING PERMIT
TOKYO, JAPAN
JUN. 12, 2000
00-110638-307753825933
東京都公安委員会
TOKYO METROPOLITAN PUBLIC SAFETY COMMISSION

国際運転免許証は発給日より1年間のみ有効

そのほか

パスポートのコピー。パスポートの盗難の危険を避けるため、ローマなどの一部の銀行ではコピーで両替を受け付けるところもある。また、イタリアでは多くの国立の見どころで18歳以下は無料。また60歳または65歳以上でシルバー割引を実施している見どころもあるので、学生証やパスポートのコピーを持っているとよい。

また、紛失や盗難に備えて、クレジットカードの番号、有効期限、緊急連絡先などを控え、E-チケットのコピーなども別に保管しておくといざというときに心強い。

海外旅行傷害保険

海外での盗難被害は年々増加傾向にある。また保険なしで、現地の病院での診療は大きな金銭的負担。出発前に海外旅行保険を検討しよう。

◆保険の種類と加入タイプ

海外旅行保険には、必要な保険と補償を組み合わせた「セット型」と各自のニーズや予算に合わせて選択できる「オーダーメイド型」がある。荷物の多さ、高額な携行品の有無、旅行期間、旅行地域などを考慮して選ぼう。海外旅行保険を扱う会社はいくつもあるので、商品の特徴や保険料の違い、現地連絡事務所の有無、日本語救急サービスなども比較してみよう。

◆クレジットカード付帯保険の「落とし穴」

クレジットカードには、海外旅行保険が付帯されている物が多い。保険はこれで十分と考えている人も多いはず。ただし注意したいのは、疾病死亡保障がない、補償金額が不十分、複数のカードの障害死亡保障金額は合算されないなどの「落とし穴」があること。自分のカードの付帯保険の内容を確認して、「上乗せ補償」としての海外旅行保険加入を考えてみよう。

■**見どころの割引**

国立の多くの美術・博物館では18歳以下無料。子供同伴なら、切符購入前に尋ねてみよう。

国際学生証ISIC

URL www.isic.jp

トップページから国際学生証の割引サービスの検索可能(ホテルやレストランを含む)

URL www.univcoop.or.jp/uct/(日本語)

●**IYTC/ISICカードの申請先**

大学生協や上記URLでオンラインで。

●**日本ユースホステル協会**

住 〒151-0052 東京都渋谷区代々木神園町3-1 国立オリンピック記念青少年総合センター内

☎ 03-5738-0546

URL www.jyh.or.jp

(会員登録、予約可)

●**国際運転免許証の情報**

URL www.keishicho.metro.tokyo.jp

✉ **ツアー参加で効率的に**

フィレンツェから列車移動して16:00頃ローマに到着。18:15頃にコロッセオ、フォロ・ロマーノに入場。時間が足りないかと思いましたが、のんびり見学しても閉園までにほぼすべてを見学できました。翌日は8:10にコロッセオ集合のツアーに参加。コロッセオ(外観)、真実の口、スペイン広場、トレヴィの泉、パンテオンを巡りました。どれも長居する見どころではないので、効率的なツアーで十分でした。

(兵庫県　久保田哲文　'16　7~8月)

✉ **ローマ歩きに必要な物は!?**

歩きやすい靴、日焼け止め、湿布があるとよいかも。表面の平らではない石畳、しかも坂道や階段をたくさん歩くので足へのダメージは、普段よく歩く人でも想像以上。靴ずれや筋肉痛に備えましょう。そして屋外の大規模遺跡を見学すると冬場でもかなり日焼けします。備えあれば憂いなし!

(神奈川県　ナオ)

旅の服装

夏のローマは暑いが、カラリとしていて過ごしやすい。日差しが強いので帽子をかぶろう

服装計画

イタリア半島のほぼ中央に位置するローマは、北の内陸性気候と南の地中海性気候の間に挟まれ、温暖で湿気も少なく過ごしやすい。とはいえ、四季がはっきり分かれているので、季節ごとの服装準備が必要だ。おおむね日本同様と考えれば大丈夫だ。梅雨はないが、季節の変わり目、とりわけ初秋と春の始まりには、雨が多い。夏の雨は少ない。

昼と夜の気温差や、日なたと教会など石造りの建物内部の温度差はかなりあるので、一枚羽織る物があると重宝するだろう。

緯度から見るとローマは、北緯42度、函館に相当する。夏など夜20:00頃まで明るく、タップリと観光できる。夏は日差しも強いので、遺跡など炎天下の観光のためには帽子、日焼け止め、サングラスなども欲しい。

冬は日本よりも夜の訪れが早く、17:00頃には暗くなってしまう日もある。冬はコートが必要だ。何年かに一度は、雪の降ることもある。

レストラン、劇場などは服装にはさほどうるさくないが、オペラの初日の平土間席、高級レストランに出かける予定があれば、雰囲気を楽しむためにもそれなりの服装を持っていこう。

教会内部の拝観には肌の露出の少ない服装が決まりだ。ミニスカート、ショートパンツ、ノースリーブ、ランニング、ビーチサンダルなどは内部に入れない。大きなスカーフなどで肌を隠せばOKなことがあるので、1枚あると便利。バックパックなどの大きな荷物を持っている場合も入れないことがある。ヴァティカンのサン・ピエトロ大聖堂をはじめ、係員が入口に立って服装チェックをする所もあるので、注意しよう。

オペラ座の平土間などに行くときには準フォーマルな装いを

✉1月のローマ

5日間の滞在中、天気はいつも晴れのち曇りのち晴れ。傘やカッパの用意があるといいです。　（兵庫県　佐野隆一）

✉3月のローマ

3月の半ばから下旬にかけて、大きく気候が変わります。3月半ばの雨の日は長袖シャツでは肌寒い。月末の快晴の日には日差しが強く夏のような日が続き、タンクトップで歩く人もいました。気温の変化が大きいので、調節が効く衣類を準備することをおすすめします。

（yt_tani　'15）

✉5月のローマ

5月のローマは天候がころころと変わり、晴れればポカポカと暖かく感じますが、雨が降れば服を着こまなくてはいられませんでした。平均気温20℃前後でしたが服で温度調節ができるように準備しましょう。

（埼玉県　佐伯哲雄）

✉夏のローマ

「歩き方」の内容から受ける印象よりも実際はずっと暑かった。個人差はあると思いますが、真夏のローマ観光の留意点は以下のとおり。

①真夏のローマは最高気温が35℃前後ないし、それを上回ることがある。
②なるべく朝早くから活動を開始する（例えば、サン・ピエトロ大聖堂は7:00から開いている。早ければ早いほどすいている）。
③昼には一度ホテルに戻って休息（シャワー、昼寝）。したがってホテルは便のよいところを選択。最も暑い時間帯の活動を避ける。
④太陽が少し傾いてから再び、活動を開始。
⑤行列はなるべく回避。
⑥水を欠かさず持ち歩く。500ccのペットボトルをスーパーでまとめ買いしてホテルの冷蔵庫に入れておくとよい。

（千葉県　yossie）

ヴァティカンのサン・ピエトロ大聖堂の服装チェックは厳しい。ひざの出る短パン、タンクトップは不合格

旅の情報収集

イタリア政府観光局ENIT　ローマをはじめ、イタリア各地の旅の情報を提供している。インフォメーション担当スタッフが親切に質問に応じてくれるが、あまりに細かい情報は現地から届いてないこともあるので、直接イタリアで入手すること。

在庫資料が限られているため、資料請求前に電話あるいは公式サイト内で確認が必要。希望資料がある場合は、希望する都市名を明記の上、郵便番号・住所・氏名を記入したA4サイズ封筒と返信用切手（340円程度）を郵送すること。観光局公式サイト内の「各地案内／資料」ページで、紙資料に代わり、多くの資料をダウンロードすることができる。

イタリア文化会館　イタリアの芸術、言語、文学、文化などを日本に紹介するための機関。付属の図書館は一般公開されている。またイタリアへの留学に関する問い合わせにも応じている。何を学びたいのかを具体的に記した手紙を会館宛てに送れば返事をくれる。手紙の質問書式はURLから入手可、郵便小為替（1000円）、返信用切手を同封のこと。出願書類の提出期限は専門学校や大学正規コースは6月末、一部の各種学校は1月下旬など、学校や年により異なるので早めの準備を心がけよう。

日伊協会　イタリアを愛する人たちの集う、民間レベルの文化交流機関。日本で最も歴史のある語学講座には、年間4000名近い受講者がある。協会会員には、文化セミナー、語学講座の年会費免除、年4回発行されるイタリア情報満載の会報の送付などの特典がある。イタリア留学相談・情報提供・留学セミナーを行い、留学希望者には強い味方だ。

アリタリア-イタリア航空会社　飛行機の中から“気分はイタリア”したい人のアリタリア-イタリア航空。イタリア国内線についての情報も入手できる。

●イタリア政府観光局ENIT
住 〒108-8302
東京都港区三田2-5-4
（イタリア大使館内）
☎ 03-3451-2721
営 ㊊～㊎9:30～17:30
休 ㊏㊐㊗（大使館閉館日に準ずる）、年末年始
URL visitaly.jp
URL www.facebook.com/Italia.jp
※問い合わせは電話のみでの受け付け

●イタリア大使館
住 〒108-8302
東京都港区三田2-5-4
（イタリア大使館内）
☎ 03-3453-5291
（ビザ業務㊊～㊎14:30～16:30）
URL www.ambtokyo.esteri.it/ambasciata_tokyo/ja/
90日以上の滞在にはビザが必要。'17年よりビザの申請は完全予約制。URLから予約受付および申請書類などの情報あり。渡航3週間以上前に手続きを。

●イタリア文化会館
住 〒102-0074
東京都千代田区九段南2-1-30
☎ 03-3264-6011
営 ㊊～㊎　10:00～13:00
㊊㊌　14:00～18:30
㊋㊍㊎　14:00～18:00
休 ㊏㊐㊗、年末年始、5月の連休頃
URL www.iictokyo.com

●日伊協会
住 〒107-0052
東京都港区赤坂7-2-17
赤坂中央マンション2階
☎ 03-3402-1632
営 ㊊～㊎10:00～13:00
14:00～17:30
URL www.aigtokyo.or.jp

●アリタリア-イタリア航空会社
URL www.alitalia.com

ローマでの情報収集

町歩きの際、観光や交通情報を入手するなら、各所にある❶の窓口を利用するのが便利。また、ホテルのフロント係の人たちも旅の一助になってくれる。近くのレストラン情報、空港までの交通機関などちょっと困ったときは相談してみよう。

テルミニ駅前の公共交通案内所

最新情報をゲットするなら、ローマ市のホームページをのぞいてみよう。観光、宿泊、イベント、交通などの情報を提供しており、一部の美術・博物館の切符をはじめ劇場、イベントなどの切符の購入も可能だ。一部のホテルの宿泊情報（希望日の宿泊の可否、各ホテルなどのホームページ、地図）も提供。また、電話サービスも実施しており、係員が直接、質問や疑問に答えてくれる。日本からの利用も可能だが、電話料金は利用者負担となっている。

URL 060608.it（英語あり）
URL www.turismoroma.it（日本語あり）

電話サービス
☎ 06-0608　9:00～19:00
（通話料は利用者負担）

「トレヴィの泉」の水も飲用できる

✉サラダピッツァにトライ

ローマではピッツァを食べたいと思う人は多いはず。私はサラダ(冷製)ピッツァが気に入りました。何種類もあり、けっこうやみつきになりました。
(兵庫県　田中玄一)

✉水の見分け方

スーパーで1.5ℓの水を購入する際、ガスの有無を判断するにはボトルの底の形状を見るのが一番有効だと感じました。底に大きな凹凸のあるものはガス入りが多く、逆に平らな底の水はガス無しというのが最も命中率が高かったです。なお、500mℓより1.5ℓのボトルのほうが安いので、観光に出るときは持ち運び用のボトルに補充するのが経済的です。　(神奈川県　ナオ)

✉水の価格

500mℓのミネラルウォーターの価格は€0.50〜3。店によってかなりの開きがありました。真夏はとてものどが渇くので、安い店を見つけて節約を。
(千葉県　伊藤智武)

✉最初に値段の確認を

値札のないお店も多く、確認せずに注文するとボラレる可能性あり。ジェラートに値段表示がなく、確認せずに注文したら、€10もとられてしまいました。普通は€2〜程度なのに……。
(青森県　きのこの山)

旅の予算とお金

旅の予算の多くを占めるのが航空券(→P.332)と宿泊費。オフシーズンには、航空券もホテル代も最低料金が出てくる。近年の傾向として、ホテルはローシーズンはより安く、ハイシーズンはやや値上がり傾向で、料金の高低差が激しい印象。一般的にローマのローシーズンは、7〜8月、11〜3月頃(年末年始、復活祭などの行事期間は除く。ホテルによってやや異なる)。予算を上手に使うなら、ローシーズンの時期を選ぶのもいい。ただ、夏の暑さや冬は日暮れの早さも考えよう。

さて、イタリアの物価は、日本とさほど変わらないか、やや高めと心得ておこう。交通費と食料品は日本より安めだが、レストランでは1品で終わりということがないので、やはり高くなってしまう。いくつもの美術・博物館に出かければ入場料は安くないのでやはりそこそこの出費は覚悟しよう。

でも、おいしい本物のエスプレッソが立ち飲みなら100〜150円程度、切り売りのピッツァの店もあちらこちらにあるし、若者向けを中心に経済的な宿も増えてきた。もちろん高級ブランド品も現地価格! さらに免税も適用される。お金を上手に配分して、ローマを楽しもう。

宿泊費と食事代

滞在費のうちで最も占める割合の大きいのがホテル代と食事の費用。だいたいどれくらいなのかを見てみよう。

ローマらしい高級ホテルにも泊まってみたい。ホテル・エデン(→P.313)

●宿泊代

ドミトリーならひとり€15〜20(朝食込み)、宗教団体経営の施設でひとり当たり€20(朝食込み)。シングルルームで€35〜40くらい。

1つ星のシャワー共同のツインが€30〜60、2つ星で€60〜75、3つ星のツイン・バス付きが€150〜250、4つ星で€130〜300前後といったところ。朝食はコンチネンタルの簡単な物でも€5はする。宿泊客の減る冬季には、10〜30%くらい料金を割引くホテルもけっこうあるので、高級ホテルに泊まるならこの時期が狙い目ともいえる。

宿泊代には別途、滞在税も必要だ。宿泊施設により1泊あたり€2〜7で10泊まで加算される。

ドミトリー形式のホステルは、ユース並みの料金。世界中からのバックパッカーと友達になれるかも

高級ホテルの屋上の展望スペース。パンテオンに手が届きそう。G.H.ミネルヴァ(→P.309)

朝食の充実したホテルがおすすめ。ホテル・カナダ(→P.301)

●食事代

朝食は、カプチーノとコルネット（少し甘いクロワッサン）を町のバールで立ったまま取るなら€2～3だが、ホテルで食べれば€5。

昼食は、パニーノと飲み物で済ませば€5～10。ひとおりコースで食べてワインを飲むなら€30以上はかかる。

夕食は、ピッツェリアで簡単にというなら€15くらいだが、中級レストランでコースを食べれば€30～50はするし、奮発して高級レストランに行けば€85以上はかかる。

また、観光途中にひと息入れるなら、コーヒーが€0.80～1、ジュースやジェラートが€2～3といったところ。

●その他の費用

交通費として、バスや地下鉄の切符が1枚€1.50、両方が1日乗り放題のBIG（24時間券）を買えば€7で1日OKだ。また、美術館や博物館の入館料は€5～8だが、目玉の所は€17と、最近はほとんど日本並み。

1日の予算は?

まず、観光には、交通費と入館料は必須。バスの1日券€7、見どころは2ヵ所程度と考えて€20。これに宿泊費と食費をプラスしよう。宿泊費は、ドミトリー形式の宿ならひとり1泊€15～20。3つ星程度のホテルでツイン1泊€150～250。ほとんどのホテルでは宿泊料金に朝食は含まれているので、これに昼・夕食代をプラスしよう。

昼はパニーノ程度なら€5～10、経済的なトラットリアやカフェなどで1～2品で済ませて€15～30。名物料理やローマらしい雰囲気をゆったり楽しむなら、€35～55程度。

計算すると、ひとり当たり、経済的に旅して€85～100、やや余裕のある旅なら€200以上が目安といえそうだ。これにみやげ物や空港間の交通費（プルマンなら片道€6～8、列車で€14、タクシー€50程度）、滞在税(P.322)もプラスしよう。

●テルミニ駅近くのセルフランドリー Lavasiuga

住 Via Principe Amedeo 116
☎ 06-447703098
開 8:00～20:00
休 無休
Via GiobertiからVia P.Amedeoに右折した右側。
✉ たくさん（2人×7日分）の洗濯と乾燥で€13でした。（東京都　MC　'16）

2018ローマの旅　予算はどのくらい?

ローマに行くのなら、ローマ料理を楽しみ、ローマのピッツァを食べて、エノテカでローマの郷土ワインもたしなみたい。そして、普通の日本人が、「まあいいでしょう!!」と言えるのは、3つ星クラスのホテル。ただし、この3つ星ホテルは玉石混交。「歩き方」の読者なら、大観光地のローマでもいい3つ星ホテルを探し出してみたい! 4つ星クラスは、大型ホテルが多く、画一的で個性には乏しい所が多いが、過不足ない内容。この4つ星ホテル、季節や曜日によって手頃な値段(3つ星よりも安いことも)で提供される確率が高いので、ネットなどでチェックしよう。

さて、3つ星クラスまたはお値頃の4つ星のツインに泊まったとき、一人分の予算は、朝食付きで1万円～1万5000円ぐらい。食事は、本誌掲載のおいしい中級レストランで、1人5000円ぐらい。ピッツェリアやエノテカで簡単に済ませるなら、2000～3000円ぐらいでも何とかなる。味が勝負の有名店にも1回は行ってみたいものだが、その場合には1万円を覚悟しておこう。食事代は、1日トータルにして7000円程度をみれば、かなりメリハリがつけられる。遺跡や美術館の見学費用や交通機関の運賃、観光途中のお茶代も含め、雑費として1日3000円程度をみることにしよう。宿泊代以外には、1日1万円が必要と考えればよい。1週間の優雅な!?ローマ滞在費は、15万～20万円!!で可能。

個人旅行の予算は1にも2にもホテル代にかかっているといって間違いない。日本人に休みが取れる8月や1月は、ローマの多くのホテルのローシーズン。本誌掲載のローシーズンの時期をしっかり把握して予約してみよう!!

お金は何で持っていくか

自分の旅のスタイルに合わせて持っていくお金を選ぼう。一般的には最少限の円の現金(ユーロもあれば便利)、クレジットカード(キャッシング機能付き)を複数枚。もちろんカードの暗証番号はそれぞれ変えておこう。加えて、現金、クレジットカードのすべてを一緒に持ち歩くことはなるべく避けて、リスクを分散させることも忘れずに。

現金(円/ユーロ)

自宅から空港の往復の交通費などに、**日本円**は欠かせない。イタリアに到着した瞬間からは、**ユーロ**が必要となる。日本同様にクレジットカードが利用できるとはいえ、町歩きにはバスなどの切符の購入をはじめ、多くの美術・博物館の入場料には現金が必要だ。

日本ではユーロの現金は、空港の両替所、町なかでは外貨取り扱いの銀行や郵便局、トラベルコーナーなどで入手可能。イタリアでは、駅や空港の両替所や銀行で両替ができる。両替のレートは変動があり、両替場所によってもかなり異なる。現地の方が有利な場合も多いが、時と場所を選べば、日本でユーロを両替したほうがレートがよい場合もある。わざわざ円をドルにして持って行く必要はない。ただし、いずれにしろ、現金は盗難や紛失に遭ったらアウトだ。

空港の両替ブースでは最少限の両替を

クレジットカード

両替の必要がなく、サインやピンコード(暗証番号)入力をするだけでよいうえに、現地通貨のキャッシングが可能と、さまざまなサービスが付いている。イタリアでも多くのホテルやレストラン、商店などで利用できる。レンタカーやホテルの予約時にも呈示を求められ、一種の支払い能力の証明ともなっているので、持っていると安心だ。ときとして読み取り不能の場合もあるので、できれば複数の国際カードを持ってゆこう。

キャッシング

クレジットカードや海外両替カード、海外専用プリペイドカードを使って現地でキャッシングができる。24時間利用可能な自動現金預払機ATM/CDは空港、駅をはじめ銀行など町のいたるところにある。カードのマークまたはCIRRUSやPLUSの印があれば利用できる。

キャッシングは人通りの多い道に面した銀行を使おう

ユーロの入手先

ユーロの現金は銀行、郵便局、外貨両替ショップやワールドカレンシーショップ、成田・関空の空港内両替所などで入手可能。

三菱UFJ銀行

すべての支店で両替が可能ではないので、まずはURLで最寄りの外貨両替ショップやワールドカレンシーショップの情報を入手しよう。

URL www.bk.mufg.jp/tsukau/kaigai/senmon/index.html

日本での換金

成田で円をユーロに両替すると、紙幣のみで硬貨はもらえません。ホテルでのポーターのチップや地下鉄などに乗る際にはコインがいるので、空港で水などを買って小銭を用意しておくといいです。

(千葉県　J.M.)

なぜか使えないクレジットカード

店頭にカード会社のシールがあるにも関わらず、カードの利用を断られることが多々ありました。レジに問題ありとか……。意外に現金をたくさん使ってしまいました。

(青森県　きのこの山)

■おもなクレジットカード

URLから、各種取り扱いカード、入会申し込み、トラブルの対処法などがわかる

アメリカン・エキスプレス
URL www.americanexpress.com.jp

ダイナースカード
URL www.diners.co.jp

JCBカード
URL www.jcb.co.jp

VISA
URL www.visa.co.jp

Masterカード
URL www.mastercard.co.jp

●トラベルプリペイドカード

トラベルプリペイドカードは、外貨両替の手間や不安を解消してくれる便利なカードのひとつだ。多くの通貨で国内での外貨両替よりレートがよく、カード作成時に審査がない。出発前にコンビニATMなどで円をチャージし(預け入れ)、その範囲内で渡航先のATMで現地通貨の引き出しができる。各種手数料が別途かかるが、使い過ぎや多額の現金を持ち歩く不安もない。

- クレディセゾン発行「NEO MONEY ネオ・マネー」
  URL www.neomoney.jp
- アプラス発行「GAICA ガイカ」
  URL www.gaica.jp
- マスターカードプリペイドマネージメントサービシーズジャパン発行「CASH PASSPORT キャッシュパスポート」
  URL www.jpcashpassport.jp
- マネーパートナーズ発行「Manepa Card マネパカード」
  URL card.manepa.jp

●デビットカード

使用方法は、クレジットカードと同じだが、支払いは後払いではなく発行銀行の預金口座から原則即時引き落としとなる。口座の残高以上は使えないので、予算管理にも便利。ATMで現地通貨も引き出し可能だ。デビットカードは、JCB、VISAなどの国際ブランドで、複数の金融機関がカードを発行している。

URL www.jcb.jp/products/jcbdebit
URL www.r-lease.co.jp/globalmoney

クレジットカード利用の前に

クレジットカード(ICカードを含む)でショッピングする際に、暗証番号(英語でPINあるいはPIN Code)の入力が必要。もし、番号が不明の場合は、出発前にクレジットカード会社へ確認を。暗証番号の照会はやや時間がかかるので、早めの手続きを。

お金は大事だよ!

✉ 両替は最初にチェック

ある両替所ではレートが悪いうえに19.7%ものコミッションが取られる場合がありました。先に日本円を渡し、パスポートを見せて明細書にサインをしてしまうので、文句も言えませんでした。お金を渡す前に1万円でいくらになりますか?と聞いてから両替すべきだと思います。店頭に表示されているレートだけではあてになりません。私はコミッションのほかにC.Fissa(固定コミッション)として、さらに€4.90も取られました。

(大阪府　田中耕作)

✉ 両替と手数料　成田空港がベストレート

成田空港で1ユーロ¥135、現地のホテルで¥152、町の両替所で¥169でした。町歩きの際にレートを確認するとほとんどの場所で¥136と書いてありましたが、レシートをチェックすると手数料が18.9%取られ、これで¥169となります。交換レートで169とあるので、レートがよいと安心してしまいがちですが看板だけの数字でだまされてはいけません。

ところで、帰国して成田空港内の両替所のレートを確認しましたが、¥133～138で日本の銀行間でもレートはさまざま。私の旅行期間中は千葉銀行が一番よいレート。私の例をとれば、出発前に成田空港の千葉銀行で大部分を両替するのがベストでした。

(東京都　いもちゃん)

✉ キャッシングがいちばん

両替はレートや高い手数料にちょっとイライラ。やはりカードでのキャッシングが一番レートがよく、いつでも引き出せて便利でした。　(東京都　瑠璃子)

✉ カードが便利

クレジットカードでのキャッシングが一番レートがよくて便利だと思います。そのつど必要な分を引き出せるので、大金を持ち歩く必要がないのもいいです。

本当にATMはどこにでもあります。最近気になるのは、為替レートの変動です。ネットでホテルを予約すると、カードでの即決済で割引料金が出ます。例えば1泊2万円のホテルで15%割引だと1泊3000円の割引は大きいので即予約!!　でも、5%程度だと、為替が円高傾向に振れている時期には旅行期間はどうか?などと思案してしまいます。

また、お店でクレジットカードを利用した際に「円、ユーロどっちで支払う?」と聞かれることがあります。つい「円で」などと言いがちですが、これは断然ユーロでの支払いが有利ですヨ。

(東京都　いつか豪遊)

ローマへのアクセス

飛行機に乗り込んで11時間あまり。ふと窓から眼下を見ると海岸線に囲まれた細長い陸地が近づいてくる。何となく日本にも似ているような地形が親近感を誘うが、この国は日本とはまったく反対といってよいラテン的感性の国イタリア。3000年の歴史を誇り、今でも古代の遺跡と現代人の生活がまったく対等に同居している都市ローマはもうすぐそこだ。この〝永遠の都〟ローマに行く飛行機について少し検討してみよう。

「永遠の都ローマ」まで、成田から直行便で約12時間

何を基準に航空券を選べばよいか?

航空券を選ぶ場合、まずは自分の旅の優先順位をはっきりさせよう。他の都市も観光するのか、旅の日程、日本および現地での出発地、出発・到着時間、日本人乗務員の有無、自分のマイレージへの加算の有無、そして、価格、航空券の有効期間などがまず考慮すべき点だ。他の都市を周遊してからローマに入る場合は、ヨーロッパなどでの乗り換えや降機を経るので、乗り継ぎ便もいい。マイレージのポイントが欲しい場合は、同じアライアンス内の航空会社を選べば効率よくためられる。アリタリア航空やエア・フランスは「スカイチーム」、日本航空は「ワンワールド」、全日空は「スターアライアンス」という具合だ。

ヨーロッパ間を飛ぶアリタリアの小型ジェット

価格、有効期間、出発・到着の場所や時間などが気になる場合は、まずはインターネットなどで格安航空券を検索し、さらに各社のホームページで内容の差異などを検討してみよう。

航空券は何を選ぶ?

ヨーロッパ系の航空会社と日本航空や全日空を含めた、いわゆるメジャーキャリアの航空券は、1年間有効で自由度の高い**ノーマル運賃**のほかに、**ゾーンペックス**と呼ばれる正規割引航空券(最大3ヵ月有効)や旅行会社で販売している**格安航空券**(最大1ヵ月有効)などがある。これらの特別運賃では、航空券の**購入期限**、**途中降機**、**払い戻しの手数料**などに多くの制約がある。また発券後の予約変更はほぼ不可能なので、航空会社や旅行会社で十分説明を受けて購入しよう。航空会社によって

■おもな航空会社の日本での連絡先

アリタリア-イタリア航空
☎03-5413-8070
(月)～(金)9:00～17:00)
URL www.alitalia.com

日本航空
☎0570-025-031
(8:00～19:00)
URL www.jal.co.jp

全日本空輸
☎0570-029-333
(24時間)
URL www.ana.co.jp

エアフランス航空
☎東京03-5767-4143
大阪06-6341-2661
(8:00～19:00
(土)(日)9:00～17:30)
URL www.airfrance.co.jp/

KLMオランダ航空
☎03-5767-4149
(9:00～18:00
(土)(日)9:00～17:30)
URL www.klm.com

荷物制限

アリタリア航空ではチェックインバゲージは、3辺(高さ+長さ+幅)の合計が158cm以下、重量23kg以下の荷物でエコノミー2個。ビジネスは32kg以下2個まで。機内持ち込み手荷物は、原則1人1個。サイズは25cm×35cm×55cm以内で重さ8kg以内(コート、傘、杖、ハンドバッグ、免税店の買い物袋、ノートパソコン、折たたみ乳母車は含まれない)。

✉飛行機に預ける荷物の重さ

自分の乗る飛行機会社の制限重量を確認しておきましょう。20kgと思い込んでいましたが、アリタリア、エアーチャイナ、JALも23kg×2個です。
(和歌山県　yuko)['18]

✉20kg超えに注意

娘と家内と3人でスーツケース2個でした。JALではチェックイン時に1個が26kgあり、軽いスーツケースに荷物を移すか、そのままなら別途¥6,000が必要と言われました。重量オーバーは厳しいです。1個23kgまで。
(東京都　いもちゃん)['18]

は、出発日の一定期間以前に購入すると安くなる**前売り割引航空券**やインターネットで予約するとさらに安くなる**インターネット割引**などがあるので、各社のホームページを見て比較検討しよう。

より安い航空券を探すなら、アエロフロートやアジア系航空会社も検討してみよう。アジア各都市で乗り継ぎ、さらに南回りなので多く時間がかかることを考慮しておこう。

また、格安航空券の場合は、オーバーブッキングなどのリスクがあるので、チェックインは早めに。

最近よく聞く「**E-チケット**」とは、従来の航空券に記載されている内容を、航空会社のシステム内に記録させた、エレクトロニック・チケット（電子航空券）という新しいタイプの航空券の略称。「チケットがない、または存在しない」のではなく、「航空会社がチケットを預かっている」と考えればよい。実際は航空券の予約データを航空会社のコンピュータで管理するもの。E-チケットだと、チケットを盗まれたり、紛失したりすることはあり得ないので安心。予約完了後にE-メールなどで届くE-チケットの控えを持参しよう。

ようこそローマへ!! フィウミチーノ空港にて

直行便の利用が便利

ローマに直接入り、ローマ（および周辺）を観光する場合はやはり直行便が便利。2018年2月現在、日本からはアリタリア-イタリア航空のみが運航している。

東京(成田)-ローマ間の直行便は、アリタリア航空が週7便。所要時間は12時間ほど。ワインでも飲みながら現地での予定を組んだり、観光に備えて睡眠を取ったりしていれば、あっという間だ。日本を昼過ぎ（14:00頃）に出発し、ローマに同日夕方（19:00頃）到着する便がほとんど。到着日は翌日からの観光に備えホテルでゆっくり過ごそう。

航空券を読みこなすキーワード

NOT ENDORSEMENT	航空会社変更不可
NOT REFUNDABLE	払い戻し不可
NOT TRANSFERABLE	譲渡不可
VOID	無効
FARE	料金
STATUS	状況
TAX	税金
issued by	発券航空会社
origin	出発地
destination	最終目的地
date	発行日
place of issue	発行地
carrier	航空会社

✉ 空港では時間に余裕を

ローマの空港の出入国には苦労しました。入国時には手荷物の受け取りに時間がかかり着陸から受け取りまで1時間を要しました。到着日の予定は余裕を持つことをおすすめします。出国時は電光掲示板に表示された日本行きのチェックインカウンターに誰もおらず、45分も待たされた挙げ句、別のカウンターでチェックインしました。早めに到着したときは他のカウンターでできるか確認するのがおすすめです。

（東京都　松本康弘）

✉ 簡単リコンファーム

トルコ航空（ターキッシュ エアウェイズ）を利用しました。初めてリコンファームが必要な会社でした。短い旅行期間ですし、業務は土日休みであり、なかなか手続きのタイミングが取れそうにありませんでした。そこで、関空のカウンターでお願いして出発時に帰りの便のリコンファームをしました。

（大阪府　マキエッタ）

✉ ロストバゲージに備えて

機内預けの荷物が行方不明になった場合は、スーツケースなどの特徴を説明する必要があります。そんなときのために、デジカメで写真を撮っておくと、もしものときにたいへん助かります。

（大阪府　田中耕作）

アリタリア-イタリア航空、東京・成田発ローマ行きフライト・スケジュール

便名		月	火	水	木	金	土	日	出発時間	到着時間
東京（成田）	AZ785	●	●	●	●	●	●	●	14:10	19:00

※2017年10/29〜2018年3/24
2015年夏から成田・ヴェネツィア線、大阪・ローマ線は運休。（2018年1月現在）

出入国の流れ

日本出国(出発)

出発時刻の2時間前までに空港に到着しよう。

1 搭乗手続き(チェックイン)

パスポートと航空券を提示し、搭乗券(ボーディングパス)を受け取る。スーツケースなどの大型荷物を預け、荷物引換証(バゲージ・クレーム・タグ)を受け取る。また、マイレージのポイントを貯めている場合は、カードを提示してポイント加算の手続きもしておこう。

▼

2 セキュリティチェック

機内持ち込み手荷物のX線検査、金属探知機によるボディチェック。

▼

3 税関手続き(必要な人のみ)

外国製品(おもに新品や高価な貴金属類など)を持っている人は「外国製品の持ち出し届」、100万円相当額を超える現金を持っている場合は「支払手段等の携帯届書」に記入し、所定の手続きを行う。

▼

4 出国審査

出国審査カウンターでパスポート(カバーがある場合は外しておく)、搭乗券を提示し、パスポートに出国スタンプをもらう。

▼

5 搭乗口へ

搭乗券で搭乗時刻と出発ゲート(搭乗口の番号)を確認し、出発の30分前には待機しよう。

日本入国(帰国)

税関では無税・課税にかかわらず「携帯品・別送品　申告書」の提出が必要。書類は機内で配られるので、必要事項を記入しておこう。1家族1枚で可。

1 検疫(必要な人のみ)

動物(肉製品を含む)や植物を日本に持ち込む場合は、動物・植物検疫カウンターで所定の証明書類や検査が必要。また、体調異常がある場合は検疫官または「健康相談室」へ申し出よう。

▼

2 入国審査

日本人用の審査カウンターでパスポートに入国スタンプをもらう。

▼

3 手荷物受け取り

搭乗した便名を確認し、ターンテーブルへ。紛失(ロストバゲージ)、破損の場合は荷物引換証を係員に提示して対応してもらおう。

▼

4 税関検査

記入した「携帯品・別送品　申告書」を用意して、免税範囲内は「緑の検査台」、免税範囲を超えていたり、別送品がある場合は「赤の検査台」へ進み、検査を受ける。不明の場合も「赤の検査台」へ。

●成田空港
総合インフォメーション
☎0476-34-8000
URL www.narita-airport.jp

●関西空港
テレホンセンター
☎072-455-2500
URL www.kansai-airport.or.jp

手荷物検査に備えて
機内持ち込み手荷物には、ナイフ、ハサミなどの刃物、爆発物、大量のマッチなどは入れられない。果物ナイフなどはスーツケースに入れておこう。

✉入国審査　あり、なし!?
シェンゲン協定加盟国間では入国審査はありません。私の場合はヘルシンキ経由だったので、ヘルシンキで入域スタンプが押され、その後シェンゲン域内では国境でのパスポートコントロールはなく、帰国の際ヘルシンキで出国スタンプが押されました。シェンゲン条約加盟国はほぼEU加盟国と同じですが、イギリスは国境検問撤廃には未加盟なので、イタリアで入国審査が必要です。(愛知県　伊藤朋子　'15)
一方、アイスランド、ノルウェー、スイスなどはEUに未加盟だが、シェンゲン条約に加盟しているので、域内なら入国審査はない。

乗り継ぎは スルーチェックイン
日本から乗り継いで、ローマなどへ向かう場合は、日本の空港でスルーチェックインを実施。人間は乗り継いでも、預けたスーツケースなどの荷物はそのまま最終降機地へ運ばれるので、目的地の空港で受け取れる。

機内持ち込み手荷物の規則
あらゆる液体物(歯磨き、ジェルおよびエアゾールを含む)は100mℓ以下の容器に入れ、再封可能な容量1000mℓ(20cm×20cm)以下の透明プラスチック製袋(ジップロックなど)に余裕をもって入れる。袋は1人1つまで。ただし、医薬品、乳幼児食品(ミルク、離乳食)などは除外されるが、処方箋の写し、乳幼児の同伴など適切な証拠の提示を求められる。
機内持ち込み手荷物については、利用航空会社や国土交通省航空局のホームページを参考に。
URL www.mlit.go.jp/koku/15_bf_000006.html

免税店での購入品は?
保安検査後に免税店で購入した酒類や化粧水などは、そのまま機内持ち込みは可能。ただし、乗り継ぎをする場合は、不可。帰国便も直行便は問題ないが、経由地により廃棄を要請される場合もあるので免税店で購入前に確認を。

イタリア入国(到着)

1 入国審査 Controllo Passaporto/Immigrazione

窓口はEU加盟国のパスポート所持者とそれ以外 NOT EUに分かれている。日本人は NOT EUの列に並び、パスポートを呈示して入国スタンプをもらおう。質問されることはほとんどない。

▼

2 荷物の受け取り Ritiro Bagagli

搭乗した便名のターンテーブルで、預けた荷物を受け取る。万一出てこない場合は、近くの係員に尋ねるか、遺失物(ロストバゲージ)事務所 Ufficio Bagagli Smarritiで荷物引換証を提示して対応してもらおう。

▼

3 税関申告 Dogana(必要な人のみ)

申告する物がある場合は、検査を受けよう。

イタリア出国(イタリア出発)

空港には出発の2時間前までには到着しよう。免税手続きが必要な場合は、もう少し余裕をもって出かけよう。免税手続きが増えるバーゲン時期や時間帯によっては、かなり待たされる場合がある。

1 免税手続き(必要な人のみ)

免税還付金を受けられる金額の買い物をし、必要書類を持っている人のみ行う。手続きの詳細はP.391参照。

▼

2 搭乗手続き(チェックイン)

利用航空会社のカウンターに行き、パスポートとチケットを提示して、チェックイン。スーツケースなどの大型荷物を預け、荷物引換証(バケージ・クレーム・タグ)と搭乗券(ボーディングパス)を受け取ろう。

▼

3 セキュリティチェック・出国審査

機内持ち込み手荷物のX線検査とボディチェックを受ける。出国審査カウンターでパスポートと搭乗券を提示し、出国スタンプを受ける。搭乗時間の30分前には、搭乗ゲートで待とう。

■日本入国時の免税限度枠と禁制品

	品物	内容
免税限度枠	酒・たばこ・香水	●酒類　3本(1本760cc程度のもの) ●たばこ　外国製、日本製ともに紙巻200本または葉巻50本またはそのほかの種類250g ●香水　2オンス
	その他の免税	●同一品目　同一品目の合計が海外市価で1万円以下の物(例:5000円の物を2点) ●その他　上記以外の合計、海外市価20万円以内 ※未成年者の酒類、たばこの持ち込みは範囲以内でも免税にならない
禁止・制限品目	持ち込み禁止	●偽ブランド品 ●麻薬、銃器、通貨・証券の偽造品、わいせつ物、家畜伝染病予防法/植物防疫法で定められている動植物
	持ち込み制限	●生ハムやサラミ、豚肉ミンチの詰め物をしたパスタなどの豚肉加工品 ●ワシントン条約で規制の対象になっている動植物およびそれらの加工品は定められた輸入許可証がなければ日本国内へ持ち込めない。(例:象牙、ワニ、トカゲ、ヘビ、毛皮・動物の一部、ラン、サボテンなど)

イタリアへの通貨の持ち込み・持ち出し制限とイタリア入国時の免税限度枠
→P.336

✉フィウミチーノ空港内喫煙所

アリタリア航空日本行きの出るGゲートのBritish American Tobacco (G8前)にあります。
(神奈川県　はねうま　'10)['16]

早めの行動を

プルマン利用の場合は市内渋滞。空港到着後は、チェックインや免税手続き、搭乗手続きに思いがけず時間がかかることがある。慌てないためにも早めの行動を。

イタリアからの持ち込み禁止・制限品目

みやげについては規制はない。骨董品、美術品の持ち出しは、環境文化財省Ministero dei Beni Culturali e Ambientaliの許可証が必要。

生ハムや豚肉ミンチの詰め物をしたパスタなどの肉加工品をはじめ肉類全般の日本への持ち込み制限あり。

※外国から肉製品を持ち込むためには、日本向け検査証明書が必要。イタリアをはじめヨーロッパ諸国では検査証明書が簡略化されていないため、日本向け検査証明書のついた物は販売されていない。事実上、ハムやサラミなどをはじめ肉類全般の持ち込は禁止。

URL www.maff.go.jp/aqs/

リコンファームについて

航空会社の多くはリコンファーム(予約の再確認)が不要になっている。切符を受け取るときに確認を。

アリタリア-イタリア航空は'99年11月より、リコンファームは廃止となった。

最近のセキュリティチェック

多くの空港でインラインスクリーニングシステムが導入されている。従来はチェックイン前にセキュリティチェックを通す必要があった荷物を、航空機まで流している間に自動的にセキュリティチェックを行うもの。これで、チェックイン前のセキュリティチェックで列を作ることもなくなった。

預ける荷物には、ライターなどの危険物は入れないこと。不審物があった場合は、搭乗ゲートで荷物の確認が行われる。また未現像のフィルムは手荷物のほうがベターだ。

飛行機でローマに着いたら

ローマ・フィウミチーノ空港

昼間のフライトならば、飛行機は青いオスティアの海と唐傘松を見下ろしながら、**フィウミチーノ空港**（レオナルド・ダ・ヴィンチ国際空港）に着陸する。機外に出たら、まずは入国審査。窓口はEUとNot EUの表示に分かれているので、日本人はNot EUの列に並び、審査カウンターの係官にパスポートを呈示しよう。通常、スタンプを押すだけで、審査は簡単に終わる。**入国審査**を通過すると、フライト・インフォメーションのカウンター、トイレ、カート置き場などがある。

ターンテーブルの番号と
フライト便をチェック

預けた荷物は、左に進み、自分の乗ってきたフライト便名の番号が表示されたターンテーブルから受け取ろう。もし、荷物が出てこない場合は、チェックインの時に受け取ったクレームタッグを係員に示して、その旨を伝えよう。この荷物受取所には**両替所**が設置されている。

続いて**税関審査**だが、人の流れに従って歩くと、いつの間にか、ロビーに出てしまうようでこれも形式的。ただし、免税範囲を超えて物品を持ち込む場合や、ユーロ、外貨ともに1万ユーロ相当額以上を持ち込む場合は、申告書V2に記入して届け出、その写しは出国の時まで保管しておこう。

ターンテーブル上の番号は4

フィウミチーノ空港
☎ 06-65951
ローマの西南35.5km
URL www.adr.it
●空港内両替所
到着ロビー　6:00～24:00
出発ロビー　7:00～20:00
到着ロビー・荷物受取所
7:00～24:00
●空港内の ℹ
国際線到着ロビー・ターミナルC　9:00～18:30
国内線到着ロビー両替所
7:00～20:00

市内への切符
空港駅ではfs線の切符売り場、自動販売機、タバッキ、旅行会社（手数料が加算）で市内行きの切符を販売。乗車前に必ず自動検札機に通して打刻を。
切符を持っていないと罰金が課せられる。切符売り場や自動券売機ならクレジットカードの利用も可能。

✉ カートは無料に
'16年夏は出発ロビー、到着ロビーどちらでも無料になりました。以前はタクシーを降りるとカートを転がして寄って来てチップを要求する外国人にへきえきしていましたが、これでいなくなりました。
（東京都　クリーン　'16）

イタリア入国時の税関の決まり

通貨の持ち込み・持ち出し制限

ユーロ、外貨ともに1万ユーロ相当額以上（有価証券を含む）のEU圏内のへ持ち込み、持ち出しには申告が必要。総額1万ユーロ相当以上を持ち込む場合は、出国時にイタリア国内での収入と見なされないために、事前に申告しておこう。

申告は荷物受取所にある申請所Controllo Valutaコントロッロ・ヴァルータで、V2ヴィ・ドゥーエという書類に必要事項を記入し、証明印をもらう。書類は出国時まで保管しておくこと。

免税限度枠

下記の通り、個人使用に限りイタリア国内に無税で持ち込める。

●酒類（17歳以上）
ワイン4ℓ、ビール16ℓ、22度以下のアルコール飲料1ℓまたは22度以下のアルコール飲料2ℓ。

●たばこ（17歳以上）
紙巻たばこ200本、または細葉巻（各最大3gまで）100本、または葉巻50本、または刻みたばこ250g

このほか、カメラやビデオ機材、コンピューター、時計などは購入証明の呈示、個人的荷物は総額€430を超えないなどと規定がある。税関で尋ねられることは少ないが、もし聞かれたら「個人用の身の回り品Effetti personaliエフェッティ・ペルソナーリ」と答えよう。常識の範囲ならOKだろう。

新品の高価な品を持ち込む場合は、心配なら領収書などを持参しよう。

税金が払えない場合

税関審査の結果、課税されたり、その額が高かったりして、税金が払えない（払いたくない）場合は、その品物を出国まで税関に預けることもできる。この場合は入国空港から出国すること。

ローマ　Roma

フィウミチーノ空港　Fiumicino Airport

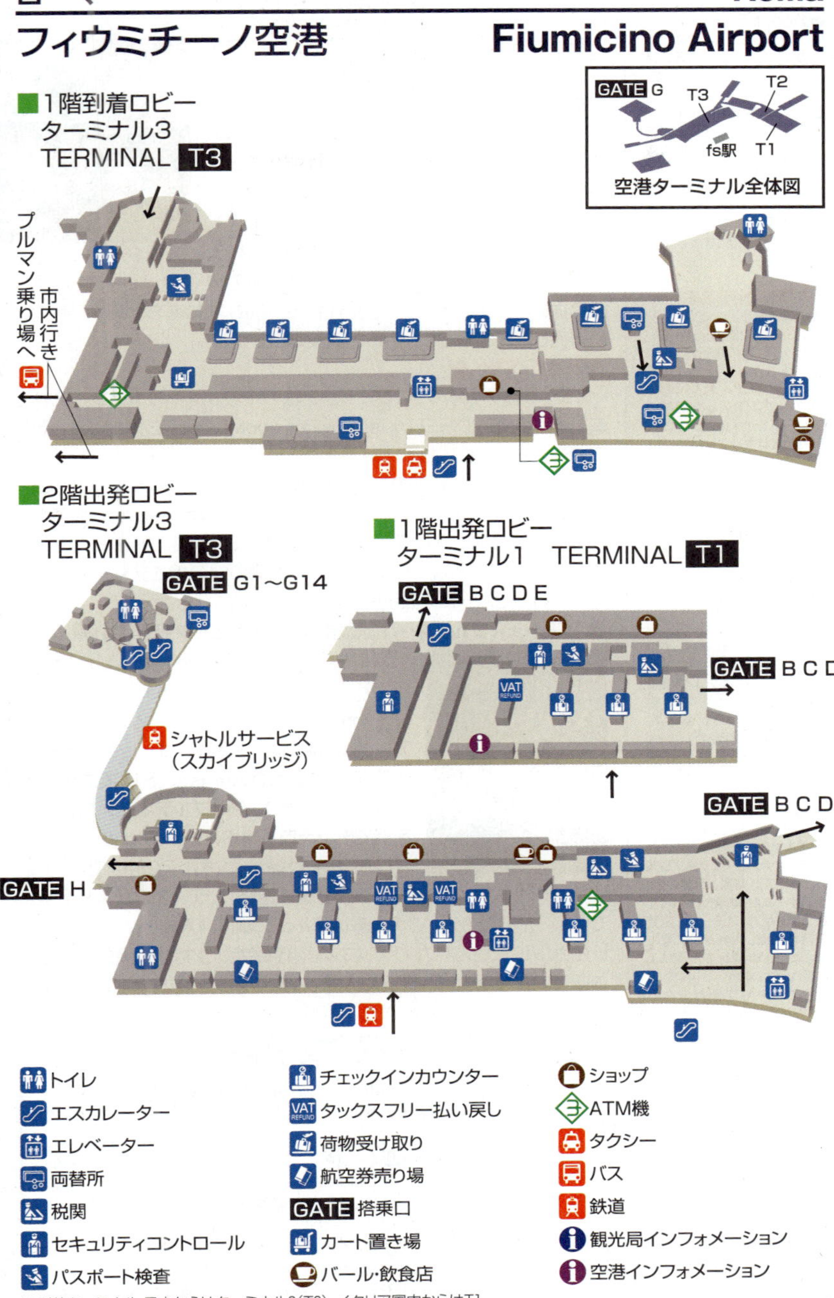

※到着ターミナル:日本からはターミナル3（T3）、イタリア国内からはT1。
※出発ターミナル:アリタリア（エール・フランス、KLM、デルタなどスカイチーム）はT1、そのほかはT3から
（'18年1月現在、変更の場合あり）

フィウミチーノ空港から市内へ

空港から市内へはトレニタリア(fs)フィウミチーノ線のレオナルド・エクスプレスかプルマン、またはタクシーを利用する。fs駅は到着ターミナルT3の中央出口のほぼ正面。ターミナル内の列車TRENOの表示に従って進めば駅へのアクセスは簡単だ。出国出口から右へ進むと、エレベーターと地下通路が続いている(やや遠回り)。または2階に上がって連絡通路を利用しよう。市内行きのプルマンバスはAirport Shuttleの標識に従おう。乗り場は出てきた建物(を背に)右に進むとあり、手前に切符売り場がある(SIT社のみバス乗車口で販売)。

フィウミチーノ空港駅。奥にホームがある

◆鉄道で市内へ◆

トレニタリア(fs)のフィウミチーノ線の路線は以下のふたつ。テルミニ直通はLINEA DIRETTA Termini/Treno non Stopと表示されているので間違えずに乗り込もう。

❶空港↔テルミニ駅間の直通電車 Treno-non stop"Leonardo Express"(レオナルド エクスプレス)

ノンストップでテルミニ駅までを結び、所要時間は32分、全席1等扱いで料金€14。テルミニ駅で地下鉄A、B線およびfs線に連絡。おおむねテルミニ駅の出入口を背にした右側の24番線で発着するが、変更もあるのでホームの表示に注意。

❷空港↔ティブルティーナ駅経由ファラ・サビーナ行き FR1線

ホームへは改札ゲートから

パルコ・レオナルドParco Leonardo、フィエラ・ディ・ローマFiera di Roma、ポンテ・ガレリアPonte Galeria、ムラテッラMuratella、マリアーナMagliana、トラステヴェレTrastevere、**オスティエンセOstiense、トゥスコラーナTuscolana**を通り、**ティブルティーナTiburtina**を経てモンテロトンドMonterotondo、ファラ・サビーナFara Sabina、オルテOrteまで(太字駅で地下鉄B線に連絡)。ティブルティーナ駅まで€8、所要約50分。この列車はテルミニ駅には入線しないので注意。レオナルド・エクスプレスのない早朝や深夜、または経済的にテルミニ駅に向かう場合は、トラステヴェレ駅やオスティエンセ駅でテルミニ駅行きに乗り換えてもいい。所要約50分、€8。

空港↔テルミニ駅間の直通列車

●空港駅発

始発5:57～終電23:27の間、15～30分間隔の運行。ほぼ毎時08、23、38、53分発。

●テルミニ駅発

始発4:52～終電22:35の間、15～30分間隔の運行。ほぼ毎時05、20、35、50分発。ホーム24の発着が多い。発着ホームは変更の場合もあるので、駅構内の列車案内板で確認しよう。

FR1線の運行時間

●空港駅発車

5:57～22:42。約15～30分に1本の運行。

レオナルド・エクスプレスの改札

改札では購入した切符のQRコードをかざせばOK。また、空港駅ではクレジットカードを改札口の専用読み取り機にかざすだけでも乗車が可能になった。1枚で1回有効。複数人では同一のカードは利用できない。テルミニ駅では出札の際にも切符を出札口にかざす必要がある。

空港・市内間　何を選ぶ!?

今や乱立気味ともいえる空港・市内間のプルマン。やはり滞在ホテルに近い所で下車できるのがいちばん。料金は市内→空港間のみやや安く設定しているところがあるが、ほぼ同額。低料金のためか、混雑は否めない。所要45分程度とうたう会社もあるが、いずれも渋滞によっては1時間30分程度かかる場合があることも頭に入れておこう。

プルマンへの対抗上か、鉄道のレオナルド・エクスプレスはサービスが充実。手前の24番線ホームからの発車が多くなり、車体もノンステップに変更で荷物の出し入れが楽になった。ほぼ定時運行で渋滞による遅れがないのがメリットだ。

タクシーも定額料金なので、安心して利用できる。

空港・市内間のプルマン各社①

TERRAVISIONE

乗場 空港▶T3、バス停 3番／市内▶テルミニ駅ジョリッティ通り(コイン側奥)
切符 車内、またはオンラインで。( )はネット割引。
経路 直通　料 片道€6(5)　往復€10(9)
URL www.terravision.eu

SIT BUS SHUTTLE

乗場 空港▶T3、バス停 1番／市内▶テルミニ駅マルサラ通り(Hotel Royal Santina向かい)
切符 車内またはオンラインで。アリタリアの搭乗券呈示で€1割引
経路 カヴール広場経由　料 €6、往復€11
☎ 06-5916826　URL www.sitbusshuttle.com

COTRAL

乗場 空港▶T1、2　レジョーナル・バスステーションRegional Bus Station／市内▶テルミニ駅前チンクエチェント広場内ローマ国立博物館側、ティブルティーナ駅
切符 空港内(Autogrill、Ferretti Tobaccaio)、市内ではタバッキや新聞売り場
経路 上記市内乗り場と同じ　料 €5、車内購入€7
☎ 800-174471　URL www.cotralspa.it

※会社、時期により、また、URLからの切符購入でプロモーション料金がある場合もある。( )内はプロモーション料金。

どちらもトレニタリア(fs)線なのでユーレイルパス、ユーレイルイタリアパスなどが利用できる。❶の直通列車は、全車1等のため、2等パスの所有者は追加料金が必要となる。

切符は、窓口かホーム手前の券売機、切符売り場で購入する。ローマ以遠へ向かう人は、窓口や券売機で目的地までの切符を購入できる。

◆プルマンで市内へ◆

数社が毎日運行しており、空港での乗車地、経由地、到着地(テルミニ駅の西・東口)が異なるので、滞在ホテルの場所などに合わせて選ぼう。空港では到着ターミナルT3を右に空港内または建物沿いに進むとバス停(例外あり)、その手前に切符売り場がある。SIT社のみバスの近くで係員が切符を販売。TERRAVISIONE社は空港発5:35〜23:00で30分〜2時間間隔の運行。他社もほぼ同じ時間帯に30分〜1時間間隔の運行なので、会社を問わなければさほど待つこともない。

SIT社はバスの入口で切符を販売

◆夜間バス◆

深夜は、空港とテルミニ駅を結ぶ空港線や他のプルマンは休止し、終電から始発にかけてはCOTRAL社の夜間バスNOTTURNO(ノットゥールノ)が空港↔テルミニ駅↔ティブルティーナ駅を結んでいる。空港発1:45、3:45、5:45、10:55、15:30、19:05、㊏1:45、3:45、5:45、15:30、19:05、㊐㊗1:45、2:45、3:45、4:45、5:45、24:45、乗り場はT1、T2線到着ロビー前。テルミニ発㊊〜㊎24:34、2:34、4:35、9:37、14:42、17:37、㊏24:34、2:34、4:35、18:08、㊐㊗24:35、1:35、2:35、3:35、4:35、23:35。テルミニ駅では駅前の五百人広場中頃のマッシモ宮寄りにバス停がある。バスの切符(€5)はタバッキのほか、バスの車内でも購入可。ただし、車内では切符は€7と割高になる。

◆タクシーで市内へ◆

到着ロビーの正面出口前にタクシー乗り場がある。出口付近では白タクの客引きが寄ってくるが、相手にしないこと。距離も長いこともあり、ローマでのタクシーのトラブルは空港からの場合が多い。最初妥当な料金を提示してくるが、これがひとり分で人数分要求されたり、断ると暗がりに停車して脅すこともあるようだ。

正式のタクシーは白色で車体にローマ市の紋章が目印。いずれもタクシー表示とメーターが作動しているのを確認しよう。

空港・市内間は定額制で€48(荷物1人1個込み)。(→P.355)

マルサラ通りのプルマンのバス停

どのターミナル?

ターミナルはT1〜T3があり、日本へのアリタリア航空便はおもにターミナルT3。1階が各航空会社のチェックインカウンターや税関、出国ゲート。その先に免税店、タックスフリーの還付金カウンター、手荷物用税関などがある。日本への便はゲートH近くから脇に入り、モノレールで移動し、サテライトからの出発が多い。

白タクって何?

白タクとは、車体が白のタクシーのことではなく、無認可のタクシーのこと。無認可タクシーは、タクシーの表示やメーターがない。ローマのタクシーはほぼ白色。

帰国のためのプルマン

テルミニ駅の東西両方の通り沿いにバス停があるので、前日にでも帰りのバス便の時間をチェックしておこう。

✉ 空港行きバスの切符

ローマのテルミニ駅からフィウミチーノ空港までTERRA VISIONEのバスをネットで予約しました。予約は無事に完了したのですが、届いたメールを見ると、「PDFの切符は必ず印刷しないといけない」(スマホなどの画面は不可)、と書いてありました。ホテルのフロントにお願いして印刷してもらえましたが、直前だとそうもいかないと思うので、注意です。バス乗り場も、ジョリッティ通りに変更になっていました。
(KYOKO '17)

空港・市内間のプルマン各社②

T.A.M

乗場 空港▶T3、バス停 4番/市内▶テルミニ駅ジョリッティ通り(コイン側) 切符 車内で
経路 fs線オスティエンセ駅前経由 料 片道€6〜、往復€9(5、往復8) 市内発のみ€4
☎ 06-65047426
URL www.tambus.it

※航空機搭乗3時間前、バスの発車15〜30分前にバス停へ。現地で事前に最新時刻表の確認を。渋滞により、発車時間の変更および所要時間が異なるので早めの乗車を。
※T=ターミナル

✉ 空港から市内へ

列車、プルマンバス、タクシーといろいろありますが、プルマンバスを利用しましまた。列車に比べて片道€10もお得。時間も30分しか違いませんでした。(千葉県 醍醐圭一 '15)

✉ プルマンで空港から市内へ

テルミニ駅東側にホテルを決めていたので、迷わずプルマンで駅東側到着のSIT社のバスを選びました。T3の税関を出て空港内を右に進み、さらに外に出て進むと、高架の下にバスターミナルがあり、各社のバス停が分かれて並んでいます。柱の所に小さいですが時刻表があり、切符売りもいるので行き先や出発時間の確認もできます。ちょっと暗いですが、人もたくさんいますし、小広場には椅子もあるので待ち時間はあまり気になりませんでした。所要約1時間でした。
(栃木県 みずほ)

●ローマテルミニ駅
URL www.romatermini.com

●ℹEPT
テルミニ駅構内
住 Via Giovanni Giolitti 34
営 8:00〜19:30
☎ 06-0608(コールセンター)

✉テルミニ駅のトイレ

€1の硬貨を入口に投入して、入ります。まるで、地下鉄のゲートのようでした。
(大阪府　あおいちゃん)
一部有人のトイレあり。

✉テルミニ駅から

レオナルド・エクスプレスはホームの前に改札ゲードができ、乗車券のない人はホームに入れなくなり、安全性が上がりました。
(静岡県　ケースタイル　'16)

テルミニ駅の自動券売機で購入する場合、出発時刻を選択する画面が出て、時間を指定して購入しますが、発券された切符は時間指定のないものなので、乗車前にホームの打刻機に通さないと罰金の対象となってしまいます。ホームにある改札ゲートは刻印済の切符をかざさないと開かない仕組みになっています。乗車前に刻印を忘れずに。
(北海道　天谷洋祐　'15)

手荷物預けは移動

手荷物預けは1階のℹ近くにKi Pointがオープン。利用する際は入口近くにある機械から番号札を取ろう。荷物を預ける場合はConsegna Bagagli=Baggage Drop Off、引き出す場合はRitro Bagagli=Baggage Claimの札を。利用にはパスポートが必要。開 9:00〜23:00、料 5時間まで€6、以降1時間ごとに€1、13時間以降は1時間ごとに€0.50。季節や時間帯によっては長蛇の列ができるので、時間の余裕をもって利用を。['18]

鉄道でローマに着いたら

鉄道利用でのローマの玄関口は**テルミニ駅Stazione Termini**だ。駅は行き止まり式になっているので、列車を降りたら前方へ進もう。簡易的な改札口が新設され、出口はホーム3〜4、20〜21の間にあり、切符を渡す必要はない。

ホームに入るには切符の呈示が必要になったテルミニ駅

ホームへの入場は切符の呈示が必要で、ホーム1〜2、16〜17の間、ホーム1、24の手前などから。一部工事中のため、今後出入口は移動の場合あり。

レオナルド・エクスプレス用の改札口

線路を背にし、右が1番ホーム、右から左へいくつものホームが続き、左端が24番ホーム。24番ホームの奥には近郊線が発着する25〜29番ホームがある。また、1番線奥にも近郊線が発着するEST1〜2番線がある。

ホームの両端にはさまざまな施設が並ぶ。1番線脇には薬局、郵便局、ATM、スーパーなど。24番線脇にはバールやレストラン、衣料品や日用品を扱うデパートのコインなどが並ぶ。さらに奥に入ると、ATM、荷物預けのKi Point、レンタカー事務所、ℹ、チケットオフィスなどがある。

出口は切符なしで通り抜けられる

トイレは、有料のものが1階のセルフサービスレストラン近く、地下のスーパー近くや荷物預けそば、ジョリッティ通り側階段そばなどにある。

荷物預けは、まず番号札を取って待つ

テルミニ駅はセキュリティー向上!

ホーム手前に改札が設けられ、切符がなければホームには入場不可となった。このため、悪評高かったチップを要求する荷物運びやホームや列車内に出没したスリは激減。

また、fs線の自動販売機前には操作を案内してくれるfsの係員と警備員が常駐。操作を手伝ってチップを要求する者やおつりをかすめとる輩も激減した模様だ。

ホーム入口での切符呈示が厳密になったため、切符がない場合はホームの通り抜けや地下通路の利用はできなくなった。出入口には係員がいるので、指示に従おう。

ローマ　Roma
テルミニ駅構内図　Termini

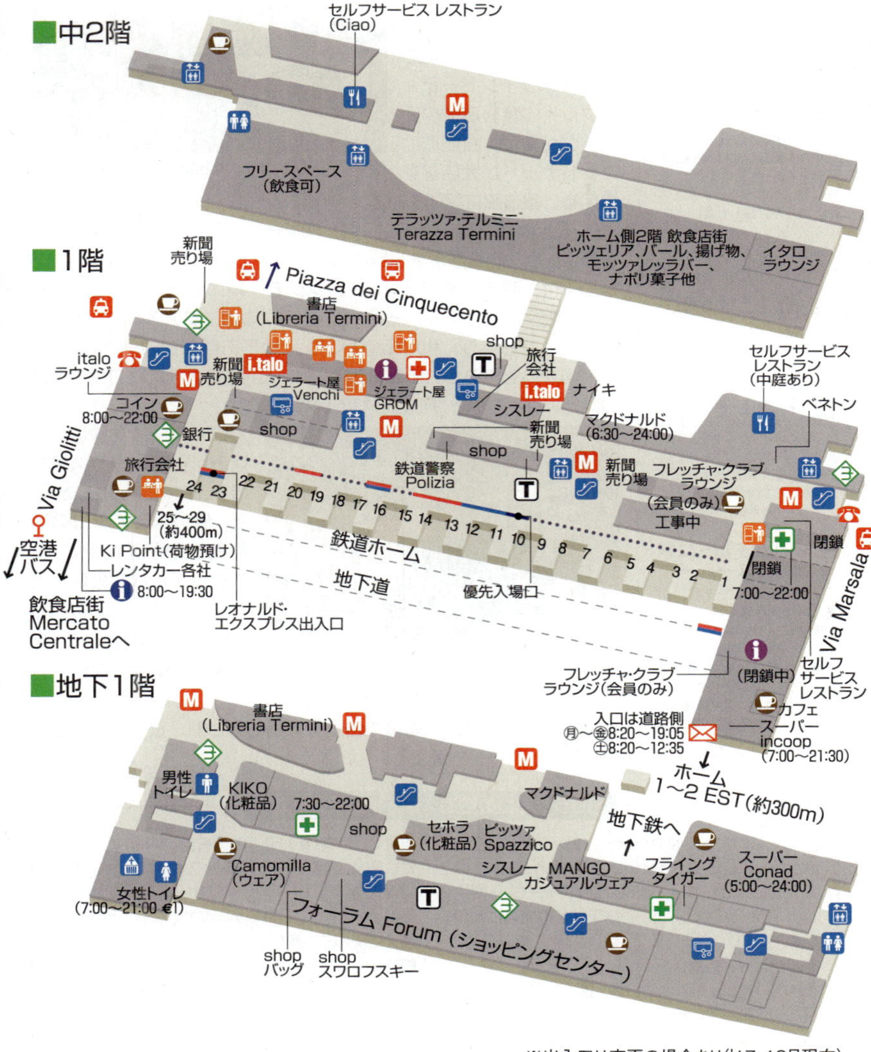

中2階

セルフサービス レストラン(Ciao)
フリースペース(飲食可)
テラッツァ・テルミニ Terazza Termini
ホーム側2階 飲食店街 ピッツェリア、バール、揚げ物、モッツァレッラバー、ナポリ菓子他
イタロ ラウンジ

1階

新聞売り場
Piazza dei Cinquecento
書店(Libreria Termini)
italo ラウンジ
新聞売り場
i.talo
ジェラート屋 Venchi
ジェラート屋 GROM
shop
旅行会社
i.talo ナイキ
シスレー
マクドナルド(6:30〜24:00)
コイン 8:00〜22:00
銀行
shop
新聞売り場
shop
鉄道警察 Polizia
新聞売り場
フレッチャ・クラブ ラウンジ(会員のみ)
工事中
セルフサービス レストラン(中庭あり)
ベネトン
旅行会社
Via Giolitti
24 23 22 21 20 19 18 17 16 15 14 13 12 11 10 9 8 7 6 5 4 3 2 1
25〜29(約400m)
鉄道ホーム
地下道
空港バス
Ki Point(荷物預け)
レンタカー各社
8:00〜19:30
飲食店街 Mercato Centraleへ
レオナルド・エクスプレス出入口
優先入場口
閉鎖
閉鎖
7:00〜22:00
Via Marsala
フレッチャ・クラブ ラウンジ(会員のみ)
(閉鎖中)
セルフ サービス レストラン
カフェ
スーパー incoop(7:00〜21:30)
入口は道路側 ㊊〜㊎8:20〜19:05 ㊏8:20〜12:35
ホーム 1〜2 EST(約300m)

地下1階

書店(Libreria Termini)
男性トイレ
KIKO(化粧品)
7:30〜22:00
shop
マクドナルド
セホラ(化粧品)
ピッツァ Spazzico
地下鉄へ
シスレー
MANGO カジュアルウェア
フライング タイガー
スーパー Conad(5:00〜24:00)
Camomilla(ウェア)
女性トイレ(7:00〜21:00 €1)
フォーラム Forum(ショッピングセンター)
shop バッグ
shop スワロフスキー

※出入口は変更の場合あり('17、12月現在)

トイレ
エスカレーター
エレベーター
カラビニエーリ
カフェテリア
両替所
ATM機
教会
タクシー
バス
地下鉄
薬局
旅行者救援室
バール
切符売り場
fs自動券売機
i.talo イタロ切符売り場
待合室
タバッキ
郵便局
電話
•••• 有人改札ゲート(閉め切り)
出入口
出口
入口
観光局インフォメーション
fs鉄道インフォメーション

切符売り場で

普通切符	ビリエッティ Biglietti
予約	プレノタツィオーニ Prenotazioni
国際線	インテルナツィオナーリ Internazionali
国内線	ナツィオナーリ Nazionali

一大ショッピングセンター テルミニ駅

デパートのコイン、ベネトン、ナイキショップ、カジュアルウェアのMANGO、本屋、雑貨店、セルフレストラン各種、バール、カフェをはじめ、地下や1番線脇には食料品スーパーもあって、ちょっとした買い物に事欠かないテルミニ駅。おみやげ探しも楽しい。

✉ テルミニ駅の書店

構内にガラス張りの書店Borri Books Libreria Terminiがあります。欧州内の他国の書店でもあまり目にしたことのない豊富な書籍が多くの言語で取り揃えてあります。ローマのガイドブックをはじめ、各国のガイドブックもあります。テルミニ駅で時間があれば立ち寄ってみてください。

(岩手県　中西良樹)

✉ 便利なテルミニ駅地下のスーパー

お総菜はレジで支払いの後、再度売り場へ持って行くと電子レンジで温めてくれます。パン売り場のピッツァはその場で温めてくれます。プラスチックのスプーンとナイフは有料、買い物袋ももちろん有料。スーパーでの買い物には大きめの袋持参がいいです。

(香川県　tobe)

●出入口外の駅の施設

ホームの2階にフードコートがオープン

出入口を出ると、左右に通り抜けられる広いコンコースになっている。出入口正面には、2000年を機に生まれ変わったおしゃれなウインドーディスプレイの雑貨店やブティックが並び、右側にはマクドナルドが大店舗を構える。1番線脇に薬局もある。1、2階にはセルフレストランやバール、ホーム上の2階にはフードコートが店開きし、列車待ちの時間にのどを潤したり、簡単な食事が取れる。

地下は、明るく美しいショッピングモールに生まれ変わり、食料品や日用品を扱うスーパーや大型書店、CD店、ファストフード・ショップなどもあり、利用価値が高い。地下にはコンコースからも、駅構内からも降りられるエスカレーターが配置された。コンコースの両端には、ポストが設けられている。

自動券売機の使い方は簡単だ

コンコースを横切って進み、正面がガラス張りの大きなホールに出ると、**鉄道fsとイタロの切符売り場**が並んでいる。ユーレイルパスの事務所もここにある。切符売り場の窓口は**普通切符、高速列車FR**などに分かれているので、利用する場合はその窓口へ。

窓口の向かいには、**切符の自動券売機**も置かれ、ここも窓口同様クレジットカードも使える。

もうひとつの空港　チャンピーノ空港

ローマの南側にやや小規模のチャンピーノ空港Aeroporto G.B.Pastine-Ciampino空港がある。おもにヨーロッパ線などのチャーター便やLCC(ロー・コスト・キャリア)などの発着に利用されている。

チャンピーノ空港

住 Via Appia Nuova 1651　☎ 06-65951
☎ 06-65959515(フライト・インフォメーション)
URL www.adr.it/ja/ciampino　地 P.14

■市内へのアクセス方法

❶バスと地下鉄などで

チャンピーノ空港のfs線最寄り駅のチャンピーノ駅まで空港からはCOTRAL/SCHIAFFINI社のバスが30分ごとの運行。所要5分、切符€1は乗り場係員または車内で購入。

また、地下鉄B線のラウレンティーナ駅まで市バス720番が約20分ごとの運行(空港前のバス乗り場N.4)。切符(€1.50、100分有効。時間内ならテルミニ駅まで1枚でOK)はキオスクやバールで事前に購入を。

いずれも、バス下車後fs線または地下鉄に乗り換えてテルミニ駅などへ。

❷プルマンで

空港前からSIT、TERRAVISIONE、SCHIAFFINI社などがテルミニ駅へバスを運行。所要30分～1時間。切符はバス停で係員から購入。料金は会社により異なり、SIT社は空港発€6、テルミニ駅発€5、往復€9。TERRAVISIONE社は片道€5(テルミニ駅発€4)など。テルミニ駅でのバス停も各社により異なる。オンラインからの事前購入も可。バス停、URLなどの情報はP.338～339参照。

❸タクシーで

定額制で、市内まで€30。

この正面出口を出て、左には**タクシー乗り場**がある。ときには、長い列ができているが、順番を待って乗り込もう。待ち時間にへきえきしていると、親切そうに白タクの運転手が話しかけてくることもあるが、近くのイタリア人が乗り込んだとしても絶対相手にしないことだ。少々待てば、あとのトラブルや嫌な思いを味わわなくて済むからだ。

駅正面出口のタクシー乗り場

市バスターミナルの整備も完了した

正面の木の生い茂る広場はチンクエチェント（五百人）広場Piazza dei Cinquecento（ピアッツァ デイ チンクエチェント）で、**市バスのターミナル**になっている。バス路線の案内所は広場の右前方、緑色のボックスだ。

●地下鉄A線とB線

駅構内とコンコースにある赤地に白でMを示しているのは、**Metro（地下鉄）**で、階段、エスカレーターで地下に下りるようになっている。指示に従って、地下鉄A線（ヴァティカン方面）、B線（コロッセオ、エウル方面）に進もう。

✉レオナルド・エクスプレスのすすめ

フィウミチーノ空港からテルミニ駅までの移動で往復ともレオナルド・エクスプレスを利用しました。運賃（€14）はやや割高ですが、運行は正確で所要時間は約30分、客層もよかったです。発車前を除けば盗難などの心配も感じられないし、特別仕様の車両に乗るのも一興でした。
（埼玉県　佐伯哲雄）

✉出発前は手荷物に注意！

テルミニ駅からレオナルド・エクスプレスを利用。出発前の車内ですいているにもかかわらず男女2人が私のすぐ横に立ちました。私が金網に置いたキャリーケースが目当てのようでしたが、空いている座席を彼らにすすめたところ断られ、緊張の間が少し続いた後、発車時刻が迫ったので彼らは降りていきました。発車してしまえば安全なレオナルド・エクスプレスでも、発車までは駅構内と同じく荷物から手や目を離さないことが大切です。　（ナオ　'14）

✉便利なスーパー

テルミニ駅地下のCONADは便利です。果物、乳製品、ワイン、お総菜、日用品などが揃い、時折は寿司パックも入荷します。テルミニ駅周辺のホテル滞在には欠かせない存在です。（静岡県　takk　'16）

空港からローマ市内へ　快適さと料金で決めよう

空港と町を結ぶ送迎サービス

ホテルに直接到着し、ピックアップもしてくれるので、大きな荷物があるときや駅からホテルが離れている場合、早朝や深夜便の利用の際などには便利な存在だ。業者は数社あり、やや料金が異なる。ホテルでも紹介してくれるので、利用する際は相談してみよう。

URLや電話などから事前予約可能。

各社の送迎サービス

○C.T.P.(Consorzio Trasporto Persone)

セダン・バンなどでの送迎。1台につき1～3人€60、4～8人€85。グループ別相乗りで1人€35～、4人で€50。空港・テルミニ間限定の相乗りは1人€10～。T3の到着ロビーで直接申し込みも可能。

URL www.consorziotrasportopersone.it

☎ 06-6581911

○CON.CO.R.A.

ランチャ、メルセデスなどの高級車またはバンでの送迎。空港・市内間　1～4人　€65、最大7人まで€85など

URL www.concora.it　☎ 06-6507266

○パラッツィ社Palazzi

高級セダンによる送迎。車種により料金は異なる。

☎ 06-870921　URL www.palazzi.net

✉ホテル手配のタクシーで

夜遅くの到着だったので、ホテルに迎えを頼みました。3人で€62。通常のタクシーより高いですが、大き目のベンツでスーツケースも3つ入りました。到着日にタクシーでもめるのは嫌なので、安心を買いました。　（東京都　武市直子）

✉空港間のシャトルサービス

4人なので、タクシーではなくシャトルサービスを利用しました。「ローマ・エアポート・トランスポーテーション」でネット予約し、返答メールに返信するだけでOK。値段も良心的で到着後にドライバーに現金払い。到着から1時間まで到着口で名前を書いた紙を持って待っていてくれます。私たちもちょうど1時間遅れでした。待たせたのでチップ15%を上乗せして支払いました。空港から市内まで1～2人€48、3～4人€60、5～6人€70、7～8人€80。快適な新しいベンツのSUVでした。

Rome Airport Transportation

URL www.romeairporttransportation.com

☎ 340-0686231　(chiemi)['18]

ATAC
URL http://www.atac.roma.it
地下鉄、トラム、市バスの料金やMAP、ルートプランナーなどが掲載している。最新の料金も確認できる。英語ページ有り

バスと地下鉄の切符の種類

●**普通切符**
BIT=Biglietto Integrato a Tempo
€1.50(100分有効)

●**24時間券**
ROMA 24H €7

●**48時間券**
ROMA 48H €12.50

●**72時間券**
ROMA 72H €18

●**1週間定期**
CIS=Carta Integrata settimanale
€24

✉ **バスの切符は平日に**

日曜は閉まっているタバッキも多いので、バスの切符は前日に購入しました。切手も売っているので一緒に購入すると便利。切手はホテルでもおいていない場合がありました。(東京都　匿名希望　'15)

移動には地下鉄をよく使いました。1回券をあちこちにあるタバッキでそのつど購入しました。車内では観光客の近くに乗り込みました。これで一度も危ない目にあいませんでした。
(埼玉県　小林祥子　'15)

切符購入ひと口ガイド

「切符を2枚ください」
"Due biglietti, per favore."
1(un) biglietto
3(tre) biglietti
4(quattro)biglietti
5(cinque) biglietti

バス・地下鉄でのマナー

自分の降りる駅のひとつ手前になったら扉に近づいて、降りる準備。前にいる人に「シェンデ?Scende? (降りますか?)」と聞き、「ノー」と言われたら「ペルメッソ!Permesso! (失礼)」と声をかけつつ前に出ること。これをしないと、周りのヒンシュクを買うので注意。

車中ひと口ガイド

「〜で降りたいのですが」
"Vorrei scendere 〜"
「〜へ行きたいのですが」
"Vorrei andare 〜"
「どこで降りたらいいか教えて下さい」
"Per favore, mi dica dove devo scendere."

市内の交通手段

健脚派ならば、生活の匂いのするような路地をのぞいたり、小さな教会や広場にたたずみ、ときには気に入った物や場所を心に刻むように、歩き回るのも旅の楽しみ。とはいえ、見たい物や場所があったり、道に迷うことを心配するならば、公共交通を利用しよう。ローマでは、バスと地下鉄が便利だ。なお、バス、トラム、地下鉄、近郊鉄道Ferrovie Urbaneの切符は共通。

ローマの公共交通のチケット　Biglietto

●チケットの種類

ローマの市バス、地下鉄、トラム、近郊鉄道Ferrovie Urbanaは**ATAC**によって運営されている。切符は共通で普通切符(**BIT**＝Biglietto Intergrata Tempo)、**24時間券**(**ROMA 24H**)、**48時間券**(**ROMA 48H**)、**72時間券**(**ROMA 72H**)、**1週間券**(**CIS**＝Carta Integrata settimanale)がある。自分の滞在期間や利用頻度を考えて選ぼう。

普通切符**BIT**は**100分間有効**で、最初の乗車時の刻印した時点から100分間超過しない間は、バスやトラムは何回でも乗り降り自由。ただし、地下鉄や郊外鉄道は、原則として1回分。乗り換えは可能だが、一度改札を出ると、時間内でも無効となる。

バスや地下鉄などの公共交通を1日に5回以上利用する場合や乗車のたびにチケットの購入が面倒だと思う方には、24時間券、48時間券、72時間券などの時間券が便利である。時間券は、最初の乗車時での刻印を一度すれば、乗車のたびに刻印をする必要はなく、時間内は利用できる。ローマでの市内観光が4日間以上なら、1週間定期が便利でお得である。

サン・シルヴェストロ広場前、
キージ広場Largo Chigiの大きなバスターミナル

●チケットの購入場所

普通切符、24時間券、48時間券、72時間券、1週間券は、地下鉄の駅やバスターミナルに設置されている自動販売機や "Biglietto ATAC" と表示してあるバール、タバッキ(たばこ屋)、キオスク(新聞雑誌売り場)などで販売している。一部のトラムやミニバス内では車内に切符の自動券売機が設置されているが、市バス内では切符の販売はしていないので、あらかじめ購入しておこう。24時以降に運行され

24時間券

切符の裏側。
乗車有効時間が刻印される

タバッキの目印の看板

る**深夜バス**Notturnoのみ車内に車掌が乗り込み、切符を販売する。夜間や日曜日、祝日などはバールやタバッキなどが閉まっていることもあり、自動販売機も故障していることもあるので、ローマの滞在の最初の段階で、予定を見越して購入しておいたほうがよい。

●自動券売機

一部仕様が異なるものもあるが、ATACの自動券売機を解説しよう。紙幣が使える機械もあるが、機械内のおつりが足りない場合は、買えないこともあり、また正しいおつりが出ないこともあるので、小銭を用意したほうが安全だ。

①ガイダンス表示のディスプレイにタッチし、イタリア語、英語、フランス語、ドイツ語、スペイン語から言語を選ぼう。日本語の対応はしていない。

②チケットの種類、行き先などから切符を選択（おつりの金額表示も確認しよう）

③表示された金額を投入する。紙幣、硬貨各種が使える。なるべく小額紙幣や小銭を使ったほうがよい。

④切符を受け取る。

両替や機械のトラブルは、駅員に尋ねよう。駅員がいない時間帯では、対応ができないので、夜間、駅員がいない時間帯で地下鉄を利用する場合は、あらかじめ切符を買っておくのが賢明だ。

バス　Autobus

市バスは**ATAC**と車体に大きく書かれ、車体はオレンジ色、シルバー、赤色のほかグリーンの大型連結バスなど各種ある。ATACのインフォメーションはテルミニ駅前の五百人広場（駅を背に右側）にあり、バスの路線やサービスに関する質問にも答えてくれる。

●市バスの乗り方

テルミニ駅などのバスターミナルでは、バスは時間待ちの停車をしているので、路線番号を確認して乗り込もう。ターミナル以外での**バス停Fermata**は日本と同様に道端にあり、当該のバス停を発着する路線番号と行き先が記載されている。複数の路線バスが通ることがほとんどなので、まず、乗りたいバスの路線番号を確認して、バスの来る方向を眺めていよう。乗車したいバスが来たら、**軽く手を挙げて**、乗車する意思を運転手に示そう。手を挙げないと、降りる人がいない場合などには素通りしてしまう。

テルミニ駅に次ぐ、大バスターミナルとなったヴェネツィア広場

番号を確かめて乗車しよう

✉トラムに乗るには

トラムは右側通行で、方向と乗り場にとまどいました。
（静岡県　森下薫）

✉どちらかといえば、バスが安全

地下鉄のスリが有名なローマ、バスのほうが比較的安全だと感じました。路線はたくさんあって、東京都内より便利かも。1日券や3日券を利用すれば「車窓惚れで観光」なんてこともできます。
（愛知県　YOU-KO）

✉3日券が便利

バスと地下鉄の3日券をテルミニ駅の売店で購入。バスは1回刻印すればよいので、1枚持っていると安心です。冒険心でバスに乗ったりしました。検札係が突然乗り込んで来て、無賃乗車の人を捕まえるのも見ました、びっくりしたのと、捕まった初老の方々が泣きじゃくったりして、何か喜劇を見たようでした。
（大阪府　梶浦理津子）
'18年現在、72時間券に変更

✉周りの人に聞いてみよう

バスは停留所のアナウンスはないので、乗るときに目的地に行くか確認するのがいいです。ローマの人たちは親切で、切符のバリデートの仕方や降りてから目的地へはどの方向へ行くかなど、親切に教えてくれました。
（埼玉県　ぽるて）

✉情報確認が大切

市内交通の切符は、地下鉄の自販機で1日券を購入。自販機はつり銭が切れるとおつりが出ないと聞いていたので、しっかり小銭を用意して利用しました。1日券（24時間券）はバスも地下鉄も何度も乗り降り自由で便利。地下鉄では改札（ゲート）で刻印されます。地下鉄や路線バスは何度も乗りましたが検札は一度もありませんでした。いろいろわからないときは、そのつどgoogle検索しましたが、「歩き方」紙面と違い、古い情報もそのまま載っていたりするので、ご注意を。
（愛知県　eiko）

市バスや地下鉄の自動検札機

磁気式切符で、切符を自動改札機に挿入すると、有効期限などが刻印される。ただ、表と裏を間違えると作動しない。自分では、機械を通して検札済みと思っても、作動していないと罰金の対象となってしまうので、注意しよう。ちなみに、正常に作動した場合は、検札済みの音がする。機械が正常に作動しない場合は、ペンで乗車日時を記入する。心配なら、運転手に頼もう。

✉ バスや地下鉄の切符はタバッキやバールで

どのガイドブックにも券売機ではお釣りが出ないなどの情報がありますが、本当でした。駅の売やタバッキ、新聞売場などでの購入がベターです。
（兵庫県　久保田哲文　'16）

✉ 信用できない自動券売機よりキオスクで

自動券売機で1週間券2枚（€16×2。'10年）を購入しようと思い、紙幣で€40を投入。ところが、券は出てこないうえ、お金も硬貨で€20しか戻って来ませんでした。近くの係員に相談すると、「私には何もできない」の一点張り。10分近く押し問答をしましたが、「後日事務所から送金するから…」と、被害届けのような物を提出しておしまい。帰国して1ヵ月近くになりますが、何の連絡もありません。再度近くの新聞売り場で切符を購入しましたが、最初から機械を信じずキオスクで購入しておけばと後悔しました。券売機はおつりが出ないことがあると聞いていましたが、機械は希望券種も投入金額もしっかり表示したので問題がないと思っていたので、ちょっと落ち込みました。
（東京都　後悔先に立たず）
同様投稿多数あり

●バスの扉と乗降口

バスには扉が3つあり、一番前が定期券用、真ん中が降車、後ろが定期券と切符と一応区別されている。乗車口はsalita（サリータ）、降車口はuscita（ウッシータ）と表示してある。乗り込んだら、切符の場合は、**自動検札機**に切符を入れて、「ピー」と音をさせて刻印しよう。検札は意外に多い。切符を持っていても、日時と時間の刻印を忘れると、検札時にはパスポートの呈示と罰金が要求される。

上が従来の自動検札機
下は磁気式検札機

降りる場合は、目的地のひとつ手前のバス停を過ぎたら、日本同様に窓近くなどにあるブザーを鳴らそう。地理不案内で、慌てて目的地の直前で鳴らしても停まってくれないこともある。自分の降りる所が近づいたら、"Permesso（ペルメッソ）!"「失礼！」と言いながら、降車口の方へ進もう。バスには乗ったものの、自分の降りる場所がわからなかったら、近くの乗客や運転手に聞いてみると、きっと教えてくれるはずだ。発音が心配なら、地名を紙に書いておいたり、ガイドブックを見せるといいだろう。

●バスの運行時間

ローマの町にクモの巣のように、張り巡らされているバス路線。運行時間は路線により異なるが、おもな路線は朝5:30くらいから深夜24:00まで。バス停には路線の細かい運行時間（運行間隔）が日曜・祝日Festivo（フェスティーヴォ）、平日Feriali（フェリアーリ）と分けて表示してあるので参考にしよう。また、24:00を過ぎると**深夜バス**Notturno（ノットゥールノ）が一部路線で運行される。このバスのみ車掌が乗り込み、切符の販売をする。1時間に1本程度の場合もあるが、時間はかなり正確。

到着予定時間が
表示されるバス停

特にメーデーやクリスマスは、バスをはじめその他の交通機関も間引き運転される。この日の移動は慎重にしよう。ただ、ローマ市街なら1時間も歩けばホテルへ帰れるので、さして心配しなくても大丈夫だ。

市内観光バスツアー催行会社と料金

Citysightseeing社

24時間券 €28（5〜15歳€14）
48時間券 €31（5〜15歳€15）
72時間券 €35（5〜15歳€17）
9:00〜19:00の10〜20分ごとの運行　フリーW-F
URL www.roma.city-sightseeing.it/it/roma/

Grayline社

1日券 €19（11〜18歳 €12）*
24時間券 €22（11〜18歳 €13）
48時間券 €29（11〜18歳 €17）
72時間券 €36（11〜18歳 €24）
5時間券 €15（11〜18歳 €10）
1回券 €14（5歳以下無料、11〜18歳 €9）*
8:40〜19:10の運行、1回券以外は10歳以下無料。
*は午後13:15以降€1〜3の割引あり
URL www.graylinerome.it

ROME OPEN TOUR社

9:30〜19:30（夏季21:30）の約25分間隔の運行
料 **1日券** €17　**24時間券** €20
48時間券 €27　**72時間券** €34
☎ 06-45555270
URL www.romeopentour.com
※オンライン特価、㊊特価あり

日本語観光ツアー

日本語ガイドによるコロッセオ観光やヴァティカン美術館見学ツアーをはじめ、カプリ島、ナポリ・ポンペイツアーなど日帰りツアーがある。
●〔みゅう〕
URL www.myushop.net
営 ㊊〜㊎9:00〜17:00　休 ㊏㊐㊗

●市内観光バスツアーでお手軽観光

2階建てのオープンバスでのローマ観光が楽しい！

見晴らしのよい開放的な2階建てのオープンバスでの市内観光が人気。複数の会社が催行しており、主だった見どころ約10ヵ所に停留所があり、乗り降り自由、日本語のオーディオガイドつき。市内の見どころとの共通券(待ち時間なしのSkip The Line Ticket)付きの物もある。下車せず一周すると所要1時間30分～2時間。

テルミニ駅周辺などではパンフレットを手にした販売員の勧誘攻勢が盛んなので、興味があれば話を聞いてみよう。総合的な切符売り場はテルミニ駅正面を出た右側にあるので、ここでじっくり検討するのもいい。切符はこの売り場や新聞売り場、車内と各所で販売している。

始発地は各社で異なるが、テルミニ駅での乗り場は多くの会社が駅前広場Piazza dei Cinquecentoと小さな広場Largo di Villa Perettiの角。停車しているバスにその場で切符を購入して乗り込むのが便利。

●市内バスツアーの運行経路

各社とも運行経路はほぼ同じ。Citysightseeing社の経路を見てみよう。

ターミナルA(Via Marsala 7)→ターミナルB(Largo Di Villa Paretti 1)→サンタ・マリア・マッジョーレ大聖堂→コロッセオ→チルコ・マッシモ→ヴェネツィア広場→ヴァティカン→トレヴィの泉→スペイン広場(㊏15:00～、㊐㊗のみ)→バルベリーニ広場→ターミナル
※㊐㊗などは歩行者天国やデモ行進のためルート変更の場合あり(特にヴェネツィア広場からコロッセオ間)。上記見どころの近くのバス停で乗降。配布される地図でバス停の確認を。

バスツアーどこを選ぶ?

テルミニ駅や見どころ周辺には切符売りが多数出没している。パンフレットをもらってホテルでじっくり検証して選びたいところだが、申し込まないとパンフレットはくれないことがほとんど(ホテルや❶で入手可)。どこもサービスはさほど差がない。

ただ、テルミニ駅前発でわかりやすいBIG BUS社は、日本語のオーディオガイドがない。また、知名度の高いCitysightseeing社は、繁忙期には定員オーバーで途中のバス停では乗れないなどの投稿あり。いずれもHPで事前にルート、料金と自分との相性(町の概要をつかむための短時間利用か移動手段として利用するのか)を考えよう。HPなどからの申し込みでの割引もある。 ['18]

過当競争で値下げ!?

市内観光バスはいくつもの会社が参入し、今や百花繚乱。スポット的に値下げされることもある。テルミニ駅前の広場では客引きが各社の案内をしているので、料金や内容を比較して利用しよう。 ['18]

✉市内バスツアー乗ってみたよ！

バスツアーの勧誘がすごいよ

テルミニ駅周辺を歩いていると、いろんな人がパンフレットを持って勧誘してきます。ひとりで何社ものツアーを売っているようですが、そのとき売りたいものなのか1社を強力にすすめてきました。参加するというと、駅前広場の切符売り場や乗り場へ連れていくようです。私たちは参加しませんでしたが、大人3人なのに、1人(20代)は子供料金でいいと言ってましたので、ちょっとしたディスカウントは可能かも。 (東京都 MMC '15)

市内観光バス昼間のみの切符がおすすめ

市内観光のオープントップバス。各社いろいろありますが、昼間のみ(最終乗車15:00台)の切符があり、24時間切符より割安です。無料の日本語のイヤフォンガイドもあり楽しめます。利用するのは観光客なので、通常のバスや地下鉄よりスリの心配も少ないかなと思いました。私は青い車体Ciao Romaを利用。 (大阪府 あおいちゃん '13)

観光バスツアーは大混雑?!

サイトシーイングという赤い観光バスを利用。1日券は€20、10分間隔の運行ということでしたが、8月の日曜のコロッセオは待っている人数も多く、暑いなか長い時間待ちました。バスに乗り切れず、ようやく3台目に乗車できました。混み合っている日の利用はおすすめできません。

(埼玉県 小林祥子 '15)

64番のバスはヴァティカンまで各停留所に停まる

●観光に便利なバス路線

40（急行expressa）テルミニ駅（始発）↔ナツィオナーレ通り↔ヴェネツィア広場↔トッレ・アルジェンティーナ広場↔ヌオーヴァ教会（V.エマヌエーレ2世通り）↔V.エマヌエーレ2世橋→サッシア／サント・スピリト（終点）

64 テルミニ駅（始発）↔ナツィオナーレ通り↔ヴェネツィア広場↔V.エマヌエーレ2世通り↔カヴァレッジェーリ門広場（サン・ピエトロ南側）→fsサン・ピエトロ駅（終点）

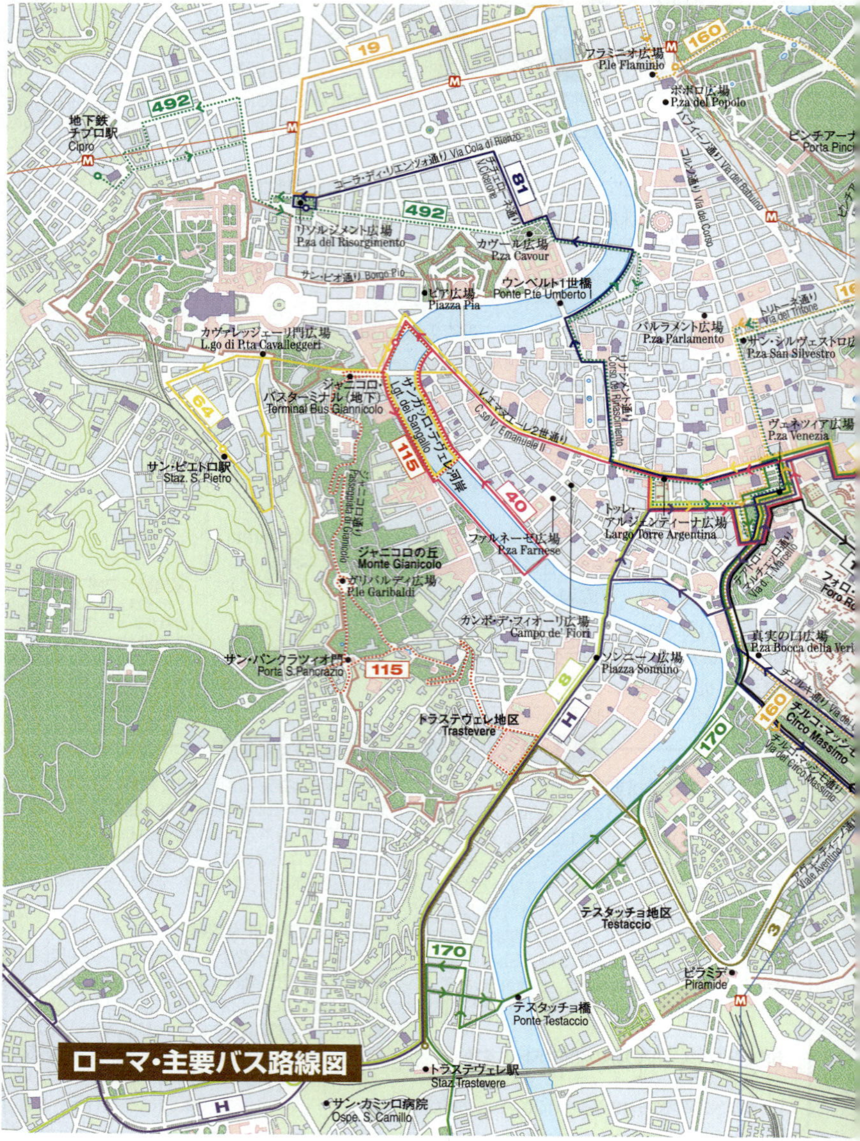

ローマ・主要バス路線図

19
160
492
81
64
40
115
8
170
3
16
フラミニオ広場 P.le Flaminio
ポポロ広場 P.za del Popolo
ピンチアーナ門 Porta Pinciana
地下鉄チプロ駅 Cipro
コーラ・ディ・リエンツォ通り Via Cola di Rienzo
チチェローネ通り V.Cicerone
バブイーノ通り Via del Babuino
コルソ通り Via del Corso
リソルジメント広場 P.za del Risorgimento
カヴール広場 P.za Cavour
サン・ピオ通り Borgo Pio
ピア広場 Piazza Pia
ウンベルト1世橋 Ponte P.te Umberto I
トリトーネ通り Via del Tritone
パルラメント広場 P.za Parlamento
サン・シルヴェストロ広場 P.za San Silvestro
カヴァレッジェーリ門広場 L.go di P.ta Cavalleggeri
ジャニコロ・バスターミナル（地下） Terminal Bus Gianicolo
サンガッロ・デ・ヴェッレ河岸 L.gt. dei Sangallo
V.エマヌエーレ2世通り C.so V. Emanuele II
リナシメント通り Corso del Rinascimento
ヴェネツィア広場 P.za Venezia
サン・ピエトロ駅 Staz. S. Pietro
ジャニコロ通り Passeggiata di Gianicolo
トッレ・アルジェンティーナ広場 Largo Torre Argentina
ファルネーゼ広場 P.za Farnese
ジャニコロの丘 Monte Gianicolo
ガリバルディ広場 P.le Garibaldi
マルチェッロ劇場通り Via d. Marcello
フォロ・ロマーノ Foro Romano
カンポ・デ・フィオーリ広場 Campo de' Fiori
真実の口広場 P.za Bocca della Verità
ソンニーノ広場 Piazza Sonnino
サン・パンクラツィオ門 Porta S.Pancrazio
チェルキ通り Via dei Cerchi
チルコ・マッシモ Circo Massimo
チルコ・マッシモ通り Via del Circo Massimo
トラステヴェレ地区 Trastevere
アヴェンティーノ通り Viale Aventino
テスタッチョ地区 Testaccio
ピラミデ Piramide
テスタッチョ橋 Ponte Testaccio
トラステヴェレ駅 Staz. Trastevere
サン・カミッロ病院 Ospe. S. Camillo

H テルミニ駅↔ヴェネツィア広場↔ソンニーノ広場↔文部省前↔トラステヴェレ駅↔サン・カミッロ病院↔カサレット↔カパッソ通り

492 ティブルティーナ駅(始発)↔カストロ・プレトーリオ→ＸＸセッテンブレ通り↔バルベリーニ広場↔ヴェネツィア広場↔トッレ・アルジェンティーナ広場↔カヴール広場↔リソルジメント広場（ヴァティカン近く）→地下鉄チプロ駅(終点)

ローマのトラム(市電)。新旧さまざまな車両が運行

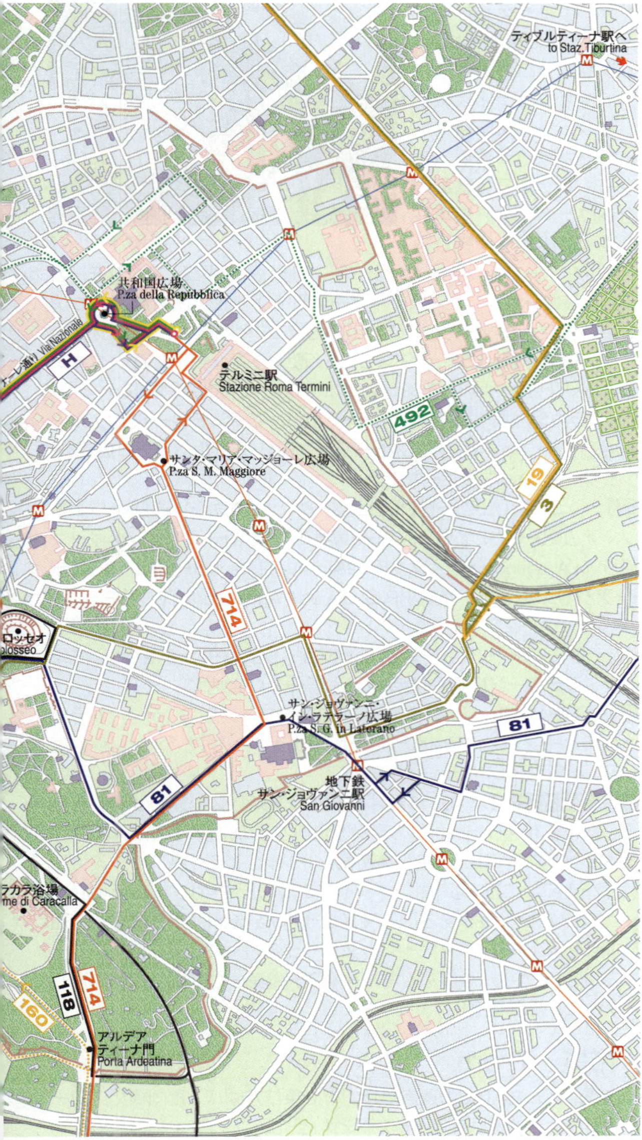

40、64番は一部変更あり

ヴァティカンへ向かうバス40、64番は、聖年などの催事による周辺混雑により終点および経路が一部変更になる場合あり。　('18)

スリに注意!!

悪名高いローマのスリ。出没するのは、路上のほか、地下鉄やバスの車内だ。バスは大型車両や急行の導入などにより、混雑も緩和されてスリの被害も少なくなった模様だ。地下鉄は朝夕の混雑に乗じて出没し、巧妙に体を擦り寄せたり、話しかけてきたりしながらスリを働く。いずれも、スリの被害を防ぐには、①混んだ車内に乗らない、②席に座り、バッグなどは触れられないようにする、③不用意に近づいてきたり、話しかけてくる人物に注意する、④貴重品は必要最小限に。

バスで被害が多いのが64番、地下鉄ではA線コロッセオからテルミニ駅、B線テルミニ駅からスパーニャ（スペイン広場）の観光客の利用の多い区間だ。

✉ トラムに乗ってみよう

ヴァティカンに出かけた帰りにテルミニ駅までトラムに乗ってみました。リソルジメント広場からトラム19番に乗車。ボルゲーゼ公園の北側を回り、マッジョーレ門で14番に乗り換えて、所要1時間ほどでした。観光コースから外れているためか、ローマ市民の普段の生活が見えるように思いました。ボルゲーゼ公園北側の高級住宅街の邸宅やリーギ通りあたりの雰囲気のよい町並み、またローマ大学の学生街の様子もとても興味深かったです。

（東京都　crimson　'15）

トラムの駅はすべてのホームに駅名が書かれていないので、ちょっとわかりづらいかも。

（東京都　匿名希望　'15）

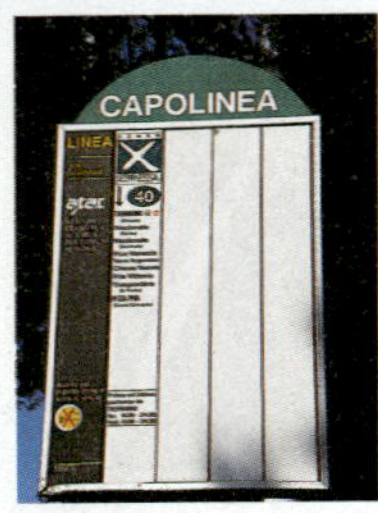

ヴァティカンへの急行バス40番が登場してスリの被害も少なくなった

✉私的バスの利用方法

降りる場所が難しい市バス。路線を把握しバス停を確認するために、私たちはまずバス停で、乗る路線のバス停の一覧をデジカメで撮影。バスに乗り込んだら、撮影した画面を見ながらバス停をチェックしていき、降りたいバス停の手前で降車ボタンを押します。自力でバスを活用するためにはなかなかいい方法だと思っています。もちろん、車内ではバス停の見える位置をキープしてネ。

(滋賀県　JOKO)

✉手を挙げて意思表示

やっと来たバスが素通りしてしまいました。並んでいた高校生に尋ねると、バス停では手を挙げるなどの意思表示をしないとダメ、とのことでした。知りませんでした。

(千葉県　河野純栄　'15)

路線の読み方と乗り換え時の注意

バス路線のうち、始発、終点とあるのはその路線の全域を示す。始発、終点の記載のない物は、路線のうち観光に便利な一部を示した。↔は往復同じ道を通り、→は一部復路に別の道を通る。なお、バスを乗り継ぐ場合、降りたバス停に次に乗り継ぐバスが通らない場合もある。まずは、降りたバス停を見て、目的のバスが通らない場合は、近くのバス停で路線番号の確認を。

クリスマスとメーデーは公共交通に注意

祝日のなかでも、とりわけクリスマス(12/24～25)と5/1は地下鉄やバスはかなり間引き運転されタクシーもつかまりにくい。この日にローマに滞在する場合は、ホテルから徒歩圏の見どころを訪ねる予定を組めば時間が有効に使える。ただし、ローマの旧市街はテルミニ駅からヴァティカンまで歩いても1時間もかからない大きさ。さほど心配することもない。

81 マラテスタ広場(始発)↔サン・ジョヴァンニ・イン・ラテラーノ広場↔コロッセオ↔チェルキ通り→(復路チルコ・マッシモ通り)↔テアトロ・マルチェッロ通り↔ヴェネツィア広場↔トッレ・アルジェンティーナ広場↔リナッシメント通り↔LGTマルツィオ↔カヴール広場↔チチェローネ通り↔コーラ・ディ・リエンツォ通り↔リソルジメント広場(終点)

118 クインティーリ荘(始発)→アッピア街道→アッピア・ピニャテッリ通り→アッピア旧街道←サン・カッリストロのカタコンベ→クオヴァディス教会→サン・セバスティアーノ門→カラカラ浴場→チルコ・マッシモ→真実の口→ヴェネツィア広場→サン・グレゴリオ通り→コロッセオ→フォーリ・インペリアーリ通り→チルコ・マッシモ→カラカラ浴場→サン・セバスティアーノ門↔アッピア旧街道/クオヴァディス教会→サン・カッリストロのカタコンベ→サン・セバスティアーノ聖堂→アッピア・ピニャテッリ通り↔アッピア街道↔クインティーリ荘(㊊～㊏のみ5:30～23:00、9:00～16:00は1時間に4～5便)

ヴァティカンへは始発の急行バスで

160 カラカラ浴場(広場、南側)↔チルコ・マッシモ駅↔マルケルス劇場通り↔ヴェネツィア広場↔コルソ通り↔バルベリーニ広場↔ヴェネト通り↔ボルゲーゼ公園

170 テルミニ駅(始発)↔共和国広場↔ナツィオナーレ通り↔ヴェネツィア広場↔マルケルス劇場↔真実の口広場↔アヴェンティーノ通りVia Aventino↔テスタッチョ橋Ponte Testaccio↔マルコーニ駅↔アグリコルトゥーラ広場Piazzale dell' Agricoltura(エウルE.U.R.)(終点)

714 テルミニ駅(始発)↔S.M.マッジョーレ広場↔S.ジョヴァンニ・イン・ラテラーノ広場↔カラカラ浴場↔E.U.R.地区

660 地下鉄A線コッリ・アルバーニ駅(始発)↔アルコ・ディ・トラヴェルティーノ駅↔アッピア新街道↔チェチーリア・メテッラの墓↔アッピア旧街道(終点)(20:45まで)

小型電気バス ATACの115番は、小型の電気バスが運行する。入り組んだ小路を通り抜け、町の素顔を堪能するのに便利で楽しい。

115 パオロ(エマヌエーレ2世橋南側)↔ジャニコロ・バスターミナル(サン・ピエトロ広場南側)↔ジャニコロの丘↔ガリバルディ広場↔サン・パンクラツィオ門→マメリ通りVia Mameli→モロシーニ通りVia Morosini→レジーナ・マルゲリータ病院↔マメリ通り↔ジャニコロの丘(ガリバルディ広場)↔神の子病院↔サンガッロ河岸通り↔パオロ(循環路線)

市電　Tram(トラム)

市電トラムもATACの運営で、切符や乗り方はバスと同様だ。ローマの町を大きく巡回する路線がほとんどだ。

コロッセオをトラムから眺める。トラム3番が楽しい

トラム3番は旧市街の東側をグルリと半周し、トラステヴェレへと向かう。緑のボルゲーゼ公園、大学都市、人と車でにぎわうテルミニ駅、コロッセオ……と、車窓の風景は変化に富んでいる。1周約1時間30分。トラム3番に乗るには、ヴァティカン近くのリソルジメント広場からトラム19番を利用し、エトルスコ博物館前で3番に乗り換えよう。19番も同経路を走るが、テルミニからは東方向へ向かう。

8 **（トラム）**ヴェネツィア広場↔ソンニーノ広場（トラスレヴェレ）↔トラステヴェレ駅↔サン・カミッロ病院↔カサレット

3 **（トラム）**トラステヴェレ駅↔エンポリオ↔オスティエンセ（ピラミデ）↔アヴェンティーノ（チルコ・マッシモ）↔コロッセオ↔マンゾーニ（地下鉄A線）↔サン・ジョヴァンニ↔マジョーレ門↔サンタ・クローチェ・イン・ジェルザレンメ聖堂↔レジーナ・マルゲリータ大通り↔ビオパルコ↔国立近代美術館↔ヴァッレ・ジュリア（ヴィッラ・ジュリア・エトルスコ博物館）

19 **（トラム）**リソルジメント↔オッタヴィアーノ駅↔レパント駅↔アルバーニ宮↔ローマ大学↔マジョーレ門↔アタック社↔プレネスティーナ通り↔ゲラーニ

バスATACの案内所

テルミニ駅前、バス停近くにある緑のブース。目的地を告げるとバス路線を教えてくれる。近くには自販機もあるが、機械におつりがない場合は、ピッタリの金額を投入しないと購入できないので、事前に駅構内のタバッキや売店などでの購入がベターだ。

不正乗車に厳しい罰金

fs線、バス、地下鉄に切符なし、あるいは切符を持っていても乗車前の刻印なく乗車すると、多額の罰金€50～500が請求される。その場で支払えば€50、後日支払いで€100。fs線の場合、全席指定制のFRやFAなど指定乗車日・時間が刻印されているものは乗車前の刻印は不要。

✉ 市バスATACが経済的

バスの路線を事前に調べておくといいです。地下鉄は便利ですが、1度しか乗れないので、バスで回るほうがお得。

バスの切符は1日券を購入してもいいが、1回券4回分と同じ料金。バスを中心に利用すると、1回券は100分有効なので、5回分乗るのは難しいかも。（兵庫県　田中玄一）

✉ テルミニ駅でのトラブル

切符購入の高いお手伝い

空港行きの切符を自動券売機で買おうとしたときのこと。10代と思われる女の子が「手伝いましょうか?」とやたらと話かけてきました。最初は断って、場所を変えたりしましたが、そこにも別の子がいました。皆かなりしつこく、強引で、そんなことをしているうちに目的の列車の時間が迫ってきたので、つい応じて手伝ってもらいました。少しお礼を渡そうとすると、「足らないひとり€5、ふたりで€10」と請求されました。切符は余裕を持って購入し、断るときは毅然した態度で臨まなければと反省しました。　（東京都　Yori）

切符の自動販売機のおつり泥棒

テルミニ駅の切符の自動販売機の前に立っていた女性に行き先を聞かれ勝手に機械を操作されました。女性は鉄道員の制服によく似た赤いポロシャツを着ていて駅員とも思える堂々とした態度。カードは使えないので現金、しかも€20札はだめ、€50札はあるかと聞かれ、言われたとおり€50札を入れたところで、つり銭泥棒ではないかと気づき体で阻止。すると彼女が素早く切符を取ろうとしたので制止し、チップとして€1渡すと急に態度を変え私の持っていた€20を奪ったので取り返すと「けがをした!」などと暴言の嵐。大声で「知らない」と叫ぶと去っていった。もし社員証を付けていない人に勝手に操作されたらきっぱり明確に「No Grazie!」と断ってください。

（岡山県　もめみ）

列車内で

列車に乗り込み、荷物置き場に荷物を置こうとしていると、身なりのいい女性ふたりが手を貸してくれました。何て親切なんだろうと思ったものの、彼女たちの荷物がないので不自然さを覚えました。指定席へ行くと、彼女たちも付いてきて「席がおかしい」というようなことを言います。「あなたたちのチケットを見せて」と言うと、間違えたフリをして去って行きました。この時、私はリュックを背負っていて、ファスナーの半分が開いていました。　（愛知県　田中美枝子　'14）

「席が違う」と怒鳴る場合もあるので、荷物やバッグに注意して冷静な対処を。

※2018年1月現在、fs線の自動券売機の前には操作案内をしてくれる係員が常駐し、警備員も近くで目を光らせている。また、ホームへは切符がないと入ることができなくなったので、上記のようなトラブルは避けられると思われるが、不審な行動をする者には注意を。

地下鉄　Metropolitana（メトロポリターナ）

聖年を機にA線を延長。チプロ駅はヴァティカン博物館の近く

地下鉄はおもだった観光ポイントをカバーしているし、ローマ名物の渋滞に巻き込まれることもないので、便利だ。A、Bの2線はテルミニ駅で連絡。C線は一部のみの開通。

A線（Linea A）（リネア ア）：ヴァティカン西のバッティスティーニ駅からヴァティカン博物館最寄りのチプロ－ムゼイ・ヴァティカーニ、スペイン広場、バル

✉クリスマスのローマの公共交通

クリスマス期間は特別ダイヤとなり、注意が必要です。12/24はバス、地下鉄ともに21:00で終了。その後は深夜バスのみの運行。12/25の地下鉄は8:00～13:00のみで、バスも大幅な間引きとなりました。タクシーも非常に少ないので必ず電話で呼んでもらいましょう。

また、12/23は金曜日と重なったためか、どこも大渋滞。市の中心部から空港まで3倍の時間がかかり、空港のセキュリティー検査も30～45分かかりました。この期間は余裕ある行動を。

（東京都　高橋厚）

地下鉄の中

車内は日本の地下鉄とさほど変わらない。ただ、朝夕の混雑に乗じてスリもときどき出没する。混んだ車両は避けるのが賢明だ。しかし、スリは集団で行動し、狙った人の乗った車両に乗り込み、故意に混んだ状況を作って悪事に及ぶこともある。貴重品は簡単に取り出せる所に入れないようにしよう。

駅構内はやや薄暗いので、夜遅くにひとりで利用するのも避けよう。

地下鉄利用時の注意

車両の種類によっては、ドア近くのボタンを押してドアの開閉をする場合がある。降りるときも乗るときもボタンの操作が必要なので、周囲に人がいないときは要注意。

地下鉄の運行時間

営 5:30～23:30
金土5:30～翌1:30
C線5:30～20:30

ローマ近郊路線図

fs線地方鉄道
ATAC郊外鉄道
地下鉄A線 MA
地下鉄B線 MB
地下鉄C線 MC
工事中
空港線（ノンストップ）
空港
駐車場
COTRAL社 プルマン・バスターミナル
Cesano (etc.) ローマ市内切符ここまで有効

FL3 Viterboへ（→P.251）
Cesano
Olgiata
La Storta P
La Giustiniana P
Ipogeo degli Ottavia P
Ottavia
S.Filippo Neri
Monte Mario
Gemelli
Balduina
Appiano
MA
バッティスティーニ Battistini P
コルネリア Cornelia
バルド Baldo d.U.
ヴァッレ・アウレリア Valle Aurelia
チプロ Cipro-Musei
オッタヴィアーノ・サン・ピエトロ Ottaviano S.P.（サン・ピエトロ・ヴァティカン）
San Pietro
Quattro Venti
Aurelia
FL5 Civitavecchia-Grossetoへ
Cerveteri-Ladispoli
Torre in Pietra-Palidoro
Maccarese-Fregene
G.R.A 大環状道路線
Trastevere
Villa Bonelli P
Magliana
Muratella
Ponte Galeria
Fiera di Roma
フィウミチーノ空港 Fiumicino Aeroporto
FL1
Parco Leonardo
Fiume Tevere
Tor di
Vitinia
Casal Bernocchi/Centro Giano
Acilia
Ostia Antica
Lido Nord
Lido Centro
Stella Polare
Castel Fusano
C.Colombo
ROMA LIDO

ベリーニ広場を通りテルミニ駅、サン・ジョヴァンニを経由し、チネチッタ、アナニーナを結んでいる。

B線（Linea B）：ラウレンティーナから、エウル、ピラミデ、コロッセオを経由し、鉄道fs線と連絡するテルミニ駅とティブルティーナ駅を通り、さらにレビッビア方面へと延びている。ボローニャから町の北側へB1線が2012年に延長された。

C線（Linea C）：東側郊外から中心部へと走る路線で2018年2月現在サン・ジョヴァンニ駅（A線と連絡）までの開通。今後はコロッセオ→ヴェネツィア広場→キエーザ・ヌオーヴァ→サン・ピエトロ→リソルジメント→オッタヴィアーノ→クローディオ・マッツィーニ（終点）と延長される予定。

地下鉄のマークは
赤地に白のM

●切符

バスと共通で、料金は全線均一。100分有効で地下鉄線内は乗り換え自由。ただし、一度改札を出ると、時間内でも再び地下鉄には乗れない。バスや市電などへの乗り換えは可。治安は比較的よいが、駅によっては利用客が少なく、暗い所もあるのでひとりの場合は気をつけよう。終電も比較的早いので、注意しよう。

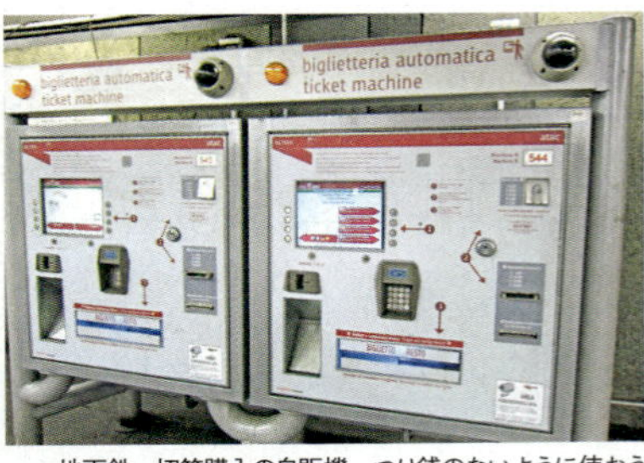

地下鉄、切符購入の自販機。つり銭のないように使おう

切符はバス同様の売り場で購入する。改札口前にも自動販売機がある。

●乗り方

地下鉄マークは**赤地に白のMマーク**。改札口横の自動検札機に切符を入れると、レバーがくるりと回転して通り抜けられる仕組みだ。

地下鉄B線入口

地下鉄の検札は、駅の出口手前で行われることが多い。出札口を出るまで切符は捨てないようにしよう。パス類を利用する場合は、乗車のつど、改札機の黄色の丸いディスクにタッチしよう。

改札を抜けたら、行き先案内板で目的駅を確認してホームに向かおう。上りと下りの電車を間違えないように、自分の向かう方向と上り下りふたつの終点駅の名前を覚えておくといい。

まずは目的地がA線**Linea A**、B線**Linea B**（C線**Linea C**がサン・ジョヴァンニ駅に接続）のどちらかと、進行方向を確認し、表示に従って進もう。

例えばテルミニ駅からスペイン階段Spagnaへ向かう場合は、A線のバッティスティーニBattistini方向という具合で、駅構内を**A線**、続いて**Battistiniの標識**に沿って歩けばホームに到着だ。

さて、電車が入って来たら乗り込もう。自動扉のほか、外側の扉横のボタンを押して開ける車両もあるので周りの人を見て、まねしよう。降りる場合も同様で、自動扉のほか、扉横のボタンを押すものがある。降りる駅に近づいたら、扉近くに移動して降りる準備をしよう。

下車したら、出口USCITA（ウッシータ）の表示に従って進めば出口だ。出札口では、切符を渡すのは不要で、そのまま通り抜けられる。

時間内でもご注意

バス・地下鉄の普通切符BITは100分有効。時間内ならバスは何度でも利用できるが、地下鉄と鉄道は1回のみ。違反して見つかると、罰金€50と高額なので、ご注意を。

地下鉄は自動改札で、出札の際は切符不要。ただし、ときとしてある検札は出口近くで行われる。地下鉄の出口まで、切符は捨てずに持っていよう。

✉自販機での切符の買い方

英語でのガイダンスもあり、最初に切符のタイプを選ぶと受け取り可能なおつりの金額が表示されます。続いて硬貨を入れるのですが、機械の反応が遅いです。ひと息おいてから硬貨を入れないと反応しないのですが、それに気づかず、何度も硬貨を入れ直してしまいました。

（香川県　tobe）

✉便利な空港からのタクシー

車体と車内に、空港・市内間の料金は「定額€48」の表示があるので、わかりやすいです。空港からはタクシーを利用して移動するのがおすすめです。車内からローマの町並みを楽しむことができます。乗車したタクシーはセダンではなく、大きめのスーツケースを3つ載せられました。何度かタクシーを利用しましたが、どの運転手も真面目で遠回りすることもなく、安心して利用できました。

（大阪府　あおいちゃん）

✉ありえないタクシー

空港からタクシーを利用しました。高速に乗り入れてすぐに、運転手がスマホでLINEのやりとりを始めました。スピードが出ているので、後部座席でハラハラ。しばらくすると、ガソリンスタンドに乗り入れて、給油。そして、また走り出すとLINEのやりとり。あまりに危険なので、「きちんと前を見て運転してほしい」と毅然と告げたら、止めてくれました。もし、なにかあったら遅過ぎます。こんな運転手には毅然とした態度で臨みましょう。　（匿名希望　'15）

地下鉄の出入口表記

入口は
「エントラータ」　ENTRATA
出口は
「ウッシータ」　USCITA

タクシー Taxi

タクシーを利用する場合は、おもだった広場などにある**タクシースタンド**に出向くか、電話してタクシーを呼ぶ。タクシースタンドにはタクシーが並んでいるし、もし1台もいない場合はスタンドの電話を利用する。旅行者は、ホテルやレストランで呼んでもらうのが簡単だ。ホテルなどでタクシーを頼むと、車が来たら呼んでくれるし、または、**車の番号**(普通**2桁・2桁の数字か2桁の数字・地名**)を教えてくれるので、該当する車を待って乗り込む。

タクシーが乗りこなせたら、ローマ通

タクシー料金が高いといわれるが、市内は一方通行が多いため迂回したり、渋滞にぶつかったりして、メーターがかさむことが理由のひとつだ。また、配車を頼んだ場合のほか、夜間料金、荷物料金、祝日料金などの**追加料金**もある。メーターの金額よりも多く請求されるのは、こんな場合だ。もちろん納得のいかないときは、明細を尋ねてみよう。料金が心配な場合は、乗り込む前に「○○まで行きたいが、おおよそいくら?」と尋ねてみよう。

ローマのタクシーは、悪評ばかりが耳に入るが、こわいくらいに実直な運転手、乗っているこちらは見えないブレーキを踏みしめんばかりなのに、自分は鼻歌交じりのご機嫌の運転手と、イタリア人気質を見るようなおもしろい場面に遭遇することもある。

空港・市内間に定額タクシー制導入

2018年2月現在、タクシーの定額制Tariffa Fissaが実施されている。人数(最高4人くらいまで。荷物1人1個込み。2個目以降は各€1追加)に関係なく、1台でフィウミチーノ空港から市内(アウレリアヌスの城壁内:P.32〜33の城壁とほぼ同エリア)まで€48、チャンピーノ空港からは€30。予約の必要はなく、運転手にその旨を告げればOK。タクシーの車体と車内に掲示があるので、行き先と料金の確認をして乗り込もう。逆ルートの市内・空港間も同料金。

空港内でのタクシーの客引きはほとんどが白タク。白タクはときとして法外な料金を請求するので、必ず正規のタクシースタンドから乗り込もう。

タクシーの車体に料金を表示

タクシーの料金体系

距離・時間併用制。
迎車料金　€3.50
平日初乗り　€3
休日初乗り　€4.50
夜間(22:00〜翌6:00)初乗り　€6.50
以後、時速20kmで€1.10/km〜1.6/kmずつ加算
荷物(35×25×50cm)2個目から各1個につき　€1

このほか、待機料金などがある。良心的な運転手には料金の10%くらいをチップとして渡す。必ず車体の白色の正規のタクシーを利用し、ぼられたりしないよう注意。

正規タクシーの車体にはローマ市の紋章、2桁・2桁の数字か2桁の数字・地名が書かれている。トラブルが生じたり、忘れ物をした場合などのときもこの番号を覚えておくと便利。

メーターには特別料金は表示されないことが多い。疑問の点は、車内の料金表で確認するか、運転手に尋ねよう。

電話でタクシーを呼ぶ場合は、
Chiamataxi
☎06-0609(通話無料)

テルミニ駅のタクシー

テルミニ駅のタクシー乗り場は、正面出入口と東口にある。いつもタクシーや人の列ができているので、すぐわかるはずだ。タクシー乗り場の手前、中央出入口付近では白タクの客引きや偽タクシーが誘ってくることがある。法外な料金やかなりの遠回りをする場合もあるので、タクシーは決まった乗り場から乗り込もう。

✉ タクシー乗車前に

待ち合わせの時間に遅れそうになり、タクシー乗り場からタクシーに乗車。行き先をドライバーに告げて、2〜3分過ぎてメーターを見ると「えっ! 動いていない〜」。到着まで不安な時間を過ごすことになりました。ドライバーは発車直後から携帯電話でしゃべり続けていて不安は増すばかりでした。結果的には3人で€15。こんなもんかと納得しましたが、翌日、同じコースで利用するとかなり差がありました。慣れない方は、乗車前に料金を確認することおすすめします。　(romarun)

✉ 地下鉄どこに乗る?

1週間切符を利用しました。地下鉄は中ほどの車両は混雑するようです。前か後ろ、特に後部車両は比較的すいており、スリなどからも安全と思われました。
(埼玉県　Y.T)

トレニタリア
URL www.trenitalia.com

NTV社(高速列車イタロ)
URL www.italotreno.it

鉄道チケットの取扱いがある旅行代理店
●**地球の歩き方 ヨーロッパ鉄道デスク**
URL rail.arukikata.com
e-mail eurail@arukikata.co.jp

近郊線を走る、2階建てのR:レッジョナーレの車内

テルミニ駅「2PE」ホーム
2PEは、普通の2番線ではなく、2 platform estのことで、テルミニの通常ホーム1番線の奥で、出入口付近から約400mあります。近郊やオルヴィエート、ペルージャ行きがここから発車する場合があります。出発時刻ギリギリだと間に合わないのでご注意を。
(東京都　SYSYK)['18]

列　車　Treno（トレノ）

トレニタリアFerrovia dello Stato Spaフェッロヴィア・デッロ・スタートは略して**fs**。本書で紹介した近郊のおもな町へは、バス利用が便利。ときとしてストSCIOPERO（ショーペロ）があるものの、運行時間の遅れはそれほどない。安心して利用できる交通機関だ。

●トレニタリア(fs)の列車の種類

トレニタリアの列車は大きく分けて、長距離部門と地域運輸部門に分かれる。イタリア国内の主要都市間を結ぶ高速列車としてフレッチャロッサ(FR)、フレッチャアルジェント(FA)がある。FRはローマ～ミラノ間を最短3時間で結んでいる。高速列車FRやFAを補完する形でフレッチャビアンカ(FB)、インテルシティ(IC)が運行している。夜行列車はインテルシティナイト（ICN）が運行している。地域運輸部門の列車は、普通列車に該当するレジョナーレ（R）と快速列車に該当するレジョナーレ・ヴェローチェ(RV)がある。

トレニタリア社以外の高速列車では、NTV社のイタロ(i.talo)が、ローマを中心にミラノ、フィレンツェ、ナポリ、ヴェネツィア間を運行。ローマ・テルミニ駅にも発着。

フレッチャ・ロッサ(赤い矢)の名称で呼ばれるETR500

切符の読み方

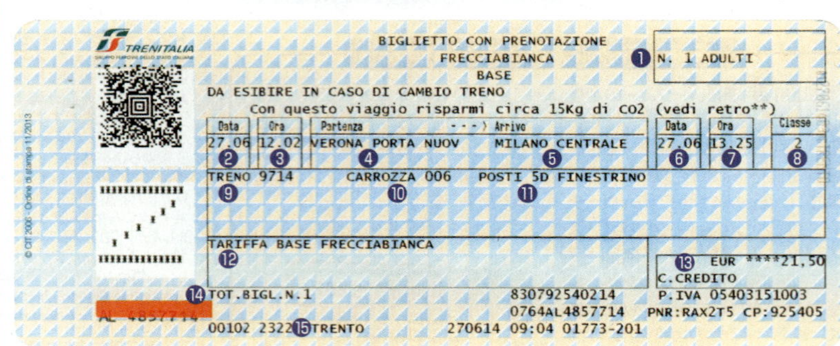
TRENITALIA
BIGLIETTO CON PRENOTAZIONE
FRECCIABIANCA
BASE
❶ N. 1 ADULTI
DA ESIBIRE IN CASO DI CAMBIO TRENO
Con questo viaggio risparmi circa 15Kg di CO2 (vedi retro**)

Data	Ora	Partenza --->	Arrivo	Data	Ora	Classe
27.06 ❷	12.02 ❸	VERONA PORTA NUOV ❹	MILANO CENTRALE ❺	27.06 ❻	13.25 ❼	2 ❽

TRENO 9714 ❾　CARROZZA 006 ❿　POSTI 5D FINESTRINO ⓫
TARIFFA BASE FRECCIABIANCA ⓬
⓭ EUR ****21,50
C.CREDITO
⓮ TOT.BIGL.N.1　830792540214　P.IVA 05403151003
0764AL4857714　PNR:RAX2T5 CP:925405
00102 2322 ⓯ TRENTO　270614 09:04 01773-201

❶乗車人数(Adulti：大人、Ragazzi：子供)　❷乗車日　❸発車時間　❹乗車駅　❺下車駅　❻下車日　❼到着時間　❽客車の種類(1等、2等)　❾列車番号　❿号車　⓫座席番号（Finestrino：窓側 Corridoio：通路側）　⓬備考欄（これはフレッチャビアンカのベース料金と記載）　⓭料金　⓮総切符枚数　⓯発行駅・日時

●料金

トレニタリアでは、R、RV以外の列車は乗車券と指定券がひとつになった包括運賃チケットでの利用となるため、全席指定制となっている。鉄道パスでもこれらの列車を利用する場合は、座席予約と追加料金が必要となる。NTV社のイタロも包括運賃チケットでの利用となる。ただし鉄道パスでは利用できず、鉄道パス用の割引運賃も設定されていない。

2012年4月に登場したNTV社の高速列車イタロ

●切符の買い方と予約

切符の購入と予約は、**駅の窓口**か**自動券売機**、fsのマークのある**旅行会社**（要手数料）で。ときとして窓口が長蛇の場合もあるので、前日までに切符の手配をしておくのが賢明だ。

切符Bigliettoの販売窓口では、切符購入とともにその列車の座席予約ができることがほとんどだ。

切符を買うときは、行き先、人数、おおよその出発時間を告げれば買うことができる。しかし、言葉が心配のわれわれとしては、事前に列車の種類、**列車番号**、**出発日時**、**行き先**、客車の**等級**、**往復**か**片道**か、を紙に書いて窓口で示そう。

自動検札機。R、RV、レオナルド・エクスプレスなど切符に乗車日時の指定のない物は必ず打刻を。切符を持っていても、これを忘れると罰金あり。座席指定のあるFRやICなどは打刻不要

●列車の乗り方

まず、目的の列車が何番線の**ホーム**Binario（ビナーリオ）に入るか、駅構内の時刻表や行き先掲示板で確認。突然のホーム変更などもあるので、心配なら車掌や近くの人に行き先を確認しよう。

レオナルド・エクスプレスやR、RVなどの乗車日時の指定のない切符は、列車に乗る前に、改札口やホーム入口にある**自動検札機**Obliteratrice（オブリテラトリーチェ）で、バスなどと同様に日時を刻印しよう。切符を持っていても、刻印を忘れると罰金だ。

レオナルド・エクスプレスやRやRVは自由席。好きな席に座ろう。R、RV以外はすべて座席指定制のため、切符に指定された1・2等、号車を確認し、該当車両に乗り込もう。1等車両は、先頭または最後尾に連結されている。ただし、ホームに入線した先頭が1号車とはかぎらない。ホームによっては車両位置を示す案内板が設置されているので参考にしよう。**列車内は全車禁煙だ。**

下車する場合は、自動扉の場合と、自分で開けるものがある。ノブの近くに開け方が解説してあり、ノブを下げるか、緑のボタンを押すのが一般的だ。心配なら、近くの人に聞いてみよう。

各種列車のパス追加料金

鉄道パス所有の場合。
距離、等級にかかわらず一律
FR、FA、FB €10
EC €3～10
IC €3

切符購入ひと口ガイド

切符購入と予約を紙に書いて、窓口で見せよう。
「切符と予約をお願いします。」と、まずはひとこと。
"Biglietto e prenotazione, per favore"（ビリエット エ プレノタツィオーネ ペル ファヴォーレ）

●日付（乗車希望日）
'18年8月14日（イタリアでは日・月の順に書く。月は日本と同様に数字でもOK）
data　14／8／'18

●列車番号（わかれば）
numero del treno
行き先　ナポリ（～からはda：ローマからda Roma）
per Napoli

●発車時間
ora di partenza

●1等／2等の区別
prima classe／seconda classe

●片道／往復の区別
andata／andata e ritorno

●切符枚数
numero di Biglietti
大人Adulti　子供Ragazzi

切符が買えたら、切符の日付と発車時間、人数などを確認しよう。
最後に「Grazie（グラツィエ）」とごあいさつ。

✉ fs線切符はいろいろ

券売機で切符を購入すると横長の切符ではなく、カードサイズの切符が発券されることがあります。カードサイズの切符でも打刻が必要なので注意してください。　（S-S　'17）

✉ 打刻を忘れずに

イタリアでは改札というものが少なく、バスや鉄道では自分で切符に打刻をしなければいけません。検札がないので、長く滞在していると切符購入も不要と感じてくるかもしれません。でもローマ・テルミニ駅から空港までのレオナルド・エクスプレスでは検札があるので、悪気はなくても絶対に打刻を忘れてはなりません。出発前ぎりぎりに切符を買わずに飛び乗るのも危険です。

テルミニ・空港間の切符は€14だが、買い忘れや打刻忘れがあると罰金としてプラス€50を徴収されます。同じ車両で英語圏の中高年ふたりが打刻忘れでそれぞれ€50、東欧系の3人組が切符不所持で各€64を徴収されていました。「帰国間近でユーロがない」と言ってもダメ。乗務員はカードリーダーを持っているので、現金がない場合はカードで支払わされていました。
（東京都　児玉佳世子）

簡単になった、イタリア鉄道 TRENITALIA自動券売機を使いこなそう!

駅の窓口はどこも長蛇の列。鉄道の切符は、英語表示がわかりやすい自動券売機で購入してみよう。新しくなった券売機は使い方も簡単。カード利用がおすすめだ。

イタリア鉄道 自動券売機の使い方

1

①この表示が、**スタート**。
下の言語から、**英語**を選ぼう。タッチパネルなので指先で触ればOK。ちなみに、言語は、イタリア語、英語、ドイツ語、フランス語、スペイン語から選べる。

2

②英語を選択すると、この表示に切り替わる。切符の購入は左上の**BUY YOUR TICKET**、パス類やカード所有者はその下の**GLOBAL PASS**の表示のあるところをタッチ（ユーレイルパスなどのパス類はGLOBAL PASSとして分類）。
上に赤い文字で、CASH/CARDSとあるので、この機種では現金、カードともに使用可。1種類しか使えない場合があるので確認を。

パス類利用の場合

3

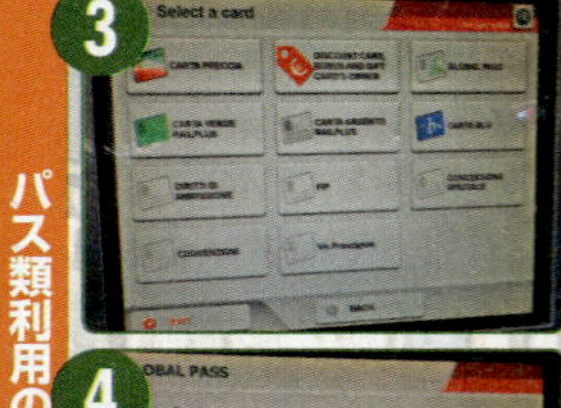

※③パスの種類を選択。
ユーレイルパスの場合はGLOBAL PASSをタッチ。

4

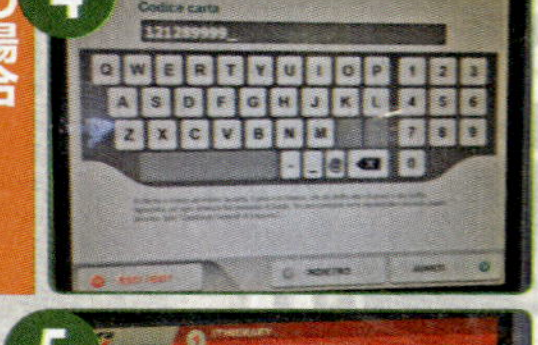

※④パスの番号**Codice Card**を要求しているので、キーボードをタッチして番号を入力。

5

⑤**目的地を選ぶ**
券売機の利用駅がローマ・テルミニ駅なので、出発地Departureはローマ・テルミニと表示してある。行き先を選択。下のArrival到着駅に希望の駅があれば、選択。なければキーボードマークのOther Stationをタッチして、キーボードで駅名を入力（入力途中で、駅名が表示されるのでタッチするのが簡単）。乗車地を変更する場合は、最初に右上のMODIFYをタッチして、同様の操作を。

画面操作に覚えておきたい言葉
EXIT(終了)　**BACK**(戻る)　**CANCEL**(キャンセル)　**CONFERMA**(了承)　**FORWARD**(次へ)
※モニター下に表示されるので、続けて操作する場合は**CONFERMA**や**FORWARD**をタッチ。

※機種によっては画面が異なる場合があるが内容は同じ

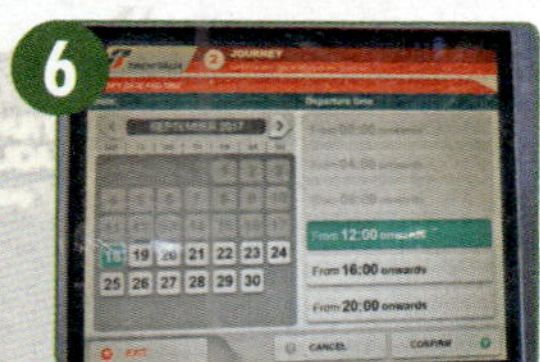

⑥乗車日・時間を選ぶ

Date:カレンダーから希望乗車日を選択。続いて、右のDeparture timeから希望時間を選択。

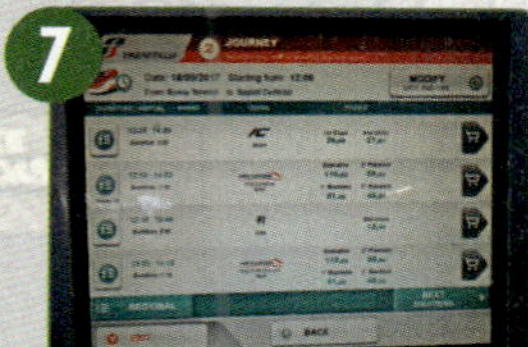

⑦列車を選択

希望時間帯の各種列車が表示される。左から発車・到着時間、その下に所要時間Duration。右に、座席の種類、料金が表示。列車を選択。

後続の列車を見る場合は、右下のNEXT SOLUTIONS、より経済的なR(各駅停車REGIONALE)を見るなら、左下のREGIONALEをタッチ。

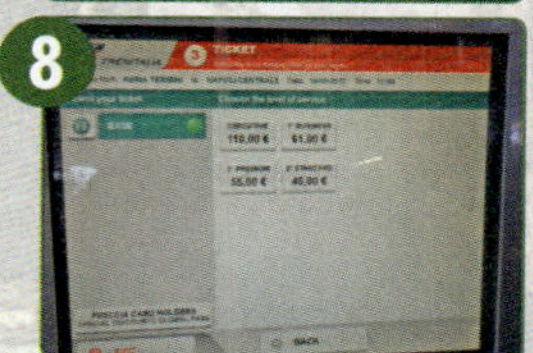

⑧切符を選択

⑦と同様の切符の種類・料金が表示されるので、選択。

※割引料金PROMOは購入が早いと、表示される場合あり。

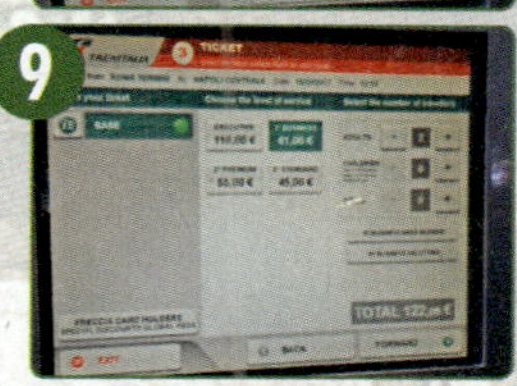

⑨人数を入力

再び⑧と同様の画面が表示されるので、切符を選択し、さらに右の大人ADULTS/子供CHILDRENの表示を+プラス、−マイナスで該当人数を入力。

※機種によっては、座席の位置が表示される場合があるので、その場合は選択。表示がなくても、ほぼ近くの座席が販売される。

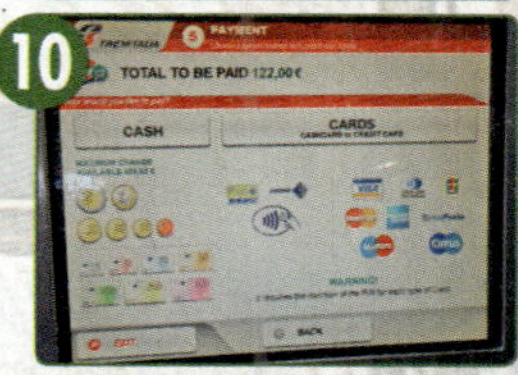

⑩支払い方法を選択。現金CASH、クレジットカードCARDSから選択。

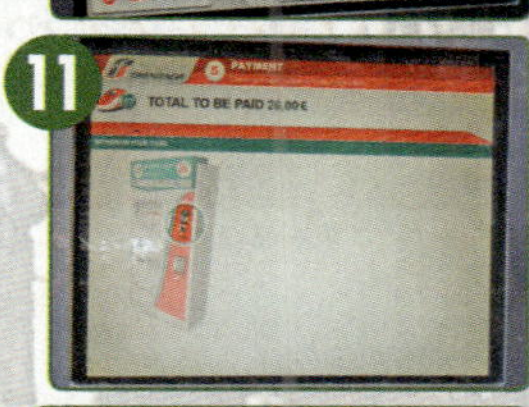

⑪アナウンスと画面の指示で、カードの挿入・取り出し、暗証番号の入力を求められるので、指示に従おう。

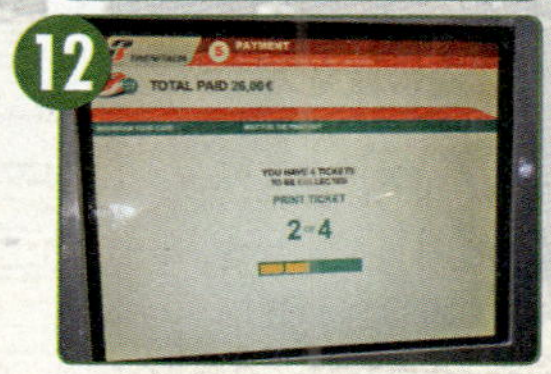

⑫現金またはカードでの支払い後の画面。切符を印刷中の表示。2-4は計4枚が発行され、2枚目印刷中の意味。すべての切符を取り出し、内容をチェックして終了。

座席の種類(列車の種類により異なる)**➡P.522**

IC　**1st Class**(1等)　**2st Class**(2等)

FRECCIA系　**Executive**(エクゼクティブ)　**1° Business**(1等[ビジネス])　**2° Premium**　**2° Standard**(2等)

快適な町歩きのために

たとえ1週間でもローマに滞在するならば、生活する感覚でイタリアの空気を心身に浴びてリラックスして暮らしたい。以下にはローマ滞在の折に、役立つ情報をまとめてみた。

より快適で充実した「ローマの休日」が過ごせますように。

インフォメーションを利用する

ナヴォーナ広場近くのローマ市の観光案内所のブース

地図をもらったり(詳細な地図は€2で販売)、ホテル、催事や交通(時刻表や料金)など最新のより詳しい情報が欲しいならツーリストインフォメーション❶へ出かけよう。テルミニ駅の**24番線ホーム脇**の専用カウンターをはじめ、**ナヴォーナ広場**そば、**ナツィオナーレ通り、サンタンジェロ城そば**などに緑色のキオスク風のブースが設置されている。地図(有料)をはじめ各種資料の配布のほか、係員に尋ねれば情報を提供してくれる。ホテルは希望するランクや地域、料金などを告げると該当する物をプリントアウトしてくれる。このように、近年はPCを活用して旅行者の希望する情報をそのつど案内(またはプリントアウト)してくれることが多い。

また、ローマパス、一部公演の切符なども販売している。

テルミニ駅24番線ホーム脇の❶

両替について

今やクレジットカードが普及し、海外旅行といえどもかつてのようにまとまったお金を持ち歩く心配はなくなった。カードがあれば、レストランやホテルの支払い、買い物はもとより、鉄道の切符も買うことができる。しかし、バスや地下鉄の切符、絵はがき、切手などのこまごました物を買う場合には、やはり現金が必要だ。

両替は**銀行**、**両替所**、**郵便局**、旅行会社、ホテルなどで行っている。入口やウインドーに大きく**両替CAMBIO**(カンビオ)、**CHANGE**と書かれているのですぐに見つけ出せる。現金自動両替機は減少傾向にある。

ツーリスト・インフォメーション・ポイント
開 10:30〜18:30
●**ナヴォーナ広場**
住 Piazza Cinque Lune
●**サンタンジェロ城そば**
住 Piazza Pia
●**トレヴィの泉(コルソ通りとの角)**
住 Via Minghetti
●**ナツィオナーレ通り**
住 Palazzo delle Esposizioni
●**コロッセオそば**
住 Via dei Fori Imperiali

●❶テルミニ駅構内(24番線ホーム奥)
住 Via Giolitti 34
営 8:00〜18:45

●❶フィウミチーノ空港内
営 8:00〜20:45
国際線到着ロビーT3

●❶コールセンター
☎ 06-0608

●ローマ観光局
URL www.turismoroma.it

✉トイレ情報

テルミニ駅地下のトイレは€1、1階は€0.70(駅の飲食店利用のレシートを見せれば無料)、ヴィットリオ・エマヌエーレ2世記念堂は入口から近い屋内は無料、テラスのエレベーター乗り場は€1(差はほぼなし)。バルベリーニ美術館のトイレは入口の手前にあり、入場しなくても利用できます。
(千葉県　コンチエール)

出発前からトイレについて心配していましたが、無料の所も多くありました。私が一番助かったのがサンタンジェロ城の❶マーク近く。きれいな公衆トイレがありました。スペイン階段を正面に見た左側地下のトイレも入りやすい。サンタ・マリア・マッジョーレ大聖堂のトイレは売店の右扉からいったん外に出なければいけません。パラティーノの丘にはトイレが2ヵ所増設されていました。
(大阪府　梶浦理津子)

✉町歩きのトイレ事情

休憩がてらカフェやバールでコーヒーなどを頼んで、トイレを借りるのが便利で時間の無駄もないです。大通りの店でなければ€1の店もありました。チップを入れてもお得!
(愛知県　YOU-KO)

手を洗おうと思ったら、蛇口がない!? よく見たら、足元にペダルがあり、踏むと水が出ました。トイレも同様な物がありました。　(東京都　nami)

●銀行 Banca

郵便局が利用しやすい

銀行の営業時間は、月曜から金曜のおおむね**8:30〜13:30、15:00〜16:00**となっている。しかし祝日の前などには、半祝日Semi Festiviとして、昼前で終わってしまうことがある。銀行の入口は、防犯のため厳重な警備が施されている。まず、二重扉の外扉を開けひとりずつ入る。ここはカプセルのようになっていて、外扉と内扉に挟まれて、一瞬隔離される。外扉が閉まったことが確認されると、内扉横のサインが赤のFERMA（止まれ）から緑のAVANTI（前へ）に変わり、内扉のロックが解除されて、銀行内部に入ることができる仕組みだ。大きな荷物を持っている場合や、アラームが鳴った場合は、警備員の指示に従おう。普通は入口近くに設置されているロッカーに荷物を預ければOKだ。

●その他のおもな両替所

銀行が閉まっていたら、両替所や郵便局を利用しよう。サン・シルヴェストロ広場Piazza S. Silvestroの中央郵便局は夕方までノンストップだし、土曜も営業している。また、テルミニ駅周辺や観光スポットの付近には日曜も営業している両替所もある。

●カードでキャッシング

ほとんどの国際クレジットカードや銀行発行の海外専用口座のカードでATM（現金自動支払い機）によるキャッシングが可能だ。ATMは24時間利用可能で、銀行内や銀行の外側のほか、駅構内や町角などいたるところにあり、利用価値も大きい。各クレジットカードやCIRRUS、PLUSマークと同じ物が付いているATMで利用できる。キャッシング利用には事前に登録した暗証番号が必要。また、限度額の制限もあるので、旅行前に確認しておこう。

一部のATMは専用ブースが設けられている。ブースの扉はいつも閉まっているが、24時間の利用が可能。扉のノブ近くにあるカード挿入口にカードを入れると開く仕組みだ。自動両替機は以前に比べかなり見かけることが少なくなった。やはり、クレジットカードなどによるキャッシングが便利。

ATMキャッシングは24時間使用可能

自分の日本の銀行口座から引き出す方法も最近人気が高い。（P.331参照）

✉ 小銭入れを持って行こう

観光の途中はバス代や飲み物、入場料、小さなおみやげの支払いなど頻繁に財布を出し入れします。その手間が煩わしくて、財布を取り出しやすい所に入れて持ち歩いている人はいませんか？　いつ誰に財布の中身をのぞかれているかも知れないので、とても危険な行為です。実は私も現地の方に注意されました。ポケットに入る小銭入れに、硬貨を含めて1000〜2000円程度を持ち、ここから支払うのが安全です。特に夜間の外出や市場など人の多い所へ出かける際は安心感があります。大切な財布はバッグの奥かホテルのセーフティボックスへ。

（東京都　あっちゃん）

✉ 地図は有料!?

テルミニ駅の❶では地図は有料€2でした。ホテルで1枚もらっておくといいです。

（東京都　幸）

●BNLヴェネト通り支店
住 Via V. Veneto 11
☎ 06-47031
営 8:35〜13:35
14:45〜16:15
(祝の前日8:35〜12:05)
休 土日祝
地 P.34 C2

●BNLヴェネツィア広場
住 Piazza Venezia 6
☎ 06-6782979
営 9:00〜12:30
休 土日祝
地 P.43 C3

●ウニクレディト UniCredit
住 Piazza di Spagna 20
☎ 06-6791313
営 8:35〜13:35
14:50〜16:20
休 土日祝
地 P.46 B2

■ATM機の使い方

クレジットカードや銀行カードを使って現地でユーロを引き出す手順。日本でカードの申し込み、暗証番号の登録、またカードによっては引出し額の設定が必要。

機械は各種あるが、おおむね以下のとおり。

数字脇のボタンは

赤:キャンセル　黄:訂正　緑:確認

❶ATM機にクレジットカードのマークまたはカードによっては裏面のCIRRUS、PLUSの印があるかを確認。

❷カードを入れる。

❸画面にタッチして各言語（伊・英・仏・独）からガイダンスの言語を選択。

❹暗証番号を入力し、緑のボタンを押す。

❺画面にタッチして希望金額を選ぶ。レシートを希望する旨の表示にYESまたはNOをタッチ。

❻現金の受取口が開いたら、30秒以内に取り出す。

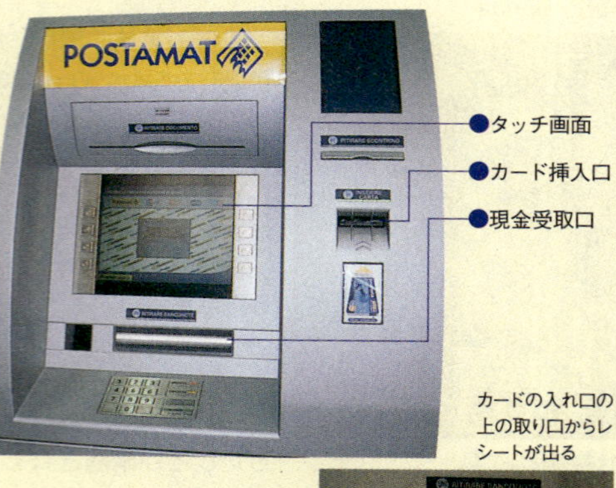

カードの入れ口の上の取り口からレシートが出る

両替ひと口ガイド

●**どこで円を両替できますか?**
ドーヴェ ポッソ カンビアーレ リ イェン ジャッポネースィ
Dove posso cambiare gli yen giapponesi?

●**この円（ドル）を両替したいのですが。**
ヴォレイ カンビアーレ　クゥエスティ エン(ドーラリ)
Vorrei cambiare questi yen(dollari).

●**今日の為替レートはどうなっていますか?**
クゥアレ エ イル カンビオ ディ オッジ
Quale è il cambio di oggi?

町の両替所のほうが、銀行よりもレートがよい場合もある

●両替のコツ

個室型のカードキャッシング・ブースがおすすめ

両替とひと口にいっても、どこでも日ごとにレートが変わるし、場所によって手数料も異なる。手数料を取らないところはレートが悪い場合が多いし、手数料も1回につきいくら、という所があれば、割合で取る所もある。

レートや手数料は店頭や両替窓口の脇に掲示してあるので、いくつかをチェックして自分の替えたい金額にはどれが得か素早く計算して決めよう。また、休み明けの日や日曜の両替所はこちらの財布を見透かすようにレートが悪いことが多いようだ。

両替の際、銀行ではパスポートの呈示と宿泊ホテル名を求められることもあるので用意して出かけよう。さて、実際両替してみると、慣れない通貨に、最初は誰でもが少々とまどうものだ。この旅行者の弱みに付け込む輩もいるので、ユーロと明細書を受け取ったら、その窓口に立ったまま、正しいかチェックしよう。窓口を離れてしまったり、ユーロを財布の中に入れてから間違いに気づいても取り合ってくれない。疑問があったら必ずその場で対処しよう。

また、大きな金額をユーロに替えた場合は、両替の際のレシートは必ず出国時まで取っておくこと。大量のユーロが手元に残ってしまった場合には、このレシートがないとほかの外貨への両替はできないこととなっている。

両替レート表の読み方

縦にずらりと国別の通貨が並び、その横に次の項目に分かれてレートが書いてある。

buying rate	購入レート	selling rate	販売レート
cash	現金	T/C	トラベラーズチェック
comission	手数料		

つまり、円(YENまたはJPYと表記)の現金cashを両替する場合は、その両替所の購入レートbuying rateを見る。この購入レートが高いほうが、両替が有利というわけだ。ただ、このレートがよくても、手数料comissionが高ければ、有利とはいえない。また、no comissionと表記しながら、実際両替するとサービス料servizioを取る悪質な所もある。心配なら、"No comission ?, No extra charge ?" と尋ねてみよう。

普通は、手数料を取らない所よりは手数料を取る所のレートがよい。たくさん両替すれば有利ということだ。とはいえ、一度に高額の両替をするのは無謀。

両替金額と手数料を考慮して計算しよう。

日本からの送金

手早く現金を手に入れるなら、クレジットカードのキャッシングサービスを利用するのが便利。イタリアの銀行に口座を開設するにはビザが必要なので、銀行口座を作って、そこへ入金してもらうのは観光客には無理。

日本から送金してもらうには、❶イタリアに支店のある銀行やイタリアの銀行の日本支店に出向き、イタリアの最寄りの支店留めにする。❷郵便局からの国際送金。どちらも為替証書が受け取り人に配達される。この為替証書、パスポートを持って指定の支店や局で受け取ることとなる。普通扱いで1〜2週間、電信扱いで2〜4日で受け取り人に通知がいく。日数も手数料もどちらもそう変わらない。

郵便・電話・Wi-Fi・宅配便

かつていわれたほどイタリアの郵便事情は悪くない。一般的には、ローマから東京まで1週間以内で到着する。夏のバカンスシーズンとクリスマスには、人手不足と著しい郵便物の増加で遅れることがときどきある。ヴァティカンのS.ピエトロ広場にある、ヴァティカン郵便局で投函すると市内からより早く届くことが多い。ヴァティカン市国ではオリジナルの切手を発行しているのも楽しい。

サン・ピエトロ広場、正面に向かって右側にヴァティカン市国の郵便局がある

●郵便

切手は郵便局のほか、**たばこ屋**(Tabacchi(タバッキ):店頭に大きくTの看板がでている)で買うことができる。絵はがきに貼る切手ならば、「日本まで」と告げて買おう。**航空便**の場合は**Posta Prioritaria**または**PER VIA AEREA**(Air Mail)と明記しよう。これがないと、航空便分の切手があっても、**船便PER VIA MARE**扱いとなるので注意。ポストの色は赤か青で、投函口がふたつあることが多い。**赤いポス**

●中央郵便局
住 Piazza S. Silvestro 19
☎ 06-69737205
営 ㊊〜㊏8:00〜19:00
地 P.171、P.43 A3

ヴァティカン郵便局

日本向け航空郵便料金
Posta Prioritaria

はがき	
	€2.20
封書	
(20gまで)	€2.20
(21g〜50g)	€3.70
(51g〜100g)	€4.60
(101g〜250g)	€8.10
小包(船便)	
1kgまで	€28
1.001kg〜3kg	€34
3.001kg〜5kg	€42
書留	
(20gまで)	€7
21g〜50g	€9.05
EMS	
1kgまで	€36.50
1kg〜3kg	€42
:	
10kg〜15kg	€98

トは投函口が市内宛てper la città、と市外宛てper tutte le altre destinazioniとなっている。日本へは市外宛へ投函しよう。**青いポスト**はエアメール専用で、ふたつの投函口のどちらに入れてもよい。

速達espressoや**書留raccomandata**を出す場合は郵便局へ出かけよう。いずれも窓口で手紙を示し、切手を買って貼ろう。速達にはespressoと赤で上書きするか、シールを貼ろう。書留は、窓口でくれる書式に必要事項を書き込んで、手続きをしよう。なお速達より至急の郵便ならば、日本のビジネス郵便EMSと同様の**EMS corriere espresso internazionale**が便利。15kgまでの取り扱いで、東京まで通常3日、その他の都市で4日で届く。

小包（30kgまで）は、決められた郵便局のみでの取り扱いなので、最初にホテルなどで確認してから出かけよう。中央郵便局のほか、テルミニ駅周辺では共和国広場のTerme di Diocleziano局（マッシモ宮入口の道を挟んだほぼ向かい）が取り扱う。小包取り扱いの局では、各種ボックスの販売もしているので、これに入れて付属のテープなどで封をすればよい。専用窓口で手続きしよう。

日本へのはがきはポスタ・プリオリタリア利用で€2.20

●電話

公衆電話は、**硬貨**、**テレフォンカード**が使えるが、新機種はテレフォンカードのみの場合も多い。長距離電話で硬貨を使う場合はあらかじめ多めに入れ、電話を切ったあと、返却ボタンを押すと残りの硬貨が戻ってくる。コレクトコールならば日本語で直接申し込めるKDDIの**ジャパンダイレクト**（800-172242）が便利。公衆電話からだと基本通話料金€0.10が必要で、通話後硬貨は返却されるが、テレフォンカードの場合は戻ってこない。

ただ場所によっては騒音がひどい場所も少なくないので、ゆっくり静かに電話したいならブースでしっかり仕切られた電話局へ出かけよう。テルミニ駅周辺などにある。中に入ったら、窓口で、「日本

公衆電話も健在

航空便はポスタ・プリオリタリア Posta Prioritaria

より速く、簡単、経済的にと登場した新システム。必要な切手と、ブルーの専用シール（エティケッタ・ブルーetichetta blue）を貼るかPosta Prioritariaと書けばOK。イタリア国内で翌日、ヨーロッパなら約3日、日本へは4〜8日で到着する見込み。

✉郵便事情

ヴァティカン美術館で絵はがきを買ってヴァティカンのポストに投函するのが確実です。市内のポストに入れたはがきは2ヵ月経っても届きません。
（東京都　小笠原）

小包の梱包

小包を取り扱う郵便局は少ない。小包を取り扱う郵便局では、各サイズのダンボール箱も販売している。まずは、ホテルの人に聞いてみよう。

20kgまで発送可能。約10kgの場合、船便で€55程度。

テレフォンカード
€3、€5、€10など。角の一ヵ所をミシン目で切り取ってから使用する

郵便局でのひと口ガイド

切手	francobollo(i)	フランコボッロ(リ)
はがき	cartolina(e)	カルトリーナ(ネ)
手紙	lettera(e)	レッテラ(レ)
航空書簡	aerogramma(e)	アエログランマ(メ)
速達	espresso(i)	エスプレッソ(シ)
小包	pacco(pacchi)	パッコ(パッキ)
航空便	per via aerea	ペル・ヴィア・アエレア
	Posta Prioritaria	ポスタ・プリオリタリア
船便	per via mare	ペル・ヴィア・マーレ

(　)内の語尾または全体は複数形

「このはがき(手紙)の日本宛航空便の切手が欲しいのですが」
"Vorrei un francobollo per il Giappone via aerea per questa cartolina(lettera)."
ヴォレイ ウン フランコボッロ ペル イル ジャッポーネ ヴィア アエレア ペル クゥエスタ カルトリーナ(レッテラ)

へ電話をしたいのですが……」"Vorrei parlare col Giappone"（ヴォレイ パルラーレ コル ジャポーネ）と告げ、指示されたブースに入ろう。話し終えて窓口に戻り、ここで料金を精算する。

ホテルの客室から電話するのも便利。ただし、ホテルによっては高い手数料がかかる場合がある。心配なら、客室の電話でも使えるプリペイドカードを購入して利用しよう。

●プリペイドカード

現地でもイタリアの各社が販売している。日本国内の空港やコンビニエンスストアであらかじめ購入し、現地で利用する物としては、KDDI（スーパーワールドカード）、NTTコミュニケーションズ（ワールドプリペイドカード）がある。

テレコムイタリアのテレフォンカード
角を切り取って使う

●経済的なプリペイドカード

公衆電話やホテルの客室からも利用できるプリペイド式の国際電話専用カードCard Carta Telefonica Prepagata Internazionaleをタバッキやキオスクなどで販売している。通話の前にカードに記載された無料通話ダイヤルへ電話し、続いてカードのスクラッチ部分の数字を入力し、通話するカード。手順は自動音声案内でアナウンスされるが、イタリア語のみの場合もあるので、不明な点はホテルのフロントなどで尋ねてみよう。通常料金よりも格安で利用できる。

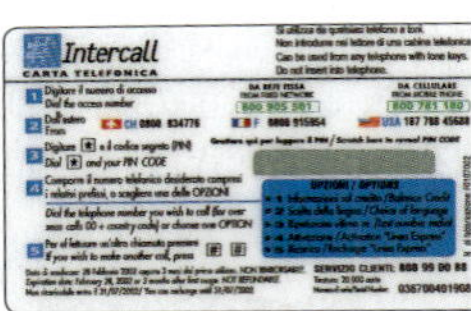

€5程度からある
プリペイドのテレフォンカード

●インターネット

多くのホテルで無線LAN（Wi-Fi）によるインターネット接続が可能。無線LAN対応のPC、スマートフォン、タブレットを持参すればメールの送受信やインターネットができる。無料の場合が多いが、有料の場合もあるので、利用する場合はホテル予約前に確認しておこう。

■日本での国際電話の問い合わせ先

KDDI
☎0057（無料）

NTTコミュニケーションズ
☎0120-506506（無料）

ソフトバンク
☎0120-03-0061（無料）

au
☎0077-7-111（無料）

NTTドコモ
☎0120-800-000（無料）

ソフトバンク
☎157
（ソフトバンクの携帯から無料）

海外で携帯電話を利用するには

利用方法やサービス内容など詳しい情報は、各携帯電話会社に問い合わせてみよう。
〈料金や通話エリアの詳細〉
au
URL www.au.kddi.com/
NTTドコモ
URL www.nttdocomo.co.jp/
ソフトバンク
URL mb.softbank.jp/mb/

携帯電話を紛失した際の、イタリア（海外）からの連絡先（利用停止の手続き。全社24時間対応）

au
（国際電話識別番号00）+81+3+6670-6944※1
NTTドコモ
（国際電話識別番号00）+81+3+6832-6600※2
ソフトバンク
（国際電話識別番号00）+81-92-687-0025
※1 auの携帯から無料、一般電話からは有料。
※2 NTTドコモの携帯から無料、一般電話からは有料。

■公衆電話telefono pubblicoの使い方

使い方は、日本の公衆電話とさほど変わらない。

クレジットカードの使用できる公衆電話

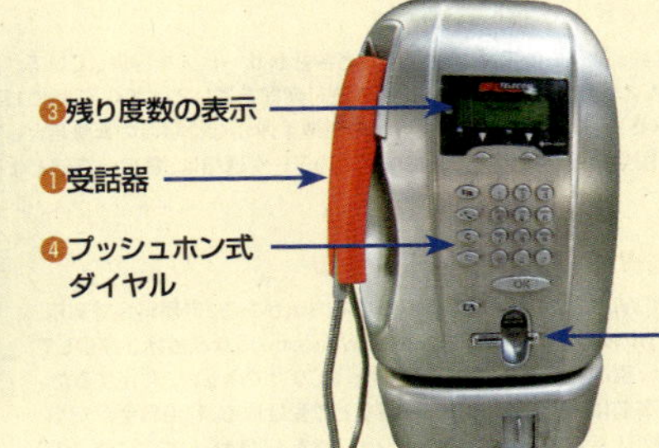

❶受話器を取り、発信音を確認。
❷テレフォンカードを投入。
❸カードの残り度数を確認。
❹電話番号を押す。
❺通話する。残りの金額の表示が少なくなったらあらためて、テレフォンカードを追加投入する。
❻受話器を置く。
❼テレフォンカードが戻る。

✉ 郵便局で

郵便局の窓口に並ぶと、絵はがきに切手ではなく料金のバーコードのシールを貼られてしまいました。切手が欲しいときは最初に「切手=フランコボッリFrancobolli」と告げるか、タバッキなどで購入を。

(千葉県　長瀬充代)

テルミニ駅の郵便局の窓口を利用しました。切手を貼ってくれると期待しましたが、バーコードとQRコードが切手の代わりに貼られました。

(匿名希望)

「別送品」の免税範囲やより詳しい手続きは
URL www.customs.go.jp

ホテルによっては設置されているPCが自由に利用できる場合もあるが、日本語対応になっていないことが多い。

●Wi-Fi

カフェやバール、市バスや一部のバスターミナル、テルミニ駅や列車、プルマンバス、空港シャトルバスの車内などでも無料Wi-Fiが利用可能。Wi-Fi表示があったらトライしてみよう。カフェなどでは、パスワード入力の必要な場合はレシートに記載してあったり、直接お店の人に聞く必要がある場合も。

不安な場合は、日本でレンタルWi-Fiルーターを借りる方法もある。

●宅配便

おみやげや増えた荷物は宅配便で日本へ送ることができる。旅行者が自分宛てに荷物を送る場合は一定の免税が受けられる「**別送品**」扱いで、日本入国の際に「**別送品申告書**」の提出が必要。機内で申告書をもらって記入し、税関に提出しよう。宅配便は重量25kgまで、大きさは縦・横・高さの合計が160cmまで。ローマから10kgで€150程度（サーチャージ、通貨変動による毎月の変動あり）。地域や品物によっては、別送手数料、遠方集荷料、梱包料などが別途必要。

INFORMATION

イタリアでスマホ、ネットを使うには

まずは、ホテルなどのネットサービス（有料または無料）、Wi-Fiスポット（インターネットアクセスポイント。無料）を活用する方法がある。イタリアでは、主要ホテルや町なかにWi-Fiスポットがあるので、宿泊ホテルでの利用可否やどこにWi-Fiスポットがあるかなどの情報を事前にネットなどで調べておくとよいだろう。ただしWi-Fiスポットでは、通信速度が不安定だったり、繋がらない場合があったり、利用できる場所が限定されたりするというデメリットもある。ストレスなくスマホやネットを使おうとするなら、以下のような方法も検討したい。

☆各携帯電話会社の「パケット定額」

1日当たりの料金が定額となるもので、NTTドコモなど各社がサービスを提供している。

いつも利用しているスマホを利用できる。また、海外旅行期間を通しではなく、任意の1日だけ決められたデータ通信量を利用することのできるサービスもあるので、ほかの通信手段がない場合の緊急用としても利用できる。なお、「パケット定額」の対象外となる国や地域があり、そうした場所でのデータ通信は、費用が高額となる場合があるので、注意が必要だ。

☆海外用モバイルWi-Fiルーターをレンタル

イタリアで利用できる「Wi-Fiルーター」をレンタルする方法がある。定額料金で利用できるもので、「グローバルWiFi（【URL】https://townwifi.com/）」など各社が提供している。Wi-Fiルーターとは、現地でもスマホやタブレット、PCなどでネットを利用するための機器のことをいい、事前に予約しておいて、空港などで受け取る。利用料金が安く、ルーター1台で複数の機器と接続できる（同行者とシェアできる）ほか、いつでもどこでも、移動しながらでも快適にネットを利用できるとして、利用者が増えている。

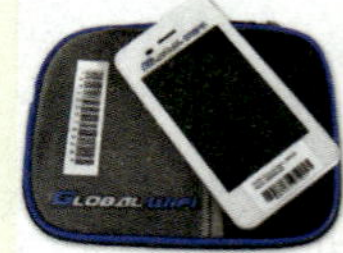

ルーターは空港などで受け取る

ほかにも、いろいろな方法があるので、詳しい情報は「地球の歩き方」ホームページで確認してほしい。
【URL】http://www.arukikata.co.jp/net/

美術館・博物館などの開館日と開館時間

ヴァティカン博物館と双璧をなす、ボルゲーゼ美術館

ローマの美術館、博物館は国立・市立ともに**月曜日が休館日**。これまでは、**開館時間は平日9:00〜14:00、日曜・祝祭日9:00〜13:00**と短時間だったが、多くの美術館、博物館などの平日の開館時間が**19:00〜20:00頃までに延長**されるようになった。いずれにしても、各館により異なるので、本文を参照するか、インフォメーションで確認しよう。

また、ヴァティカン博物館は独自の時間帯で開館している。

月曜は郊外に出かけたり、教会巡りなどの予定を立てるのがよい。また、ローマでは商店も旅行者に人気のブランド店やデパートなどを中心に10:00〜19:00頃までノン・ストップで営業する。個人商店では日曜が休業だが、ほぼ無休という店も増えている。訪れる人の少ない教会は、午前中と夕方のみ門戸を開放していることが多いが、ミサの最中などの見学は慎もう。見学する場合は、祈りの場であることを忘れずに、大きな声でのおしゃべりやフラッシュをたいて写真を撮ったりしないようにしよう。

チップについて

チップは気持ちよいサービスを受けたときや特別に何か手を煩わせたときにその感謝の印として渡すもの。レストランならおつりの数ユーロくらい、**タクシー**で大きな荷物があったりして手間をかけたら0.50〜2ユーロくらい。**バール**では、カウンターで注文するときに0.20〜0.50ユーロくらい。**ホテル**はランクによって異なるがポーターには、0.50〜3ユーロ。もちろん感謝の意としてチップを渡すわけだから、応対の悪いサービスには払う必要はない。

日本人の多いホテルでは、枕チップを置かないと、掃除がいい加減になったり、石鹸やトイレットペーパーが切れたままになることがある。これはチップの本末転倒。枕チップは日本人だけの習慣という人もいる。私たちが何気なくしている好意が、ねじ曲げられるのは悲しい。客室の不備はフロントにしっかり伝え、足りない物は持ってきてもらおう。持ってきてもらったからといっても、あなたが怒っていたらもちろんチップは不要。気持ちは態度で示そう。

電話は€1から？

公衆電話を使う場合は、テレフォンカードが便利です。硬貨は€1も利用できますが、おつりは出て来ません。1回€1だと、100円以上かかってしまうことになります。€1の硬貨しか受け付けない電話もあるので、ご注意を。

（京都府　ミコちゃん）

公衆電話は€0.10の硬貨から利用できます。硬貨を入れると日本同様に投入額が表示されるので確認を。イタリアのテレフォンカードは€3から。1枚購入しておくといいかも。

美術鑑賞の手引き

じっくり美術鑑賞をしたいなら、事前に少し勉強しておきましょう。現物の前で読みながら接すると、理解度も感激度も格段に違うと思います。美術館によっては日本語の解説書を販売していますが、私は下記のカラー図版付きの文献の必要なところだけをコピーして持って行きました。

「名画の見どころ読みどころ」シリーズ
朝日新聞社
「名画に会う旅」シリーズ
文化出版社
「フィレンツェ・ルネサンス」シリーズ
日本放送出版協会
「芸術新潮　2007年7月号
ローマ　中世の美を歩く
五日間」

（東京都　美術愛好者）

ホテルでのWi-Fi利用

ホテルによって有料・無料さまざま。ロビーは無料、客室内は有料、または時間制限付きで無料の場合もある。利用前に最初にフロントで確認しておくと安心。パスワードの入力が必要な場合もあるので、これもフロントで尋ねよう。

2018年現在、無料の場合が多い模様。

クレジットカードを使った通話で高額請求!?

ホテルや空港などで、クレジットカードを使った国際電話の案内をよく目にする。会社によっては、第三国を経由しての通話となるため、「かなり高額。10分程度の通話で約5000円請求された」との投稿あり。

●長時間営業の薬局
Cristo Re dei Ferrovieri
住 Piazza dei Cinquecento テルミニ駅1番線ホーム脇
☎ 06-4880019
営 7:00〜22:00

✉ 石畳のローマと靴

石畳は隙間が大きかったり、凸凹があったりと歩きづらい。私は「履きなれた靴」を持参しましたが、それでも旅の終盤は靴ズレができてしまいました。「履きなれた靴」＝「歩きやすい靴」ではありませんでした。歩くことが多いローマへの旅行の際は凸凹の道を長時間歩ける靴選びが大切です。歩くことは観光の基本です。

（東京都　Spagnolo）

役に立つ電話番号

イタリアの国番号	39
国際電話の申し込み（オペレーター）	170
（ローマ）在イタリア日本大使館	06-487991
（ミラノ）日本総領事館	02-6241141
（ローマ）中央警察外国人課	06-46861
警察・火事・救急車（緊急）	113
カラビニエーリ（緊急）	112
消防（緊急）	115
救急車	118
時報	161
天気予報	1191
ACIロード・サービス（車の故障）	803116
（ローマ）ACIドライブ情報（英語OK）	06-4477
番号案内（相手方の住所・氏名が必要）	12

病気・けがをしたら

旅は元気でいてこそ楽しいもの。疲れを感じたり、調子が悪くなったら、早めに休みを取って十分に休養して英気を養おう。

●薬局

日本で常用している薬があれば、持っていこう。イタリアでは、手軽な風邪薬、胃腸薬、頭痛薬以外を購入する場合は、**医師の処方箋**が必要だ。薬を購入する場合は、英語が通じることも多いので、なるべく大きな薬局へ出かけよう。症状をよく説明し、薬を選んでもらい、その際に用法、用量をよく聞いておくこと。とりわけ欧米の薬は、日本人には効き過ぎることがあるので、くれぐれも飲み過ぎに注意すること。

緑の十字が目印の薬局

薬局は**赤または緑の十字**が目印。営業時間は、一般商店に準じるが、緊急の場合に備えて、どの町にも持ち回りで夜間、日曜、祝日も開いている店がある。ホテルのフロントで確認してから出かけよう。女性の生理用品は、薬局のほか、日用雑貨店、スーパーで手に入る。

●医者

症状が重かったり、薬を飲んでも回復の兆候が見られない場合は医者にかかろう。宿泊ホテルや観光案内所で英語の通じる医師を紹介してもらうか、海外旅行保険に入っている場合は保険会社の医療アシスタント・サービスに連絡して提携病院を紹介してもらうとよい。

保険加入者は後日の保険請求のために、**診断書**や**領収書**などをもらっておくこと。

救急車Autoambulanzaを呼ぶ場合は☎118。緊急の場合なので、ホテルや近くの人に「救急車を呼んでください」"Chiami un autoambulanza, per favore."（キアーミ ウン アウトアンブランツァ ペル ファヴォーレ）と頼むとよいだろう。

ローマ市内の24時間オープンの無料診療所

✉ 州保険局が運営するもので、外国人旅行者も利用できます。担当医師は時間帯によって代わるため、全員英語が堪能ではありませんが若手医師が担当していることが多く、ある程度は通じます。基本的には診察と処方箋発行（薬の購入は自己負担）のみで、血液検査やレントゲン撮影はできません。比較的軽症の患者さんの受け入れで、重傷の場合は救急車で公立病院の救急部へ搬送されるそうです。

（東京都　高橋　厚）['18]

●Poliambulatorio "Canova"
住 Via Antonio Canova 19
☎ 06-77306100
交 ポポロ広場から徒歩3分。最寄駅は地下鉄A線フラミニオまたはスパーニャ

●Presidio Territoriale di Prossimità "Nuovo Regina Margherita"
住 Via Emilio Morosini 30（Ospedale Nuovo Regina Margherita病院内）
☎ 06-570600
交 ティベリーナ島のガリバルディ橋からViale Trastevereに入り、徒歩5分
※24時間対応。直接出向いて（予約不可）

緊急時の医療会話

英語／イタリア語

●ホテルで薬をもらう

具合が悪い。

ミ　セント　マーレ
I feel ill. / Mi sento male.

下痢止めの薬はありますか。

Do you have an antidiarrheal medicine?
アヴェーテ　ウナ　メディチーナ　ペル　ラ　ディアッレーア　ペル　ファヴォーレ?
Avete una medicina per la diarrea, per favore?

●病院へ行く

近くに病院はありますか。

Is there a hospital near here?
チェ　ウン　オスペダーレ　クイ　ヴィチーノ?
C'è un ospedale qui vicino?

日本人のお医者さんはいますか?

Are there any Japanese doctors?
チェ　ウン　メディコ　ジャッポネーゼ?
C'è un medico giapponese?

病院へ連れて行ってください。

Could you take me to the hospital?
ミ　プオ　ポルターレ　イン　オスペダーレ　ペル　ファヴォーレ?
Mi può portare in ospedale, per favore?

●病院での会話

診察を予約したい。

I'd like to make an appointment.
ヴォレイ　プレノターレ　ウナ　ヴィジタ　メディカ
Vorrei prenotare una visita medica.

グリーンホテルからの紹介で来ました。

Green Hotel introduced you to me.
イル　グリーン　ホテル　ミ　ア　ダート　イル　スオ　ノーメ
Il Green Hotel mi ha dato il Suo nome.

私の名前が呼ばれたら教えてください。

Please let me know when my name is called.
ミ　ディカ　クアンド　キャーマノ　イル　ミオ　ノーメ　ペル　ファヴォーレ
Mi dica quando chiamano il mio nome, per favore.

●診察室にて

入院する必要がありますか。

Do I have to be admitted?
デーヴォ　エッセレ　リコヴェラート?
Devo essere ricoverato?

次はいつ来ればいいですか。

When should I come here next?
クアンド　デーヴォ　トルナーレ　ラ　プロッシマ　ヴォルタ?
Quando devo tornare la prossima volta?

通院する必要がありますか。

Do I have to go to hospital regularly?
デーヴォ　アンダーレ　レゴラルメンテ　イン　オスペダーレ　ペル　レ　クレ?
Devo andare regolarmente in ospedale per le cure?

ここにはあと2週間滞在する予定です。

I'll stay here for another two weeks.
スタロ　クイ　アンコラ　ドゥエ　セッティマーネ
Starò qui ancora due settimane.

●診察を終えて

診察代はいくらですか。

How much is it for the doctor's fee?
クアント　ヴィエーネ　ラ　ヴィジタ　メディカ?
Quanto viene la visita medica?

保険が使えますか。

Does my insurance cover it?
ポッソ　ウザーレ　ラ　ミア　アッスィクラツィオーネ?
Posso usare la mia assicurazione?

クレジットカードでの支払いができますか。

Can I pay it with my credit card?
ポッソ　パガーレ　コン　ラ　カルタ　ディ　クレディト?
Posso pagare con la carta di credito?

保険の書類にサインをしてください。

Please sign on the insurance paper.
プオ　フィルマレ　イル　モドゥロ　デッラーッスィクラツィオーネ　ペル　ファヴォーレ?
Può firmare il modulo dell'assicurazione, per favore?

※該当する症状があれば、チェックをしてお医者さんに見せよう

□吐き気	nausea / nausea
□悪寒	chill / brividi
□食欲不振	poor appetite inappetenza
□めまい	dizziness / capogiro
□動悸	palpitation / palpitazioni
□熱	fever / febbre
□脇の下で計った	armpit temperatura misurata sotto l'ascella ＿＿＿＿＿°C／°F
□口中で計った	oral temperatura misurata in bocca ＿＿＿＿＿°C／°F
□下痢	diarrhea / diarrea
□便秘	constipation costipazione
□水様便	watery stool feci liquide
□軟便	loose stool feci morbide
1日に　　回	.....times a day / volte al giorno
□ときどき	sometimes qualchevolta
□頻繁に	frequently frequentemente
□絶え間なく	continually continuamente
□風邪	common cold raffreddore
□鼻詰まり	stuffy nose naso intasato
□鼻水	running nose naso che cola
□くしゃみ	sneeze / starnuto
□せき	cough / tosse
□たん	sputum / catarro
□血たん	bloody sputum espettorato sanguinante
□耳鳴り	tinnitus ronzio all'orecchio
□難聴	loss of hearing udito debole
□耳だれ	ear discharge / otorrea
□目やに	eye discharge secrezione oculare
□目の充血	eye injection occhi arrossati
□見えにくい	visual disturbance disturbo della vista

※下記の単語を指さしてお医者さんに必要なことを伝えましょう

●どんな状態のものを

生の	raw / crudo
野生の	wild / selvatico
油っこい	oily / grasso
よく火が通っていない	uncooked non cotto bene
調理後時間が経った?	a long time after it was cooked passato molto tempo dalla preparazione

●けがをした

刺された	bitten / sono stato punto
噛まれた	bitten / sono stato morso
切った	cut / mi sono tagliato
転んだ	fall down / sono caduto
打った	hit / sono stato colpito
ひねった	twist / mi sono slogato
落ちた	fall / sono caduto
やけどした	burn / mi sono ustionato

●痛み

ヒリヒリする	burning / mi brucia
刺すように	sharp / sentire una fitta
鋭く	keen / acuto
ひどく	severe / grave

●原因

蚊	mosquito / zanzara
ハチ	wasp / ape
アブ	gadfly / tafano
毒虫	poisonous insect insetto velenoso
クラゲ	jellyfish / medusa
リス	squirrel / scoiattolo
(野)犬	(stray)dog cane(randagio)

●何をしているときに

森に行った
went to the forest
sono andato nel bosco

ダイビングをした
diving
ho fatto immersioni subacquee

キャンプをした
went camping
sono andato in campeggio

登山をした
went hiking(climbing)
ho fatto un'arrampicata in montagna

川で水浴びをした
swimming in the river
ho fatto il bagno nel fiume

スキーをした
went skiing
ho fatto dello sci

レンタカーなど

たくさんの車両乗り入れ禁止ゾーンや一方通行、渋滞、神風運転と、ローマの町で運転をするのは容易ではない。郊外に出かける場合に利用するのが無難だ。

道路地図はツーリング・クラブ・イタリアーノTouring Club Italianoやミシュラン Michelin発行のものが本屋やキオスクで手に入る。ガソリンスタンドは一般商店並みの営業時間のものが多いが、24時間営業のセルフサービスのスタンド(機械は日本発行のカード不可。現金で)も増えてきた。

レンタカーは現地での申し込みが可能だが、身元照会に時間がかかるし、希望の車種がすぐに配車されるのも難しい。日本で予約しておくと、割引などのサービスもあるし、受付、配車もスムーズにいくのでおすすめだ。

ローマの北に点在する露天風呂。レンタカーなら簡単アクセス

■大手の会社の貸し出し条件

❶ 支払いはクレジットカード

❷ 21～25歳以上(会社により異なる)で、運転歴が1年以上(年齢の上限設定の場合もあり)

❸ 有効な日本の免許証および国際免許証を持っていること

●ローマのレンタカー会社

各レンタカー会社の窓口は、空港とテルミニ駅に設置されている。このほか、各社ともローマ市内に複数の窓口があるので、ピックアップに備え、日本で所在地の事前確認を。

●貸自転車・貸バイク

よい季節に、アッピア街道などのバスの不便な場所に出かけるのに便利かもしれない。ただし、自転車は7つの丘の町ローマを走れる体力に自信のある人向き。バイクは乱暴な車の洪水の中で運転に自信のあるテクニシャン向き。いずれにしても、見学などで車両から離れる場合は、鍵やチェーンをかけて盗難防止を。

コルソ通りやボルゲーゼ公園には遊び気分で乗れる2人乗りなどの貸し自転車屋がある。

■レンタカー各社

ハーツ　Hertz
☎0120-489882(日本)
URL www.hertz.com

エイビス　Avis
☎0120-311911(日本)
URL www.avis-japan.com

■通年営業の店舗(バイクなど)

トレノ・エ・スクーター・レント Treno e Scooter rent
住 Piazza dei Cinquecento
☎ Fax 06-48905823
URL www.trenoescooter.com
地 P.45 A4

ビーチ・エ・バーチ Bici & Baci
住 Via del Viminale 5
☎ Fax 06-4828443
URL www.bicibaci.com(日本語あり)
地 P.45 A3

✉レンタルスクーター体験

ひとり旅した昨年、レンタルスクーターを利用してみました。両足がつかなかったり、右走行だったり、最初の30分ぐらいはドキドキでしたが、慣れたら爽快!! 当たり前ですが、普通に走っていて、世界遺産がゴロゴロしているんです。徒歩での観光とはまったく違う風景を見たと思いました。夫にも同じ経験をさせたいと、今年は後ろに夫を乗せてタンデムに挑戦しました。夫の希望でベスパ(映画「ローマの休日」ね!)にしたので足回りが大きくて運転しづらく、夫の革靴が私のくるぶしに当たって、アザができてしまいました。次回は「自転車で回るのもいいかもね」と話しました。
(東京都　むく　'16)

テルミニ駅のレンタカー窓口

覚えておきたい交通標識

- SENSO UNICO 一方通行
- DIVIETO DI SVOLTA A SINISTRA 左折禁止
- DIVIETO DI ACCESSO 進入禁止
- LAVORI IN CORSO 道路工事中
- PASSAGIO A LIVELLO 踏み切り注意
- DIVIETO DI SORPASSO 追い越し禁止
- SOSTA VIETATA 駐車禁止
- RALLENTARE スピード落とせ
- FINE LIMITE VELOCITÀ 50KM/H 最高制限速度50キロの終り
- CURVA PERICOLOSA カーブ注意

ITALIA 最高速度制限

速度	道路
50	一般道・市街地
90	一般道・市街地外
110	幹線道路
130	高速道路

ローマに泊まる

ローマのホテル

どんなに混んでいる時期でも計算上はすべての人々にベッドが行き渡るのがローマ。だから「予約」「予約」とあまり心配しすぎることはない。しかし、もともとローマに滞在できる期間が短く、それがクリスマスやパスクア（復活祭）の時期と重なっているのなら、時間を無駄にしないためにも必ず予約を入れよう。

予約方法に変化が!!

数年前までは旅の途中で飛び込み、または電話、FAXの直接予約でホテルをとる、という手法がメインだった。しかし現在ではインターネットでのオンライン予約が主流になり、手持ちのパソコンやスマートフォンなどで気軽にたくさんの情報や写真が比較検討できるようになった。クラシックな邸宅を改装したホテルから、モダンでおしゃれなホテルまで、好みのホテルは選び放題！お気に入りのホテルに出合えればローマ滞在がいっそう楽しくなる。

●ホテルのカテゴリー

イタリア語でホテルは、**アルベルゴalbergo**、しかし最近はホテルHotelを名乗る宿が増えてきた。こうした宿の多くは、州または各地の観光協会によって星5つから星1つまでの5段階のランクに分けられ、各ランクごとに料金の上限と下限が設けられていたが、ヨーロッパ統合を機にこの**料金帯の設定**は廃止されることになった。カテゴリーは残るが、これはそれぞれのホテルの設備のレベルを示すものに留まり、料金の目安ではなくなった。

フェンディ一族によるデザインホテルが人気。ヴィッラ・レティティア(→P.300)

カテゴリーは、ホテルの大きさや部屋数ではなく設備を基準に決められ、**★★★★★Lはデラックス、★★★★は1級、★★★は2級、★★が3級、★が4級**となっている。また、料金にはIVAと呼ばれる税金がすでに含まれているのが一般的だ。

●自分で探すなら3つ星あたりを中心に

ローマのデラックス(ルッソクラス、5つ星L) ホテルはヨーロッパの格式と伝統を誇る、クラシックで落ち着いた雰囲気のものが多い。1級（4つ星）のホテルは豪華ではないが、快適な設備と居心地のよさを売り物にし、クラシックタイプの宿とアメリカンタイプの近代的な宿とがある。最も層が厚く、そのぶん選択肢もさまざまなのが2級（3つ星）と3級（2つ星）のクラスで、必要な設備と機能性を備え、部屋のタイプもバスなしシングルからバス付きトリプルまで人数と予算に応じて選べることが多い。4級（1つ星）ホテルは造りも規模も質

滞在税(→P.316)

✉ 滞在税

私の泊まったホテルでは、チェックインの際、すぐに現金で徴収されました。
（香川県　tobe）

ホテルのランク

イタリアのホテルは星によりランク付けられている。最高級の5つ星L（Lはlusso＝デラックスの意味）から1つ星まで。雰囲気、調度、設備（冷暖房、水回り、防音など）、サービスなどを総合して監督局の査察を経て、決定される。

ただし、利用者の主観によってかなり異なるのも事実。団体客の利用の多い近代的な5つ星よりも、イタリアらしい雰囲気のある小規模な3つ星の方が居心地のよさを感じる場合もある。

ホテルでも早割り

ホテル（多くが3つ星以上）によっては、早め（3ヵ月前くらいから）の予約で30%程度の割引をしている場合がある。各ホテルのホームページに掲載されているので、早めに調べてみよう。利用条件は、連泊、予約変更不可、予約確定時点でカード決済など、いろいろあるのでこれも必ずチェック。

ナヴォーナ広場近くのツタの覆う名物ホテル・ラファエル(→P.309)

YHの呼び方

イタリア語でユースホステルYHはオステッロ・デッラ・ジョヴェントゥOstello della Gioventù。オステッロだけでも通じる場合が多い。おもにドミトリー形式の経済的な宿泊施設はホステルHostelまたはドルミトリオDormitorioと呼ばれる。

近年のユース事情

大部屋にベッドが並ぶ、ドミトリー形式が一般的だったが、近年は少人数で利用するファミリールームを設置するYHも増えてきた。ドミトリーよりやや割高だが、シャワーやトイレ付きの部屋もあり、家族や友人同士の利用に最適。

ローマらしいクラシックな3つ星ホテル、ホテル・カナダ(→P.301)

素で、値段が安いだけに、多くを望むことはできないが、探せばけっこう快適な部屋を見つけることも可能だ。

最近注目を集めているのがB&B（ベッド・アンド・ブレックファスト）。かつてのペンションを思い浮かべる家庭的な所が多いが、デラックスな高級アパート風などもあり、タイプや料金はいろいろ。ほとんどが小規模で、チェックイン時に玄関と部屋の鍵を受け取り、事前に用意してある朝食を各自で食べるスタイル。スタッフが常駐していることはほとんどない。他人に干渉されずに自分の時間を過ごしたい人や子ども連れに人気だ。❶でも紹介してくれる。

古い邸宅を改装したB&B。ゆったりとした時が流れるB&Bデイ・パーピ（→P.253）

●エコノミーな旅行者向けの宿

前記のほかにもローマには**ユースホステルOstello per la Gioventù（YH会員証が必要）**や**宗教団体の経営する宿Pensionato**など、エコノミーな旅をしたい人には便利な宿泊施設もある。多くは3～4人のドミトリー形式で、ベッド数は限られる。予約をし、なるべく早く到着して手続きを取りたい。また、門限やベッドメイキングなど、いくつかの「宿泊の決まり」があることも多いので、これらの宿に泊まる際にはこうした約束事（宿泊の手続きの際に口頭で言われたり、ホールに各国語で書かれた「決まり」が下がっていたりする）を守るようにしたい。いずれも、❶で紹介してくれるので、利用しよう（宗教団体の施設では年齢制限のある所も多いので注意しよう）。

清潔な宗教団体の経営する宿
ヴァティカンにある
レジデンツァ・
マードリ・ピエ(→P.312)

●レジデンスホテルや話題のアグリトゥーリズモ

1週間以上の長期滞在なら**レジデンスホテルResidence turistico**も楽しい。キッチンや調理用具が完備され、ローマに暮らす気分で滞在できる。最近イタリアでも人気のある、**アグリトゥーリズモAgriturismo**の農家滞在（民宿）も1週間以上の滞在で楽しめる。

私営YH

ローマやフィレンツェなど大きな町には私営YHも多く、こちらは単にHostelホステルと呼ばれることが多い。下記はイタリアの多数の私営YHと手頃なホテルとB&Bを掲載するサイト。

URL www.italian-hostels.com
URL www.hostels.com

写真や料金、評価なども掲載され、ネットから予約が可能。その際、デポジットとしてカードで料金の10%が引き落とされ、宿泊料に充当される。

アグリトゥーリズモのサイト

公式ホームページ
URL www.agriturismoitalia.gov.it(一部日本語あり)
Agriturismo
URL www.agriturismo.it
※アグリトゥーリズモの団体はいくつかある。イタリア全土のアグリトゥーリズモについて、情報と各アグリトゥーリズモのリンクとが、州別に掲載されている

●イタリアYH協会 Associazione Italiana Alberghi per la Gioventù

受付窓口
住 Viale Mazzini 88（ローマ）
☎ 06-98261462
URL www.aighostels.it
※各地のYH情報の入手や予約も可。共和国広場近く

●日本ユースホステル協会

住 東京都渋谷区代々木神園町3-1国立オリンピック記念青少年総合センター内
☎ 03-5738-0546
国際YH会員証の発行など
URL www.jyh.or.jp
※オンライン入会、海外オンライン予約可

✉ サマータイム

今回初めて時刻の変更を体験しました。3月の最終日曜に1時間早くなります。つまり、目が覚めたら時計の針を1時間進めます。あるイタリア人は「この日は睡眠時間が1時間少なくなる」と表現し、なるほどと思いました。時計の調整を怠ると、この日は列車が1時間早く出発ということになるので要注意です。
（大分県　森本麻揮）

✉ 早朝出発のとき

チェックアウトが朝食時間より早かったので、朝食をテイクアウトできるか頼んだところ、持ち運べるものを袋に詰めてくれました。すべてのホテルで対応してくれるわけではないでしょうが、頼んでみる価値ありです。
（東京都　けー君）

「地球の歩き方」おすすめ！　得するホテル予約

ホテルの予約

ネットを上手に活用しよう

旅の印象を左右するホテル。出発前に日本でじっくり選びたいもの。数ある**ホテル予約サイト**はたくさんのホテルを一度に見られ、日本語で概要を知ることができ、予約、決済までできるので便利で簡単。クレジットカードさえあれば、ほんの数分で予約が完了する。

◉まずは、ホテル探し

まずは日本語で予約できるホテル予約サイト（P.373 ソデ）を開いて、**希望地**、**宿泊日**、**人数**などを入力してみよう。膨大な量のホテルが表示されるので、**ホテルのカテゴリー**、**予算**、**ロケーション**、**設備**などで絞り込み、さらに利用した人のコメント（ユーザー評価、クチコミ）を参考に自分にあったホテルをいくつか見つけよう。

本書では、駅に近い利便性のあるホテル、特色のあるホテル、などを紹介しているので参考にしよう。

◉料金よりロケーションに注目

予約サイトではホテルのランクや料金に目が行き、それで比較しがちだが、ロケーションにより価格差が生じる。郊外ならかなり格上のホテルでも値頃感があるが、観光途中にホテルに戻るのは難しいし、慣れない交通手段を使うのが煩わしいと思うなら、やはり**テルミニ駅の近く**や**見どころの近く**に宿をとるのが便利だ。ホテル予約サイトではその町独自の地域名で表示されることが多く、日本人にはあまりなじみがないので、場所の確認は重要だ。

ここで「地球の歩き方」の出番。巻頭の地図を開いて、位置と交通機関をチェックしよう。鉄道駅や地下鉄駅の近くと表示されても、大都市では鉄道駅がいくつもあるし、観光地からかなり離れた場所は見どころへの移動時間がかかるし、飲食店が少なかったりして不便だ。

◉比較が大事

自分の希望が具体化して、いくつか目ぼしいホテルが見つかったら、**ホテル比較サイト**（右欄参照）や**口コミサイト**などで**料金**、**内容**を比較してみよう。いちばんスタンダードな部屋の料金が表示され、500円から5000円程度の幅がほとんど。最安値を選ぶのが人情だが、表示料金のみの支払いで済まない場合があるのが厄介なところ。ここでもうひと手間が必要だ。

◉予約画面まで進んでみよう

サイトの予約画面に進むと、さらにログインするために、名前、パスワードの入力などが必要で、比較検討するだけなのに面倒な気がするが、**最後に表示される料金**が**最初の料金**と異なることがあるので重要だ。手数料、税金などと表示され、エクストラの料金が加算される場合がある。そのサイトの独自のものだが、同じサイトでもすべてのホテル、期日で同一でないこともあるので、マメにしてみること

✉プラグは日本でのみ販売!?

日本の電気製品（変圧機内蔵タイプ）をイタリアで利用するには丸型のCタイプのプラグが必要です。ローマでいろいろ探し、日系のお店でも尋ねましたが置いていないということでした。日本から忘れずに持って行きましょう。
（東京都　emi）['18]

✉手数料無料って本当!?

ホテル予約サイトでは、手数料無料といいますが、ここで予約するとTAXが10%程度加算されます。滞在税は別途支払う必要があるので、これはなんでしょうか？　いわゆる手数料??
（東京都　辛口花子）

■日本語でイタリアのホテル・ホステル検索と予約が可能なウエブサイト

地球の歩き方 海外ホテル予約
URL hotel.arukikata.com

ブッキング･ドット･コム
URL www.booking.com
予約がしやすく、料金が現地払いのホテル予約サイト。

エクスペディア
URL www.expedia.co.jp
米国に本社がある世界最大級のホテル予約サイト。

ホテリスタ
URL //hotelista.jp
口コミ情報やユーザー投稿写真が多い。旧アップルワールド

ホテルズドットコム
URL www.hotels.com
キャンセル無料（ホテル独自のものは除く）、日本語サポートなどのサービスあり。

ホステルワールド
URL www.japanese.hostelworld.com
ホステルのドミトリーや、格安ホテルの手配が可能。経済的に旅したい人におすすめ。

■ホテル比較サイト

トリバゴ
URL www.tivago.jp

トリップアドバイザー
URL www.tripadviser.jp

ホテル価格チェッカー
URL ホテル価格.com

トラベルコ
URL www.tour.ne.jp

が後で後悔しないためにも大事。比較サイトで高めの料金設定でも、手数料がかからない場合はそちらのほうが安い場合もある。

もうひとつチェックしたいのが、**予約条件（キャンセル）について**。格安プランは申し込みとともにクレジットカードで決済され、返金されない「ノー・リファウンド」のことが多いし、予約取り消しができても宿泊日の2週間前など決められていることがほとんど。**「早期割引」**として、割引率が高いのは確かだが、一度でもキャンセルしたら、格安プランを申し込んでも元の木阿弥だ。

◉「あと○室」に惑わされない

予約サイトでは「残り○室」などと表示される場合があるが、「泊まれない!!」などとあせる必要はない。ホテルは客室の何割かを予約サイトに向けているので、他の予約サイト、ホテルのホームページでなら予約できる可能性は高い。

◉旅行日程を検討

格安プランを利用する場合は、キャンセルを避けるためにも旅行日程がはっきりしていることが前提だ。また、ホテルは宿泊時期や曜日によって料金が異なることも承知しておこう。観光に最適なシーズンには料金は高めに設定されているし、ホテルによっては週末と平日で料金に差がある。また、大きな行事（見本市、お祭り、大規模なコンサートなど）がある場合も料金は高めだ。旅程が未確定なら、日をずらせば最安値で利用できる場合もあるので検討の価値あり。

◉ホテルのホームページをチェック

ホテルが絞り込まれたら、その**ホテル独自のホームページ**で料金、部屋の種類（広さ、サービス）などを比較してみよう。部屋のタイプがより具体的に表示されるので、選択肢の幅が広く、料金による部屋の差もわかるので、納得して部屋選びができ、自分の旅を作る実感が高まるはず。

また、**連泊割引**などもあるので、こちらもチェック。さらに**キャンセル**や**支払い方法**もチェック。キャンセルについては24～48時間前まで無料が多く、比較的緩やかだが、ここでも「早期割引」予約の場合は、予約時に即決済・変更不可の場合が多い。

ホテルのサイトと予約サイト、どちらがお得!?

予約サイトでもホテルのホームページからでも、**予約即決済の場合**は、為替レートで料金が異なる。早期割引で予約したものの、旅行期間中に円高傾向になれば現地での支払いが得だし、その逆もある。支払い通貨として円とユーロが選べる場合もあるが、それも同様だ。

◉予約サイトのメリット、デメリット

日本語で比較・検討、予約までできるのがうれしい利点。予約サイトによっては予約をすると**割引クーポン**が発行され、次回利用できる特典がある場合もある。8～10%程度の割引なので、やや高めのホテルならかなりお得感がある。ただし、利用できるのは1万円以上のホテルなどの下限設定がある。

料金は何種類?

予約サイト、ホテルのホームページのどちらでも客室料金が何種類か表示される場合がある。通常料金として、①変更やキャンセルが可能のもの。②長期滞在割引（ホテルによっては2泊程度から）、③予約即決済、予約変更不可のものがある。③の場合、いかなる理由でも返金されないので注意しよう。

✉ネットで予約 キャンセル無料期間に注意

ホテル予約はネットを利用しています。URL からホテルの雰囲気もわかり、手続きもとても簡単で、すぐに結果がわかるので安心です。ただ、宿泊日はしっかり確定してから予約をしましょう。ローマの2つ星ホテルを予約した際、予約確認書と一緒に送られて来たキャンセルの決まりには、無料キャンセルは1週間前までとありました。これは予約してみないとわからないことなのですが、最近はキャンセルについてずいぶん厳しくなった、と思います。

また、予約ホームからの予約で、最後に「予約されました」と表示され、他に何も届かないこともありました。少し不安でしたが、ちゃんとお部屋は用意してありました。

ネット上での予約方法もホテルにより、さまざまです。別のホテルとは予約確認まで2回のメールのやりとりが必要なこともありました。でも、電話やFAXよりもとても簡単で便利です。お試しあれ。

（東京都　心配過敏症）

✉ホームページからの予約に注意

某ホテルのホームページから予約をしました。キャンセル不可、クレジットカードでの前払いという条件でした。4泊€594で決済しました。後日カード会社からの明細は€594＝¥80239で当時の為替レート最高額換算にカード会社の手数料を足しても3000円以上計算が合いません。カード会社に尋ねると「お客様が日本円での決済を承諾されています」と言うのです。予約時の明細にも、バウチャーにも日本円での決済については書いてありませんでした。直接ホテルにメールを送付して詳細を尋ねましたが返信は一切ありません。結局、勝手にホテル側が為替レートの上乗せをして日本円で決済しているようでした。個人で予約される場合はご注意を。（匿名希望）

デメリットは、**お仕着せ感**が強いこと。部屋の利用人数で料金は決まっているので、部屋を選ぶことはできないし、ふたりで1室利用の場合はベッドがツインなのかダブルなのかは申し込み時点では不明。最後のメッセージ欄に希望を書いておいても、その通りになるかはホテルに直接問い合わせるか、チェックインするまでわからない。

また、**手数料**、**税金**などという名目で説明不十分な料金が加算されたり、サイトではキャンセル料無料としながら、ホテル側のキャンセル料として請求される場合もある。サイト予約でトラブルが生じるのは、キャンセルや予約変更の場合が多いので、安易なスケジュールの変更は避けるのが賢明だ。また為替相場の変動で予約したものをキャンセルして新たに予約をとった場合などは、確実にキャンセルとなっているかを確認しておこう。

ダブルルームでも
ベッドをツインに直せる
ホテル・サンタ・マリア(→P.301)

円orユーロ、どっちが有利!?

予約サイトでの円表示は問題ないが、一部のホテルのホームページからの円支払いは不利との投稿あり。€→円→€の一部をホテル独自のレートで計算している模様で、円が一般的なレートより悪く計算されている。

狙い目の4つ星ホテル

時期によってはかなり割り引いた料金を提供するのが規模の大きめな4つ星ホテル。一度はホテル独自のホームページをのぞいてみよう。連泊・予約即カード決済、変更不可などの条件付きで格安なプランを提供している場合がある。いつもより少し出費するだけで格段のサービスと満足度が得られるハズ。一般的な休暇期間（8/15前後、年末年始、復活祭など）が終わった頃が狙い目だ。

予約は早めにそして慎重に

ホテルによっては早期予約で30%程度の割引を実施している所がある。各ホテルのホームページなどに掲載されているのでチェックしてみよう。ただし、この場合は予約変更不可、予約確定時点でカード決済されるのが一般的。また、経済的なホテルでは宿泊予約の無料キャンセル期間が宿泊日の1週間前までというのもあるので、気をつけよう。

◉ホテルのホームページから予約のメリット、デメリット

予約のみ日本語OKの場合があるが、デメリットは日本語表示のホームページが少ないこと。ただ、英語表示でも料金と部屋のタイプを確認して申し込むだけなので、さほど不自由はないはず。メリットは部屋を選んで**納得して予約**できること。ベッドのタイプはもちろんのこと、部屋の向きや静かな部屋などのリクエストにもできるだけ添ってくれるはずだ。また、直接予約に対するサービスがある場合もある（駐車場やフィットネスが無料、レイトチェックアウト、ウエルカムドリンクなど）。キャンセルの規定も緩やかだ。直接予約の場合は「地球の歩き方」の割引も利用できるので、メッセージ欄などにその旨を書き込んでおこう（ただし、ホテルのホームページから予約サイトに移動する場合は不可。その場合はメールで予約をしよう）。予約即決済でなければ、チェックアウト時に支払いなので、安心できる。

実際に予約してみよう

◉ホテル予約サイトからの予約

ホテル予約サイトは各種あり、ホテルを世界的に網羅し、国、地域などを絞り込んで好みを見つける。日本語で、ホテルの説明、予約、決済までできるのがありがたい。ただ、サイトにより、手数料、支払い時期、支払い通貨（円またはユーロ）、予約変更の可否、無料の予約変更期間など詳細は異なる。まずは、予約サイトを開けてみよう。

❶都市の特定

イタリア、ローマなどと入力。または地図をクリック。

❷時期の特定をし、宿泊人数を入力

チェックイン、チェックアウトをカレンダーから選択し、宿泊人数を入れよう。

❸ホテルの絞り込み

❶、❷を入力すると、その時期に宿泊可能なホテルが写真とともにその詳細、料金、泊まった人の評価、人気の高低などが表示される。自分の望む順に並び換えもできるし、さらにホテルのランクを示す星の数、評価、料金、地域、施設（Wi-Fi、スパ、フィットネスジム）

キッチンを自由に使えるB&B

など希望するものをリストボックスから選べば、この時点でかなりの数が絞り込まれる。

❹ホテルを選択

まずは各ホテルの詳細を眺めてみよう。日ごとの料金（朝食込み、または含まず）、部屋の内容や設備（広さ、ノン・スモーキングルーム、エアコン、TV、セーフティボックス、インターネット接続、バスタブ、アメニティなど）がわかる。これで納得したら❺へ進もう。

❺予約画面へ

部屋数と人数のみが表示されることが多く、さらにスーペリア、スタンダードの部屋タイプ、眺望などで異なる料金が示される場合がある。この際、ベッドのタイプも確認しよう。一般的に2名なら、キングサイズ（ダブルベッド）と表示される。ダブルまたはツインどちらかを選びたい場合は別項でリクエストしておくといい。

予約に進むと、

- 名前　●電話番号
- クレジットカードの番号　●有効期限
- セキュリティコード（カード裏面の署名欄、または表面にある番号）
- カード所持人名　●メール番号

などが要求される。

❻予約確定

サイトの利用規約に承諾しないと、予約確定画面へは進めない。それほど重要ということ。利用規約には、決済時期、返金の可否、予約変更やキャンセルについて書かれているので、よく読んでおこう。

最後にメッセージ欄があるので、到着時間が遅くなる場合やベビーベッドなどの貸し出し、静かな部屋を希望するならその旨を書いておこう。また、2人部屋としてリクエストした場合、ベッドはキングサイズ、ダブルまたはツインと表示されることが多く、申込み時点では確定できない。ホテルに到着時点で部屋割りが済んでいて特に遅い時間に到着した場合は変更ができない場合がある。友人同士などでツインを望むなら、リクエストしておくといい。

❼予約確認書の受領

予約後は、予約の詳細が書かれた確認メールが送られてくるので、これをプリントアウトして、旅行の際に持っていこう。確認メールが届かない場合は予約が完了していないので、サイトで予約確認をするかホテルへ問い合わせよう。

◉ホテル独自のホームページから予約

本誌掲載のホテルや予約サイトなどで見つけたホテルを自分で予約してみよう。URL は本誌に掲載されているし、ホテル名、都市名を入力すれば検索するのも簡単だ。

多くの場合、国旗のマークなどが並び、イタリア語、英語のほか、近年は日本語も選ぶことができるものも増えてきた。また、予約フォームのみ日本語が用意されている場合もある。

ホームページを開くと以下のような項目が並んでいるので、開いてみよう。　※イタリア語／英語

- **Informazione** / **Information/About us**　（総合案内）
- **Posizione** / **Location/Map**　（場所）

Codice Promozioniってなに?

チェーンホテルなどのサイトでよく表記されているCodice Promozioniはプロモーション No.のことでホテル顧客に配られるカードなどに記載されているもの。顧客割引などが表示される。本書でも読者割引を受ける際には、一部のホテルで必要。

入力しなくても次へ進める。

✉いつの予約が有利!?

イタリアの4つ星チェーンホテルでのこと。旅行の5ヵ月前にシングルを予約すると€140。予算オーバーだったので、キャンセルしました。旅行の際、同じホテルに飛び込みで値段を聞くと€120、「少し考える」と言うと€110になりました。しかもダブルベッドの広々とした部屋でした。当日の飛び込みも時期によってはラッキーかもしれません。

（神奈川県　Wakae T.）

✉個性的なローマのホテル

テルミニ駅周辺は近代的でやや高層のホテルが多いですが、ヴァティカンやヴェネト通り周辺、トラステヴェレには邸宅風のすてきなホテルがあります。庭園には季節の花々が咲き、室内は歴史を感じさせるロマンティックな雰囲気です。少し長めに滞在するなら、ローマ到着時には交通が便利なテルミニ周辺、少し慣れたら個性的なホテル（邸宅風、ロマンティック、レストランが充実など目的を絞って）に替えるという使い方も楽しいと思います。

（東京都　自称ホテル通）

部屋のランク

イタリアのホテルは古い建物を改装した所が多く、料金は同じでも部屋のタイプが異なることが多い。広さ、設備、眺めなどで快適度が高い部屋は常連や連泊者に提供されることが多いのも事実。

- Servizio / Service （サービス）
- Photo/Facilities / Rooms/Virtual Tour/Photo Gallery （客室や施設を写真で紹介）
- Tariffe / Rate/Price （料金）
- Prenotazione / Reservation （予約）などの項目が並んでいて、ホテルの概要を知ることができる。
- Offerte Speciali/Promozioni / Special Offers とあれば、特別料金が表示されるので、ここものぞいてみよう。

高級ホテルのラウンジでひと休みも楽しい

まずは予約用カレンダーでチェックインとチェックアウトの日付、人数を入力し、空室の有無と料金を確認しよう。チェックアウトのカレンダーがなく、○Nottiとあれば宿泊数のことなので数を入れよう。すると、部屋のタイプと料金が表示される。単に宿泊料金の総計が示される場合と日ごとに異なる料金が表示され、その総計が表示される場合がある。また、朝食が含まれているかいないかで料金が異なる場合もある。宿泊希望日に特に高い料金が表示されていたなら、その日を避けてもう一度検索してみてもいい。その場合は新たに条件を入力して再検索Ricercaなどで検索してみよう。

気に入ったら予約Prenotazione/Reservationを選んで予約しよう。予約ページに進む前に、キャンセルや支払いの説明Condizioni di cancellazione e pagamentoが出るので読んでおこう（ホテルによっては予約終了後のキャンセルについて説明がある場合もある）。

○ホームページの予約ページのおもな項目　※イタリア語／英語

Nome / Name　名　　Cognome / Last name　姓

Indirizzo / Address　住所　　Cap / Zip　郵便番号

Nazione / Nation　国　　Telefono / Telephone　電話番号

Indirizzo e-mail / e-mail address　e-mail

以下はカレンダーやリストボックスからの選択の場合が多い

Data di Arrivo / Arrival date　到着日

Data di partenza / Departure Date　出発日

Numero di camera / Number of rooms　部屋数

Numero di persone（adulti） / Number of Persons　人数

Numero di bambini / Number of Children　子供の人数

クレジットカードの情報も同時に求められることが多い

Carta di credito / Credit card　クレジットカード（種類）

Numero di carta di credito / Account number　番号

Valido a tutto（Scadenza） / expiration date　有効期限

Intestatario / Name on card　所持人

さらにリクエストしたいことがあれば

Commenti/Messaggi/Richiest speciali / Message/Special requestの欄に記入しよう。送信はInvia / Send。キャンセルはReimposta（Cancellazione） / Reset（Cancel）だ。

必要事項を入力すると予約は完了。自動応答システムで予約確認書が瞬時に送付されることが多い。予約応答システムでなくても、1日程度で返信される。返信がない場合はホテルへ確認しよう。宿泊日や料金が載った予約確認書はプリントアウトして持参しよう。

✉違いを実感

'13年にホテル予約サイトで予約しました。女ふたり旅でしたが、ほとんどのホテルでダブルベッドの部屋を割り当てられてしまいました。「ツインに換えて」と頼んでも、「予約にはそんなことは書いてない」と冷たく言われてしまいました。

ホテル独自のホームページから予約したチェーンホテルでは予約確認書を持って行ったつもりが、予約途中のもので予約が入っていませんでした。でも、対応はよく、すぐに部屋は確保でき、ランクアップもしてくれて快適でした。ホテル予約サイトと独自のホームページからの予約では違うんだなァと思いました。

（埼玉県　佐山由紀子）

✉どっちがお得??

仕事がら自分でネット予約していろいろの所に宿泊します。また、同一のホテルに泊まることも多いです。今まで、直接予約でランクアップや同じ料金でもよい部屋が利用できていました。「どっちがお得?」と、ホテルで聞いても「直接予約して!」と言われたことがたびたびありました。

ところが、'15年くらいからいくつかのホテルでは直接予約をしたのに、それまでの滞在とは異なるランクの下の部屋に入れられたり、直接予約のほうが割高な料金を表示していることに気づいてしまいました。チェーンホテルや老舗と呼ぶべき伝統的ホテルは直接予約がベターですが、（高級、経済的にかかわらず）評価の定まらないホテル、あるいは従業員の対応にホスピタリティーが感じられないようなホテルは予約サイトからがベターのように感じます。口コミサイトへの書き込みを気にして、書き込んでくれる可能性が高い予約サイト利用者に便宜を図っているのかな?なんて詮索してしまいました。だから、直接予約が有利とは一概に言えません。これは、これからも検証してみますヨ!!

（東京都　いつかアマン　'16）

✉コース決め

「歩き方」に朝早くから昼まで散策し、休憩・昼寝し、夕方になる前に再び町歩きに出かけると体調維持によい、とありましたが、そのとおりでした。有名教会のほとんどが13:00〜15:00頃は閉まっています。開館時間のチェックを忘れないのが肝要です。
（東京都　いもちゃん）

必ず料金の確認を

予約のためFaxを送付すると、予約可能の旨と希望する客室の料金などの詳細が送付されてきます。ただし、ごくまれに予約可能の返事だけがあり、チェックイン当日に料金が知らされることもあります。この場合、希望よりも高額の部屋になる場合があるようです。予約の際は、部屋やサービスの内容のほか、必ず料金の確認を。（編集部）

✉クレームの伝え方

ローマのホテルでは、スタンドはつかない、冷蔵庫も壊れていて冷えないと散々。こんなときのクレームの伝え方を教えて。
（神奈川県　湯川章子）

いろいろありますが、「調子が悪い。ノン・フンツィオーナ Non funziona」、「壊れている。グアスト guasto」。名詞や動詞をつけなくても、問題の物を指さして告げれば通じます。　（編集部）

経済的なホテルを探すには

宿泊地に早めに到着し、❶などで希望の地域や料金を申し出て探してもらおう。紹介してもらったら地図にマーキングしてもらい、自分の目で確かめてから決めよう。納得できる最善の方法だ。

また、経済的なホテルには門限が設けられていることもある。深夜に到着する場合や夜間に外出する場合は、事前に確認を。

朝食

ホテルのランクが顕著に表れているといっても過言ではない。朝食料金は宿泊料に含まれていることも多い。多くの5つ星ホテルでは、ビュッフェ形式でフレッシュジュースからシリアル、たくさんの種類のパン、ハム、チーズ、ヨーグルト、卵料理、果物、お菓子まで揃う。1つ星クラスだと、カフェラテ1杯にパンが1〜2個程度。朝食のサービス自体を行わない所もある。

◉FAXで予約

ホームページでの予約（→P.376）を参照して、必要事項（クレジットカード情報は不要）を書き込みFAXを送付しよう。宿泊予定日の1ヵ月程度前には送付しておこう。人気の宿はハイシーズンには3ヵ月前でも予約でいっぱいの場合もある。当日〜2日程度で回答が送られてくる。部屋の料金、朝食の有無などのほかに、予約確定のために必要なクレジットカードの情報が求められ、期間内（ホテルにより異なり、一般的に24〜48時間以内）に予約確認をしないと無効などと表記されている。予約する場合は期間内に。回答がない場合は再度問い合わせよう。

現地で探す

宿泊当日に現地でホテルを探す場合は、なるべく早い時間に目的地に着くようにしよう。「地球の歩き方」を見て、直接訪ねるのもいいし、❶で希望のホテル（地域、ランク、料金など）を告げて紹介してもらうのもいい。❶によっては、電話で予約してくれる所もある。

直接訪ねる場合は、**料金**（朝食の有無、wi-fiが無料か有料か、滞在税など）の確認をしたら**部屋**を見せてもらえば納得のホテル選びができるはずだ。気になる人はお湯の出や騒音などをチェックしておこう。

イタリア ホテル事情

●お風呂について

日本人旅行者が不満をもらすことが多いのがお風呂。イタリア語で**シャワー付きはコン・ドッチャ con doccia、バスタブ付きはコン・バーニョ con bagno**と呼ぶが、コン・バーニョとあっても、シャワーしか付いていないことも多い。イタリアでは、どちらも同じという考え方なので、料金もほぼ同じだ。**バスタブ付きの部屋を希望するならコン・ヴァスカ con vasca**と告げたほうが確実だ。予約するときも、バスタブ付きの部屋を希望する人は必ず、念を押すこと。

4つ星ホテルのシャワーとバスタブ

ただし、経済的なホテルでバスタブ付きの部屋を探すのはほとんど無理と覚えておこう。経済的なホテルでは、お風呂はほとんどなく、共同でシャワーを利用することになる。シャワー代は有料の場合と宿泊料に含まれる（無料）場合があるので、確認すること。共同の場合や給湯設備が古い場

バスタブ付きを希望する場合には、予約時に確認しておこう

合は、お湯が途中で水に変わってしまうこともあるので、そんな場合はほかの人がお湯を使わない早朝や夕方早くが狙い目だ。もちろん、お湯を無駄にしない心がけも忘れずに。

●ひとり旅の女性に

女性のひとり旅と見ると、必要以上に親しげな態度にでる宿の主人や従業員もときおり見かける。こんな場合は毅然とした態度で応対し、しつこいときは無視するのが一番だ。ドアには鍵をかけ、室内に人を入れないこと。言葉が通じなくても、嫌なことには、曖昧に笑ったりしないで、ハッキリ拒絶の態度を示すことが大切だ。

●ホテルのトイレとビデ

ホテルの部屋にはトイレのほか、普通ビデが付いている。ビデは水と温水の出る蛇口や噴水のような噴き出し口が付き、横と中央あたりに排水口がある物。トイレと形がやや似ているので間違えないように。形状はやや似ているが、トイレは蓋が付いていて、ビデには蓋がない。ビデは温水洗浄器のように、お尻などを洗ったり、温水をためて足を洗うのに使ったりする。ビデの横には、専用タオルが置いてあることが多い。

ビデ(左)とトイレ(右)

WI-FI事情

イタリアではほぼすべてのホテルやYHで利用できる。客室を含むホテル内すべて（電波状態は異なる場合多し）で利用できることが多いが、利用エリアがレセプション周辺やロビーだけに限られる場合もある。多くのホテルやYHでは無料で、パスワードはチェックイン時に渡されることが多い。一部のホテルでは有料のことがあり、その場合はレセプションで申し込みをする必要がある。料金は時間制、日ごとの場合などいろいろなので、使用前に確認しておこう。

チェックイン時にフロントで、パスワードを渡してくれる

✉大晦日のローマ

大晦日にオペラ座で『クルミ割り人形』を鑑賞しレストランへ。終演後、劇場前でタクシー会社の人が番号札を配ってくれましたが、なかなか車は来ず、20分ほど待ちました。レストラン（イル・コンヴィーヴィオ・トライアーニ →P.265）は予約しておきました。いくつかのレストランに問い合わせましたが、大晦日はどこも特別メニューのみで€300前後でした（高級レストランだけかも!?）。店内はリッチ&インテリジェントな感じの方々ばかりで、カウントダウンを楽しく過ごしました。お会計後、タクシーを頼むと今度は1時間近くかかりました。大晦日はタクシーをつかまえるのが大変なので、レストランはホテル近くがよさそうです。
（栃木県　老婆の休日　'15）

✉持っていくと便利な物

三つ又コンセント。変換アダプターと一緒に持っていくと一度にまとめてデジカメ、携帯電話などを充電できます。
（福岡県　fukuken）

キャンセルについての注意点

メールやFAXで宿泊予約を入れると、ノーショー(無断キャンセル)に備え、クレジットカードの番号と有効期限を聞かれる。さらに、予約の確認後にホテルのキャンセルなどの決まりや予約番号が通知される場合もあるので、よく読んでおこう。

予約のキャンセルは一般的に宿泊予定日の72～24時間前まで(1週間前というのもある)。予約番号があれば、それを告げればよりスムーズだ。無断キャンセルした場合は、通知したクレジットカードから1泊分を引かれ、それ以降の予約もすべてキャンセルされるのが普通。クレジットカードの番号を求められなかった場合も、キャンセルする場合は早めに連絡すること。旅行会社やレップ(予約事務所)を介した場合は、直接の電話連絡ではなく予約した会社やレップを経由しないと、キャンセルとみなされない場合もあるので注意。

チェックインは14:00～15:00頃からが一般的。早めに到着しても空き室次第で案内してくれる。

ローマで食べる

食の楽しみにあふれるイタリア。ここぞとばかりに、食を謳歌したいもののお財布や胃袋、旅のスケジュールとも相談しなくてはならないのも事実。そこで旅のT.P.O.に合わせた店選びを考えてみよう。

ローマの飲食店

●ゆっくりと食事をしたいときに

Ristoranteリストランテ／Trattoriaトラットリア／Osteriaオステリア

一般に高級店がリストランテ、家庭料理を売り物にした大衆的な店がトラットリア、居酒屋がオステリアといわれているが厳密な区分はない。高級か大衆的かという差はあるが、これらの店では、カメリエーレが席に案内してくれ、注文から支払いまでをテーブルで済ませる。

料理代金のほかに**コペルトCoperto**と呼ばれる席料（ひとり€1～5くらい）と**サービス料Servizio**（料理代金の8～25%）、さらに**税金I.V.A.**（10～20%）が加算される場合もあるが、近年はコペルトやサービス料を一括して料理代金に含む店が多くなった。心配ならば、店の外に張ってあるメニューで確認しよう。チップはそれほど気にすることはない。サービスが気に入ったなら、5～10%程度置けばいいし、イタリア人などは、普通の店なら小額の硬貨をまとめて置く程度だ。

料理は、イタリアの習慣どおり、**前菜または、パスタ、魚か肉料理、デザート**と注文するのが普通だ。

一般的な営業時間は、昼12:30～15:00、夜19:00～23:00頃まで。深夜に営業している店はほとんどない。多くの店は週に一度とクリスマスから正月の約1週間、夏の1ヵ月ほどを休業としている。

本場イタリアらしい独創的な料理も味わってみたい

●安く簡単に、でもしっかり食べたいときに

ターヴォラ・カルダTavola Calda／ロスティチェリアRosticceria／セルフサービスSelf Service

テルミニ駅にできたメルカート・チェントラーレ（→P.263）

駅周辺や庶民的な界隈に多く、すでに調理されてカウンターなどに並んでいる料理から好みの物を選ぶシステムの店だ。料理はシンプルなパスタ類やローストした肉、サラダなどの簡単な物が多いが、自分の目で料理を選べ、1皿しか食べなくてもよいのが利点だ。普通は、注文した料理とともにもらったレシートかトレーに乗せた料理を見せて、レジで支払うシステムだ。**ほとんどの場合、コペルトやサービス料、税金は取られない。**

客層は旅行者や労働者風が多い。また、近年、日本のファミリーレストランのような明るいセルフも開店。これらの店は家族連れでにぎわっている。

ダーヴォラ・カルダは昼頃から、夜遅くまで通して営業。セルフサービスは通常のリストランテとほぼ同じ時間帯の営業。

最近人気なのが高級ビュッフェレストラン。
オープン・コロンナ（→P.262）

●手頃にイタリア名物を味わいたいとき

ピッツェリアPizzeria

イタリアを代表する食べ物、ピッツァの店Pizzeriaはふたつのタイプに分かれている。駅前や人通りの多い界隈にある**アル・ターリョAl taglio**とか、**ルースティカRustica**と呼ばれる立ち食い専門の量り売りの店と、テー

トラステヴェレの切り売りピッツァ、ラ・レネッラ(→P.21)

ブル席でサービスし、薪を燃やす本格的なかまどで焼き上げる店だ。

立ち食い専門店は、午前中から夜遅くまで営業し、カウンターにはアツアツのピッツァが何種類も並んでいる。好みの物を指させば、適当な大きさに切り、はかりにかけて売ってくれる。売っているのは、ピッツァと飲み物くらいだが、若者たちでいつもにぎわっている。

人気のピッツェリア、イーヴォ(→P.273)

一方、**本格的なピッツェリアは夜だけ**(19:00〜翌1:00頃)**営業する店が多い。**ピッツェリアは、ピッツァを中心に、あまり手の込んでいない、前菜、パスタ類、肉や魚料理、デザートを揃えている店が多い。とはいえ、リストランテのようにコースにこだわることはない。平均的な日本人の胃袋なら、前菜にピッツァと飲み物で十分だろう。

テーブル席のピッツェリアでは、コペルト、税、サービス料はリストランテと同様に必要な場合もある。

パネッテリアPanetteria

パネッテリアは文字どおりパンの店で、ローマのパンであるロゼッタ(中央が出っ張ったカメの子パン)を始め、いろいろな形のパンに生ハムやオムレツ、チーズなどの具を狭んだパニーニや、トラメッツィーノと呼ばれるサンドイッチなどをガラスケースいっぱいに並べている。座れる席はほとんどないが、カウンターで飲み物を注文すれば立派な軽食になる。パネッテリアはたいていバールを兼ねているので、コーヒーやジュースのほかグラスのワインやビールなどを頼むこともできる。

店頭で食べることができるパネッテリア

●ほっとひと息したいとき

バールBar/カフェCaffè/サラ・ダ・テSala da tè

1日に何回もコーヒーを楽しむイタリア人にとって、息抜きの場、社交の場として欠かせないのがバールだ。朝食に、コーヒーブレイクに、夕方からは食前酒を一杯…という具合に、1日に何度も訪れ、カウンターでキュッと一杯あおるように飲むと出て行く。バールは町のいたるところにあり、店構えもシンプルで、どこで飲んでも値段的にはそれほど差がない。

一方、ゆっくり座って紅茶やコーヒーを楽しむカフェやサラ・ダ・テは豪華な雰囲気や町を行く人を眺められるシチュエーションが売り物だ。いずれも、飲み物のほか、ケーキやパフェ類、サンドイッチ、サラダ、簡単なプリモなどを出す店も増えてきた。

カフェでも立ち飲み用のカウンターがあるし、バールでも座る席がある店も多い。いずれも、**カウンターとテーブル席では料金が違い、その差は2〜5倍くらい。**レジ横には立ち飲みと座った料金が併記してあるので、心配ならば最初にチェックしてみよう。

高級なカフェでは、コーヒーを注文するとお菓子が付く。ミネルヴァ・ルーフ・ガーデン(→P.281)

彫刻家カノーヴァのアトリエの中でひと休み。
カノーヴァ・タドリーニ(→P.281)

注文はテーブル席はテーブルで注文し、注文の品を持って来たときか、自分たちが帰るときにその係の者に払う。**カウンターの場合は**、まず**レジで注文**して支払い、その**レシート（スコントリーノScontrino）をカウンターに出して、再び注文**する。その際、イタリア人はチップを€0.10～0.50置くが、あなたは気分次第で。

カフェやバールはおおむね**早朝から深夜**まで通して営業している。アイスクリーム屋や菓子店を兼ねたサラ・ダ・テのなかには、一般商店並みに早めに店を閉める所も多い。

ジェラテリアGelateria

日本でも「ジェラート」の呼び名が定着してきたが、イタリアはアイスクリーム発祥の地。人気の高いジェラテリアの前では、背広姿のビジネスマンまでもがうれしそうにジェラートを食べている。甘党でない人も一度は味わう価値があるのがイタリアのジェラートだ。甘味がほどよく、豊富なフルーツをふんだんに使って作った自家製のジェラートは、イタリアならではの味わいだ。カップかコーンに盛られたジェラートの上に、頼めばパンナPanna（泡立てた生クリーム）を乗せてくれる。

テルミニ駅近くの人気のジェラテリア、ラ・ロマーナ(→P.279)

●お酒を楽しみたいとき

エノテカEnoteca／ビッレリアBirreria／カクテルバーCocktail Bar

エノテカは、普通はワインを中心に売る酒屋のこと。中には何種類かのワインをグラスで味わうことのできるカウンターを備えている店もある。

ワイン商の中にある店でワインを味わってみよう。ポポロ広場近くのブッコーネで(→P.285)

店の中に入ると赤、白、スプマンテと分けてその日に試飲できる銘柄が書かれていて、人々はナッツ類などの軽い物をつまみながらグラスに注がれたワインを楽しんでいる。こうしたエノテカでは店の人が自信をもって選んだボトルをリストに並べていて、香り、味わいともにそれぞれに違ったワインが揃っている。食事を出す料理自慢の店も増えてきた。

ビッレリアは生ビールを楽しむビアハウスで、置いてあるビールの産地によってバイエルン地方、ウィーンなどの看板を出している所もある。また、近年は高品質のクラフトビールも人気上昇中で、これらを多品種揃えたビッレリアも増加中。料理も楽しめる店が多い。

カクテルバーは、食前・食後酒を楽しむために利用される。有名ホテルには、名物バーと名物バーテンダーがおり、静かで落ち着いた雰囲気がお好みならおすすめだ。

高級ホテルのバーコーナー

レストランでの料理の注文の仕方

メニュー(イタリアでは、リスタListaと呼ぶ)は次のように構成されている。

①前菜Antipasto	冷菜が多く、「生ハムとメロン」や魚介類のサラダや野菜料理など、多種多様の品揃えでイタリア料理の魅力が満載。
②第1皿目の料理Primo piatto	パスタ、リゾット、スープ類の総称。土地柄が一番反映されているともいえる。
③第2皿目の料理Secondo piatto	肉Carneと魚Pesce料理の項。
④付け合わせContorno	サラダや温野菜の項。普通、第2皿目の料理と一緒に食す。
⑤デザートDolce	くだものFruttaも一緒に並んでいる。

上記①～⑤の順に自分の食べたい料理を選べばよいわけだが、常に食欲が旺盛とは限らない。普通は、**前菜かパスタ類**のどちらかと**肉か魚料理**、それに**デザート**の3皿くらいを注文すればよい。あまり食欲がない場合は、肉か魚料理に付け合わせContornoの項から野菜料理を一品選ぶとよいだろう。

食欲がなくても、イタリアでは、レストランに入ってパスタひと皿で店を出てくるのは、かなり奇異なものとして受け止められるので、避けたいものだ。また、レストランでは席に着くと、多くの場合コペルトと呼ばれる席料が付くので、パスタひと皿では、割高になってしまうのも確か。そんなときには、手軽なセルフサービスの店などを利用するほうがよい。

パスタは食べたい、しかし、食べると第2皿目が食べられないという人は第1皿目を**半分Mezzo**と注文してみよう。ただし、値段は半分ではなく、やや割高なことを覚えておこう。

このほか、店によっては次のような項目があるかもしれない。

lo chef consiglia	シェフのおすすめ料理
piatti del giorno	本日の料理
piatti tipici	典型的郷土料理
menu turistico	(旅行者向け)セットメニュー

これらは、料理選びの目安に。また、セットメニューは観光地のレストランに多く、コペルト、サービス料、1皿目、2皿目、付け合わせ、デザート、ときには飲み物までがセットしてある。かなり割安といえるが、メニューにバリエーションがなく、おしきせ感が強い。

ワインは特別に飲みたいものがないならば、ハウスワインVino della Casaでよいだろう。赤Rossoか白Biancoを選び、un quarto(1/4リットル)とかmezzo(1/2リットル)と注文する。

店によってはグラスワインもある。水はガス入りcon gas、ガスなしsenza gasがある。

食事が終わったら、サービスしてくれた給仕人(カメリエーレ)に「お勘定をお願いします」"il conto, per favore"と頼もう。伝票がきたら、恥ずかしがらずに食べたものと値段、コペルト、税金、サービス料、そして総計を必ず確かめよう。サービス料が付いていれば、本来チップは必要ないが、そこはあなたの気分次第で。

ローマの代表的な料理

Antipasto 前菜

Bruschetta
ブルスケッタ

ブルスケッタ

ローマのピッツェリアの定番。トーストした田舎パンにニンニクを擦り付け、オリーブ油を垂らした物。アル・ポモドーロal pomodoroはトマトとバジリコを乗せた物。

Antipasto Vegetale e Mozzarella
アンティパスト ヴェジターレ エ モッツァレッラ

野菜とモッツァレッラの前菜盛り合わせ

イタリア全土にあるおなじみの料理。ナス、大型ピーマン、ズッキーニなどの各種野菜をグリルしてオリーブ油でマリネしたり、トマトで煮込んだり、詰め物をしたりとさまざまに料理した物。ビュッフェのお店もあり、好みのものが選べるのもうれしい。これは前菜の定番でもあるモッツァレッラ・チーズを合わせたひと皿。

Fritto Misto alla Romana
フリット ミスト アッラ ロマーナ

ローマ風揚げ物盛り合わせ

ズッキーニ、アーティチョークCarciofi、干しタラBaccalà、チーズとアンチョビーをカボチャやズッキーニの花に詰めたFiori di Zuccaなどに薄い衣を付けて揚げた物。このほか、ライスコロッケのスップリーSuppli、大型オリーブに挽肉を詰めたフライ、オリーヴェ・アッラスコラーナOlive all'Ascolanaなど。単品でも注文OKの場合も多い。

Antipasto all' italiana
アンティパスト アッリタリアーナ

イタリア風前菜盛り合わせ

ローマ特有の料理ではないが、イタリア人が前菜といえば真っ先に思い浮かべるひと皿。生ハム、サラミ、モッツァレッラ・チーズなどの各種盛り合わせ。

Primo Piatto プリモ・ピアット

Spaghetti Aglio,Olio e Peperoncino
スパゲッティ アーリオ オーリオ エ ペペロンチーノ

スパゲッティのニンニクと唐辛子風味

オリーブ油、ニンニク、唐辛子を炒め、スパゲッティを加えてあえ、パセリを散らした物。

Bucatini all'Amatriciana
ブカティーニ アッラマトリチアーナ

ブカティーニのアマトリーチェ風

ローマの北東、山深いアマトリーチェの羊飼いが考えたといわれる料理。右ページ上、グリッチャ風のトマト味。

ストラッチャテッラ アッラ ロマーナ
Stracciatella alla Romana

ローマ風かき卵のスープ

卵、粉チーズ、パセリの入ったコンソメスープ。卵を入れてすぐかき混ぜるので、卵がフワリとした舌触り。

スパゲッティ アッラ カルボナーラ
Spaghetti alla Carbonara

スパゲッティのカルボナーラ風

炒めたパンチェッタを生卵、チーズとともにスパゲッティであえた日本でもおなじみのひと皿。最後にふる粗びき胡椒が炭に見えるから、または炭焼き夫carbonaroが考えた料理だからこう呼ばれる。牛乳や生クリームを加える場合もある。

ニョッキ ディ パターテ
Gnocchi di Patate

ジャガ芋のニョッキ

ゆでたジャガ芋をつぶし、小麦粉を加えて小さな団子状にした物。トマトソースや生クリーム系のソースであえることが多い。ローマ風ニョッキと紛らわしいが、ローマでニョッキといえばこれ。木曜日の定番料理。

マッケローニ カーチョ エ ペーペ
Maccheroni cacio e pepe

マカロニのチーズと胡椒風味

ゆでたマカロニにおろしたペコリーノ・ロマーノチーズと粗びき胡椒をかけたシンプルなひと皿。

ブカティーニ アッラ グリーチャ
Bucatini alla Gricia

ブカティーニのグリーチャ風

パンチェッタ（塩漬け豚）、玉ねぎ、唐辛子を炒め、スパゲッティよりやや太いブカティーニをあえ、ペコリーノチーズで風味をつけた物。ローマ料理の定番パスタのアマトリチアーナの原型といわれている。いずれもややコッテリとした味わいで人気がある。

スパゲッティ アッレ ヴォンゴレ
Spaghetti alle Vongole

アサリのスパゲッティ

とりたてて名物ではないが、人気の高いおなじみのひと皿。トマト味をロッソrosso（赤）、トマトの入っていないものをビアンコbianco（白）と呼ぶ。

ニョッキ アッラ ロマーナ　セモーラ
Gnocchi alla Romana(Semola)

ローマ風（セモリナ粉の）ニョッキ

セモリナ粉を牛乳で煮、平らに冷まして円形に抜き、チーズをかけて焼いた物。古代ローマが起源といわれるが、現在はインターナショナル料理に区分される場合もある。クリーミーなポレンタという味わい。

Secondo Piatto セコンド・ピアット

Abbacchio a Scottadito
アバッキオ　ア　スコッタディート

子羊のグリル

ローマ名物のひとつが子羊アバッキオ。脂が少なく、肉も柔らかで臭みもなく食べやすい。レモンとオリーブ油、塩でアッサリと味わう。アバッキオはローマ特有の呼び方。

Saltimbocca alla Romana
サルティンボッカ　アッラ　ロマーナ

ローマ風子牛と生ハムのソテー

薄切りの子牛肉にセージの葉、生ハムを乗せ、バターと白ワインでソテーしたもの。saltimboccaとは、「口に飛び込む」ほどおいしいの意味。

Scampi alla Griglia
スカンピ　アッラ　グリーリア

手長エビのグリル

背開きにした手長エビのグリル。好みで塩、レモン汁、オリーブ油をかけて。甘く、ネットリとした味わい。

Abbacchio alla Romana(Cacciatora)
アバッキオ　アッラ　ロマーナ（カッチャトーラ）

子羊の煮込みローマ風(猟師風)

骨つき子羊の肉をソテーし、ニンニク、ローズマリーで風味をつけ、白ワインなどで軽く煮込んだ物。鶏肉polloやウサギconiglioなども同様に料理される。

Pollo alla Romana
ポッロ　アッラ　ロマーナ

チキンの煮込みローマ風

骨付き鶏肉のぶつ切りを肉厚の大型赤ピーマン、トマトソースで煮込んだ物。

Coda alla Vaccinara
コーダ　アッラ　ヴァッチナーラ

オックステールのトマト煮

松の実とセロリの入ったイタリア風トマト味のオックステール(牛尾)のシチュー。内臓を使ったローマ料理の代表選手。

Mazzancolle alla Griglia
マッツァンコッレ　アッラ　グリーリア

大型車エビのグリル

頭と殻を付けたままの車エビのグリル。レモン汁、オリーブ油をかけて食す。マッツァンコッレはローマ特有の呼び方。

Dolci デザート

ズッパ　イングレーゼ
Zuppa Inglese

ズッパイングレーゼ

イタリアを代表する古典的なデザート。スポンジにシロップと赤いリキュール（アルケルメス）を染み込ませ、カスタードクリームを重ねた物。

パンナ　コッタ
Panna Cotta

パンナコッタ

panna（生クリーム）+cotta（煮た）の意味どおり、加熱した生クリームをゼラチンで固めたデザート。チョコやフルーツのソースを添えることが多い。

ティラミスー
Tiramisù

ティラミス

エスプレッソコーヒーを染み込ませたフィンガービスケットやスポンジと、マスカルポーネチーズを重ねたおなじみのデザート。店による違いを楽しもう。

クレーマ　カラメッラ
Crema Caramella

プリン

オーブンで蒸し焼きにしたプリンで、日本の物よりちょっと固め。庶民的な店の定番デザートで、型にグルリとスプーンを入れてお皿に盛ってくれる。

Vino ワイン

ローマのワインは白が主流。ローマのあるラツィオ州のワイン生産量の約70%を白ワインが占める土地柄だ。この州には最高級格付けのD.O.C.G.は3種、D.O.C.が約30種ある。ローマの暑い昼下がり、あるいは熱気の去った夕暮れ時、涼しげに軽い余韻を残す白ワインは最高のパートナーだ。特に親しまれているのがフラスカーティ、カステッリ・ロマーニ、エスト・エスト・エストEst!Est!!Est!!!、マリーノMarinoなど。

Frascati

フラスカーティ

日本でもおなじみのソフトな味わいのワイン。辛口セッコsecco、中甘口アマービレamabile、陰干しブドウから作ったやや甘口カンネッリーノcannelinoがある。食中酒としては辛口、午後のひとときや軽いケーキなどとともには中甘口がおすすめ。

Castelli Romani

カステッリ・ロマーニ

ローマの代表的なテーブルワイン。赤、白、ロゼがある。トラットリアで気取らずに飲むのが似合う軽くて若いワイン。

ローマでショッピング

ローマのショップといっても、宝石や一流デザイナーのファッションを売る店から、日用品や、食品を並べた青空マーケットまで、その範囲は広い。ここでは1専門店、2大型店舗、3スーパーマーケットと日用雑貨店、4食料品店、5青空市場、に分類して簡単な特徴を記した。

1 専門店

日本にはない物を探してみよう！

何事につけても"こだわる"イタリア人だが、とりわけ着る物や身の回りの物、そして料理やワイン、コーヒーの味には一人ひとりがはっきりした好みをもっている。したがって彼らはそれぞれの個性を売り物にした品揃えをする専門店に重きをおいて、一着の上着を買うのにもじっくり見て回り、これぞ自分の探していた物といえる品に出合うまでこだわるのである。こういう土地柄の国に来たら、まさに"When in Rome, do as the Romans do."（郷に入っては郷に従え）のことわざどおり、よく見て回り、有名店にこだわることなく自分の本当に気に入った物を買うようにしたい。

「イタリアは安い」という評判は残念ながら昔のことで、衣類など物によっては日本で買うより高いこともある。しかし選択肢の広いことは間違いないし、高い品物でもバーゲンの時期をうまく利用すればかなり上手な買い物をすることも可能だ。バーゲンの時期は年に2回あり、冬1月6日頃から2月の中旬まで、夏は7月の第1㊏頃から8月初旬というのが標準的。商店の営業時間は9:00～13:00、16:00～20:00（冬は15:30～19:30）だが、中心街ではノンストップ営業の店も増えてきた。また、休業日は夏場は土曜の午後と日曜、冬場は月曜の午前中と日曜というのが普通だったが、休業は日曜のみ、あるいは、無休という店も出てきた。最後に、専門店では特に、店に並べてある商品は勝手に取り出したり触ったりせずに、店員に尋ねること。これは日本の商店との大きな違いのひとつだが、先ほどのことわざにもあったように、気分よく買い物するためにはその土地のやり方を尊重することも大切だ。

日本／イタリアのサイズ比較表

婦人服	日本	3	5	7	9	11	13	15
	イタリア	34	36	38	40	42	44	46
紳士靴	日本	24½	25	25½	26	26½	27	27½
	イタリア	39	40	41	42	43	44	45
婦人靴	日本	22	22½	23	23½	24	24½	25
	イタリア	35	35½	36	36½	37	37½	38

＊男性のワイシャツのサイズ表示は日本と同じ。
＊メーカーによってかなりの差があるので、靴などは必ず試してから買うこと。また、小さいメーカーだとサイズの種類が少ないこともある。

2 大型店舗

新装オープンした、ローマのラ・リナシェンテ

大型店舗とはいっても日本のデパートのような、食料品から家具や宝石まで置いているような店はイタリアには少ない。したがってここでいうデパートとは、価格的にも品揃えの点でも専門店とスーパーの間に位置する大型店だと思えばよい。これらの店のメリットは、広い売り場で気兼ねなく商品を手に取って見られるという点だろう。**ラ・リナシェンテ**La Rinascenteと**コイン**Coinが代表的な店で、ローマ市内に店舗がある。また、地下鉄A線スバウグスタ駅で降りて500mほどの

ところには**チネチッタ・ドゥエ**Cinecittà2というショッピングセンターがあり、ここには専門店、Coin、食料品を扱うスーパーマーケットまで揃っているので一度に買い物を済ませたいときには便利だ。

昼休みなしのノンストップで日曜も営業する店舗も増えてきた。

●**La Rinascente**

Via del Tritone 61(バルベリーニ広場そば) **地P.43 A4**

P.za Fiume(サラーリア門の外) **地P.35 B3**

●**Coin**

テルミニ駅構内(24番線脇)

Via Cola di Rienzo **地P.37 A3**

P.le Appio 7(S.ジョヴァンニ門の外) **地P.41 B4**

V.le Plmiro Togliatti 2 (A線スバウグスタ駅より500m、Cinecittà 2内)**地図外**

3 スーパーマーケットと日用雑貨店

全国展開のスーパー、ウピム

広い売り場面積を必要とするスーパーマーケットは、ローマの旧市街では少なかったが、近年は増えてきた。全国展開するスーパーは、**スタンダ**Standaと**ウピム**Upim。これまで食料品売り場はほとんどなかったが、時代の変化とともに、衣料品や日用雑貨のほか、地下に食料品売り場を併設する店舗も増加中だ。食料品売り場は同じ場所にあっても同系列の別の名称で呼ばれることが多い。食料品スーパーでは**ズマ**Sma、**エッセルンガ**Esselunga、**コープ**Coop、**コナド**Conadなどが目立つ。また、小規模の食料品のみのスーパーは、町なかにも点在している。スーパーは平日8:30〜20:00、㊐㊗9:30〜20:00に営業する店が多い。日用雑貨の店は、大通りから1、2本裏手に入ると見つけやすい。日用雑貨店の営業時間は専門店とほぼ同様。

●**Upim**

P.za S.M.Maggiore(食料品売り場もあり)

地P.45 B3/V.le Libia 175ほか

●**Conad**

テルミニ駅地下階/

Piazza dell'Indipendenza 28ほか

4 食料品店

世界中からの食料品を扱う、カストローニ

食道楽のお国柄を反映して、ローマにも食料品の店は実に多い。**食料品店**は**ジェネーリ・アリメンターリ**generi alimentariといい、チーズ、ハム、パスタ類、瓶詰や缶詰類、パン、クラッカー類、調味料類、そして飲み物を置いているのが普通だ。

それ以外は肉屋、魚屋、パン屋、お菓子屋、手打ちパスタ屋、果物屋、酒屋といった具合に専門店化されている。また、こだわりの食材やワインを探したいときなどには、定評のある食料品店に足を運んでみたい。

食料品店の場合、営業時間はほかの店と変わりないが、日曜以外には木曜の午後が休み(7、8月の暑い時期のみ土曜の午後に変わる)となることがあるので注意したい。

テルミニ駅地下のスーパーコナドが便利

5 青空市場

日曜日のカンポ・デ・フィオーリ広場のにぎわい。㊊～㊏は生鮮食料品、㊐はキッチン用品やおみやげ向きのオイルやハーブなどが並ぶ

月曜から土曜まで日曜祝日を除いて毎朝開かれる朝市は、**カンポ・デ・フィオーリ広場**（→P.138）のマーケットのほか、町のあちこちに小規模なものが立つ。朝早く店を開けにやってきて、8:00には品を並べ終わって元気な声で客を呼び始める。そして13:00をまわる頃には店じまいをしてしまうのが普通だ。テスタッチョには屋根付きの生鮮食品市場（→P.205）もある。

また、ローマにはいくつかの特色のある市場も存在する。最も知られているのは**ポルタ・ポルテーゼの蚤の市**（→P.191）。毎週日曜の朝、ポルテーゼ門付近で開かれる大きな市で、ガラクタや古着から家具や日用品、自分のいらなくなった本を売る者まで、一緒くたになった庶民的な眺めである。ただし、出かける際には大金を持たず、財布に注意をすること。

このほかにも、S.ジョヴァンニの門（→地P.41 B4）の外のサンニオ通りで開かれる古着の市（月曜から土曜の毎日）やヴァティカンの北にあるトリオンファーレ通りの花の市（毎週水曜の10:30～13:00）、ファンタネッラ・ボルゲーゼ広場（→地P.46 C1）の書籍、絵画や版画の本物、複製を売る青空市（月曜～土曜）などがある。

まとまった商店街は本書のショップリストで取り上げたスペイン広場界隈、ナツィオナーレ通り、コーラ・ディ・リエンツォ通りをはじめとして、トリトーネ通り、オッタヴィアーノ通り、S.ジョヴァン二門の外側（アッピア・ヌオーヴァ街道）などにもある。

楽しいショッピングのために

●商店の営業日と営業時間

ブランドショップ、デパート、スーパーマーケットを中心に昼休みなしで、**10:00～20:00**頃まで営業する店が多い。また、夏季の土曜などは開店時間を1時間程度遅らせ、1時間遅くまで営業する店もある。小規模な個人商店や一部のブランドショップでは13:00～16:00まで昼休みとする場合も多い。

夏季の8/15前後の1週間をバカンス休暇とする所も多かったが、最近ではブランドショップ、デパート、スーパーなどは、この期間も営業することがほとんど。個人商店などはこの期間は休業することが多い。

●サルディSaldi（バーゲン）

よい品は安くないイタリア。けれども、買い物ごころを刺激する魅力的な品物があふれているのも事実。旅行期間がサルディ（バーゲン）の時期に重なれば幸運だ。この時期になると店中にSaldiの張り紙がしてあるので、すぐにわかるはずだ。年2回のサルディは、都市やその年により異なり、ローマでは冬は1/6あたりから、夏は7/7あたりから。最近は、日本同様サルディの時期が早くなる傾向もあるようだ。また、観光客を狙ってか、1年中サルディの紙を店中に張っている店もあるので、商品は十分吟味して選ぶことは、言うまでもない。

●買い物のマナー

プロ意識に徹している、イタリアの店員さんたちは私たちの足や体を見ただけで、ピッタリのサイズを当てるし、似合うスタイルや組み合せを即座に選んでくれる。任せて選んでもらって、イタリア風の着こなしを身に付けるのもおもしろい。店員さんとよいコミュニケーションを取るためには、買い物のマナーも守りたいものだ。

1. 店に入るとき、出るときには、「こんにちは＝ボン・ジョルノ」「こんばんは＝ボナ・セーラ」と、**あいさつしよう。**

2. 希望の商品、またはスタイルなどを告げて、**見せてもらおう。**日本のように、無言で店に入って、商品を勝手に広げたりするのは、かなり嫌われる。もし、買う物が決まっていない場合には、「ちょっと見てもいいですか＝Potrei vedere un'pò?」と尋ねてみるくらいの心遣いは欲しいものだ。

免税の手続き

●ショッピングの**楽しみ**がますます充実

■タックスフリー(免税)ショッピング

タックスフリー加盟店が増え、適用額も引き下げられて、より身近で便利になったタックスフリーショッピング。

このシステムを利用する場合はパスポート番号が必要。番号をあらかじめ控えておくか、盗難防止のためにコピーを持っているとよい。

■対　象

欧州連合(EU)以外の国を居住地とする人が個人使用のために品物を購入し、未使用の状態で個人荷物とともにイタリアから持ち出す場合に、IVA(税金)の払い戻しを受けられる。

■適用最小限度

1店について同日の購入額の合計がIVA(税金)込みで**154.94ユーロ**以上。

■買い物時の手順

(1)TAX-FREE取り扱い免税ショッピング加盟店で買い物をする。

(2)支払いの際、パスポート番号を告げ、免税伝票を発行してもらう。このチェック（1枚か2枚、店舗により異なる）はレシートとともに出国時まで保管しておく。

■出国時の手順

原則として出国時に、税関の専用カウンターで税関スタンプを受けないと、免税払い戻しは受けられない。イタリア出国後、ほかのEU国内を経由する場合は、最後の訪問国で同様の手続きをすることになっている。ただし、近年新システムの導入、手続き変更などがあり、また、空港・係員によりやや異なる場合もあるが、以前に比べて手続きはスムーズだ。

ローマ・フィウミチーノ空港の場合

イタリアでの購入品を受託手荷物にした（トランクに入れた）場合は税関審査は不要。チェックイン前に免税払い戻しカウンターへ行き、現金の受け取りまたはカードへの入金手続きをしよう。ターミナル1(T1)では84番カウンターそば、ターミナル3（T3）では330番カウンターそばにある。手続きには免税伝票、パスポート、E-チケット（控え、スマホでの呈示も可）が必要。

免税手続き後、チェックインをしよう。

購入品を手荷物として機内に持ち込む場合

チェックインし、各ターミナルのセキュリティチェックを通過後、パスポートコントロール手前に免税払い戻しカウンター（両替所との兼務の場合あり）と税関があるので、上記同様の手続きを。購入品によっては税関スタンプが必要な場合があるので、係員の指示に従おう。

そのほかの場合

会社によっては、現金の払い戻しを行わず、クレジットカードなどへの入金のみの場合もある。書類裏面を読み、また郵送用封筒と書類は会社を間違えて入れないように。この場合は、90日以内に書類が事務局に届かなければ無効となるので注意。

効率的な手続きは?

還付窓口の行列の長さは時の運。まったく並ばない時もあれば、1時間以上待たされる場合もある。グローバル・ブルー社では市内（両替屋やみやげ物屋などが兼務）で還付金を受け取れるシステムがある。この手続きをした場合はDegital Validationの窓口へ。待ち時間はほぼないことが多い。（ただし、現金を受け取っても空港窓口で手続きをしないと、税金還付の際に提示したカードから免税額とペナルティーが引き落とされるので注意）。URL www.globalblu.comに市内の還付窓口の情報あり。

以上の手順、払い戻し場所などは、変更が少なくないので、早めに出かけて空港で確認のこと。　（'17年12月現在）

✉乗り継ぎ便もローマでOK

Tax Refundは「乗り継ぎがある場合、手続きはEU圏を出る最終の空港で」と、どのガイドブックにも書いてありますが、出発地の空港でできます。経由地のフィンランド空港の免税手続きカウンターは行列ができていました。乗り継ぎ時間を有効にするために、出発地で手続きするのがおすすめです。私は、クレジットカードへの返金としましたが、1ヵ月もしないで入金がありました。　（愛知県　マル）

✉日本での免税手続き

帰国後の日本では、現金の払い戻し業務は終了。書類を専用ポストへの投函のみのサービスになりました。　（ケースタイル　'16）

ローマで遊ぶ

遺跡や美術館で、過去の至宝を楽しむのも旅。でも、もう一歩今のイタリアをも楽しみたい。イタリアの心に触れるため、プログラムの充実した劇場で感じる耳と目の幸せに酔い、スタジアムでセリエAの熱気に包まれてみる。ディスコやライブハウスでのパワーあふれる盛り上がり、バラのプールでのひと泳ぎ、ボルゲーゼ公園でのジョギングなど……。あなたの心に一番ぴったりなじむ何かが見つけだせたなら、ローマの町がより愛しいものになるに違いない。

劇　場

イタリアの3大劇場のオペラ座をはじめ、ローマの町には多くの劇場があり、オペラ、バレエ、コンサート、芝居とさまざまな演目がかけられている。オペラのシーズンは11月から翌年の6月頃まで。冬はオペラ、春先からはバレエの演目が多くなる。コンサートは冬はもちろんのこと、オペラシーズンの終わった夏には著名な音楽家を迎えることも多い。

何を演っているか知りたいときは、直接劇場へ出向くか、**新聞の催事情報欄**、観光局やホテルに置いてあるイベント情報（L'evento レヴェントなど）を見るとよい。町角にはポスターも張られるので、少々注意していれば自分のスケジュールや好みにふさわしいものが見つかるかもしれない。もちろん、泊まっているホテルでも相談にのってくれるだろう。切符は劇場の窓口で、席の位置と料金を考えて、買い求めるのが一番簡単だ。ただ昔ほど切符の入手が容易ではなくなったのも事実。早めに日本からインターネットで予約するのもいい。

席は一般に、値段の高いほうから、劇場中央のプラテアPlatea

ローマ、オペラ座のボックス席。席選びは少し難しい

オペラ座は複数館

テルミニ駅近くのオペラ座は、かつてのようにコスタンツィ劇場Teatro Costanziとも呼ばれる。このほか、国立劇場Teatro Nazionale（住Via del Viminale 51）などと合わせて、オペラ座公演として催されている。情報や切符の入手はオペラ座で可。

●オペラ座の切符売り場 Biglietteria

住 Piazza Beniamino Gigli 1
☎ 06-4817003
Fax 06-4881755
営 10:00～18:00
㊐9:00～13:30
休 ㊗
上演日は開演1時間前から15分後まで
C A.D.J.M.V.
URL www.operaroma.it

ネットでの前売り券の販売

URL www.operaroma.it
URL www.ticketone.it
コールセンター ☎892101

チケットの値段(オペラ)

プラテア：€65～160
ガッレリア：€22～30
バレエ、コンサートはほぼ半分の値段。初日は25～40%増し。25歳以下、65歳以上には25%割引あり（バルコニー席、プラテアは除外）。

天井桟敷Loggioneの客は劇場正面から入れない

チケットがLoggioneの場合、大劇場ではたいていどこでも建物横の入口から入り、狭い階段を5階分くらい上って席に着く。

オペラ　*column*

イタリア語で“オペラ”はもともと「作品」という意味。音楽に限らず、芸術・学問上の作品には今でも“オペラ”という言葉が使われる。一方、「歌劇」は“オペラ・リリカ”（opera lirica）という言葉で言わなければイタリア人にはピンとこない。オペラなる見世物が誕生したのは16世紀末のフィレンツェ。それ以後モンテヴェルディに始まり、ロッシーニ、ヴェルディ、プッチーニなどを生み、すばらしい劇場を各地にもち、数々の有名なオペラ歌手を世に出しているイタリアはオペラの大国である。ローマにもオペラ座をはじめ多くの劇場があり、近年はカラカラ浴場での野外オペラも夏の風物詩のひとつとなって、ローマに住む人はもちろん、世界中から訪れる旅行者を楽しませている。

オペラのシーズンはだいたい11月に始まり、普通は翌年の6月頃まで続く。期間中は町のあちこちで出し物のポスターを目にする。見たい演目がかかっていて日程が合えば、少し無理をしてでもぜひ見に行くことをすすめたい。本場で味わうオペラは“輸出”されたオペラとはひと味もふた味も違うからである。

(平土間席)、プラテアを囲むように仕切ったボックスが並び、1ボックス4〜8席のあるパルコPalco(桟敷席)、その少し上部のガッレリアGalleria、そのさらに上部にぎゅっと詰めて座るのがロッジョーネLoggione(天井桟敷)。プラテアは別として、料金の高い席が舞台を一番よく見られるわけではないので、切符の購入時には、よく検討しよう。

また、天井桟敷なら、少々小ぎれいな普段着でもよいが、プラテアなどのよい席やシーズンおよび開幕初日には、その旅一番のおしゃれをしていこう。

日本に比べ開演時間が遅く、とりわけ上演時間の長いオペラが終わると12時を過ぎるということも頭に入れておこう。少々雰囲気は違うが、夜の外出が心配ならマチネ(昼公演)を探してみよう。

●切符の購入

各種の切符は、数週間前から各劇場の切符窓口で発売している。オペラ座の切符は日本からの予約が可能だ。その他、発売を開始した切符なら音楽、スポーツなど各種、イタリア国内外の切符も買えるリスチケットやハローチケットなどのプレイガイドが便利。

●その他の劇場と切符

オペラ座では、カラカラ浴場の夏の野外オペラ、おもにバレエの公演のあるブランカッチ劇場、古典劇がかかるアルジェンティーナ劇場の切符も販売。このほか、オペラ座主催の教会コンサートの切符も取り扱っている。

カラカラ浴場の夏のオペラ会場にて

また、秋のコンサートシーズンから初夏までコンサートがサンタ・チェチリア音楽院主催で音楽公園オウディトリウムAuditorium-Parco della Musicaで催される。イ・ムジチもここから誕生し、伝統と実力ある音楽院だ。著名ソリストによるリサイタルも開かれる。

このほか、大学団体音楽会主催のコンサートがローマ大学アウラ・マーニャAula Magnaなどで開催される。

より詳しい情報を入手するなら

各新聞のローマの催事ページには、当日の催し物、コンサート、映画情報などが掲載されている。このほか、キオスク(新聞売り場)などで販売されているローマの情報誌ローマ・チェRoma C'èやトローヴァ・ローマTrova Romaは各種の催事のほか、映画、コンサート、お店情報なども掲載。ただし、いずれもイタリア語のみ。

英語の情報誌はウォンテッド・イン・ロームWanted in Romeで、賃貸用の部屋、仕事、学校などの情報のほか、ローマを中心としたイタリアの催事情報が掲載されている。キオスクで販売。

●サンタ・チェチリア国立音楽院コンサート Accademia Nazionale di Santa Ceciliaの切符売り場

住 Botteghino Auditorium Parco della Musica Viale P. de Coubertin 34
営 11:00〜20:00
☎ 06-8082058
URL www.santacecilia.it
オンライン予約
URL www.ticketone.it
コールセンター
☎ 892101
(月〜金8:00〜21:00、土9:00〜17:30)

●大学団体音楽会IUC Istituzione Universitaria dei Concerti
●ローマ大学大教室 Aula Magna dell' Universita di Roma "La Sapienza"

IUC切符売り場
住 Lungotevere Flaminio 50
営 月水木金 10:00〜13:00 14:00〜17:00
☎ 06-3610051〜2
大教室切符売り場
住 Piazzale A. Moro 5, Palazzo Rettorato
※開演1時間前から
URL www.concertiiuc.it
オンライン予約
URL www.vivaticket.it

野外オペラ情報

3大テノールが最初に共演したことでも名高いカラカラ浴場の夏の野外オペラ。ローマでは、夏には野外オペラがしばしば催される。会場は、カラカラ浴場、スペイン階段、ティヴォリのヴィッラ・アドリアーナ、オスティアの遺跡などで、年によって変更される。情報は❶などで。

'18年度はカラカラ浴場で開催。(→P.210)

✉ カラカラ浴場のオペラ

切符はネットで簡単に取れました。『ノルマ』を見ましたが、感動しました。終了が24:00なので、帰りのタクシーが心配でしたが、係員がとても手際よく次々と整理券を配り、タクシーも待機していて誘導してくれるので、安心です。
(東京都　武市直子)

音楽の新名所 音楽公園オウディトリウム

Auditorium-Parco della Musica（オウディトリウム パルコ デッラ ムジカ）

ボルゲーゼ公園の北西約3km、建築家レンツォ・ピアーノの設計により2002年12月に誕生した広大な音楽公園オウディトリウム。緑のなかに700～2700席の3つのホールが弧を描いて並び、その中央には3000席の野外観客席、奥にはふたつのルーフガーデンが連なる。サンタ・チェチリア音楽院主催のコンサートが開催されるほか、展示会、会議場としても利用されている。広大な庭園のほか、建設途中に発見された発掘品を展示する考古学博物館、コンサートホール、観客席、サンタ・チェチリア音楽院楽器博物館などが見学できる。

映　画

イタリア映画はもちろんのこと、外国映画もすべてイタリア語に吹き替えられるので、言葉が理解できないとあまり楽しめないかもしれない。映画館は、コルソ通り、バルベリーニ広場、コーラ・ディ・リエンツォ通りにあるので近くに行けばすぐにわかる。英米の映画を原語で見られる映画館も増えてきた。

動物園

美術館の休みの日に、ピクニック気分で出かけるのによいだろう。日本ほど混んでいないので、思いがけずのんびりできる。

動物園の近くの「湖の庭園」。ローマにいることを忘れそう

●**動物園**

ボルゲーゼ公園の一角にある。いつも人が少なく、その分動物が元気。子供連れに最適。

遊覧船

●**テヴェレ川遊覧 Battelli di Roma**

ローマの町を南北に蛇行して、ゆったりと流れるテヴェレ川。日本語のオーディオガイド付きで約1時間のクルーズを楽しめる遊覧船やディナークルーズなどを運航。（ツアーは2018年2月現在、休止中）

●**オウディトリウム**

住 Via P.De Coubertin 15
☎ 06-80241281
開 4～10月頃　10:00～20:00
11～3月　11:00～18:00
㊐㊗10:00～18:00
料 公園のみ無料（催事により有料の場合あり）
行き方：テルミニ駅前からバス910番。フラミニオ広場からトラム2番。

●**サンタ・チェチリア音楽院楽器博物館 Museo degli Strumenti Musicali dell'Accademia Nazionale di Santa Cecilia**

☎ 06-80242382
開 10～6月 11:00～17:00（他の季節は予約により見学可）
休 ㊍、8月
料 無料

●**考古学博物館 Museo Archeologico**

開 4～9月　10:00～20:00
10～3月　11:00～18:00
㊐㊗　10:00～18:00
1/1　12:00～18:00
休 12/24
料 無料

✉ **音楽公演 オウディトリウム**

バス停はCouvertin下車。図書館などのほか、コンサートホールがあり、ローマのクラシック音楽の殿堂。ほぼ毎日コンサートが行われ、イタリアを代表する「サンタ・チェチリア音楽院管弦楽団」の定期演奏会もここで行われる。切符はインターネットで購入可。
（東京都　田淵進）['18]

✉ **噴水の利用法**

飲用できる噴水はファッキーニの噴水をはじめ各所にあり、ローマ7泊中、自分は少しずつ飲んで体調を確かめながら利用しましたが、問題はありませんでした。飛行機の中でもらった250ccのペットボトル（小さくて、持ち運びに便利）に噴水の水を入れて利用しました。噴水の水はけっこう冷たいので、暑い日には重宝しました。噴水の形状はいろいろですが、蛇口を指でふさぐと、少し上にある上向きの小さな口から水が出るので直接飲むことができます。これを知っておくと、簡単に飲めて便利です。
（東京都　いもちゃん）

■**テヴェレ川遊覧**

URL www.battellidiroma.it

馬車 Carrozzella

コロッセオ、スペイン広場などの観光スポットで客待ちする馬車

石畳のローマの町を蹄の音を響かせて走る馬車。旅行気分を盛り上げてくれる。観光名所のコロッセオ、スペイン階段周辺などで客待ちをしている。ほぼ5人乗りで、行き先（ルート）と時間で料金は交渉で決める仕組み。事前の交渉料金が、ひとり分で、降りたら「人数分払え！」とすごまれることもある。トラブルのないように、初めにはっきりさせよう。いずれにせよ、10分で€50くらいから。お財布と心に余裕のある人向き。

スポーツ

国際馬術競技会が行われるシエナ広場

5月には、テニスのワールド・カップCampionati di tennis、ボルゲーゼ公園のシエナ広場では国際馬術競技会Concorso Ippico Internazionaleが開催される。新アッピア街道沿いには競馬場Ippodromo delle Capannelleもある。

体を動かしたい人には、5〜9月に開くエウルのバラ園のプールPiscina delle Rose（Viale America ☎06-54220333）がおすすめ。その他の季節なら、ボルゲーゼ公園でのジョギングがよいかも。ただし、人の少ない早朝、夜は避けよう。

子供が楽しめるスポット

●オアシ・パーク　Oasi Park
住 Via Tarquinio Collatino 56　URL www.oasipark.com
地下鉄A線Lucio Sestio下車。子供が遊べる小さな遊園地。

●エクスプローラ　EXPLORA Museo dei Bambini di Roma
住 Via Flaminia 82　URL www.mdbr.it（㊏㊐㊗は要予約）
☎ 06-3613776　休 ㊊　料 3〜12歳　€8　1〜3歳　€5　大人　€8
地下鉄A線Flaminio下車。ポポロ広場近く。1時間45分の入れ替え制、室内で遊べる。子供のサイズにつくられた小さな町を模した体験施設。

●パルコ・レオナルド　Parco Leonardo
住 Viale Donato Bramante 31/65, FIUMICINO　URL parcoleonardo.it
☎ 06-45422448　営 10:00〜22:00　休 一部の㊗
1・2階に分かれ、スーパーや約200の店舗、飲食店が入る大規模ショッピング・モール。カートが利用できるので、子連れの買い物にも便利。fs線Ostiense駅（地下鉄B線Piramide駅と連絡）から所要約30分、Fiumicino Parco Leonardo駅下車すぐ。

■おもな映画館
バルベリーニBarberini
住 Piazza Barberini 24/26
☎ 06-86391361
URL www.multisalabarberini.it

●動物園（→P.173）
URL www.bioparco.it
行き方:トラム19番でBioparco下車。リソルジメント広場、地下鉄A線Ottaviano、Lepantoなどから乗車。

✉ 一夜オペラ座へ

ローマ到着後すぐに5日後の公演の切符をオペラ座の切符窓口で購入しました。窓口の人は親切で、モニターで空席状況を見せてくれ、見やすい席のアドバイスもしてくれたので、迷わずに購入することができました。演目はロッシーニの『マオメット2世MAOMETTO II』。重厚で長大なオペラで、悲劇の主人公アンナの歌唱力と演技力をはじめ合唱やオーケストラもすばらしく、すてきな一夜になりました。急に思い立って切符を購入したので、アンナの恋物語と悲劇は理解できたものの、歴史的背景がわからず、ちょっと残念でした。出発前にプログラムを把握して、ストーリーを調べておけばもっと楽しめたのにと思いました。

日本の近代的大劇場を見慣れた目にはローマのオペラ座は小ぶりですが、クーポラに描かれた華麗なフレスコ画や輝くシャンデリアなど、伝統と洗練を感じさせるすばらしい場所でした。開演20:00で終演は24:00頃になりましたが、テルミニ駅近くのホテルだったので、徒歩で帰れたのもよかったです。

（東京都　東唄子）

✉ 緑の公園へ

晴れた日なら、ボルゲーゼ公園のピンチョの丘周辺でレンタ・サイクル（4人乗り）も楽しいですし、「湖の庭園」へ足を延ばせば、手漕ぎボートに乗ることもできます。

（東京都　かおりん）

✉ 子連れでパルコ・レオナルドへ

ショッピング・モールですが、モール内に子供が乗れる遊具がいくつかあります。雨の日などおすすめ。テルミニ駅からバス16番でTuscolana駅で下車し鉄道に乗り換え、パルコ・レオナルドで下車。

（熊本県　子連れママ）

2018〜2019年シーズン、セリエA6位のASローマと同8位のSSラツィオの強豪チームが揃うローマ。ほかの町に比べ、熱いセリエAを観戦できる可能性は大きい。とりわけ、ローマダービーは熱狂が渦巻き、試合後も町の各所で興奮が冷めやらない。ASローマのチームカラーはエンジと黄色GIALLOROSSO(ジャッロロッソ)に狼のマーク。ラツィオは白とライトブルーBIANCOCELESTE(ビアンコチェレステ)に鷲のマークだ。

サッカーシーズン サッカーシーズンは9月から翌年の5月までで、試合は基本的に日曜午後。ヨーロッパカップなどのほかの試合や天候によって水曜や土曜に変更される。試合開始時間は12:30、15:00、18:00、ナイターは20:45頃で、季節により変動する。詳しくは、切符売り場やスポーツ新聞、❶などで確認しよう。

試合会場 試合会場は、町の北西モンテ・マリオの丘にあるフォロ・イタリコ内の**スタディオ・オリンピコ**Stadio Olimpico(住 Viale del Foro Italico)

行き方 ①地下鉄A線オッタヴィアーノOttaviano駅下車でバルレッタ通りVia Barlettaまたはリソルジメント広場(終始点)からバス32番利用でPiazzale della Farnesina下車。②テルミニ駅からバス910番利用。③地下鉄A線Flaminio駅からトラム2番で終点Piazza Mancini下車。

ローマのふたつのチームのホームスタディオ、スタディオ・オリンピコ

席 両端の曲がった部分の**クルヴァ**Curva、中心部の**トゥリブーナ**Tribuna、クルヴァとトゥリブーナの間の**ディスティンティ**Distintiに分けられる。地元の熱烈なファンはクルヴァに集中する。

切符購入 切符は各チームにより販売場所が異なる。2016年6月現在、スタディオ・オリンピコ(住 Viale delle Olimpiade 61)ではごく一部の試合のみ販売。事前にネットなどで購入するか、ホテルなどで最寄りの切符売り場を聞いて出かけよう。切符の販売は試合日の1週間前頃から。切符の購入および入場の際にはパスポートが必要。また、販売場所により試合や切符(席)が限定される場合あり。リスの加盟店は多いのでホテル近くでも見つけやすい。リスやチケット・ワンでは他チームの切符も販売している。切符の値段は席、対戦相手により異なり€13〜200程度。

ASローマのおもな切符購入先

●ASローマ・ストア
(オフィシャルショップ:ローマ市内に全11軒)

住 Piazza Colonna 360
☎ 06-69781232
切符売り場 06-69200642
営 ㊊〜㊏10:00〜19:30 ㊐11:00〜19:30
開 (切符販売時間) 10:00〜18:00、㊐10:00〜13:00(試合日のみ)
交 ナヴォーナ広場、ヴェネツィア広場から徒歩5分
地 P.43 A3 URL www.asroma.it

SSラツィオのおもな切符購入先

●Lazio Style 1900 URL www.sslazio.it
(オフィシャルショップ、切符販売所:ラツィオ州内に全5軒)
①住 Via Guglielmo Calderini 66/C(スタディオに最も近い。スタディオから北西:川方向へ約500m)
☎ 06-32541745
開 ㊊16:00〜20:00、㊋〜㊏10:00〜13:30、14:30〜20:00、切符販売時間10:00〜13:30、14:30〜19:00、試合日は試合開始5時間前から
②住 Parco Leonardo/Viale Bramante 19(Fiumicino) FR1線(フィウミチーノ・オルテ線)利用でParco Leonardo下車
☎ 06-65499801 開 ㊊〜㊐10:00〜20:00、切符販売時間10:00〜13:00、14:30〜19:00

両チーム共通の切符購入先

●リス Ricevitore Lis Lottomatica(市内に約80軒)
●リスチケット URL www.listicket.com
○リス・コールセンター free 892-101(イタリア国内のみ、㊊〜㊎8:00〜21:00、㊏9:00〜17:30)
イタリア国外から ☎ 02-60060900
●チケット・ワン URL www.ticketone.it

●ローマのサッカー情報●

行き方私の場合

左記の行き方②はスタディオの東側のマンツィーニ広場Piazza A.Manziniが終点です。終点で下車したら、西側の橋Ponte Duca d'Aosta を渡ります。スタディオまでは1㎞弱あります。スタディオの一番近くを通るのが①です。②のテルミニ駅からのバスは渋滞に巻き込まれると、思いがけず時間がかかることがあります。また、試合日は周辺の渋滞もあるので、余裕をもって出かけることをおすすめします。　(東京都　上野美登里)

行き方は①が便利です。リソルジメント広場始発のバス32番に乗り、スタディオが左に見えたら、川沿いのバス停で下車。すると、スタディオはもう目と鼻の先です。帰りはスタディアムの正面から左に進んだ大通りに32番（始発?）が停まっていました。　(東京都　桃太郎)

ローマダービー観戦

スタジアムへの行き方は左記②が便利だと思います。ちなみに私の観戦した試合は21:15キック・オフでした。バスの終点はオリンピコですが、バスの乗客のほとんどがサッカー観戦なので、下車後は人の流れに乗っていけば問題なくスタジアムにたどり着けます。また、終点ひとつ手前のバス停の方が若干スタジアムに近いので、ここで降りる人もいますが、帰りの場所を見ておくという意味で終点まで行った方がよいと思います。

現地の方のアドバイスでは、ローマダービーの際は①交通が麻痺するので早めの移動を心がける。②必ず何か起きるので自分の身は自分で守る意識が必要、とのこと。

帰りは、試合終了の数分前に会場を出ると、道が混まずにスムーズに帰れます。
(東京都　ベンジャミン)

サッカーの切符を買うなら

土曜開催のASローマ対ACミランの試合切符をオルビスに買いに行きましたが、安全上の問題とか何かでローマ・ストアに行って買ってくださいと言われました。二度手間なので、最初からローマ・ストアに行くのがいいようです。試合は日曜と一部土曜ですが、月・金・水曜などに変更される場合があるので、滞在期間が短い場合は事前に日本で確認しておくといいです。僕は試合前日にローマ・ストアで約1時間並んで、クルヴァの席を€20でゲット。クルヴァの席は、一応応援席になっているので、女の子にとってはやや危険かも知れませんが、男には本場の応援が味わえ、手頃な価格でよい席だと個人的には思いました。ただ、突然発炎筒がたかれたり、急に爆竹が鳴ったりと多少危険です。
(埼玉県　晴れたらイイね)

パスポート必携

入場の際は必ず切符に記載されている名前と身分証明書（日本人の場合パスポート）の名前が合致しているか確認します。安全上の理由で当日券は販売していないので、前売り券を購入する必要があります。イタリアの切符は現金払いのみ。

スタジアム周辺にはダフ屋がいますが、その切符では絶対入場できないので注意を。切符のキャンセルがあれば、スタジアム前で定価販売しています。　(神奈川県　中川正明)

旅の
イタリア語

日本人には聞き取りやすく、発音しやすいイタリア語。何日か滞在しているうちに、自然に「こんにちはBuongiornoブォンジョルノ」などと、簡単な言葉が口から出てくるはず。私たちが会話集からイタリア語のそのフレーズを使うときは、ゆっくり書いてあるとおりに発音してみよう。駅などで、日にちや枚数などを指定するような場合は、間違いのないようフレーズを紙に書いて渡すのもひとつの方法だ。そして、「すみません」、「ありがとう」の言葉と笑顔を忘れずに。

いつも人がいっぱいのスペイン階段

挨拶

チャオ!　やあ! じゃ、またね!	チャオ!	Ciao!
こんにちは!	ブォンジョルノ!	Buongiorno!
こんばんは!	ブォナセーラ!	Buonasera!
おやすみなさい!	ブォナノッテ!	Buonanotte!
さようなら!	アッリヴェデルチ!	Arrivederci!

呼び掛け

すみません!	スクーズィ!	Scusi!
	(人を呼び止めて何か尋ねるときなど)	
すみません!	パルドン!	Pardon!
	(「失礼!」「ごめんなさい!」の意味で)	
すみません!	ペルメッソ!	Permesso!
	(混んだ車内や人混みで「通してください」と言うとき)	
ちょっとお聞きしたいのですが!	センタ!	Senta!

敬　称

男性に対して	シニョーレ (シニョーリ)	Signore (複Signori)
既婚女性に対して	シニョーラ (シニョーレ)	Signora (複Signore)
未婚女性に対して	シニョリーナ (シニョリーネ)	Signorina (複Signorine)

※姓名や肩書などの前に付ける敬称だが、単独でも呼びかけに使うことができる。

依頼と感謝

すみませんが……	ペル ファヴォーレ	Per favore
ありがとう!	グラツィエ!	Grazie!
どうもありがとう!	グラツィエ ミッレ!	Grazie mille!
どういたしまして!	ディ ニエンテ!	Di niente!
どうぞ/どういたしまして	プレーゴ	Prego

謝罪と返事

すみません!	ミ スクーズィ!	Mi scusi!
		失礼! ごめんなさい!(謝るとき)
何でもありませんよ	ノン ファ ニエンテ	Non fa niente.

〈はい〉と〈いいえ〉

はい/ええ	スィ	Si.
はい、ありがとう	スィ グラツィエ	Si, grazie.
いいえ	ノ	No.
いいえ､けっこうです	ノ グラツィエ	No, grazie.

~したい

ヴォレイ
Vorrei~ (私は)~が欲しい(~がしたい)のですが。

英語の"I would like~"にあたる表現で、そのあとにbiglietto(切符)、gelato(アイスクリーム)、camera(部屋)などがくれば「~が欲しい」という意味になり、andare(行く)、prenotare(予約する)、cambiare(替える)などがくれば「~がしたい」という表現になる。

切符を1枚ください。
ヴォレイ ウン ビリエット
Vorrei un biglietto.

アイスクリームをひとつください。
ヴォレイ ウン ジェラート
Vorrei un gelato.

ひと部屋予約したいのですが。
ヴォレイ プレノターレ ウナ カメラ
Vorrei prenotare una camera.

~できる?

ポッソ
Posso~? (私は)~できますか(してもよいですか)?

英語の"Can I~?"にあたる表現

クレジットカードで払えますか?
ポッソ パガーレ コン ラ カルタ ディ クレディト
Posso pagare con la carta di credito?

町歩きのための イタリア語

Vorrei andare a～

眺めているだけで楽しい、ナヴォーナ広場の似顔絵描き

道を尋ねる

～へ行きたいのですが。	ヴォレイ アンダーレ ア Vorrei andare a～.
地図上で教えてください。	ミ インディーキ イル ペルコルソ スッラ ピアンティーナ Mi indichi il percorso sulla piantina.
歩いて行けますか？	チ スィ プオー アンダーレ ア ピエディ Ci si può andare a piedi？
歩いてどのくらいかかりますか？	クアント テンポ チィ ヴゥオレ ア ピエディ Quanto tempo ci vuole a piedi？

バスの中で

このバスは～へ行きますか。	クエスタウトブス ヴァ ア Quest'autobus va a ～.
私は～へ行きたいのですが、降りる場所を教えてください。	ヴォレイ アンダーレ ア ミ ディーカ ドーヴェ デーヴォ シェンデレ Vorrei andare a～, mi dica, dove devo scendere.

タクシーの中で

～ホテルまで行ってください。	ミ ポルティ アッロテル Mi porti all'Hotel ～.
～まで、だいたいいくらくらいですか？	クアント コスタ ピュウ オ メーノ フィーノ ア Quanto costa più o meno fino a～？

基本単語

駅	stazione	スタツィオーネ
列車	treno	トレーノ
旅行案内所	ufficio di informazioni turistiche	ウフィッチョ ディ インフォルマツィオーニ トゥーリスティケ
教会	chiesa	キエーザ
広場	piazza	ピアッツァ
公園	giardino / parco	ジャルディーノ／パルコ
橋	ponte	ポンテ
交差点	incrocio / crocevia	インクローチョ／クローチェヴィア
停留所	fermata	フェルマータ
始発駅・終点	capolinea	カポリーネア
バス	autobus / bus	アウトブス／ブス
プルマン	pullman	プッルマン
プルマン(長距離バス)ターミナル	autostazione	アウトスタツィオーネ
地下鉄	metropolitana	メトロポリターナ
タクシー	tassi / taxi	タッシー／タクシー
タクシー乗り場	posteggio dei tassi	ポステッジョ デイ タッシー

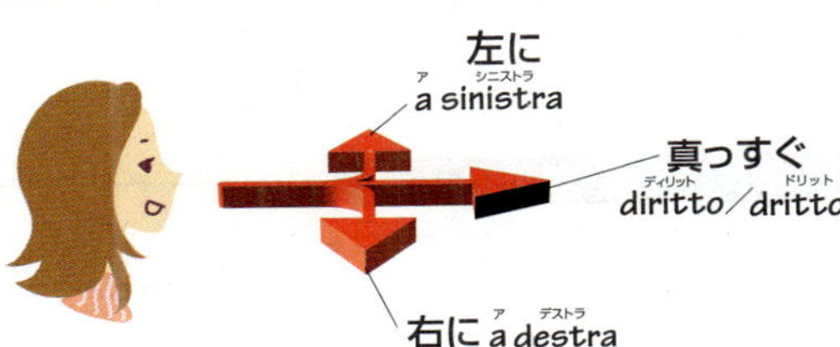

遠い ロンターノ lontano
近い ヴィチーノ vicino

インフォメーションで

町の地図が欲しいのですが。
スクーズィ　ヴォレイ　ウナ　マッパ　デッラ　チッタ
Scusi, vorrei una mappa della città.

催し物のインフォメーションが欲しいのですが。
ヴォレイ　デッレ　インフォルマツィオーニ　デッリ　スペッターコリ
Vorrei delle informazioni degli spettacoli.

ローマの美術館のリストが欲しいのですが。
ヴォレイ　ウナ　リスタ　デイ　ムゼイ　ディ　ローマ
Vorrei una lista dei musei di Roma.

観　光

切符売り場はどこですか?
ドーヴェ　ラ　ビリエッテリーア
Dov'è la biglietteria ?

あなたが列の最後ですか?
レイ　エ　ルルティモ　デッラ　フィーラ
Lei è l'ultimo della fila ?

学生割引はありますか?
チ　ソーノ　リドゥツィオーニ　ペル　ストゥデンティ
Ci sono riduzioni per studenti ?

館内の案内図はありますか?
チェ　ウナ　ピアンティーナ　デッリンテルノ　エディフィーチョ
C'è una piantina dell'interno edificio ?

オーディオガイドを貸してください。
ヴォレイ　ウナウディオグイーダ　ペル　ファヴォーレ
Vorrei un'audioguida, per favore.

日本語の物をお願いします。
イン　ジャッポネーゼ　ペル　ファヴォーレ
In giapponese, per favore.

使い方を教えてください。
コメ　スィ　ウーザ
Come si usa ?

(ガイドブックなどを指さして)これはどこにありますか?
ドーヴェ　スィ　トローヴァ　クエスト
Dove si trova questo ?

ここで写真を撮っていいですか?
エ　ポッシービレ　ファーレ　ウナ　フォート
È possibile fare una foto ?

トイレはどこですか?
ドーヴェ　イル　バーニョ　トイレット
Dov'è il bagno(toilet) ?

食　事

今晩ふたりで予約したいのですが。
ヴォレイ　プレノターレ　ペル　ドゥエ　ペルソーネ　ペル　スタセーラ
Vorrei prenotare per 2 persone per stasera.

私たちは4名ですが、空いているテーブルはありますか?
シアーモ　イン　クアットロ　アヴェーテ　ウン　ターヴォロ　リーベロ
Siamo in quattro avete un tavolo libero ?

今晩20:00に2名で予約をしておいたのですが。
アッビアーモ　プレノタート　ペル　ドゥエ　ペルソーネ　アッレ　オット
Abbiamo prenotato per 2 persone alle 8.

両替・郵便局

こんにちは。3万円を両替したいのですが。
ブォンジョルノ　ヴォレイ　カンビアーレ　トレンタ　ミラ　イエン
Buongiorno. Vorrei cambiare 30 mila yen.

円がいくらか(レートが)わかりますか?
ポッソ　サペーレ　クアント　ファ　ロ　イエン
Posso sapere quanto fa lo yen ?

この(手紙／はがき)の切手が欲しいのですが。
ヴォレイ　フランコボッリ　ペル　クエスタ　レッテラ　カルトリーナ
Vorrei francobolli per questa(lettera／cartolina).

いくら払えばよいですか?
クアント　パーゴ
Quanto pago ?

出発前にイタリア語会話の練習をしよう!!

「地球の歩き方」ホームページでは、旅に役立つイタリア語会話の文例を"ネイティブの発音"で聞くことができる。「ゆっくり」「ふつう」の再生スピードがあるので初心者でも安心。
URL www.arukikata.co.jp/tabikaiwa

健康

一番近い薬局はどこですか？	ドーヴェ ラ ファルマチーア ピュウ ヴィチーナ Dov'è la farmacia più vicina ?
何か風邪薬が欲しいのですが。	ヴォレイ クアルケ メディチーナ ペル イル ラフレッドーレ Vorrei qualche medicina per il raffreddore.
(頭／胃／歯／おなか)が痛いのです。	オ マル ディ テスタ ストマコ デンティ パンチャ Ho mal di (testa／stomaco／denti／pancia).
熱があります。／寒けがします。／下痢しています。	オ ラ フェッブレ オ フレッド オ ラ ディアッレーア Ho la febbre.／Ho freddo.／Ho la diarrea.
具合がよくありません。医者を呼んでください。	スト マーレ ミ キアーミ ウン メディコ ペル ファヴォーレ Sto male. Mi chiami un medico, per favore.
英語を話す医者に診てもらいたいのですが。	ヴォレイ ウン メディコ ケ パルラ イングレーゼ Vorrei un medico che parla inglese.

移動

ミラノまで2等の往復を1枚ください。	ヴォレイ ウン ビリエット ディ セコンダ クラッセ アンダータ エ リトルノ ペル ミラノ Vorrei un biglietto di seconda classe andata e ritomo per Milano.
インテルシティの座席をふたつ予約したいのですが。	ヴォレイ プレノターレ ドゥエ ポスティ スッリンテルシティ Vorrei prenotare due posti sull'Intercity.
いつまで有効ですか？	フィーノ ア クアンド エ ヴァリド Fino a quando è valido ?

※列車に乗り込んだら、座席に着いたり、コンパートメントに入る際に先客がいたら必ずあいさつをしよう。降りるときにも同様に。

こんにちは。この席は空いていますか？	ブォンジョルノ エ リーベロ クエスト ポスト Buongiorno. È libero questo posto ?
この列車はミラノに行きますか？	クエスト トレーノ ヴァ ア ミラノ Questo treno va a Milano ?

トラブル・事故

助けて！ 泥棒！	アユート アル ラードロ Aiuto! Al ladro!
すぐに警察を呼んでください。	ミ キアーミ スビト ラ ポリツィーア ペル ファヴォーレ Mi chiami subito la polizia, per favore.
(財布／パスポート)を盗まれました。	ミ アンノ ルバート イル ポルタフォーリオ イル パッサポルト Mi hanno rubato (il portafoglio／il passaporto).
誰か英語を話す人はいますか？	チェ クアルクーノ ケ パルラ イングレーゼ C'è qualcuno che parla inglese ?
交通事故に遭いました。警察を呼んでください。	オ アヴート ウニンチデンテ ミ キアーミ ラ ポリツィーア ペル ファヴォーレ Ho avuto un'incidente. Mi chiami la polizia, per favore.
救急車を呼んでください。	キアーミ ウナ アンブランツァ ペル ファヴォーレ Chiami un' ambulanza, per favore.

基本単語

今日	oggi	オッジ	明日	domani	ドマーニ
昨日	ieri	イエーリ			

ユーロの読み方

ユーロは小数点以下2位までが使われる。ユーロの下の単位は¢＝セント（イタリア語では、チェンテージモcentesimo、一般的には複数形のチェンテージミcentesimiとして使う）。€1（1ユーロ)が100¢(100チェンテージミ)だ。2018年2月現在€1は136円前後なので1¢は約1.4円。

例えば、€20.18を日本語でイタリア的に読むと、「にじゅう.(ビルゴラ)・じゅうはち ユーロ」または「にじゅうユーロ、じゅうはちチェンテージミ」と読む。途中に．小数点(ビルゴラ)が入っているが、これは読まないことが多い。また、小数点以下でも日本語のように「いち・はち」とは読まない。

€20.18はヴェンティ・ディチョット・ユーロまたはヴェンティ・ユーロ・ディチョット（チェンテージミ)などと読まれる。

これは便利！

レストランでのイタリア語

Il conto, perfavore.

ガストロノミア(高級食材店)の一角での食事風景

レストランでの会話

今晩ふたりで予約したいのですが。	ヴォレイ プレノターレ ペル ドゥエ ペルソーネ ペル スタセーラ Vorrei prenotare per 2 persone per stasera.
私たちは4名ですが、空いているテーブルはありますか?	シアーモ イン クァットロ アヴェーテ ウン ターヴォロ リーベロ Siamo in quattro avete un tavolo libero ?
今晩20:00に2名で予約をしておいたのですが。	アッビアーモ プレノタート ペル ドゥエ ペルソーネ アッレ オット Abbiamo prenotato per 2 persone alle 8.
ガスなしのお水をください。	ヴォレイ ウナ ボッテリア ディ アクア ミネラーレ センツァ ガス Vorrei una botteglia di aqua minerale senza gass.
赤(白)ワインが好みです。	プレフェリスコ ヴィーノ ロッソ (ビアンコ) Preferisco vino rosso(bianco).
お会計をお願いします。	イル コント ペル ファヴォーレ Il conto, per favore.

基本単語

見出し語の単複は、使用頻度が多いと思われるほうを表記。(pl.)は複数、[ ]内は発音。

A		
abbacchio	[アバッキオ]	子羊(ローマ方言)
acciuge	[アチューゲ]	カタクチイワシ
affumicato	[アッフミカート]	燻製にした
aglio	[アーリオ]	ニンニク
agnolotti	[アニョロッティ]	半円型の詰め物をしたパスタ
alici	[アリーチ]	カタクチイワシ
ananas	[アナナス]	パイナップル
anatra	[アナートラ]	鴨、アヒル
aragosta	[アラゴスタ]	伊勢エビ
arancia	[チランチャ]	オレンジ
arrosto	[アッロースト]	ローストした
B		
babà	[ババ]	ナポリ風サバラン
baccalà	[バッカラ]	塩漬け干しタラ
bistecca	[ビステッカ]	ビーフステーキ
bocconcino	[ボッコンチーノ]	1口大にかたどった料理
bollito	[ボッリート]	ゆでた
brace	[ブラーチェ]	炭火
branzino	[ブランツィーノ]	スズキの類
brasato	[ブラサート]	煮込んだ
bresaola	[ブレサオーラ]	牛の乾燥肉
broccolo	[ブロッコロ]	ブロッコリー
burro	[ブッロ]	バター
C		
cacio	[カーチョ]	チーズ
calamaretto	[カラマレット]	小ヤリイカ
calamaro	[カラマーロ]	ヤリイカ
canestrello	[カネストレッロ]	ホタテ貝
cannelloni	[カンネッローニ]	カネロニ
canocchia	[カノッキア]	シャコ
capesante	[カペザンテ]	ホタテ貝
caponata	[カポナータ]	カポナータ。イタリア風ラタトゥイユ
carciofi	[カルチョーフィ]	アーティチョーク
carne	[カルネ]	肉
carote	[カローテ]	ニンジン
cartoccio	[カルトッチョ]	紙包み
ceci	[チェーチ]	エジプト豆
ciliegia	[チリエージャ]	チェリー
cinghiale	[チンギアーレ]	イノシシ
cipolla	[チポッラ]	玉ねぎ
coniglio	[コニーリョ]	飼いウサギ
contorno	[コントルノ]	付け合わせ
costoletta	[コストレッタ]	ロース
cotoletta	[コトレッタ]	イタリア風カツ
cozze	[コッツェ]	ムール貝
crespelle	[クレスペッレ]	クレープ
crocchetta	[クロケッタ]	コロッケ
crostacei	[クロスタチェイ]	甲殻類
crostata	[クロスタータ]	タルト
crudo	[クルード]	生
dentice	[デンティチェ]	(真)鯛
F		
fagiano	[ファジアーノ]	キジ
fagiolini	[ファジオリーニ]	サヤインゲン
fagioli	[ファジォーリ]	インゲン豆
faraona	[ファラオーナ]	ホロホロ鳥
farro	[ファッロ]	スペルト小麦
fave	[ファーヴェ]	ソラマメ
fegato	[フェーガト]	レバー
fettuccine	[フェットチーネ]	幅約1cmの卵入りパスタ

formaggio	[フォルマッジョ]	チーズ
fragola	[フラーゴラ]	イチゴ
frittata	[フリッタータ]	卵焼き
fritto	[フリット]	フライにした
frittura	[フリットゥーラ]	揚げ物
frutta	[フルッタ]	果物
G		
gambero	[ガンベーロ]	エビ
giardiniere	[ジャルディニエーレ]	ピクルス
gnocchi	[ニョッキ]	ニョッキ
granceola	[グランセオーラ]	クモカニ
grancevola	[グランチチェヴォーラ]	
granchio	[グランキオ]	カニ
granita	[グラニータ]	シャーベット
gratinato	[グラティナート]	グラタンにした
griglia	[グリーリア]	網焼き
I		
impanato	[インパナート]	パン粉をつけた
insalata	[インサラータ]	サラダ
L		
latte	[ラッテ]	牛乳
lattuga	[ラトゥーガ]	レタス
legumi	[レグーミ]	野菜・豆の総称
M		
maccheroni	[マッケローニ]	マカロニ
macedonia	[マチェドニア]	フルーツポンチ
maiale	[マイアーレ]	豚肉
manzo	[マンツォ]	牛肉
mare	[マーレ]	海、frutta di mare海の幸
marinara	[マリナーラ]	海の
marinato	[マリナート]	マリネした
mela	[メーラ]	リンゴ
melanzane	[メランザーネ]	ナス
merluzzo	[メルルッツォ]	メルルーサ(鱈の類)
miele	[ミエーレ]	蜂蜜
mugnaio(a)	[ムニアイオ(ア)]	ムニエル
N		
nasello	[ナセッロ]	鱈の類
noce	[ノーチェ]	クルミ
O		
orata	[オラータ]	黒鯛
ostrica	[オストゥリカ]	牡蠣
ostriche	[オストゥリケ]	
P		
padella	[パデッラ]	フライパン、in padella～炒めた
panna	[パンナ]	生クリーム
patate	[パターテ]	ジャガイモ
peperoncino	[ペペロンチーノ]	唐辛子
pesca	[ペスカ]	桃
pesce	[ペーシェ]	魚
pollo	[ポッロ]	鶏肉
polpetta	[ポルペッタ]	ミートボール
polpo	[ポルポ]	タコ
pomodoro(i)	[ポモドーロ(リ)]	トマト

prosciutto	[プロシュート]	ハム、～crudo生ハム、～cotto加熱ハム
pure	[プーレ]	ピューレ
Q		
quaglia	[クアリア]	鶉(ウズラ)
R		
ragu	[ラグー]	ミートソース
ravioli	[ラヴィオリ]	ラビオリ
riccio di mare	[リッチョ・ディ・マーレ]	ウニ
ripieno	[リピエーノ]	詰め物をした
riso	[リーゾ]	米、risottoリゾット
rognone	[ロニョーネ]	(子牛の)腎臓
rombo	[ロンボ]	ヒラメの1種
S		
salame	[サラーメ]	サラミ
salsiccia	[サルシッチャ]	生ソーセージ
salmone	[サルモーネ]	鮭
salsa	[サルサ]	ソース
scampi	[スカンピ]	アカザ(手長)エビ
selvaggina	[セルヴァッジーナ]	ジビエ
seppie	[セッピエ]	甲イカ
sfoglia	[スフォリア]	折りパイ
sogliola	[ソリオラ]	舌平目
soia	[ソイア]	大豆
spezzatino	[スペッツァティーノ]	(牛の)角切り肉の煮込み
spiedino	[スピエディーノ]	串刺し
spigola	[スピーゴラ]	鱸(スズキの)類
spinacci	[スピナッチ]	ホウレン草
stracotto	[ストラコット]	(牛の)シチュー
T		
tacchino	[タッキーノ]	七面鳥
tagliatelle	[タリアテッレ]	きし麺状の卵入りパスタ
tagliolini	[タリオリーニ]	細目のタリアテッレ
tartufo	[タルトゥーホ]	トリフ
tegame	[テガーメ]	浅鍋
tonno	[トンノ]	ツナ
torta	[トルタ]	タルト、パイ、ケーキ
tortellini	[トルテッリーニ]	詰め物をした指輪型のパスタ
trancia	[トランチャ]	(魚の)切り身
triforata	[トリフォラータ]	ニンニク、パセリ、油で炒めて風味付けたもの
triglia	[トリーリャ]	ヒメジ
trippa	[トリッパ]	(子牛または牛の)胃袋
trota	[トロータ]	鱒マス
U		
umido	[ウーミド]	煮込み
uovo(pl.a)	[ウオーヴォ]	卵
uva	[ウーヴァ]	ブドウ
V		
verdure	[ヴェルドゥーレ]	野菜
vitello	[ヴィテッロ]	子牛
vongole	[ヴォンゴレ]	アサリ
Z		
zabaione	[ザバイオーネ]	卵黄を泡立てたクリーム
zafferano	[ザッフェラーノ]	サフラン
zuppa	[ズッパ]	スープ

これは便利!
ショッピングのためのイタリア語

ショーウインドーを眺めるだけで楽しい

買い物の会話

これを試着したいのですが。	ヴォレイ プロヴァーレ クエスト Vorrei provare questo.
あなたのサイズはいくつですか?	ケ ターリア ア Che taglia ha?
別のを見せてください。	メ ネ ファッチャ ヴェデーレ ウナルトロ Me ne faccia vedere un'altro.
いくらですか?	クアント コスタ Quanto costa ?
高すぎます。	エ トロッポ カーロ È troppo caro.
ちょっと考えてみます。	ヴォレイ ペンサルチ ウン ポ Vorrei pensarci un po'.
これをください。	プレンド クエスト(ア) Prendo questo/a.

基本単語

靴

紳士靴	scarpe da uomo	スカルペ ダ ウオーモ
婦人靴	scarpe da donna	スカルペ ダ ドンナ
サンダル	sandali	サンダリ

靴の部分

ヒール	tacco(複tacchi)	タッコ(タッキ)
高い	tacchi alti	タッキ アルティ
低い	tacchi bassi	タッキ バッシ
甲	tomaia	トマイア
幅	larghezza	ラルゲッツァ
きつい	stringe / stretta	ストリンジェ/ストレッタ
ゆるい	larga	ラルガ

数字

0	zero	ゼーロ
1	un、uno、una、un'	ウン、ウーノ、ウーナ、ウン
2	due	ドゥエ
3	tre	トレ
4	quattro	クワットロ
5	cinque	チンクエ
6	sei	セイ
7	sette	セッテ
8	otto	オット
9	nove	ノーヴェ
10	dieci	ディエチ

衣料品の種類

上着	giacca	ジャッカ
スカート	gonna	ゴンナ
ズボン	pantaloni	パンタローニ
シャツ	camicia	カミーチャ
ブラウス	camicetta	カミチェッタ
ネクタイ	cravatta	クラヴァッタ
スカーフ	foulard / sciarpa	フラー/シャルパ
セーター	maglia	マーリア

衣料品の素材

木綿	cotone	コトーネ
絹	seta	セータ
麻	lino	リーノ
毛	lana	ラーナ
皮革	pelle	ペッレ

皮革製品の種類

手袋	guanti	グアンティ
書類カバン	portadocumenti	ポルタ ドクメンティ
ベルト	cintura	チントゥーラ
財布	portafoglio	ポルタフォーリオ
小銭入れ	portamonete	ポルタモネーテ

皮革製品の素材

ヤギ	capra	カプラ
キッド(子ヤギ)	capretto	カプレット
羊	pecora	ペーコラ
カーフ(子牛)	vitello	ヴィテッロ

安全なローマ滞在のために

お財布を出すときには十分注意を

トラブルの傾向と対策

イタリアではスリや置き引き、子供のスリ集団による被害が多いというものの、銃や暴力を用いて金品を奪う犯罪はほかの欧米の国々に比べると少ない。旅行者のちょっとしたスキを狙ったものがほとんどだ。これらのトラブルはあらかじめ状況を把握し、対応策を知っておくことで避けられることも多い。ローマで多いトラブルの傾向と対策を考えてみよう。

置き引き

ひとりで両手いっぱいに荷物を持っているとき、写真を撮るのに夢中のとき、切符を買う間、地図で場所を確認している間など、ほんの少しの時間に四方八方から手が伸び、気づいたときには荷物が消えている。観光名所やテルミニ駅での被害が多いようだ。

また、駅の窓口、ファストフードの店、カフェ、ホテルのロビーなどで見知らぬ人が話しかけてきたときも要注意。気を取られている隙に、別の者がバッグを持って行く。

実例とてんまつ 2014年7月15:30、ローマ・テルミニ駅2階のセルフサービスレストランでのこと。ひとり旅で飲み物を買い、帽子とリュックとバッグを隣の椅子に置き、20〜30秒の間気を抜いてしまいました。気づくとバッグがない! パスポート、ユーロと円の現金すべて。眼鏡、E-チケット、ホテルのカードキー、スーツケースの鍵と、すべて必要な物を詰め込んでいました。店の人は「駅の警察詰め所へ行け」というだけ。探し歩いてホームの外れの警察へ。こちらは頭が真っ白になっているので、警官の巻き舌英語が聞き取れずにいると、怒鳴られ、書類(英語)は「大文字で」と書いてあるのを忘れて3回書き直しする始末。書き上げた書類には印を押してくれるだけ。「これで終わりですか?」と聞くと、「後はホテルで相談しろ」と、とにかく不親切。

お金がないので、地下鉄2駅分を歩いてホテルへ。警察の書類を見せて、カードキーを換えてもらい、やすりでスーツケースの鍵を切ってもらった。手帳に書いてあったカードや携帯電話の連絡先へ国際電話をかけまくり、カード2枚と携帯電話を押さえ、日本大使館へ電話。すでに就業時間を過ぎていたのでつながらず、4〜5回目にミラノ総領事館につながり、必要書類(戸籍謄本または抄本の原本)を教えてもらった。幸い次男の嫁が欧米人相手のホテルのコンシェルジュをやっていたので、長男の嫁との連携プレーでDHLを使い、その日に到着。E-チケットも日本の旅行会社からFAXを入れてもらうことに。困ったのは現金。大使館ではお金は貸せないと言われ、カード会社でも現金を受け取れるシステムはなし。日本からの送金は1週間かかる……。領事館で教えてもらった方法は、Western Union Japan 緊急キャッシングサービス(首都圏ならどこにでもあり、カードを使って振り込めば、その日のうちにテルミニ駅の両替所=黒と黄色のWestern Unionの看板が目印。日本国内のWestern Union連絡先☎0034-800-400-733)で受け取ることができる。パスポートを出して、振込みコードと金額を言うとユーロの現金が手に入った。結局次の日の夕方までにはすべて解決。こんな経験から6カ月以内の戸籍抄本、写真2枚の持参をおすすめします。また、現金は小分けに。スーツケースの鍵は切ったのでシリンダー錠を買いにローマ三越へ。とても親切、ていねいな対応でした。鍵は€16.50でした。(東京都 石田節子 '14)

対策

❶ 荷物は自分の身から離さない。もし、床に荷物を置く場合は足でギュッと挟んでおく。混んだファストフードの店やカフェでは椅子の背中側にバッグを置かない。空いた椅子の上に置く場合は、その椅子を友人同士で挟むように座る。
❷ 不必要に話しかけてくる人物とその動きには十分注意すること。
❸ 待合室や駅のベンチなどでは、自分の荷物(バッグがいくつあっても)に手を伸ばしておくこと。あやしげな人物がさりげなく隣に座ったら、荷物はその人物から離れた位置に移し、十分に注意すること。
❹ ホテルのビュッフェ朝食の際など、料理を取りに行くときに貴重品の入ったバッグなどを椅子に置いたままにしない。

つり銭・両替ごまかし お札のすり替え 買い物の際のつり銭や両替金をごまかされる場合も少なくない。

お札のすり替え

夜間にタクシーを下車する際、高額紙幣を渡すと暗闇などに紛れて少額の紙幣にすり替える。また、混雑したお店や屋台でも同様の被害あり。

両替ごまかし

その1 ユーロに慣れていない外国人に、両替した金額（レシート記載額）からいくらか抜いて少ない額を渡す。

その2 差し出した金額（円など）から最初に紙幣を1～2枚抜く。レシートと受取り額は正しく、最初に差し出した金額と違うと抗議しても、そちらの勘違いと応じる。

実例1 サンタンジェロ城近くの屋台でジェラートを買った際、おつりをごまかされました。おつりを渡された際、コインを重ねて、いくらあるのか判りにくくする店員は要注意です。信用できる店員はたとえ屋台でもコインを1枚ずつ並べたり、目の前で確認して渡してくれました。（奈良県　マルタカ）

実例2 いつもはおおよその料金を乗車前に聞いたり、メーターを確認するのですが、今回は疲れてチェックを失念。地下鉄2駅分で€40も取られました。最初€30と言われ、€10の紙幣を3枚出したのに、「2枚しかないよ」と言われ、1枚足したので計€40。ひどい!!（三重県　ぴよ）

対策

❶ イタリア式のつり銭の出し方に慣れておく。8.55ユーロの買い物をして、10ユーロ札で支払うと、まず0.05ユーロ、続いて0.40ユーロ、さらに1ユーロという具合に単位の小さい硬貨や紙幣から順に返してくる。最初に暗算でおつりを計算しておくと、ごまかされたときすぐに気づく。
❷ おつりがすべてカウンターなどに並ぶまで待って、金額を確認してから財布にしまう。一度触れてしまうと、まして財布に入れてしまっては、間違いを指摘しても認められない。
❸ 両替の場合も（いくら長蛇の列ができていても）その場でレシートと金額を確認すること。特に、両替やおつりをごまかそうと意図している場合、必要以上に細かな紙幣や硬貨を交ぜてくることがある。そして、確認に手間取る者に対し、後がつかえているから早くどくように言うのが彼らの手口だ。焦らず、その場で確認してから財布に入れること。
❹ 支払いや両替をするときは、まずお札の金額を相手の目の前で確認する。

子連れスリ 赤ん坊を抱いた女性のスリ。体の前に布で包んだ赤ん坊を抱いているスタイルが一般的。赤ん坊は本物のこともあるし、人形のこともある。赤ん坊で気をそらせ、かつ赤ん坊で手元を隠してすり、盗んだ品を布に隠すのが常套手段。町なかでは胸を出して、授乳しているように見せかけて近づいてくることもある。

実例 老夫婦と孫娘ふたりで、夏のまだ明るい18:00頃にバルベリーニ駅から地下鉄に乗り込んできたスリ集団に囲まれました。スリはすぐにホームに降りて逃走。乗客はスリ集団とわかっているらしく、家内に「バッグを調べろ」。開けてみると財布がやられていました。次の駅で降りてバルベリーニ駅に引き返すと、ちょうど警官がスリ集団をつかまえて、駅の詰め所へ連れて行くのに出くわして、奇跡的に財布を回収することができました。

スリ集団の構成は男、女、乳飲み子を抱いた女、男の子の計5人。乳飲み子を抱いた女がスリだなんて…という「常識」は通用しない世界です。そんな感覚がスリに見られ、ひょっとすると地上からつけられていたのかもしれません。（東京都　yanasan　'14）

対策

❶ 小さな子供連れだからと、安心や同情はしない。
❷ 話しかけられたり、近づかれないようにする。
❸ 近づかれた場合は、貴重品に注意して移動する。

子供のスリ集団 子供のスリ集団によるスリも有名だ。スリ集団の子供は以前は長いスカート、汚い頭髪や手足でひとめでわかったが、最近は普通のイタリア人の子供に比べてやや薄汚いくらいだ。手口は、新聞やダンボールを持って近づいて来、こちらが何事かと気を取られているうちに、ポケットやバッグから財布をすっていく。

昼間は、狙う側にとって隠れる場所や茂みがあって都合のよいと思われるコロッセオ周辺やボルゲーゼ公園、フォロ・ロマーノやフォーリ・インペリアーリ通りなどに出没。

実例 地下鉄カヴール駅近くで、女の子のスリに遭いました。夕食のレストランを探しているときに妻のバッグから財布を盗られました。私は妻の前を歩いていましたが、前から来たイタリア人が大声で叫んでいたので、後ろを振り向くと女の子が盗っていました。私は彼女の両腕をつかんで取り押さえると、ポケットから財布が落ちて取り戻すことができました。このあたりは大通りでも暗く、横に（逃走できそうな）小道がたくさんあるので要注意です。　（東京都　田葉隆一　'15）

対策
❶ 同情は禁物。スリ集団を決して「子供の新聞売りかしら」などと思わないこと。
❷ スリ集団が目についたら、しっかり視界に入れて、近づかれないようにすること。最寄りのホテルやバール、商店に入ってやり過ごすのもよい。
❸ 不幸にして取り囲まれたら、子供だと侮らず、殴る、蹴るくらいのまねをして大声で助けを呼ぶか、走って逃げ出す。走る場合には、公園などの方向ではなく、人混みの方向へ。（集団で人の少ない場所へ追い詰めようとする場合もあるので注意。）
❹ ウエストポーチ、ズボンのポケットは最も狙われる。貴重品は入れない。

地下鉄サンドイッチ型スリ　スリが出没するのは混雑する時間帯の地下鉄やバスの車内。ヴァティカンへ向かう観光客の多いバス64番と地下鉄A線オッタヴィアーノからスペイン広場のスパーニャ、テルミニ駅間は要注意。スリは複数で行動することが多く、グループごとわざわざ混んでいる車両やバスに乗り込み（あるいは、混んだ状況をわざと作り）旅行者がおしくらまんじゅうの状況にとまどっているうちにスッていく。

　または、気安い雰囲気で近づいてきて、「今何時ですか？」などと話しかけてくることもある。時計を見るために気を取られたり、言葉がわからずにとまどっている隙にポケットを探ったり荷物などを狙うこともある。

実例　ツアーでの自由時間のこと。地下鉄レプッブリカ駅で妻と地下鉄に乗り込もうとすると、突然若い娘が私の前に割り込みそのまま乗車。失礼な奴と思いつつ私が乗り込むと、さほどの混雑でもないのにその娘は私をブロック。相手が娘なので押し込むことを少々たじろいでいると、後ろから腰のあたりを押してくれる人物がいました。何とか乗れてホッとしましたが、若い娘の行動に違和感を感じていました。何気なく自分の足元を見ようとすると、なんと左のポケットに後ろから指先が差し込まれているではありませんか!!　とっさに「なにやってるんだ、この野郎!」と叫んで振り返ると、先に私の背中を押してくれた"妊婦"がいました。妊婦はその腹を指しながら身振りで勘弁してくれと懇願してきました。若い娘とはふたり組みで次の駅でそそくさと降りて行きました。

（匿名希望　'14）

スリの新スポット!?　**実例1**　メトロB線コロッセオの駅の真上にあるテラスはコロッセオを眺められる人気のスポット。つい気を抜きがちですが、ここは要注意です。ローマ在住十数年、町なかのジプシーに慣れている私が、少女ふたり組のスリに遭いそうになりました。

（ローマ在住　'15）

実例2　テルミニ・荷物預け付近のスリ。テルミニ駅の荷物預け（地下）そばに地上階へ通じるエレベーターがあります。荷物を預けて乗り込むと、続いて若い女の子の2人組が乗ってきました。片言の英語で「これは上へ行くのか?」と意味不明のことを言いながら、操作ボタンを指さしてそこを見るように促してきました。思わず目が行ったとたん、もう1人の少女が私たちのバッグに手を伸ばして財布を抜き取ろうとしました。間一髪で助かりましたが、狙われるのは女性です。スリはとても身近にいます。（小池匡史　'16）

対策
❶ なるべく混んだ車内に乗らない。少し待てば、すいた車両が来る。座ってバッグに手を回していればベター。
❷ 貴重品はなるべく分散させて、直接肌に着ける。バッグなどは留口を自分の体に向けて、簡単に開けられないようにしておく。デイパックの外側、ズボンのポケット、ウエストポーチなどに貴重品を入れるのはやめること。
❸ 他人の体がぶつかってくる様子があれば、十分注意すること。不用意に「体に触れるな」と抗議すると、逆にすごまれることがあるので注意。町を歩いている場合などは、商店やバールに入ってやり過ごすのもよい。
❹ 狙われていると思ったら、相手から離れて、動きを観察する。あやしいと思われると、あきらめるのが犯罪者の心理のよう。　編集部
❺ 財布やポシェット類は絶対持ち歩かない
❻ カード類は裸で隠しポケットへ
❼ 現金は必要最小限を裸で所持。なくなればATMでそのつど少額を引き出す
❽ なるべく違和感のない服装を
❾ カメラなどの荷物は現地のスーパーの袋に入れる
（匿名希望　'14）

テルミニ駅 自動券売機付近ではお助け詐欺に注意!!

実例1 フィレンツェへ行くため、テルミニ駅の券売機で切符を購入しようとしたところ、若い女性に声をかけられ、切符の購入を手伝ってもらい、乗り場まで案内してくれました。お礼のチップを払おうとしたら、ひとり€20×2人を要求してきました。何とか€30で納得してもらいましたが、財布の中身をチェックされていたのかかなりしつこかったです。券売機前で声をかけてきた人には気をつけて。

(大阪府　入部正也　'15)

実例2 自動券売機の付近には「歩き方」に載っていたように『お助けサギ』が入れ替わり立ちかわり登場します。無視かはっきり断りましょう。今年はまるでfs駅員の制服のような青いシャツを着て近づいて来る人までいました。(千葉県　大谷美智子　'15)

※'16年7月現在、テルミニ駅fs線券売機の前には係員が常駐

ニセ私服警官

ひと気のない通りや人通りの少ない日曜の朝に、「われわれは私服警官だが、近くで事件があったので（ときには、麻薬の取り締まりのためなど）、所持品を見せてほしい」と言ってくる。パスポートと財布を点検するふりをして財布から現金を抜き取るか、財布を持って逃げてしまう。

実例 地下鉄のチルコ・マッシモ駅から「真実の口」へ行こうとチルコ・マッシモ脇のVia del Cerchi通りを歩いていました。すると、まず地図を持った観光客風の男が道を尋ねてきました。道を教えていると、いきなりふたり組の男に取り囲まれ、彼らは写真付きの証明書のような物を見せてきました。まず道を尋ねてきた観光客風の男が現金とパスポートを見せ、「心配ないよ」とウインクしたのでこれはグルだと直感しました。夫に「現金は見せないで」と言ったのですが、すべてのポケットに手を入れ、「ドラッグは持っていないか」などとわざとらしく臭いまで嗅いだりします。「現金は持っていない」と抵抗しましたが、結局お財布を見つけられてしまいました。ふたり組で丹念に何度もお財布を調べ、こちらも目を離さなかったのですが、彼らが去った後で確認すると1万円札だけが抜かれていました。チルコ・マッシモ周辺は草地が広がり、時間帯によっては人通りも少なく、走って逃げ隠れする所はありません。逆に言えば見晴らしがいいこんな所は彼らにとっては絶好の仕事の場だったのかもしれません。また、観光客とひとめでわかる私たちに道を尋ねること自体おかしいと思うべきでした。(orange)

対策

イタリアでは路上の尋問は、特別な場合を除いて行なわれないことを、まず覚えておこう。私服警官と名乗る者が出てきたら、写真付きの証明書を見せてもらい、「警察へ行こう」と言うのもよいが、ほとんどの場合、「われわれを信用しないのか」とすごまれる。この場合は、「ホテルに置いてきた。ホテルへ行こう。」と言ってみよう。あやしい人物なら、お金を持っていないことがわかれば、離れていく。もし、警察やホテルに行く場合も彼らの車には絶対に乗らないこと。ホテルについてきたら、ホテルのフロントに相談し、自分たちの部屋には入れないこと。また、身体検査と称して、体にタッチして財布などの在りかを確認することもあるのでお金は分散させておくこと。もちろん、大金を持ち歩かないのは鉄則だ。

2010年頃からの投稿によると、実害はなかったもののパスポートに固執するのが特徴。パスポート管理は慎重に。また、本物の警官に暴言を発すると罰せられますので、周囲のイタリア人に助けてもらい、身分を確認するのもいい。

ひったくり

以前、ローマで団体客を引き連れた日本人添乗員が被害に遇い、死亡したという報道を覚えている人も多いだろう。手口は、歩いている旅行者にふたり乗りのバイクが近づいて来、後ろに乗った者がネックレスやバッグをひったくって行く。このとき、倒されて、引きずられ、大きなけがをすることも少なくない。

対策

❶ 夜間や人通りの少ない通り、車道と歩道の区別のない路地では注意を払う。歩道では車道側を歩かない。

❷ バッグはたすきがけにし、バッグは車道側とは反対側に。

❸ 貴重品は分散して、体に直接着ける。高価なアクセサリー、時計などは身に着けないのが鉄則。おしゃれしてオペラやレストランに出かけた場合などは、タクシーを利用しよう。

❹ カートに荷物を積んで空港や駅構内をタクシー乗り場などへ移動する際も、カートの上に不用意にバッグを置かない。

カード被害

カード伝票の改ざん、二重請求、スキミングなどで、思いがけない多額の金額をカード会社から請求される場合がある。また、キャッシングの際にカードをだまし盗られる被害の報告もある。これは、犯人が近くで暗証番号を盗み見ていて、その後カードをだまし盗るやり方。また、犯人があらかじめATMに細工を施し、カードを入れると機械に飲み込まれて暗証番号も表示されるやり方もある。驚いて場所を離れた隙に犯人がカードを取り出し、多額の現金を短時間に引き出される。被害額が大きいので注意しよう。

対策

❶ 露店やあやしげな店ではカードは利用しない。
❷ 身に覚えのない請求を受けた場合は、すぐにカード会社へ連絡。買い物などの支払いによる被害は基本的に保険で補てんされる。迅速な連絡を。
❸ キャッシングの際には周囲にあやしい人物がいないか注意する。なるべく昼間に、警備員のいる銀行かカードを入れて入室するATMブースを利用する。
❹ ATM利用時に話しかけてくる人物がいたら、手続きを止める。暗証番号は見られないようにする。
❺ キャッシングの限度額を少額にしておく。銀行カードの場合は引き出し口座の残高を少なくしておく。

悪質なレストラン、屋台

ローマをはじめとする一大観光地では、レストランでぼられたという被害もある。メニューやワインリストを見ないで、店の者の言いなりに注文したり、値段を確認しないで時価の魚のグリルを注文したりして問題が起こることが多いようだ。

実例 ヴェネツィア広場近くのカフェでのこと。陽気に客引きするサービス係に乗せられて店に入りましたが、メニューはなく、口頭での説明のみ。値段を確認しないで注文すると、グラスワイン1杯とピザ1枚で€25を要求されました。値段は最初に必ず確認しましょう。　　　　（住所不明のトッティ）

ヴァティカン博物館周辺でも同様投稿あり。

対策

こんな店には注意
❶ 店頭やレジ横に価格表の張っていない店。
❷ 駅や有名観光地周辺などで、旅慣れない旅行者ばかりいる店。
❸ 席に着いたら、英語や日本語のメニューだけでなく、イタリア語のメニューも見せてもらう。ときとして、外人値段が高くついている場合もある。
❹ 注文する料理の値段をよく確かめる。
❺ 店の人のすすめるままに注文しない。お任せメニューは信頼できる店だけで！
❻ 魚介類を注文する場合は、普通メニューに100g＝ettoまたは1kg当たりの値段が表示してあるので、心配なら、ひと皿いくらになるか確認する。

暴力バー

親切を装って、ときには同情心をあおるように、あるいは道を聞くふりをして近づいてくるイタリア人あるいはほかの外国人に注意しよう。

言葉巧みに、「近くによいレストランがある」とか、「すてきな女性を紹介する」と言って近づいて来て、一緒にレストランやナイトクラブへ出かけると、法外な値段を要求され、暴力でもって払わせようとする。暴力バーの客引きの舞台は、スペイン広場～トレヴィの泉～共和国広場の三角地帯とヴェネト通りの周辺。

女性には「お茶でも飲もう。夕食も一緒に」と誘ってくる。彼らの目当ては、一夜のアバンチュールであり、その後、身ぐるみ剥がされ、人の通らない場所へ置き去りにされることもある。

対策

残念ながら、「簡単に人を信じないこと」とアドバイスをせざるを得ない。他人に甘える態度やよこしまな気持ちが、相手には見えているのかもしれない。常に毅然とした態度を心がけよう。紹介してくれるレストランなどに興味をもっても、そのときは住所を聞くくらいにとどめ、後日ホテルの人などに評判を聞いてから出かけるかどうか判断しよう。

日本人を狙うので、「僕は中国人だ」と言ってみる。「僕の知っている店に行こう」と言うと逃げて行くという投稿もあります。

在イタリア日本大使館（ローマ）
Ambasciata del Giappone

☎ 06-487991　Fax 06-4873316
住 Via Quintino Sella 60, Roma　地 P.35 C3
URL www.it.emb-japan.go.jp/index_j.htm

日本総領事館（ミラノ）
Consolato Generale del Giappone

☎ 02-6241141　Fax 02-6597201
住 Via privata C. Mangili 2/4, Milano
URL www.milano.it.emb-japan.go.jp/index_j.htm

白タク(無認可タクシー)など

長い列のできているタクシー乗り場の脇に車を停め、来ないタクシーにイライラしている観光客を狙って、非常に安い値段で目的地まで送ると近寄ってくる。走り出して、しばらくすると、安い値段はひとり分の値段と言ったり、暗がりに車を停めて脅し、法外な料金を請求する。空港やテルミニ駅は白タクの仕事場となっているので注意。

実例 空港を出ると「タクシーはこちらです」という言葉が聞こえ、車内にタクシーメーターもあったので迷うことなく乗り込みました。ホテル到着まで約40分、料金は€50～80程度かなと思っていました。ところが請求されたのがなんと€280。あまりの高額な料金に散々抗議しましたが、ついに逆ギレされ、怖くなって言われるままに払ってしまいました。帰国時ホテルから空港までは€40でした。ちなみに、悪徳タクシーの運転手はその日に乗せた日本人の話をしており、日本人を狙っているかのようでした。現地の人の話では、本物のタクシーは、「タクシーはこちら」みたいなことは言わないそうです。正規のタクシー乗り場から乗車しましょう。

(大阪府　匿名希望)

対策

❶　タクシーは駅前や町角のタクシー乗り場から乗るか、ホテルやレストランで呼んでもらい、表示のない無認可のタクシーには乗らない(無認可タクシーにはメーターや2桁・2桁の数字か2桁の数字・地名の車体ナンバーの表示がない)。

❷　タクシーに乗ったらメーターが正常に作動しているのを確かめること。ただ、メーターよりやや多めに請求された場合は、荷物代、夜間、祝日などの割り増し料金が含まれていることが多いので、内訳を説明してもらおう。

❸　疑問を感じたときは、直接運転手に尋ねたり、支払いの前にホテルの人に相場を尋ねてみよう。

ミサンガ売り

スペイン広場やナヴォーナ広場、コロッセオ周辺など有名観光名所に出没。

実例1 スペイン階段で記念撮影をしていると、男性に話しかけられサッカーの話で打ち解けると「日本人は友達。ミサンガをプレゼントさせてくれ。」と言われました。有名なミサンガ詐欺なので断り続けても「信用してくれないのか」の一点張りで根負けし、受け取ることに。受け取った直後に別の男が出てきて€5請求され、「俺はヤクザ」との脅迫も。結局支払ってしまいました。日本人をターゲットにしているようなので、広場周辺では日本語のガイドブックはしまっておくのもいいのかも。(奈良県　KD　'14)

実例2 コロッセオの前の広場で、自分の写真を撮ってくれと近寄ってきて、カメラを渡されました。写真を撮ってあげると、今度は自分が撮ってあげると言ってきましたが断ると、今度は「ミサンガを買ってくれ」と言ってきました。写真を撮ってほしいというのは、観光客に近づく口実で、ミサンガを買わせるのが目的でした。気安く近寄ってくる者は要注意です。

(大阪府　ウィステリア　'13)

対策

❶　親しげに近づいて来る者に注意。

❷　軽い調子で「このひもを持って」などど、言われても相手にしない。

❸　最初に、しっかり断ること。

女性のひとり旅

ホテルでのこと。浅黒い肌の従業員が、なれなれしく、なんとビールを持って部屋までやって来ました。ホテルの従業員だから大丈夫かと思い、一緒に飲んでいましたが、何気なく髪や体に触ってきました。キッパリ拒否しましたが、嫌な思いをしました。

トレニタリアのRの車内では、変な男の人に狙われました。どんなに暑くても女のひとり旅では肌を露出した服装は避けるべきだと思いました。(福岡県　とっぴ)

TPOを考えた服装で

対策

❶　甘い顔や曖昧な態度を見せず、嫌なことは最初にキッパリと断ること。

❷　肌の露出が多い服装は信頼するエスコートの男性がいるときのみと心得よう。

●トラブルに遭ってしまったら●

十分に注意していても、不幸にもトラブルに巻き込まれてしまうこともある。こんなときには、素早く気持ちを切り替えて、前向きに次の行動を起こそう。また、盗難などに備え、パスポート番号、発行日、クレジットカード番号、緊急連絡先などを書き留め、E-チケットの控えとともに保管しておこう。

「盗難証明書」の発行

パスポート、旅行荷物などが被害に遭ったら、警察に届け出て「盗難証明書Denuncia di Furto（デヌンチャ ディ フルト）」を作成してもらおう。これは、なくなった物を探してもらう手続きというよりも、保険請求やパスポートの新規発給のための手続きのひとつだ。証明書の発行は中央警察Questura di Roma／クエストゥーラ・ディ・ローマ（住 Via S. Vitale 15　☎ 06-46861）の外国人向け窓口のほか、駅で被害に遭った場合は駅の警察など最寄りの警察で発行してくれる。

パスポート(旅券)の紛失・盗難

もしパスポートをなくしたら、まず現地の警察署へ行き、紛失・盗難届出証明書を発行してもらう。次に日本大使館・領事館で旅券の失効手続を行い、新規旅券の発給（改正旅券法の施行により、紛失した旅券の「再発給」制度は廃止されている）または、帰国のための渡航書の発給を申請する。

手続きをスムーズに進めるために、旅券の顔写真があるページと、航空券や日程表のコピーを取り、原本とは別の場所に保管しておこう。

■準備しておく書類および費用

- 現地警察署の発行した紛失・盗難届出証明書
- 写真（縦45㎜×横35㎜）　2枚
- 戸籍謄本または抄本　1通
- 旅行の日程などが確認できる書類（航空券や旅行会社が制作した日程表）
- 手数料　10年用旅券→1万6000円、5年用旅券→1万1000円、帰国のための渡航書→2500円。いずれも現地通貨の現金で支払う。

落とし物

交通機関の中では、見つかることは少ないが、駅の遺失物預かり所Ufficio oggetti smarritiで尋ねてみよう。

遺失物連絡先**■市内**☎ 06-67693214　**■鉄道fs**☎ 06-67693219、**ATAC**☎ 06-67693214、**地下鉄A線**☎ 06-46957068、**B線**☎ 06-46958164

航空券の紛失・盗難

現在は、航空券はE-チケット（→P.333）として管理されているので、紛失や盗難の心配はない。しかし、E-チケットの控えは入国審査のときに提示しなければならない場合もあるので、旅の途中で紛失してしまったら、航空会社から控えを再発行してもらっておいたほうがよい。控えのコピーを複数準備しておき、別々の場所に保管しておけば安心だ。

クレジットカードの紛失・盗難

盗まれて、すぐ使われることが多いので、当該カードを無効にし、再発行の手続きをするために最寄りの連絡事務所にすぐ連絡する。盗まれたカードが使われた場合は、基本的に保険で補てんされるが、迅速に連絡しよう。普通、24時間体制で受け付けている。

クレジット会社の緊急連絡先

- ●アメリカン・エキスプレス　☎ 800-871-981
- ●ダイナースカード　☎ 81-3-6770-2796（日本、コレクトコールを利用）
- ●JCBカード　☎ 800-7-80285
- ●VISA　☎ 1-303-967-1090（日本。コレクトコールを利用）
- ●VISA（三井住友）　☎ 800-12121212
- ●MasterCard　☎ 800-870866

☎ 800～はイタリア国内無料通話ダイヤル
緊急連絡先は提携カードにより異なることがあります。出発前に確認を。

病気・ケガ

→P.368

緊急番号	警察113	消防115	救急118

旅の伝言板

ローマを旅した「歩き方」読者の声をご紹介。
楽しい旅のご参考に。

(千葉県　河野純栄　'15)

旅の提案

お得に活用しよう 国立美術・博物館の無料Day

国立の美術・博物館、考古学エリアなどの見どころは10～3月の第1日は無料。(一部適用されない見どころあり) 特別展は会場により異なり、別途、切符購入が必要な場合あり。　(編集部　'18)

18歳以下に朗報

以下の施設は'16年4月、18歳以下は無料でした。
バルベリーニ美術館／サンタンジェロ城
オスティア・アンティカ遺跡
ボルゲーゼ美術館(予約料€2は必要)
サン・クレメンテ地下遺跡(親同伴の場合のみ)
コロッセオ　(東京都　道下ポチ　'16)
※ローマに限らず、イタリアの国立の美術・博物館などの見どころの多くは18歳以下無料。

買っても買わなくてもBuongiorno(ブォンジョルノ)

お店やレストラン、空港のちょっとしたコーナーで、買う気がなくても必ずお店の人と目を合わせて「ボンジョルノ！」と言いました。あいさつがとても大切で、お店の方の表情もパッと明るくなり、気をよくしてくれた方はユーロの1桁をまけてくれた所もありました。日本人は無言で店に入り、特に何も買わないときは申し訳ない気持ちからスーッとお店を後にしますが、それをすると気味悪がられます。必ずあいさつして入って出ることと、イタリア人に教わりました。買っても買わなくても、「ボンジョルノ」や「チャオ」であいさつを。　(千葉県　さつまいもこ)

子連れ旅とイタリア語

子供と一緒だったので、スリ、ヒッタクリ、テロなどに準備・覚悟して行きました。でも、着いてみると、銃を持った兵士があちこちにいて警備は厳重と思われ、安心でした。

載っていたアドバイス通り、イタリア語であいさつしてお店などに入ると、どこでもよくしてくれました。数字を間違えてもイタリア語で言おうとしていたら、ペットボトルのお水をプレゼントしてくれたこともありました。　(愛知県　ハナ　'16)

高齢者や子供に親切

ローマの人は高齢者にとても親切で、何人もの人が席を譲ろうとします。高齢者が高齢者に譲ろうとした場面もあり、あたたかい気持ちになりました。

空港からローマへ

レオナルド・エクスプレスの切符購入は旅行会社では避けよう

空港からローマへの直通電車に乗るために乗り場に到着。なにも考えず駅入口そばの旅行代理店の窓口で切符を購入すると€16。ところが、帰りにテルミニ駅の自販機で空港までの切符を購入すると€14と金額が違っていてびっくり！なんと、旅行代理店で購入した際には、€2もの手数料を取られていたんです！こんなところで金額に差があるなんて！

切符は絶対に自販機で購入することをおすすめします。ただ、テルミニ駅では、自販機の前でもたもたしていると、親切そうに自販機の操作の説明をしてくれるおせっかいおじさんが出没します。単に親切心でやってくれているとおもったら最後にチップを請求されるので、ご注意！(私たちは、「小銭がない」と、振り切りましたが……)　(R.M　'17)

空港側(ホームに向かって左側)が旅行会社の窓口、奥の売店横にfs線の切符窓口、さらに中央あたりに切符の自販機があります。fs線窓口と自販機では手数料はかかりません。　(編集部)

レオナルド・エクスプレスを利用

テルミニ駅には改札があります。改札を通ってからホーム内の自動検札機で打刻が必要です。打刻が必要なことは自動券売機で購入する際に注意事項としてでていました。車内検札もありました。空港駅に到着して、ホームから出るときも切符が必要でした。　(宮崎恵理子　'18)

空港から市内へは、改札を通過した時点でバリデーションになるようです。　(mamcita　'17)

空港～テルミニ駅を2等料金で電車移動

直通にこだわらなければ、バスとほぼ同額の2等料金(€8)で空港駅～テルミニ駅間を電車移動が可能です。ただしローマ・オスティエンセ駅Roma Ostienseなど、途中で乗り換えが必要になります。自動券売機でも切符の購入は可能。乗車駅にて5桁の列車番号を控えておき、電光掲示板を参照し、正しい電車に乗るようにして下さい。　(いつも鉄道が好き　'18)

空港からのアリタリアバス

アリタリア・リムジンバスはSIT BUS SHUTTLEが運行しています。アリタリアの搭乗券を見せると、€5(通

常€6）に割り引きされます。利用者も少なく、安全運転で快適でした。（静岡県　ケースタイル　'16）['18]

空港駅の中ですが油断できません

ローマのフィウミチーノ空港駅からテルミニ行きの電車に乗ろうと、駅構内のインフォメーションで切符の買い方を尋ねたところ「次の電車は40分後。バスならすぐ出発できる」と言われ、1人€15でバス（実際は古い大型車。乗り心地最悪！）を斡旋されました。どうも電車は時刻通り動いていたようです。強引さはなかったし詐欺とまでは言いませんが、ちょっとだまされた気分でした。（YOKO　'17）

ローマからワンディ・トリップ

チヴィタ・ディ・バニョレッジョ（P.254）とオルヴィエートへ

夏休みが1週間くらいしかとれない私たちはがんばってローマから日帰りしました。ローマからランチ付き1人€180というツアーもありましたが、催行は毎日ではなく、2人以上なら途中でタクシーを利用しても個人で行ったほうが安く行くことができます。

スケジュール

8:58ローマ・テルミニ駅発のfs線RVに乗車→10:14オルヴィエート着。オルヴィエートからタクシーでチヴィタ・ディ・バニョレッジョの町の入口まで。料金€50、所要約30分。タクシー利用でかなりの時間の節約にもなります。

村を2時間くらい観光して13:00頃、チヴィタ・ディ・バニョレッジョからバス利用でオルヴィエートへ。町で遅めのランチをして3時間くらい散策できました。その後、17:25発のローマ・テルミニ行きでテルミニ駅着18:50。（千葉県　大谷美智子　'15）

※fs線の時刻表は'16年5月現在

ゆっくり、のんびりと

ローマ・テルミニからまずオルヴィエートへ。RVで約80分、切符は€7.80。オルヴィエート駅を背にした左前方にCOTRAL社のバニョレッジョ行きのバス停があります。切符€1.20（Tariffaria 2）を駅前のバールで購入し、50分ほど乗車。広場でバスを降りて近くの人に尋ねると、この広場からチヴィタの入口までバスがあるとのこと。20分ほど待って乗車（切符€1は車内で）。

チヴィタ・ディ・バニョレッジョの村自体は小さいので、1時間ちょっとあれば散策できます。高所に位置しているので、周囲の景色もすばらしいです。村にはレストランやバールがあちこちにあり、値段も観光地にしては安かったです。古い町並みのなかで、のんびりビールやワインを飲み、つまみは生ハムとブルスケッタ。ブルスケッタは名産のオリーブ油をたっぷりかけると最高の気分!!　旅行会社のオプショナルツアーではお金もかかり、ゆっくりと自分のペースで過ごせませんが、個人ではとても安く、本当にゆっくりできました。（岐阜県　渡邉孝治　'16）

早めの行動を

チヴィタへ行くためのバニョレッジョ行きのバスは超不便です。私が訪ねた際は、オルヴィエート9:10を逃すと13:00までありませんでした。バス乗り換えのため30分の余裕を持ってテルミニ駅を出発しましたが、列車が1時間遅れで到着して午前中を無駄にしてしまいました。13:00発のバスに乗車して15:30には観光終了。でもオルヴィエートへ戻るバスは17:25発までありません。ここでも2時間のロス!!。テルミニ駅を早めに出て、必ずオルヴィエート発9:10（'18年1月は運行なし）のバスに乗るべきです。そうすればバニョレッジョ13:00発のバスに乗れ、オルヴィエートなり、ローマで時間を有意義に過ごせます。

（静岡県　takk　'16）

※タクシー1～4人乗りでオルヴィエート↔チヴィタ・ディ・バニョレッジョ往復、2時間の待機で€90程度。人数が揃えばタクシー利用も便利。['18]

入場料値上がり

平日€3、㊐㊗€5になりました。（マッコ　'17）

タクシーも便利で快適

タクシー利用で快適に

2日間で9回、大人3人で利用しましたが、猛暑日でも効率よく回れました。すべてタクシー乗り場から乗り、中心部での移動だったのでだいたい€8前後でした。多めに硬貨を出してもメーターどおりにおつりを寄越すドライバーもいて、全体として運転手の印象は悪くありませんでした。東京のタクシーよりも安いし、道も東京ほど混んでいないし、コストに見合ったものなので、場合によっては積極的に利用してもいいと思いました。（千葉県　yossie）

タクシー・トラブル

ホテル近くのピザ屋ではつり銭をごまかされ、地下鉄では子連れのスリに遭遇しました。ただ、「安全なローマ滞在のために」を読んでいたので被害を防ぐことができました。

ヴァティカン博物館の帰路、前日のスリとの遭遇が恐かったので、地下鉄を避けてタクシーでホテル近くのピラミデ駅まで帰ることにしました。タクシー乗り場で白タクでないことを確認し、料金を聞くと「€35」とのこと。前日に同じ距離くらいを€15で乗ったので、高いとは思いながらも乗ることにしました。すると運転手は「アラウンド（だいたい）35」と言い換えました。こちらから「€35」と念押しし、運転手も承知して出発。途中、メーターを作動させないことに不信感を覚えましたが、抗議しないまま到着。すると運転手が急にメーターを作動させ€48と表示させました。おかしいと抗議すると「アラウンド」と言ったと主張、こちらも「€35」を譲らず、€40を出して€5のおつりをもらって降りようとすると、€5を小銭にしてつり銭をごまかす気のようで、腹ただたしくなりました。

人通りが多い駅前で下車したので脅かされたり、後をつけられたりすることはありませんでしたが、後から考えると「払えない」と言って距離に見合った€20を置いてくればよかったと思いました。(匿名希望 '16)

こんな時はホテルに乗りつけて、払う前にホテルの人に相談を。また、慣れない場所では不信を感じたら避けるのが賢明です。高いと思ったら数人の運転手に確認しましょう。

交通情報

バスと地下鉄、どっちが安全!?

その1 地下鉄よりバスが安全とありましたが、私が乗ったときはバス40番は常に東京の満員電車並みの混雑で地下鉄はすいていました。混んでいるバスは打刻機にも近づけず、無賃乗車が明らかに可能なので、私がスリなら間違いなくバスを選びます。

(パスタ大好き '15)

その2 主要バス停と観光地間の路線はどのバスも超満員で検札係員も身動きがとれない状況。不衛生な乗客も多く、車内には悪臭が立ち込め、エアコンも効いていませんでした。始発でも乗客がわれ先に乗り込み、超満員。ターミナルでも係員はおらず、路線、バス停、時刻などの情報は取得不可。インフォメーションセンターでも古い情報しかありませんでした。

地下鉄は乗車時に自動改札機があるので、客層はやや上がります。主要な観光スポットへは地下鉄利用をおすすめします。進行方向ごとにホームが異なる駅が多いので、改札口でどっち行きかを確認してから移動を。時刻表と到着時間の表示、遅延情報もあるので、バスやトラムより使いやすいです。

(静岡県 もーてふ '16)

ローマいろいろ

僕のおすすめ

スペイン広場の周辺には高級ブティックが並んでいますが、一般的に買い物ストリートは、コルソ通りVia del Corsoとナツィオナーレ通りVia Nazionaleです。コルソ通りからは非常に簡単にトレビの泉に行けるので買い物がてら、フラ〜っと泉に寄るのはかなりよい案です。

ローマ・テルミニ駅の中のセントラルマーケット(P.263)は、高級フードコートみたいで楽しかったです。お寿司なんかもあり(高いですが)案外時間をつぶせました。

電車(trenitaliとかItalo)の切符は はウエブサイトであらかじめ買っておくと案外割引になるものがあります。駅構内で購入しようと思うと、ときには券売機の前に長蛇の列でゲンナリしちゃいます。

ローマにも小さいながらなんとピラミッド(P.205)があります。ぜひチェックしてみてください。

コロッセオ駅を出た右側(みやげ物屋そば)でミネラルウォーターのリフィルができますが、さらに携帯電話のチャージもできます。ただ残念ながら自分でリチャージャーをもっていないといけないのと、電力が弱いので非常に時間がかかる、とのことです。でも、緊急時には助かります。 (mamacita '17)

どこに泊まる?

何度目かのローマ滞在でした。いつもはテルミニ駅周辺に泊まりますが、今回は3ヵ所に分けて宿泊しました。1〜3泊は空港からのプルマン・バスのバス停近くのホテル。バス停の目の前のホテルに決めていたので、タクシー感覚で利用できて、移動の疲労感もなく便利でした。翌日からは、コロッセオやフォロ・ロマーノなどテルミニ駅から行きやすい見どころへ。

4〜5泊はトラステヴェレへ。夜遅くまでにぎわう界わいなので、帰りの心配をしないで食事をし、翌朝は市場へ行き、いつもの旅にはない「暮らすような」新鮮な感覚になりました。

6〜7泊は、ヴァティカン周辺へ。開館間際のヴァティカン博物館を予約しておきましたが、徒歩ならでは、渋滞に巻き込まれることなく予定通りに到着して見学。その後も早い時間にサン・ピエトロ大聖堂のクーポラに上がれました。テヴェレ川岸のサンタンジェロ城付近のプラタナスの並木道を、夜景を楽しみながらゆったり散歩したのも思い出になりました。

夜の食事はついホテル近くを選びがちで、同じ場所だけに連泊するとレストラン選びに悩みますが、ホテルを替えたので選択肢が広がり、いろんな味や雰囲気を楽しみました。食事の後などに徒歩で帰れるのはとても便利だし、安心感がありました。

ホテルとホテルの間はタクシーを利用しましたが€10前後でOKでした。荷物が多いと荷造りが面倒になるかも知れませんが、ローマの町をより身近に感じられ、以前の旅に比べて充実したものになりました。

(東京都 ローマ巡礼 '18)

最新の安全情報をゲット

『たびレジ』とは?

外務省の運営するサイトで、在外公館などから緊急情報を受け取れる海外旅行登録システム。メール登録すると、滞在先の最新の安全情報や緊急事態発生の連絡、いざというときの緊急連絡などが受け取れる。登録は URL www.ezairyu.mofa.go.jp/tabireg

見どころ索引
Roma e i dintorni

【ローマと近郊の町】

ア

カ

サ

人名(アーティスト)

( )内は本名または続柄

建築・美術用語

アーキトレーブ　角柱・付け柱・円柱の上に乗った梁。

アーケード　角柱や円柱に乗ったアーチ形の構造物。

アーチ　石やれんがを放射状に積んで半円にした構造物。上部がとがっているのが、尖頭アーチ。

ヴォールト（穹窿）　半円筒形や、交差した半円筒形に石やれんがを積んだ曲面天井。

エクセドラ　壁面から半円形に引っ込んだ部分。

エトルリア美術　現在のトスカーナ地方から興ったエトルリア人による紀元前7〜3世紀の美術。初期の物はギリシアの強い影響を受けているが、後にはリアリスティックな表現を生み出して、ローマ美術に引き継がれた。

オーダー　ギリシアの神殿建築から生まれた円柱とその上に乗る部分の様式のことで、下記の3つのほかにトスカーナ式とコンポジット式がある。柱頭を見れば区別できる。
ドーリス式：盃型
イオニア式：両端が下向きの渦巻き型
コリント式：重なったアカンサスの葉型

回廊（キオストロ）　教会本堂に隣接した修道院の中庭を囲む廊下。

ギリシア十字形　十字部分のそれぞれの長さが等しい形。

クーポラ（円蓋）　半球状の天井または屋根。

クリプタ　教会の床下の地下または半地下に造られた聖堂・礼拝堂・埋葬所で、通常はヴォールト天井をもつ。

外陣　教会堂の内部で、身廊と側廊からなる部分。信者が礼拝する空間。
単廊式：側廊がまったくない物
三廊式：身廊の両側に側廊がひとつずつ
五廊式：身廊の両側に側廊がふたつずつ

後陣（アプシス）　内陣の奥にあり、平面が半円形で天井が4分の1球形になった部分。

格天井　骨組によって区分された窪み（格間）のある天井。

国際ゴシック様式　おもに絵画と彫刻の分野で1400年前後にヨーロッパ中を支配した、宮廷風の優雅さと美しい色彩の洗練された様式。

ゴシック様式　天に高く屹立する多数の尖塔が特徴の教会建築を中心とした12〜14世紀の様式。絵画では、チマブーエに続きジョットが、感情表現や空間表現に新たな境地を拓いた。シエナ派は独自の優美なスタイルを作り上げた。

コズマーティ様式（コズマ風）　大理石やガラスなどを用いた幾何学模様で教会を装飾する12〜13世紀の様式。コズマとは当時ローマで活躍した、モザイク技術にたけた一族の名前。

三角破風　切妻屋根の両端部分や窓の上の三角形の壁。

シノピア　赤い顔料による、フレスコ画の下絵。複数形はシノピエ。

身廊　バジリカ式教会堂の中心軸となる空間。

スコラ・カントルム　聖歌隊席。

スタッコ（装飾漆喰）　石膏を混ぜて塗る壁面や天井の仕上げ材料。さまざまな模様や像を彫刻する。

聖具室（聖器室）　教会の内陣に続く、聖具保管所および聖職者の更衣室。

前室（ナルテックス）　初期キリスト教会の本堂正面を入った玄関部。

前柱廊（ポルティコ）　建物正面に造られた、柱で支えられた吹き放ちの玄関部。

側廊　バジリカ式教会堂の身廊を挟む両側の空間。

大聖堂（ドゥオーモ）　司教座（cattedra）のある位の高い教会堂。その町で一番重要な教会。カッテドラーレ。

束ね柱　中心となる柱の周囲に細い柱を数本束ねた形の柱。

多翼祭壇画　多数のパネルに描かれた絵を組み合わせてひとつにした祭壇画。

タンパン（テュンパノン、ティンパヌム）　中央入口の上部にあるアーチ形（または三角形）の部分。

付け柱（柱形、片蓋柱）　壁から浅く突き出たように見える角柱。

テラコッタ　粘土を焼いて造った、建築用装飾や塑像。通常は素焼きの物を指す。

天蓋（バルダッキーノ）　柱で四隅を支えられた、祭壇を覆う装飾的な覆い。

テンペラ　全卵や卵黄、にかわなどと顔料を混ぜて造った絵の具。それによる画法、絵画。

トラス　各部材を接合して、三角形の集合形態に組み立てた構造。

ドラム　垂直状態の円筒形の構造物。

内陣　教会堂の内部で、外陣と後陣の間の部分。主祭壇が置かれる神聖な所。

ネオクラシック様式　新古典様式。18世紀後半から19世紀前半に流行。グレコ・ローマンを理想とした統一性・調和・明確さを特徴とする。

ネクロポリス　古代の死者の埋葬地。墳墓群。

軒蛇腹　建物の最上部で前方に張り出した帯状の装飾部分。

狭間（メトープ）　フリーズ上部に四角い空間を挟んで交互に並ぶ装飾石板。
グエルフィ狭間：教皇派に属することを示し、石板は四角。
ギベッリーニ狭間：皇帝派に属することを示し、石板はツバメの尾型。

バジリカ様式　教会堂の建築様式で長方形の短辺の一方を正面入口とし、もう一方に後陣を半円形に張り出させた物が基本形。

パラッツォ　宮殿、大規模な邸宅、公共建築物。

バラ窓　ゴシックの聖堂に多く見られる、バラの花のような円形の窓。

バロック様式　劇的な効果を狙った豪華で動きのある17世紀の様式。

ピサ様式　建築におけるロマネスク-ゴシック様式の1タイプ。ファサードでは何層もの小さいアーケードが軽やかな装飾性を示し、内部は色大理石の象嵌細工などが施されている。

ビザンチン様式　4〜11世紀、東西ローマ帝国で発達した様式で、その建築は外観は地味だが内部は豪華なモザイクや浅浮彫りで飾られている。プランとしてはバジリカ様式、集中式、ギリシア十字形が特徴。

ファサード　建物の正面部分。

フォロ　古代ローマの都市にあった公共広場。商取引、裁判、集会などに使われた。

フリーズ　建物外壁の装飾帯。彫刻のある小壁面。

プラン　建築物の見取り図、平面図、設計図。

フレスコ　壁に塗った漆喰が乾かないうちに絵を描く技法。絵の具が染み込んで固定するために退色しにくい。

壁龕（ニッチ）　壁をくり抜いて作った窪み。彫像などを置いて飾るための空間。

ペンデンティブ　平面が正方形をなす建物の上部にクーポラを乗せるために造られた、四隅の球面三角形。

ポルタイユ　正面入口を囲む部分。

歩廊　教会やパラッツォなどの建築で、床を石・瓦で仕上げた廊下。回廊。

マニエリズム　16世紀初頭にイタリアで生まれた技巧的でアカデミックな作風。

メダイヨン　建築物に付けられた楕円または円形の装飾。

モザイク　大理石や彩色されたガラスの小片を寄せ集めて絵や模様を描く技法。

翼廊　教会堂内部で、外陣と直交する内陣の一部。

ラテン十字形　直交する十字の一方が長い形。

ランタン　クーポラの頂上部に付けられた、採光のための小さな構造物。

ルネッサンス様式　調和のある古代建築を理想とした15〜16世紀の様式。明快でボリューム感のある外観をもち、内部はフレスコ画などで飾られた。絵画・彫刻においても、同じ理想のもとに感情表現・技法ともにおおいに発展し、その中心はフィレンツェだった。

ロッジア　教会建築・世俗建築で、建物本体と屋外をつなぐ、アーケードを備えた通廊。単独の建造物としてのロッジアもある。開廊。

ロマネスク様式　11〜12世紀に広くヨーロッパで普及した様式で、建築では正面は小アーケードで飾られローマなどでは内部にコズマーティ様式の装飾が施された。

ベルリンガイドブック
素顔のベルリン 増補改訂版
Berlin-Stadtführer
中村真人
12のエリアで旅する、「地球の歩き方」のベルリンガイドブック!

Venezia
ヴェネツィア
カフェ＆バーカロでめぐる、14の迷宮路地散歩
バーカロ本、ついに増補改訂!!

グリム童話で旅する
ドイツ・メルヘン街道
グリムを知れば、メルヘン街道の旅がもっと楽しくなる!

コッツウォルズ＆ロンドンの
マーケットめぐり
Cotswolds and London
さぁ、宝探しの旅へ出かけよう!

改訂新版
フィンランド
FINLAND
かわいいデザインと出会う街歩き
かわいいデザインとムーミンの世界に浸る

ローマ
美食散歩
永遠の都を食べ歩く
永遠の都ローマで出会ったおいしいもの

スイス
おトクに楽しむ街歩き
無料・割引パスで、身軽にスマートに

旅するフォトグラファーが選ぶ
スペインの町33
有賀正博
バルセロナ、マドリッド、トレド
グラナダ、イビサ＆マヨルカ
サンティアゴの巡礼路……etc.
見たら、きっと行きたくなる!
それが「地球の歩き方」の写真集

「地球の歩き方」の書籍

地球の歩き方 GEM STONE

GEM STONE(ジェムストーン)」の意味は「原石」。地を旅して見つけた宝石のような輝きをもつ「自然」や「文」、「史跡」などといった「原石」を珠玉の旅として提案るビジュアルガイドブック。美しい写真と詳しい解説新しいテーマ＆スタイルの旅へと誘います。

- 001 パリの手帖 とっておきの散歩道
- 007 クロアチア 世界遺産と島めぐり
- 021 ウィーン旧市街 とっておきの散歩道
- 023 増補改訂版 ヴェネツィア カフェ＆バーカロでめぐる、14の迷宮路地散歩
- 029 イギリス人は甘いのがお好き プディング＆焼き菓子がいっぱいのラブリーな生活
- 031 コッツウォルズ＆ロンドンのマーケットめぐり
- 032 フィレンツェ美食散歩 おいしいもの探しの四季の旅
- 033 改訂新版 フィンランド かわいいデザインと出会う街歩き
- 037 ベルリンガイドブック 素顔のベルリン増補改訂版
- 039 アイスランド 地球の鼓動が聞こえる……ヒーリングアイランドへ
- 047 プラハ迷宮の散歩道 改訂版
- 048 デザインとおとぎの国 デンマーク
- 051 アマルフィ＆カプリ島 とっておきの散歩道
- 052 とっておきのポーランド 増補改訂版
- 054 グリム童話で旅するドイツ・メルヘン街道
- 057 ザルツブルクとチロル アルプスの山と街を歩く
- 058 スイス 歩いて楽しむ絶景ルート
- 062 イングランドで一番美しい場所 コッツウォルズ
- 063 スイス おトクに楽しむ街歩き
- 065 ローマ美食散歩 永遠の都を食べ歩く

地球の歩き方 BOOKS

「BOOKS」シリーズでは、国内、海外を問わず、自分らしい旅を求めている旅好きの方々に、旅に誘う情報から旅先で役に立つ実用情報まで、「旅エッセイ」や「写真集」、「旅行術指南」など、さまざまな形で旅の情報を発信します。

- 宮脇俊三と旅した鉄道風景
- 世界の高速列車Ⅱ
- ブルガリアブック バラの国のすてきに出会う旅
- アパルトマンでパリジェンヌ体験 5日間から楽しめる憧れのパリ暮らし
- パラダイス山元の飛行機の乗り方
- パラダイス山元の飛行機のある暮らし
- 美しき秘密のイタリアへ 51の世界遺産と小さな村
- 秘密のパリ案内Q77
- 旅するフォトグラファーが選ぶスペインの町33
- 純情ヨーロッパ 呑んで、祈って、脱いでみて
- 人情ヨーロッパ 人生、ゆるして、ゆるされて

051 アマルフィ＆カプリ島 とっておきの散歩道

地球の歩き方 シリーズ一覧

2023年6月現在

＊地球の歩き方ガイドブックは、改訂時に価格が変わることがあります。＊表示価格は定価（税込）です。＊最新情報は、ホームページをご覧ください。www.arukikata.co.jp/guidebook/

地球の歩き方　ガイドブック

A　ヨーロッパ

A01	ヨーロッパ	¥1870
A02	イギリス	¥1870
A03	ロンドン	¥1980
A04	湖水地方＆スコットランド	¥1870
A05	アイルランド	¥1980
A06	フランス	¥1870
A07	パリ＆近郊の町	¥1980
A08	南仏プロヴァンス　コート・ダジュール＆モナコ	¥1760
A09	イタリア	¥1870
A10	ローマ	¥1760
A11	ミラノ　ヴェネツィアと湖水地方	¥1870
A12	フィレンツェとトスカーナ	¥1870
A13	南イタリアとシチリア	¥1870
A14	ドイツ	¥1980
A15	南ドイツ　フランクフルト　ミュンヘン　ロマンチック街道　古城街道	¥1760
A16	ベルリンと北ドイツ　ハンブルク　ドレスデン　ライプツィヒ	¥1870
A17	ウィーンとオーストリア	¥2090
A18	スイス	¥2200
A19	オランダ　ベルギー　ルクセンブルク	¥1870
A20	スペイン	¥1870
A21	マドリードとアンダルシア	¥1760
A22	バルセロナ＆近郊の町　イビサ島／マヨルカ島	¥1760
A23	ポルトガル	¥1815
A24	ギリシアとエーゲ海の島々＆キプロス	¥1870
A25	中欧	¥1980
A26	チェコ　ポーランド　スロヴァキア	¥1870
A27	ハンガリー	¥1870
A28	ブルガリア　ルーマニア	¥1980
A29	北欧　デンマーク　ノルウェー　スウェーデン　フィンランド	¥1870
A30	バルトの国々　エストニア　ラトヴィア　リトアニア	¥1870
A31	ロシア　ベラルーシ　ウクライナ　モルドヴァ　コーカサスの国々	¥2090
A32	極東ロシア　シベリア　サハリン	¥1980
A34	クロアチア　スロヴェニア	¥1760

B　南北アメリカ

B01	アメリカ	¥2090
B02	アメリカ西海岸	¥1870
B03	ロスアンゼルス	¥2090
B04	サンフランシスコとシリコンバレー	¥1870
B05	シアトル　ポートランド	¥1870
B06	ニューヨーク　マンハッタン＆ブルックリン	¥1980
B07	ボストン	¥1980
B08	ワシントンDC	¥2420
B09	ラスベガス　セドナ＆グランドキャニオンと大西部	¥2090
B10	フロリダ	¥1870
B11	シカゴ	¥1870
B12	アメリカ南部	¥1980
B13	アメリカの国立公園	¥2090
B14	ダラス　ヒューストン　デンバー　グランドサークル　フェニックス　サンタフェ	¥1980
B15	アラスカ	¥1980
B16	カナダ	¥1870
B17	カナダ西部　カナディアン・ロッキーとバンクーバー	¥2090
B18	カナダ東部　ナイアガラ・フォールズ　メープル街道　プリンス・エドワード島　トロント　オタワ　モントリオール　ケベック・シティ	¥2090
B19	メキシコ	¥1980
B20	中米	¥2090
B21	ブラジル　ベネズエラ	¥2200
B22	アルゼンチン　チリ　パラグアイ　ウルグアイ	¥2200
B23	ペルー　ボリビア　エクアドル　コロンビア	¥2200
B24	キューバ　バハマ　ジャマイカ　カリブの島々	¥2035
B25	アメリカ・ドライブ	¥1980

C　太平洋／インド洋島々

C01	ハワイ1　オアフ島＆ホノルル	¥1980
C02	ハワイ島	¥2200
C03	サイパン　ロタ＆テニアン	¥1540
C04	グアム	¥1980
C05	タヒチ　イースター島	¥1870
C06	フィジー	¥1650
C07	ニューカレドニア	¥1650
C08	モルディブ	¥1870
C10	ニュージーランド	¥2200
C11	オーストラリア	¥2200
C12	ゴールドコースト＆ケアンズ	¥1870
C13	シドニー＆メルボルン	¥1760

D　アジア

D01	中国	¥2090
D02	上海　杭州　蘇州	¥1870
D03	北京	¥1760
D04	大連　瀋陽　ハルビン　中国東北部の自然と文化	¥1980
D05	広州　アモイ　桂林　珠江デルタと華南地方	¥1980
D06	成都　重慶　九寨溝　麗江　四川　雲南	¥1980
D07	西安　敦煌　ウルムチ　シルクロードと中国北西部	¥1980
D08	チベット	¥2090
D09	香港　マカオ　深セン	¥1870
D10	台湾	¥2090
D11	台北	¥
D13	台南　高雄　屏東＆南台湾の町	¥
D14	モンゴル	¥
D15	中央アジア　サマルカンドとシルクロードの国々	¥
D16	東南アジア	¥
D17	タイ	¥
D18	バンコク	¥
D19	マレーシア　ブルネイ	¥
D20	シンガポール	¥
D21	ベトナム	¥
D22	アンコール・ワットとカンボジア	¥
D23	ラオス	¥
D24	ミャンマー（ビルマ）	¥
D25	インドネシア	¥
D26	バリ島	¥
D27	フィリピン　マニラ　セブ　ボラカイ　ボホール　エルニド	¥
D28	インド	¥
D29	ネパールとヒマラヤトレッキング	¥
D30	スリランカ	¥
D31	ブータン	¥
D33	マカオ	¥
D34	釜山　慶州	¥
D35	バングラデシュ	¥
D37	韓国	¥
D38	ソウル	¥

E　中近東　アフリカ

E01	ドバイとアラビア半島の国々	¥2
E02	エジプト	¥
E03	イスタンブールとトルコの大地	¥2
E04	ペトラ遺跡とヨルダン　レバノン	¥2
E05	イスラエル	¥2
E06	イラン　ペルシアの旅	¥2
E07	モロッコ	¥1
E08	チュニジア	¥2
E09	東アフリカ　ウガンダ　エチオピア　ケニア　タンザニア　ルワンダ	¥2
E10	南アフリカ	¥2
E11	リビア	¥2
E12	マダガスカル	¥1

J　国内版

J00	日本	¥3
J01	東京	¥2
J02	東京　多摩地域	¥2
J03	京都	¥2
J04	沖縄	¥2
J05	北海道	¥2
J07	埼玉	¥2
J08	千葉	¥2

地球の歩き方　aruco

●海外

1	パリ	¥1320
2	ソウル	¥1650
3	台北	¥1320
4	トルコ	¥1430
5	インド	¥1540
6	ロンドン	¥1650
7	香港	¥1320
9	ニューヨーク	¥1320
10	ホーチミン　ダナン　ホイアン	¥1430
11	ホノルル	¥1320
12	バリ島	¥1320
13	上海	¥1320
14	モロッコ	¥1540
15	チェコ	¥1320
16	ベルギー	¥1430
17	ウィーン　ブダペスト	¥1320
18	イタリア	¥1320
19	スリランカ	¥1540
20	クロアチア　スロヴェニア	¥1430
21	スペイン	¥1320
22	シンガポール	¥1650
23	バンコク	¥1430
24	グアム	¥1320
25	オーストラリア	¥1430
26	フィンランド　エストニア	¥1430
27	アンコール・ワット	¥1430
28	ドイツ	¥1430
29	ハノイ	¥1430
30	台湾	¥1320
31	カナダ	¥1320
33	サイパン　テニアン　ロタ	¥1320
34	セブ　ボホール　エルニド	¥1320
35	ロスアンゼルス	¥1320
36	フランス	¥1430
37	ポルトガル	¥1650
38	ダナン　ホイアン　フエ	¥1430

●国内

東京	¥1540
東京で楽しむフランス	¥1430
東京で楽しむ韓国	¥1430
東京で楽しむ台湾	¥1430
東京の手みやげ	¥1430
東京おやつさんぽ	¥1430
東京のパン屋さん	¥1430
東京で楽しむ北欧	¥1430
東京のカフェめぐり	¥1480
東京で楽しむハワイ	¥1480
nyaruco　東京ねこさんぽ	¥1480
東京で楽しむイタリア＆スペイン	¥1480
東京で楽しむアジアの国々	¥1480
東京ひとりさんぽ	¥1480
東京パワースポットさんぽ	¥1599
東京で楽しむ英国	¥1599

地球の歩き方　Plat

1	パリ	¥1320
2	ニューヨーク	¥1320
3	台北	¥1100
4	ロンドン	¥1320
6	ドイツ	¥1320
7	ホーチミン／ハノイ／ダナン／ホイアン	¥1320
8	スペイン	¥1320
10	シンガポール	¥1100
11	アイスランド	¥1540
14	マルタ	¥1540
15	フィンランド	¥1320
16	クアラルンプール／マラッカ	¥1100
17	ウラジオストク／ハバロフスク	¥1430
18	サンクトペテルブルク／モスクワ	¥1540
19	エジプト	¥1320
20	香港	¥1100
22	ブルネイ	¥1430
23	ウズベキスタン　サマルカンド　ブハラ　ヒヴァ　タシケント	¥1
24	ドバイ	¥1
25	サンフランシスコ	¥1
26	パース／西オーストラリア	¥1
27	ジョージア	¥1
28	台南	¥1

地球の歩き方　リゾートスタイ

R02	ハワイ島	¥1
R03	マウイ島	¥1
R04	カウアイ島	¥1
R05	こどもと行くハワイ	¥1
R06	ハワイ　ドライブ・マップ	¥1
R07	ハワイ　バスの旅	¥1
R08	グアム	¥1
R09	こどもと行くグアム	¥1
R10	パラオ	¥1
R12	プーケット　サムイ島　ピピ島	¥1
R13	ペナン　ランカウイ　クアラルンプール	¥1
R14	バリ島	¥1
R15	セブ＆ボラカイ　ボホール　シキホール	¥1
R16	テーマパークｉｎオーランド	¥1
R17	カンクン　コスメル　イスラ・ムヘーレス	¥1
R20	ダナン　ホイアン　ホーチミン　ハノイ	¥1

地球の歩き方　御朱印

御朱印でめぐる鎌倉のお寺　三十三観音完全掲載　三訂版	¥1650
御朱印でめぐる京都のお寺　改訂版	¥1650
御朱印でめぐる奈良の古寺　改訂版	¥1650
御朱印でめぐる東京のお寺	¥1650
日本全国この御朱印が凄い！　第壱集　増補改訂版	¥1650
日本全国この御朱印が凄い！　第弐集　都道府県網羅版	¥1650
御朱印でめぐる全国の神社　開運さんぽ	¥1430
御朱印でめぐる高野山　改訂版	¥1650
御朱印でめぐる関東の神社　週末開運さんぽ	¥1430
御朱印でめぐる秩父の寺社　三十四観音完全掲載　改訂版	¥1650
御朱印でめぐる関東の百寺　坂東三十三観音と古寺	¥1650
御朱印でめぐる関西の神社　週末開運さんぽ	¥1430
御朱印でめぐる関西の百寺　西国三十三所と古寺	¥1650
御朱印でめぐる東京の神社週末開運さんぽ　改訂版	¥1540
御朱印でめぐる神奈川の神社　週末開運さんぽ　改訂版	¥1540
御朱印でめぐる埼玉の神社　週末開運さんぽ	¥1430
御朱印でめぐる北海道の神社　週末開運さんぽ	¥1430
御朱印でめぐる九州の神社　週末開運さんぽ　改訂版	¥1540
御朱印でめぐる千葉の神社　週末開運さんぽ　改訂版	¥1540
御朱印でめぐる東海の神社　週末開運さんぽ	¥1430
御朱印でめぐる京都の神社　週末開運さんぽ　改訂版	¥1540
御朱印でめぐる神奈川のお寺	¥1650
御朱印でめぐる大阪　兵庫の神社　週末開運さんぽ	¥1430
御朱印でめぐる愛知の神社　週末開運さんぽ　改訂版	¥1540
御朱印でめぐる栃木　日光の神社　週末開運さんぽ	¥1430
御朱印でめぐる福岡の神社　週末開運さんぽ　改訂版	¥1540
御朱印でめぐる広島　岡山の神社　週末開運さんぽ	¥1430
御朱印でめぐる山陰　山陽の神社　週末開運さんぽ	¥1430
御朱印でめぐる埼玉のお寺	¥1650
御朱印でめぐる千葉のお寺	¥1650
御朱印でめぐる東京の七福神	¥1540
御朱印でめぐる東北の神社　週末開運さんぽ　改訂版	¥1540
御朱印でめぐる全国の稲荷神社　週末開運さんぽ	¥1430
御朱印でめぐる新潟 佐渡の神社　週末開運さんぽ	¥1430
御朱印でめぐる静岡 富士 伊豆の神社　週末開運さんぽ	¥1430
御朱印でめぐる四国の神社　週末開運さんぽ	¥1430
御朱印でめぐる中央線沿線の寺社　週末開運さんぽ	¥1540
御朱印でめぐる東急線沿線の寺社　週末開運さんぽ	¥1540
御朱印でめぐる茨城の神社　週末開運さんぽ	¥1430
御朱印でめぐる関東の聖地　週末開運さんぽ	¥1430
御朱印でめぐる東海のお寺	¥1650
日本全国ねこの御朱印＆お守りめぐり　週末開運にゃんさんぽ	¥1760
御朱印でめぐる信州 甲州の神社　週末開運さんぽ	¥1430
御朱印でめぐる全国の聖地　週末開運さんぽ	¥1430
御船印でめぐる全国の魅力的な船旅	¥1650
御朱印でめぐる茨城のお寺	¥1650
御朱印でめぐる全国のお寺　週末開運さんぽ	¥1540
日本全国 日本酒でめぐる　酒蔵＆ちょこっと御朱印〈東日本編〉	¥1760
日本全国 日本酒でめぐる　酒蔵＆ちょこっと御朱印〈西日本編〉	¥1760
関東版ねこの御朱印＆お守りめぐり　週末開運にゃんさんぽ	¥1760

52	一生に一度は参りたい！　御朱印でめぐる全国の絶景寺社図鑑	¥2479
D51	鉄印帳でめぐる全国の魅力的な鉄道40	¥1650
	御朱印はじめました　関東の神社　週末開運さんぽ	¥1210

地球の歩き方　島旅

1	五島列島　3訂版	¥1650
2	奄美大島～奄美群島1～　3訂版	¥1650
3	与論島　沖永良部島　徳之島（奄美群島②）改訂版	¥1650
4	利尻　礼文　4訂版	¥1650
5	天草　改訂版	¥1760
6	壱岐　4訂版	¥1650
7	種子島　3訂版	¥1650
8	小笠原　父島　母島　3訂版	¥1650
9	隠岐　3訂版	¥1870
10	佐渡　3訂版	¥1650
11	宮古島　伊良部島　下地島　来間島　池間島　多良間島　大神島　改訂版	¥1650
12	久米島　渡名喜島　改訂版	¥1650
13	小豆島～瀬戸内の島々1～　改訂版	¥1650
14	直島　豊島　女木島　男木島　犬島～瀬戸内の島々2～	¥1650
15	伊豆大島　利島～伊豆諸島1～　改訂版	¥1650
16	新島　式根島　神津島～伊豆諸島2～　改訂版	¥1650
17	沖縄本島周辺15離島	¥1650
18	たけとみの島々　竹富島　西表島　波照間島　小浜島　黒島　鳩間島　新城島　由布島　加屋	¥1650
19	淡路島～瀬戸内の島々3～	¥1650
20	石垣島　竹富島 西表島 小浜島 由布島 新城島 波照間島	¥1650
21	対馬	¥1650
22	島旅ねこ　にゃんこの島の歩き方	¥1344

地球の歩き方　旅の図鑑

W01	世界244の国と地域	¥1760
W02	世界の指導者図鑑	¥1650
W03	世界の魅力的な奇岩と巨石139選	¥1760
W04	世界246の首都と主要都市	¥1760
W05	世界のすごい島300	¥1760
W06	地球の歩き方的！　世界なんでもランキング	¥1760
W07	世界のグルメ図鑑　116の国と地域の名物料理を食の雑学とともに解説	¥1760
W08	世界のすごい巨像	¥1760
W09	世界のすごい城と宮殿333	¥1760
W10	世界197ヵ国のふしぎな聖地＆パワースポット	¥1870
W11	世界の祝祭	¥1760
W12	世界のカレー図鑑	¥1980
W13	世界遺産　絶景でめぐる自然遺産　完全版	¥1980
W15	地球の果ての歩き方	¥1980
W16	世界の中華料理図鑑	¥1980
W17	世界の地元メシ図鑑	¥1980
W18	世界遺産の歩き方　学んで旅する！　すごい世界遺産190選	¥1980
W19	世界の魅力的なビーチと湖	¥1980
W20	世界のすごい駅	¥1980
W21	世界のおみやげ図鑑	¥1980
W22	いつか旅してみたい世界の美しい古都	¥1980
W23	世界のすごいホテル	¥1980
W24	日本の凄い神木	¥2200
W25	世界のお菓子図鑑	¥1980
W26	世界の麺図鑑	¥1980
W27	世界のお酒図鑑	¥1980
W28	世界の魅力的な道	¥1980
W30	すごい地球！	¥2200
W31	世界のすごい墓	¥1980

地球の歩き方　旅の名言＆絶景

ALOHAを感じるハワイのことばと絶景100	¥1650
自分らしく生きるフランスのことばと絶景100	¥1650
人生観が変わるインドのことばと絶景100	¥1650
生きる知恵を授かるアラブのことばと絶景100	¥1650
心に寄り添う台湾のことばと絶景100	¥1650
道しるべとなるドイツのことばと絶景100	¥1650
共感と勇気がわく韓国のことばと絶景100	¥1650
人生を楽しみ尽くすイタリアのことばと絶景100	¥1650
今すぐ旅に出たくなる！　地球の歩き方のことばと絶景100	¥1650
悠久の教えをひもとく　中国のことばと絶景100	¥1650

地球の歩き方　旅と健康

地球のなぞり方 旅地図 アメリカ大陸編	¥1430
地球のなぞり方 旅地図 ヨーロッパ編	¥1430
地球のなぞり方 旅地図 アジア編	¥1430
地球のなぞり方 旅地図 日本編	¥1430
脳がどんどん強くなる！　すごい地球の歩き方	¥1650

地球の歩き方　GEMSTONE

とっておきのポーランド　増補改訂版	¥1760
ラダック　ザンスカール　スピティ　北インドのリトル・チベット　増補改訂版	¥1925

地球の歩き方　旅の読み物

今こそ学びたい日本のこと	¥1760
週末だけで70ヵ国159都市を旅したリーマントラベラーが教える自分の時間の作り方	¥1540

地球の歩き方　BOOKS

BRAND NEW HAWAII　とびきりリアルな最新ハワイガイド	¥1650
FAMILY TAIWAN TRIP　#子連れ台湾	¥1518
GIRL'S GETAWAY TO LOS ANGELES	¥1760
HAWAII RISA'S FAVORITES　大人女子はハワイで美味しく美しく	¥1650
LOVELY GREEN NEW ZEALAND　未来の国を旅するガイドブック	¥1760
MAKI'S DEAREST HAWAII	¥1540
MY TRAVEL, MY LIFE Maki's Family Travel Book	¥1760
WORLD FORTUNE TRIP　イヴルルド遙華の世界開運★旅案内	¥1650
いろはに北欧	¥1760
ヴィクトリア朝が教えてくれる英国の魅力	¥1320
ダナン＆ホイアン　PHOTO TRAVEL GUIDE	¥1650
とっておきのフィンランド	¥1760
フィンランドでかなえる100の夢	¥1760
マレーシア　地元で愛される名物食堂	¥1430
やり直し英語革命	¥1100
気軽に始める！大人の男海外ひとり旅	¥1100
気軽に出かける！　大人の男アジアひとり旅	¥1100
香港　地元で愛される名物食堂	¥1540
最高のハワイの過ごし方	¥1540
子連れで沖縄　旅のアドレス＆テクニック117	¥1100
純情ヨーロッパ　呑んで、祈って、脱いでみて	¥1408
食事作りに手間暇かけないドイツ人、手料理神話にこだわり続ける日本人	¥1100
親の介護をはじめる人へ　伝えておきたい10のこと	¥1000
人情ヨーロッパ　人生、ゆるして、ゆるされて	¥1518
総予算33万円・9日間から行く！　世界一周	¥1100
台北　メトロさんぽ　MRTを使って、おいしいとかわいいを巡る旅	¥1518
鳥居りんこ　親の介護をはじめたらお金の話で泣き見てばかり	¥1320
鳥居りんこの親の介護は知らなきゃバカ見ることだらけ	¥1320
北欧が好き！　フィンランド・スウェーデン・デンマーク・ノルウェーの素敵な町めぐり	¥1210
北欧が好き！2　建築＆デザインでめぐるフィンランド・スウェーデン・デンマーク・ノルウェー	¥1210
地球の歩き方JAPAN　ダムの歩き方　全国版　初めてのダム旅入門ガイド	¥1712
日本全国　開運神社　このお守りがすごい！	¥1522

地球の歩き方　スペシャルコラボ BOOK

地球の歩き方　ムー	¥2420
地球の歩き方　JOJO　ジョジョの奇妙な冒険	¥2420

あなたの**旅の体験談**をお送りください

「地球の歩き方」は、たくさんの旅行者からご協力をいただいて、
改訂版や新刊を制作しています。
あなたの旅の体験や貴重な情報を、これから旅に出る人たちへ分けてあげてください。
なお、お送りいただいたご投稿がガイドブックに掲載された場合は、
初回掲載本を1冊プレゼントします！

ご投稿はインターネットから！

URL www.arukikata.co.jp/guidebook/toukou.html
画像も送れるカンタン「投稿フォーム」
※左記のQRコードをスマートフォンなどで読み取ってアクセス！

または「地球の歩き方　投稿」で検索してもすぐに見つかります

▶投稿にあたってのお願い

★ご投稿は、次のような《テーマ》に分けてお書きください。

《新発見》――ガイドブック未掲載のレストラン、ホテル、ショップなどの情報
《旅の提案》――未掲載の町や見どころ、新しいルートや楽しみ方などの情報
《アドバイス》――旅先で工夫したこと、注意したこと、トラブル体験など
《訂正・反論》――掲載されている記事・データの追加修正や更新、異論、反論など

※記入例「○○編20XX年度版△△ページ掲載の□□ホテルが移転していました……」

★データはできるだけ正確に。
ホテルやレストランなどの情報は、名称、住所、電話番号、アクセスなどを正確にお書きください。
ウェブサイトのURLや地図などは画像でご投稿いただくのもおすすめです。

★ご自身の体験をお寄せください。
雑誌やインターネット上の情報などの丸写しはせず、実際の体験に基づいた具体的な情報をお待ちしています。

▶ご確認ください

※採用されたご投稿は、必ずしも該当タイトルに掲載されるわけではありません。関連他タイトルへの掲載もありえます。
※例えば「新しい市内交通パスが発売されている」など、すでに編集部で取材・調査を終えているものと同内容のご投稿をいただいた場合は、ご投稿を採用したとはみなされず掲載本をプレゼントできないケースがあります。
※当社は個人情報を第三者へ提供いたしません。また、ご記入いただきましたご自身の情報については、ご投稿内容の確認や掲載本の送付などの用途以外には使用いたしません。
※ご投稿の採用の可否についてのお問い合わせはご遠慮ください。
※原稿は原文を尊重しますが、スペースなどの関係で編集部でリライトする場合があります。

「ローマの魅力」を見つけてください

本書を通じて、「永遠の都ローマ」の魅力の一端を感じていただけたでしょうか。いにしえからの歴史のなかで、盛衰をくり返しながらも決して滅びることのなかったローマは、奥深い町でもあります。歩けば歩くほど、滞在すればするほど、「あなた自身のローマ」が見えてくることでしょう。ぜひ、ローマを歩き、ローマの魅力に浸ってみてください。

取材・執筆・撮影
飯島　操（レ・グラツィエ）、飯島千鶴子（レ・グラツィエ）、林　桃子（レ・グラツィエ）
笠井修（ローマ撮影）、©iStock、Susanna Biganzoli

STAFF

制　作：由良暁世	Producer：Akiyo Yura
編　集：飯島千鶴子（レ・グラツィエ）	Editor：Chizuko Iijima（Le Grazie Co., Ltd.）
デザイン：凸版印刷株式会社（TANC）	Design：Toppan Printing Co., Ltd.（TANC）
表　紙：日出嶋昭男	Cover Design：Akio Hidejima
地　図：ジェオ	MAP：GEO
校　正：石井千鶴子	Proofreading：Chizuko Ishii
イタリア語監修[Italian Superviser]	Susanna Biganzoli, Stefano Fagioni

SPECIAL THANKS TO：A.P.T. di Roma（ローマ観光局）、ENITイタリア政府観光局
Francesco Biganzoli

本書の内容について、ご意見・ご感想はこちらまで
〒141-8425 東京都品川区西五反田2-11-8
株式会社地球の歩き方
地球の歩き方サービスデスク「ローマ編」投稿係
URL▶https://www.arukikata.co.jp/guidebook/toukou.html
地球の歩き方ホームページ（海外・国内旅行の総合情報）
URL▶https://www.arukikata.co.jp/
ガイドブック『地球の歩き方』公式サイト
URL▶https://www.arukikata.co.jp/guidebook/

地球の歩き方 A10 ローマ　2018～2019年版

1992年3月10日　初版発行
2023年7月4日　改訂第23版第1刷発行

Published by Arukikata. Co.,Ltd.
2-11-8 Nishigotanda, Shinagawa-ku, Tokyo, 141-8425
著作編集　地球の歩き方編集室
発 行 人　新井邦弘
編 集 人　宮田　崇
発 行 所　株式会社地球の歩き方
〒141-8425　東京都品川区西五反田2-11-8
発 売 元　株式会社Gakken
〒141-8416　東京都品川区西五反田2-11-8
印刷製本　凸版印刷株式会社

※本書は基本的に2018年1月の取材データに基づいて作られています。
発行後に料金、営業時間、定休日などが変更になる場合がありますのでご了承ください。
更新・訂正情報：https://www.arukikata.co.jp/travel-support/

●この本に関する各種お問い合わせ先
・本の内容については、下記サイトのお問い合わせフォームよりお願いします。
URL▶https://www.arukikata.co.jp/guidebook/contact.html
・広告については、下記サイトのお問い合わせフォームよりお願いします。
URL▶https://www.arukikata.co.jp/ad_contact/
・在庫については　Tel 03-6431-1250（販売部）
・不良品（乱丁、落丁）については　Tel 0570-000577
学研業務センター　〒354-0045　埼玉県入間郡三芳町上富279-1
・上記以外のお問い合わせは　Tel 0570-056-710（学研グループ総合案内）

※本書は株式会社ダイヤモンド・ビッグ社より1992年3月に発行したもの（2018年4月に改訂第23版）の最新・改訂版です。
学研グループの書籍・雑誌についての新刊情報・詳細情報は、下記をご覧ください。
学研出版サイト　https://hon.gakken.jp/